ACADÉMIE ROYALE

DES SCIENCES, DES LETTRES ET DES BEAUX-ARTS DE BELGIQUE.

COMMISSION ROYALE D'HISTOIRE.

MM. Le baron Kervyn de Lettenhove. Président.
    Gachard, Secrétaire et Trésorier.
    Le chanoine de Smet.
    Du Mortier.
    J. H. Bormans.
    Alphonse Wauters.
    Stanislas Bormans.
    Edmond Poullet, Membre suppléant
    Charles Piot,   id.
    Léopold Devillers,   id.

COLLECTION

DES

VOYAGES DES SOUVERAINS

DES PAYS-BAS.

COLLECTION

DES

VOYAGES DES SOUVERAINS

DES PAYS-BAS

PUBLIÉE PAR

M. GACHARD

DE L'ACADÉMIE ET DE LA COMMISSION ROYALE D'HISTOIRE, DES ACADÉMIES DE VIENNE,
DE MADRID, D'AMSTERDAM, ETC.

TOME PREMIER.

ITINÉRAIRES DE PHILIPPE LE HARDI, JEAN SANS PEUR,
PHILIPPE LE BON, MAXIMILIEN ET PHILIPPE LE BEAU.

RELATION DU PREMIER VOYAGE DE PHILIPPE LE BEAU EN ESPAGNE,
EN 1501, PAR ANTOINE DE LALAING, Sʳ DE MONTIGNY.

RELATION DU DEUXIÈME VOYAGE DE PHILIPPE LE BEAU,
EN 1506, PAR UN ANONYME.

BRUXELLES,

F. HAYEZ, IMPRIMEUR DE LA COMMISSION ROYALE D'HISTOIRE.

—

1876

INTRODUCTION.

Ce volume contient :

I. Des Itinéraires des ducs de Bourgogne Philippe le Hardi, Jean sans Peur, Philippe le Bon; de l'archiduc Maximilien, époux de Marie de Bourgogne, et de Philippe le Beau;

II. La Relation du premier voyage que Philippe le Beau fit en Espagne, en 1501, écrite par Antoine de Lalaing, seigneur de Montigny;

III. Une Relation du second voyage de ce prince dans le même pays, en 1506, dont l'auteur n'est pas connu.

Nous dirons quelques mots au sujet de chacune des trois parties dont il se compose.

I

Les ducs de Bourgogne et les premiers princes de la maison d'Autriche qui leur succédèrent avaient, sous la dénomination de MAÎTRE DE LA CHAMBRE AUX DENIERS, un officier qui payait les dépenses de leur maison [1].

---

[1] Quelquefois, mais par exception, ce fut le receveur général des finances ou l'argentier qui les paya.
Voici les noms des maîtres de la Chambre aux deniers que nous avons recueillis, ou dans leurs comptes mêmes, ou dans ceux des receveurs généraux des finances :
Jacques de la Tanerie, 1395.
Jean de Bray, 1396-1397.

INTRODUCTION.

Dans les comptes que rendait le maitre de la Chambre aux deniers il consignait, jour par jour, les lieux où le prince avait séjourné, où il avait dîné et soupé; à ces indications il ajoutait ordinairement celle des personnages qui avaient été reçus et traités à la cour, des fêtes qu'on leur avait données, et d'autres particularités également curieuses.

A l'aide de ces comptes, si la collection en était parvenue jusqu'à nous dans son intégrité, on aurait pu dresser un Itinéraire authentique et complet des souverains des Pays-Bas depuis que ces provinces passèrent à la maison de Bourgogne jusqu'à l'abdication de Charles-Quint; et de quel secours un tel Itinéraire n'eût-il pas été à l'histoire et à la diplomatique? Combien de faits, comme nous l'avons dit ailleurs [1], combien de documents dont la date est incertaine et auxquels on eût été en état alors d'assigner leur véritable place? Les archives publiques fourmillent de pièces où ne se trouve pas le millésime; au XIVe et au XVe siècle il était d'usage de l'omettre dans les lettres closes ou missives. On conçoit l'embarras

Guyot de Bray, 1397-1399.
Robert de Bailleux, 1399-1403.
Jean de Vélery, 1406-1418.
Jean Sarrote, 1419-1420.
Mahieu Regnault, 1420-1426.
Jean Marlette, 1431-1434.
Simon le Fournier, 1434-1436.
Richard Juif, 1457-1462.
Guillaume Bourgeois, 1465-1467.
Gérard de la Roche, 1467-1482.
Louis Quarré, 1484-1488.
Hyppolite de Berthoz, 1488-1492.
Jean Naturel, 1493-1500.

Les noms des maitres de la Chambre aux deniers de Charles-Quint de 1506 à 1531 sont en tête de l'Itinéraire de ce monarque (tome II).

[1] *Rapport à M. le Ministre de l'intérieur sur les documents concernant l'histoire de la Belgique qui existent aux Archives de Dijon*, 1843, in-8°, p. 184.

INTRODUCTION.

qu'éprouvent l'historien qui veut se servir de ces pièces et l'archiviste qui doit les classer.

Malheureusement, à l'époque des saturnales révolutionnaires de la fin du dix-huitième siècle, les archives de Dijon et de Lille, où se gardaient les comptes de l'hôtel des ducs de Bourgogne, de Maximilien d'Autriche, de Philippe le Beau, de Charles-Quint, furent — les dernières surtout — livrées à une véritable dévastation; on envoya aux arsenaux, pour les convertir en cartouches et en gargousses, ou l'on vendit au poids, la plupart de ces comptes. Lorsque, à la fin de 1838, j'allai examiner les Archives de Dijon, les registres des maîtres de la Chambre aux deniers furent au nombre des documents que j'y recherchai avec le plus de curiosité. J'en trouvai dans ce dépôt deux séries : l'une, relative à Philippe le Hardi, allant du 1er février 1395 au 31 janvier 1403; l'autre, qui concernait Jean sans Peur, commençant au 1er juillet 1411 et finissant au 10 septembre 1419, jour où ce prince fut assassiné à Montereau.

Je fis le dépouillement de tous ces registres.

J'avais antérieurement exploré les Archives de Lille.

Là il ne restait plus, pour le long règne de Philippe le Bon, que quatre comptes des années 1428, 1452-1453, 1463-1464, 1465-1466, et trois pour celui de Maximilien d'Autriche, des années 1484, 1486, 1488; il n'y en avait aucun qui se rapportât à Charles le Téméraire ni à Philippe le Beau.

Ces sept comptes avaient été, de ma part, l'objet du même travail que je venais d'accomplir à Dijon.

Vers le même temps je découvris, dans la bibliothèque formée à Courtrai par M. Goethals-Vercruysse[1], deux comptes de l'hôtel de Philippe le Bon appartenant aux années 1427 et 1441, et un compte de l'hôtel de Philippe

---

[1] Voy. dans les *Bulletins* de la Commission royale d'histoire, 1re série, t. III, pp. 292-324, ma Notice sur cette bibliothèque, qui est aujourd'hui placée à l'hôtel de ville de Courtrai, où elle est ouverte au public.

le Beau de l'année 1497. Ces comptes, provenant évidemment des Archives de Lille, avaient été acquis par le savant bibliophile courtraisien au commencement du siècle actuel.

Je les dépouillai comme j'avais fait des autres.

Enfin je soumis au même dépouillement un compte de Guilbert de Ruple, conseiller et receveur général des finances de Philippe le Bon, du 1er octobre 1464 au 30 septembre 1465, qui existe aux Archives du royaume, et dans lequel les séjours du duc sont indiqués pour l'espace de temps compris entre ces deux dates.

Dès le 2 mars 1836 la Commission royale d'histoire avait décidé que la Collection des voyages des souverains des Pays-Bas, laquelle devait s'ouvrir par la Relation du voyage de Philippe le Beau en Espagne en 1501, serait précédée de leur Itinéraire, aussi complet qu'il serait possible de le former d'après les comptes de leur maison [1] :

C'était une période à parcourir qui n'embrassait pas moins de cent quinze années. On a vu que, malgré toutes mes recherches, c'est pour trente années à peine que je suis parvenu à établir l'Itinéraire.

La Commission n'en a pas moins pensé que, si incomplet qu'il fût, il serait utilement placé en tête de la Collection dont le premier volume paraît aujourd'hui [2].

II

Dès son installation, le 4 août 1834, la Commission royale d'histoire décida que la Relation du voyage de Philippe le Beau en Espagne en 1501 prendrait place dans les publications dont elle allait s'occuper, et elle

---

[1] *Bulletins*, 1re série, t. I, p. 137.
[2] Quoique les Itinéraires de Philippe le Hardi et de Jean sans Peur eussent déjà vu le jour dans mon *Rapport sur les Archives de Dijon*, publié en 1843, il a paru à propos de les réunir à ceux des princes leurs successeurs.

voulut bien me désigner pour en être l'éditeur¹. Un demi-siècle auparavant, déjà, l'évêque d'Anvers Corneille-François de Nélis s'était proposé de la faire connaître avec beaucoup d'autres monuments de l'histoire nationale² : on sait les événements qui vinrent empêcher ce savant prélat de mettre à exécution le plan qu'il avait conçu pour l'illustration des annales de la patrie.

Si quarante années et plus se sont écoulées avant que la résolution de la Commission ait eu son effet, cela a tenu à un concours de circonstances indépendantes de sa volonté et de celle de l'éditeur.

La Relation du seigneur de Montigny sera, nous n'en doutons pas, accueillie avec intérêt par le public. Comme le dit Nélis, « Montigny s'est
» plu à décrire l'état de la cour de son maître, les fêtes et les événements
» de son voyage, ses deux entrevues avec Louis XII, la première à Blois,
» l'autre à Lyon, son arrivée en Espagne et son retour dans les Pays-Bas.
» Il a su incorporer à sa narration beaucoup de choses inconnues à ses
» compatriotes sur l'Espagne, sur les mœurs, les places publiques, les
» temples et les palais de ce pays; et ses réflexions nous doivent être
» d'autant plus agréables qu'elles sont l'ouvrage d'un homme qui tenait
» un rang distingué à la cour du souverain, et qui peint avec l'élégance
» de son siècle les mœurs des grands ses égaux³. » Nous ajouterons qu'il n'y a peut-être pas de livre qui fasse mieux connaître les coutumes et les usages de l'Espagne au commencement du XVIᵉ siècle.

Nos historiens ne parlent guère d'ANTOINE DE LALAING⁴, qui cependant joua un rôle important dans les vingt-cinq premières années du règne

---

¹ *Bulletins*, 1ʳᵉ série, t. I, p. 3.

² *Belgicarum rerum Prodromus, sive de Historia Belgica ejusque scriptoribus praecipuis Commentatio*, dans le tome Iᵉʳ de la *Chronique rimée de Philippe Mouskès*, publiée par REIFFENBERG.

³ *Ibid.*

⁴ Il faut en excepter M. ALEXANDRE HENNE, dans son *Histoire du règne de Charles-Quint en Belgique*, 10 vol. in-8°, 1858-1860.

de Charles-Quint; les renseignements que fournissent sur son compte les Nobiliaires sont insignifiants; M. Brassart lui a consacré huit pages dans sa *Notice historique et généalogique de la famille de Lalaing* [1] : mais ce qu'il rapporte et qui est presque entièrement emprunté à la *Notitia marchionatus Sacri Romani Imperii* de Jacques le Roy ne nous apprend pas grand'chose. Il nous a donc fallu, voulant faire connaître au lecteur, au moins dans ses traits principaux, la vie de l'auteur de notre Relation, nous livrer à d'assez longues recherches.

Antoine de Lalaing était fils de Josse et de Bonne de la Viesville, dame de Sains, petit-fils de Simon, qui s'acquit beaucoup de renom dans les guerres du règne de Philippe le Bon. Il naquit en 1480. Il fut admis de bonne heure au nombre des officiers de la maison de Philippe le Beau: son nom figure déjà dans un rôle de ces officiers du 30 avril 1496 qui est conservé aux Archives du royaume. Lorsque, le 1er novembre 1501, Philippe le Beau forma sa maison pour le voyage qu'il allait faire en Espagne, il comprit Antoine de Lalaing parmi ses chambellans [2]. Le 15 octobre 1503 il le fit châtelain d'Ath [3].

Ce fut encore en qualité de chambellan que Lalaing accompagna le roi de Castille à son second voyage en Espagne [4].

Après la mort du roi il vint à Malines, où l'archiduchesse Marguerite, à qui l'empereur Maximilien venait de confier la régence des Pays-Bas et la tutelle de ses petits-enfants, avait établi le siège de son gouvernement. Cette princesse l'employa en plusieurs commissions [5]. Nous le voyons, en 1507, commissaire aux revues d'abord, puis commissaire général de l'Em-

[1] *Mémoires de la Société royale et centrale d'agriculture de Douai*, 1re série, t. XII, pp. 251-377.
[2] Voy. p. 348.
[3] Registre n° 14916 de la Chambre des comptes, aux Archives du royaume.
[4] Voy. p. 528.
[5] *Correspondance de l'empereur Maximilien et de Marguerite d'Autriche*, publiée par Le Glay, t. I, pp. 48, 98, 111, 302.

INTRODUCTION.

pereur et de l'Archiduc¹. Après la conclusion de la ligue de Cambrai (10 décembre 1508), il accompagna en Gueldre le comte de Carpy, chargé de notifier à Charles d'Egmont les dispositions de ce traité qui le concernaient et de le requérir de les observer². Le 22 avril 1510 Maximilien et Charles, voulant reconnaitre les services qu'il avait rendus tant au feu roi Philippe, « en tous ses voyages d'Allemagne, d'Espagne, de Gueldre, » France, Angleterre et ailleurs, » qu'à eux-mêmes, le gratifièrent d'une pension annuelle de 400 livres³.

Les fonctions de chambellan qu'il avait remplies auprès de la personne de Philippe le Beau lui avaient été continuées auprès de l'Archiduc, dont il était même devenu, en 1514, le second chambellan. Charles, lorsqu'il eut été émancipé, le fit l'un des deux chefs principaux de ses finances⁴.

Le 6 novembre 1516, dans le chapitre tenu à Bruxelles, il fut élu chevalier de la Toison d'or⁵.

Nous le trouvons, à cette époque, au nombre des commissaires qui, de la part du prince, renouvelaient le magistrat de Gand.

En 1518 il fut fait chef et capitaine d'une compagnie d'ordonnances de cinquante lances⁶. Charles-Quint, la même année, le choisit, avec le prince de Chimay, le seigneur de Fresin, le conseiller Jonglet et l'audiencier Haneton, pour négocier un traité de confédération et d'alliance avec les états des pays de Liége, du duché de Bouillon et du comté de Looz, traité qu'ils conclurent le 12 novembre.

---

¹ *Rapport à M. le Ministre de l'intérieur sur différentes séries de documents concernant l'histoire de la Belgique qui sont conservées dans les archives de l'ancienne Chambre des comptes de Flandre, à Lille,* 1841, pp. 364, 381.

² Alex. Henne, t. I, p. 209.

³ Compte de la recette générale des finances de 1514, fol. 142, aux Archives du département du Nord.

⁴ Ordonnance du 26 mars 1515 (n. st.), aux Archives du département du Nord.

⁵ Reiffenberg, *Histoire de la Toison d'or*, p. 308.

⁶ *Liste des chefs des bandes d'ordonnances, de 1406 à 1604*, aux Archives du royaume.

ANTOINE DE LALAING avait épousé Isabelle, dame de Culembourg, de Hooghstraeten, etc., veuve de Jean de Luxembourg, seigneur de Ville, mort en 1508. Sa femme lui ayant transporté, par donation d'entre-vifs, la baronnie, terre et seigneurie de Hooghstraeten, pour en jouir comme de son propre héritage, Charles-Quint, par des lettres données à Saragosse au mois de juin 1518, érigea cette baronnie en comté [1].

Le 25 novembre, en l'église de Sainte-Gudule, à Bruxelles, l'archiduc Ferdinand investit le nouveau comte, en grande pompe, de la dignité que le roi son frère venait de lui conférer. Après que M. d'Aigny, chef du conseil privé, eut fait l'éloge des services rendus à leurs princes par Lalaing et ses prédécesseurs et qu'il eut été donné lecture des patentes royales, l'Archiduc dit à LALAING, agenouillé devant lui en face du grand autel : « Messire ANTHOINE DE LALAING, monseigneur le roy catholicque, ducq de » Brabant, pour les causes qui ont esté icy récitées et déclarées des vertus » et louable conduite de vos prédécesseurs et de vous, a fait et érigé de » vostre baronnie de Hoochstrate une conté, et à ceste heure vous crée et » nomme conte de Hoochstrate, et veut que de tous et par tous soyez » d'ores en avant tenu, nommé et réputé pour tel; et en signe de ce, en » vertu des lettres de pouvoir et commission à moy sur ce données par » monseigneur le Roy, je vous baille le chapeau de conte, pour en tous » lieux et tous actes, pour vous et vos successeurs, contes et contesses de » Hoochstraete, jouyr et user des droicts, honneurs, prérogatives et prée- » minences dont contes doivent et ont accoustumé de jouyr et user [2]. » Une des prérogatives que les patentes du mois de juin 1518 attribuaient à LALAING et à ses successeurs était d'être appelés à toutes assemblées des états de Brabant, comme « membres du duché et des états. »

Le 8 février 1522 Charles-Quint nomma le comte de Hoogstraeten gouverneur et lieutenant général de Hollande, Zélande et Frise, en rempla-

---

[1] LE ROY, *Notitia marchionatus Sacri Romani Imperii*, p. 339.
[2] *Ibid.*, p. 346.

INTRODUCTION.

ement du comte de Nassau, qui devait l'accompagner en Espagne. ₊ALAING prit possession de cette charge à la Haye, le 8 août [1]. Celle de

[1] Nous donnons ici ses patentes, sa prestation de serment et sa prise de possession, d'après une opie que notre honorable et savant collègue à la Haye, M. L. Ph. C. Vanden Bergh, a eu la complaisance de nous envoyer :

« CHARLES, par la divine clémence, esleu empereur des Romains, etc.

» Comme nostre très-chier et féal cousin, chevalier de nostre ordre, grand chambellan et gouverneur t lieutenant général de noz pays de Hollande, Zeelande et Frize, à nostre requeste et considérant que, bstant nostre prouchain voyaige d'Espaigne, ouquel nous entendons nous servir de luy, il ne pourra acquer au gouvernement dudict Hollande, comme bien requis seroit, ait mis ledict estat en noz mains our en faire nostre plaisir, SAVOIR FAISONS que, pour la bonne cognoissance que par expérience nous vons des sens, prudence et en effect de la souffisance de nostre amé, aussi féal chevalier de nostre rdre, second chambellan et chief de noz finances de par deçà, messire Anthoine de Lalaing, conte de oochstrate, nous icelluy conte de Hoochstrate, à plain confians de sa léaulté et diligence, avons tenu, commis et establi, retenons, commectons et establissons, par ces présentes, oudict estat de ouverneur et lieutenant général en nosdicts pays de Hollande, Zeelande et Frize, ou lieu de nostredict ousin de Nassau, lequel de son gré nous en avons deschergé et deschergons par ces présentes, ar lesquelles nous avons donné et donnons à icelluy conte de Hoochstrate plain povoir, auctorité mandement espécial dudict estat de gouverneur et lieutenant d'ores en avant tenir, exercer et sservir, d'y garder noz droitz, haulteur et seigneurie, d'y faire dresser et conduire le bien desdicts ays et de noz subgectz en iceulx, et de les garder et deffendre de toutes foules et oppressions, d'y ire et administrer droit, raison et justice à tous ceulx et celles qui l'en requerront, de faire expédier. speschier et exécuter toutes provisions de justice, à l'advis de noz amez et féaulx les président et ns de nostre conseil en Hollande, et de au surplus faire bien et deuement toutes et singulières les oses que bon et léal gouverneur et lieutenant dessusdict peult et doibt faire et que audict estat comtent et appartiennent : le tout en la mesme forme et manière et en telle auctorité, prérogative et ééminence que ledict conte de Nassou et autres ses prédécesseurs les ont tenuz et en ont joy et usé leur temps, aux gaiges, honneurs, prérogatives, prééminences, libertez, franchises, droitz, ouffitz et émolumens accoustumez et y appertenans, tant qu'il nous plaira. Sur quoy ledict conte de oochstrate sera tenu faire le sèrement à ce deu et pertinent en noz mains.

» Si donnons en mandement à nosdicts président et gens de nostredict conseil et de noz comptes en ollande, aux prélatz, nobles, vassaulx et autres représentans les estatz et à tous noz justiciers, iciers et subgectz de nosdicts pays de Hollande, Zeelande et Frize, que, ledict sèrement fait par dict conte de Hoochstrate, comme dit est, ilz le tiengnent et réputent pour gouverneur et lieutenant

chef des finances, qu'il conservait, ne devait guère lui permettre de vaquer

général èsdicts pays, luy portent tout honneur et révérence et, en toutes choses concernans le fait, conduite et exercice desdicts estatz et ce qui en deppendt, luy obéissent et fassent adresse et assistence comme à nous-mesmes, et au surplus le fassent, seuffrent et laissent d'iceulx estatz, ensemble des droitz, honneurs, prééminences, prérogatives, libertez, franchises, prouffitz et émolumens dessusdicts plainement et paisiblement joyr et user, cessans tous contredicts et empeschemens. Mandons, en oultre, à nostre rentmaistre de Hollande ou quartier de Noorthollande, ou autre nostre receveur présent et à venir, que les gaiges ausdicts estatz apparterans et accoustumez payer, que iceulx il paye, baille et délivre d'ores en avant, chascun an, audict conte de Hoochstrate ou à son command pour luy, aux termes et en la manière accoustumez. Et par rapportant cesdictes présentes, vidimus ou copie autenticque d'icelles pour une et la première fois, et pour tant de fois que mestier sera quitance souffisant dudict conte de Hoochstrate à ce servant tant seullement, nous voulons tout ce que payé, baillé et délivré luy aura esté à la cause dicte, estre passé ès comptes et rabatu de la recepte de nostredict rentmaistre de Hollande oudict quartier de Noorthollande ou d'autre nostre receveur présent et à venir qui payé l'aura, par lesdicts de noz comptes, ausquelz mandons ainsi le faire sans difficulté : car ainsi nous plaist-il, nonobstant quelzconques ordonnances, restrictions, mandemens ou deffenses à ce contraires.

» En tesmoing de ce, nous avons fait mettre nostre seel à ces présentes.

» Donné en nostre ville de Bruxelles le viiime jour du mois de février, l'an de grâce mil cincq cens vingt et ung et de noz règnes, assavoir d'icelluy des Romains et de Hongerie le iiime, et de Espaigne, etc., le vime. »

Ainsi signé : Par l'Empereur, Du Blioul.

Et au doz estoit escript : Cejourd'huy, xiiiime jour de février, l'an mil cincq cens vingt et ung, messire Anthoine de Lalaing, conte de Hoochstrate, dénommé au blancq de cestes, a fait le sèrement pertinent à l'estat de gouverneur et lieutenant général des pays de Hollande, Zeelande et Frize, mentionné en icelles, ès mains de l'Empereur, à Bruxelles, les jour et an que dessus.

Moy présent : *Signé* Du Blioul.

Et encoires : Cejourd'huy, viiime jour d'aoust, l'an mil cincq cens vingt et deux, messire Anthoine de Lalaing, conte de Hoochstrate, dénommé au blancq de cestes, a prins la possession de ceste commission, laquelle, en la présence de Madame, mons^r de Berghes et autres nobles, et aussi en la présence de nobles et députez des villes de Hollande, a esté leute; et ont lesdicts nobles et députez remerchié ledict conte de Hoochstrate et luy présenté toute obéissance. A la Haye en Hollande les jour et an que dessus.

Moy présent : *Signé* A. Sandelin.

(Archives du royaume à la Haye : *Tweede Memoriaelboeck*, Sandelin, 1520-1523.)

aux affaires de son gouvernement : aussi l'Empereur lui donna-t-il pour adjoint le sieur de Castres, qui plus tard (20 novembre 1527) reçut le titre de lieutenant-gouverneur.

Au moment de repartir pour l'Espagne, Charles-Quint crut devoir faire son testament (22 mai 1522); Lalaing fut désigné par lui pour être l'un de ses exécuteurs testamentaires [1].

Marguerite d'Autriche avait, dès les premiers temps, distingué LALAING entre tous les gentilshommes qui étaient à sa cour; elle savait que, comme cadet de sa maison, il n'était pas riche : le 20 septembre 1517 elle lui accorda, sur ses revenus particuliers, une pension de mille livres, « pour » considération des bons et agréables services par luy dèz longtemps faits à » elle en plusieurs et diverses manières [2]. » Le 15 mai 1523, en renouvelant l'état de sa maison, elle le déclara son chevalier d'honneur et chef de ses finances en remplacement de Laurent de Gorrevod, comte de Pont-de-Vaux, qui était devenu grand maître d'hôtel de l'Empereur [3] : les fonctions de chevalier d'honneur de l'Archiduchesse équivalaient à celles de grand maître de sa maison. Par des lettres patentes du 1er octobre 1524, Marguerite le retint de nouveau, « en tant que de besoin, ès estatz de son » chevalier d'honneur, chef de ses domaines et finances, superintendant et » ayant le principal soing et regard, après elle, sur tous et quelzconques » ses affaires, » aux gages et pension de deux mille livres [4]. Elle lui avait fait don de mille livres le 23 avril de la même année [5].

Toutes ces faveurs disent assez quel était le crédit d'ANTOINE DE LALAING auprès de la régente des Pays-Bas. L'ambassadeur vénitien Gaspard Contarini, qui résida dans ces provinces à la suite de Charles-Quint, en 1521

---

[1] ALEX. HENNE, t. III, p. 251.
[2] Registre n° 1800 de la Chambre des comptes, fol. 39 v°.
[3] Ibid., fol. 40 v°.
[4] Ibid.
[5] Ibid., fol. 146.

et 1522, assure, dans sa Relation au Sénat, que les Belges en étaient mécontents et que Lalaing était l'objet de la haine publique [1].

Faut-il admettre, avec quelques écrivains, qu'il fut l'amant de Marguerite [2]. Sur des points aussi délicats l'histoire ne doit se prononcer qu'avec réserve, d'autant plus que la fausseté de ce qui est rapporté par les mêmes écrivains, que le comte de Hooghtraeten eut de la princesse un fils appelé Philippe de Lalaing, tige des seigneurs de la Mouillerie-Maffle, est aujourd'hui avérée : le docteur Le Glay a prouvé que ce Philippe, légitimé en mars 1523, eut pour mère Isabeau, bâtarde d'Haubourdin [3]. Sa naissance devait être de beaucoup antérieure à la nomination de LALAING comme chevalier d'honneur de Marguerite, puisque, déjà en 1521, nous le voyons figurer parmi les pages de l'Archiduchesse [4].

ANTOINE DE LALAING, dans les années qui suivirent sa nomination au gouvernement de Hollande, dirigea plusieurs expéditions contre les Gueldrois, qui faisaient des incursions fréquentes dans cette province et dans le pays d'Utrecht. En 1527 et 1528 il fut envoyé à l'évêque d'Utrecht, Henri de Bavière, pour se concerter avec lui sur les moyens de leur résister [5]. Après la révolte des Utrechtois contre l'évêque, révolte que le duc de Gueldre, Charles d'Egmont, avait fomentée, il entra dans leur ville (juillet 1528) à la tête d'un corps de troupes impériales [6]. Il fut l'un des négociateurs du traité conclu à Gorcum, le 3 octobre 1528, par lequel Charles

---

[1] « .... Di questo governo li popoli non si contentano molto, et hanno grandemente in odio questo signor di Ostrath... » (*Les Monuments de la diplomatie vénitienne*, p. 64.)

[2] BRASSART, p. 319.

[3] *Bulletin de la Commission historique du département du Nord*, t. III, p. 326.

[4] Dans le compte, rendu par Jean de Marnix, trésorier et receveur général des finances de l'Archiduchesse, des dépenses de son hôtel pour l'année 1521 (Reg. n° 1797 de la Chambre des comptes), il y a, fol. 144, un payement fait à Bombelli, marchand à Anvers, « pour achat de velours noir destiné à » faire des robes aux six pages d'honneur de Madame, » et parmi ces pages est *le petit bastart monsieur d'Oochstrate.*

[5] Archives du royaume : *Revenus et dépenses de Charles-Quint*, t. I, ann. 1520-1530.

[6] ALEX. HENNE, t. IV, p. 191.

d'Egmont abandonna le parti du roi de France et s'engagea à faire hommage à l'Empereur pour les pays de Gueldre, Zutphen, Groningue, Ommelanden, Coevorden et Drenthe. Ce fut en ses mains que, le 21 du même mois, Henri de Bavière, du consentement des chapitres de sa ville épiscopale, fit cession à l'Empereur de la souveraineté de l'église d'Utrecht [1].

Il accompagna, en 1529, Marguerite d'Autriche à Cambrai, lorsqu'elle y alla négocier avec Louise de Savoie le traité qui reçut le nom de la *Paix des dames* (3 août); le jour même où se fit la publication de cette paix (5 août), il apposa sa signature, à côté de celles de l'Archiduchesse, du comte de Gavre et du seigneur de Berghes, à un second traité qui rétablissait les anciennes relations commerciales entre les Pays-Bas et l'Angleterre [2].

Le comte de Hooghstraeten conserva la confiance et la faveur de Marguerite d'Autriche tant qu'elle vécut : plusieurs lettres de l'envoyé françois la Pommeraye, qui résida à la cour de cette princesse dans les dernières années de sa vie, font voir que le comte avait plus d'autorité à lui seul que tout le conseil, et que rien ne se faisait sans lui [3]. Il était auprès de l'Archiduchesse lorsqu'elle expira dans la nuit du 30 novembre au 1er décembre 1530; il fut un de ses exécuteurs testamentaires [4].

Sous la régence de la reine douairière de Hongrie son influence ne fut plus aussi grande : mais il continua de remplir les charges éminentes de chef des finances et de gouverneur de Hollande, Zélande et Frise. Il devint, de plus, gouverneur de la province d'Utrecht en 1534, l'Empereur ayant réuni cette province à la Hollande sous le même stathouder [5].

ANTOINE DE LALAING, au mois de février 1540, accompagna Charles-Quint à Gand, où ce monarque se rendit pour punir les auteurs de la

---

[1] *L'Art de vérifier les dates*, article des évêques d'Utrecht.

[2] ALEX. HENNE, t. IV, p. 249.

[3] *La Bibliothèque nationale à Paris. Notices et Extraits des manuscrits qui concernent l'histoire de Belgique*, t. II, pp. 73-75.

[4] *Analectes belgiques*, p. 380.

[5] Par placard du mois d'avril 1534. Voy. *Utrechtsch Placaat-Boek*, D. I, p. 30.

révolte qui y avait éclaté contre son gouvernement. Étant tombé malade en cette ville, il y mourut le 2 avril. Il fut inhumé dans le chœur d'une église qu'il avait érigée à Hooghstraeten [1].

Il ne laissa point de postérité légitime, mais il eut plusieurs enfants naturels. Nous avons parlé plus haut de celui auquel Isabeau, bâtarde d'Haubourdin, donna le jour; une lettre de la Pommeraye, du mois d'octobre 1529, en mentionne un autre que Lalaing allait envoyer aux études à Paris [2].

Isabeau de Culembourg survécut à son époux jusqu'au mois de décembre 1555 [3].

Cinq manuscrits de la Relation d'ANTOINE DE LALAING existent à la Bibliothèque royale, à Bruxelles.

Nous nous sommes servi, pour cette édition, de celui qui porte le n° 7382. C'est un petit in-folio sur papier, relié en veau brun gaufré, ayant quatre-vingt-seize feuillets, d'une écriture qui parait être du premier quart du XVIe siècle, à longues lignes.

Des quatre autres manuscrits, deux (les n°s 15856 et 15858) sont des copies du XVIIe siècle; les deux autres (les n°s 15857 et 15859), des copies du XVIIIe.

Au feuillet de garde du MS. 7382 on lit :

Proverbe de messire Charles Le Clercq.

Sperans timeo.

Rondelet sur ce proverbe.

Sperans timeo
Iram vindicem.
Jus est in Deo.

---

[1] LE ROY, *Notitia marchionatus Sacri Romani Imperii*, p. 344.
[2] *La Bibliothèque nationale, à Paris*, etc., t. II, p. 73.
[3] LE ROY, *l. c.*

INTRODUCTION.

Sperans timeo.
Dum mala fleo
Flecto judicem.
Sperans timeo
Iram vindicem.

Sur son cognom Rondelet.

Plus tos morir
Clerc que homme lai
Par démérir.
Plus tos morir
Que mal mérir.
Emprin je l'ai.
Plus tos morir
Clercq que homme lay.

Quel était ce Charles Le Clercq auquel le manuscrit parait avoir appartenu originairement?

Nous trouvons, dans les années 1506 à 1511, un trésorier des guerres de ce nom [1] : on peut raisonnablement supposer que ce fut pour lui que fut faite la copie de la Relation d'ANTOINE DE LALAING. Le lecteur aura remarqué qu'en 1507 LALAING fut commissaire aux revues : en cette qualité il devait avoir des rapports fréquents avec le trésorier des guerres.

Quoique le manuscrit 7382 soit infiniment supérieur aux autres, il laisse cependant encore bien à désirer. Nous avons consulté, sur les passages et les mots qui paraissaient avoir été altérés ou omis par le copiste, un manuscrit du XVII⁰ siècle que M. le marquis de Godefroy de Ménilglaise, associé de l'Académie royale de Belgique, a bien voulu pendant quelque temps mettre à notre disposition; nous avons eu recours aussi

---

[1] *Rapport à M. le Ministre de l'intérieur sur différentes séries de documents concernant l'histoire de la Belgique qui sont conservées dans les archives de l'ancienne Chambre des comptes de Flandre, à Lille,* pp. 363, 382.

au MS. 15856, provenant du chanoine de Tournai Jérôme de Winghe, lequel a écrit en tête : *Par mon varlet copié sur l'exemplaire qui est entre les mains de mons^r de Wieze, grand baillif d'Ypre;* nous nous sommes aidé encore de la Relation de Jean Le Maire dont le manuscrit est à la Bibliothèque nationale, à Paris. Mais le manuscrit qui nous a été le plus utile, comme le démontrent les nombreuses citations que nous en avons faites, est celui qui existe à la Bibliothèque royale, à la Haye, et que le savant directeur de ce dépôt littéraire, M. Campbell, nous a obligeamment confié.

Ce codice, qui porte au dos le n° 3091, est sur papier, in-folio; la reliure en est en bois recouvert de veau brun gaufré.

Au revers de la couverture est collée une vignette représentant un blason entouré des mots : « Claude-Bernard Rousseau, auditeur des » comptes. »

Au verso du feuillet de garde on lit : « Cet ouvrage a été acheté à la » vente de la bibliothèque de M. de Servais, où il se trouve au catalogue » de cette bibliothèque sous le n° 3091. »

Les pages sont cotées de 1 à 377 (le n° 318 a été omis). L'écriture est du XVIe siècle.

A la suite du texte il est écrit d'une autre main :

Finis coronat opus.

Et plus bas, d'une main différente encore :

Exitus acta probat.
N. de Caverson.

Les défectuosités des manuscrits n'ont pas été la seule difficulté que l'éditeur ait rencontrée dans l'accomplissement de sa tâche : il en est une autre que le texte original même ne lui eût pas sauvée. La Relation

INTRODUCTION.

d'ANTOINE DE LALAING fourmille de noms de lieux et de personnes entre lesquels il n'en est presque pas, surtout en ce qui concerne l'Espagne, qui ne se trouvent défigurés. Il nous a fallu, pour rétablir les noms des lieux, avoir l'œil, pour ainsi dire, constamment fixé sur les cartes géographiques; la rectification des noms de famille nous a aussi coûté beaucoup de recherches. Malgré toutes les peines que nous nous sommes données, nous n'oserions nous promettre de n'avoir pas commis quelque méprise.

On nous saura gré, nous l'espérons, d'avoir joint à la Relation de LALAING, entre autres pièces, l'ordonnance par laquelle Philippe le Beau régla l'organisation de sa maison pour son voyage d'Espagne, et une série de lettres que le comte de Nassau, son lieutenant général aux Pays-Bas, adressa au magistrat et au gouverneur de Béthune [1] sur les incidents de ce voyage.

La Bibliothèque royale de Bruxelles possède une copie, écrite en 1618, et qui porte, au catalogue, le n° 14517, d'une Relation du même voyage par Julien Fossetier, prêtre, natif d'Ath en Hainaut. Cette Relation n'est qu'un extrait de celle d'ANTOINE DE LALAING, arrangé à sa façon par Fossetier, qui reconnaît d'ailleurs, dans son prologue, les emprunts qu'il a faits à celle-ci : « Lequel voyage — ainsi s'exprime-t-il, mon cher maistre
» et seigneur M⁰ Jan Molinet a indiciet, non point toutesfois si bien
» adverti que ANTHOINE DE LALAING, seigneur de Montigny, depuis conte de
» Hoostraten, qui, allant à ce voiage, le recoeillit chascun jour *et le me bailla*
» *par escript de sa main, selon lequel escript et recoeil j'accompliray mon*
» *oeuvre*, car il m'at certifiet qu'il at veu et oy tout ce qu'il at mémoryet. »

Julien Fossetier était, comme il s'intitule lui-même, « chroniqueur et
» indiciaire » de Charles-Quint. Paquot, qui lui consacre un article dans ses *Mémoires pour servir à l'histoire littéraire des Pays-Bas* [2], ne cite point

---
[1] Elles durent être adressées aussi aux autres villes principales des Pays-Bas.
[2] Tome VIII, p. 385.

sa Relation du voyage de Philippe le Beau, qui nous a fourni quelques indications utiles.

A la Bibliothèque impériale, à Vienne, est un manuscrit qui en renferme une autre[1]. Celle-ci diffère notablement de l'ouvrage d'ANTOINE DE LALAING : elle n'a point de prologue; elle n'est pas divisée en chapitres; elle ne donne pas la liste des personnages qui accompagnèrent le roi de Castille dans son voyage: elle s'arrête au 9 mai 1502, jour où Philippe le Beau, étant à Tolède, apprit la mort du prince de Galles, fils de Henri VII, c'est-à-dire au seizième chapitre du premier livre de LALAING, qui en a quarante-quatre et est suivi d'un second livre où l'on en compte trente-neuf. Il est juste de reconnaître d'ailleurs que, pour la partie du voyage dont il s'occupe, l'auteur donne beaucoup plus de détails que le seigneur de Montigny sur la réception qui a été faite à l'archiduc Philippe en France et en Espagne.

La Relation de Vienne a été publiée par Chmel sans note ni éclaircissement[2].

III

Dans le prologue placé en tête de la Relation qui porte son nom, ANTOINE DE LALAING nous apprend qu'il a « mémoryez par escript » ce qui advint aux DEUX VOYAGES de Philippe le Beau en Espagne; il ajoute que son œuvre sera divisée en quatre livres : le premier livre traitant du premier voyage de l'Archiduc; le deuxième de son retour aux Pays-Bas; le troisième de son second voyage et de son naufrage; le quatrième « du » résidu de sa brève vie et de son trespas. »

Les deux premiers livres sont ceux qui voient le jour dans ce volume : mais que sont devenus les deux autres?

[1] Il porte le n° 3410.
[2] *Die Handschriften der k. k. Hofbibliothek in Wien, im Interesse der Geschichte*, etc., tom. II, 1841, pp. 554-655.

INTRODUCTION.

Chose singulière! Ceux-ci ne sont cités par aucun historien, et jusqu'aujourd'hui ni dans les Bibliothèques de Belgique, ni dans celles de France, d'Angleterre, d'Allemagne, d'Italie, on n'en a signalé l'existence.

En 1836 étant allé visiter la Bibliothèque royale, à Paris, afin d'y rechercher les manuscrits qui pouvaient être utilisés pour la Collection des voyages des souverains des Pays-Bas, je trouvai dans ce grand dépôt littéraire un volume qui excita particulièrement mon attention; il appartenait au fonds Dupuy et portait le titre suivant, écrit de la main de Pierre Dupuy lui-même : *Mémoires de la vie de Philippe, archiduc d'Autriche, comte de Flandre, roi d'Espagne, premier du nom, et de Jeanne, sa femme, fille de Ferdinand et Isabelle; leur voyage de Flandre en Espagne en 1501; leur second voyage de Flandre en Espagne en 1505 et 1506; mort dudit Archiduc à Burgos, septembre 1506, et la suite de l'histoire jusqu'en 1508, par* JEAN LE MAIRE DE BELGES, *indiciaire et historiographe de l'archiduc Charles, prince d'Espagne, présent auxdits voyages.* CIƆ IƆC XXXVII. P. DUPUY. 503.

Sur le compte que je rendis de cette découverte à la Commission royale d'histoire dans la séance du 4 février 1837, il fut résolu que la Relation du second voyage de Philippe le Beau, telle que la contenait le manuscrit Dupuy 503, prendrait place, à la suite de celle du seigneur de Montigny, dans la Collection des voyages des souverains des Pays-Bas [1].

Lorsque plus tard — c'était en 1853 — la Commission s'en fut procuré une copie, j'eus le loisir de l'examiner. Cet examen me convainquit que Dupuy s'était trompé, et que la Relation du voyage de 1506 ne pouvait être l'ouvrage de Jean Le Maire. Je m'appliquai à le démontrer dans une notice dont je donnai lecture à la Commission, à la séance du 9 janvier 1854 [2] : mes raisons étaient, en substance, que, bien que le manuscrit fût

---

[1] *Bulletins*, 1re série, t. I, pp. 208-210.
[2] *Bulletins*, 2me série, t. VI, pp. 13-32.

une minute, chargée de corrections et de changements, on n'y trouvait pas une seule ligne, un seul mot qui eût été tracé de la main de Le Maire; qu'il résultait de plusieurs passages de la Relation que celui qui l'avait écrite était du voyage, et que, contrairement à l'assertion de Dupuy, Le Maire ne faisait point partie de la suite de Philippe le Beau en 1506 [1].

Si la Relation du voyage de 1506 n'était pas de Jean Le Maire, à qui devait-elle être attribuée?

La notice dont j'ai parlé tout à l'heure était consacrée aussi à la discussion de ce deuxième point.

Je faisais observer d'abord qu'il était constant qu'Antoine de Lalaing avait été du second voyage ainsi que du premier; je rappelais sa déclaration qu'il avait « mémoryez par escript » l'un et l'autre; je citais des passages où l'auteur parlait de lui-même et qui faisaient voir qu'il devait être un des officiers, et non l'un des moins considérables, de la cour du roi de Castille. Je concluais qu'il y avait des probabilités que la Relation du voyage de 1506 eût été écrite par Antoine de Lalaing, mais je n'avais garde de l'affirmer, et j'engageais la Commission à appeler, sur cette question d'histoire littéraire, par le moyen de son *Bulletin*, les lumières des hommes compétents.

Il y a vingt-deux ans de cela : nulle communication, nul éclaircissement qui pût la mettre sur la voie, n'est parvenu à la Commission dans cet intervalle.

Il nous faut donc ici reprendre la discussion au point où nous l'avons laissée en 1854.

Et d'abord il convient de citer les passages où l'auteur se met en quelque sorte en scène.

Dans le récit qu'il fait de l'ambassade envoyée par Philippe le Beau à

---

[1] Selon Paquot, *Mémoires pour servir à l'histoire littéraire des Pays-Bas*, t. III, p. 2, Le Maire, en 1506, était à Rome.

Louis XII et qui fut reçue à Blois, par ce monarque, au mois d'octobre 1505, il s'exprime ainsi : « Or avoient les François plusieurs divises que
» guères ne vaillent à ramentevoir,...... et entre les aultres demandoient
» aux gens du roy de Castille s'ilz cuidoient avoir la fille de France pour
» le duc Charles de Luxembourg, prince de Castille. A quoy MOY-MESMES
» RESPONDIZ qu'ilz estoient tous deux bien jeunes, et que, quant ilz seroient
» grans et en eage de maryer, que l'ung recouvreroit bien d'une femme
» et l'autre d'un mary [1]. »

Après avoir cité les principales dispositions du traité que le roi d'Aragon Ferdinand conclut, à cette époque, avec Louis XII, et dit qu'*il se déporte des autres points et articles, obstant qu'ilz ne le touchent,* l'auteur ajoute : « Et N'AY INTENCION DE METTRE PAR ESCRIPT fors les bonnes ou mal-
» vaises adventures que le roy don Philippe POURRA AVOIR en son dict
» voiage, et les vertus des princes, seigneurs et gentilzhommes qui à luy
» obéiront, comme tenus sont, et les vices et lâchetez de ceulx qui, contre
» droit et raison, luy seront rebelles et désobéissans, etc. [2]. »

Et immédiatement après :

« Je ne vous ay ozé monstrer ne donné à cognoistre aucuns articles QUE
» J'AVOYE ICY ESCRIPTS touchant et le gouvernement et les gouverneurs du
» Roy, nostre sire, doubtant que aucuns ne trouvassent MON LIVRE et qu'il
» NE M'EN FUST DE PIZ, ou que le Roy ne fût aucunement adverti de MON
» ESCRIPTURE, et aussi qu'il avoit pluseurs nouvelles gens et jeunes à l'en-
» tour de luy, et qu'ilz ne eussent dit quelque chose de MON ESCRIPTURE et
» qu'il l'eust voulu véoir ; ET MOY, doubtant de ce, AY DÉCHIRÉ AUCUNS FEUIL-
» LETZ de ce présent cahier [3]. »

A propos de la tempête qui assaillit la flotte de Philippe le Beau peu de jours après son départ des Pays-Bas et du danger que coururent tous

---

[1] Pag. 404.

[2] Pag. 415.

[3] Pag. 415.

ceux qui étaient à la suite du Roi, l'auteur déclare que, DE SA PART, IL SE RENDIT AUSSI DIFFICILE A BOIRE DE L'EAU SALÉE que nul homme de la compagnie [1].

Un peu plus-loin il fait des réflexions qui n'ajoutent pas peu à la curiosité qu'a le lecteur de le connaître : « Quant je ME TROUVAY A SAULVETÉ, — dit-il — » doubtant que le roy don Philippe, mon bon maistre, ne fût perdu, et » que je considéray l'ynimité que avoient à moy les deux chevaliers de » basse condition et de la longue robe dont j'ay parlé cy-dessus [2], l'auc- » torité qu'ilz avoient ès païs d'embas, la jeunesse de monsigneur le prince » de Castille, Charles, duc de Luxembourg, et que je pensiz bien à leur » malvaistié,........ je vous prometz que, si j'avois eu grand crainte de la » mort, que encoire euz-je plus grand crainte de vivre, et maudisoie la » mer de tant me avoir espargnié : car DE MOY RETIRÉ OU PAÏS DONT JE SUIS, il » N'EUST POINT ESTÉ EN PAIX, NE MOY, pour lesdits deux chevaliers; de moy » tiré en Engleterre, oncques estrangier n'y fut bien venu, se n'est, à » l'aventure, du vivant de ce présent saige roy; de moy tiré en France, » CONTRE MA NATURE, comment me eust-il esté possible d'y vivre? JAMAIS MON » COEUR NE S'Y FUT ADONNÉ; de moy tiré ès Espaignes ou Ytalie, en Turquie » ou en la Morée, le cueur n'eust jamais pu le penser...... [3]. »

Enfin l'auteur, après avoir dit que, pendant leur séjour en Angleterre, le roi de Castille et toute sa compagnie furent défrayés par les officiers de

---

[1] Pag. 419.

[2] Tout au commencement de sa Relation (pp. 390-392), l'auteur rapporte que, quelques mois avant d'avoir reçu la nouvelle de la mort d'Isabelle la Catholique, Philippe le Beau consulta son conseil sur le point de savoir s'il ferait la guerre au duc de Gueldre; que quatre personnages opinèrent principalement en cette affaire : « les deux nobles hommes, et les autres deux chevaliers de basse condition « et de la longue robe; » que les deux premiers s'attachèrent à détourner Philippe d'entrer en guerre avec le duc; que les seconds, au contraire, l'y excitèrent de tout leur pouvoir, et qu'ils l'attirèrent à leur opinion. Il accuse ceux-ci de n'avoir agi qu'en vue de leur intérêt propre. Dans le cours de son récit, il leur fait d'autres reproches encore.

[3] Pag. 421.

Henri VII « si largement et sy voulentiers qu'il sembloit que argent ne
» coustast riens à leur maistre, » ajoute : « Et qu'il soit vray, je n'en
» parle point par oy-dire, car J'EN AY EU L'AISE ET EUS PART A CE QUE JE DIS,
» mesmes en chevaulx de louaige, en charrettes, boyre et mengyé, belle
» chière et deffroye en l'hostellerie; et payoient autant que JE METTOYE EN
» ESCRIPT avoir eu de mon hoste ou de mon hostesse[1]. »

Ces passages de la Relation du voyage de 1506 prouvent surabondamment que celui qui l'a écrite faisait partie de la suite de Philippe le Beau.

Nous en citerons deux autres encore pour faire voir qu'il écrivait au moment même où venaient de se passer les choses qu'il raconte.

Le premier se rapporte à la réception de Philippe le Beau par les habitants de la Corogne : « Je croy — dit l'auteur — qu'ilz ne aymèrent jamais
» tant roy qu'ilz font leur roy don Philippe pour le présent. Dieu doint
» QU'ILZ Y PUISSENT PERSÉVÉRER ET LONGUEMENT![2] »

Le second concerne l'infant don Ferdinand que Philippe, à son départ pour Burgos, avait fait mener à Simancas, et que les habitants de Valladolid, aussitôt qu'ils surent la mort du Roi, allèrent y chercher, pour le mener en leur ville, « en laquelle — ajoute l'auteur — IL EST ENCOIRES DE
» PRÉSENT, ET LE GARDENT LE PLUS SONGNEUSEMENT QU'ILZ PEUVENT[3]. » Or l'infant ne résida pas longtemps à Valladolid, la reine sa mère l'ayant fait venir auprès d'elle, où il resta jusqu'au mois de juillet 1508, que Ferdinand le Catholique, partant pour l'Andalousie, le prit avec lui[4].

Entre les passages que je viens de citer, il y en a un auquel je ne pris pas suffisamment garde en 1854 : car, si je l'avais mieux considéré, je

---

[1] Pag. 430.
[2] Pag. 433.
[3] Pag. 434.
[4] ÇURITA, *Historia del rey don Hernando el Cathólico*, liv. VIII, chap. XXI. — SANDOVAL, *Historia de Carlos V*, liv. I, § LXV.

n'aurais pas supposé un instant qu'Antoine de Lalaing pût avoir composé cet ouvrage.

Je veux parler de la réponse faite, à Blois, par l'Auteur, aux ministres français qui interrogeaient les ambassadeurs de Philippe le Beau au sujet du mariage de l'archiduc Charles avec la princesse fille de Louis XII.

Ces ambassadeurs étaient Jean de Luxembourg, seigneur de Ville, chevalier de la Toison d'or, conseiller et premier chambellan du Roi, Philibert Naturel, dom-prévôt d'Utrecht, conseiller et chancelier de la Toison d'or, Philippe Dale ou Daule, conseiller et maître d'hôtel du Roi, ministre résident à la cour de France, Philippe Wielant et Jean Caulier, conseillers du Roi. Lalaing ne faisait point partie de l'ambassade; donc il ne peut être l'auteur de la Relation.

Inutile, après cela, de faire voir combien la Relation de 1506 diffère, pour le fond et pour la forme, de celle de 1501 : l'auteur de celle-ci s'attache à donner la description de tous les lieux par où il a passé et de ce qu'il y a noté de remarquable sous le rapport des édifices, des mœurs, de la manière de vivre, etc.; l'auteur de l'autre ne décrit pas : il raconte; il s'occupe beaucoup des événements politiques, tout à fait négligés dans la première.

La Relation du voyage de 1506 n'étant certainement l'ouvrage ni de Jean Le Maire ni d'Antoine de Lalaing, par qui peut-elle avoir été écrite?

Des cinq personnages qui formaient l'ambassade envoyée à Blois en 1505, deux, le seigneur de Ville et le conseiller Dale, accompagnèrent Philippe le Beau en Espagne.

Ce n'est à coup sûr pas le premier qui a pris soin de raconter les choses dont il a été témoin ou qu'il a apprises; il était trop grand seigneur pour cela.

Serait-ce le second?

Ne peut-on pas supposer plutôt que les ambassadeurs du roi de Castille à Blois avaient avec eux quelque secrétaire qui aura été aussi du voyage d'Espagne, et que c'est ce secrétaire qui en a écrit la Relation?

INTRODUCTION.

Nous livrons ces conjectures, sans nous y arrêter davantage, à l'appréciation du public.

Quel que soit celui dont la Relation du voyage de 1506 est l'ouvrage, on ne saurait contester qu'elle ne méritât de voir le jour.

L'auteur débute en racontant la guerre que Philippe le Beau fit au duc de Gueldre, Charles d'Egmont, dans les années 1504 et 1505; les négociations dont elle fut suivie entre les deux princes: celles qui, dans le même temps, eurent lieu entre Philippe et Louis XII. La narration du voyage d'Espagne vient après. Arrivé à la mort de Philippe le Beau, qui eut lieu à Burgos le 25 septembre 1506, l'auteur ne s'arrête pas là, mais il s'occupe de ce qui se passa aux Pays-Bas l'année suivante, et particulièrement de la guerre qui avait recommencé avec le duc de Gueldre; il rapporte aussi des choses arrivées en France, en Italie, en Allemagne. On voit que ce n'est pas proprement une Relation du voyage de Philippe le Beau qu'il s'est proposé d'écrire, mais une chronique des événements du temps. La manière dont il la termine fait même supposer qu'elle devait être continuée.

La partie de son livre qui est consacrée au voyage de Philippe le Beau renferme des particularités intéressantes sur la tempête qui mit en un péril éminent la vie du Roi; sur la constance et la fermeté qu'il montra dans cette situation critique; sur son débarquement en Angleterre; sur l'accueil qui lui fut fait en ce pays et les fêtes qu'Henri VII donna en son honneur; sur son arrivée et sa réception en Espagne; sur les seigneurs de Castille qui vinrent se ranger de son parti; sur ses entrevues avec Ferdinand le Catholique et les conventions arrêtées entre eux, etc., etc. Non moins curieux est ce que l'auteur rapporte de la reine Jeanne: de sa jalousie, qui rendait son mari si malheureux [1]: de son amour pour lui, « sy très-ardante et

---

[1] L'auteur va même (p. 451) jusqu'à y voir une des causes de la maladie qui conduisit Philippe au tombeau.

» excessive qu'elle ne cuidoit point que jamais il eût esté possible qu'il
» fust assez avec elle à son gré ne désir [1] »; des soins qu'elle lui pro-
digua pendant sa maladie, « luy administrant à boire et mengier elle-
» mème, et ne l'abandonnant jour ne nuyt, toute anceinte qu'elle estoit:
» l'exhortant tousjours à mengier ou à humer aucuns brouetz ou médi-
» cinnes telles que les maistres luy avoient ordonné. et elle-mème les
» essayant et en prenant de grans traictz pour lui donner couraige de
» faire comme elle; » de ses visites au monastère de Miraflores, où le
Roi avait été inhumé; de l'ordre qu'elle donna de faire ouvrir son cercueil pour lui baiser les pieds, acte qu'elle renouvela plusieurs semaines
consécutives; enfin de la résolution qu'elle prit d'avoir constamment
auprès d'elle, partout où elle irait, le corps de son mari [2]. L'auteur, à
propos de la contenance de Jeanne pendant la maladie et lors de la
mort du roi son époux, fait une réflexion que justifie assez tout ce qu'on
connait de cette princesse : « C'est, dit-il, une femme à souffrir et à véoir
» toutes les choses du monde, bonnes ou mauvaises. sans mutacion de
» son cœur ne son couraige [3]. »

Il est fâcheux que notre chroniqueur n'ait pas mis plus d'ordre ni apporté
plus de méthode dans ses récits : des matières diverses y sont mêlées sans
division, sans séparation aucune, sans rien qui indique au lecteur les faits
qui vont passer sous ses yeux : sous ce rapport. comme sous d'autres encore,
il est inférieur à ANTOINE DE LALAING. Nous avons pris à tâche de remédier,
autant que possible, à la confusion que nous venons de signaler, en faisant
suivre l'ouvrage d'un Index analytique, qui y facilitera les recherches.

Nous devons des remerciments tout particuliers à M. LÉOPOLD DELISLE, qui
a bien voulu nous confier, pour la correction des épreuves. le manuscrit

[1] Pages 458-459.
[2] Pages 461-463.
[3] Page 462.

INTRODUCTION. XXVII

de la Bibliothèque nationale de France où est contenue la Relation du voyage de 1506 : nous avons été en état, grâce à cet acte de complaisance, de donner un texte dont nous pouvons garantir la fidélité.

Les Archives du département du Nord, si riches en documents pour l'histoire des ducs de Bourgogne et des premiers princes de la maison d'Autriche, nous ont fourni nombre de pièces d'un grand intérêt, particulièrement sur les négociations qui eurent lieu entre Philippe le Beau, après son arrivée en Espagne, et Ferdinand le Catholique. On les trouvera dans les *Appendices*.

Nous donnons de la même manière les lettres qui furent adressées au gouverneur et aux échevins de la ville de Béthune à l'occasion du voyage du roi de Castille et pendant ce voyage.

Nous ne terminerons pas sans mentionner la publication, faite à Frybourg, il y a quelques années [1], de lettres écrites par le comte Wolfgang de Fürstemberg, qui commandait les lansquenets dont Philippe le Beau s'était fait suivre en Espagne, et par d'autres personnes de sa compagnie [2]. Il y a dans ces lettres plus d'une chose curieuse; nous citerons, entre autres, celles-ci : Fürstemberg, écrivant, le 12 mai 1506, de la Corogne, à l'empereur Maximilien, lui peint le roi d'Aragon, Ferdinand le Catholique, comme si faux, si méchant, si contraire au roi de Castille, son gendre, qu'il lui serait impossible d'en donner une idée [3]; il dit plus loin qu'après Ferdinand, le

---

[1] En 1868.
[2] *Briefe des Grafen Wolfgang zu Fürstemberg zur Geschichte der Meerfahrt des Königs Philipp von Castilien* (1506). Mitgetheilt von Dʳ. K. H. frhrn. Roth von Schreckenstein, Vorstand des F. F. Hauptarchivs in Donaueschingen. Broch. de 41 pp. in-8°.
[3] « Dann warlich sol mir e. ku. Mᵗ. glauben, das der kunig von Arragonj so valsch, bös unnd e. ku Mᵗ. son kunig Philipsen von Castilj so gar widerwertig ist, das ich e. ku. Mᵗ nit erschreiben kan....... » (Pag. 22.)

Roi n'a pas de plus grand ennemi que la reine Jeanne, sa femme, dont la méchanceté ne le cédait en rien à celle de son père [1]. Jeanne venait, à ce moment, d'exiger de son époux le renvoi de toutes les femmes qui avaient été attachées à son service, ne voulant conserver auprès d'elle qu'une vieille « qui, aucunes fois et à heure qu'il luy plaisoit, luy lavoit son linge en sa » présence [2]. »

Juin 1876.

---

[1] « ..... Den grösten veindt so mein gn. herr von Castilj hat, an den kunig von Arragonj, das ist die » kunigin, seiner gn. gmahel, die ist böser dan ich e. ku. M^t. schreiben kan....... » (Pag. 24.)
[2] Voy. p. 159 ci-dessus.

ITINÉRAIRES

DE

PHILIPPE LE HARDI, JEAN SANS PEUR, PHILIPPE LE BON,

MAXIMILIEN ET PHILIPPE LE BEAU.

OBSERVATIONS PRÉLIMINAIRES.

Nous avons fait connaître, dans l'Introduction, les recherches auxquelles nous nous sommes livré, et les sources où nous avons puisé, à Dijon, à Lille, à Courtrai, à Bruxelles, pour la rédaction de ces Itinéraires.

Nous supposons que le lecteur désirera avoir une idée plus exacte des documents que nous avons eus à notre disposition : c'est ce qui nous engage à donner ici quelques extraits du compte de la recette générale des finances qui commence au mois d'octobre 1464 et finit au 30 septembre 1465. Nous choisissons ce compte, entre tous ceux dont nous avons fait le dépouillement, parce qu'il est conservé aux Archives du royaume; d'ailleurs, les autres sont conçus dans la même forme :

Fol. 66. DESPENCES ET MISES DE CE PRÉSENT COMPTE.

ET PREMIERS, DES PARTIES PAYÉES PAR LE RECEVEUR GÉNÉRAL DES FINANCES, EN ET PAR LES ESCROES DE LA DESPENCE ORDINAIRE DE L'OSTEL DE MONSEIGNEUR.

Lundi, premier jour du mois d'octobre, l'an mil CCCC LXIIII, monseigneur le duc de Bourgongne et de Brabant tout le jour à Hesdin. Et ce jour furent en l'ostel et aux despens de mondit seigneur madame la ducesse de Bourbon, madame de Gheildres la josne et madamoiselle Marguerite, sa seur, filles de madite dame de Bourbon. Et avec ce mondit seigneur fist delivrer de pain, vin et viande son chastellain dudit Hesdin. Escu xx s., à la valeur de xL gros, monnoye de Flandres. Somme du jour, sans garnisons, comprins gaiges, ix^{xx}xii l. vii d.

Mardi, second jour d'octobre, l'an mil CCCC LXIIII, monseigneur le duc de Bourgongne et de Brabant tout le jour à Hesdin. Et ce jour furent en l'ostel et aux despens de mondit seigneur madame la ducesse de Bourbon, madame de Gheildres la josne et madamoiselle Marguerite, sa seur, filles de madite dame de Bourbon. Et avec ce mondit seigneur fist faire, cedit jour, assamblée au Bois, et si fist délivrer de pain, vin et viande son chastellain dudit Hesdin. Escu xx s., à la valeur de xL gros, monnoye de Flandres. Somme du jour, sans garnisons, comprins gaiges, viii^{xx}vii l. ii s. iii d.

Mercredi, iiie jour d'octobre, l'an mil CCCC LXIIII, monseigneur le duc de Bourgongne et de Brabant tout le jour à Hesdin. Et ce jour furent en l'ostel et aux despens de mondit seigneur madame la ducesse de Bourbon, madame de Gheildres la josne et madamoiselle Marguerite, sa seur, filles de madite dame de Bourbon. Et avec ce mondit seigneur fist délivrer de pain, vin et viande son chastellain dudit Hesdin, et si fist faire de creue ung plat de viande. Escu xx s., à la valeur de xL gros, monnoye de Flandres. Somme du jour, sans garnisons, comprins gaiges, viii^{xx}ix l. xiii s. i d.

. . . .

Dimence, viie jour d'octobre, l'an mil CCCC LXIIII, monseigneur le duc de Bourgongne et de Brabant disner à Hesdin, soupper et giste à Saint-Pol. Et ce jour sont demourez audit Hesdin, en l'ostel et aux despens de mondit seigneur, madame la ducesse de Bourbon, madame de Gheildres la josne et madamoiselle Marguerite, sa seur, filles de madite dame de Bourbon. Et aussi fist mondit seigneur délivrer de pain, vin et viande son chastellain dudit Hesdin et son hoste dudit Saint-Pol, et avec ce fist faire de creue deux platz de viande. Escu xx s., à la valeur de xL gros, monnoye de Flandres. Somme du jour, sans garnisons, comprins gaiges, ii^c lxiii l. xiii s.

. . . .

Dimenche, xiiie jour d'octobre, l'an mil CCCC LXIIII, monseigneur le duc de Bourgongne et de Brabant tout le jour à Lille. Et ce jour furent en l'ostel et aux despens de mondit seigneur

OBSERVATIONS PRÉLIMINAIRES.   5

madame la ducesse de Bourbon, madame de Gheildres la josne et madamoiselle Marguerite, sa seur, filles de madite dame de Bourbon. Et fist mondit seigneur, cedit jour, faire de creue IIII platz de viande, pour festoyer au soupper monseigneur le duc de Bourbon, qui cedit jour arriva en cestedite ville, et avec ce mondit seigneur fist délivrer son hoste de pain, vin et viande. Escu xx s., à la valeur de xl gros, monnoye de Flandres. Somme du jour, sans garnisons, comprins gaiges, VIII^{xx}II l. VIII s. II d.

. . . .

Jeudy, feste et solempnité de Toussains, premier jour du mois de novembre, l'an mil CCCC soixante-quatre, monseigneur le duc de Bourgongne et de Brabant tout le jour à Lille. Et ce jour l'abbé de Los fist le service divin devant mondit seigneur, et si furent, ce jour, aux despens de mondit seigneur madame la ducesse de Bourbon, madame de Gheildres la josne et madamoiselle Marguerite, sa seur, filles de madite dame de Bourbon, et avec ce fist icellui seigneur délivrer de pain, vin et viande les chappellains de sa chappelle et son hoste. Escu xx s., à la valeur de xl gros, monnoye de Flandres. Somme du jour, sans garnisons, comprins gaiges, II^cXIII l. x s. VIII d.

. . . .

Dimenche, xviiie jour de novembre, l'an mil CCCC LXIIII, monseigneur le duc de Bourgongne et de Brabant tout le jour à Lille. Et furent ce jour illecq, aux despens de mondit seigneur, madame la ducesse de Bourbon, madame de Gheildres la josne et madamoiselle Marguerite, sa seur, filles de madite dame de Bourbon. Et ce jour mondit seigneur fist festoyer au disner les ambassadeurs du roy de France, et, au soupper, en l'ostel de Phelippe Fremault, monseigneur de Charrolloys, monseigneur le duc de Bourbon, monseigneur Adolf de Clèves, monseigneur Jaques de Bourbon, et pluseurs autres grans seigneurs, chevaliers et escuiers, avec lesdites dames et damoiselles. Et avec ce fist délivrer son hoste de pain, vin et viande. Escu xx s., à la valeur de xl gros, monnoye de Flandres. Somme du jour, sans garnisons, comprins gaiges, II^cXLI l. IIII s. IX d.

. . . .

Dimence, xxve jour de novembre, l'an mil CCCC LXIIII, monseigneur le duc de Bourgongne et de Brabant tout le jour à Lille. Et ce jour furent en l'ostel et aux despens de mondit seigneur madame la ducesse de Bourbon, madame de Gheildres la josne et madamoiselle Marguerite, sa seur, filles de madite dame de Bourbon. Et avec ce mondit seigneur fist faire ung bancquet en l'ostel Poly Buland, où fut monseigneur de Charrolloys, mesdites dames et damoiselles, monseigneur Adolf de Clèves et pluseurs autres grans seigneurs, chevaliers et escuiers, dames et damoiselles, et si fist délivrer son hoste de pain, vin et viande. Escu xx s., à la valeur de xl gros, monnoye de Flandres. Somme du jour, sans garnisons, comprins gaiges, II^cXI l. I s. I d.

. . . .

Mercredi, xxviiie jour de novembre, l'an mil CCCC LXIIII, monseigneur le duc de Bourgongne et de Brabant disner à Lannoy, aux despens de monseigneur dudit Lannoy, soupper et giste à Anstoing, aux despens de monseigneur dudit Anstoing. Escu xx s., à la valeur de xl gros, monnoye de Flandres. Somme du jour sans garnisons, comprins gaiges, VI^{xx}XVII l. x s. IX d.

. . . .

Dimence, feste et solempnité de Pasques charnelz, xiiiᵉ jour d'avril, l'an mil CCCC LXV, monseigneur le duc de Bourgongne et de Brabant tout le jour à Brouxelles. Madame la ducesse de Bourbon, madame de Gheildres la josne et madamoiselle Marguerite sa seur, filles de madite dame de Bourbon, tout ledit jour illec en l'ostel et aux despens de mondit seigneur. Et, ce jour, monseigneur l'évesque de Tournay fist le service divin devant mondit seigneur, et tint icelui seigneur salle, et disnèrent avec lui monseigneur le conte de Charrollys et ledit prélat, et aussi disnèrent en ladite salle les chappellains de sa chappelle. Et avec ce disnèrent, ce jour, en son hostel et à ses despens, le povre commun dudit Brouxelles, et si fist délivrer de pain, vin et viande ung frère prescheur. Escu xx s., à la valeur de xl gros, monnoye de Flandres. Somme du jour, sans garnisons, comprins gaiges, iiᶜLIX l. ix s. iii d.

. . . .

Mercredi, xxiiᵉ jour de may, l'an mil CCCC LXV, monseigneur le duc de Bourgongne et de Brabant tout le jour à Brouxelles. Madame la ducesse de Bourbon, madame de Gheildres la josne et madamoiselle Marguerite, sa seur, filles de madite dame de Bourbon, tout ledit jour, illecq en l'ostel et aux despens de mondit seigneur. Et avec ce mondit seigneur fist faire de creue ung plat de viande, pour festoyer monseigneur le conte de Nassau et autres seigneurs dudit Brabant. Escu xx s., à la valeur de xl gros, monnoye de Flandres. Somme du jour, sans garnisons, comprins gaiges, viiiˣˣiiii l. v s. xi d.

Jeudi, feste et solempnité de l'Assencion Nostre-Seigneur Jhésu-Christ, xxiiiᵉ jour de may, l'an mil CCCC LXV, monseigneur le duc de Bourgongne et de Brabant tout le jour à Brouxelles. Madame la duchesse de Bourbon, madame de Gheildres la josne et madamoiselle Marguerite, sa seur, filles de madite dame de Bourbon, tout ledit jour illecq, en l'ostel et aux despens de mondit seigneur. Et, ce jour, le suffragant de l'évesque de Tournay fist le service divin devant mondit seigneur. Escu xx s., à la valeur de xl gros, monnoye de Flandres. Somme du jour, sans garnisons, comprins gaiges, viiˣˣxviii l. xix s. iii d.

. . . .

Dimence, feste et solempnité de la Penthecouste, second jour de juing, l'an mil CCCC LXV, monseigneur le duc de Bourgongne et de Brabant tout le jour à Brouxelles. Madame la duchesse de Bourbon, madame de Gheildres la josne et madamoiselle Marguerite sa seur, filles de madite dame de Bourbon, tout ledit jour illec, en l'ostel et aux despens de mondit seigneur. Et ce jour le suffragant de monseigneur l'évesque de Tournay fist le service divin devant mondit seigneur le duc. Et disnèrent, ce jour, en l'ostel et aux despens de mondit seigneur, les chappellains de sa chappelle, ses médecins et le povre commun dudit Brouxelles. Escu xx s., à la valeur de xl gros, monnoye de Flandres. Somme du jour, sans garnisons, comprins gaiges, iiᶜxv l. xiii s. ix d.

. . . .

Jeudi, viᵉ jour de juing, l'an mil CCCC LXV, monseigneur le duc de Bourgongne et de Brabant tout le jour à Brouxelles. Madame la ducesse de Bourbon, madame de Gheildres la josne et madamoiselle Marguerite, sa seur, filles de madite dame de Bourbon, tout ledit jour illecq, en l'ostel et aux despens de mondit seigneur. Et, ce jour, icelui seigneur fist faire assamblée au Bois pour les veneurs, à laquelle assamblée furent, avec mondit seigneur, mesdites dames, damoiselles et madame la princesse d'Orenge, les contes de Nassau et de Hornes. Et avec ce fist délivrer de pain, vin et viande ses médecins. Escu xx s., à la valeur de xl gros, monnoye de Flandres. Somme du jour, sans garnisons, comprins gaiges, viii^{xx} l. xvi s. v d.

. . . .

Dimence, xvie jour de juing, l'an mil CCCC LXV, monseigneur le duc de Bourgongne et de Brabant tout le jour à Brouxelles. Madame la ducesse de Bourbon, madame de Gheildres la josne et madamoiselle Marguerite, sa seur, filles de madite dame de Bourbon, tout ledit jour illecq, en l'ostel et aux despens de mondit seigneur. Et avec ce mondit seigneur fist faire de creue trois platz de viande, pour soy festoyer, avec lesdites dames et damoiselles et monseigneur de Gheildres le josne, à Saint-Josse-de-Noye. Escu xx s., à la valeur de xl gros, monnoye de Flandres. Somme du jour, sans garnisons, comprins gaiges, viii^{xx}i l. xiii s. vi d.

. . . .

Jeudi, xxviie jour de juing, l'an mil CCCC LXV, monseigneur le duc de Bourgongne et de Brabant tout le jour à Brouxelles. Madame la ducesse de Bourbon, madame de Gheildres la josne et madamoiselle Marguerite, sa seur, filles de madite dame de Bourbon, tout ledit jour illecq, en l'ostel et aux despens de mondit seigneur. Et, ce jour, icellui seigneur se baingna en son ostel de Saint-Josse-de-Nouye, et, fist faire de creue trois platz de viande. Escu xx s., à la valeur de xl gros, monnoye de Flandres. Somme du jour, sans garnisons, comprins gaiges, viii^{xx} l. xiiii s. iii d.

. . . .

Mercredi, xxviiie jour d'aoust, l'an mil CCCC LXV, monseigneur le duc de Bourgongne et de Brabant tout le jour à Brouxelles. Madame la duchesse de Bourbon, madame de Gheildres la josne et madamoiselle Marguerite, sa seur, filles de madite dame de Bourbon, tout ledit jour illecq, en l'ostel et aux despens de mondit seigneur. Et, ce jour, mondit seigneur fist faire de creue ung plat de viande, pour festoyer monseigneur le duc de Clèves. Escu xx s., à la valeur de xl gros, monnoye de Flandres. Somme du jour, sans garnisons, comprins gaiges, vii^{xx}xv l. i s. ii d.

. . . .

Dimence, xxixe et pénultiesme jour de septembre, l'an mil CCCC LXV, monseigneur le duc de Bourgongne et de Brabant tout le jour à Brouxelles, et madame la ducesse de Bourbon, madame de Gheildres la josne et madamoiselle Marguerite, sa seur, filles de madite dame de Bourbon, tout ledit jour illecq, en l'ostel et aux despens de mondit seigneur. Et avec ce mondit seigneur fist faire de creue ung plat de viande, pour festoyer les ambaxadeurs du roy d'Engleterre et du conte de Wistemberch. Escu xx s., à la valeur de xl gros, monnoye de Flandres. Somme du jour, sans garnisons, comprins gaiges, vii^{xx}xi l. ii s. ix d.

Lundi, xxxe et dernier jour de septembre, l'an mil CCCC LXV, monseigneur le duc de Bourgongne et de Brabant tout le jour à Brouxelles. Et madame la ducesse de Bourbon, madame de Gheildres la josne et madamoiselle Marguerite, sa seur, fille de madite dame de Bourbon, tout ledit jour illec, en l'ostel et aux despens de mondit seigneur. Escu xx s., à la valeur de xl gros, monnoye de Flandres. Somme du jour, sans garnisons, comprins gaiges, viii^c xxvii l. xii s.

A la vue de ces extraits, on comprendra que nous avons dû adopter un mode d'analyse qui, sans omettre aucune particularité intéressante, sans sacrifier la clarté au désir de resserrer les faits dans un cadre étroit, fût aussi concis que possible. Nous ne pouvions songer à reproduire, même en les abrégeant beaucoup, les textes originaux; cela nous eût mené trop loin : les itinéraires seuls de Philippe le Bon, de Maximilien et de Philippe le Beau ne remplissent pas, dans les comptes, moins de 438 feuillets ou 876 pages d'écriture [1].

Par le motif que nous venons d'énoncer, nous nous contentons, lorsque, dans la même journée, le prince dont nous donnons l'itinéraire, s'est arrêté en plusieurs endroits, d'indiquer le lieu où il a passé la nuit.

Une dernière observation. Les comptes d'où nous avons tiré ces itinéraires sont tous rédigés, quant aux dates, selon le style qui s'observait à la cour de Bourgogne, et qui continua d'être suivi dans les Pays-Bas jusqu'en 1576, c'est-à-dire en prenant, pour point de départ de l'année civile, le jour de Pâques. Nous avons cru devoir, dans notre travail, réduire toutes les dates d'après le système en usage depuis bientôt trois siècles.

---

[1] En voici le détail :

L'itinéraire	de 1427	remplit	28	feuillets.
—	de 1428	—	52	"
—	de 1441	—	52	"
—	de 1462-1463	—	44	"
—	de 1463-1464	—	67	"
—	de 1464-1465	—	51	"
—	de 1465-1466	—	23	"
—	de 1484	—	56	"
—	de 1486	—	56	"
—	de 1488	—	5	"
—	de 1497	—	44	"
	Total. . . .		438	"

Je n'ai pas pris note de l'étendue des itinéraires de Philippe le Hardi et de Jean sans Peur, dans les comptes conservés aux archives de Dijon.

ITINÉRAIRE

DE

PHILIPPE LE HARDI, DUC DE BOURGOGNE.

DU 1ᵉʳ FÉVRIER 1395 AU 31 JANVIER 1403.

Tiré : a. du compte de Jacques de la Tanerie, maître de la chambre aux deniers du Duc, rendu pour onze mois, commençant au 1ᵉʳ février 1394 (v. st.) et finissant au 31 décembre 1395; b. du compte de Jean de Bray, maître de la chambre aux deniers du Duc, rendu pour treize mois, commençant au 1ᵉʳ janvier 1395 (v. st.) et finissant au 31 janvier 1396 (v. st.); c. du compte premier de Guyot de Bray, maître de la chambre aux deniers du Duc, pour une année, commençant au 1ᵉʳ février 1396 (v. st.) et finissant au 31 janvier 1397 (v. st.); d. du compte deuxième et dernier de Guyot de Bray, pour une année, commençant au 1ᵉʳ février 1397 (v. st.) et finissant au 31 janvier 1398 (v. st.); e. du compte premier de Robert de Bailleux, maître de la chambre aux deniers du Duc, pour une année, commençant au 1ᵉʳ février 1398 (v. st.) et finissant au 31 janvier 1399 (v. st.); f. du compte deuxième de Robert de Bailleux, pour une année, commençant au 1ᵉʳ février 1399 (v. st.) et finissant au 31 janvier 1400 (v. st.); g. du compte troisième de Robert de Bailleux, pour dix mois, commençant au 1ᵉʳ février 1400 (v. st.) et finissant au 30 novembre 1401; h. du compte quatrième de Robert de Bailleux, pour quatorze mois, commençant au 1ᵉʳ décembre 1401 et finissant au 31 janvier 1402 (v. st.). — Tous ces comptes sont conservés dans les archives du département de la Côte-d'Or, à Dijon.

ANNÉE 1395.

(Pâques tomba le 11 avril.)

1-2 février,		à Conflans.
3-6	»	à Paris.
7-9	»	à Conflans.
10-11	»	à Paris.
12-17	»	à Conflans.
18	»	à Paris.
19-21	»	à Conflans.
22	»	à Paris.

ANNÉE 1395.

23	février.	à St-Denis.
24-28	»	à Conflans.

1	mars,	à Conflans.
2	»	à Villeneuve-St-George.
3-4	»	à Melun, chez le roi.
5	»	à Bray-sur-Seine.
6	»	à Trainel (*Traineau*).
7	»	à Margny.
8	»	à Troyes.
9	»	à Bar-sur-Seine.
10	»	à Mussy.
11-12	»	à Buncey (*Buncy*).
13-14	»	à Villaines.
15	»	à Baigneux.
16	»	à Chanceaux.
17	»	à St-Seigne-l'Abbaye (*St-Sonne*).
18-21	»	à Dijon.
22	»	à Nuits.
23	»	à Beaune.
24	»	à Châlons.
25-26	»	à Tournus (par eau).
27-31	»	à Bourg en Bresse.

1-5	avril,	à Bourg en Bresse.
6	»	à Cuizery.
7-10	»	à Germolles.
11	»	à *Bellecroy* (?).
12	»	à l'abbaye de *Mazières* (?).
13	»	à Gilly.
14	»	à Rouvres.
15-20	»	à Dijon.

ITINÉRAIRE DE PHILIPPE LE HARDI.

ANNÉE 1395.

21	avril.	à Chanceaux.
22	»	à Châtillon.
23	»	à Chanceaux.
24	»	à Dijon.
25	»	à Rouvres.
26	»	à Argilly.
27-29	»	à Germolles.
30	»	à Tournus.
1	mai.	à Belleville.
2-15	»	à Lyon.
16	»	à Vienne.
17	»	à Soyons (par le Rhône).
18-21	»	au Pont-St-Esprit.
22-31	»	à Villeneuve-lez-Avignon.
1-24	juin.	à Villeneuve.
25-30	»	à Avignon.
1-8	juillet.	à Avignon.
9-10	»	à Villeneuve.
11	»	à Baigneux.
12	»	à *Viviers* (?).
13	»	à Soyons.
14	»	à Saint-Vallier.
15	»	à Vienne.
16	»	à Lyon.
17	»	à Belleville.
18-19	»	à Tournus.
20-21	»	à Châlons.
22	»	à *Mazières* (?)
23-25	»	à Dijon.
26	»	à *Flory* ou *Flony-sur-Oche* (?).

ANNÉE 1395.

27	juillet.	à Courcelles.
28	»	à Sarcey.
29	»	à Joigny.
30	»	à Pont-sur-Yonne.
31	»	à Melun.
1	août.	à Corbeil.
2-11	»	à Paris.
12-13	»	à Conflans¹.
14-16	»	à Paris.
17	»	à Villeneuve.
18-19	»	à Conflans.
20	»	à Villeneuve.
21	»	à Conflans.
22-24	»	à Paris.
25	»	à Conflans.
26	»	à Villeneuve.
27	»	à Conflans.
28	»	à Paris.
29-30	»	à Conflans.
31	»	à Paris.
1-2	septembre.	à Paris.
3-4	»	à Villeneuve.
5-8	»	à Paris.
9-10	»	à Villeneuve.
11	»	à Lagny-sur-Marne.
12	»	à Paris.
13	»	à Villeneuve.
14-16	»	à Paris.
17-18	»	à Villeneuve.

[1] Le roi y dîna le 12 avec le Duc.

ANNÉE 1395.

19-20 septembre.	à Lagny.
21	»	à Vaux-la-Reine (*Vau-la-Roine*).
22-27	»	à Paris.
28	»	à Villeneuve.
29-30	»	à Paris.

1-4	octobre.	à Paris.
5	»	à Longjumeau.
6-31	»	à Paris.

1-14	novembre.	à Paris.
15-16	»	à Luzarches.
17-30	»	à Paris.

1-31 décembre. à Paris.

ANNÉE 1396.

(Pâques tomba le 2 avril.)

1-8	janvier.	à Paris.
9	»	à St-Denis.
10-31	»	à Paris.

1-29 février, à Paris.

1-31 mars. à Paris.

1-4	avril,	à Paris.
5	»	à St-Denis.
6	»	à Brie-le-Comte.
7	»	à Donnemarie (*Done Marie*).
8	»	à Marigny.
9	»	à *Illes* (?).

ITINÉRAIRE DE PHILIPPE LE HARDI.

ANNÉE 1396.

10	avril,	à Châtillon.
11	»	à Villaines.
12	»	à St-Seine-l'Abbaye (*St-Soigne*).
13-15	»	à Dijon [1].
16-17	»	à Rouvres.
18-30	»	à Dijon [2].
1	mai,	à Dijon.
2	»	à Baigneux.
3	»	à Mussy.
4	»	à Troyes.
5	»	à Nogent.
6	»	à Rosay.
7	»	à Creteil.
8-10	»	à Conflans.
11	»	à Bondy.
12-13	»	à Livry.
14	»	au Mesnil-Aubry.
15	»	à St-Denis.
16	»	à Conflans.
17-18	»	à Livry.
19	»	à Conflans.
20-21	»	à Paris.
22-30	»	à Conflans [3].
31	»	à Paris, chez le roi.
1	juin,	au Louvre, après avoir dîné chez le roi.

[1] La duchesse, le comte de Nevers, mesdemoiselles de Nevers, de Savoie, Bonne et de St-Pol, se trouvèrent à Dijon avec le Duc.

[2] Le 30, dans l'après-dîner, le comte de Nevers quitta son père à Dijon, pour aller en Hongrie. Depuis le 21 mars, il était auprès du Duc.

[3] Le 25, le roi, monsieur d'Orléans, monsieur de Bourbon, messire Pierre de Navarre, le frère du roi d'Angleterre, le comte de St-Pol et d'autres grands personnages vinrent souper chez le Duc. Depuis le 19, la duchesse, Antoine son fils, mesdemoiselles Bonne et de St-Pol étaient arrivés auprès de lui.

ANNÉE 1396.

2	juin.	à Verberie (*Verbrie*).
3	»	à Compiègne.
4	»	au Pont-à-Choisy.
5	»	à Noyon.
6	»	à Ham.
7-8	»	à St-Quentin [1].
9	»	à Noyon.
10-21	»	à Compiègne.
22	»	à Cuise (Cuise-la-Motte).
23-24	»	à Compiègne.
25	»	à Cuise.
26	»	à Compiègne.
27	»	à Cuise.
28	»	à Compiègne.
29	»	à Cuise.
30	»	à Compiègne.
1	juillet,	à Compiègne.
2	»	à Cuise.
3	»	à Compiègne.
4	»	à Cuise.
5	»	à Compiègne.
6	»	à Cuise.
7-8	»	à Compiègne.
9	»	à Cuise.
10	»	à Compiègne.
11	»	à Cuise.
12	»	à Compiègne.
13-14	»	à Cuise.
15	»	à Compiègne.
16	»	à Cuise.

[1] Le Duc traita à St-Quentin la duchesse de Brabant, madame d'Ostrevant et plusieurs seigneurs.

ANNÉE 1396.

17	juillet.	à Compiègne.
18	»	à Cuise.
19	»	à Compiègne.
20	»	à Cuise.
21	»	à Compiègne.
22	»	à Verberie (*Verbrie*).
23	»	à Pont-Ste-Maxence.
24	»	à Senlis.
25	»	à Creil.
26	»	à Senlis.
27	»	à Creil.
28	»	à Senlis.
29	»	à Creil.
30	»	à Clermont en Beauvoisis.
31	»	à Villeneuve.
1	août,	à Villeneuve.
2	»	à Breteuil.
3	»	à Amiens.
4	»	à Doullens (*Dourlens*).
5	»	à Hesdin.
6	»	à Thérouanne.
7-12	»	à St-Omer.
13	»	à Ardres.
14-20	»	à Calais, où le duc fut aux dépens du roi d'Angleterre.
21	»	à Ardres.
22-23	»	à Éperlecques (*Esperleque*).
24-25	»	à St-Omer.
26	»	à Thérouanne.
27-31	»	à Hesdin.

1 septembre, à Doullens (*Dourlens*).

ITINÉRAIRE DE PHILIPPE LE HARDI.

ANNÉE 1396.

2 septembre,	à	Amiens.
3 »	à	St-Jude.
4 »	à	Creil.
5 »	à	St-Denis.
6 »	à	Conflans.
7 »	à	Paris.
8-17 »	à	Conflans.
18-19 »	à	Paris.
20-28 »	à	Conflans.
29-30 »	à	Paris.
1 octobre,	au	Mesnil-Aubry.
2 »	à	Clermont en Beauvoisis.
3 »	à	Breteuil.
4 »	à	Amiens.
5 »	à	Doullens.
6 »	à	Hesdin.
7 »	à	Werchin.
8 »	à	St-Omer.
9-10 »	à	Ardres.
11-13 »	à	Calais, aux dépens du roi d'Angleterre.
14 »	à	St-Omer.
15-18 »	à	Éperlecques (*Esperleque*).
19-25 »	à	St-Omer [1].
26-27 »	à	Éperlecques.
28 »	à	Ardres, chez le roi [2].
29 »	à	Éperlecques.
30-31 »	à	Calais, aux dépens du roi d'Angleterre.

[1] Le 22, le Duc donna à dîner au roi, aux ducs de Berry, d'Orléans, de Bourbon, à la reine d'Angleterre, au duc de Bretagne, au duc de Lancastre, au comte de St-Pol, au comte Darby et à plusieurs autres grands personnages.

[2] Le Duc avait dîné ce jour-là à Guines avec le roi d'Angleterre.

ANNÉE 1396.

1-5 novembre.	à	Calais, aux dépens du roi d'Angleterre.
6	»	à Éperlecques (*Esperleques*).
7-9	»	à St-Omer.
10-11	»	à Aire.
12-15	»	à Gosnay.
16-25	»	à Arras [1].
26	»	à Péronne.
27	»	à Nesle (*Neelle en Vermendois*).
28	»	à Beaulieu.
29-30	»	à Noyon.
1	décembre.	à Compiègne.
2	»	à Senlis.
3	»	à St-Denis.
4-31	»	à Conflans [2].

ANNÉE 1397 [3].

(Pâques tomba le 22 avril.)

1-31	janvier.	à Conflans.
1-28	février.	à Conflans [4].
1-31	mars.	à Conflans [5].
1	avril.	à Conflans.
2	»	à Franconville.
3-4	»	à Luzarches.

[1] Les 23, 24 et 25, le comte et la comtesse d'Ostrevant y furent avec le Duc et sa famille.

[2] Le Duc, étant à Conflans, allait souvent dîner à Paris, soit chez le roi, soit chez l'évêque, ou chez d'autres personnes.

[3] Pendant toute cette année, le Duc eut auprès de lui son fils Antoine.

[4] Le 8, le Duc traita les ambassadeurs et le conseil du roi d'Espagne.

[5] Le 26, le Duc traita l'évêque de Tournai et plusieurs personnages de Flandre.

ITINÉRAIRE DE PHILIPPE LE HARDI.

ANNÉE 1397.

5-7	avril,	à Senlis [1].
8	»	à St-Denis.
9-29	»	à Conflans.
30	»	à Plaisance-sur-Marne.
1-17	mai,	à Plaisance.
18-22	»	à Beauté.
23-25	»	à *Coilly* (?)
26	»	à Lagny-sur-Marne.
27-31	»	à Beauté.
1-30	juin,	à Beauté [2].
1-13	juillet,	à Beauté [3].
14-17	»	à Paris, chez le roi [4].
18	»	à Beauté.
19	»	à Paris, chez le roi.
20-31	»	à Beauté [5].
1-4	août,	à Beauté [6].
5	»	à Paris, chez le roi.
6	»	à Bondy.
7	»	à Beauté.
8-9	»	à Livry.
10	»	à Bondy.

[1] Le 6, le Duc traita, à Senlis, entre autres personnes, le conseil et les bourgeois députés des bonnes villes de Flandre.

[2] Le lundi 11 et le mardi 19, le Duc alla dîner à Paris chez le roi.

[3] Le 2, le 3, le 6 et le 11, le Duc alla encore dîner à Paris chez le roi.

[4] Une partie des gens du Duc fut logée, à ses frais, chez l'évêque.

[5] Les 20, 26, 27, 29 et 31, le Duc dîna chez le roi, à Paris. Les 21, 22 et 28, le roi de Navarre dîna ou soupa chez le Duc.

[6] Le 1er, le Duc traita le conseil et les bourgeois de Malines. Le 2 et le 4, il alla dîner à Paris chez le roi.

ANNÉE 1397.

11-13	août.	à Paris, chez le roi.
14-19	»	à Beauté [1].
20-22	»	à Melun.
23	»	à Villeneuve.
24-25	»	à Beauté.
26	»	à Paris.
27	»	à Melun.
28	»	à Villeneuve.
29	»	à Beauté.
30	»	à Paris.
31	»	à Beauté.
1	septembre,	à Paris.
2-5	»	à Beauté.
6	»	à St-Denis.
7-9	»	à Conflans-Ste-Honorine.
10	»	à Paris.
11-12	»	à Beauté.
13-14	»	à Mussy-l'Évêque en Brie.
15	»	à Villeneuve-St-George, chez le roi.
16-19	»	à Paris.
20-29	»	à Beauté [2].
30	»	à Paris.
1	octobre,	à Paris
2-3	»	à Beauté.
4-6	»	à Conflans.
7	»	à Paris.
8	»	à St-Denis.
9-10	»	à Conflans.

[1] Le 16 et le 19, le Duc alla dîner chez le roi.

[2] Les 23 et 29, le Duc traita les ambassadeurs du seigneur de *Méthelin*. Le 27, il alla dîner à Paris chez le roi.

ITINÉRAIRE DE PHILIPPE LE HARDI.

ANNÉE 1397.

11-13 octobre, à Paris.
14-31   »   à Conflans ¹.

1-14 novembre, à Conflans.
15   »   à Paris.
16-28   »   à Conflans.
29   »   à Paris.
30   »   à Conflans.

1-20 décembre, à Conflans ².
21-25   »   à Paris, en l'hôtel de l'évêque.
26   »   au Louvre en Parisis.
27   »   à Pont-Ste-Maxence.
28   »   à Roye en Vermandois.
29   »   à Bapaume.
30-31   »   à Arras ³.

ANNÉE 1398.

(Pâques tomba le 7 avril.)

1-14 janvier, à Arras ⁴.
15   »   à Seclin.
16-30   »   à Lille ⁵.
31   »   à Tournai.

1-4 février, à Tournai ⁶.

---

¹ Les 20 et 21, le Duc traita le comte d'Ostrevant.

² Le duc traita, entre autres, le 11, les ambassadeurs d'Angleterre et les ambassadeurs de Constantinople.

³ Le Duc trouva à Arras la duchesse, madame de Nevers, mesdemoiselles Bonne et de St-Pol.

⁴ Le comte d'Ostrevant vint, le 4, trouver le duc à Arras, et il resta avec lui jusqu'au 11.

⁵ Le dimanche 27, le duc traita le conseil de toutes les bonnes villes de Flandre. Le 18 et le 21, il avait déjà traité plusieurs des personnes qui en faisaient partie.

⁶ Le 3, le Duc eut à dîner madame de Brabant.

ize # ITINÉRAIRE DE PHILIPPE LE HARDI.

ANNÉE 1398.

5-6 février.	à	Lille.
7-10	»	à Seclin.
11-12	»	à Lille.
13-14	»	à Seclin.
15-18	»	à Orchies.
19-20	»	à Lille.
21-23	»	à Courtrai.
24-25	»	à Audenarde.
26-28	»	à Gand [1].
1-3 mars.		à Gand.
4	»	à Termonde.
5-8	»	à Malines [2].
9-10	»	à Anvers [3].
11	»	à Rupelmonde.
12	»	à Hulst.
13	»	à Eecloo (*Esclo*).
14-16	»	à Bruges [4].
17-18	»	à l'Écluse.
19	»	à Bruges.
20-23	»	à Gand [5].
24-25	»	à Termonde.
26	»	à Bruxelles.
27-28	»	à Malines.
29	»	à Termonde.
30-31	»	à Gand.

[1] Le 28, monsieur de St-Pol, ainsi que la loi et les bourgeois de Gand, dînèrent chez le Duc.
[2] Le 7, le Duc traita madame de Brabant, monsieur de St-Pol, les trois états de Brabant, etc.; le 8, il donna à dîner à la loi et aux bourgeois de Malines.
[3] Le 10, le Duc traita la loi et les bourgeois de cette ville.
[4] Le 16, le Duc donna à dîner à la loi et aux bourgeois de la ville.
[5] Le 22, le comte de Nevers, le comte de la Marche, le maréchal Boucicaut et plusieurs autres chevaliers vinrent trouver le Duc dans cette ville.

ITINÉRAIRE DE PHILIPPE LE HARDI. 23

ANNÉE 1398.

1	avril,	à Eecloo.
2-7	»	à Bruges [1].
8	»	à Roulers.
9-11	»	à Ypres [2].
12	»	à Courtrai.
13	»	à Audenarde.
14	»	à Grammont.
15	»	à Alost.
16	»	à Termonde.
17	»	à Bornhem.
18-20	»	à Malines.
21	»	à Termonde.
22	»	à Gand.
23	»	à Audenarde.
24	»	à Tournai.
25-27	»	à Lille.
28	»	à Douai.
29-30	»	à Arras.
1-5	mai,	à Arras [3].
6	»	à Lucheux (*Luxeul*).
7	»	à *Dours* (?).
8	»	à Gournay.
9	»	à Senlis.
10	»	à St-Denis.
11-24	»	à Conflans [4].

[1] Le 3, le Duc dîna, avec monsieur de Nevers et monsieur Antoine (de Bourgogne), chez maître Baudouin, prévôt de Bruges. Le 7, il traita la loi et les bourgeois.

[2] Le 11, le Duc donna à dîner à la loi et aux bourgeois d'Ypres.

[3] Pendant ce séjour du Duc à Arras, monsieur de Nevers, le comte et la comtesse d'Ostrevant, monsieur et madame de St-Pol, vinrent l'y joindre. Madame de Bourgogne, madame de Nevers et mesdemoiselles Bonne et de St-Pol y étaient déjà.

[4] Le 13, le Duc y eut la visite du roi, de monsieur de Berry, de monsieur de Bourbon, etc. Le 20, il donna à souper, en son hôtel, à Plaisance-sur-Marne, au roi, au duc d'Orléans, au comte d'Ostrevant, etc.

ANNÉE 1398.

25	mai.	à Paris.
26-31	»	à Conflans.
1-7	juin.	à Conflans.
8	»	à Paris.
9-13	»	à Conflans.
14-15	»	à *Coilly* ou *Coully* en Brie (?).
16-19	»	à Conflans.
20	»	à Lagny.
21	»	à Crécy (*Cressy en Brie*).
22	»	à Lagny.
23-30	»	à Conflans.

1-31 juillet, à Conflans, excepté les 7, 9, 12, 28 et 29, où le Duc prit gite à Villeneuve-St-George [1].

1-3	août.	à Conflans.
4	»	à Viry.
5-6	»	à Villeneuve.
7	»	à Conflans.
8	»	à Viry.
9	»	à Villeneuve.
10	»	à Conflans.
11-12	»	à Villeneuve.
13	»	à Conflans.
14-15	»	à Paris, en l'hôtel de maître Jean Hue.
16	»	à Villeneuve.
17-19	»	à Conflans.
20	»	à Villeneuve.
21	»	à Conflans.
22	»	à Villeneuve.

[1] Le 8 et le 11, le Duc alla dîner à Paris, en l'hôtel de maître Jean Hue.

ANNÉE 1398.

23	août,	à Conflans.
24	»	à St-Denis.
25	»	à Villeneuve.
26-28	»	à Corbeil.
29-30	»	à Conflans.
31	»	à Villeneuve.
1	septembre,	à Corbeil.
2	»	à Conflans.
3-4	»	à Corbeil.
5-7	»	à la Grange-aux-Merciers.
8	»	à Villeneuve.
9	»	à Corbeil.
10	»	à *Orgenay* (?).
11-15	»	à Melun.
16-18	»	à la Grange-aux-Merciers.
19	»	à Villeneuve.
20-21	»	à Melun.
22	»	à Villeneuve.
23-27	»	à la Grange-aux-Merciers.
28-29	»	à Lagny.
30	»	à Meaux.
1	octobre,	à Chelles.
2-7	»	à la Grange-aux-Merciers.
8-11	»	à St-Pol, chez le roi.
12-13	»	à la Grange-aux-Merciers.
14	»	à Longjumeau.
15-21	»	à la Grange.
22-31	»	à Conflans.
1-18	novembre,	à Conflans.
19	»	à St-Cloud.

ITINÉRAIRE DE PHILIPPE LE HARDI.

ANNÉE 1398.

20-22 novembre,		à St-Germain-en-Laye.
23-30	»	à Conflans.

1-11 décembre.		à Conflans.
12	»	à St-Denis.
13-16	»	à Conflans.
17	»	à Villeneuve.
18-26	»	à Corbeil.
27-30	»	à Conflans.
31	»	à Paris, en l'hôtel de messire Jehan de Chartres, au palais.

ANNÉE 1399.

(Pâques tomba le 30 mars.)

1-7	janvier.	à Conflans.
8-12	»	à St-Cloud.
13-15	»	à Conflans [1].
16	»	à Paris, chez le roi.
17-24	»	à Conflans.
25-26	»	à St-Cloud.
27-29	»	à Paris, en l'hôtel du maréchal de Bourgogne.
30-31	»	à Paris, en l'hôtel d'Artois [2].

1-3	février,	à Paris, en l'hôtel d'Artois.
4-22	»	à Conflans [3].
23	»	à St-Denis.
24-28	»	à Conflans.

[1] Les 13 et 14, le Duc dîna chez messire Jehan de Chartres.
[2] Le Duc y donna à dîner, le 30, aux ducs d'Orléans et de Bourbon, aux cardinaux de Poitiers, de Tury et de Saluces, au patriarche d'Alexandrie, à l'archevêque d'Aulx, à plusieurs autres prélats, ainsi qu'à monsieur d'Albret, à messire Pierre de Navarre, aux ambassadeurs de Venise et à d'autres.
[3] Le Duc alla plusieurs fois dîner à Paris, chez le roi.

ITINÉRAIRE DE PHILIPPE LE HARDI.

ANNÉE 1399.

1	mars,	au Bourg-la-Reine.
2	»	à Paris.
3-31	»	à Conflans ¹.
1-21	avril,	à Conflans ².
22	»	à Paris, en l'hôtel de M⁴ Pierre Varopel.
23-25	»	à Conflans.
26	»	à Gonesse.
27	»	à Senlis.
28	»	à *Arçon* ou *Arton* (?).
29	»	à Péronne.
30	»	à Arras.
1-8	mai,	à Arras.
9	»	à Douai.
10-14	»	à Tournai.
15	»	à Orchies.
16-22	»	à Arras.
23	»	à Sᵗ-Pol.
24-31	»	à Hesdin.
1-12	juin,	à Hesdin.
13	»	à Cercamp.
14	»	à Pas en Artois.
15	»	à Avesnes-le-Comte.
16-30	»	à Arras.
1-15	juillet,	à Arras.
16	»	à l'abbaye d'*Estran* (?).

¹ Le 23, le Duc y donna à dîner aux ambassadeurs des bonnes villes et du plat pays de Flandre. Le 15, il alla dîner à Paris, en l'hôtel de son chancelier; le 20, au palais, en l'hôtel de messire Jehan de Chartres, etc.

² Le Duc y donna à dîner, le 15, aux ambassadeurs de madame de Brabant.

ANNÉE 1399.

17	juillet,	à Avesnes-le-Comte.
18	»	à l'abbaye de Cercamp.
19	»	à Hesdin.
20	»	à Beaurain.
21	»	à Montreuil-sur-mer.
22	»	à *Frane* (?).
23	»	à Boulogne.
24	»	à *Frane* (?) [1].
25	»	à Montreuil.
26-27	»	à *St-Esprit* (?).
28	»	à Noyelle.
29	»	à Broyes (*la Broye*).
30-31	»	à Hesdin.
1-5	août,	à Hesdin.
6	»	à Blangy.
7	»	à Thérouanne.
8	»	à Arques.
9-16	»	à St-Omer.
17	»	à Éperlecques.
18	»	à St-Omer.
19	»	à Éperlecques.
20-21	»	à St-Omer.
22	»	à Éperlecques.
23-28	»	à St-Omer.
29	»	à Aire.
30-31	»	à St-Omer.
1	septembre,	à St-Omer.
2-3	»	à Arques.
4	»	à Aire.

[1] Le 24, le comte de Nevers vint rejoindre son père.

ITINÉRAIRE DE PHILIPPE LE HARDI.

ANNÉE 1399.

5	septembre,	à Heuchin.
6-7	»	à Hesdin.
8	»	à Broyes (*la Broye*).
9	»	à Forest-Montier (*Forémoustier*).
10-17	»	à *Donnal* ou *Donval* (?).
18-21	»	à Hesdin.
22	»	à St-Pol.
23	»	à Lens.
24-30	»	à Douai.

1	octobre,	à Douai.
2	»	à Lens.
3	»	à St-Pol.
4	»	à *Donnal* (?).
5	»	à Eu.
6	»	à Arques.
7-8	»	à Cailly.
9	»	à Montfort, chez le roi.
10-13	»	à Rouen.
14	»	à Jumièges (*Jumèges*).
15	»	à Caudebec.
16-18	»	à *Monsterviller* (?).
19	»	à Lillebonne.
20	»	à Jumièges.
21-31	»	à Rouen.

1-30 novembre, à Rouen.

1-2	décembre,	à Rouen.
3	»	au Pont de l'Arche.

---

[1] Le dimanche 23, le Duc donna à dîner au roi, à monsieur de Berry, à monsieur de Bourbon et à plusieurs seigneurs étrangers.

ANNÉE 1399.

4 décembre,	à	Évreux.
5 »	à	Andelys-sur-Seine.
6 »	à	Vernon-sur-Seine.
7 »	à	Meulan.
8 »	à	Poissy.
9-10 »	à	*Demericourt* (?).
11-12 »	à	Meulan.
13 »	à	*Demericourt* (?).
14-17 »	à	Neaufles.
18 »	à	Sérifontaine.
19-31 »	à	Neaufles.

ANNÉE 1400.

(Pâques tomba le 18 avril.)

1-6 janvier,	à	Neaufles.
7 »	à	Chars.
8-11 »	à	Pontoise.
12 »	à	Meulan.
13-18 »	à	Paris.
19-31 »	à	Conflans.
1-29 février,	à	Conflans.
1 mars,	à	Conflans.
2 »	à	St-Denis.
3-31 »	à	Conflans [1].
1-27 avril,	à	Conflans.
28-29 »	à	Plaisance.
30 »	à	Conflans.

[1] Le 13, le Duc donna à dîner, entre autres, aux ambassadeurs du roi d'Espagne.

ITINÉRAIRE DE PHILIPPE LE HARDI.

ANNÉE 1400.

1-4	mai,	à Conflans.
5-6	»	à Plaisance.
7	»	à St-Denis.
8-10	»	à Conflans.
11-12	»	à Viry.
13-19	»	à Melun [1].
20-21	»	à Moret en Gâtinois.
22-23	»	à Nemours (*Nemoux*).
24	»	dans les bateaux, en allant de Melun à Conflans.
25	»	à Longjumeau.
26-27	»	à Étampes, chez le duc de Berry.
28	»	à Marcoussis (*Marcoucis*).
29-31	»	à Conflans.
1-2	juin,	à Conflans.
3	»	à Villeneuve-St-George.
4	»	à Conflans.
5	»	à Paris.
6	»	à Conflans.
7-8	»	à Crosne-lez-Villeneuve.
9-12	»	à Conflans.
13	»	à Villeneuve.
14	»	à Conflans.
15	»	à Villeneuve.
16-17	»	à Conflans.
18	»	à Crosne.
19-20	»	à Conflans.
21	»	à Crosne.
22	»	à Conflans.
23-24	»	à Paris.
25-30	»	à Conflans.

[1] Le 17, le Duc donna une partie de chasse, où assista, entre autres, l'empereur de Constantinople (Manuel Paléologue).

ANNÉE 1400.

1-18 juillet,	à Conflans.
19	»	à Villeneuve-St-George.
20	»	à Corbeil.
21-22	»	à Conflans.
23	»	à Corbeil.
24-25	»	à Conflans.
26	»	à Corbeil.
27-31	»	à Melun.
1-6	août,	à Melun.
7-10	»	à Conflans.
11	»	à Lagny.
12-13	»	à Crécy (*Cressy en Brie*).
14-19	»	à Conflans.
20	»	à Lagny-sur-Marne.
21	»	à Plaisance.
22	»	à Lagny.
23-25	»	à Crécy.
26	»	à Plaisance.
27	»	à Conflans.
28	»	à Lagny.
29-30	»	à Marles (*Marle en Brie*).
31	»	à Crécy.
1-4 septembre,	à Crécy.
5-9	»	à Conflans.
10	»	à Villeneuve-St-George.
11	»	à *Curmoye* (?).
12	»	à Conflans.
13	»	à Villeneuve.
14-19	»	à Conflans.
20	»	a Villeneuve.
21-22	»	à Conflans.

ITINÉRAIRE DE PHILIPPE LE HARDI.

ANNÉE 1400.

23-24 septembre,		à Paris.
25-29	»	à Conflans.
30	»	à Villeneuve.

1 octobre,		à Villeneuve.
2-28	»	à Conflans.
29-30	»	à Villeneuve-St-George.
31	»	à Conflans.

1-2 novembre,		à Conflans.
3-7	»	à Villeneuve.
8-11	»	à Conflans.
12-17	»	à Villeneuve.
18-30	»	à Conflans.

1-10 décembre,		à Conflans.
11	»	à Crosne-lez-Villeneuve.
12-15	»	à Corbeil.
16	»	à Villeneuve.
17-28	»	à Conflans.
29	»	à Crosne.
30-31	»	à Corbeil.

ANNÉE 1401.

(Pâques tomba le 3 avril.)

1 janvier,		à Conflans.
2-4	»	à Paris.
5-7	»	à Conflans.
8	»	à Paris.
9	»	à Conflans.
10	»	à Paris.

ANNÉE 1401.

11	janvier.	à Conflans.
12	»	à Paris.
13-15	»	à Conflans [1].
16	»	à Paris.
17-20	»	à Conflans.
21-23	»	à Paris.
24-28	»	à Conflans.
29-31	»	à St-Cloud.
1-13	février,	à St-Cloud.
14-16	»	à Conflans.
17-18	»	à St-Cloud.
19-28	»	à Conflans.
1-10	mars,	à Conflans [2].
11-12	»	à Bondy.
13	»	à Conflans.
14	»	à Noisy-le-Sec.
15-18	»	à Conflans.
19	»	à Noisy-le-Sec.
20-27	»	à Conflans.
28-29	»	à Villeneuve-St-George.
30-31	»	à Conflans.
1-3	avril.	à Conflans.
4-5	»	à Villeneuve.
6	»	à Corbeil.
7-8	»	à Viry.
9	»	à Montlhéry.
10-13	»	à Dourdan, chez le duc de Berry.
14-15	»	à Chanteloup (*Chanteleu*).

[1] Le 13, le Duc dîna à St-Denis, à l'occasion de l'enterrement du dauphin.
[2] Le 9, le Duc dîna à Paris, en l'hôtel d'Orgemont.

ITINÉRAIRE DE PHILIPPE LE HARDI.

ANNÉE 1401.

16-17	avril,	à Corbeil.
18-19	»	à Conflans.
20	»	à Villeneuve-St-George.
21-25	»	à Conflans.
26	»	à Villeneuve.
27	»	à Conflans.
28-29	»	à Villeneuve.
30	»	à Conflans.
1	mai,	à Plaisance.
2	»	à Corbeil.
3-6	»	à Conflans.
7	»	à Paris.
8-9	»	à Conflans.
10	»	à Villeneuve.
11-12	»	à Conflans.
13	»	à Corbeil.
14-17	»	à Conflans.
18	»	à St-Denis en France.
19-20	»	à Conflans.
21	»	à Paris.
22-31	»	à Conflans [1].
1-13	juin,	à Conflans.
14	»	à Gonesse (*Goneux*).
15	»	à Pont-Sainte-Maxence.
16	»	à Verberie.
17	»	à Compiègne.
18	»	à Noyon.
19-20	»	à Beaulieu.

[1] Le dimanche 29, on célébra à Conflans le sacre de l'évêque de Nevers, aux frais du Duc : l'archevêque de Sens, l'évêque d'Arras, l'évêque de Tournai, tous les chapelains du Duc et plusieurs autres dinèrent à cette occasion chez lui.

ANNÉE 1401.

21	juin.	à Roye.
22	»	à Éclusier-Vaux (*Esclusiers*).
23-29	»	à Arras [1].
30	»	à Lucheux (*Lucheu*).
1	juillet.	à Doullens.
2-3	»	à Pas-en-Artois.
4-7	»	à Arras.
8	»	à Auxy-le-Château (*Aussi*).
9-16	»	à Forest-Montier [2] (*Forez-Monstier*).
17	»	à Doullens.
18	»	à Pas.
19-23	»	à Arras.
24	»	à Doullens.
25	»	à Forest-Montier.
26	»	à Montreuil-sur-mer.
27	»	à *Frane* (?).
28-31	»	à Boulogne.
1	août.	à Neufchâtel (*Neufcastel*).
2	»	à Forest-Montier.
3	»	à Abbeville.
4-5	»	à *Donnal* (?) [3].
6	»	à Doullens.
7-19	»	à Arras.
20	»	à Douai.
21-22	»	au Quesnoy, aux frais de monsieur d'Ostrevant.
23-25	»	à Mons [4].

[1] Le Duc trouva dans cette ville madame de Bourgogne, madame de Nevers, madame de Savoie, madame la dauphine, monsieur Philippe, etc.
[2] Le Duc donna, dans cet endroit, plusieurs parties de chasse.
[3] Le 4, le Duc traita la reine d'Angleterre, monsieur de Bourbon et plusieurs autres personnes.
[4] Le 25, le Duc traita la loi de la ville, les dames de l'église (les chanoinesses de Ste-Waudru), etc.

ITINÉRAIRE DE PHILIPPE LE HARDI.

ANNÉE 1401.

26	août.	à Hal.
27-31	»	à Bruxelles.

1-11	septembre,	à Bruxelles.
12	»	à Vilvorde (*Filefort*).
13-22	»	à Malines.
23-30	»	à Bruxelles.

1-2	octobre,	à Malines.
3-7	»	à Anvers.
8	»	à Termonde.
9	»	à Alost.
10	»	à Audenarde.
11	»	à Tournai.
12-13	»	à Lille.
14	»	à Lens.
15-16	»	à Arras.
17	»	à Bapaume.
18	»	à Lihons.
19	»	à Ressons-sur-Matz (*Resson-sur-le-Mas*).
20	»	à Pont-Sainte-Maxence.
21-24	»	à Senlis.
25	»	à Ressons-sur-Matz (*Resson-sur-le-Mas*).
26	»	à Roye.
27-28	»	à Éclusier-Vaux (*Esclusiers*).
29	»	à Bucquoy.
30-31	»	à Arras.

1-2	novembre,	à Arras.
3-5	»	à Bucquoy.
6-30	»	à Arras.

1	décembre.	à Bapaume.

ITINÉRAIRE DE PHILIPPE LE HARDI.

ANNÉE 1401.

2	décembre,	à Lihons (*Lyons*).
3	»	à Ressons-sur-Matz (*Resson-sur-le-Mas*).
4	»	à Pont-Sainte-Maxence.
5	»	à Senlis.
6	»	au Louvre en Parisis.
7-31	»	à Paris, en l'hôtel d'Artois [1].

ANNÉE 1402.

(Pâques tomba le 26 mars.)

1-31	janvier.	à Paris, en l'hôtel d'Artois [2].
1-3	février,	à Paris.
4	»	à St-Cloud.
5-14	»	à Paris.
15-17	»	à Conflans.
18-19	»	à Villeneuve-St-George.
20-22	»	à Conflans.
23	»	à St-Denis.
24	»	à Conflans.
25-28	»	à Paris, en l'hôtel de Me Jean Durand, au cloître Notre-Dame.
1-30	mars,	à Paris, en l'hôtel de Me Jean Durand [3].
31	»	à St-Denis.

[1] Le marquis du Pont, les comtes de Namur et de St-Pol furent, à Paris, pendant presque tout ce temps, avec le Duc, qui traita aussi fréquemment plusieurs grands seigneurs de France et de Bourgogne.

[2] Monsieur de Nevers et monsieur Antoine, second fils du Duc, étaient avec lui à l'hôtel d'Artois. Le marquis du Pont, les comtes de St-Pol, de Namur, de Joigny, de *Flibourg*, de Dammartin et autres y logeaient à ses frais. Le 7, l'évêque de Liége arriva à l'hôtel de Flandre, avec une nombreuse suite; il y fut aux dépens du Duc jusqu'au 23. Le 26, le Duc donna à dîner aux ducs de Berry et de Bourbon.

[3] Le Duc y donna à dîner, le 18, au duc de Berry, au comte de Clermont et aux ambassadeurs du roi d'Espagne.

ITINÉRAIRE DE PHILIPPE LE HARDI.

ANNÉE 1402.

1	avril.	à Creil.
2	»	à Clermont (*Clarmont*).
3	»	à Montdidier.
4-5	»	à *Dours* (?).
6-8	»	à Arras [1].
9-10	»	à Houdain.
11-14	»	à Hesdin.
15	»	à St-Pol.
16-17	»	à Arras.
18-19	»	à Bucquoy.
20-30	»	à Arras [2].
1-4	mai,	à Arras.
5-6	»	à Gonay.
7	»	à St-Pol.
8-11	»	à Hesdin.
12	»	à Aubigny.
13-15	»	à Arras [3].
16	»	à *Dours* (?).
17	»	à Montdidier.
18	»	à Clermont.
19	»	à Creil.
20-22	»	à Senlis [4].
23	»	à Creil.
24-31	»	à Clermont.

[1] Le Duc trouva dans cette ville la duchesse, madame de Nevers, madame de Savoie, monsieur Philippe, madame la dauphine et mademoiselle de St-Pol.

[2] Le 24, arrivèrent à Arras monsieur et madame d'Ostrevant, monsieur et madame de St-Pol, monsieur de Namur et plusieurs seigneurs, dames et demoiselles invités aux noces de monsieur Antoine et de mademoiselle de St-Pol, lesquelles furent célébrées le 25. Le 26, le Duc nomma son fils Antoine comte de Rethel. Le 29, on célébra les noces de Pierre de la Tremoille avec mademoiselle d'Angoudessant, et de Huguenin du Blé avec demoiselle Jeanne de Chifre. Le 30, partirent monsieur et madame d'Ostrevant.

[3] Le Duc trouva à Arras les ambassadeurs du duc de Gueldre et du duc de Milan.

[4] Le Duc traita à Senlis le duc de Berry et le conseil du roi.

ANNÉE 1402.

1-3	juin.	à Clermont.
4	»	à Creil [1].
5	»	à Pontoise.
6-9	»	à St-Germain-en-Laye.
10-11	»	à Villiers.
12-13	»	à Étampes.
14	»	à Corbeil.
15-16	»	à Conflans.
17-18	»	à Paris, à l'hôtel St-Pol, chez le roi.
19-20	»	à Conflans [2].
21	»	à Crosne-lez-Villeneuve-St-George.
22-24	»	à Conflans.
25-30	»	à Paris, en l'hôtel du duc de Berry.
1-10	juillet.	à Paris, à l'hôtel de Nesle.
11	»	à St-Cloud.
12	»	à Paris.
13	»	à St-Germain-en-Laye.
14-15	»	à Paris.
16	»	à St-Germain-en-Laye.
17	»	à St-Cloud.
18-20	»	à Paris.
21-23	»	à St-Germain.
24-26	»	à Paris.
27-31	»	à St-Germain.
1-6	août,	à Paris.
7-13	»	à St-Germain.
14	»	à Paris.
15	»	à Villeneuve-St-George.

[1] Messieurs de Nevers et de Rethel partirent ce jour pour Arras.
[2] Le 20, le Duc donna à dîner au roi, aux ducs de Berry et d'Orléans, au comte du Perche, à messire Pierre de Navarre, au connétable, au comte de Tancarville, etc.

ANNÉE 1402.

16	août,	à Corbeil.
17-18	»	à Marcoussis.
19-21	»	à Paris [1].
22	»	à Villeneuve.
23-28	»	à Paris.
29-31	»	à Melun.

1-6	septembre,	à Melun.
7	»	à Paris.
8-17	»	à Melun.
18-20	»	à Corbeil.
21	»	à St-Arnould (*St-Ernoul*).
22	»	à Auneau.
23	»	à Chartres.
24	»	à Bonneval.
25	»	à Beaugency (*Baugensiz*).
26	»	à Blois.
27	»	à Tours.
28	»	à Saumur.
29-30	»	au Pont-de-Sé.

1	octobre.	à St-Florent.
2-31	»	à Nantes, aux frais des duc et duchesse de Bretagne [2].

1-18	novembre,	à Nantes [3].
19	»	à Ancenis.
20-21	»	à Chantronnée.
22-28	»	à Angers.

[1] Le 20, le Duc dîna à l'hôtel de Clugny, avec la confrérie de Notre-Dame.
[2] Le Duc était accompagné des comtes de Nevers, de Rethel, de St-Pol et de Joigny.
[3] Le Duc y traita, le 5 et le 7, les principaux seigneurs et les évêques de Bretagne.

ANNÉE 1402.

29	novembre,	à Beaufort.
30	»	à Rilley en Anjou [1]
1-2	décembre,	à Tours.
3	»	à Château-Renault.
4	»	à Vendôme.
5	»	à Claye.
6	»	à Bonneval.
7	»	à Chartres.
8	»	à St-Arnould.
9	»	à Palaiseau.
10-26	»	à Paris.
27	»	à Villeneuve-St-George.
28-31	»	à Corbeil.

ANNÉE 1403.

(Pâques tomba le 15 avril.)

1-4	janvier,	à Corbeil.
5	»	à Marcoussis.
6	»	à Orsay.
7-13	»	à St-Germain-en-Laye.
14-26	»	à Paris [2].
27	»	à Conflans.
28-29	»	à Paris, en l'hôtel de Nesle.
30-31	»	à Conflans.

[1] Dans ce voyage, le Duc fut toujours en la compagnie du duc de Bretagne, du comte de Richemont et de messire Gilles, leur frère.

[2] Le duc de Bretagne et ses deux frères étaient toujours en la compagnie et aux frais du Duc. Le 21, le duc de Bretagne et monsieur de Nevers partirent pour Arras, afin d'y tenir sur les fonts le premier fils de monsieur de Rethel.

ITINÉRAIRE

DE

JEAN SANS PEUR, DUC DE BOURGOGNE,

DU 1ᵉʳ JUILLET 1411 AU 10 SEPTEMBRE 1419.

Tiré : *a.* du compte dixième de Jean de Vélery, maître de la chambre aux deniers du Duc, rendu pour une année, commençant au 1ᵉʳ juillet 1411, et finissant au 30 juin 1412; *b.* du compte onzième de Jean de Vélery, pour deux années, commençant au 1ᵉʳ juillet 1412 et finissant au 30 juin 1414; *c.* du compte douzième de Jean de Vélery, pour une année, commençant au 1ᵉʳ juillet 1414 et finissant au 30 juin 1415; *d.* du compte treizième de Jean de Vélery, pour trois années, commençant au 1ᵉʳ juillet 1415 et finissant au 30 juin 1418; *e.* du contrôle de la dépense de l'hôtel, commençant au 1ᵉʳ janvier 1417 (v. st.) et finissant au 31 décembre 1418; *f.* du contrôle de la même dépense, commençant au 1ᵉʳ janvier 1418 (v. st.) et finissant au 2 octobre 1419. — Tous ces registres sont conservés aux archives du département de la Côte-d'Or, à Dijon.

ANNÉE 1411.

1-8	juillet,	à Arras, avec le comte de Charolais [1].
9	»	à Lille.
10-14	»	à Gand.
15-16	»	à Bruges [2].
17	»	à Maldeghem.
18-26	»	à Gand [3].

[1] Le duc de Brabant fut à Arras avec le duc de Bourgogne jusqu'au 5; les ambassadeurs du roi et du duc de Bretagne y séjournèrent le 3 et le 4.

[2] Le 16, eut lieu l'entrée du prévôt de Sᵗ-Donat. Le Duc donna à dîner, à cette occasion, aux gens du chapitre et à plusieurs bourgeois de la ville et du Franc.

[3] Le 21, arriva à Gand le duc de Brabant, et le 23, monsieur de Liége.

ITINÉRAIRE DE JEAN SANS PEUR.

ANNÉE 1411.

27	juillet,	à Bruges.
28	»	à Thourout [1].
29	»	à Lille.
30-31	»	à Douai.
1-4	août,	à Douai.
5	»	à Lille.
6-8	»	à Gand.
9	»	à Lille.
10-31	»	à Douai [2].
1-2	septembre,	à l'Écluse, près de Douai, avec le duc de Brabant, en armes.
3	»	à *Péterennenquin* (?).
4	»	sur les champs, près *Péterennenquin* (?).
5-6	»	à Marquoy, près de Crèvecœur.
7	»	en son ost.
8	»	sur les champs, à trois lieues de Ham.
9	»	sur les champs, près de Ham.
10-14	»	devant Ham, où il mit le siége.
15-17	»	sur les champs, près de Nesle (*Neelle*).
18-21	»	en son ost, près de Roye.
22-26	»	id. près de Montdidier.
27	»	id. près de Nesle (*Neelle*).
28	»	id. près de Ham.
29-30	»	à Péronne.
1	octobre,	à Péronne.

[1] Le comte de Charolais resta à Bruges.

[2] Le 16, arriva à Douai monsieur de Brabant, qui y resta jusqu'à la fin du mois; le 21, madame de Hainaut. Le 16, le Duc et son frère de Brabant allèrent, après souper, en l'hôtel du receveur, danser avec plusieurs dames et demoiselles, et il y eut *desroy* et banquet. Le 20, ils allèrent de même danser en l'hôtel de madame d'Antoing, et il y eut banquet et grand *desroy*.

ITINÉRAIRE DE JEAN SANS PEUR.

ANNÉE 1411.

2-8	octobre,	à Arras [1].
9	»	à Péronne.
10	»	à Estrées, près de Lihons (*Lions*).
11-12	»	à Roye.
13	»	à Breteuil.
14	»	à Beauvais.
15	»	à Gisors.
16-21	»	à Pontoise.
22	»	il chevaucha toute la nuit, pour arriver à Paris par Meulan.
23-31	»	à Paris [2].
1-19	novembre,	à Paris [3].
20-27	»	à Corbeil, où était monsieur de Guyenne.
28-29	»	à Montlhéry, id.
30	»	à Étampes.
1-13	décembre,	à Étampes.
14-15	»	à Dourdan, avec monsieur de Guyenne.
16-17	»	à *Molay* (?).
18-31	»	à Paris.

[1] Le comte d'Arundel, avec plusieurs seigneurs anglais, arriva à Arras le 3, pour servir le Duc en armes. Il leur donna à dîner, ainsi qu'aux ambassadeurs d'Angleterre, le 4. Il avait, le 18 septembre, envoyé des ambassadeurs à Calais, pour conduire près de lui ceux d'Angleterre, qui étaient l'évêque de St-David, messire François de Court-Mortimer, chambellan du prince de Galles, et maître Jean *Cadut*, lesquels furent tout le temps à ses dépens.

[2] Monsieur de Nevers et monsieur de Penthièvre étaient, le 31, en la compagnie du Duc.

[3] Le 9, le Duc alla s'emparer du pont de St-Cloud. Les 17 et 19, le comte d'Arundel et les Anglais de sa compagnie dînèrent avec lui.

ITINÉRAIRE DE JEAN SANS PEUR.

ANNÉE 1412.

(Pâques tomba le 3 avril.)

1-31	janvier,	à Paris [1].
1-3	février,	à Paris.
4-6	»	à Brie-comte-Robert [2].
7-15	»	à Paris.
16	»	à Brie-comte-Robert.
17-27	»	à Paris [3].
28-29	»	au bois de Vincennes.
1-31	mars,	à Paris [4].
1-30	avril,	à Paris.
1-7	mai.	à Paris.
8	»	à Corbeil, avec le roi et monsieur de Guyenne.
9-10	»	à Melun, avec le roi et monsieur de Guyenne.
11-12	»	à Champoux.
13	»	à Melun.
14	»	à Montereau.
15	»	à Sens, avec le roi et monsieur de Guyenne, en armes.

[1] Le 3, vinrent souper et prendre gîte à l'hôtel d'Artois monsieur et madame de Guyenne, madame de Charolais, le frère de la reine, etc., et, après souper, ils dansèrent et firent très-grand *desroy*. Le lendemain, monsieur et madame de Guyenne, ainsi que le duc de Bavière, monsieur de Nevers, etc., logèrent encore à l'hôtel d'Artois. Le 21, vinrent dîner en l'hôtel d'Artois le roi de Sicile, le frère de la reine, etc. Le 31, le Duc fit faire, à ses frais, les noces de messire Jean d'Anville, bailli de Tournaisis, et il y eut grande fête et *desroy*.

[2] Le Duc y trouva la Duchesse, madame de Clèves, mademoiselle de Penthièvre, monsieur de Nevers, monsieur Louis de Bavière, etc.

[3] Le 22, le roi de Sicile, Louis de Bavière et le conseil du roi vinrent en l'hôtel d'Artois, où était logé le Duc, et il y eut grand *desroy*.

[4] Le 8, le Duc donna à dîner aux députés de Flandre. Le 10, monsieur de Guyenne soupa et loga à l'hôtel d'Artois. Le 13, il y revint avec madame de Guyenne. Le 14, les rois de France et de Sicile y furent aussi.

ITINÉRAIRE DE JEAN SANS PEUR.

ANNÉE 1412.

16	mai.	à Villeneuve-le-Roi, avec le roi et monsieur de Guyenne, en armes.
17	»	à Joigny, avec le roi et monsieur de Guyenne, en armes.
18-19	»	à Auxerre, avec le roi et monsieur de Guyenne, en armes.
20	»	à *Drene* ou *Dreve* (?), avec le roi et monsieur de Guyenne, en armes.
21	»	à Donzy, avec le roi et monsieur de Guyenne, en armes.
22-28	»	à la Charité-sur-Loire, avec le roi et monsieur de Guyenne, en armes.
29-30	»	sur les champs, en Berry, en la compagnie du roi.
1-3	juin,	aux champs, en Berry, en la compagnie du roi.
4-8	»	devant Dun-le-Roi, en la compagnie du roi.
9-10	»	aux champs, en Berry, en la compagnie du roi.
11-30	»	devant Bourges, en la compagnie du roi.
1-17	juillet,	devant Bourges, en la compagnie du roi.
18-19	»	sur les champs, en Berry, en la compagnie du roi.
20-21	»	à Roche, près de la Charité, en la compagnie du roi.
22	»	à *Mene* (?), en la compagnie du roi.
23	»	à Donzy, en la compagnie du roi.
24	»	à *Hautrain* (?), en la compagnie du roi.
25-27	»	à *Drene* ou *Dreve* (?) en la compagnie du roi.
28-31	»	à Auxerre, en la compagnie du roi.
1-7	août,	à Auxerre, en la compagnie du roi.
8	»	à St-Bris [1].
9	»	à Auxerre.
10	»	à St-Bris.
11-22	»	à Auxerre.

[1] Madame de Bourgogne et madame de Clèves vinrent joindre le Duc dans cet endroit.

ITINÉRAIRE DE JEAN SANS PEUR.

ANNÉE 1412.

23	août,	à Joigny.
24	»	à Sens.
25	»	à Montereau ¹.
26-31	»	à Melun.
1-27	septembre,	à Melun ².
28	»	à Corbeil.
29-30	»	à Paris ³.
1-17	octobre,	à Paris ⁴.
18-19	»	au bois de Vincennes.
20-31	»	à Paris ⁵.
1-30	novembre,	à Paris ⁶.
1-31	décembre,	à Paris, en l'hôtel d'Artois ⁷.

ANNÉE 1413.

(Pâques tomba le 23 avril.)

1-31	janvier,	à Paris, en l'hôtel d'Artois, avec le comte de Charolais ⁸.

¹ Le Duc était parti de Sens en bateau, accompagné du roi et de monsieur de Guyenne.

² Le Duc donna à dîner, le 2, au connétable, au prévôt de Paris et à plusieurs autres; le 6, à monsieur de Berry, à monsieur de Bourbon, etc.; le 11, aux ducs d'Orléans et de Bourbon et au comte de Vertus.

³ Le 30, le Duc donna à dîner, en son hôtel de Conflans, à monsieur de Bourbon, à monsieur de Vertus, au connétable, etc.

⁴ Le Duc donna plusieurs fois à dîner au duc de Bourbon et au comte de Vertus.

⁵ Le 23, le Duc traita à Conflans les ducs de Berry et de Bourbon et le comte de Vertus.

⁶ Le 3 et le 12, le Duc donna à dîner aux ambassadeurs d'Espagne.

⁷ Le 17, le Duc donna à dîner au comte de Nevers, son frère. Le 24, le comte de Charolais, accompagné de 250 chevaux, arriva à l'hôtel d'Artois, et il y était encore le 31.

⁸ Le 8, le Duc donna à dîner au roi, à monsieur de Guyenne, à monsieur de Berry, au duc de Bavière, au comte de Nevers, aux comtes de Vertus et d'Eu, au connétable, aux prévôt et échevins de Paris, aux ambassadeurs d'Espagne, etc.

ITINÉRAIRE DE JEAN SANS PEUR.

ANNÉE 1413.

1-28	février,	à Paris, avec le comte de Charolais.
1-31	mars,	à Paris, avec le comte de Charolais.
1-30	avril,	à Paris, avec le comte de Charolais.
1-31	mai,	à Paris.
1-30	juin,	à Paris [1].
1-20	juillet,	à Paris.
21-30	»	à Pontoise.
31	»	à St-Denis.
1-22	août,	à Paris [2].
23	»	à Pont-Ste-Maxence.
24	»	à Roye.
25	»	à Péronne.
26	»	à Bapaume.
27-28	»	à Douai.
29-31	»	à Lille.
1-12	septembre,	à Lille, avec le comte de Charolais.
13	»	à Audenarde.
14-21	»	à Bruges, avec le comte de Charolais [3].
22	»	à Oudembourg.
23	»	à Furnes.
24	»	à Bergues.

[1] Le 4, le Duc donna à dîner au connétable de France et aux quatre membres de Flandre. Le 7 est le dernier jour où le comte de Charolais figure avec lui.

[2] Le 20, le Duc donna à dîner aux ambassadeurs du roi et de monsieur d'Orléans.

[3] Les 15, 16, 17, 18, 19, le Duc traita le comte de Warwick, l'évêque de St-David et le seigneur de Strolz, ambassadeurs d'Angleterre, avec tous leurs gens, au nombre de deux cents.

ITINÉRAIRE DE JEAN SANS PEUR.

ANNÉE 1413.

25-30 septembre, à St-Omer.

1-10 octobre, à St-Omer, avec le comte de Charolais [1].
11   »   à Aire.
12   »   à Béthune.
13-19 »   à Lille [2].
20   »   à Seclin.
21-31 »   à Lille [3].

1-4 novembre, à Lille, avec le comte de Charolais et le duc de Brabant.
5-6   »   à Tournai [4].
7-11   »   à Audenarde.
12-20 »   à Gand, avec le comte et la comtesse de Charolais.
21-27 »   à Bruges.
28   »   à Eecloo [5].
29-30 »   à Gand.

1-4 décembre, à Gand, avec monsieur et madame de Charolais et mademoiselle Catherine de Bourgogne.
5   »   à Termonde.
6   »   à Malines.
7-12   »   à Anvers [6].

---

[1] Les 4 et 5, le Duc traita les ambassadeurs d'Angleterre.

[2] Les 18 et 19, le Duc traita derechef les ambassadeurs d'Angleterre.

[3] Du 27 au 31, le duc de Brabant, le comte de Nevers et plusieurs seigneurs furent à Lille, aux dépens du Duc. Les 29 et 30, le duc de Brabant et d'autres seigneurs joutèrent, et il y eut souper, danses et banquet.

[4] Le 5, le Duc donna à dîner à l'évêque d'Évreux, à l'amiral de France et aux autres ambassadeurs du roi. Le 6, il y eut danses et banquet.

[5] Le Duc créa dans cet endroit un chevalier de l'ordre de St-Jean de Rhodes.

[6] Le 11, le Duc donna à dîner à monsieur de Hollande, ainsi qu'à messieurs de Brabant, de Liége et de Clèves.

ITINÉRAIRE DE JEAN SANS PEUR.

ANNÉE 1413.

13	décembre,	à Turnhout, devers madame de Brabant.
14-15	»	à Malines.
16	»	à Termonde.
17-26	»	à Gand [1].
27	»	à Eecloo.
28	»	à l'Écluse.
29-31	»	à Bruges.

ANNÉE 1414.

(Pâques tomba le 8 avril.)

1-6	janvier,	à Bruges, avec le comte de Charolais, la comtesse et mademoiselle Catherine de Bourgogne [2].
7	»	à Thourout.
8-13	»	à Lille.
14-15	»	à Bruges.
16-18	»	à Gand.
19	»	à Deynze.
20-22	»	à Lille.
23	»	à Douai.
24-29	»	à Bapaume.
30-31	»	à Lihons (*Lyons*), avec plusieurs chevaliers et écuyers, en armes.
1	février,	à Roye.
2-3	»	à Compiègne.
4	»	à Baron (*Barron*).
5-6	»	à Dammartin, avec le comte de Nevers et plusieurs chevaliers et écuyers, en armes.

[1] Le 23, le Duc donna à dîner au maréchal de Calais et à plusieurs bourgeois de Gand.
[2] Le 3, il y eut joutes, souper, danses et banquet.

ANNÉE 1414.

7-15 février,	à	St-Denis, avec le comte de Nevers et plusieurs chevaliers et écuyers, en armes.
16	»	à Dammartin, avec le comte de Nevers et plusieurs chevaliers et écuyers, en armes.
17	»	à Baron, avec le comte de Nevers et plusieurs chevaliers et écuyers, en armes.
18-21	»	à Compiègne, avec le comte de Nevers et plusieurs chevaliers et écuyers, en armes.
22	»	à Roye.
23	»	à Lihons.
24-25	»	à Bapaume.
26-28	»	à Arras.
1-5 mars,		à Arras.
6	»	à Lens.
7-11	»	à Lille.
12-19	»	à Gand [1].
20-22	»	à Lille.
23-31	»	à Arras.
1-11 avril,		à Arras.
12	»	à Douai.
13	»	à Lille.
14	»	à Deynze.
15-28	»	à Gand, avec le comte et la comtesse de Charolais [2].
29	»	à Lille.
30	»	à Douai.
1-2 mai,		à Douai.

[1] Le Duc trouva dans cette ville monsieur et madame de Charolais et mademoiselle Catherine de Bourgogne.
[2] Le duc de Brabant vint à Gand le 16, et y resta jusqu'au 20.

ITINÉRAIRE DE JEAN SANS PEUR.

ANNÉE 1414.

3-7	mai.	à Arras, où étaient plusieurs archers et autres d'Angleterre.
8	»	à Audenarde.
9-10	»	à Tervueren.
11	»	à Grammont.
12	»	à Gand.
13	»	à Bruges.
14	»	à Ypres.
15	»	à Lille.
16-31	»	à Arras.

1-8	juin,	à Arras.
9-10	»	à Douai.
11	»	à Lens.
12-16	»	à Lille.
17-21	»	à Douai [1].
22-30	»	à Lille [2].

1-3	juillet,	à Lille.
4-16	»	à Douai [3].
17-20	»	à Lille [4].
21-31	»	à Ypres [5].

1-5	août,	à Ypres, avec le comte de Charolais.
6-31	»	à Lille [6].

[1] Le Duc y donna à dîner à madame de Hainaut et aux chevaliers, écuyers, dames et demoiselles de sa compagnie.

[2] Le Duc y trouva le duc de Brabant et plusieurs chevaliers et écuyers de Bourgogne.

[3] Du 4 au 8, le Duc y traita monsieur de Brabant, madame de Hainaut et leur suite.

[4] Monsieur de Brabant et madame de Hainaut y arrivèrent le 18, et y restèrent les trois jours.

[5] Le seigneur de *Strop*, Mortimer, Thomas Chaucier et deux docteurs, ambassadeurs du roi d'Angleterre, étaient depuis plusieurs jours à Ypres, aux dépens du Duc.

[6] Les ambassadeurs d'Angleterre, que le Duc traitait depuis leur arrivée à Ypres, le quittèrent

ANNÉE 1414.

1-19 septembre, à Lille, avec M. de Charolais [1].
20 　 　 à Béthune.
21-27 　 　 à St-Omer [2].
28 　 　 à Nieuport.
29 　 　 à Bruges.
30 　 　 à Gand.

1 octobre, à Audenarde.
2 　 　 à Douai.
3-13 　 　 à Cambrai [3].
14-15 　 　 au Quesnoy.
16-17 　 　 à *la Chapelle-en-Tirache* (?).
18 　 　 à Aubenton (*Haubenton*).
19-20 　 　 à Mézières-sur-Meuse.
21 　 　 à Poix (*Poys*).
22 　 　 à Chigny-sur-Aisne, en Champagne.
23 　 　 à Machault.
24 　 　 à Suippes (*Suyppe*), en Champagne.
25 　 　 à *Sercey* (Sercy?).
26 　 　 à Vitry-en-Perthois (*Victry en Partois*).
27 　 　 à St-Dizier.
28 　 　 à Courcelles.
29 　 　 à Bar-sur-Aube.
30-31 　 　 à Châtillon-sur-Seine.

1-2 novembre, à Châtillon.

le 9. Le 10, arriva madame de Hainaut; le 18, monsieur de Brabant. Ces deux princes partirent le 27, pour se rendre auprès du roi étant devant Arras.

[1] Le 6, monsieur de Brabant et madame de Hainaut arrivèrent à Lille; le premier en partit le 7, et l'autre le 9. Depuis le 10, plusieurs chevaliers, écuyers et capitaines de gens d'armes de Bourgogne et de Picardie étaient dans cette ville.

[2] Le Duc y retrouva les ambassadeurs d'Angleterre ci-dessus nommés, qui y furent jusqu'au 27.

[3] Le 4, le duc de Brabant arriva à Cambrai. Le 7, monsieur de Charolais, qui avait jusque-là accompagné son père, le quitta.

ITINÉRAIRE DE JEAN SANS PEUR.

ANNÉE 1414.

5-8 novembre,	à	Villaines-en-Duesmois (*Vilaines en Demois*)[1].
9-13	»	à Montbard.
14-15	»	à Flavigny.
16-19	»	à Samois (*Samoise*).
20-22	»	à Pouilly (*Pooly*).
23-24	»	à *Beligny-sur-Oiche* (?).
25-30	»	à Beaune [2].
1-3 décembre,		à Beaune.
4-17	»	à Argilly.
18-22	»	à Gilly.
23-29	»	à Argilly.
30	»	à Bonnencontre.
31	»	à Rouvres.

ANNÉE 1415.

(Pâques tomba le 31 mars.)

1-14 janvier		à Rouvres.
15-21	»	à Couchey.
22-24	»	à Rouvres.
25	»	à St-Jean-de-Losne.
26	»	à Dôle.
27	»	à la Loye.
28-31	»	à Salins.
1-3 février.		à Salins.
4	»	à Arbois.
5-6	»	à Poligny.
7	»	à la Loye.

[1] La Duchesse et madame de Clèves y vinrent le 6.
[2] Le 27, arrivèrent à Beaune les ambassadeurs du duc Frédéric et de madame d'Autriche.

ITINÉRAIRE DE JEAN SANS PEUR.

ANNÉE 1415.

8-13	février,	à Rochefort.
14-17	»	à la Perrière.
18	»	à Auxonne [1].
19-28	»	à Rouvres.

| 1-2 | mars, | à Rouvres. |
| 3-31 | » | à Dijon [2]. |

1-11	avril,	à Dijon [3].
12-17	»	à Vantoux [4].
18-20	»	à Dijon.
21-22	»	à *Is* (?).
23-24	»	à Dijon.
25-28	»	à *Is* (?).
29-30	»	à Dijon.

| 1-31 | mai, | à Dijon [5]. |

1-12	juin,	à Dijon [6].
13-14	»	à Norges-le-Pont (*au pont de Norges*).
15-17	»	à Dijon.
18-19	»	à Mirebeau (*Mirebel*).
20-29	»	à Gray-sur-Saône.
30	»	à Champlite.

[1] Le duc de Lorraine arriva le même jour, pour le dîner, à Auxonne, et il fut quelque temps avec le Duc.

[2] Le 17, arriva à Dijon le comte de Wurtemberg (*Vinstamberg*), qui y séjourna plusieurs jours.

[3] Le patriarche de Constantinople et d'autres ambassadeurs du pape arrivèrent à Dijon le 2, et le duc de Lorraine y arriva le 6.

[4] Le 17, le grand chambellan d'Angleterre, avec une nombreuse suite, y arriva.

[5] Du 1er au 7, le Duc traita les ambassadeurs du pape et du concile de Constance. Le 10, monsieur et madame de Clèves le quittèrent, pour retourner en leur pays. Le 23, arrivèrent à Dijon l'évêque de Châlons, le seigneur de Vieux-Pont et Me Simon de Nanterre, ambassadeurs du roi, qui furent aux dépens du Duc jusqu'à la fin du mois.

[6] Les ambassadeurs du roi partirent le 5, pour retourner en France.

ITINERAIRE DE JEAN SANS PEUR.

ANNÉE 1418.

1-5 juillet,	à Champlite.
6	»	à Mirebeau.
7	»	à Gray.
8	»	à Mirebeau.
9-31	»	à Rouvres [1].

1-8 août,	à Rouvres [2].
9-12	»	à Givry-en-Montagne.
13-31	»	à Argilly.

1-25 septembre,	à Argilly [3].
26	»	à Nuits.
27-28	»	à l'abbaye de *Maisières* (?).
29-30	»	à Châlons.

1-9 octobre,	à Châlons.
10-16	»	à Germolles (*Germoilles*).
17-18	»	à Beaune.
19	»	à Argilly.
20	»	à *Senlieu* (?).
21-23	»	à Dijon.
24	»	à Fleurey-sur-Ouche (*Fleury-sur-Osche*).
25-31	»	à Dijon [4].

1-4 novembre,	à Dijon.
5	»	à Chanceaux.
6	»	à Villaines.

[1] Le 28, arrivèrent à Rouvres messire Guichard Dauphin et Mʳ Jean de Velly, ambassadeurs de France ; ils y logèrent jusqu'au 1ᵉʳ août.

[2] Du 6 au 8, le Duc traita le seigneur de Heinsbergh et les ambassadeurs de Bretagne.

[3] Le duc de Lorraine et les ambassadeurs de France arrivèrent à Argilly le 20, et ils y furent aux dépens du Duc ce jour et les suivants.

[4] Le duc de Lorraine arriva à Dijon le 27, et le duc l'y traita ce jour et les suivants.

ANNÉE 1415.

7-16 novembre,		à Châtillon.
17	»	à Mussy.
18	»	à Bar-sur-Seine.
19-20	»	à *Monstier-Raine* (?).
21-27	»	à Troyes [1].
28	»	à Marigny.
29-30	»	à Nogent.

1-5 décembre,		à Provins.
6-9	»	à Colomiers.
10-26	»	à Lagny-sur-Marne [2].

ANNÉE 1416 [3].

(Pâques tomba le 19 avril.)

9-27 janvier,		à Lagny.
28-29	»	à Dampmart.
30-31	»	à Nantouillet.

1-2 février,		à Nantouillet.
3	»	à Lissy (*Lisy*).
4	»	à Choisy (*Chisy*).
5-6	»	à Coucy (*Couchy-l'Abbaye*).
7-8	»	à Fismes.
9	»	à Corbeny.
10-12	»	à Crécy.
13-15	»	à *Meily* ou *Meilly-en-Guise* (?).
16	»	à Avesnes en Hainaut.

---

[1] Le Duc y trouva les ambassadeurs du roi et de monsieur de Guyenne.
[2] Le 19, le duc de Lorraine vint joindre le Duc en cet endroit.
[3] Il y a un feuillet qui a été déchiré dans le registre : ce qui forme une lacune du 27 décembre au 8 janvier.

ITINÉRAIRE DE JEAN SANS PEUR.

ANNÉE 1416.

17	février,	à Mons.
18-19	»	à Notre-Dame de Hal.
20-25	»	à Bruxelles.
26	»	à Termonde.
27	»	à Eecloo.
28-29	»	à *Bervillier* (Biervliet?).
1-5	mars,	à Gand [1].
6	»	à Deynze (*Dunze*).
7-18	»	à Lille.
19-21	»	à Ypres.
22-31	»	à Bruges.
1-6	avril,	à Bruges [2].
7	»	à Furnes.
8-9	»	à St-Omer.
10	»	à Nieuport.
11-29	»	à Bruges [3].
30	»	à l'Écluse.
1	mai,	à l'Écluse.
2-6	»	à Bruges [4].
7	»	à Termonde.
8-13	»	à Malines.
14-16	»	à Gand.
17-19	»	à Malines.

[1] Le Duc était accompagné du comte de Charolais, de monsieur de St-Pol et de plusieurs grands seigneurs.

[2] Le dimanche 5, « y ot joustes. Mondit seigneur soupa en la maison de la ville, et y ot dances et banequet, où furent plusieurs chevaliers, escuiers, dames et damoiselles, toute la despence aux frais et despens de mondit seigneur. Le 6, y ot dances en la maison de la ville. »

[3] Les 14 et 19, le Duc donna à dîner au duc de Berg (*Mons*) et au comte de Clèves.

[4] « Ce jour (6), monsieur de Charrolois jousta, et donna mondit seigneur le Duc à souper aux damoiselles de Bruges, et y ot banequet. »

ANNÉE 1416.

20	mai.	à Termonde.
21-31	»	à Gand [1].
1-3	juin,	à Gand.
4	»	à Courtrai.
5-9	»	à Lille.
10-13	»	à Ypres.
14-17	»	à Lille.
18	»	à Courtrai.
19-30	»	à Gand [2].
1-9	juillet,	à Gand.
10	»	à Deynze (*Dunze*).
11-31	»	à Lille [3].
1-26	août,	à Lille [4].
27	»	à Douai.
28-30	»	au Quesnoy.
31	»	à Douai.
1-6	septembre,	à Lille.
7-9	»	à Douai.
10-20	»	à Lille.
21	»	au château de la Motte-au-Bois.
22-30	»	à St-Omer.

[1] Le 28, plusieurs ambassadeurs de Grèce y furent présentés au Duc.

[2] Le 22, le Duc et le comte de Charolais joutèrent. Le mercredi 24, le Duc fit joutes, fêtes et banquet. Le 25, il y eut encore fêtes, joutes et danses.

[3] Le 20, arrivèrent à Lille le duc de *Brighe*, le comte de Warwick et plusieurs autres ambassadeurs de l'Empereur et du roi d'Angleterre; le Duc les fit traiter à ses dépens, jusqu'au 28. Il était accompagné de monsieur de Charolais, de monsieur de St-Pol et de beaucoup de chevaliers et écuyers des pays de Bourgogne et de Picardie.

Le 19, l'évêque de Chester et deux autres écuyers, ambassadeurs du roi d'Angleterre, arrivèrent à Lille; le Duc les fit traiter jusqu'au 27.

ITINÉRAIRE DE JEAN SANS PEUR.

ANNÉE 1416.

1	octobre.	à St-Omer.
2	»	à Bergues.
3	»	à Bourbourg.
4-5	»	à St-Omer [1].
6-12	»	à Calais [2].
13	»	à Bourbourg.
14-15	»	à Bergues.
16-26	»	à St-Omer.
27-31	»	à Hesdin.
1-4	novembre.	à Hesdin.
5	»	à Béthune.
6-7	»	à Lille.
8	»	à Douai.
9-14	»	à Valenciennes.
15-18	»	à Douai.
19-30	»	à Lille.
1-31	décembre.	à Lille [3].

ANNÉE 1417.

(Pâques tomba le 11 avril.)

1-31	janvier,	à Lille [4].
1-11	février.	à Lille.

[1] Le 4, le duc de Glocester, frère du roi d'Angleterre, vint à Gravelines, pour se constituer otage auprès du Duc, qui devait aller à Calais; il était accompagné de 200 chevaux. Il resta à St-Omer pendant le séjour du Duc à Calais.

[2] Pendant ce temps, le duc de Glocester était à St-Omer, auprès du comte de Charolais.

[3] Le 24, messire Henri de Berghes, deux abbés et plusieurs autres ambassadeurs du duc de Brabant vinrent trouver le Duc : il les fit traiter pendant leur séjour.

[4] Le Duc reçut, le 17, des ambassadeurs de Liége, de Portugal et d'Angleterre ; le 24, des ambassadeurs du dauphin et du duc de Bretagne.

ANNÉE 1417.

12-13	février,	à Lens en Artois.
14-16	»	à Arras.
17	»	à Lille.
18	»	à Arras.
19	»	à Lille.
20-22	»	à Arras.
23-24	»	à Douai.
25-27	»	au Quesnoy.
28	»	à Douai.
1-27	mars,	à Lille [1].
28	»	à Lens.
29	»	à Arras.
30	»	à St-Pol.
31	»	à Hesdin.
1	avril,	à Montreuil-sur-mer.
2-5	»	à Boulogne.
6	»	à Montreuil.
7-30	»	à Hesdin [2].
1-22	mai,	à Hesdin.
23-27	»	à Douai.
28-31	»	à Hesdin.
1-10	juin,	à Hesdin.
11	»	à Arras.
12	»	à Douai.

[1] Le mardi 2, le Duc, monsieur de Charolais et plusieurs de leurs chevaliers et écuyers joutèrent, et le Duc donna à souper à plusieurs dames et damoiselles. Le 3, monsieur de Charolais jouta, et il dansa le soir. Le 4, le Duc donna à dîner aux ambassadeurs de Bretagne.

[2] Le 8, le Duc accorda aux habitants de Hesdin qu'il ne serait pris que trois muids de vin par jour, à trois deniers le lot, tant qu'il lui plairait, sans préjudice à son droit.

ITINÉRAIRE DE JEAN SANS PEUR.

ANNÉE 1417.

13	juin.	à Valenciennes.
14-16	»	à Mons.
17	»	à Hal.
18-21	»	à Malines.
22-26	»	à Gand.
27-28	»	à Bruges.
29	»	à l'Écluse.
30	»	à Bruges.
1	juillet.	à Thourout.
2-7	»	à Ypres [1].
8-16	»	à Lille [2].
17	»	à Deynze (*Dunze*).
18-21	»	à Gand.
22-29	»	à Lille.
30-31	»	à Arras.
1-9	août,	à Arras [3].
10-11	»	à *Hellebuterne* (?).
12-14	»	à Corbie.
15-18	»	à Amiens.
19-21	»	à Corbie.
22	»	sur les champs [4].
23	»	en l'ost près d'*Avenescourt* (?).
24	»	en l'ost près de Montdidier.
25	»	à Breteuil.
26-31	»	à Beauvais.

[1] Le 5, il vint à Ypres un chevalier et un docteur envoyés par le roi de Hongrie au Duc.

[2] Les ducs de Clèves et de Berg (*Mons*) et le comte de *Vernembourg*, arrivèrent le 11; le Duc les traita pendant plusieurs jours.

[3] Le 5, monsieur de Charolais, l'évêque de Liége, le maréchal de Bourgogne et plusieurs chevaliers vinrent à Arras.

[4] Ce jour, monsieur de Charolais partit, pour retourner en Flandre.

ITINÉRAIRE DE JEAN SANS PEUR.

ANNÉE 1417.

1	septembre,	à Beauvais.
2	»	aux champs près de Tillard (*Thillart*).
3-8	»	à *Chambely* (?).
1-11	»	en l'ost devant Pontoise.
12-13	»	en l'ost près du pont de Meulan.
14-15	»	en l'ost *lez-Sainte-Jeanne*, près du *val de Galye* (?).
16-18	»	en l'ost près de Versailles.
19-20	»	en l'ost près de Meudon.
21-29	»	en l'ost près de Châtillon.
30	»	à Longjumeau.
1-10	octobre,	à Montlhéry.
11-25	»	à Essonnes.
26-28	»	à Étampes.
29	»	à Meaux.
30	»	à Chartres.
31	»	à Bonneval.
1	novembre,	à Vendôme.
2-3	»	à Tours.
4-6	»	à Vendôme.
7	»	à Bonneval.
8-21	»	à Chartres.
22-24	»	à Montlhéry.
25	»	à Gallardon.
26-30	»	à Chartres.
1	décembre,	à Chartres.
2	»	à *Bones* ou *Boves* (?).
3	»	au Puiset.
4	»	à Yèvre-le-Châtel.
5	»	à Beaumont-le-Bois.

ITINÉRAIRE DE JEAN SANS PEUR.

ANNÉE 1417.

6	décembre.	à Château-Landon.
7	»	à Ferrières.
8	»	à Courtenay.
9-11	»	à Joigny.
12-20	»	à Auxerre.
21	»	à Chably.
22	»	à Chaource.
23-31	»	à Troyes.

ANNÉE 1418.

(Pâques tomba le 27 mars.)

1-31	janvier,	à Troyes.
1-28	février,	à Troyes [1].
1-31	mars,	à Troyes [2].
1-4	avril,	à Troyes.
5	»	à Bar-sur-Seine.
6	»	à Châtillon.
7	»	à Villaines.
8-23	»	à Dijon [3].
24-25	»	à Rouvres.
26-28	»	à Dijon.

[1] Le 2, le Duc traita les ambassadeurs de madame de Hainaut.

[2] Le 9, le Duc donna à dîner aux évêques de Langres, Troyes, Arras, Châlons, à plusieurs abbés, etc. Le 15, arrivèrent à Troyes les ambassadeurs de Bretagne; le Duc les entretint à ses frais jusqu'à la fin du mois. Le 27, l'archevêque de Sens donna à dîner aux ambassadeurs de Portugal. Le 29, on joua la Résurrection de Notre-Seigneur devant la reine.

[3] Le Duc trouva à Dijon madame de Bourgogne, madame de Guyenne, madame d'Autriche, mesdemoiselles Anne et Agnès de Bourgogne. Du 14 au 18, il y entretint à ses dépens les cardinaux des Ursins et de St-Marc, avec 76 chevaux.

ANNÉE 1418.

29	avril.	à Mirebeau (*Mirebel*).
30	»	à Gray.
1-2	mai.	à Gray.
3	»	à Gy-l'Archevêque.
4	»	à Rougemont.
5	»	à l'Ile sur le Doubs.
6-28	»	à Montbéliard [1].
29	»	à *Villiers-Cessey* (?).
30	»	à Fondremand.
31	»	à Mirebeau (*Mirebel*).
1	juin.	à Norges-le-Pont (*au pont de Norges*).
2-4	»	à Rouvres.
5-11	»	à Dijon.
12	»	à Vantoux.
13-14	»	à Courtivron.
15	»	à Aignay.
16-22	»	à Châtillon.
23-24	»	à Mussy-l'Évêque.
25	»	à Bar-sur-Seine.
26-30	»	à Troyes [2].
1-7	juillet,	à Troyes [3].
8	»	à Marigny en Champagne.

[1] Le 15, le Duc donna à dîner aux ducs Jean de Bavière et de *Brighe*, à l'archevêque de Besançon et à plusieurs chevaliers et écuyers étrangers. Le 26, il donna à dîner au marquis de Bade, au comte de *Berthole* et à trois ambassadeurs du roi de Bohême.

[2] Le 30, le Duc soupa aux noces de Gillet, son *queux* (cuisinier), où il y eut plusieurs chevaliers et écuyers, dames, demoiselles, bourgeois et bourgeoises, le tout aux dépens de Monseigneur. On trouve, dans le même compte, de pareilles noces célébrées pour de simples valets de chambre ou huissiers du Duc.

[3] Le 2, vinrent à Troyes messire Jean de Luxembourg, les seigneurs de Fosseux, d'Humbercourt et plusieurs autres capitaines de Picardie.

ITINÉRAIRE DE JEAN SANS PEUR.

ANNÉE 1418.

9	juillet,	à Nogent-sur-Seine.
10-11	»	à Provins [1].
12	»	à Nangis.
13	»	à Brie-Comte-Robert.
14-31	»	à Paris.
1-31	août,	à Paris [2].
1-30	septembre,	à Paris [3].
1-31	octobre,	à Paris.
1-23	novembre,	à Paris.
24-26	»	à Pontoise.
27	»	à Paris.
28-30	»	à Pontoise.
1-28	décembre,	à Pontoise.
29-31	»	à Beauvais.

ANNÉE 1419.

(Pâques tomba le 16 avril.)

1-12	janvier,	à Beauvais.
13-14	»	à Beaumont-sur-Oise.
15	»	à Gonesse.

[1] Le Duc y donna à dîner à plusieurs bourgeois des bonnes villes de Paris, Troyes, Chartres, etc.
[2] Le 22, le Duc traita partie des communes de Paris.
[3] Le 15, le Duc dîna au pont de Charenton, où furent les ducs de Bretagne et d'Alençon, les cardinaux des Ursins et de Saint-Marc, les évêques de Thérouanne, d'Arras, de Bayeux et autres, monsieur de St-Pol, monsieur Charles de Bourbon, monsieur de Noailles et plusieurs autres chevaliers et écuyers et gens du conseil du roi, bourgeois et marchands de Paris, tous aux dépens de Monseigneur.

ITINÉRAIRE DE JEAN SANS PEUR.

ANNÉE 1419.

16-19 janvier.		à Lagny-sur-Marne.
20-21	»	à Chaumes en Brie.
22-31	»	à Provins.
1-28 février.		à Provins.
1-31 mars.		à Provins.
1-30 avril.		à Provins [1].
1-25 mai.		à Provins [2].
26	»	à Chaumes en Brie, en la compagnie du roi.
27	»	au bois de Vincennes, en la compagnie du roi et de la reine.
28-31	»	à Pontoise [3].
1-30 juin.		à Pontoise [4].
1-6 juillet.		à Pontoise.

---

[1] Le Duc donna à dîner, le 11, à un évêque et à d'autres ambassadeurs d'Écosse; le 12, à des ambassadeurs de Bretagne; le 14, à des ambassadeurs de Savoie.

[2] Le 11, le Duc donna à souper au comte de Warwick et à d'autres ambassadeurs d'Angleterre; les 22, 23 et 24, il traita les ambassadeurs de Bretagne et de la ville de Paris. Le 25, plusieurs chevaliers, écuyers et capitaines de gens d'armes arrivèrent auprès de lui.

[3] Le 30, le Duc alla dîner aux « tentes lez Meullent (Meulan) », où, est-il dit dans le compte, *il ot grant desroy, pour la convention et assemblée illec faicte entre la royne et mondit seigneur et les Anglois*.

[4] Le 1er, le Duc, monsieur de St-Pol, monsieur Charles de Bourbon, monsieur de Noailles, avec leur suite, dînèrent aux tentes près de Meulan, *où il ot grant desroy, pour la convention illec faicte entre la royne, madame Catherine, Monseigneur et le roy d'Angleterre*. Le 5, pareil dîner à Meulan; le 13 encore, et il y eut de nouveau *grand desroy*, à cause de plusieurs étrangers qui y vinrent, pour la convention conclue entre la reine, le Duc et le roi d'Angleterre. Le 16, le 22 et le 30, pareil dîner et *desroy*.

ITINÉRAIRE DE JEAN SANS PEUR.

ANNÉE 1419.

7-15	juillet,	à Corbeil [1].
16	»	à St-Denis.
17-22	»	à Pontoise.
23-30	»	à St-Denis.
31	»	à Lagny-sur-Marne.
1-6	août,	à Lagny.
7	»	à Coulommiers.
8	»	à Provins.
9	»	à Nogent.
10	»	à Marigny en Champagne.
11-27	»	à Troyes.
28	»	à Marigny.
29	»	à Bray-sur-Seine.
30-31	»	à Bray.
1-9	septembre,	à Bray [2].
10	»	« (dimanche), monseigneur le duc de Bourgoingne, accompagné de Charles, monseigneur de Bourbon, monseigneur de Nouailles, et plusieurs chevaliers et escuyers, boire à Bray-sur-Saine, disner à Montereau-ou-Fault-Yonne, ouquel lieu mondit seigneur fut traytrusement occis et murdry. Et, ce jour, grant desroy, pour cause du trespassement de mondit seigneur. »

[1] Le 11, le Duc, accompagné de monsieur de St-Pol, de monsieur de Nouailles, etc., se rendit à Pouilly-le-Fort, où il trouva monsieur le dauphin, pour traiter de la paix, et il y eut *grand desroy*. Le 14, le conseil du dauphin y fut tout le jour.

[2] Le Duc était accompagné, à Bray, de monsieur Charles de Bourbon, de monsieur de Nouailles et de plusieurs chevaliers et écuyers. Tanneguy Duchâtel et d'autres ambassadeurs du dauphin vinrent l'y trouver le 1er septembre. Ils y restèrent le 2, et revinrent le 4. Le même jour, arrivèrent des ambassadeurs de la ville de Paris.

ANNÉE 1419.

11 septembre. retournèrent de Montereau à Troyes plusieurs des serviteurs et officiers du feu Duc. Ils arrivèrent le 20 à Dijon, auprès de la duchesse.

ITINÉRAIRE

DE

PHILIPPE LE BON, DUC DE BOURGOGNE,

DANS LES ANNÉES 1427, 1428, 1441, 1462, 1463,

1464, 1465 ET 1466.

Tiré : *a.* du compte de Guy Guilbaut, conseiller et gouverneur général de la dépense ordinaire et extraordinaire du Duc, rendu pour une année, commençant au 1ᵉʳ janvier 1426 (v. st.), et finissant au 31 décembre 1427; *b.* du compte de Guy Guilbaut, etc., pour une année, commençant au 1ᵉʳ janvier 1427 (v. st.), et finissant au 31 décembre 1428; *c.* du compte cinquième de Richard Juif, maître de la chambre aux deniers du Duc, pour une année, commençant au 1ᵉʳ jour de janvier 1440 (v. st.), et finissant au 31 décembre 1441; *d.* du compte quatrième de Robert de le Bouvrie, conseiller et receveur général de toutes les finances du Duc, pour une année, commençant au 1ᵉʳ octobre 1462, et finissant au 30 septembre 1463; *e.* du compte cinquième et dernier de Robert de le Bouvrie, etc., pour une année, commençant au 1ᵉʳ octobre 1463, et finissant au 30 septembre 1464; *f.* du compte premier, rendu par Guilbert de Ruple, conseiller et receveur général de toutes les finances du Duc, de la recette et dépense par lui faites, « tant à cause dudit office de receveur général, comme pour « le fait et conduite de la despense ordinaire de l'ostel d'icelui seigneur, » pour une année, commençant au 1ᵉʳ octobre 1464, et finissant au 30 septembre 1465; *g.* du compte deuxième de Guilbert de Ruple, etc., de la recette et dépense par lui faites, « tant à cause dudit office de receveur général, pour un an, commençant au « 1ᵉʳ octobre 1465, et finissant au 30 septembre 1466, que pour la conduite de la despense ordinaire de l'ostel, « depuis ledit 1ᵉʳ octobre jusqu'au 18 avril 1466. » — Les comptes indiqués sous les lettres *a* et *c* sont conservés dans la bibliothèque *Goethals-Vercruysse*, à Courtrai; ceux qui sont indiqués sous les lettres *b*, *d*, *e* et *g*, reposent aux archives du département du Nord, à Lille; enfin, celui qui est indiqué sous la lettre *f*, appartient aux archives générales du royaume, à Bruxelles.

ANNÉE 1427.

(Pâques tomba le 20 avril.)

1-14 janvier,	sur la mer devant Zevenberghe.
15-17	»	à Zierikzée.
18	»	à *Caek*.
19-31	»	à Zierikzée.

ANNÉE 1427.

1-2 février.		à Zierikzée.
3-7	»	sur la mer, devant Zevenberghe.
8-20	»	à Dordrecht [1].
21-26	»	sur la mer, au *Trou de l'Iselle*.
27-28	»	à Dordrecht.
1-13 mars,		à Dordrecht [2].
14	»	sur la mer, près de Dordrecht.
15-31	»	sur la mer, devant Zevenberghe.
1-13 avril.		sur la mer, devant Zevenberghe.
14-30	»	à Zevenberghe [3].
1-3 mai.		à Zevenberghe.
4	»	sur la mer.
5-10	»	à Delft.
11-13	»	à Leyde.
14-17	»	à Harlem.
18-19	»	à Amsterdam.
20-21	»	à Hoorn.
22	»	à Alckmaar.
23-24	»	à Harlem.
25-28	»	à Leyde.
29	»	à Rotterdam.
30	»	sur la mer.
31	»	à Berg-op-Zoom.
1 juin.		à Alost.

[1] Les 18, 19 et 20 février, le Duc fit faire présent de pain, vin et viandes aux ambassadeurs de Bretagne, de Clèves et de Gueldre.

[2] Le 3, le Duc donna à dîner aux ambassadeurs de Bretagne, de Savoie et de Bourbonnais.

[3] Le 17 avril, jour du jeudi saint, le Duc « fist le mandé » (lava les pieds) aux pauvres. Le 20, il traita, à dîner, le prince d'Orange et plusieurs chevaliers et écuyers.

ITINÉRAIRE DE PHILIPPE LE BON.

ANNÉE 1427.

2	juin.	à St-Ghislain.
3-4	»	à Valenciennes.
5-12	»	à Lille ¹.
13	»	à Lens.
14-16	»	à Arras ².
17	»	à Douai.
18	»	à Condé.
19-23	»	à Mons ³.
24	»	à Enghien ⁴.
25	»	à Bruxelles ⁵.
26	»	à Hal.
27-28	»	à Mons.
29	»	à Maubeuge.
30	»	à Valenciennes.
1	juillet.	à *Aubres* (Aubry?) ⁶.
2-7	»	à Lille.
8-9	»	à Arras.
10	»	à *Croixestes*.
11-16	»	à Hesdin.
17-19	»	à St-Omer ⁷.
20-21	»	à Lille.
22	»	à Deynze.
23-30	»	à Gand.
31	»	à Bruges.

¹ Le duc de Bedford, régent de France, la duchesse sa femme, le cardinal de Wincester et leur suite arrivèrent à Lille le 6 juin; ils y séjournèrent jusqu'au 13, aux dépens du duc de Bourgogne.

² Les princes anglais accompagnèrent le duc de Bourgogne à Lens et à Arras, où ils prirent congé de lui.

³ Le 22, le Duc donna un souper et banquet à plusieurs chevaliers, écuyers, dames et demoiselles.

⁴ Ce jour-là, le Duc défraya le comte de Brienne, seigneur d'Enghien.

⁵ Le Duc fut, ce jour-là, défrayé par le duc de Brabant.

⁶ Le Duc y fut défrayé par la sénéchale de Hainaut.

⁷ Le 17, le Duc dîna à Renty, aux dépens de monsieur de Croy.

ANNÉE 1427.

1-30 août.		à Bruges.
31	»	à Termonde.

1-3 septembre.		à Lierre.
4	»	à Termonde.
5	»	à Peteghem.
6-11	»	à Lille.
12	»	à Roulers.
13-15	»	à Bruges.
16-17	»	à l'Écluse.
18-29	»	à Middelbourg.
30	»	à Goes (*Le Goux en Zeellande*).

1-2 octobre.		à Romerswalle.
3	»	sur la mer.
4-11	»	à Zierikzée.
12	»	sur la mer.
13	»	à Delft.
14-17	»	à Leyde.
18	»	à Harlem.
19-20	»	à Amsterdam.
21-25	»	« en son vaisseau sur la mer, devant le trou de » la rivière de l'Eesme (Eems). »
26-27	»	à Naarden (*Narde en Goyland*).
28-30	»	« tenant les champs ou païs et situation de » l'éveschié d'Utrecht. »
31	»	à Nieuwerkerk.

1-4 novembre.		à Nieuwerkerk.
5-14	»	à Harderwyck (*Ardrewyc*).
15	»	« en son vaisseau sur la mer, devant le bolwert » du Deam. »
16-22	»	à Amsterdam.

ITINÉRAIRE DE PHILIPPE LE BON.

ANNÉE 1427.

23-24 novembre,		à Harlem.
25-30	»	à Leyde.

1-6 décembre,		à Leyde.
7	»	à Harlem.
8-13	»	à Amsterdam.
14-20	»	à Harlem.
21-31	»	à Leyde [1].

ANNÉE 1428.

(Pâques tomba le 4 avril.)

1-16 janvier,		à Leyde.
17-18	»	à Harlem.
19-22	»	à Amsterdam.
23-28	»	« en son vaisseau sur la mer, devant le trou de la rivière du Deem. »
29	»	à Amsterdam.
30-31	»	à Harlem.

1 février,		à Harlem.
2-3	»	à Leyde.
4	»	à Delft.
5-9	»	à Rotterdam.
10	»	« en son vaisseau sur la mer. »
11-12	»	à Zierikzée.
13	»	à Arnemuiden.
14-17	»	à Middelbourg.
18	»	à Bruges.

---

[1] Le 28, le Duc donna un souper et banquet, en l'hôtel de la ville, à plusieurs chevaliers, écuyers, dames et demoiselles.

ITINÉRAIRE DE PHILIPPE LE BON.

ANNÉE 1428.

19	février,	à Roulers.
20-27	»	à Lille¹.
28	»	à Courtrai.
29	»	à Gand.

1	mars.	à Gand.
2-3	»	à Bruges.
4-6	»	à l'Écluse.
7	»	à Middelbourg.
8-10	»	à Bruges².
11	»	à Middelbourg.
12	»	à Arnemuiden (*Arremue*).
13	»	à *Cacht*.
14-21	»	à Middelbourg.
22-29	»	à Bruges³.
30	»	à Roulers.
31	»	à Lille.

1-5	avril,	à Lille⁴.
6	»	à Orchies.
7-11	»	à Mons⁵.
12-14	»	à Valenciennes.
15-16	»	à Lille.
17-30	»	à Bruges⁶.

¹ Le 23, « donna Monseigneur le bancquet en son hostel, où furent plusieurs chevaliers, escuyers, dames et damoiselles. »

² Pendant ces trois jours, le Duc « besoingna, à Bruges, avec le cardinal d'Excestre. »

³ Le 23 mars, le cardinal d'Exeter soupa et logea, à Bruges, aux dépens du Duc. Le prieur du Saint-Esprit, ambassadeur du pape, fut logé et défrayé à Bruges, aux dépens du Duc, les 26, 27, 28 et 29 mars. Il suivit Philippe le Bon à Lille, où ce prince le défraya encore jusqu'au 5 avril

⁴ Le jeudi saint, 1ᵉʳ avril, le Duc « fist le mandé (lava les pieds) aux povres, en son hostel. » Le jour de Pâques, le service divin fut célébré en sa présence par l'évêque de Tournai.

⁵ Le 11 avril, à Mons, le Duc « fist bancquet aux dames et damoiselles, chevaliers, escuiers d'icelle ville et d'ailleurs. »

⁶ Le 20, à Bruges, il donna un pareil banquet, en l'hôtel de la ville, « aux dames et damoiselles d'icelle ville. »

ANNÉE 1428.

1-9	mai,	à Bruges [1].
10	»	à Roulers.
11-13	»	à Lille.
14	»	à Lens.
15-31	»	à Arras [2].
1-4	juin,	à Arras [3].
5-6	»	à Lille.
7	»	à Roulers.
8-14	»	à Bruges.
15-16	»	à l'Écluse.
17-18	»	à Middelbourg.
19	»	« en son vaisseau sur la mer. »
20-30	»	à Delft.
1-11	juillet,	à Delft.
12-13	»	à Gouda.
14-15	»	à Leyde.
16-17	»	à Harlem.
18-19	»	à Alckmaar (*Halquemare*).
20-21	»	à Amsterdam (*Hammesteldam*).

[1] Pendant ces neuf jours, les ambassadeurs de la ville de Gouda furent défrayés, à Bruges, par le Duc.

[2] Le 18, à Arras, le Duc « fist bancquet aux dames et damoiselles d'icelle ville, en son hostel. »

[3] On trouve, dans le compte, entre les dépenses du 4 et du 5 juin, l'article suivant, qui est resté pour nous une énigme dont d'autres peut-être trouveront le mot :

« Dimanche, xxiii⁰ jour de may, l'an mil CCCC XXVIII, monseigneur le duc de Bourgoingne tout le jour à Paris, et y fu et séjourna, tant illec comme en retournant dudit lieu en sa ville d'Arras, depuis cedit jour de dimenche jusques au venredi, iiii⁰ jour de juing ensuivant, où sont xii jours et demi entiers; et donna mondit seigneur à soupper à monseigneur le régent, madame sa femme et plusieurs autres, le lundi derrenier jour de may...... »

Nous devons faire remarquer que, à la date des 19, 22, 23, 24, 25, 26, 27, 28, 29, 30, 31 mai, 1er, 2, 3 et 4 juin, le compte porte littéralement : « Monseigneur le duc de Bourgoingne tout le jour à Arras. » A la vérité, le 20 et le 21 mai, il est parlé seulement des maîtres d'hôtel, ainsi que des chevaliers et écuyers attachés à la maison du Duc, sans aucune mention de sa personne : mais ceci peut provenir d'une omission du copiste.

ANNÉE 1428.

22	juillet.	à Harlem.
23-31	»	à Leyde [1].
1-8	août.	à Leyde.
9-12	»	à La Haye.
13	»	à Rotterdam.
14-15	»	à Dordrecht.
16	»	« en son vaisseau sur la mer. »
17-18	»	à Zierikzée.
19	»	à Romerswalle.
20	»	à Goes (*Le Goux*).
21-22	»	à *Cacht*.
23-24	»	à Middelbourg.
25	»	à l'Écluse.
26-31	»	à Bruges.
1-8	septembre,	à Bruges [2].
9-10	»	à Gand.
11	»	à Grammont.
12-16	»	à Mons.
17	»	à Maubeuge.
18-19	»	à Valenciennes.
20	»	à St-Amand en Pevèle.
21-30	»	à Lille.
1	octobre,	à Lille.
2	»	à Courtrai.
3-10	»	à Bruges [3].

[1] Le dimanche 25, à Leyde, le Duc « fist feste et banequet aux dames de Clèves et de Hollande, et autres dames et damoiselles en leur compaignie. »
Il renouvela ce banquet le 1er août.

[2] Du 2 au 8 septembre, le Duc défraya, à Bruges, « madame de Haynnau, sa cousine, et ses gens. »

[3] Le 6, le Duc donna à dîner à plusieurs chevaliers et écuyers du pays de Hainaut.

ITINÉRAIRE DE PHILIPPE LE BON.

ANNÉE 1438.

11-16	octobre.	à Lille.
17-20	»	à Gand.
21	»	à Grammont.
22-29	»	à Mons [1].
30	»	à Condé.
31	»	à Lille.

1-9	novembre.	à Lille [2].
10	»	à Lens.
11-17	»	à Arras.
18	»	à St-Pol.
19-25	»	à Hesdin.
26	»	à Houdain.
27-30	»	à Lille.

1	décembre,	à Lille.
2	»	à Roulers.
3-31	»	à Bruges [3].

ANNÉE 1441.

(Pâques tomba le 16 avril.)

| 1-9 | janvier. | à Bruges, avec madame de Bourgogne, monsieur et madame de Charolais, messieurs d'Étampes et de Beaujeu, messieurs Jean et Adolphe de Clèves et mademoiselle d'Étampes [4]. |

[1] Le 26, le Duc donna à souper, à Mons, à mesdames de Hainaut et à plusieurs chevaliers, écuyers, dames et demoiselles de ce pays.

[2] Le jour de la Toussaint, l'évêque de Tournai fit le service divin devant le Duc.

[3] Le samedi, fête de la Nativité de Notre-Seigneur, 25 décembre, l'évêque de Bethléem fit le service divin devant le Duc, et il dîna en son hôtel, avec plusieurs chevaliers et écuyers.

[4] Le 1er janvier, monseigneur de *Salubrie* fit le service divin devant le Duc.

ANNÉE 1441.

10-13 janvier,		à l'Écluse, avec madame de Bourgogne, monsieur de Beaujeu, monsieur Adolphe de Clèves et mademoiselle d'Étampes.
14-17	»	à Bruges, avec madame de Bourgogne, monsieur de Beaujeu, monsieur Adolphe de Clèves et mademoiselle d'Étampes.
18-29	»	à Bruges, avec les mêmes et, de plus, monsieur Jean de Clèves [1].
30	»	à Eccloo, avec madame de Bourgogne, monsieur de Beaujeu, messieurs Jean et Adolphe de Clèves, et mademoiselle d'Étampes.
31	»	à Gand, avec les mêmes.
1-2 février,		à Gand, avec madame de Bourgogne, messieurs Jean et Adolphe de Clèves, monsieur de Beaujeu, monsieur de Saint-Pol et mademoiselle d'Étampes [2].
3-6	»	à Gand, avec les mêmes, moins le comte de Saint-Pol.
7	»	au Dam, avec madame de Bourgogne, messieurs Jean et Adolphe de Clèves, monsieur de Beaujeu et mademoiselle d'Étampes.
8-10	»	à l'Écluse, avec les mêmes.
11-12	»	à Bruges, avec les mêmes [3].
13-15	»	à l'Écluse, avec les mêmes.
16-21	»	à Bruges, avec les mêmes et, de plus, le comte de St-Pol.
22-26	»	à Bruges, avec madame de Bourgogne, messieurs Jean et Adolphe de Clèves, messieurs d'Étampes et de Beaujeu et mademoiselle d'Étampes.

[1] Le 26 janvier, furent faites les noces de Jean Haugnet avec la fille de feu le seigneur de Crèvecœur, en l'hôtel et aux dépens du Duc.

[2] Le jeudi, fête de Notre-Dame de la Chandeleur, 2 février, l'évêque de *Salubrie* fit le service devant le Duc et la Duchesse.

[3] Le 12, furent faites les noces de Guillaume, bâtard de Bavière, avec la veuve de feu Me Jean de Gand, en l'hôtel et aux dépens du Duc.

ANNÉE 1441.

27-28	février,	à l'Écluse, avec les mêmes [1].
1-3	mars,	à l'Écluse, avec madame de Bourgogne, messieurs Jean et Adolphe de Clèves, messieurs d'Étampes et de Beaujeu et mademoiselle d'Étampes.
4-23	»	à Middelbourg, avec madame de Bourgogne, messieurs Jean et Adolphe de Clèves, monsieur de Beaujeu et mademoiselle d'Étampes.
24-26	»	à l'Écluse, avec les mêmes.
27	»	à Gand, avec monsieur Jean de Clèves [2]
28	»	à Audenarde, avec le même.
29-31	»	à Mons, avec le même.
1-2	avril,	à Mons, avec monsieur Jean de Clèves [3].
3	»	à Mons, avec madame de Bourgogne, messieurs Jean et Adolphe de Clèves, monsieur de Beaujeu et mademoiselle d'Étampes.
4-8	»	au Quesnoy, avec madame de Bourgogne, messieurs Jean et Adolphe de Clèves, messieurs d'Étampes et de Beaujeu, mademoiselle d'Étampes, mesdames les comtesses de Namur et de Ligny (*Liney*), et les gens et officiers de feu madame la douairière de Hainaut [4].
9-11	»	au Quesnoy, avec monsieur Jean de Clèves, mes-

---

[1] Le 28, « monseigneur le conte et madame la contesse de Charrolois et damoiselle Ysabel d'Estampes, ensemble ceulx ordonnez pour leur estat, tout le jour à Bruxelles, aux despens de monseigneur le duc de Bourgoingne et de Brabant. ».

[2] La duchesse de Bourgogne, monsieur Adolphe de Clèves, monsieur de Beaujeu et mademoiselle d'Étampes séjournèrent le 27 à l'Écluse, le 28 et le 29, à Bruges; le 30, ils allèrent coucher à Gand, et le 31 à Bruxelles, où étaient le comte et la comtesse de Charolais.

[3] La duchesse de Bourgogne, monsieur de Beaujeu, monsieur Adolphe de Clèves et mademoiselle d'Étampes passèrent la journée du 1er avril à Bruxelles, avec le comte et la comtesse de Charolais; le 2, ils allèrent dîner à Hal et coucher à Braine-le-Comte.

[4] Le 7 avril, furent célébrées les obsèques de la comtesse douairière de Hainaut (Marguerite de Bourgogne, fille du duc Philippe le Hardi).

ITINÉRAIRE DE PHILIPPE LE BON.

ANNÉE 1441.

		sieurs d'Étampes et de Beaujeu, et les gens et officiers de feu madame la douairière de Hainaut [1].
12-21	avril,	au Quesnoy, avec monsieur Jean de Clèves et messieurs d'Étampes et de Beaujeu [2].
22-23	»	au Quesnoy, avec madame de Bourgogne [3], messieurs Jean et Adolphe de Clèves, messieurs d'Étampes et de Beaujeu, mademoiselle d'Étampes et madame de Namur.
24-27	»	au Quesnoy, avec madame de Bourgogne, messieurs Jean et Adolphe de Clèves, messieurs d'Étampes et de Beaujeu et mademoiselle d'Étampes.
28-30	»	au Quesnoy, avec madame de Bourgogne, messieurs Jean et Adolphe de Clèves, monsieur de Beaujeu et mademoiselle d'Étampes.
1	mai.	au Quesnoy, avec madame de Bourgogne, messieurs Jean et Adolphe de Clèves, monsieur de Beaujeu et mademoiselle d'Étampes.
2	»	à Grammont, avec monsieur Jean de Clèves.
3-8	»	à l'Écluse, avec le même.
9	»	à Gand, avec le même.
10	»	à Ath (*Ast*), avec le même.
11-13	»	au Quesnoy, avec madame de Bourgogne [4], messieurs

[1] Le 9 avril, jour de Pâques fleuries, l'évêque de *Salubrye* fit le service devant le Duc et la Duchesse.

[2] Le 13 avril, jour du jeudi *absolu* (jeudi saint), l'évêque de *Salubrye* célébra le service divin devant le Duc; après quoi, ce prince lava les pieds aux pauvres.
Le 14, ce fut l'abbé de Maroilles (*Marmille*) qui dit la messe; mais, le 15 et le 16 (jour de Pâques), elle fut célébrée par l'évêque.

[3] Le 9 avril, la duchesse de Bourgogne, accompagnée de monsieur Adolphe de Clèves, de mademoiselle d'Étampes, de madame de Namur et de plusieurs chevaliers, écuyers et serviteurs du Duc, partit pour Laon. Elle coucha le même jour à Cateau-Cambraisis, le 10 à St-Quentin, et arriva à Laon le 11. Elle repartit de cette ville le 21, et fut de retour au Quesnoy le 22.

[4] Pendant le voyage du Duc à l'Écluse, la duchesse, monsieur Adolphe de Clèves, monsieur de Beaujeu et mademoiselle d'Étampes étaient restés au Quesnoy.

ITINÉRAIRE DE PHILIPPE LE BON.

ANNÉE 1441.

		Jean et Adolphe de Clèves, monsieur de Beaujeu et mademoiselle d'Étampes.
16-21	mai,	au Quesnoy.
22	»	à Mons.
23	»	à Hal.
24-25	»	à Bruxelles, avec monsieur et madame de Charolais.
26	»	à Vilvorde.
27	»	à Bruxelles, avec monsieur et madame de Charolais.
28	»	à Termonde.
29-30	»	à Gand, avec monsieur le comte d'Étampes.
1	juin,	à Gand, avec madame de Bourgogne [1], messieurs Jean et Adolphe de Clèves, messieurs d'Étampes et de Beaujeu et mademoiselle d'Étampes.
2	»	à Termonde, avec les mêmes.
3-30	»	à Bruxelles, avec les mêmes et, de plus, le comte et la comtesse de Charolais [2].
1	juillet,	à Bruxelles, avec madame de Bourgogne, monsieur et madame de Charolais, messieurs Jean et Adolphe de Clèves, messieurs d'Étampes et de Beaujeu et mademoiselle d'Étampes.
2-4	»	avec les mêmes, moins monsieur Jean de Clèves.
5-31	»	avec les mêmes et monsieur Jean de Clèves.
1-18	août,	à Bruxelles, avec madame de Bourgogne, monsieur et madame de Charolais, messieurs Jean et Adolphe de

---

[1] La duchesse de Bourgogne, accompagnée de messieurs Jean et Adolphe de Clèves, de monsieur de Beaujeu et de mademoiselle d'Étampes, était partie, le 10 mai, pour St-Omer. Arrivée dans cette ville le 18, elle la quitta le 29, pour rejoindre le Duc à Gand.

[2] Le service divin fut célébré, le dimanche, fête de la Trinité, 11 juin, par l'abbé de Saint-Martin d'Autun (*Dostun*); le samedi, fête de Saint-Jean-Baptiste, par *l'abbé Dilligand* (l'abbé de Dilighem?), et, le jeudi, 29 juin, par l'évêque de *Salubrye*.

ANNÉE 1441.

		Clèves, messieurs d'Étampes et de Beaujeu et mademoiselle d'Étampes.
19-26	août,	à Bruxelles, avec les mêmes, moins monsieur d'Étampes.
27-31	»	à Bruxelles, avec les mêmes et monsieur d'Étampes [1].
1	septembre,	à Hal, avec madame de Bourgogne, messieurs Jean et Adolphe de Clèves, messieurs d'Étampes et de Beaujeu et mademoiselle d'Étampes.
2	»	à Mons, avec les mêmes.
3	»	à Valenciennes, avec les mêmes.
4	»	à Douai, avec les mêmes.
5	»	à Béthune, avec les mêmes.
6-30	»	à Hesdin, avec les mêmes.
1	octobre,	à Hesdin, avec madame de Bourgogne, messieurs Jean et Adolphe de Clèves, messieurs d'Étampes et de Beaujeu et mademoiselle d'Étampes.
2-5	»	à Hesdin, avec les mêmes et, de plus, monsieur de St-Pol.
6-8	»	à Hesdin, avec les mêmes, moins monsieur d'Étampes.
9	»	à Hesdin, avec madame de Bourgogne, messieurs Jean et Adolphe de Clèves, messieurs d'Étampes, de Beaujeu et de St-Pol et mademoiselle d'Étampes.
10-12	»	à Hesdin, avec madame de Bourgogne, monsieur de Nevers, messieurs Jean et Adolphe de Clèves, messieurs d'Étampes, de Beaujeu et de St-Pol, monsieur Ferry de Lorraine et mademoiselle d'Étampes.
13-27	»	à Hesdin, avec les mêmes, moins monsieur de St-Pol.

---

[1] Le dimanche 27, furent faites, en l'hôtel et aux dépens du Duc, les noces de la fille de M° Jean Cottereau (son médecin et conseiller), auxquelles assistèrent plusieurs chevaliers, écuyers, dames, demoiselles et autres notables gens.

ANNÉE 1441.

28-31 octobre,		à Hesdin, avec les mêmes et, de plus, monsieur d'Orléans.
1-3 novembre,		à Hesdin, avec madame de Bourgogne, monsieur le duc d'Orléans, monsieur de Nevers, messieurs Jean et Adolphe de Clèves, messieurs d'Étampes et de Beaujeu et mademoiselle d'Étampes.
4-5	»	à Hesdin, avec les mêmes, moins monsieur le duc d'Orléans.
6	»	à St-Pol, avec les mêmes.
7	»	à la Bassée, avec les mêmes.
8	»	à Lille, avec les mêmes.
9	»	à Tournai, avec les mêmes.
10	»	à Ath (*Ast*), avec les mêmes.
11	»	à Hal, avec les mêmes.
12-18	»	à Bruxelles, avec les mêmes et, de plus, avec monsieur et madame de Charolais.
19-22	»	à Bruxelles, avec les mêmes, moins monsieur de Nevers.
23	»	à Braine-le-Comte, avec madame de Bourgogne, monsieur de Nevers, messieurs Jean et Adolphe de Clèves, messieurs d'Étampes et de Beaujeu et mademoiselle d'Étampes.
24-25	»	à Mons, avec les mêmes.
26-30	»	au Quesnoy, avec les mêmes.
1-3 décembre,		au Quesnoy, avec madame de Bourgogne, monsieur de Nevers, messieurs Jean et Adolphe de Clèves, messieurs d'Étampes, de Beaujeu et de St-Pol, monsieur Ferry de Lorraine et mademoiselle d'Étampes.
4	»	à Avesnes, avec monsieur de Nevers et monsieur Jean de Clèves.
5	»	à Vervins, avec les mêmes.
6	»	à Montcornet *en Turiche*, avec les mêmes.

ANNÉE 1441.

7-8 décembre,	à	Rethel, avec les mêmes.
9	»	à *Genienville* en Champagne, avec les mêmes et monsieur Ferry de Lorraine.
10	»	à *Soiroy*, avec les mêmes.
11	»	à *Couriso*, avec les mêmes.
12	»	à St-Amand en Champagne, avec les mêmes.
13	»	à Bray, avec les mêmes.
14	»	à Bar-sur-Aube, avec les mêmes.
15	»	à Bar-sur-Aube, avec monsieur de Nevers et monsieur Jean de Clèves.
16-17	»	à Châtillon-sur-Seine, avec les mêmes.
18	»	à Vilainnes, avec les mêmes.
19	»	à St-Seine, avec les mêmes.
20	»	à Dijon, avec les mêmes.
21-22	»	à Dijon, avec les mêmes et monsieur Ferry de Lorraine.
23-31	»	à Dijon, avec monsieur de Nevers et monsieur Jean de Clèves [1].

ANNÉE 1462.

1-31 décembre, à Bruxelles, avec madame de Bourbon et mesdemoiselles ses filles [2].

---

[1] Le 24, l'évêque de Châlons fit le service divin devant le Duc.

[2] Le 8 décembre, fête de la Conception de Notre-Dame, le prévôt de *Watten* célébra le service divin en présence du Duc.

Le 9, le Duc « fist faire un soupper en son hostel de St-Josse Vanden Howe, ouquel estoient ma-
» dame la duchesse de Bourbon et mesdamoiselles ses filles, monseigneur l'évesque de Liége, mon-
» seigneur le conte d'Estampes, monseigneur Jaques de Bourbon, monseigneur de Ravestain et plusieurs
» autres chevaliers, escuiers, dames et damoiselles. »

Le 12, il donna, en son hôtel, un autre souper, où assistaient les mêmes personnages et, de plus, l'archevêque de Lyon, ainsi que plusieurs autres grands seigneurs, chevaliers, écuyers, dames et demoiselles, tant de son hôtel que de la ville.

Le samedi, jour de Noël, le suffragant de l'évêque de Cambrai fit le service divin. Le même jour,

ANNÉE 1463.

(Pâques tomba le 10 avril.)

1-31 janvier,		à Bruxelles, avec madame de Bourbon et mesdemoiselles ses filles [1].
1-10 février,		à Bruxelles, avec madame de Bourbon et mesdemoiselles ses filles [2].
11	»	à Vilvorde (*Willevorde*), avec les mêmes.
12-13	»	à Malines, avec les mêmes.
14	»	à St-Bernard, avec les mêmes.
15	»	à Tamise (*Themsich*), avec les mêmes.
16	»	à Baesrode (*Basserost*), avec les mêmes.
17	»	à Termonde, avec les mêmes.
18	»	à *Coyatres*, avec les mêmes.
19-20	»	à Gand, avec les mêmes.

dinèrent, en l'hôtel du Duc, les chapelains et autres de sa chapelle, » et partie du commun de » Bruxelles. »

Le 28, le Duc « fist festoier en son hostel, et à ses despens, au disner, l'abbé de *Joieuse-Folie*, de sa » chapelle, avec tous ceulx de sa compaignie, tant de ladite chapelle, comme trompètes, ménestrelz » et autres. »

Le 30, il « se festoya aux bainz en son hostel, où estoient monseigneur de Ravestain, monseigneur » Jaques de Bourbon, le filz du conte de Russye et plusieurs autres grands seigneurs, chevaliers et » escuyers. »

[1] Le 1er janvier et le jour des Rois, le suffragant de l'évêque de Cambrai fit le service divin devant le Duc.

Le 5, le Duc « fist faire ung soupper en l'ostel de monseigneur de Ravestain, où estoient madame de » Bourbon, mesdamoiselles ses filles, monseigneur l'archevesque de Lyon, monseigneur Jaques de » Bourbon, mondit seigneur de Ravestain et plusieurs autres grans seigneurs, dames et damoiselles. »

Le 14, il « fist festoyer en son hostel l'ambaxade du riche duc Loys de Bavière. »

Le 30, il « fist festoyer les ambaxadeurs de l'Empereur, du riche duc Loys de Bavière, du duc de » Zaxes, du conte de Wistemberch et du marquis de Baude. »

[2] Le 2 février, fête de la Purification de Notre-Dame, le suffragant de l'évêque de Cambrai célébra le service divin devant le Duc.

Depuis le 25 décembre jusqu'au 10 février, le compte mentionne, chaque jour, la délivrance de pain, vin et viande faite « aux deux petis bastards de Bourgoingne. »

ANNÉE 1463.

21	février,	à Middelbourg, avec les mêmes.
22-28	»	à Bruges, avec les mêmes [1].
1-23	mars,	à Bruges, avec madame de Bourbon et mesdemoiselles ses filles.
24-26	»	à Bruges.
27-31	»	à Bruges, avec madame de Bourbon et mesdemoiselles ses filles [2].
1-17	avril,	à Bruges, avec madame de Bourbon et mesdemoiselles ses filles [3].
18-20	»	à Bruges, avec madame de Bourbon et mademoiselle Marguerite, sa fille.
21-30	»	à Bruges, avec madame de Bourbon et mesdemoiselles ses filles.
1-31	mai,	à Bruges, avec madame de Bourbon et mesdemoiselles ses filles [4].

[1] Pendant tout son voyage, jusqu'à Bruges, le Duc fit « délivrer de pain, vin et viande » les mariniers qui conduisaient ses bateaux et ceux de sa suite : ces mariniers furent jusqu'au nombre de 240.

Le mercredi, jour des Cendres, 23 février, l'abbé de *Lyestre* fit le service divin devant le Duc.

[2] Ces princesses avaient fait, les 24, 25 et 26 mars, une excursion à Middelbourg et à l'Écluse.

Le vendredi 25, fête de l'Annonciation, l'abbé de Couches fit le service divin devant le Duc.

[3] Le dimanche, 3 avril, jour des Rameaux, le suffragant de l'évêque de Tournai fit le service divin en présence du Duc.

Ce devoir fut rempli, le 7, par l'abbé de Dous (ou le Dous); le 8, par l'abbé d'Oudenbourg (d'Aubourg); le 9 et le 10, par l'abbé des Dunes.

[4] Du 1er au 8 mai, le compte mentionne une délivrance journalière de pain, vin et viande faite aux médecins du Duc.

Le 17 mai, le Duc donna un banquet auquel assistèrent le comte de Charolais, la duchesse de Bourbon et ses deux filles, le duc de Clèves, monsieur de Ravestein, monsieur de Lyon, monsieur Jacques de Bourbon, monsieur de St-Pol et plusieurs autres chevaliers, écuyers, dames et demoiselles.

Le jour de l'Ascension, 19 mai, l'abbé de Grammont célébra le service divin dans la chapelle du Duc.

Le samedi 28 et le dimanche 29, jour de la Pentecôte, ce fut le suffragant de l'évêque de Tournai qui officia.

ITINÉRAIRE DE PHILIPPE LE BON.

ANNÉE 1463.

1-2	juin,	à Bruges, avec madame de Bourbon et mesdemoiselles ses filles [1].
3-10	»	à Bruges [2].
11-24	»	à Bruges, avec madame de Bourbon et ses filles [3].
25	»	à Ardembourg, avec les mêmes.
26-30	»	à Bruges, avec les mêmes [4].
1-5	juillet,	à Bruges, avec madame de Bourbon et mesdemoiselles ses filles.
6	»	à Roulers, avec les mêmes.
7-11	»	à Lille, avec les mêmes.
12-20	»	à Lille.
21	»	à Houdain.
22	»	à St-Pol.
23	»	à Hesdin.
24-31	»	à Hesdin, avec madame de Bourbon et ses filles [5].

[1] Le 2, le Duc « ala souper en la ville, et fist faire de creue quatre platz de viande. »

[2] Du 1er mai au 3 juin, le compte mentionne une délivrance quotidienne de pain, vin et viande « faite aux deux petis bastars de Bourgoingne. »
Le service divin fut célébré, devant le Duc, le dimanche, fête de la Trinité, 5 juin, par le prévôt de Watten; le 8 et le 9, par le suffragant de l'évêque de Tournai.
Le 7, le Duc « se baigna, et fist de creue II platz de viande. »

[3] Ces princesses partirent de Bruges, le 3 juin, pour Anvers; elles y revinrent le 11. Elles donnèrent à souper, à Anvers, le 9, au duc de Clèves, à monsieur de Ravestein, à monsieur de Montfaucon, à mesdames d'Arcy et de Berghes, et à plusieurs autres seigneurs et écuyers.
Le 12, furent célébrées, en l'hôtel du Duc, les noces de messire Philippe, bâtard de Brabant, et de demoiselle Anne de Baenst : monsieur Jacques de Bourbon, monsieur de Ravestein et plusieurs autres seigneurs, chevaliers, écuyers, dames et demoiselles y assistèrent avec le Duc et les princesses de Bourbon.
Le 14, le Duc et les princesses soupèrent chez le bailli de Bruges.
Le 15, le Duc « fist faire les baings en son hostel. »

[4] Le Duc et les princesses soupèrent, le 26, en l'hôtel du bailli de Bruges, et le 27, en l'hôtel des Florentins.

[5] Le 12, ces princesses étaient parties pour le Quesnoy, où elles passèrent plusieurs jours. Elles rejoignirent le Duc à Hesdin, le 24.

ANNÉE 1463.

1-9 août,		à Hesdin, avec madame de Bourbon et mesdemoiselles ses filles [1].
10	»	à Beaurain-le-Château (*Beaulrain-le-Castel*), avec les mêmes.
11	»	à Montrœil-sur-Mer (*Monsteraul-sur-la-Mer*), avec les mêmes.
12	»	à l'abbaye de Samer (*Saulmer*), avec les mêmes.
13-24	»	à Boulogne, avec les mêmes [2].
25	»	à Étaples, avec les mêmes.
26	»	à St-Josse, avec les mêmes.
27	»	à Rue, avec les mêmes.
28	»	à *Dorrier,* avec les mêmes.
29	»	à Hesdin, avec les mêmes.
30-31	»	à St-Pol.
1-2 septembre,		à Hesdin.
3-27	»	à Hesdin, avec madame de Bourbon et mesdemoiselles ses filles [3].
28-30	»	à Hesdin, avec les mêmes princesses et le roi [4].

[1] Le 1er août, le Duc festoya, aux fontaines du Parc, le patriarche de Jérusalem, l'amiral de France et plusieurs autres seigneurs, chevaliers et écuyers de l'ambassade de France.

[2] Le lundi, jour de l'Assomption, l'abbé de Notre-Dame de Boulogne fit le service divin devant le Duc. Le même jour, le Duc et les princesses soupèrent en l'hôtel de Robert de le Bouverie, receveur général des finances.
Le 24, le Duc donna à souper aux ambassadeurs d'Angleterre. Le lendemain, il leur donna à dîner, avant son départ de Boulogne.

[3] Les princesses s'étaient rendues à Hesdin le 30 août, tandis que le Duc était à St-Pol; elles allèrent à St-Pol, quand le Duc revint à Hesdin. La duchesse de Bourbon y donna à dîner, le 2 septembre, à la reine d'Angleterre, à monsieur de Lyon, à monsieur Jacques de Bourbon, à monsieur de Ravestein, à monsieur de *Mallemirier* et à plusieurs autres seigneurs, dames et demoiselles. Le 3, les princesses rejoignirent le Duc à Hesdin.
Le 4, le Duc festoya, aux fontaines du Parc, la comtesse d'Eu, le trésorier de France et plusieurs autres seigneurs, dames et demoiselles.
Le jeudi, jour de la Nativité de Notre-Dame, 8 septembre, le prévôt de Watten fit le service divin devant le Duc.
Les 10, 12, 14, 19, 22 et 26 septembre, le Duc fit faire assemblée au bois pour les veneurs.

[4] Louis XI était arrivé le 28, après dîner.

ANNÉE 1463.

1-18 octobre,	à Hesdin, avec le roi, madame de Bourbon et mesdemoiselles ses filles [1].
19-23 »	à Hesdin, avec madame de Bourbon et ses filles.
24 »	à St-Pol, avec les mêmes.
25 »	à Houdain, avec les mêmes.
26 »	à la Bassée, avec les mêmes.
27-31 »	à Lille, avec les mêmes.
1-11 novembre,	à Lille, avec madame de Bourbon et mesdemoiselles ses filles [2].
12 »	à Wervicq (*Wervy*), avec les mêmes.
13-14 »	à Roulers, avec les mêmes.
15 »	aux Trois-Frères, avec les mêmes.
16-30 »	à Bruges [3].
1-18 décembre,	à Bruges, avec madame de Bourbon et ses filles [4].

[1] Le 3 octobre, « disnèrent en l'ostel, et aux despens de monseigneur, les ambassadeurs du roy d'Engleterre, assavoir : le chancellier d'Angleterre, le conte d'Essez, messire Adehan Van Loop, messire Watier Blondt, le doyen de Bordeaux, maistre Thomas Caude, maistre Henry Caret, maistre Loys Galet, maistre Thomas Vincebort, Thomas Wagant, Richart Wetel et maistre Guillaume Awray, tous ambassadeurs, et en leur compaignie messire Jehan, filz du duc de Boucquinghen (Buckingham), monsieur de Willeby, le filz du conte d'Assenfort, maistre Thomas Thirel et plusieurs autres de leurs gens. »

Le roi (Louis XI) prit congé du Duc le 19, après dîner.

[2] Le mardi, jour de la Toussaint, l'abbé de Phalempin fit le service divin devant le Duc.

Le 3 novembre, le Duc « fist festoyer au disner les ambassadeurs du riche duc en Bavière et du conte de Wistemberghe (Wurtemberg), et fist faire de creue cincq platz de viande, pour soy festoyer aux baings. »

Le 8, il « fist faire de creue trois platz de viande, pour festoyer les ambasssadeurs du riche duc en Bavière et du conte de Wistemberch. »

[3] Le 26 novembre, « fist le service divin, devant Monseigneur, pour l'obsèque de feu madame la duchesse de Clèves, sœur de mondit seigneur, le suffragant de l'évesque de Tournay. »

[4] Le dimanche, 4 décembre, « fust fait ung banquet pour les fiançailles de mademoiselle de Bourbon et de monseigneur Adolph de Gheldres, et avec ce fut festoié au disner mons^r de Gavre, filz de mons^r de Laval. »

Le 18, « furent faictes les noepces, en l'ostel et aux despens de Monseigneur, de monseigneur Adolph de Gheldres et de mademoiselle de Bourbon. »

ANNÉE 1463.

19-31 décembre, à Bruges, avec madame de Bourbon et ses deux filles [1]

ANNÉE 1464.

(Pâques tomba le 1ᵉʳ avril.)

1-31	janvier,	à Bruges, avec madame de Bourbon et ses filles, madame de Gueldre la jeune et mademoiselle Marguerite [2].
1-15	février,	à Bruges, avec madame de Bourbon et ses deux filles [3].
16	»	aux Trois-Sœurs, « en l'ostel de l'Eschequier, » avec les mêmes.
17	»	à Roulers, avec les mêmes.
18-29	»	à Lille, avec les mêmes.
1-31	mars,	à Lille, avec madame de Bourbon et ses deux filles [4].
1-30	avril,	à Lille, avec madame de Bourbon et ses deux filles [5].
1-11	mai,	à Lille, avec madame de Bourbon et ses deux filles [6].

[1] Le 24 décembre, le suffragant de l'évêque de Tournai fit le service divin devant le Duc, pour les obsèques de la reine Marie, mère du roi de France.
Le jour de Noël, le service divin fut célébré par l'évêque de Soissons.
[2] Les 1ᵉʳ et 6 janvier, le suffragant de l'évêque de Tournai fit le service divin devant le Duc.
Le dimanche 15, le Duc, madame de Bourbon et ses filles soupèrent en l'hôtel de Montferrand.
Depuis le 3 décembre jusqu'au 17 janvier inclusivement, le Duc fit, chaque jour, « délivrer de pain, » vin et viande les deux petis bastars de Bourgoingne. »
[3] Le jeudi, jour de la Purification de Notre-Dame, 2 février, le samedi 11, et le jour des Cendres, 15, le suffragant de l'évêque de Tournai fit le service divin devant le Duc.
[4] Le lundi 26 mars, fête de l'Annonciation, et le samedi 31 mars, veille de Pâques *communiauls*, le prévôt de Watten fit le service divin devant le Duc.
Les abbés de Sᵗ-Amand et de Marchienne furent chargés du même soin les 29 et 30.
[5] Le jour de Pâques, l'abbé de Sᵗ-Amand fit le service divin devant le Duc.
[6] Le jour de l'Ascension, 10 mai, l'abbé de Maroilles fit le service divin en présence du Duc.

ITINÉRAIRE DE PHILIPPE LE BON.

ANNÉE 1464.

12	mai,	à Roulers, avec madame de Bourbon et ses deux filles.
13-17	»	à Bruges, avec les mêmes [1].
18-21	»	à l'Écluse, avec les mêmes.
22-31	»	à Bruges, avec les mêmes [2].
1	juin,	à Roulers, avec madame de Bourbon et ses deux filles.
2-17	»	à Lille, avec les mêmes.
18	»	à la Bassée, avec les mêmes.
19	»	à Houdain, avec les mêmes.
20	»	à Houdain.
21-22	»	à St-Pol.
23-24	»	à Hesdin, avec le roi, madame de Bourbon et ses deux filles [3].
25-30	»	à Hesdin, avec madame de Bourbon et ses deux filles [4].
1	juillet,	à Hesdin, avec madame de Bourbon et ses deux filles.
2-8	»	à Hesdin, avec les mêmes et le roi [5].
9-14	»	à Hesdin, avec madame de Bourbon et ses deux filles [6].

[1] Le 15, « fut Monseigneur aux baingz en son hostel, et fist faire de creue quatre platz de viande. »

[2] Le 26, « fist-l'en l'obsèque de feu monseigneur de Nevers, et fist le service divin devant Monseigneur l'abbé d'Eeckhoute (*de Leescoute*) en ladite ville de Bruges. »
Le même prélat célébra encore le service divin le 27, fête de la Trinité.
Le jeudi, fête du Saint-Sacrement, 31 mai, ce fut le prévôt de Watten qui fut chargé de ce soin.

[3] Ces trois princesses s'étaient séparées du Duc le 20 juin, pour se rendre à Hesdin. Louis XI arriva dans cette dernière ville le 23, au souper.

[4] Le roi quitta Hesdin le 25, après dîner.

[5] Louis XI arriva à Hesdin le 2, pour le souper.
Le 8, « furent festoiez au souper les ambassadeurs d'Angleterre, aux fontaines du Parc. »

[6] Louis XI prit congé du Duc le 9 juillet, après dîner.

ANNÉE 1464.

15-19	juillet,	à Hesdin, avec la reine, la princesse de Piémont, mesdemoiselles de Savoie, sœurs de ladite reine, madame de Bourbon, ses deux filles, le comte d'Eu et plusieurs gens de l'hôtel de la reine.
20-31	»	à Hesdin, avec madame de Bourbon et ses deux filles [1].
1-11	août,	à Hesdin, avec madame de Bourbon et ses deux filles [2].
12-31	»	à Hesdin, avec les mêmes et le duc de Savoie [3].
1-2	septembre,	à Hesdin, avec le duc de Savoie, madame de Bourbon et ses deux filles.
3-30	»	à Hesdin, avec les mêmes, moins le duc de Savoie [4].
1-6	octobre,	à Hesdin, avec madame de Bourbon et ses deux filles.
7	»	à St-Pol.
8	»	à Houdain.
9	»	à la Bassée.
10	»	à Lille.

[1] Le 31 juillet, le Duc « fist faire assemblée, et souppa mondit seigneur au Parc, et fist avec ce faire quatre platz de viande de creue. »

[2] Le dimanche 5 août, le Duc « fist faire de creue XIII platz de viande pour les noepces de Phelippe de Biauval, fils de Jehan de Biauval, chastellain dudit Hesdin, qui cedit jour furent faites en l'ostel et aux despens de mondit seigneur. »

[3] Le jour de l'Assomption, l'abbé d'Auxy célébra le service divin devant le Duc.
Les 25 et 30 août, le Duc fit faire assemblée au bois.

[4] Le samedi, fête de la Nativité de Notre-Dame, 8 septembre, l'abbé de *Dous* en Flandre fit le service divin devant le Duc.
Le 12, le Duc « fist faire de creue deux platz de viande, pour festoier monseigneur l'admiral de France, qui cedit jour disna en l'ostel et aux despens de mondit seigneur. »
Les 1er, 4, 7, 10, 13 et 14 septembre, il fit faire « assemblée au bois. »

ITINÉRAIRE DE PHILIPPE LE BON.

ANNÉE 1464.

11-31 octobre, à Lille, avec madame de Bourbon et ses deux filles [1].

1-26 novembre, à Lille, avec madame de Bourbon et ses deux filles [2].
27 » à Lannoy, « en l'ostel et aux despens de monseigneur » dudit Lannoy. »
28 » à Antoing, « aux despens de monseigneur dudit Anstoing. »
29 » à Leuze.
30 » à Ath, avec madame de Bourbon et ses deux filles [3].

1-5 décembre, à Ath, avec madame de Bourbon et ses deux filles.
6 » à Enghien, avec les mêmes.

[1] La duchesse de Bourbon et ses filles étaient restées à Hesdin, quand Philippe le Bon en partit le 7; elles vinrent le rejoindre à Lille le 11.
Le duc de Bourbon arriva en cette ville le 14, et y fut jusqu'au 19, aux dépens du duc de Bourgogne.
Le 11, Philippe le Bon « fit faire III platz de viande de creue, pour soy festoyer aux baings. »
Le 31, l'abbé de Loos célébra le service divin devant le Duc.

[2] Les 1er et 2 novembre, l'abbé de Loos fit le service divin devant le Duc.
Les 3, 7, 9, 10, 14, 16, 17, 21 et 25 novembre, le Duc fit délivrer du poisson d'eau douce pour la bouche du duc de Bourbon.
Le dimanche 11, jour de Saint-Martin, il donna un banquet en l'hôtel du comte de Charolais, où assistèrent monsieur de Beaujeu, monsieur Adolphe de Clèves, monsieur Jacques de Bourbon et plusieurs autres grands seigneurs, chevaliers et écuyers, dames et demoiselles.
Le 15, il festoya aux bains le comte de Charolais, le duc de Bourbon, messieurs de Lyon et de Beaujeu, monsieur Jacques de Bourbon, monsieur Adolphe de Clèves et plusieurs autres grands seigneurs, chevaliers et écuyers, accompagnés de madame de Bourbon et de ses filles.
Le 18, il donna à dîner aux ambassadeurs de France, et, le même jour, en l'hôtel de Philippe Fremault, il convia à souper le comte de Charolais, le duc de Bourbon, monsieur Adolphe de Clèves, monsieur Jacques de Bourbon, et plusieurs autres grands seigneurs, chevaliers et écuyers, avec madame de Bourbon et ses filles.
Le dimanche 25, en l'hôtel de Poly Buland, il donna un banquet où assistèrent le comte de Charolais, madame de Bourbon et ses filles, monsieur Adolphe de Clèves et plusieurs autres grands seigneurs, chevaliers et écuyers, dames et demoiselles.

[3] La duchesse et ses filles, qui étaient restées à Lille, en partirent le 29 novembre; elles couchèrent à Tournai le même jour, et, le lendemain, elles rejoignirent le Duc à Ath.

ANNÉE 1464.

7-8 décembre, à Hal, avec madame de Bourbon et ses deux filles.
9-31   »   à Bruxelles, avec les mêmes [1].

ANNÉE 1465.

(Pâques tomba le 14 avril.)

1-31 janvier, à Bruxelles, avec madame de Bourbon et ses deux filles, madame de Gueldre la jeune et mademoiselle Marguerite [2].

1-28 février, à Bruxelles, avec madame de Bourbon et ses deux filles [3].

1-31 mars, à Bruxelles, avec madame de Bourbon et ses deux filles [4].

1-30 avril, à Bruxelles, avec madame de Bourbon et ses deux filles [5].

---

[1] Le 24 et le 25 décembre, le suffragant de l'évêque de Cambrai célébra le service divin devant le Duc.

[2] Le dimanche, 6 janvier, jour des Rois, le suffragant de l'évêque de Cambrai dit la messe en présence du Duc.
Le 17, le Duc « fist faire quatre platz de creue, pour festoyer l'ambassade d'Angleterre. »
Le 31, il « fist faire de creue trois platz de viande, pour les nopces de l'une des femmes de madame « de Bourbon. »

[3] Le samedi, 2 février, jour de la Purification de Notre-Dame, le 21, le 23 et le 27, le suffragant de l'évêque de Cambrai célébra le service divin devant le Duc.
Le 27, jour des Cendres, et le 28, le Duc « fist délivrer de pain, vin et viande ung frère prescheur. »

[4] Le dimanche, 3 mars, le Duc fit festoyer les ambassadeurs des ducs de Bretagne et de Nemours, et du comte d'Armagnac (*Derminac*).
Le lundi 25, le suffragant de l'évêque de Cambrai célébra le service divin devant lui.

[5] Pendant tout le mois d'avril, le Duc fit, chaque jour, « délivrer de pain, vin et viande ung frère « prescheur. »

ITINÉRAIRE DE PHILIPPE LE BON.

ANNÉE 1465.

1-31   mai,   à Bruxelles, avec madame de Bourbon et ses deux filles [1].

1-30   juin,   à Bruxelles, avec madame de Bourbon et ses deux filles [2].

Le 7 avril, jour de Pâques fleuries, le suffragant de l'évêque de Cambrai célébra le service divin devant le Duc.

Le jeudi saint, 11 avril, la messe fut dite par l'abbé de Dilighem. Le même jour, le Duc « fist le mandé. »

L'abbé de Dilighem célébra encore le service divin le vendredi saint.

Le samedi saint, ce fut à l'abbé d'Afflighem que ce soin fut confié.

Le dimanche, 14 avril, jour de Pâques charnelles, le service divin fut célébré par l'évêque de Tournai, en présence du Duc; « et tint icellui seigneur salle, et disnèrent avec lui monseigneur le conte de Charrolloys et ledit prélat; et aussi disnèrent en ladite salle les chappelains de sa chappelle; et avec ce disnèrent ce jour en son hostel, et à ses despens, le povre commun doudit Brouxelles. »

[1] Le samedi, 18 mai, le Duc « ordonna le plat des chambellans, et furent délivrez messire Philippe Pot et autres. »

Le 22, il « fist faire de creue ung plat de viande, pour festoyer monseigneur le conte de Nassau et autres seigneurs de Brabant. »

Le 23, jour de l'Ascension, le suffragant de l'évêque de Tournai fit le service divin devant le Duc.

[2] Le jour de la Pentecôte, 2 juin, et la veille, le suffragant de l'évêque de Tournai célébra le service divin devant le Duc.

Le 2, les chapelains de la chapelle du Duc, ses médecins et « le povre commun de Bruxelles » dînèrent en son hôtel, à ses dépens.

Le 6, il fit faire assemblée au bois pour les veneurs, à laquelle assemblée il assista, avec madame de Bourbon et ses deux filles, la princesse d'Orange, les comtes de Nassau et de Hornes.

Le dimanche, fête de la Sainte-Trinité, 9 juin, l'abbé de Dilighem fit le service divin devant lui.

Le jeudi, fête du Saint-Sacrement de l'autel, 13 juin, le service fut fait par le suffragant de l'évêque de Cambrai.

Le 16, il « fist faire de creue trois platz de viande, pour soy festoyer avec lesdites dames et damoiselles (madame de Bourbon et ses filles) et monseigneur de Gheeldres le josne, à St-Josse-de-Noye. »

Le 18, il y eut assemblée au bois, où dînèrent avec lui madame de Bourbon et ses deux filles, monsieur de Gueldre et plusieurs autres chevaliers.

Le 24, il fit faire « de creue, » quatre plats de viande, pour se festoyer, avec madame de Bourbon, ses deux filles et la princesse d'Orange, en son hôtel de *Saint-Josse-de-Noue.*

Le 25, il y eut chasse et assemblée au bois, où il dîna avec les mêmes dames.

Le 27, il « se baingna en son hostel de Saint-Josse-de-Nouye, et fist faire de creue trois platz de viande. »

ANNÉE 1465.

1-31 juillet,		à Bruxelles, avec madame de Bourbon et ses deux filles [1].
1-13 août,		à Bruxelles, avec madame de Bourbon et ses deux filles [2].
14-15	»	à Hal [3].
16-31	»	à Bruxelles, avec madame de Bourbon et ses deux filles [4].
1-10 septembre,		à Bruxelles, avec madame de Bourbon et ses deux filles [5].
11-17	»	à Bruxelles [6].
18-30	»	à Bruxelles, avec madame de Bourbon et ses deux filles [7].
1-31 octobre,		à Bruxelles, avec madame de Bourbon et ses deux filles [8].

[1] Le 4 juillet, le Duc « fist faire assemblée au bois pour les veneurs, et avec ce fist faire de creue » deux platz de viande. »
Le 9, le 18 et le 30, il fit encore faire assemblée au bois pour les veneurs.
Le 25, il fit festoyer, en son hôtel, l'ambassade du roi d'Écosse.

[2] Les 1er et 6 août, le Duc fit faire chasse et assemblée au bois.

[3] Ces deux jours, la duchesse de Bourbon et ses filles restèrent à Bruxelles.

[4] Le 19, le Duc fit faire deux plats de viande « de creue, pour soy festoyer en son hostel de Saint-Josse-de-Nouye. »
Le 20, pour le même motif, il fit faire un plat « de creue. »
Le 22, il y eut chasse et assemblée au bois.
Le 28, un plat de viande « de creue » fut fait, pour festoyer le duc de Clèves.

[5] Le dimanche, 8 septembre, l'abbé de Ste-Gertrude à Louvain fit le service divin devant le Duc.

[6] Le mercredi, 11 septembre, la duchesse de Bourbon et ses deux filles partirent pour la foire d'Anvers; elles en revinrent le 18.
Le 14, le Duc fit faire chasse et assemblée au bois, près de Bruxelles.

[7] Le 24 et le 25, le Duc fit « faire de creue trois plats de viande, pour festoyer monseigneur le duc » de Clèves. »
Le 29, il fit « faire de creue un plat de viande, pour festoyer les ambaxadeurs du roy d'Engleterre et » du comte de Wistenberch (Wurtemberg). »

[8] Le 15 octobre, « le suffragant de l'évesque de Cambray fist le service divin en l'église de Cau- » bergue, pour l'obsèque de feue madame de Charrollois. »

ITINÉRAIRE DE PHILIPPE LE BON.

ANNÉE 1465.

1-30 novembre, à Bruxelles, avec madame de Bourbon et ses deux filles [1].

1-31 décembre, à Bruxelles, avec madame de Bourbon et ses deux filles [2].

ANNÉE 1466.

(Pâques tomba le 6 avril.)

1-31 janvier, à Bruxelles, avec madame de Bourbon et ses deux filles [3].

1-28 février, à Bruxelles, avec madame de Bourbon et ses deux filles [4].

---

[1] Le suffragant de l'évêque de Cambrai célébra le service divin, en présence du Duc, le 1er et le 2 novembre. Le jour de la Toussaint, il dina en l'hôtel du Duc, avec les chapelains de la chapelle de ce prince « et aussi le povre commun de Bruxelles. »

[2] Le 9, l'abbé de Grimberghe fit le service divin devant le Duc.
Le jour de Noël, ce fut le suffragant de l'évêque de Cambrai qui remplit cet office, et, ce jour, disnèrent en l'ostel, et aux despens de Monseigneur, avec ledit prélat, les chappellains de sa chappelle, et aussi le povre commun dudit Bruxelles. »

[3] Le 1er et le 6 janvier, le suffragant de l'évêque de Cambrai fit le service divin devant le Duc.
Le 16, le Duc « fist faire deux platz de viande de creue, pour soy festoyer aux baings en son hostel de Saint-Josse lez-Bruxelles. »
Le 30, il « fist faire de creue quatre platz de viande, pour festoyer en son hostel le seigneur de Rocendale, du royaulme de Behaigne, et frère de la royne dudit Behaigne, le conte de Zeeharowyt et plusieurs autres nobles gens dudit royaulme de leur compaignie. »

[4] Le 2 février, fête de la Purification de Notre-Dame, « l'évesque de Salubrie fist le service divin devant Monseigneur. »
Le 17, le Duc « fist faire de creue trois platz de viande, pour soy festoyer aux baings en son hostel de Saint-Josse-de-Nouye lez-Bruxelles; il soupa et coucha dans le même hostel. »
Le 25 et les jours suivants, jusqu'à la fin du mois, il « fist délivrer ses médechins de pain, vin et viande. »

ANNÉE 1466.

1-31	mars,	à Bruxelles, avec madame de Bourbon et ses deux filles [1].
1-19	avril,	à Bruxelles, avec madame de Bourbon et ses deux filles.

[1] Le 25, fête de l'Annonciation de Notre-Dame, le suffragant de l'évêque de Cambrai célébra le service divin devant le Duc.

ITINÉRAIRE DE MAXIMILIEN,

ARCHIDUC D'AUTRICHE, ROI DES ROMAINS, DUC DE BOURGOGNE, ETC., ETC.,

DANS

LES ANNÉES 1484, 1486 ET 1488.

Tiré : a. du compte cinquième de Louis Quarré, receveur général des finances et maître de la chambre aux deniers de l'Archiduc, rendu pour une année, commençant au 1ᵉʳ janvier 1483 (v. st.), et finissant au 31 décembre 1484; b. du compte septième de Louis Quarré, conseiller, trésorier de la Toison d'Or, receveur général de toutes les finances et maître de la chambre aux deniers du roi des Romains, rendu pour une année, commençant au 1ᵉʳ janvier 1485 (v. st.), et finissant au 31 décembre 1486; c. du compte neuvième de Louis Quarré, rendu pour une année, commençant au 1ᵉʳ janvier 1487 (v. st.), et finissant au 31 décembre 1488. — Ces trois comptes sont conservés dans les archives du département du Nord, à Lille.

ANNÉE 1484.

(Pâques tomba le 18 avril.)

1-2	janvier,	à Malines.
3-11	»	à Bruxelles.
12	»	à Hal.
13	»	à Soignies.
14-25	»	à Mons.
26-27	»	à Valenciennes [1].
28-29	»	à Douai.

[1] L'Archiduc soupa, le 27, en l'hôtel du Sʳ de Maingoval.

ITINÉRAIRE DE MAXIMILIEN.

ANNÉE 1484.

30	janvier,	à Seclin.
31	»	à Douai.
1-3	février,	à Cambrai.
4-6	»	à Valenciennes [1].
7-10	»	au Quesnoy [2].
11-16	»	à Valenciennes.
17-20	»	à Ath [3].
21	»	à Mortagne.
22	»	à la Madeleine-lez-Lille.
23	»	à Wervicq (*Wervy*).
24	»	à Thourout.
25	»	à Oudenbourg.
26	»	à Roulers.
27	»	à Wervicq.
28	»	à Lannoy.
29	»	à Antoing [4].
1-2	mars,	à Ath [5].
3	»	à Braine-le-Comte.
4-7	»	à Bruxelles [6].
8-9	»	à Malines.
10-12	»	à Anvers.

[1] Le 5, l'Archiduc « alla souper avec mademoiselle de Ghelres : par quoy fut fait ung plat de crue. »

[2] Le 9, « madamoiselle de Ghelres et le conte de Nassauw furent servy du plat de Monseigneur; pour quoy ledit plat fut fait plus grant. »

[3] Les 18, 19 et 20, « le sire de Polhan fut délivré de viande en la cuisine de Monseigneur. »

[4] « Ce jour, le seigneur dudit Anthoing donna à souper à Monseigneur, et le deffraya audit souper par tous offices. »

[5] Le 2, « fut fait ung plat de crue pour certains chevaliers et escuiers estant avec monseigneur l'Archiduc, qu'il fist ce jour deffrayer. »

[6] Le 5, l'Archiduc « fist délivrer le sire de Polhan, pour lui et les chambellans, de poisson, espices et pottagerie. »
Le 6, il alla *voller* (chasser au faucon) dans la forêt de Soigne.
Le 7, il soupa chez messire Nicolas de Gondeval, son maître d'hôtel, « où il feit portter sa viande. »

ITINÉRAIRE DE MAXIMILIEN.

ANNÉE 1484.

13-31	mars,	à Malines [1].
1-26	avril,	à Malines [2].
27-28	»	à Turnhout [3].
29	»	à Lierre.
30	»	à Malines.
1-4	mai,	à Malines.
5-24	»	à Bruxelles [4].
25	»	à Louvain [5].
26-31	»	à Bruxelles.

[1] Le 31, l'Archiduc « a fait délivrer de crue ung plat de viande pour Charles monseigneur de Ghelres, dont il a esté servy seullement au soupper. »

[2] Le 1ᵉʳ avril, « a Monseigneur ordonné estre délivré d'ores en avant deux plats de crue, et estre comptez ordinairement avec sa despence, assavoir : l'un pour ledit Charles monseigneur de Ghelres, et l'autre pour monsieur de Polhan. »
Le 5, « ledit seigneur de Ghelres n'a point été délivré de poisson, fors seullement de potagerie. »
Le 9, « a derechief ordonné Monseigneur délivrer audit Charles monseigneur de Ghelres ung plat de crue, avec chandeilles, flambeaulx et bois pour sa chambre. »
Le 12, l'Archiduc partit le matin de Malines, pour aller en pèlerinage à Saint-Gomar, à Lierre, où il dîna ; il revint coucher à Malines.
Le jeudi saint, 15 avril, « a esté fait crue par tous offices, pour ce que Monseigneur s'est retraict au cloistre des Carmes, audit lieu (à Malines), avec aucuns chevaliers et escuiers almans, lesquelz il a fait faire livrée de viandes, et aussi aux religieulx dudit cloistre. »
Le jour de Pâques, « a esté fait crue par les offices, tant en la viande, que l'on a, ledit jour, béney, selon l'usage d'Alemaigne, comme pour le service du plat que l'on a fait délivrer dehors, et aussi pour les héraulx et trompettes. »
Le 21, l'Archiduc « fut veoir la procession, et l'ont ceulx de la ville fait deffrayer au disner, et pluisieurs chevaliers, escuiers et autres ses serviteurs estant avec lui, semblablement. »

[3] Le 28, l'Archiduc alla chasser au bois, et dîna au Zwaertgaet.

[4] Il y avait, en ce moment, à Bruxelles, des ambassadeurs de France, de Venise, d'Espagne, de Portugal et d'autres pays : le 11, l'Archiduc les mena chasser avec lui, et les festoya au bois de Soigne, « ouquel, pour ce faire, il feit tendre pluiseurs tentes, pavillons et ramées, et furent vin et viande, à grant largesse, baillié à tous ceulx qui furent à ladite chasse : par quoy y eult grant desroy. »

[5] « Ce jour, Monseigneur a ordonné délivrer et deffrayer, à sa despence, mademoiselle de Guelres, ses gens et serviteurs, tant qu'elle sera devers luy : par quoy crue par tous offices. »

ANNÉE 1484.

1-7	juin,	à Bruxelles [1].
8-9	»	à Malines [2].
10-17	»	à Bruxelles [3].
18	»	au château de Genappe [4].
19-29	»	à Bruxelles [5].
30	»	à Tervueren [6].
1-12	juillet,	à Bruxelles [7].

[1] Le 1er juin, « délivré, avec la despence ordinaire de Monseigneur, les platz de monseigneur Charles de Ghelres, de Bollan et autres chevaliers d'Allemaigne, comme ès jours précédens. »
Le 2, « Monseigneur, pour furnir à ung pas qu'il avoit fait crier, par quatre jours, a jousté contre tous venans, et, à ceste cause, festoya au soupper et ordonna faire ung bancquet pour les dames et damoiselles qu'il feit prier audit bancquet, et aussi pour les jousteurs; et soupèrent audit bancquet, avec mondit seigneur, lesdits ambassadeurs et plusieurs chevaliers et escuiers de son hostel : par quoy y furent faiz plusieurs platz de crue. »
Le 3, « après qu'il eust jousté, Monseigneur feit préparer ung grant bancquet, pour estre, par lesdites dames et damoiselles qui y furent, et les dessusdits ambassadeurs, donné le pris : par quoy y eult encore pluisieurs platz de crue. »
Le 7, l'Archiduc « alla à la Vurre, à la trayrie des arbalestriers de Louvain, Bruxelles et autres villes, disner audit lieu, et avec lui et à sa table, monseigneur le bastard de Bourgoingne, monseigneur Philippe de Clèves, monseigneur de Nassau et autres : par quoy fut fait crue. »

[2] Le 8, l'Archiduc, après avoir dîné à Bruxelles, partit pour Malines, où il soupa, en compagnie du bâtard de Bourgogne, chez la duchesse douairière.
Le lendemain, il dîna encore avec elle, ainsi que le bâtard.

[3] Le dimanche 13, fête de la Sainte-Trinité, « Monseigneur souppa à l'ostel de la ville, au bancquet de monseigneur Phelippe de Clèves, où il feit porter son plat, lequel il avoit fait renforchier à ceste cause. »

[4] Ce jour-là, l'Archiduc chassa dans la forêt de Soigne.

[5] Le 23, veille de la Saint-Jean-Baptiste, « a esté fait, par l'ordonnance de Monseigneur, le feu doz (?) que l'on a accoustumé faire, pour lequel a eu grant crue de bois et fagoz. »

[6] Ce jour-là, l'Archiduc partit de Bruxelles après dîner, pour aller chasser dans la forêt de Soigne. Le soir, à Tervueren, « il festoya le duc de Clèves, messire Ingelbert de Clèves, son frère, monseigneur Charles et madamoiselle de Ghelres, et plusieurs autres chevaliers, escuiers, dames et damoiselles que icellui seigneur feit illec venir, pour estre au bancquet : pour quoy y eult pluisieurs platz de crue, et grant desroy par tous offices. »

[7] Le 1er juillet, le 13 et le 24, l'Archiduc chassa dans la forêt de Soigne.
Le dimanche 4, « il alla souper au bancquet que fist monseigneur Phelippe de Clèves, où il fit porter sa viande : par quoy y eult crue. »

ITINÉRAIRE DE MAXIMILIEN.

ANNÉE 1484.

13	juillet,	à Tervueren.
14-17	»	à Louvain.
18-23	»	à Bruxelles ¹.
24-26	»	à Nivelles ².
27-31	»	à Bruxelles.
1-15	août,	à Bruxelles ³.
16	»	à Tervueren.
17	»	à Bruxelles.
21	»	à Hal ⁴.
22	»	à Tervueren.
23-25	»	à Louvain.
26	»	à Hérenthals.
27-29	»	à Turnhout ⁵.
30	»	à Vosselaer.
31	»	à Hérenthals.
1	septembre,	à *Merblois*.
2-9	»	à Anvers.
10	»	à Malines.
11-18	»	à Bruxelles.
19-30	»	à Anvers ⁶.
1	octobre,	à Lillo ⁷.

¹ Le 22, « a esté rompu l'estat de monseigneur et de madamoiselle de Ghelres. »
² Le dimanche 25, il fut fait deux plats de crue, pour festoyer les chanoinesses de Nivelles. Le lendemain, l'Archiduc dîna avec les arbalétriers.
³ Le 1ᵉʳ août, l'Archiduc, « a de nouvel ordonné de livrer un plat de viande de crue pour mon-seigneur Charles de Ghelres et son estat. »
Le 6, le 11, le 17, le 21, le 25, ce prince chassa dans les environs de Bruxelles.
⁴ Il fit, le lendemain matin, son pèlerinage en l'église Notre-Dame de cette ville.
⁵ Le 28, l'Archiduc chassa dans les environs de Turnhout.
⁶ Le 29, « ordonna Monseigneur faire huit plats de crue pour le bancquet des neupces Veit de Volkestein : par quoy il y olt desroy par tous offices. »
Le 30, il ordonna encore de faire trois plats de crue pour ledit Veyt, seigneur de Volkestein.
⁷ « Ce jour, furent faictes plusieurs provisions de vivres, pour mectre ès bateaulx. »

ANNÉE 1484.

2-20 octobre.	à	Middelbourg.
21-23	»	à Zierikzée.
24	»	devant Lillo, entre Berg-op-Zoom et Anvers.
25-28	»	à Berg-op-Zoom.
29-31	»	à Anvers.
1-4 novembre,	à	Anvers.
5-6	»	à Malines.
7	»	au Rouge-Cloître lez Bruxelles.
8-9	»	à Tervueren [1].
10-11	»	à Bruxelles [2].
12-19	»	à Malines [3].
20-21	»	à Bruxelles [4].
22-23	»	à Malines.
24	»	à Lierre.
25	»	à Malines.
26-30	»	à Termonde [5].
1-6 décembre,	à	Termonde [6].
7	»	à Malines.
8-31	»	à Bruxelles [7].

[1] Le 9, l'Archiduc fut tout le jour à la chasse dans la forêt de Soigne.

[2] Le 10, « pour l'honneur de la veille Saint-Martin, Monseigneur feit délivrer vin de crue par les offices. »
Le 11, « au disner, fist festoyer en son hostel ses braconniers de six platz de crue, et, au soupper, ses faulconniers d'un plat de crue. »

[3] Le 14, « Monseigneur ordonna délivrer certaine quantité de vin et viande pour les neupces de Jehan de Baclerode, ayde de son espicerie. »

[4] Le 21, « Monseigneur ordonna faire délivrer de la viande à Vilvorde le hérault, pour le festoyement de ses compagnons, à cause de sa création. »

[5] « Vendredy, vingt-sixiesme jour dudit mois de novembre, mondit seigneur partit en armes de sadite ville de Malines, soupper et giste en sa ville de Tenremonde, laquelle il gaigna ce jour. »

[6] Le 1er décembre, l'Archiduc « ordonna délivrer certaine quantité de pain, char et vin à ceulx de son escuirie, en l'onneur de monseigneur saint Éloy. »
Le 4, les ambassadeurs de l'Empereur arrivèrent à Termonde.

[7] Le 12, « l'Archiduc ordonna faire ung bancquet de cincq platz de crue, pour le festoyement de

ITINÉRAIRE DE MAXIMILIEN.

ANNÉE 1486.

(Pâques tomba le 26 mars.)

1-2	janvier,	à Aix-la-Chapelle.
3	»	à Duren [1].
4-20	»	à Cologne [2].
21	»	à Bonn [3].
22	»	à *Zunhith*.
23	»	à Andernach.
24	»	à Coblence (*Covelens*).
25	»	à Boppard (*Pouppart*).
26	»	à Wesel.
27	»	à Bingen.
28-29	»	à Mayence.
30-31	»	à Francfort.
1-28	février,	à Francfort [4].

" ladite ambassade de l'Empereur, où furent aussi audit bancquet messeigneurs de Ghelres, de Nas-
" souw, d'Egmond, de Polhan, Walhain et autres nobles de l'ostel d'icellui seigneur, avec pluissieurs
" dames et damoiselles : par quoy il y olt grant desroy. »
Le 16, il « ordonna au seigneur de Polhan festoyer en sa chambre ladite ambassade de l'Empereur. »
Le 20, « il alla souper à l'ostel de monseigneur de Berghes, où estoient monseigneur de Liége,
monseigneur Phelippe de Clèves, le sire de Wailhain et autres : pour quoy icellui seigneur ordonna
faire ung plat de crue, qu'il fit servir en poisson. »
[1] Le 5 janvier, à Duren, l'Archiduc fit donner congé aux charretiers des pays de Hainaut, de Brabant et de Gueldre, qui avaient amené ses bagages.
[2] Le 10, l'Archiduc « ordonna d'ores en avant, et durant tout son voyage d'Alemaigne, livrée (*)
" estre faicte et deffrayer tous ses gens, chevaulx et serviteurs estans avec lui oudit voyaige, estans
" en nombre de VIII° personnes et VI° chevaulx; et, moyennant ce, ne leur est compté par les escroes
" autres gages ordinaires de ce jour en avant, durant ladite livrée. »
Le 12, il « ordonna faire ung bancquet aux dames : par quoy olt grant crue par tous offices. »
[3] L'Archiduc partit de Cologne le 21 avec l'Empereur, son père, et 400 chevaux de sa suite.
[4] Le jeudi, 16 février, l'Archiduc « a, par les électeurs de l'Empire, assavoir : par les archevesques
" de Mayence, de Coulongne et de Trèves, le conte palatin, le duc de Zassen et le marquis de Bran-
" denborch, esté en l'église Saint-Berthelmi esleu publiquement, devant tout le peuple, et en la pré-

(*) *Livrée*, livraison de comestibles.

ITINÉRAIRE DE MAXIMILIEN.

ANNÉE 1486.

1-27	mars,	à Francfort [1].
28-29	»	à Bingen [2].
30	»	à Andernach [3].
31	»	à Cologne [4].
1-2	avril,	à Cologne.
3	»	à Duren.
4-10	»	à Aix-la-Chapelle [5].
11-12	»	à Duren [6].
13-30	»	à Cologne [7].

sence de l'Empereur, son père, roy des Rommains, où a esté fait grant feste et tryumphle par lesdits électeurs et plusieurs autres princes, duez et contes et autres seigneurs estans illec présens. »

[1] Le 7 mars, le comte palatin soupa avec le Roi.

[2] Le Roi partit de Francfort le 28, avec l'Empereur, son père, et les princes et électeurs de l'Empire.

[3] « Ce jour, ceulx de Pouppart ont présenté au Roy, en passant devant ladite ville, xiii aulmes de vin, et semblablement ceulx de Rains. »

[4] « Où ceulx de la loy, ceulx de l'église et toute la communaulté de ladite cité vindrent au devant de luy, atout croix et confanons. »

[5] Le 4 avril, Maximilien fit son entrée à Aix-la-Chapelle, « accompagné de messeigneurs les archevesques de Mayence, de Coulongne et de Trèves, le conte palatin, le duc de Zassen et autres princes et électeurs, en grant nombre de gens. »

Le 6, « furent faictes grandes préparations pour le couronnement du Roy, qui se devoit faire ledit jour : mais, pour certaines causes, fut continué jusques au dimence ensuivant. »

Le dimanche, 9 avril, Maximilien « fut couronné en l'église Nostre-Dame, et, ce fait, donna à disner à l'Empereur, son père, et à tous les princes électeurs, et aux autres princes en grant nombre, à l'ostel de ville : pour lequel disner, furent faiz et appointez xxxii platz de viande, et fut rosti ung buef entier, et fut fait une fontaine qui tout cedit jour jecta vin de Rin; et fist ce jour le Roy plusieurs chevaliers. Par quoy ot par tous offices grand desroy. Somme de le despence de ce jour, sans gages, 2,693 liv. 8 deniers. »

[6] Le 11, « le Roy a donné congié à plusieurs ses chevaliers et gentilzhommes et autres, ausquelz il a fait donner chascun, pour lui et cheval, ung florin d'or, pour despendre en chemin. »

[7] Maximilien entra, le 13 avril, à Cologne, « en armes avec l'Empereur, son père, accompaignié des princes et électeurs de l'Empire. »

Le 24, « il fist ung grant bancquet pour le festoyement de messeigneurs les archevesques de Méance (Mayence), Coulongne et de Trèves, et le conte palatin, électeurs, avec plusieurs autres grans princes, seigneurs, dames et damoiselles, en grant nombre : pour quoy furent faitz xii platz de viande de crue. »

ITINÉRAIRE DE MAXIMILIEN.

ANNÉE 1486.

1-19	mai,	à Cologne [1].
20	»	en son château de Zons (*Zoents*).
21-23	»	à Nuyss.
24	»	à Wilkenrode.
25-26	»	à Ruremonde (*Remunde*).
27	»	à Horst.
28	»	à Grave.
29-30	»	à Bois-le-Duc.
31	»	à Heusden.
1-2	juin,	à Heusden.
3-8	»	à Dordrecht [2].
9-10	»	à Breda [3].

Le 26, « il ordonna faire ung plat de crue et l'appourter au logiz de Jehan Fax, où il se trouva. »
Le 27, « fut fait ung plat de crue, qui fut porté à l'ostel du seigneur d'Yselstein, où le Roy se trouva. »

[1] Le 7, « disna avec lui l'ambassade du roy de Pollane (Pologne) : pour quoy furent faiz deux platz de crue. »
Le 11, « il baillia ung bancquet à l'ostel de mons^r d'Isselstain : pour quoy olt crue en tous offices. »

[2] Le 3, à Dordrecht, « le Roy ordonna de, après ce jour, non plus faire ne bailler aucunes livrées de pain, de chair et de vivres, ainsi qu'il estoit accoustumé, et que, en ce lieu, ses officiers seroient comptez, du jour ensuivant, à gages. »
En partant pour l'Allemagne, Maximilien « avoit ordonné plusieurs ses chevaliers, conseilliers, chambellans, escuiers et autres officiers eulx retraire et servir devers monseigneur l'archiduc Phelippe, son filz, durant ledit voyage et jusques son retour d'icellui, lesquelz il avoit ordonné estre comptez, et pour leurs livrées, et aussi pour certaines provisions que desjà il avoit ordonné faire pour la venue de l'Empereur, son père, que, environ le Noël précédent, devoit venir par deçà, et semblablement autres provisions qu'il ordonneroit faire durant sadite absence des pays de par deçà. »
Le 10 janvier, étant à Cologne, il « ordonna faire escroes, tant de gages que de dépense, pour sondit estat ordonné par deçà. »
Le 3 juin, à Dordrecht, « fut ordonné de non plus compter ledit estat par deçà, mais que chascun se trouveroit devers le Roy, oudit pays de Hollande, auquel lieu il les feroit compter et livrer, ainsi que avoit esté fait auparavant sondit voyage d'Alemagne. »

[3] « Ce jour (10 juin), fut remise la cité Thérewane (Thérouane) en son obéissance, par messire Jehan Sallezaer et autres ses gens de guerre. »

ITINÉRAIRE DE MAXIMILIEN.

ANNÉE 1486.

11-12	juin,	à Turnhout (*Tournult*).
13	»	à Hooghstraeten.
14-15	»	à Berg-op-Zoom.
16	»	à Tholen.
17-24	»	à Goes [1].
25-27	»	à Hulst.
28	»	à Riel (*Rielant en Zuid-Beveland*).
29-30	»	à Berg-op-Zoom.
1-2	juillet,	à Berg-op-Zoom.
3-7	»	à Anvers [2].
8	»	« ou chasteau de Berssot lez lieu de Anvers. »
9	»	à Malines [3].
10-11	»	à Bruxelles [4].
12	»	à Tervueren [5].
13-20	»	à Louvain [6].
21-25	»	à Bruxelles, avec l'Empereur, son père [7].
26	»	à Hal, avec l'Empereur.
27	»	à Termonde [8].

[1] Après avoir dîné le 24 à Goes, Maximilien s'était mis en route pour Berghes, où il comptait passer la nuit : « mais, pour aucunes nouvelles que lui survindrent, retourna, à petite compagnie, au giste audit lieu de le Goes. »

[2] « Où il fut honnourablement receu, à cause de son nouvel advènement à roy. »

[3] Il fut aussi reçu honorablement à Malines, à cause de son élection comme roi des Romains.

[4] « Où il luy fut faite une bien riche et honnourable entrée par ceulx de la ville, à cause de son nouvel advènement à roy. »

[5] Le 12, Maximilien chassa et dîna à Groenendael, dans la forêt de Soigne. Le même jour, à Bruxelles, « il fit festoyer l'ambassade de Bretaigne au disner : pour quoy furent faiz deux platz de cruc. »

[6] Le 20, arriva à Louvain l'empereur Frédéric, « qui fut par le Roy receu honnourablement, et le fist deffrayer par tous offices. »
Pendant tout son séjour aux Pays-Bas, l'Empereur fut défrayé par son fils.

[7] L'Empereur et le Roi « furent honnourablement receuz, et en grant triumphe par ceulx de la ville (de Bruxelles), » le 21 juillet.
Le 23, « il fut fait à l'Empereur ung grant bancquet d'espisses. »

[8] Ce jour-là, l'Empereur coucha à Ninove.

ITINÉRAIRE DE MAXIMILIEN.

ANNÉE 1486.

28	juillet,	à Termonde, avec l'Empereur.
29-30	»	à Gand, avec l'Empereur [1].
31	»	à Eecloo.
1-7	août,	à Bruges, avec l'Empereur [2].
8-9	»	à Bruges [3].
10-13	»	à Bruges, avec l'Empereur.
14	»	à Commines.
15	»	à Poperinghe.
16	»	à Cassel [4].
17	»	« avec son host, en son champ lez la justice » d'Arques, emprès St-Omer. »
18-20	»	« avec son host, en son champ lez le mont du » Crocquet, entre Aire et Thérewane [5]. »
21	»	« avec son host, en son champ lez la ville » d'Aire. »
22	»	« avec son host, en son champ lez le village de » Meureville, en Flandres. »
23	»	« avec son host, en son champ lez le Cous- » tière. »
24-27	»	« avec son host, en son champ lez Lens, en » Artois. »
28-31	»	à Lille [6].

1-4 septembre, à Lille, avec l'Empereur.

---

[1] Ils y furent « receuz honnourablement, et en grant tryumphle, par ceulx de la ville. »

[2] L'Empereur, qui avait couché, le 31 juillet, à Gand, vint joindre son fils à Eecloo, le 1er août, et ils arrivèrent ensemble à Bruges, « où fut faite une moult riche entrée et triumphe par ceulx de ladite « ville. »

[3] Ces deux jours-là, l'Empereur alla à l'Écluse.

[4] « Où il assembla son armée pour ravitailler Thérewane, et tirer oultre avec sadite armée. »

[5] Le 18, le Roi fit ravitailler Thérouane.

[6] Le 28, Maximilien ne vint à Lille qu'après avoir en personne établi son camp près de la Bassée. L'Empereur, qui était resté à Bruges, en partit le 31 août, et vint coucher à Commines.

ITINÉRAIRE DE MAXIMILIEN.

ANNÉE 1486.

5	septembre,	à Orchies [1].
6	»	à l'abbaye de Fontenelles lez Valenciennes.
7	»	« chevaucha toute la nuyt jusques qu'il vînt devant la ville de St-Quentin. »
8	»	à *Promont* (village à trois lieues de St-Quentin).
9-12	»	au Quesnoy.
13-21	»	à Valenciennes.
22-25	»	à Mons.
26	»	à Soignies.
27	»	à Hal.
28	»	à l'abbaye de Groenendael.
29	»	à Tervueren [2].
30	»	à Malines.
1-11	octobre,	à Anvers, avec l'Empereur [3].
12	»	à l'abbaye de St-Bernard [4].
13-16	»	à Anvers.
17-21	»	au château de Rupelmonde.
22-23	»	à Malines.
24-31	»	à Bruxelles.

1-30 novembre, à Bruxelles [5].

[1] L'Empereur se sépara, le 5 septembre, de son fils, pour aller visiter quelques provinces des Pays-Bas. Voici l'itinéraire qu'il suivit : 5 septembre, à Courtrai; 6-8, à Gand; 9, à Termonde; 10-13, à Malines; 14-18, à Anvers; 19, à Berg-op-Zoom; 20, au Vieux-Bois; 21, à Dordrecht; 22, à Rotterdam; 23, à Delft; 24-25, à La Haye; 26, à Delft; 27, sur l'eau, entre Rotterdam et Dordrecht; 28, à Berg-op-Zoom; 29-30, à Anvers.

[2] Ce jour et le précédent, le Roi chassa dans la forêt de Soigne.

[3] Le 8, le Roi ordonna « faire ung bancquet d'espices à l'ostel du marcgrave d'Anvers. »

[4] Le 12, le Roi partit d'Anvers « par eaue, avec l'Empereur, son père, qu'il convoya jusques devant » l'abbaye de St-Bernart, où il souppa et coucha, et ledit Empereur au giste à Malines. » L'Empereur quitta Malines le 13, pour retourner en Allemagne. Arrivé à Maestricht le 15, il était le lendemain à Aix-la-Chapelle.

[5] Le 5 novembre, « le Roy fist apprester ung disner, pour les braconniers et veneurs, à l'ostel de » monseigneur de Walhain, où furent les ambassadeurs du duc Sigismond d'Austrice et des princes et » électeurs de l'Empire. »

ITINÉRAIRE DE MAXIMILIEN.

ANNÉE 1486.

1-4 décembre, à Bruxelles.
5-6   »   à Tervueren.
7-15   »   à Bruxelles [1].
16-17   »   à Tervueren.
18-31   »   à Bruxelles.

ANNÉE 1488.

(Pâques tomba le 6 avril.)

1-31 janvier, à Bruges [2].

1-29 février, à Bruges [3].

NB. Il n'y a, dans le compte, aucune explication ou observation qui apprenne pourquoi la dépense de l'hôtel s'y arrête au 29 février; mais on peut attribuer cette interruption à la circonstance que Maximilien était, à cette époque, retenu prisonnier par les Brugeois. Peut-être aussi qu'un

---

Le 12, « le Roy créa le seigneur d'Egmonde conte : pour quoy il lui ordonna estre délivré de son estat ung plat de crue, et disna le Roy au logiz dudit conte d'Egmonde. »
Le dimanche 26, « il ordonna faire six platz de crue, pour ung banquet qu'il feit à son plaisir. »
Le 30, « en l'onneur de monseigneur saint Adrieu, duquel il estoit la feste et solempnité, le Roy ordonna trois platz de crue pour le festoiement des chevaliers de l'ordre de la Thoison d'Or, au disner. »

[1] Le 10, « le Roy ordonna faire ung plat de crue pour le festoiement de l'ambassade d'Espagne. »

[2] Le 6 janvier, le Roi « alla souper, atout sa viande, à l'ostel de l'escoutette, messire Pierre Lanchals, chevalier. »
Le 28, « il ordonna ung plat pour monseigneur le chancelier et autres du conseil qui disnèrent à la court. »

[3] Le 1er février, « les manans et habitans de la ville de Bruges se mirent en armes sur le Marchié, atout leurs bannières, et avoient les mestiers chascun la sienne et leur place sur ledit Marchié. Cedit jour estoit la veille de Nostre-Dame la Chandeleur; et, ce jour, a eu crue par tous offices, pour ce que le Roy ordonna tous ceulx de l'ostel et autres compaignons de guerre que cedit jour se tinrent à la court avec luy, estre délivrez de boire et mengier. »
Pendant tout ce mois, les gens de métier et les bourgeois se tinrent continuellement en armes sur le Marché, « et les aucuns à la court, par l'ordonnance de ceulx dudit Marchié. »

ANNÉE 1488.

maitre de la chambre aux deniers fut nommé alors, et qu'il rendit un compte particulier de cette dépense. On trouve, dans le compte rendu par Louis Quarré, comme receveur général des finances pour l'année 1490, la mention d'Andrieu Andries, en qualité de maitre de la chambre aux deniers du roi des Romains.

ITINÉRAIRE DE PHILIPPE LE BEAU,

ARCHIDUC D'AUTRICHE, DUC DE BOURGOGNE, ETC.

EN 1497.

Tiré du compte quatrième de JEAN NATUREL, conseiller et maître de la chambre aux deniers de l'Archiduc, rendu pour une année, commençant au 1er janvier 1496 (v. st.), et finissant au dernier décembre 1497. — Ce compte est conservé dans la bibliothèque *Goethals-Vercruysse*, à Courtrai. Les mêmes détails qu'il fournit, quant à l'itinéraire de l'Archiduc, depuis le 10 mars jusqu'au 15 octobre 1497, sont consignés aux fol. 85-104 du compte huitième de SIMON LONGIN, receveur général des finances, conservé aux Archives de Lille.

ANNÉE 1497.

(Pâques tomba le 26 mars.)

1-18 janvier, à Bruxelles.
19-20   »   à Hal (*Haulx*).
21   »   à Groenendael.

ANNÉE 1497.

22-23 janvier.	à Tervueren (*la Vure*).	
24-31 »	à Bruxelles.	
1-18 février.	à Bruxelles ¹.	
19-22 »	à Louvain ².	
23-28 »	à Bruxelles.	
1-5 mars.	à Bruxelles.	
6 »	à Groenendael.	
7-12 »	à Bruxelles ³.	
13 »	à Termonde ⁴.	
14-19 »	à Gand ⁵.	
20-29 »	à Bruges ⁶.	
30 »	à Roulers (*Rolez*).	
31 »	à Ypres ⁷.	
1 avril.	à Ypres.	
2-5 »	à Lille ⁸.	

---

¹ Le 2 février, « Monseigneur donna son banequet à l'ostel de Pirotin, sommelier de corps. »
Le 6, après diner, « furent faites joustes, et donnèrent ceulx de la ville ung banequet à Monseigneur, où furent faitz vııı platz de viande. »
« Le 7, jour des Caresmeaulx, furent faitz trois platz de viandes, joustes et tournois devant madame sa femme (l'Archiduchesse). »
Le 17, l'Archiduc dina avec le duc de Saxe, son fils et le marquis (*sic*).

² Le 22, les ducs de Saxe et de Juliers soupèrent avec l'Archiduc, à Louvain. Le lendemain, les même princes y dînèrent avec lui.

³ Le 10 mars, l'Archiduc « fist renouveller les ordonnances de son hostel, aussi celles de madame sa femme. »
Le 11, « fust livré le plat du premier chambellan. »

⁴ Ce jour-là, l'Archiduc fit son entrée à Termonde.

⁵ Le 14, il fit son entrée à Gand, « en grand triomphe. »

⁶ Le 20, il fit son entrée à Bruges.
Le 23, jour du jeudi saint, il servit les pauvres à la cène (*sainne*).

⁷ « Cedit jour (l'Archiduc) fist son entrée en icelle ville. »

⁸ Le dimanche, 2 avril, l'Archiduc fit son entrée à Lille.

ITINÉRAIRE DE PHILIPPE LE BEAU.

ANNÉE 1497.

6	avril,	à Courtrai [1].
7-8	»	à Audenarde [2].
9-13	»	à Gand.
14-26	»	à Bruges [3].
27	»	à Baudeloo.
28	»	à Bèvere.
29-30	»	à Bruges.
1-15	mai,	à Bruges.
16-18	»	à Baudeloo [4].
19-31	»	à Bruges.
1-2	juin,	à Baudeloo.
3	»	à Tamise (*Themseque*).
4-5	»	à Anvers.
6	»	à Tamise.
7-8	»	à Anvers.
9	»	à Hooghstraeten.
10	»	à Breda.
11	»	à Oosterhout (*Hostrehault*).

[1] Le 6, il fit son entrée à Courtrai.

[2] Il fit, le 7, son entrée à Audenarde.
Le 8, « fust faite crue en tous offices, à cause que Monseigneur donna le soupper à madame de Ra-« vestain, madame de Fiennes et autres dames. »

[3] Le 16, « fist son entrée le prévost de Saint-Donas en ladite église, auquel lieu Monseigneur « disna avec plusieurs chevaliers de l'Ordre. »
Le 19, « l'on a fait crue en tous offices, à cause que Monseigneur a fait festoyer, par le seigneur de « Berghes, premier chambellan, le seigneur de Pyennes, lequel estoit venu, de par le Roy, en ambas-« sade devers mondit seigneur. »

[4] Ce fut pour se livrer au plaisir de la chasse, que l'Archiduc vint en l'abbaye de Baudeloo. Son grand maître d'hôtel et la plus grande partie de sa suite demeurèrent à Bruges.
Le 17, « fut prins en l'abbaye du poisson pour le plat de Monseigneur et du chambellan, dont ledit « abbé n'a riens voulu avoir. »

ITINÉRAIRE DE PHILIPPE LE BEAU.

ANNÉE 1497.

12-13	juin,	à Dordrecht.
14-15	»	à Delft [1].
16-20	»	à La Haye [2].
21-22	»	au château de Tellinghe.
23-25	»	à Harlem [3].
26-27	»	à Amsterdam [4].
28	»	au château de Clèves.
29	»	au château de Tellinghe.
30	»	à Leyde [5].
1-2	juillet,	à Leyde.
3-17	»	à La Haye.
18	»	à Rotterdam.
19	»	à Gouda [6].
20	»	à Dordrecht.
21-22	»	à Breda.
23	»	au château de Wouw.
24-25	»	à Berg-op-Zoom.
26	»	à Borgvliet (*Bourchfliet*).
27	»	à Berg-op-Zoom.
28	»	à Malines.
29-31	»	à Tervueren.
1-2	août,	au cloître de Groenendael [7].

[1] Le 14, l'Archiduc fit son entrée à Rotterdam et à Delft.

[2] Le 16, il fit son entrée à La Haye.
Le 18, il alla dîner et souper à Delft, à la procession, « auquel lieu il fut défrayé par ceulx de la ville. »

[3] Le 23, il fit son entrée à Harlem.

[4] Le 26, il fit son entrée à Amsterdam.

[5] Il fit, ce jour-là, son entrée à Leyde.

[6] L'Archiduc fit, ce jour, son entrée à Gouda.

[7] Le duc de Saxe y arriva le 2, et dîna le lendemain avec l'Archiduc.

ANNÉE 1497.

3-15 août,		à Bruxelles.
16-17	»	à l'abbaye de Baudeloo.
18	»	à Axel (*Axselle*).
19-20	»	à l'abbaye de Baudeloo.
21-22	»	à Tamise [1].
23-31	»	à Bruxelles.

1-2 septembre,		à Bruxelles.
3-5	»	au cloître de Groenendael.
6-20	»	à Bruxelles.
21	»	au cloître de Groenendael.
22-30	»	à Bruxelles.

1-2 octobre,		à Bruxelles.
3	»	à Tervueren.
4	»	au cloître de Groenendael.
5-14	»	à Bruxelles.
15-16	»	à Hal (*Haulx*).
17	»	à Binche (*Bins*).
18	»	à l'abbaye des Sept-Fontaines.
19-22	»	à Bruxelles.
23	»	au cloître de Groenendael.
24-31	»	à Bruxelles.

1-3 novembre,		à Bruxelles.
4-6	»	à Louvain.
7-30	»	à Bruxelles.

1-14 décembre, à Bruxelles [2].

---

[1] Le 21, il fut, à Tamise, « deffrayé du trésorier Roland le Fèvre. »
[2] Le 12 décembre, madame la douairière de Bourgogne dîna avec l'Archiduc.

ANNÉE 1497.

15 décembre, au cloitre de Groenendael.
16-31   »   à Bruxelles¹.

---

¹ Le 22 décembre, l'Archiduc fit festoyer les ambassadeurs du pays de Gueldre, « dont crues ont esté faites par toutes les offices. »

VOYAGE

DE

PHILIPPE LE BEAU EN ESPAGNE,

EN 1501.

Par Antoine DE LALAING, Sr de Montigny.

VOYAGE

DE

PHILIPPE LE BEAU EN ESPAGNE, EN 1501.

Prologue sur les deux voyages faicts en Espaigne par Philippe, archiduc d'Austrice, etc.

A la glorieuse loenge de nostre sempiternel Créateur, pére et filz et sainct esprit, trois persones coéternèles, ung seul Dieu, une essence, une gloire, une majesté, une vertu, une sapience, qui tout compose, et dispose à sa volenté tout ce que l'home propose, comme on voira ouvertement par la déduction de nostre matère :

Moy, ANTHOINE DE LALAING, signeur de Montigny, filz de sire Josse de Lalaing, chevalier, d'honorable recordation et mémoire, ay, pour l'amour de mon naturel signeur Philippe d'Austrice, filz de l'empereur Maximilien, premier de ce nom, et de Marie de Bourgoigne, fille du très-renommé duc Charles, mémoryez par escript, à mon possible, ce qui advint ès deux voyages qu'il fist, l'ung par terre, et l'aultre par mer, pour aller en Espaigne relever les terres, royames et possessions qui lui succédoient par la mort du frère et mère de sa femme et espeuse, Jehanne, fille du très-noble et vertueux roy Ferrandt d'Espaigne et de Élizabeth, sa très-prudente et corageuse compaigne et espeuse. Et, se mondit prince[1] n'a

---

[1] Philippe le Beau.

gaires régnet, il a toutefois méry¹, par ses oevres vertueuses, soubz don divin, estre appellé prince et roy pacifique, pour les paix et submissions et traictiés qu'il procura entre pluseurs roys et princes, come on voidt en croniques modernes. Par quoy je attribue à luy ce que Salomon, au IIIIme chapitre de son livre de Sapience, dit de la briéveté de la mort des justes : *Consummatus in brevi explevit tempora multa, placita enim erat Deo anima illius, etc.,* « consommé par mort, en brief a acomplit ce que » pluseurs acomplissent en moult de tampz, car son âme plaisoit à Dieu. » Pour cela, il ostet² du milieu des iniquités mondaines, adfin que malice ne muasse son entendement, et que faincte et faulse amisté ne déchupst son âme.

Ceste oevre sera divisée en quattre livres.

Le premier traictera de son premier voyage d'Espaigne;

Le secondt, de son retour;

Le troixisme, de son secondt voyage et de son naufrage;

Le quatriesme, du résidu de sa brève vie, et de son trespas.

En chascun livre y ara pluseurs chapitres, come orront les lisans, et les oyans mes devises, etc.

---

¹ *Méry*, mérité.
² *Sic* dans le manuscrit; il faut lire : *il fut ostet*.

LIVRE PREMIER.

Le premier chapitre de ce premier livre nombre les nobles, ecclésiasticques et séculiers qui compaignèrent nostre prince, et quandt ilz partirent, et de l'estat des dames.

Ainsi que monsigneur l'Archiduc et madamme son espeuse se préparoient pour aller en Espaigne, environ le xve jour du moix de septembre, le signeur de Belleville, envoyé par le roy de France Loys, XIIe de ce nom, arriva à Bruxelles vers mondit signeur l'Archiduc, devant lequel il proposa fort élégamment, en le persuadant faire son voyage par terre, et que le roy luy faisoit offre de III^c lances, pour le conduire sceurement partout et oultre les limites de France, prommettant le protecter et deffendre contre tous ennemis.

Par icelles persuasions et prommesses, qui portoit grande utilité au pays, et que paix perpétuèle se entretiendroit entre deux grandes maisons, et considérant aussi le mariage faict de don Charle d'Austrice, duc de Luxembourg, à la fille de France, damme Claude, mondit seigneur l'Archiduc, les princes de son sang et ceuls de son grandt conseil acquiescèrent au propos dudit signeur de Belleville, et délibérèrent faire leurdit voyage par terre. Et, à ceste cause, mondit signeur l'Archiduc assembla les estas de ses pays en sa ville de Bruxelles, devant lesquels il fist proposer que, pour ung grand bien, il yroit par terre en Espaigne, et y menroit madame l'Archiducesse, son espeuse et compaigne, et que le peuple ne fuist en soing de leurs personnes, car il y arroit postes ordonés, pour rapporter, de xv jours à aultres, d'euls certaines nouvelles. Et laissa monsigneur le comte de Nassou[1] lieutenant général et principal gouverneur, tant de messeurs ses enfans[2] come de tous ses pays, avoec son chancelier, signeur de Maigny[3], messire Jehan de Hornes, évesque de Liége, sire Cornille de Berghes[4] et le signeur de Bersele, chevaliers de la Toison d'Or, ayant regardt ausdicts enfans, lesquels furent mis et nourris, pendant le tampz de ce voyage, en la ville de Malines.

Mondit signeur et madicte dame sa femme, l'an d'humaine salvation XVe et ung, quatriesme jour de novembre[5], partirent de leur ville de Bruxelles, accompaigniés de l'archevesque de Bezenchon[6]. Henry de Berghes, évesque de Cambrai, chancelier de l'ordre du Toison, chief du conseil et de la chapelle, Charles de Ranchicourt, prévost de Nostre-Dame d'Arras, premier maistre des requestes de l'hostel, et moult d'aultres gens de conseil : ce pour l'estat ecclésiasticque, et de quatre chevaliers de l'Ordre, appelés Jehan de Berghes, premier chambellain, Jehan de Luxembourg, signeur de Ville, secondt chambellain, Philippe, bastardt de Bourgoigne, signeur de Blaton, grandt maistre d'hostel, messire Hugues de Melun, viscomte de Gandt, chevalier d'honeur de Madamme.

Les signeurs, chambellains et pentionaires non ornés de l'Ordre, les com-

---

[1] Engelbert, comte de Nassau et de Vianden, seigneur de Breda, de Diest, etc., qui remplissait déjà la charge de lieutenant général de l'Archiduc en ses pays de Flandre et d'Artois. Par des lettres patentes données à Gand le 2 mars 1499 (1500, n. st.), Philippe le Beau lui avait accordé une pension annuelle de 3,000 livres, en considération des notables services qu'il lui avait rendus, ainsi qu'à ses prédécesseurs. (Compte de la recette générale des finances de 1501, aux archives de Lille.)

[2] L'Archiduc confia cependant en particulier la garde de ses enfants à Anne de Bourgogne, dame douairière de Ravestein, de Duyveland, et, à cette occasion, par lettres données à Bruxelles le 3 novembre 1501, il lui accorda, « pour les dépenses de son plat et autres », 100 philippus d'or, de 25 sols de 2 gros. (Compte de la recette générale des finances de 1502, aux archives de Lille.)

[3] Thomas de Pleine, chevalier, seigneur de Maigny.

[4] Corneille de Berghes, seigneur de Grevenbroeck, chevalier de la Toison d'Or, conseiller, chambellan et grand maréchal de l'Archiduc. Ce prince, qui, le 2 mars 1499 (1500, n. st.), lui avait accordé une pension de 600 livres, lui en donna une de 1,200 livres, par lettres datées de Bruxelles le 28 septembre 1501. (Comptes de la recette générale des finances, de 1501 et 1502.)

[5] Ils avaient quitté Malines, où ils laissèrent leurs enfants, le 31 octobre 1501. (Compte premier de Simon Longin, maitre de la chambre aux deniers du duc Charles de Luxembourg et des princesses ses sœurs, du dernier octobre 1501 au 31 décembre 1502, aux archives de Lille.)

[6] François de Busleyden, conseiller de l'Archiduc, et qui avait été son précepteur.

paignans, estoient : Fédricque de Bavière, secondt filz du comte palatin, Bernardt, filz aisné du marquis de Baude, Henry, filz aisné du comte de Nassou, Bauduin, bastardt de Bourgoigne, signeur de Zomerghem, Ferry de Croy, signeur du Roeux, Floris d'Aiguemont, signeur d'Icestain, filz au comte de Burre ¹, Anthoine, signeur de Mailly, Claude du Pontaillier, signeur de Flagy, Philippe, signeur de Boussut, Philibert, signeur de Veyre, cognommé l'escuyer la Mouche, Jehan, signeur de Haling ², Anthoine de Lalain, signeur de Montegny, Charles de Poupettes, signeur de Lassau ³, Jehan, filz aisné de monsigneur de Trazegnies, Eustace de Brimeu, signeur de Wezemale, secondt filz de la maison de Hunbercourt, Adryen de Longueval, signeur de Vaulx, Maximilyen de Hornes, viscomte de Berghes, aisné filz au signeur de Gasebecque ⁴.

Les gentishommes estoient en grandt nombre, come Glaude de Boval, grandt escuier d'escuerie, don Diègue de Guevare, signeur de Zonevelle ⁵, maistre d'hostel, Philippe de Dale, maistre d'hostel, Philippe de Hennin, signeur d'Ampfrappé ⁶, maistre d'hostel, Bernardt d'Ourlé ⁷, premier eschanson, Pierre de Loguinghien, premier escuyer trenchant, Jehan de Bresille ⁸, premier pannetier, Philippe de Visans, premier sommillier de corpz, Rodich ⁹, bastardt de Lalaing, capitaine des archiers de corps, Philippe de la Vièseville, signeur de Sains, Philibert de Lausnoy ¹⁰, signeur de Willerval, monsigneur de Lichterthem ¹¹, Guillame, signeur de Rocquendorf, Charles de Lausnoy ¹², signeur de Sainzelle, Charles, secondt filz de Trazegnies, Pierre, signeur de Roisimbos, Anthoine de Lausnoy ¹³, secondt filz au signeur de Frasnoy, Maximilien de Glymmes, signeur de Zevemberghes, aisné filz de messire Cornille de Berghes,

---

¹ Frédéric d'Egmont, comte de Buren, seigneur d'Isselstein, chevalier de la Toison d'Or, conseiller et chambellan de l'Archiduc. — ² Halewin.

³ Charles de Poupet, seigneur de La Chaulx, chevalier, conseiller et chambellan de l'Archiduc.

⁴ Nous trouvons, dans le compte de la recette générale des finances de 1502, que Guillaume de Croy, seigneur de Chièvres, partit aussi de Bruxelles, le 4 novembre 1501, avec l'Archiduc; qu'il accompagna ce prince jusqu'à Tours, et qu'il fut de retour à Mons le 8 janvier 1502.

⁵ De *Jouvelle*, dans l'état de la maison de Philippe le Beau, et le rôle de la dépense qui seront insérés en l'*Appendice*.

⁶ D'*Anfroipré*, dans l'état de la maison cité à la page précédente. | ⁷ D'*Orley*, dans le rôle cité à la page précédente. | ⁸ *Bregille*, dans le même rôle. | ⁹ Rodrigue. | ¹⁰ Lannoy. | ¹¹ Lichtenstein (?). | ¹² Lannoy. | ¹³ Lannoy.

Anthoine de Quiévrain, signeur de Monceaux, Philippe de Sonastre. Jacques de Cruninghe, Guillaume de Roullet, viscomte de Dave, Anthoine de la Barre, signeur de Mouqueron, Jacques de la Barre, son frère, Philippe de la Barre, Philippe de Martigny, Mettenaye, Sainct-Meurisse [1], Philippe de Hun-Sainct-George, Henri de Wydergraphe, Guillame de Sainct-Michiel, signeur de Boisseron, Émine de Balay, Jehan, bastardt de Berghes, Bissy La Thour, Rollequin de Molle, Bonvallot, Anthoine de Guerrines [2], Guyert de Willest, Michiel de Clerfay, Guillebert de Pessin, Andrieu de Douvrin, Jacques de Similly et aultres.

L'Archiducesse avoit en son train aultres signeurs et gentilshomes, comme Hugues de Lausnoy, Jehan de Quingie, Jehan de Nortquelines, Jacques de Lisgnes, Jacques de la Trourière, Nycholas de Maneville, Guillame de Blois, Adolf de Heltefelt, Charles de Cauberghe, Charles de Montfort. Imbert de Plaine, Hermant de Scambourch, etc.

Madicte dame avoit aussi en son train madame de Haluin, dame d'honeur [3], et la fille du comte d'Aigmont, la fille au comte d'Uthinghe, celle de Norquelines [4], celle de Bouzinghes, celle d'Estrées, celle de Palme et celle de Blassefelle [5] et aultres des pays de monsigneur l'Archiduc, de trente à quarante, sans les Espaignottes, done Marie d'Arragon, done Marie Manericque, done Marie Manuel, done Blance de Manruck, done Béatrix de Bovadille, done Aldare de Portingal, done Franchisque de Sappattes, etc. [6].

---

[1] Saint-Mauris. | [2] *Hérinnes*, selon Jean Le Maire.

[3] Jeanne de Commines, dame de Halewin et de Commines. Elle avait été gouvernante de l'archiduc Philippe le Beau et de sa sœur. Par des lettres patentes du 11 novembre 1500, l'Archiduc lui donna une pension annuelle de 500 livres, outre ses gages comme dame d'honneur. (Compte de la recette générale des finances de 1501.)

[4] *Nortquelines*, dans la relation de Jean Le Maire. C'est *Noircarmes* qu'il faut lire, comme dans la chronique de Padilla. | [5] Blaesvelt.

[6] Nous rétablissons ici les noms des dames espagnoles de l'Archiduchesse : doña Maria de Aragon, fille du connétable de Navarre; doña Maria Manrique, fille de don Pedro Manrique, seigneur de Bardizcar; doña Maria Manuel, fille de don Juan Manuel; doña Blanca de Manrique, nièce du duc de Najara; doña Beatrix de Bobadilla, nièce de la marquise de Moya; doña Aldara de Portugal, fille de don Fernando de Portugal, et doña Francisca de Çapata.

Les six premières avaient accompagné Jeanne de Castille, lorsqu'elle vint aux Pays-Bas épouser l'Archiduc. (*Cronica de Felipe 1º*, por don Lorenzo de Padilla, p. 36.)

Le second chapitre déclare les journées de monsigneur l'Archiduc de Bruxelles à Paris, et les honeurs que on luy fist partout.

La première giste de l'Archiduc fu à Haulz[1], la seconde à Soingnies, la troisième à Mons, en Haynault, où il séjourna trois jours[2]. Madicte dame y fist son entrée, et fust fort honorablement receue par les signeurs de la ville, qui luy firent présent, à son premier advènement, de deux pots d'argent dorés et une couppe plaine de florins d'or. Puis partist et prist repos à Ville, et la nuict de Sainct-Martin à Boussut. Lendemain à Valenchiènes, où il honora moult monsigneur de Boneville[3], noble chevalier, et prudent ambassadeur du roy de France, qui illec l'attendoit.

Ceuls de Valenchiènes festoyèrent grandement madame l'Archiducesse, et, à sa joyeuse venue, le prévost et les eschevins luy présentèrent ung bachin[4] d'argent, et ung pot à laver de mesme.

Lendemain, xiiie jour de novembre, mondit signeur l'Archiduc et madicte dame se partirent de Valenchiènes, et vinrent à Cambray, où il séjourna jusques au xve, et furent bien illec recheus du colliége et des habitans de la cité. Puis alla à l'abie[5] dicte le Mont-Sainct-Martin ; et, le xvie jour, aprochant Sainct-Quentin, le comte de Ligny[6], orné de nobles homes franchois et[7] le rechupt noblement, et le évesque de Laudence[8], venu avoec ledit comte, le bienveigna par une joyeuse proposition, à laquelle le prévost d'Arras[9] dona responce ; puis, mons^r de Moy, gouverneur de la ville, vint avoec ceuls de la justice, offrans la ville à son commandement, de laquèle, à l'entrée, l'estat ecclésiasticque le rechupt et conduisy, non sans croix et confanons et multitude de torses, à l'église de Sainct-Quentin ; et illec donèrent à baisier à mondit signeur et madicte dame le cief[10] de monsigneur sainct Quentin. Et estoient les rues de la-

---

[1] Hal. | [2] Arrivé le 4 à Hal, l'Archiduc coucha le 5 à Soignies, et, le samedi 6, il fit son entrée dans Mons, où il séjourna le 7 et le 8. Le 9, il alla loger au village de Ville, à trois lieues de Mons. (Relation de Jean Le Maire.) | [3] Belleville. *Vide* p. 124. | [4] Bassin. | [5] L'abbaye.

[6] Louis de Luxembourg.

[7] Le copiste paraît avoir oublié ici les mots : *du pays d'Artois*, qui sont dans la relation de Jean Le Maire.

[8] *De Lodève*, selon Jean Le Maire et *le Cérémonial françois*.

[9] Charles de Ranchicourt. *Vide* p. 126. | [10] *Cief*, chef, tête.

dicte ville tendues à sa venue, et y furent faicts feux de joye par les carrefours, et histoire de la légende de leur patron. Puis, descendu à son hostel, madame de Vendôme, avoec aultres demoiselles envoyées du roy de France, pour conduire madame l'Archiducesse jusques à Blais[1], les honora et grandement se humilia.

Et, quandt il eut, come il fist depuis par toutes les villes de France où il passa, donnet grasces et rémissions et délivret prisonniers, come la persone du roy faict à ses premières entrées, il party; et, arrivé à Hem[2], mons^r de Belle[3], bastardt de Sainct-Paul, capitaine du chasteau, luy offrit la place. Lors, les dames de Portyen et de Renty, avoecq aultres dames et demoiselles illec venues, recoellèrent l'Archiducesse.

De là party, chemina le xviiie jour du moix chincq liewes; et, arrivé à Noyon, fu rechupt de mons^r de Moreul, bailli de Vermendois[4], et de ceuls de la ville joyeusement, et l'estat de l'église, orné de croix, torses et confanons, le menèrent à Sainct-Estienne, où il salua sainct Éloy. Puis le menèrent à son hostel.

Leudemain, après six liewes cheminées, fu rechupt à Compiengne, comme as aultres villes, et le clergié, orné come les aultres, le conduisi à son hostel.

Le dimence xxie, oyrent Monsigneur et Madame messe à Sainct-Cornille, où le sainct suaire de nostre Rédempteur et aultres beauls reliquiaires sont honorés.

De Compiengne issu, monsigneur disna à Verbrie[5], et alla reposer à Senlis, où il fut rechupt du bailly et des aultres courtoisement, et l'estat de l'église le mena à la grande église, et puis à son hostel, où vinrent xii des gouverneurs de la ville, qui luy présentèrent le vin. L'ung d'iceuls fist une harengue, disant: « Tres-hault, très-excellent et très-puissant signeur, vecy
» la ville de Senlis qui très-humblement se recommande en vostre noble
» grâce, comme à l'ung des xii pères de France, et aussi come au doyen d'i-
» ceuls: car, se vous n'en estiés que l'ung, vous n'en ariés si grande quan-
» tité. » On cuidoit qu'il deust présenter x ou xii chariots vin du moins, à

---

[1] Blois. | [2] Ham. | [3] *De Ville*, selon Jean Le Maire et *le Cérémonial françois*.

[4] On lit dans *le Cérémonial françois* : « Et vindrent au devant d'eux, à un quart de lieue de la ville,
» le sieur de Morel, le bailly de Vermandois, le sieur de Cauny et plusieurs autres gens de con-
» dition, etc. »

[5] Verberie, petite ville de Picardie, aujourd'hui département de l'Oise.

cause de la perrie¹ ; mais il n'en y eult seulement que xii cannes. Monsigneur
néantmoins les remercia grandement, et lors pluseurs commencèrent à rire,
à cause de la harengue, qui fu si grande et si solennèle, pour si petite offre.

Puis parti monsigneur de Senlis le xxiii° : et, quandt il eut chevauchiet
quatre lieues, arriva au Louvre, et le prince d'Orenge (ne demandés se bien
acompaignié ²) alla au-devant de luy, et l'honora décentement ³.

Puis chemina, le xxiiii° dudit moix, iiii lieues, et vint à Sainct-Denis, où
il rencontra le colliége hors de la porte de la ville, qui le mena à l'église, et
ouyt illec la messe, qui fu chantée par ses chantres. Puis luy furent monstrés
les dignités, relicquiaires, sainctuaires et les sépultures des rois franchois,
et sur le portal de ladicte église fu ung eschaffaut, où estoit la remonstrance comment, au sacre du roy de France, le duc de Bourgoigne est
le premier père et dyen d'iceuls.

En ceste église de Sainct-Denis est la raffle ⁴ de la face du ladre qui,
par sa sanation, tesmoigna que la dédication de ceste église estoit faicte
par la propre persone de nostre Saulveur. Ils estiment la face d'esme-
raude, illec gardée, plus que nul aultre chose de leur trésorie.

Le joedi, xxv° dudit moix, tira Monsigneur vers Paris, où le regardt
de ses xii pages bien montés, vestus de robes de velour cramoisy et de
pourpoins de satin brochié noir, ayant chascun chapeau blanc, et hache
ou albalestre au poing, estoit plaisant à merveil. Le grandt prieur de
France, le comte de Nevers, monsigneur de la Grutuse et le capitaine
Robinet de Frameselle, à une lieue de Paris, le festyèrent, et monsigneur de Clérieu, gouverneur de la ville, à demi-lieue, acompaignié des
aultres gouverneurs d'icelle, mains ⁵ n'en fist. Aussi ne fist monsieur le
prévost de Paris, amenant le chevalier du guait avoec luy, et ceuls de
la justice ⁶. Ainsi firent messeurs de chastelet, faisant noble harenghe

---

¹ Pairie. | ² C'est-à-dire : ne demandez pas s'il était bien accompagné.

³ Jean de Chalon, prince d'Orange, avait été envoyé au-devant de l'Archiduc par Louis XII, « pour
« le bienvénier ; » il était accompagné de beaucoup de gens de condition. (*Le Cérémonial françois.*)

⁴ *Raffle*, gale, croûte d'une plaie. | ⁵ Moins.

⁶ On trouve, dans les registres de l'hôtel de ville de Paris, la résolution suivante : « Le xvi° jour de
« novembre mil cinq cens et ung, en l'ostel de ladicte ville, où estoient assemblez les prévost des mar-
« chans et eschevins de ladicte ville, sire Denis Hesselin, Jehan Legendre, maistre Anthoine Hesselin,
« Pierre Poterne, conseillers, et les quarteniers d'icelle ville, pour oyr la lecture de certaines lettres

à l'honeur du roy de France et de l'Archiduc. Messeurs de l'église le solennizèrent à l'entrée de la ville¹, et le menèrent descendre à Nostre-Dame, où *Te Deum* fu de voix humaines et de orgues mélodieusement résoné, come pour la persone du roy².

Lendemain, vindrent aulcuns signeurs de parlement vers l'Archiduc. qui alors alla au palais, auquel assix jouxte³ la place du roy, le premier présidoit⁴, par⁵ le animer à vertu, parla une petite heure; déclara à son possible les vertus, la noblesse et les vaillans faicts des progéniteurs des roys de France, et des roys et ducs de Bourgoigne, dont l'Archiduc estoit descendu⁶. Puis fut plaidoyé une cause entre madame de Dunois et madame de Vendôme, laquèle ouye, le premier président se leva, et fist demander par l'Archiduc les opinions, come il eusist faict à la persone du roy. Lors alla en la chambre des enquestes, où il fu assis comme en parlement. Puis alla ouyr la messe à la Saincte-Chapelle; auquel, retourné à son logis, ceuls de la ville présentèrent vin et espices. Après disner, le

---

« missives du roi, nostre sire, touchant la réception de monseigneur l'Archiduc et conte de Flandres, et de madame sa femme, à son entrée en ceste ville de Paris; et à ceste fin a esté conclud et délibéré par les dessusdicts que, en ensuivant le bon plaisir du roy, nostre sire, les prévost des marchans et eschevins, accompaignez des sergens, archers, arbalestriers d'icelle ville, iront au devant de mondict seigneur l'Archiduc et de madame sa femme, jusques au molin avant de Saint-Denis. Et seront les rues par où passera ledict seigneur et sa femme tendues de bonne et honeste tappisserie, le mieulx que l'on pourra. Et, afin que mesdicts seigneurs les prévost des marchans et eschevins soient plus honestement acompaignez, les quarteniers bailleront par escript les noms des plus souffisans et mieulx habillez et montez de leur quartier, desquelz mesdicts seigneurs en esliront aucuns jusques à nombre compectent; et, à ce que plus voluntiers ilz facent leur devoir d'eux bien vestir et monter, pour l'oneur de ladicte ville, ilz seront mandez particulièrement par lesdicts prévost des marchans et eschevins de ladicte ville. Et, pour plus joyeusement le recevoir, on fera des jeux aux portes Saint-Denis et aux x aultres; et aussi on li présentera, tous les jours qu'il sera résident en ceste ville, par les sergens d'icelle, huit torches, espices et ypocras, en telle quantité que les prévost et eschevins verront pour le mieulx estre affaire. » (Archives nationales de France, registre coté II 1778, fol. LXXVIII.)

¹ « Le peuple estoit en si grand nombre, que jamais on n'en vist tant à entrée de roy ou autre prince : car, avec ce qui estoit sur le chemin dudit Saint-Denys, les rues en estoient si pleines, qu'à grand'peine y pouvoit-on passer. » (*Le Cérémonial françois.*)

² L'entrée de l'Archiduc à Paris est rapportée avec de grands détails dans le *Cérémonial françois*.

³ *Auquel assix jouste*, où s'étant assis tout auprès.

⁴ *Sic* dans le manuscrit. Lisez : *président*.

⁵ *Sic* dans le manuscrit. C'est *pour* qu'il faut lire.

⁶ La réponse fut faite par le prévôt d'Arras. (*Relation de Jean Le Maire.*)

prévost des marchans, acompaigniés de plusieurs homes honorables, luy fist une proposition, toujours perlifiant ¹ la maison de France et de Bourgoigne ; à laquèle prudentement l'Archiduc mesme, non sans grandt honeur, respondi. Ce fait, ceuls mesme allèrent vers l'Archiducesse faire tout ce qu'ilz avoient faict devant l'Archiduc.

Le xxvii⁰ dudit moix, messeurs de l'université, très-virtueusement conjoyssans l'Archiduc, magnifyèrent moult la descente des rois et des princes, moult loant celle de Monsigneur ; à la mise avant desquels le prévost d'Arras respondi. Puis fu faicte une procession des escoliers devant son hostel. Madame l'Archiducesse passa la rivière de Saine, pour veoir le palais ², et, ce samedi, alla couchier à Longemeau ³, vi lieues de Paris. Pour ⁴ alla Monsigneur à la Saincte-Chapelle oyr la messe, où on luy monstra ung des clous et la coronne espineuse de nostre Rédempteur, et plusieurs aultres saincts reliquiaires ricment décorés. Puis entra en la chambre des comptes, où il fu fort festoyé de messeurs les présidens ; et monsigneur l'évesque de Laudemire ⁵, premier président d'eulx tous, fist une proposition en latin, laquelle l'Archiduc retint et respondy en franchois. Puis luy monstrèrent les signeurs des comptes toute leur manière de besoigner. Au soir, les comtes de Nevers et de Ligny le menèrent à l'hostel du président Triboul ⁶, là où estoient pluseurs dames nobles et belles, et y furent faictes danses et morisques ⁷. Et, avant partir, monsigneur l'Archiduc dona grâces et rémissions, come dessus est déclaré, etc.

Le troisième chapitre déclare comment l'Archiduc fu traictié depuis Paris jusques à Blais, de l'honeur que on luy fist à Orliens, et du recoeil que le roy luy fist à Blais.

Monsigneur l'Archiduc, le xxviii⁰ du mois, partist de Paris ; et, après qu'il eust chevauchiet sept lieues, herbegea ⁸ au Mont-le-Herry ⁹, et emmena

¹ *Perlifiant*, magnifiant, exaltant.
² D'après *le Cérémonial françois*, c'était la veille, 26, que l'Archiduchesse avait visité le palais de justice.
³ Longjumeau.
⁴ Sic dans le manuscrit. Il faut lire : *Puis*.
⁵ L'évêque de Lodève, selon Jean Le Maire.
⁶ Le président Triboulet, selon Jean Le Maire, et Thibaut, suivant *le Cérémonial françois*.
⁷ *Morisques* ou *moresques* : espèce de danses à la manière des Mores. | ⁸ *Herbegea*, coucha. | ⁹ Montlhéry.

madame l'Archiducesse avoec luy, laquèle il trouva à Longemeau, come dit est. Le lundi, alla à Estampes, où il séjourna le jour séquent, pour l'honeur de la feste de Sainct-Andrieu; et, le merqucdi, premier de décembre, après avoir cheminet six lieues, parvint à Angerville; et, le joedi, vint au giste à Artenay, viii lieues de Angerville. Et de Artenay à Orliens [1] sont six lieues, où Monsigneur prist hostel. Et, quandt il aprocha la ville, le comte de Fois, mons^r de Candale, mons^r de Avaulgourt, bastardt de Bretaigne, et le grandt escuyer de la reyne, avoec pluseurs gentishomes de la maison du roy, allèrent au-devant de luy. Et, après les salutations, le comte de Fois costioit, entrant en la ville, l'Archiduc, et mons^r d'Avaulgourt l'Archiducesse; ausquels messeurs de la ville, tous vestus d'escarlate, offrirent la ville, et firent, au long de la ville, mistères et remonstrances d'histoires, comme se l'Archiduc fuist la persone du roy, et descendi à Sainct-Amyen [2], où il baisa pluseurs dévotieus relicquiaires.

Le samedi, quatriesme jour de décembre, messeurs de l'université luy firent une loenge en langue latine, à laquèle le prévost d'Arras respondant, eut grandt honeur. Puis, monsigneur de Mémorensy [3], gouverneur de la ville, avoec messeurs d'icelle, luy firent présent de vingt poinchons de vin, proposant en franchois, ausquels le prévost d'Arras donna responsion.

Le dimence, chinquisme jour, messeurs les comtes de Fois et de Ligny soupèrent avoec luy, et monsigneur de Nevers mena, le soupper finet, l'Archiducesse à la danse. Puis dansèrent tous gentishomes qui volurent danser.

Le lundy, partist l'Archiduc, et alla oyr messe à Nostre-Dame de Cléri, qui est ung beau pellerinage, iiii lieues d'Orliens, où le roy Loys XIe est sépulturé, et la reyne, sa femme, avoec ung de leur filz, et le coer du roy Charles VIIIe. Deux tables d'autel, en fachon de tabernacles d'argent, faictes au commandement du roy Loys, avoec sa pourtraiture au vif, sont illec en une chapelle, tant bien faictes que la fachon met les regardans en admiration. La montée à vilz [4] située en celle chappelle est la plus subtile et exquise oevre de pierre du royame de France: car on voidt, du piedt d'elle, au loing du vis d'elle, mesme toute oultre.

Or, revenons à monsigneur l'Archiduc, qui après disner alla au giste à

---

[1] Orléans. | [2] Saint-Anian, selon *le Cérémonial françois*.
[3] Montmorency. | [4] *Montée à vilz*, escalier en spirale.

Sainct-Leurent-des-Eaues, et le plus de son train tint Baugensy¹. Le mardi, septime du moix, party Monsigneur pour aller à Blais, où le roy et la reyne séjournoient, et don Fédric, roy de Naples², y estoit arrivé trois ou quatre jours devant. Lors, l'archevesque de Sens et l'évesque de Castres, le signeur de Rohem³ et monsigneur le marissal de Ryues⁴ allèrent au devant de Monsigneur trois lieues. Et le prince de Talemont, filz au signeur de Latrimole⁵, et le signeur de Laval le rencontrèrent à deux lieues; et, à demie lieue, le cardinal dit Luxembourg, et le cardinal de Sainct-George, et les ducs de Bourbon et d'Alenchon, avoec aultres grands personages et gentilzhomes, le bienveignèrent tant honorablement que riens plus. Et, à l'entrée de la ville, les pages du roy vinrent au-devant de luy, chascun torse ès mains⁶. Quatre cens archiers et Cens-Suysses estoient à l'entrée du chasteau, rengiés au loing de deux grandes salles, en l'une desquèles estoit le roy. Tous les gentilshomes de Monsigneur entrèrent premièrement, et puis Monsigneur, qui, à l'entrée, fist ung honeur jusques à terre, et le roy osta son bonet et en fist aussi ung. Puis marcha Monsigneur chinc ou six pas, et fist ung aultre honeur, et le roy fist comme devant. Puis marcha Monsigneur encoire deux pas, et, en faisant son troizième honeur, le roy marcha au-devant de luy et l'embracha⁷. Les paroles pacificques dictes entre culs nous sont abconsées⁸. Après, alla monsigneur l'Archiduc saluer monsigneur d'Angoulesme, monsigneur le cardinal de Rouen, légat de France, monseur le chancellier, monsigneur le marissal de Giés,

1501
7 décembre.

¹ Beaugency.
² Frédéric d'Aragon, que Louis XII, de concert avec Ferdinand le Catholique, avait dépouillé du royaume de Naples, et à qui il faisait une pension.
³ Rohan.
⁴ Le maréchal de Rieux, selon *le Cérémonial françois*. | ⁵ La Trémoille.
⁶ *Chascun torse ès mains*, chacun portant une torche.
⁷ « La salle estoit si pleine qu'à grande peine y pouvoit-on entrer. A l'entrée d'icelle, l'Archiduc osta son bonnet, et dit monsieur de Brienne au roy : *Sire, voilà monsieur l'Archiduc.* Et le roy, en souriant, respondit: *Voilà un beau prince.* L'Archiduc fit jusques à trois honneurs, avant qu'arriver au roy. Au commencement que l'Archiduc entra dans la salle, le roy se leva, et commença à marcher vers ledit Archiduc à petits pas; au second honneur que fit ce prince, le roy s'avança et osta son bonnet; et, au troisième honneur, le roy l'embrassa; puis parlèrent quelques mots assez bas. Ensuite le roy remit son bonnet, ledit Archiduc restant toujours encore la teste nue : sur quoy le roy le pressa beaucoup de se couvrir, mais il respondit qu'il estoit en son debvoir. » (*Le Cérémonial françois.*)
⁸ *Abconsées*, cachées, inconnues.

monsigneur de Brienne, monsigneur de Latrimole et maints aultres grands et gentils personages.

Au descendre jus de sa haquenée¹, les comtesses de Nevers et de Dunois, avoec aultres pluseurs dammes et damoiselles², la rechuprent très-liement, et la menèrent jusques à la chambre de madame de Bourbon³. Et, à l'entrée de la salle où le roy estoit, en faisant ses honeurs come Monsigneur, le roy marcha au-devant d'elle, et luy fist très-bon recoeil⁴, et la menoient le comte de Ligny, madame de Bourbon, mademoiselle de Bourbon et mademoiselle de Romont, et pluseurs aultres. Ce faict, madame de Bourbon mena Monsigneur et Madame envers la royne. Celle, incontinent que Monsigneur entra en sa chambre, se leva de sa chayère. Monsigneur de Rohem le prist par les bras, et marcha au devant Monsigneur, et, à la troizième honeur, le baisa et l'embracha. Pareillement fist-elle de Madame. Et, quandt la royne eut baisiet Monsigneur, le comte palatin, Monsigneur et Madame allèrent baisier pluseurs dames et damoiselles. Et, après pluseurs devises, madame de Bourbon mena Monsigneur saluer madame sa belle-fille⁵, là où estoit la ducesse Valentinoise, mademoiselle d'Angoulesme, mademoiselle d'Allenchon et pluseurs aultres dames; et pareillement y alla madame l'Archiducesse. Ces choses acomplies, Monsigneur se tira en sa chambre, et

---

¹ Il manque ici quelques mots dans le manuscrit. Il faut lire, comme dans la relation de Jean Le Maire : « Au descendre de sa haquenée, *l'Archiduchesse trouva* les comtesses de Nevers, etc. »

² Ajouter : *lesquelles*. | ³ Anne de France, duchesse de Bourbon.

⁴ « A l'entrée de la salle où estoit le roy, luy fut demandé à haute voix si elle baiseroit le roy, de quoy elle demanda congé à l'évesque de Cordoue, qui luy répondit qu'*ouy;* et répondit audit personnage que *ouy*. Elle entra en la salle, où, dès que le roy sceut qu'elle venoit, il laissa l'Archiduc avec les autres seigneurs qui estoient là, et s'en vint au-devant d'elle jusques à l'huys, tellement qu'elle n'eut le loisir que de luy faire deux honneurs, qu'elle fit bien bas, et la baisa le Roy la teste nue, puis la prit par le bras, la mit au-dessus de luy, et la mena le long de la salle, jusques au lieu où estoit sa chaire, où il trouva l'Archiduc et monseigneur d'Angoulesme, lequel l'Archiduchesse baisa ; puis luy dit le roy : *Madame, je sçay bien que vous ne demandez qu'à estre entre vous femmes; allez-vous-en voir ma femme, et nous laissez icy entre nous hommes.* » (*Le Cérémonial françois*.)

⁵ C'est-à-dire madame Claude de France, fiancée alors au duc Charles, fils de Philippe le Beau, et qui épousa François Iᵉʳ.

« La petite madame Claude, lit-on dans *le Cérémonial françois*, se prit si fort à crier, que l'on ne luy dit point pour lors le *Dieu gard*, et ne fut fait là aucun honneur, mais fut portée la petite dame en sa chambre. »

Elle n'était guère âgée alors de plus de deux ans, étant née le 14 octobre 1499.

Madame en la sienne, lesquelles estoient tendues de drap d'or et de soye, et les pavemens couvers de tapis turquois, le lict de champ à ciel de drap d'or, gourdines ¹ de damas blanc et cousins de drap d'or, et la chambrette samblable, excepté que le lict de champ estoit à la mode de Napples, et les gourdines de satin cendré, brochié d'or et doublé de taffetas.

Ce faict, monsʳ de Bezenchon, monsʳ de Chièvres et monsʳ de Berghes se retirèrent en leur logis, dedens la court du chasteau. Après souper. Monsigneur ne issy de sa chambre, à cause que le roy junoit ce jour ² : par quoy chascun se mist à son aise. Et loist ³ sçavoir que, devant que l'Archiduc entra à Blais, le roy avoit commis partout maistres d'hostelz, clercs de despence, cuiseniers et aultres officiers, pour deffrayer à ses despens tout le train de l'Archiduc, du plus grandt jusques au mendre : ce qui fu faict.

Le quatrième chapitre traicte encoire de l'honeur que on fist à l'Archiduc à la court du roy à Blais, et de la paix jurée entre l'Empereur et le roy de France, et comment le roy le convoya à son partement.

Le merquedi, viiiᵉ de décembre, monsʳ de Ligny, au commandement du roy, alla quérir monsigneur l'Archiduc, pour aller oyr messe, et allèrent ensemble à l'église chanoniale du chasteau. Après laquèle, le roy et l'Archiduc revinrent ensemble jusques au tournant de leurs deux chambres. Le roy alla disner en son quartier, et l'Archiduc, après le congiet pris, alla disner au sien. Ce mesme jour, la royne et l'Archiducesse allèrent aussi ensemble à la messe ⁴. La vesture de la royne estoit d'ung drap d'or frisé et plaine de bones martres, et les dames de Bourbon, d'Alenchon, de Nevers, la ducesse Valentinoise, mademoiselle de Fois, mademoiselle d'Angoulesme et deux demoiselles d'Alenchon, et trois ou

---

¹ *Gourdines*, courtines, rideaux.
² « Ce jour estoit la veille de Nostre-Dame des Advents ; et, pour ceste cause, le roy jeusnoit au pain et à l'eau. » (*Le Cérémonial françois*.)
³ *Loist*, faut.
⁴ Lalaing n'est pas d'accord ici avec la relation contenue dans *le Cérémonial françois*.

quatre aultres, estoient vestues de drap d'or; après, plus de trente demoiselles jeunes, avoec robes de velour tanné, plaines de laitices ¹. Après la messe, la royne reprinst son quartier, et Madame le sien. L'Archiduc, après le disner, alla vers le roy, et allèrent juer ensamble à la palme ², à l'encontre de monsʳ de Laval et de monsʳ de La Rochepot. Et l'Archiducesse alla vers la royne, où toutes les dames et demoiselles dessus nommées estoient assamblées, et de là allèrent au sermon et à vespre ensamble, et chescune, au retour, se retira en son quartier. Mais le roy et monsigneur l'Archiduc, le prince d'Orenge, le comte de Ligny et messire Philippe le Bastardt soupèrent ensemble, et après jouèrent au flus ³: puis se retira le roy en sa chambre, et l'Archiduc à la sienne. Et, ung peu devant que madame l'Archiducesse se retirasse en sa chambre, la ducesse Valentinoise et madame de Nevers, accompaigniés de pluseurs aultres dames et gentilshomes, aportèrent les espices dedens les dragoires ⁴ d'argent dorrés, à cause que elle estoit ce jour ung petit mal disposée ⁵.

Le ıxᵉ jour du moix courant, le roy mena l'Archiduc voler ⁶, et revinrent au disner, pour ce que les joustes se faisoient, en harnas de joustes, en ce jour, et les entrepreneurs estoient quatre, nommez monsʳ de Laval, monsʳ de La Rochepot, monsʳ le gouverneur de Lymosin et le Barois. Et estoient tous acoustrés de sayons ⁷ et de houchures ⁸ de drap d'or, brodés de velour jaune. Et n'y cult, pour ce jour, que quatre courreurs, acoustrés de damas de pluseurs couleurs. Les joustes finées, le roy èt l'Archiduc soupèrent ensamble, puis jouèrent ensamble au flus. Et la royne manda le roy vers elle, là où il dansa à la fachon de France et d'Alle-

---

¹ *Laitices, laitisses*, fourrures.
² *A la palme*, à la paume.
³ « *Flux* se dit en plusieurs jeux de cartes, quand il y en a plusieurs de suite de même couleur. Jouer à la belle, au *flux* et au trente et un. » (*Dictionnaire de Trévoux.*)
⁴ *Dragoires, drageoirs*, vases à mettre des dragées.
⁵ « Faut noter que, tous les jours au soir, autant que les Archiducs furent à Blois, leur furent apportées les confitures; mais madame de Bourbon n'y vint que la première nuit, et les dames de Vendosme et de Nevers, avec la damoiselle d'Alençon, et autres grandes dames et damoiselles, parachevèrent. » (*Le Cérémonial françois.*)
⁶ *Voler*, chasser à l'oiseau.
⁷ *Sayons*, sorte d'habits courts.
⁸ *Houchures, houssures* : ce mot paraît être employé ici pour *manteaux*.

maigne, et mena mademoiselle de Candalle. Puis reprinst chescun son quartier.

Le vendredi, le roy mena l'Archiduc chasser ung cerf à force; mais retournèrent au disner, pour veoir les jousteurs. Et courrurent come le jour précédent, chescun acoustré à son apéti. Le roy et Monsigneur servirent à la jouste ung des maistres d'hostel de la royne, appellé Climault. La jouste faillie[1], la royne se retira en son quartier, et Monsigneur, après le souper, alla vers elle, et de là se tira vers madame de Bourbon, puis revint en son quartier, où il trouva la ducesse Valentinoise et madame de Nevers, avoec pluseurs aultres dames, et chescun, après longues[2], rentra en son quartier.

Le samedi, xie de décembre, Monsigneur oyt la messe en sa chambre, et y disna avec mons[r] de Nevers et le sénescal de Normendie. Le disner acomply, les quatre tenans joustes vinrent sur les rens, armés en harnas de guerre, tous acoustrés de velours cramoisy et plumes pareilles. Ceuls de dehors furent ce jour bien vingt, tous acoustrés de drap d'or et de velour de pluseurs couleurs. Après, se monstra sur les rens le jeune marquis de Monferare[3], eagié de xv ans, acoustré de drap d'or et de damas blancq, et six gentilshomes acoustrés de satin vert et blancq. Il courrut six courses, et rompit trois lances. Les contes de Nevers et de Ligny le servoient à la jouste. Après les joustes, chescun reprint son quartier, pour souper, lequel finé, l'Archiduc et sa femme allèrent vers le roy et la royne, où les danses furent joyeusement acomplies, après lesquèles chescun se retira.

Le dimence, xiie dudit mois, le roy et Monsigneur allèrent à la messe ensamble, après laquèle chescun d'eux alla disner en son quartier. La royne ouyt la messe à part, et Madame à part. L'abit de la royne estoit de satin brochié blancq, plain de martres, et les robes de ses femmes estoient de velour cramoisy, aulcunes fourrées de martres, et aulcunes d'aigneaus noirs. Le disner faict, les quatre tenans les rens vinrent, acoustrés la

---

[1] *Faillie*, terminée.

[2] Le mot *devises* manque ici dans notre manuscrit : il est dans le manuscrit de M. de Godefroy et dans celui de la Bibliothèque royale portant le n° 18856.

[3] Guillaume VII, marquis de Montferrat, qui, en 1493, avait succédé à son père Boniface IV, sous la tutelle de Marie, sa mère. En 1508, il épousa Anne, fille de René, duc d'Alençon.

1501.
12 décembre.

moitié de drap d'or et de velour de pluseurs couleurs, et firent ung tournois gorgias [1]. Ceuls de dehors estoient bien vingt gentilshomes, tous bien acoustrés. Le tournoy finet, le roy alla souper en son quartier, et monsigneur l'Archiduc soupa au sien, avoec monsʳ de Nevers, monsʳ de Ligny et monsʳ de Quintin, frère de monsʳ de Rohem, du pays de Bretaigne. Monsigneur, après le soupper, alla devers le roy, là où fu faict le mariage du marquis de Monferar à mademoiselle d'Alenchon, et fianchèrent ce soir, en la présence des dames de Bourbon, d'Alenchon, d'Angoulesme et de Valentinois, et pluseurs aultres dames et demoiselles. Monsʳ de Fois, monsʳ le marissal de Giés, monsʳ de La Trimole, monsʳ d'Avesnes et pluseurs aultres dansèrent à la mode d'Alemaigne, et puis chescun se retira.

13 décembre.

Le lundi, le roy et Monsigneur ouyrent la messe et disnèrent ensamble, et, après leur disner, allèrent à la grandt messe, qui fu chantée, entre xi et xii heures, par l'évesque de Dyone; où vint la royne atout [2] son train, et s'y trouva madame l'Archiducesse, avoec six de ses femmes, habillées fort ricement à la mode d'Espaigne. Les prélats de France présens à ceste solemnité furent : monsʳ le légat, les cardinauls de Luxembourg et de Sainct-George, l'archevesque de Sens, les évesques d'Alby, de Lengres, de Castres, de Potiers, du Puys, de Tournay, de Lodèves, de Bayeus, de Cytron, et de iii aultres qui me sont incongneus, avoec le grandt prieur de France. Les prélats de la part de monsigneur l'Archiduc furent : l'archevesque de Bezenchon, l'évesque de Cambray, et, d'Espaigne, l'évesque de Cordulensis et de Malga, et, d'Ytalie, l'évesque de Arclutensis, de Volteranensis et de Novariensis. Le sermon fu faict par le confesseur du Roy, maistre Laurens Bureau, qui fort exalta ceste paix en fort belle éloquence, et print pour son theume : *Ecce quam bonum et quam jocundum est habitare reges et principes in unum.* Les chantres du roy chantèrent à ung costé, et ceuls de Monsigneur à l'aultre. Après la messe, chantèrent le *Te Deum* tous ensamble. Et fist monsʳ de Chitron, confesseur du roy, ung sermon de la paix. Et avoit-on faict, ce jour, procession, où estoient les cardinauls de Rouen, de Luxembourg et de Sainct-George, et pluseurs aultres évesques et archevesques; et, la messe célébrée, on publia la paix entre le roy des Romains, empereur, et le roy de France, contre tous et

---

[1] *Gorgias*, beau. | [2] *Atout*, avec.

envers tous¹. Et estoient à jurer celle paix monsʳ du Vergy, ambassadeur du roy des Romains, et monsʳ de Chitron².

Ce faict, le roy et Monsigneur montèrent à cheval, et allèrent voler. Puis revinrent souper ensemble, non sans la royne et Madame, et aussy madame de Vendosme, madame de Nevers, la ducesse Valentinoise et mademoiselle de Fois. Les femmes de Madame soupèrent avoec celles de la royne. La royne estoit vestue de satin brochié violet fourré de martres, et Madame et chincq ou six de ses demoiselles estoient acoustrées de drap d'or, à la fachon d'Espaigne, et estoit Madame ornée de pluseurs bones bagues. Le souper faict, six gentilshomes de Monsigneur, abilliés moult richement, à la fachon d'Allemaigne, vinrent danser à ladicte fachon. Après, monsʳ d'Avesnes³ Madame danser à la mode espaignole. Après quoy, chescun se retira.

Le mardi, xıııᵉ jour dudit mois, monsigneur de Bourbon très-honorablement festoya au disner l'Archiduc et Madame, avoec monsʳ de Ligny, monsʳ de Rohen et monsʳ le marissal de Ryues⁴; le buffet estoit de vasselle d'or. Puis allèrent veoir les joustes que quatre gentilshomes faisoient contre quatre, à leur plaisance. Après quoy, le roy ala souper en son quartier, et Monsigneur au sien. Le souper faict, Monsigneur et Madame allèrent vers le roy et la royne. Là fu⁵ as modes de France et d'Allemaigne. Puis furent donnés les pris des joustes. Monsʳ de Laval, pour ung de dedens, obtint rendèle⁶ d'or, et monsʳ de Labatie, pour ung de dehors, ung gantelet d'or; monsʳ de Rochepot, pour l'aultre de dedens, eult une lance d'or, et le jeune marquis de Monferar, ung⁷ de dehors, une verge d'or. Les pris donnés, chescun se retira.

Le mercredi, xvᵉ de décembre, monsigneur l'Archiduc print congié à la royne, à monsʳ de Bourbon, à madame de Bourbon et à tous les aultres princes et princesses de la court. Le samblable fist madame l'Archi-

---

¹ Le traité conclu à Trente, le 13 octobre 1501, entre le cardinal d'Amboise, au nom de Louis XII, et Maximilien Iᵉʳ. Voy. Dumont, *Corps diplomatique*, t. IV, part. I, p. 16.

² « M. l'évesque de Citron, confesseur du roy, sermona fort loablement. Le seigneur de Vergy et
» monsieur de Chitron, autre que le premier, car non prélat, mais seigneur temporel de Chitron,
» ambassadeur du roy des Romains, jurèrent la paix, pour et au nom de luy, et le roy et l'Archiduc
» le jurèrent pareillement. » (Relation de Julien Fossetier.)

³ Il faut ajouter *mena*, qu'on trouve dans les autres manuscrits.

⁴ Le maréchal de Rieux, *ut supra*. | ⁵ Ajoutez *dansé*. | ⁶ *Rendèle*, rondelle. | ⁷ Lisez : *pour ung*.

ducesse, et dona à madame Claude, sa belle-fille, une baghe[1] estimée à la valeur de deux mil francs. Il y avoit illec, en commun spectacle, ung pilier de bois jasprez, et dessus ung statue d'home nud, tenant en sa main une torse, et auprès de luy ung tableau où fu escript : *Lumen ad revelationem gentium et gloriam*, etc. Et estoient les armes de France en bas, auprès desquèles estoit ung aultre tableau où estoit escript : *Quia viderunt oculi mei salutare tuum.* Et les armes de la royne d'aultre costé, et ung aultre tableau plus bas contenant : *Quod parasti ante faciem omnium populorum.* Ung petit avant, estoient en paincture, bien atachié au mesme pilier, de monsigneur le duc Charles d'Austrice la samblance, et de madame Claude de France tout au nud, tenans un tableau où fu contenu : *Ex ore infantium et lactentium perfecisti laudem.* Puis se partit de Blais[2]; et le roy, en persone, qui le alloit convoyer jusques à Amboise, chincq lieues, print giste à Chaumont, et Monsigneur à Écure, à chincq lieues de Blais.

Le joedi, Monsigneur se parti de Écure, et chevaucha avoec le roy jusques à Amboise, chincq lieues. Et, quandt ilz aprochèrent à demi-lieue, on tira du chasteau, en signe de joye, pluseurs gros engiens. Lors, madame d'Angoulesme et mons^r d'Angoulesme, son filz, qui estoient partis de Blais, trois ou iiii jours devant, pour préparer le logis et les biénviégnier, vinrent à la descente du roy, de Monsigneur et de Madame. Monsigneur souppa avoec le roy et madame à part. Maistres d'hostels furent ordonés à ce souper, pour deffrayer les signeurs et les gentilshomes. Amboise est une des plus belles maisons du royame, mais imparfaicte, par la mort du roy Charles, qui en cuidoit faire chose bien grande.

Le vendredi, xviie du moix, se partirent d'Amboise Monsigneur et Madame, et le roy le convoya demi-lieue. Et, quandt le roy eut pris congié à euls, les grands maistres qui avoec luy estoient, firent ainsy, et offrirent le faire compaignier, ou euls-mesmes aller avoec euls, au voyage d'Espaigne, et aultre amiables promesses et paroles.

---

[1] *Baghe* est ici employé pour morceau d'orfèvrerie.
[2] Le 6 décembre, l'Archiduc écrivit, d'Orléans, au comte de Nassau, pour l'informer du bon accueil qui lui était fait en France. Il lui écrivit aussi de Blois, pour le même objet.
Le comte donna connaissance de ces lettres aux conseils de justice et aux principales villes des Pays-Bas. (Compte de la recette générale des finances, de 1501.)

Ce chincquisme chapitre traicte des logis de Monsigneur et de madicte Dame, jusques à leur entrée du royame de Navare, etc.

Ce faict, monsʳ de Ligny et le marissal de Giés et monsʳ d'Avesnes, avoec pluseurs aultres, le compaignièrent jusques à Tours. Et, euls venus à demi-lieue près, les officiers et gens de bien de la ville luy offrirent ladicte ville, à son comandement. Et avoient tendu les rues, et firent come avoient faict les aultres villes.

Le samedi, Monsigneur ouy la messe aux Bons-Homes, près du Plaichy [1], à demie lieue de Thours, puis vidt et parla à ung religieux de làdedens, moult renommé pour sa saincteté [2], et luy enquist sa fachon de vivre, et cil en dist otant qu'il voloit qu'il en sceusist. De là vint disner au Plaichy, et puis joua tout le jour à la palme contre monsʳ d'Avesnes et monsʳ de Boisy. Au soir revint en la ville.

Le dimence, alla ouyr la messe à l'église de Sainct-Martin, à l'huys de laquèle les chanones, vestus de riches chappes, vinrent. Là vidt le corpz de sainct Martin, moult ricement encassé [3] en or et en pierries, advironé d'une treille d'argent pesant xvIIIᶜ mars [4]. Puis disna à son logis; mais il soupa avoec monsʳ de Ligny.

Le lundi, alla disner à Monboison [5] et au giste à Saincte-More [6], vIII lieues de Thours. Les signeurs prédicts le convoyèrent emmy chemin [7]. Là prinrent congié à Monsigneur, qui dona à monsʳ de Ligny deux de ses plus beaus chevauls. Puis passa Monsigneur à Saincte-Katherine-de-Fierbois, entre Monboison et Saincte-More.

---

[1] Plessis-lez-Tours.

[2] Selon la *Crónica* de don Lorenzo de Padilla, ce religieux était Francisco de Paula, italien, fondateur de l'ordre des Minimes, canonisé, après sa mort, par le pape Léon X. La relation de Jean Le Maire lui donne un autre nom; voici comment elle s'exprime : « Il (l'Archiduc) ala ouyr messe aux Bons-» Hommes, au Plessis, là où il vit ce bon père religieux Justin, qu'on dit le saint homme Justin, de » l'ordre des Minimes. »

[3] *Encassé*, enchassé.

[4] Ce treillis pesait, selon Voltaire, six mille sept cent soixante-seize marcs deux onces, moins un gros. François Iᵉʳ s'en empara, pour sa malheureuse expédition d'Italie, en 1522. *Histoire du parlement de Paris*, chap. XVI.

[5] Montbazon, *Mons Basonis*, petite ville de Touraine, aujourd'hui département d'Indre-et-Loire.

[6] Sainte-Maure. | [7] *Emmy chemin*, par le chemin.

Le mardi, xxi⁰, disna Monsigneur avoec Madame au Port-de-Pille, où ils passèrent la rivière de .... ¹. et allèrent logier à Chastelherault, sept lieues de Saincte-More.

Le mercredi, après avoir cheminet sept lieues, logèrent à Poitiers, maistresse ville de Poitou, où le séneschal de Poitou et les nobles homes et messeurs de la ville vindrent au devant d'euls. Après vinrent ceuls de l'université, qui révérentement firent leur herrenge, en langue latine, et luy présentèrent vins et espisses, come ceuls de Paris et d'Orliens. Et dona Monsigneur grâces et rémissions, come il avoit faict ailleurs.

Le joedi, xxiii⁰ de décembre, se logea à ung vilage, Mainigoul ², à deux lieues du chasteau de Linsignem ³, où Mellusine se tint; et y a ung beau parcq, situé à sept lieues de Poitiers.

Le vendredi, xxiiii⁰ du moix, alla Monsigneur chincq lieues, et se logea à Melle ⁴, où il se tint les jours du Noël et de Sainct-Estienne.

Le lundi, xxvii⁰, chemina iiii lieues, et logea à Annaye ⁵.

Le xxviii⁰, chemina iiii lieues, et se arresta la nuyt à ung vilage nommé Beauvais.

Le xxix⁰, se herbegea Monsigneur à Coignac, quandt eut allet quatre lieues, où il séjourna iiii jours. La ville, le parcq et le chasteau, qui sont très-beaus, sont à monsʳ d'Angoulesme. Là le vinrent révérentement saluer la demoiselle de Gernacque, et ses deux fils, et sa fille.

Le lundi, iii⁰ jour de janvier, se logèrent Monsigneur et Madame à Barbésieu ⁶,

Le jour iiii⁰, allèrent chincq lieues, et logèrent à Monlieu ⁷, en la ducé de Ghiennes.

Le mercredi, v⁰ jour, se logèrent à Guitres, l'entré de Gascoigne, à iiii lieues de Montlieu, où ils passèrent la rivière de l'Isle; et séjournèrent, le

---

¹ Creuse, suivant les relations de Jean Le Maire et de Julien Fossetier.
² Sᵗᵉ-Maingone, suivant la relation de Julien Fossetier.
³ Lusignan. Cet ancien château, qui a donné son nom à une illustre famille, a été assiégé plusieurs fois; ses fortifications furent rasées en 1574 : aujourd'hui il est remplacé par une jolie promenade.
⁴ Petite et ancienne ville, à 15 lieues ½ S.-O. de Poitiers.
⁵ Anais, village d'Angoumois, aujourd'hui département de la Charente.
⁶ Barbésieux, petite ville de l'Angoumois, aujourd'hui département de la Charente, à 10 lieues S.-O. d'Angoulême.
⁷ Montlieu, petite ville de Saintonge, aujourd'hui département de la Charente-Inférieure.

DE PHILIPPE LE BEAU. 145

jour des Rois, en ung village nommé Chastre[1], où ceuls de Bourdeaus envoyèrent vers luy, et luy présentèrent, à la mode du pays, boefs, moutons, chapons, perdris, faisans et vin largement, priant que son plaisir fuist de passer par leur ville; mais il s'excusa, à cause que l'on disoit que la peste y régnoit.

1502. 6 janvier.

Le jour septisme, vinrent disner à Sainct-Milion[2], ville ornée de deux églises, l'une dessus l'aultre; et est l'inférieure taillié en rocque, où, pour la mortalité, se tenoit lors le parlement de Bourdeaus. Et vinrent Monsigneur et Madame pernocter[3] à Chastilion[4], chincq lieues de Guitres. Le samedi, après sept lieues cheminées, logèrent à Cadiliacque[5], apertenant au signeur de Candale, là où madame de Candale et son fils estoient, et là séjournèrent le dimence.

7 janvier.

8-9 janvier.

Le lundi, vindrent couchier à Langon, à deux lieues de Cadiliacque, où gens, chevauls et chariots passèrent la rivière de Geronde[6] au bacque. Là séjournèrent deux jours.

10-12 janvier.

Et quandt, le joedi, XIIIe de janvier, eurent allet IIII lieues, ils gistèrent à Capechieulx[7], et lendemain allèrent à IIII lieues d'illecq, à Rocquefort, qui est l'entrée des landes de Bourdeaus. Et, pour la presse du logis, Madame prist hostel au Mont-de-Marchant[8], èsdictes landes.

13 janvier.

14 janvier.

Ce sixième chapitre parle comment Monsigneur fu rechupt noblement au royame de Navare, et comment le roy d'illec le festoya.

Le samedi, XVe de janvier, chemina Monsigneur quatre lieues jusques audit Mont-de-Marchant, où messeurs de la ville et ceuls de l'église vin-

15 janvier.

---

[1] Castres, à 6 lieues de Bordeaux.
[2] Saint-Émilion, petite ville de Guienne, aujourd'hui département de la Gironde, à 1 lieue ⁵/₄ E.-S.-E. de Libourne.
[3] *Pernocter*, coucher, *pernoctare*.
[4] Castillon-et-Capitourlan, petite ville de Guienne, aujourd'hui département de la Gironde, à 5 lieues de Libourne.
[5] Cadillac, petite ville de Guienne, aujourd'hui département de la Gironde, à 9 lieues ¹/₄ de Bordeaux.
[6] La Gironde.
[7] Captieux-et-Escaudes, bourg du Bazadois, aujourd'hui département de la Gironde, à 5 lieues de Bazas. | [8] Mont-de-Marsan.

drent au-devant, et luy présentèrent la ville à son commandement, par le voel¹ du roi de Navare², à quy la ville est.

Le lundi, xvii⁰, se partit Monsigneur d'illec, et chemina IIII lieues, et arriva à Tartas, apertenant au signeur d'Albrecq³, qui estoit chargié, du roy de France, guider Monsigneur par tout le pays : ce qu'il ne peut accomplir, pour une bleschure qu'il eut en la jambe; mais ses gens le recueillèrent bien, avoccq les gens du roy de Navare, qui n'y peut venir, pour les grandes eaues, pour lesquèles Monsigneur séjourna à Tartas jusques au vendredi xxi; lequel jour il arriva, quandt il eut chevauchiet quatre lieues, à Daxe⁴, où ceuls de la ville et de l'église firent come les aultres villes. Une heure après, vint le roy de Navare, avoec luy pluseurs gens de bien, entre lesquels estoit monsigneur de Lautrecque, parent à la royne de France. La royne de Navare n'y vint, car elle, pour les neiges, ne peut passer les montaignes navaroises. Le roy, descendu à son logis, veynt incontinent vers Monsigneur, qui, quandt on lui dist, descendi la montée de sa chambre. Là s'entre-saluèrent et s'entre-honorèrent otant l'ung come l'autre. Puis se retira chescun souper à son logis; et, après le soupper, Monsigneur visita le roy, qui le volut conduire; mais Monsigneur ne le veult souffrir.

Le samedi, Monsigneur se partist par eaues de Daxe, où il y a bains chaulz, come en pluseurs lieus en Allemaigne, en Bourgoigne et en Ytalie. Et, quandt il approcha Bayone, messeurs de la ville vindrent encoire luy⁵, avoec une grosse navire, acompaigniez de pluseurs bateaus, et luy offrirent la ville à son comandement. Et envoyèrent bienveignier Madame, laquèle venoit par terre. Monsigneur, descendu du bateau, alla à l'église de Nostre-Dame, au-devant duquel l'évesque du lieu aporta de la croix où avoit pendu nostre Rédempteur, et pluseurs aultres reliquiaires, lesquelz Monsigneur

---

¹ *Le voel*, la volonté.

² Jean d'Albret, fils d'Alain le Grand, sire d'Albret, et ma i de Catherine, héritière de la couronne de Navarre.

³ Alain, sire d'Albret, mentionné en la note précédente.

⁴ Dax, ancienne ville de Guienne, aujourd'hui département des Landes, à 14 lieues S.-O. de Mont-de-Marsan, et 15 lieues N.-O. de Bayonne.

⁵ *Sic* dans le manuscrit. Au lieu de *encoire luy*, il faut lire *encontre luy*, comme dans le MS. 15856 de la Bibliothèque royale, et dans celui de M. de Godefroy.

baisa. Puis luy furent fais, de par la ville, présens de vins, d'espices et d'aultres choses.

Le dimence, ouyrent Monsigneur et Madame la messe à ladicte église. Après le disner, arriva le roy de Navare, au-devant duquel Monsigneur alla, qui le mena souper avoec luy. Au souper, lavèrent[1] ensamble. Chescun d'euls avoit maistre d'ostel, eschanson et escuyer trenchant, et plat couvert. Puis alla le roy dire à Madame le *Dieu gardt*, sans le baisier[2], à la mode d'Espaigne. Et, après pluseurs devises, le roy reprint son logis.

Le roy et Monsigneur allèrent, le lundi, ensamble oyr la messe à Nostre-Dame. Après laquèle, monsr l'évesque, acompaignié d'aulcuns chanonnes et d'autres gens d'honneur, adrecha une proposition au roi et à Monsigneur, qui appellèrent monsr de Bezenchon et le prévost d'Arras, qui fist la responce. Ce faict, le roy alla disner avoec Monsigneur. Puis jouèrent ensamble à la palme contre monseur du Rieu[3] et Bouton. Après quoy, le roy festoya bien Monsigneur au souper, à son logis; après lequel jouèrent à cartes avoec monsr du Rieu et monsr de Lautrel[4]. Puis reprint chescun son quartier.

Le mardi, chescun ouy messe à son logis, et disna chescun à part. Puis vint ledit roy de Navare au logis de Monsigneur, où ils jouèrent à cartes et soupèrent ensamble. Après visitèrent les dames, où l'on dansa, et puis chescun se retira[5].

Les eaues des pluyes et des neiges descendantes des montaignes estoient si grandes en la ville, que, depuis cent ans, n'avoient esté tèles, ce disoient les habitans, et failloit d'ung logis à l'autre aller par bateaus en la ville. La rivière d'icelle, grande come ung brach de mer (qui tombe, à une lieue de la ville, en la mer) estoit débordée, et le grandt pont d'icelle (non le pont Sainct-Espri) estoit en partie couvert d'eaues.

La coustume de Bayone, touchant mariage, est que home et femme fianchiés ensamble diffèrent leur espousement tant qu'ilz voelent, mais ilz couchent ensamble, et ne se puelent allyer à aultre partie, se l'ung ne moert.

---

[1] Se lavèrent les mains.

[2] *Sic* dans le manuscrit. C'est *la baisier* qu'il faut lire.

[3] Ferry de Croy, seigneur du Rœulx, selon Jean Le Maire.

[4] De Lautrec.

[5] « Sur bottequins, sans lesquelz on ne pouvoit aller par la ville. » (Relation de Julien Fossetier.)

148 PREMIER VOYAGE

1502. Dont il advint que le bourgois chiez lequel monsigneur de Cambrai logoit. s'espousa (nous séjournans illec); et sa femme, le jour de son espousement. laquèle il avoit fianchiet deux à trois ans paravant, acoucha d'enfant.

Ce septisme chapitre parle du congié prins entre le roy de Navare et Monsigneur, et comment Monsigneur rémunéra les Franchois qui l'avoyent convoyet jusques illec, et comment il fu rechupt à l'entrée d'Espaigne, et la coustume de Biscaye touchant mariage.

26 janvier. Le mercredi, xxvie de jenvier, le roy de Navare et Monsigneur prinrent congié l'ung de l'aultre. Je passe, à cause de briefveté, sans escripre aulcune situation et noms des villes, chasteaus et rivières dignes de recordations, car pluseurs les congnoissent. De Bayone passasmes à Sainct-Jehan-de-Lus. Et est Sainct-Jehan-de-Lus la fin de France : par quoy, au départir de là, le marissal des logis envoyé du roy de France pour conduire Monsigneur jusques au royame d'Espaigne, print congié; auquel, au départir, Monsigneur donna chincquante mars de vasselle, et à chescun des quatre fouriers, le compaignant, quarante escus d'or; et le capitaine Oudet, venu avoec, rémunéra d'une robe de velour, avoec ung bon cheval.

Partis de Sainct-Jehan-de-Lus, vinsmes à Fontearabie, chincq lieues de Bayone. C'est le comenchement de Vasque¹ et d'Espaigne.

Au partir de Bayone, furent renvoyés les chariots et charrettes de Flandres, qui avoient amenet les baghes² de Monsigneur; car ilz ne povoient plus avant, pour les montaignes, et furent amenés grandz muletz de Biscaye, par le comandement du roy et de la royne d'Espaigne, qui portèrent lesdictes bagues jusques à Toulette³, où ils trouvèrent le roy et la royne.

Hors de la ville, à l'entrée de laquèle il y a ung bras de mer, vindrent, à demi-traict, le grandt comandeur de Saint-Jacques⁴ et le comte de Mirande⁵, acoustrés de moult notables gens à la fachon d'Espaigne⁶, au-

---

¹ *Vasque*, Biscaye. | ² *Baghes*, bagages. | ³ Tolède.
⁴ Don Gutierre de Cárdenas, grand commandeur de Léon, de l'ordre de St-Jacques.
⁵ Don Francisco de Çúñiga, comte de Miranda.
⁶ *Acoustrés de moult notables gens à la fachon d'Espaigne*. Nous croyons que le copiste a encore ici commis une inadvertence, et qu'il faut lire : *Accompagnés de moult notables gens, acoustrés à la fachon d'Espaigne*.

devant de Monsigneur; auprès duquel venus, mirent piet à terre, et, baisans les mains de luy et de Madame, firent la révérence à la mode d'Espaigne. Et, en signe de joye, jettèrent du chasteau pluseurs engiens, et descendy Monsigneur à l'église; les chanones le allèrent bienveignier. Puis alla descendre au chasteau, qui est l'ung des meilleurs et plus fors chasteaus d'Espaigne, assis d'ung costé sur la mer; ouquel Monsigneur soupa en sa chambre, et le comandeur le festoya très-bien, et envoya, par tous les logis des signeurs et gentilshomes, chars, vins, torses et avaines, et les deffréa otant que Monsigneur y fu, et festoya tous les signeurs qui estoient avoec Monsigneur, en son logis, au mesme chasteau.

Le joedi, Monsigneur ouyt la messe à la grande église, et, après disner, le comte de Mirande et le filz du comandeur, avoec de xx à xxx gentilshomes montés sur leurs gennès [1], et couvers de leurs targes, gettèrent les cannes [2] devant Monsigneur. Auquel, retourné à son logis avoec Madame, le grandt comandeur vint, et fist, par chincq ou six gentilshomes, aporter grands plats plains de chucades [3] et drogueries : car, quand on a jetté les cannes, on aporte de coustume vin et espices aux dames. Le souper finé, ledit comte et le filz du comandeur dansèrent avoec les dames, à la guise d'Espaigne; puis reprint chescun son logis.

Le samedi, xxixe, arriva Monsigneur à Renay [4], où on luy fist bonne chière, trois lieues de Fontarabie.

Le dimence, pénultime du moix, chemina trois lieues, et logea à Toulousette [5], où bien chincq cens compaignons, acoustrés à la fachon du pays, vindrent au-devant de luy.

Le lundi, vint Monsigneur quatre lieues, et logea à Ségure [6], où pluseurs compaignons vinrent pareillement au-devant de luy. Ceste ville est au piedt de la montaigne Sainct-Adryen, sur laquèle, mauvaise et dangereuse au passer, tousjours chargié de nèges, a une porte où il faut nécessairement passer pour aller à Sainct-Jacques, à l'honneur de qui y a une chapelle soubz ladicte porte, déclarant que c'est le chemin illec. Peu de

---

[1] *Gennès*, genets, chevaux d'Espagne entiers.
[2] *Jeter les cannes*, en langue castillane *correr cañas*, était un exercice usité en Espagne dans les divertissements publics : il consistait en ce que différents quadrilles luttaient à cheval, sans autres armes qu'un bâton, pour montrer leur adresse.
[3] *Chucades*, succades. | [4] Ernani. | [5] Tolosa. | [6] Segura.

gens garderoient ce passage, qui est la principale force et clef du pays contre le pays de Gascoigne.

Les femmes de ce pays sont belles, et portent, en lieu de coevre-ciefs[1], xx ou xxx aulnes de toilles. Les josnes filles y sont tondues, et ne puelent porter coevre-ciefs, s'elles ne sont mariées. Les gentils femmes mariées, et nulles autres, les portent ensaffrenés[2].

Le mardi, 1ᵉʳ de febvrier, passèrent la montaigne prédicte, et se logèrent à la ville de Salvatier[3], à l'aultre piedt de celle montaigne, à quatre lieues de Ségure, et y séjournèrent Monsigneur et Madame le mercredi, jour de la Purification de Nostre-Dame. Cy deffaillent les montueus et stériles pays de Biscaye, de Puisque et Basquèle[4] qui vont quérir leurs vitailles, par asnes et mules, en pluseurs portz de ces pays, come à Fontearabie, à Saincte-Marie, à Sainct-Sébastien, à Bilbault[5], à Sainct-Andrieu[6] et à aultres, desquels vient la pluspart des navires qui s'espardent par pluseurs parties du monde.

Leur coustume est qu'ilz n'ont évesque en leur pays, et n'en voelent avoir. Se l'on en y mettoit, ils les ochiroient[7]. Ils sont subjects seulement au pape et à leurs curés qui respondent seulement au pape. Les femmes de Biscaye sont habillées en diverses fachons. Monsʳ de Boussut (qui est chose digne de mémoire) fist passer sa charette oultre les montaignes de Biscaye : ce que jamais n'avoit esté veu de souvenance d'home. Dont les paysans qui jamais n'avoient veu charettes en leur marche[8], furent tant esmerveilliés que rien plus.

---

[1] *Coevre-ciefs*, bonnets.

[2] *Ensaffrenés* paraît signifier ici : couverts de broderie d'or et de soie.

[3] Salvatierra, bourg au pied du mont Adrien, à quatre lieues à l'est de Vittoria.

[4] *Sic* dans notre manuscrit et dans les MSS. 13856 et 13858 de la Bibliothèque royale, sauf que le premier porte *Piusque*, et le second *Puesque*, au lieu de *Puisque*. Selon celui de M. de Godefroy, ce serait *Guisque*. Voici comment ce passage est rendu dans la relation de Julien Fossetier : « Chy finnent les montuleuses et stériles terres de Biscaye. Les habitants vont quérir sur asnes et sur muletz leurs victuailles, à pluisieurs ports de mer du pays, etc. »

[5] Bilbao.

[6] Santander.

[7] *Ochiroient*, tueraient.

[8] *En leur marche*, en leur pays.

Le chapitre huitième : comment Monsigneur arriva à Victoire, et comment il fu festoyé à Bourghes en Espaigne, et comment on y courut les thorreaus. Du monastère des chartrous dudit Bourghes, et de la situation de la ville et du chasteau.

1502.

Le vendredi, quatriesme de febvrier, Monsigneur et Madame arrivèrent à Victoire¹, quandt ilz eulrent cheminez chincq lieues; et descendi Monsigneur à la grande église, où l'évesque et les chanones, bien ricement vestus, le rechuprent moult honorablement. Et, quant il fu descendu à son logis, l'évesque envoya vins et viandes à tous ses gentilshomes, et séjourna le samedi et le dimence.

4 fevrier.

Ce samedi, monsigneur de Cambrai et le comte palatin, qui, pour la presse des logis, avoient le loing du chemin menet la pluspart des gentilshommes de Monsigneur, arrivèrent à Bourghes².

5 fevrier.

Et lendemain, le gras dimence, le connestable les festoya. Et est leur service le plus net que j'ay veu, car ilz ont ung escuyer qui trenche sur une table, auprès de l'aultre table, pour tous les séans à ladicte table, et l'aporte en une escuyelle d'argent, à chescun la sienne, et, deux ou trois fois, le disner et le souper, qui durent deux ou trois heures, rechangent de serviettes.

6 fevrier.

De Victoire à Mirande³, où Monsigneur arriva le lundi, septisme du mois, sont chincq lieues; audevant duquel vinrent gens de bien du pays⁴, et il y séjourna le mardi des Quaremeaus.

7 fevrier.

Le mercredi des Cendres, prist giste à Grissalme⁵, six lieues de là.

9 fevrier.

Le joedi, chemina une seule lieue, et coucha à Vreviesque⁶.

10 fevrier.

Le venredi, au monastère de Renil⁷.

11 fevrier.

Le samedi, disna à une lieue de Bourghes, où luy vinrent au-devant le conestable de Castille⁸, le duc d'Allebquerque⁹ et le comte de Sirolle¹⁰, qui, à l'aprochier, mirent piedt à terre, et, en faisant la révérence, baisèrent ses mains :

12 fevrier.

---

¹ Vittoria. | ² Burgos. | ³ Miranda de Ebro.
⁴ Ils y furent reçus par don Diego Sarmiento, fils aîné du comte de Salinas, accompagné de cent chevaux (*Crónica de Felipe I°.*)
⁵ Probablement Grisaleña, dans le district de Bureba. | ⁶ Briviesca.
⁷ Monasterio de Rodilla. C'est un village qui compte aujourd'hui 600 et quelques habitants.
⁸ Don Bernardino de Velasco, connétable de Castille, duc de Frias, comte de Haro.
⁹ Don Francisco de la Cueva, duc d'Albuquerque, comte de Ledesma.
¹⁰ Le comte de Siruela.

puis allèrent faire le samblable à Madame. Et, remontés sur leurs jennès, firent sonner leurs trompettes et tamburins, comme ceuls de Monsigneur.

Et, à demie lieue de la ville, les signeurs de la justice et les marchans arrivèrent, et mirent piedt à terre; en faisans la révérence, baisèrent ses mains et celles de Madame, et firent une harrengue, luy offrant la ville et le tout. Et puis, à deux gets d'arcz de la ville, descendi à une abbaye de dames renfrumées[1], nommées les donzilles[2], à laquèle abbaye coustumièrement descendent les princes de Castille, à leur entrée, ains qu'ilz entrent en la ville. Les prebstres de l'abbaye, ricement vestus, le menèrent illec, chantans *Te Deum*; et vint au grandt autel baisier les relicques, où deux siéges éguauls estoient préparés pour Monsigneur et pour Madame. Puis visitèrent les dames du lieu, qui sont toutes nobles.

Après, alla Monsigneur pour entrer en la ville, acompaignié des grandz maistres et des gentilshomes de sa maison. Le grandt comandeur de Sainct-Jacques, et l'antalle[3] de Grenade, son filz, et le comte de Mirande, qui l'avoient acompaigniet depuis Fontearabie, estoient bien deux milles jennès. Quandt il vint as portes, les habitans les frumèrent[4]; puis les ouvrirent, par l'admonition des grands maistres qui estoient avoec luy, et Monsigneur jura entretenir leurs previléges, comme font tous les aultres princes, à leurs entrées. Et, quandt il fu dedens, on luy donna ung palle[5] de drap d'or, pour porter dessus luy et Madame au long de la ville, avoec grande multitude de torses; et estoient les rues tendues de tapisseries et ornées de torses, come font en tel cas les villes de nos pays.

Devant l'église de Nostre-Dame, toute tendue de tapisseries et de pièces de drap d'or, où il descendi, avoit ung grandt buffet chargié de vasselles; et trouva l'évesque de Bourghes et les chanones, ricement revestus, à l'huys de ladicte église, et à Monsigneur et à Madame estoient, emprès du grand autel, leurs siéges richement ornés. L'évesque leur bailla baisier les relicques, et leur dona bénédiction, et les prebstres chantèrent

---

[1] *Réformées*, selon la relation de Julien Fossetier. Je crois que l'auteur a écrit *renfrumées* pour *renfermées*.

[2] Il s'agit ici du fameux monastère de Santa Maria de las Huelgas, dont l'abbesse exerçait la juridiction ecclésiastique, avec autorité apostolique.

[3] *L'adelantado*, charge qui existait dans quelques provinces d'Espagne.

[4] *Frumèrent*, fermèrent. | [5] *Palle*, poële.

Te Deum. Après, descendi au bien acoustré hostel du conestable, où sa chambre estoit parée et tendue de drap d'or et d'aultre très-rice tapisserie. A l'entrée de la salle, le buffet estoit chargié entour trois mille mars de vasselles dorées. Le grandt escuyer portoit au loing de la ville l'espée devant Monsigneur, et ses trompettes sonnoient, come se ce fuist en ses pays.

Le lundi, xiiiie du moix, le conestable fist, après le disner, courre douze thorreaus devant Monsigneur, à force de jennès, et venoient donner dedens ces thorreaus de javelines; et cil qui done le cop mortel est estimé come s'il avoit donnet ung beau cop de lance. Puis vinrent chincquante ou soissante gentilshomes, avoec leurs targes, jetter les cannes. Ce faict, ceuls qui avoient courrut à toute force présentèrent vins et espices à Monsigneur et à Madame, come ilz ont de coustume après les cannes jettées.

Le mardi, xve, Monsigneur mena pluseurs de ses grands maistres de Castille voler, adfin de leur monstrer ses oyseaus.

Le mercredi, après le disner, joua à la palme contre le conestable et le comte de Lantalle (?), à la grosse pelotte, à la guyse d'Espaigne.

Le joedi, après disner, allèrent jouer aux champs.

Le vendredi, xviiie, Monsigneur et Madame ouyrent messe à Nostre-Dame de Merfleure [1], monastère de Chartrois, où gist le roy Jehan, père de la moderne Élizabeth [2], royne d'Espaigne, qui est aujourd'huy, et sa mère aussi, qui estoit une fille de Portingal [3]. A l'aultre letz [4], gist don Alphonse, frère de la royne, lequel ne fu roy, car la mort le print devant la mort de don Henry, son frère aisné, lors roy. Ces deux sépultures d'albastre sont les plus menuyers entretaillíés [5] qu'il est possible. En une chapelle auprès, gist le roy Jehan dessus nommé, en char et en os entier, come à sa mort, desterré deux ans après sa mort, à laquelle il avoit xlvi ans. Le monastère est tout beau, tout honeste et dévot. Il y a une table d'autel, haulte environ de xviii à xx piedz, entretaillée et dorée tant bien qu'il est possible.

Bourghes est advironée de pluseurs beaus monastères. Auprès, est ung hospital fondé des rois d'Espaignes [6], où tous pèlerins de Saint-Jacques

---

[1] La Chartreuse de Miraflorès, fondée par ce même roi Jean II qui y était inhumé.
[2] Isabelle la Catholique. | [3] *Portingal*, Portugal. | [4] *Letz*, côté.
[5] *Les plus menuyers entretailliés*, sculptées avec le plus de délicatesse.
[6] Pour ce motif, il était appelé *del Rey*.

ont pain, char et vin, et giste, duquel nul ne parte sans ouyr la messe. L'église épiscopale de Nostre-Dame de Bourghes est très-belle et ornée de pluseurs rices chapelles, en l'une desquèles les père et mère du conestable d'Espaigne présent, qui fut nommé le prince Haro, et son sournom de Valasque [1], et sa femme, fille du duc de l'Infantade, qui est de ceuls de Mandos [2], gissent richement enterrés; en laquèle ilz fondèrent mille ducas de rentes pour rachepter les crestyens prisonniers as infidels. Et fault que chascun racheplé dudit argent viègne raporter, en signe de cela, une chemise de drap jaune à Nostre-Dame de ladicte église. Et se y fondèrent une grandt messe journèlement, et x ou xii basses, et les heures canoniales chantées par xviii, prebstres que clercs. Item, en une chapelle de ladicte église, gist ung évesque de Bourghes, duquel la messe fondée se chante journèlement à sept heures par aulcuns chapelains à ce illec ordonnés; duquel l'épitaphe est en franchois tel [3] : « Chy gist le corpz de révérendt père
» Alphons de Cartajent, évesque de Bourghes, qui, avoec aultres oevres,
» édifia ceste chapelle et y fonda à perpétuité sept chappelains et deux
» clercs. Cestuy, amateur de paix, traicta la paix entre Jehan, roy de Cas-
» tille, et Jehan, roy de Portingal, et entre l'empereur Albert et le roy
» Polonie, et, come défenseur de la foy, fist pluseurs livres utiles au bien
» publicque d'icelle. Et, cognoissant la généalogie d'Espaigne, fist deux fois
» la paix entre les rois de Castille et d'Angleterre, et obtint, au concille
» de Basle, sentence pour le royame de Castille. Finalement, retournant de
» Sainct-Jacques à la jubilée, rendi âme à Villessendine, lieu de son dyo-
» cèse, le xxiie de jullet, l'an d'humaine rédemption mil IIIIc LVI, de son
» eage l'an lxxie. »

Ceste cité de Bourghes, métropolitaine du royame de Castille, est moult marchande, come Vallenchiennes en grandeur, murée de doubles murailles, bien pavée et de belles maisons. L'on y apointe [4] toutes les laines que nous apellons d'Espaigne, que l'on amaine en Flandres, et y nombre-on aulcunes fois deux ou trois mille ouvriers. Il n'y a rivière; mais aulcuns ruyseaus, descendans des montaignes, se rendent à demie lieue de la ville en la rivière de Duère [5], qui va à Valdolicque [6]. Au plus haut de la ville,

---

[1] Velasco. | [2] Mendoza.
[3] C'est-à-dire dont la traduction en français est telle.
[4] *Apporte*, dans le MS. de M. de Godefroy. | [5] Duero. | [6] Valladolid.

beaucop plus hault que les maisons, siet ung casteau du grandeur de Ripplemont¹, assez fort quandt au pays, bien muré de doubles murailles avoec aulcunes saillies, assez bons fossés à sesche terre, aulcunement machonnés à fons de cuve, batable de tous costés; et n'a maison à l'entour. Ceuls du pays l'extiment l'ung des plus forts chasteaux de Castille.

Ce neuviesme chapitre traicte du voyage que Anthoine de Lalain, mons' de Sainctzelles et Antoine de Quiévrain firent à Sainct-Jacques. Léon, cief de Castille. De la ville de Sainct-Salvator en Astruge. D'une croix faicte des angels. Les gens d'Esturge ressamblent aux Égiptyens.

Le samedi, xıx°, Monsigneur et Madame visetèrent l'hospital du Roy avoec le conestable, le comandeur major et pluseurs comtes. Lequel jour Anthoine de Lalaing, signeur de Montegny, recoeilleur de ces choses, et Charles de Lausnoy, signeur de Sainctzelles, et Antoine de Quiévrains, signeur de Monceaux, partirent de Bourghes, pour aller à Sainct-Jacques, et prinrent giste huyt lieues de là, à Capcery², qui est comté apertenant au comte de Castre; et y a sur une montaigne ung chasteau moult anchyen.

Le dimence, allèrent vııı lieues devant disner, et disnèrent à Cariont³; puis prinrent giste au village de Casseville⁴, quatre lieues de là.

Le lundi, xxı°, arrivèrent les trois gentils⁵ à Sagon⁶, ville petite, anoblie d'ung cloistre de Sainct-Benoict, où dom Allons⁷, roy de Castille, et sa feme, d'ung costé, et ung de ses enfans, de l'aultre, sont sépulturés en simple tombeau de pière. De là allèrent disner au vilage de Bourghet⁸, vıı lieues de Casseville, et, à l'après-disner, vinrent à Léon au giste. C'est le cief⁹ du royame de Léon, et est évesquié. La ville est très-belle et assés grande et assés marchande. La mine de gayet¹⁰ est assés près : par quoy ils font grandt argent des patrenostres et sainct Jacques que on y faict.

---

¹ Un château de la grandeur de Rupelmonde.
² Castro-Xeriz. | ³ Carrión de los Condes, chef-lieu du district de ce nom, dans la province de Toro.
⁴ Calzadilla de la Cueza. | ⁵ Sic dans le manuscrit. Il faut lire : gentilshommes.
⁶ Sahagun, ville située sur la Cea ou Sea. | ⁷ Alonso.
⁸ El Burgo. | ⁹ Le cief, la capitale. | ¹⁰ Gayet, jais.

dont la pluspart que les pèlerins achattent à Sainct-Jacques se font à Léon, viii lieues de Bourghet. En l'église cathédrale de Nostre-Dame de Léon est sépulturé richement Ordonius, roy de Castille et de Léon, eslevé et tenu pour sainct. Auprès de ceste église est l'église canoniale de Sainct-Ysidoire, où reposent de xl à l rois [1], tant de Castille que de Léon, et de leurs femmes et enfans, en une chapelle, en tumbeaus de pière, sans aultres ricesses. L'ung d'iceuls, appellé Alphons, estant roy de Castille et de Léon, fu empereur d'Allemaigne [2].

Le mardi, partis de Lyon [3], vinrent à La Polle de Gordon [4], où on compte vi lieues. Entre Léon et La Polle, se départ le grandt chemin de Sainct-Jacques et de Sainct-Salvator, qui est en la principaulté d'Esturge [5]; par lequel chemin pluseurs pèlerins craindent passer, pour aller à Sainct-Jacques, car il est mal habité et stérile, et beaucop plus montueux que l'aultre.

Le mercredi, passèrent le mont Sainct-Anthoine, où Esturge commence, duquel pays l'aisné filz du roy de Castille porte tousjours le nom. Et n'y croist pain ne vin, et fault aporter la pluspart des vitailles, par asnes et mulets, d'aultres pays, car il n'y a que montaignes. Biscaye est assés semblable, mais Biscaye vault mieulx, à cause des ports de mer. Ce sont les deux pays d'Espaigne où on vit le plus chièrement. Puis passèrent le mont Saincte-Marie, et disnèrent au village dit à La Pallio Rodighe, chincq lieues de là. Après disner, arrivèrent, quandt ils eurent cheminet trois lieues, au village nommé Pont-de-Fer [6].

Duquel partis disnèrent à Miers [7], quatre lieues de là, et, après disner, passèrent le mont du Patron [8], et logèrent à Sainct-Salvatoir [9], maistresse ville d'Esturge, à deux lieues de laquèle troeve-on aulcunes mines de cristal, et quatre lieues d'illec, sont mines de gayet.

Le vendredi, xxve, les dessusdis ouyrent la messe à la grande église,

---

[1] M. de Laborde dit : « trente-sept rois et un empereur », et ajoute que ce fut Alphonse V qui fit placer dans la cathédrale de Léon les mausolées des rois, ses prédécesseurs. (*Itinéraire descriptif de l'Espagne*, t. II, c., p. 238.)

[2] Alphonse de Castille, Xe du nom, élu roi des Romains à Francfort, le jour des Rameaux 1257.

[3] Léon. | [4] La Pola, district et juridiction de Léon, *concejo* de Gordon.

[5] Le copiste du manuscrit a écrit partout *Esturge*, probablement au lieu de *Esturye*, c'est-à-dire *Asturies*.

[6] Puente los Fierros. | [7] Mieres del Camino. | [8] El monte del Padrun. | [9] Oviedo.

laquèle on renouvèle moult ricement. Après la messe, furent menés à la trésorie, où on monstre une croix d'or garnie de rices pierries, faicte, come on dit, des angels, et y a de la vraye croix, qui est le principal reliquiaire du lieu; ung des sollers¹ de sainct Pierre, et aultres pluseurs relicques encassées en or et en argent, et une des six ydrées², bien grande, de noepces où Nostre-Signeur mua eaue en vin, à l'hostel Architriclin, avoec ung crucefix que fist Nycodème, qui, comme on famme³, faict miracles.

Ceuls, partis de Sainct-Salvatoir, cheminèrent chincq lieues, et logèrent à Villier⁴, ung port de mer ung peu hors du chemin de Sainct-Jacques, et allèrent illec, cuidant monter sur mer et descendre à la Queloigne⁵, pour se que monsr du Monceaux estoit malade, et enduroit à grief le chevauchier. Mais le contrariété du vent les constraindi aller par terre.

Le dimence, xxviie de febvrier, passèrent ung brach de mer et disnèrent à Cadifier⁶, quatre lieues de Villier, et puis prinrent giste au village de Socques⁷.

Le lundi, passèrent sept maulvaises montaignes, nommées les Sept-Soers, et puis passèrent la montaigne des Chièvres qui est la pire, et passèrent le pont qui tramble, pour ce qu'il siet sur une abisme que on ne puet piloter, et disnèrent à Warcque⁸, port de mer à chincq lieues de Socques, et couchèrent au village de Thou⁹, deux lieues de là.

Le mardi, premier jour de march, partis de Thou, passèrent ung bras de mer à la ville dicte Namua¹⁰, et puis ung aultre brach de mer, plus grandt et plus dangereux des trois, où ils furent en danger, car il faisoit tourment, et gistèrent à Ribdieux¹¹, noef lieues de Namua.

Lendemain, après cheminer chincq lieues, herbegèrent à Ville-Magor¹², qui est évesquié en la fin d'Esturge.

Les homes et femmes d'Esturge sont à comparer as Égiptyens, mengeans les pays. Les femmes portent petites anses de potz et petites verges persées pendantes à leurs oreilles, et grandz aneaus en fachon d'estriers. Et [est] l'entrée de Galice. Et trouvèrent, cheminant par le pays, pluseurs montaignes d'albastre.

---

¹ *Sollers*, souliers. | ² *Ydrées*, *ydries*, cruches. | ³ *Comme on famme*, comme l'on dit, comme le bruit court. | ⁴ Avilès. | ⁵ La Corogne. | ⁶ Probablement Cudillero. | ⁷ Je ne trouve rien qui ressemble à ce nom sur aucune carte. | ⁸ Luarca. | ⁹ Otier. | ¹⁰ Navia. | ¹¹ Ribadeo.
¹² Je ne trouve pas ce nom. Peut-être faut-il lire Mondoñedo, qui, en effet, est le siége d'un évéché.

Le joedi, chevauchèrent chincq lieues, jusques à Villeabbe[1].

Le vendredi, disnèrent à Ferrier[2], chincq lieues de la Betanse[3], du grandeur de Haulx[4], port de mer, assise au pendant d'une montaigne. Est bochue, estroitte, mal pavée et située en très-fort lieu, de deux pars enclose de maretz et d'une grosse rivière yssante des montaignes. Le pays d'entour est fructueux et beau, spécialement de vignobles.

Le samedi, v[e], disnèrent à Polle, chincq lieues de là. Le soir couchèrent à Sainct-Jacques en Compostelle, maistresse ville du royame de Galice, petitte, mais assés belle.

Ce dixiesme chapitre parle de l'église de Sainct-Jacques, de la ville, des églises et des reliquiairs, et d'ung miracle faict soubz la volsure de l'église Sainct-Jacques.

Le dimence, vi[e] de march, jour du my-quaresme, que l'on chante *Laetare*, ouyrent messe à la grande église de Sainct-Jacques, où estoit l'archevesque[5], nouvellement retourné d'Engleterre, où il avoit menet la fille du roy d'Espaigne[6] au prince de Galle. Avoec estoit ung aultre comte de Mélide, qui leur présenta logis et festoiement, pour l'honeur de leur maistre. Après disner, visitèrent le hault de l'église et le logis où sainct Jacques habitoit, avoec le clochier et les trois ou quatre bones cloches donées du roy de France Loys XIe, et une du roy son filz, Charles VIIIe.

Ceste église est métropolitaine, c'est archiépiscopale, très-forte et matérièle, en forme d'un gros dongon ou chasteau, couverte tèlement que on puet aller partout dessus. Au creux d'elle, soubz le grandt autel, gist le corpz de sainct Jacques le Grandt, avoecq deux de ses disciples, martirs. Home n'y entra depuis que ung sainct évesque, journèlement célébrant, seul, au creux et volsure[7], estoit administré des angels. Aulcuns qui en murmuroient envoyièrent le niepz[8] d'iceluy adviser, qui servoit son oncle

---

[1] Villalba. | [2] Ferreyros. Il y a plusieurs villages de ce nom dans la province de Santiago.

[3] Betanzos, petite ville du royaume de Galice, située dans une espèce de presqu'île formée par la *Betanza y Sada*.

[4] Hal en Hainaut, aujourd'hui province de Brabant.

[5] Don Alonso de Fonseca. | [6] L'infante doña Catalina, mariée à Arthur, fils de Henri VII, et qui depuis épousa Henri VIII. | [7] *Volsure*, voûte. | [8] *Niepz*, neveu.

a la messe. Chil [1], descendu au lieu, perdi subit sa vue, laquèle il recouvra par les mérites et prières de son oncle. Cil mort, son successeur, voellant faire le pareil, ung jour descendu au creux pour dire la messe, trouva sur l'autel six cherges ardans sans se amenrir [2]; en mémoire desquels, six cherges ardent assiduèlement sur le grandt autel de sainct Jacques. Cest évesque, se préparant à la messe, cuidant chaindre son aube, coppa son corpz du chaint [3] en deux, et morut misérablement. Pour quoy, pour lequel miracle et vengeance divine prinse sur cil qui présumoit faire ainsi que le prédict sainct, nul, tant soit hardy, n'y ose entrer.

Huyt prebstres, appellés cardinauls de Sainct-Jacques, ministrent à celle église, car nul ne puelt célébrer sur le grandt autel, s'il n'est cardinal, archevesque ou évesque. En la trésorie est le cief de sainct Jacques Mineur, une espine de la corone et une pièce de la croix de nostre Saulveur, et aultres pluseurs relicques. Cil qui les monstre dit qui fault croire le corpz de sainct Jacques le Grandt estre soubz le grandt autel, ou encourrir excommunication papale; lequel autel est tout couvert de plattes d'argent. Le tabernacle de dessus a, de hault, de XII à XIII pieds, et de large de X à XI, où sont aulcuns ymages d'argent. Dessus l'autel y a XIIII ymages d'argent dorés, donés par don Alware de Lune [4], jadis conestable de Castille, et une très-rice croix d'or ornée de pluseurs perles et pierres précieuses, contenant en elle une pièce de la croix de nostre Saulveur, donée par ung roy d'Escoche, et deux tours au chasteau que dona ung roy de Portingal, et une grande lampe d'argent pendante devant le corpz sainct, donée par ledit roy. Encoire en y pendent XII aultres lampes, de don du roy de France Loys XIe, et x aultres donées par divers signeurs. La croix de laiton que sainct Jacques, prenchant [5], tenoit, est au hault de l'église. Desoubz y a ung pertrus [6] concave, où passent pluseurs pellerins, et disent (ne sçay qu'il en est) que ung home en peccié mortel n'y puet passer hault. A l'entrée du grandt autel, y a ung sainct Jacques d'argent, hault de quatre à chincq pieds; sur la porte du coer, ung crucefix et Nostre-Dame et sainct Jehan Évangéliste, doubles à deux costés, et d'argent [7]. Auprès

---

[1] *Chil*, celui-ci. | [2] Six cierges qui brûlaient, sans diminuer. | [3] *Du chaint*, de la ceinture.
[4] Alvaro de Luna. | [5] *Sic*, pour *preschant*. | [6] *Pertrus*, *pertus*, ouverture.
[7] « Les sculptures, les peintures, les ornements et les richesses que renfermait cette métropole ont

de l'huys est ung lieu où l'on sent le pointe du bourdon Sainct-Jacques. Et, se l'hospital encommenchié par les aulmosnes des bones gens, se puet acomplir seloncq son commencement, y n'y avera son pareil sur la terre¹.

A l'entour de celle cité sont situés xii, que monastères que églises, là où les pellerins, à la jubilée, font leurs stations. En l'une d'elles gist le corpz saincte Susanne, gardée de mort par le prophète Daniel, come on list au xiii⁰ de Daniel.

Cest onziesme chapitre parle du retour des trois prédicts gentilshomes, et comment ils furent bien rechupt à Bonevente, et de la noblesse et ricesse du lieu, et de l'enfant de vii ans crucifyé.

Le mardi, viii⁰ de marche, la messe ouye, herbegèrent à Ferier², quandt ilz eurent allez chincq lieues.

Le mercredi, cheminèrent iiii lieues, puis disnèrent à Mélide³, ville belle, mais petitte; est comté, et y a chasteau. Et après, cheminèrent chincq lieues, et logèrent au vilage dit Gond⁴.

Le joedi, allèrent quatre lieues, et, après qu'ilz eurent disnet à Port-Marin⁵, allèrent reposer à Serria⁶.

Le vendredi, disnèrent à Trois-Chasteaus⁷, iiii lieues de Serria, et trouvèrent en chemin monsʳ de Cambray, avecq pluseurs gentilshomes de l'hostel de Monsigneur allans à Sainct-Jacques. Et vinrent les trois dessusdicts

---

été beaucoup exagérées : M. Bory de Sᵗ-Vincent, qui a visité cette cathédrale en savant et en philosophe, nous apprend que les perles, les brillants, les statues de saints en or massif, n'ont jamais existé. Le fameux saint Jacques tout en or, avec des yeux de diamants, n'était tout bonnement qu'en vermeil et peu pesant, et ses prunelles étaient en pierres fausses. Pour montrer combien l'exagération avait été grande, lorsqu'en 1809, époque de l'occupation de l'armée française, le chapitre fit cadeau de ces trésors au corps d'armée du maréchal Ney, et que tout fut fondu, on en retira tout au plus 600,000 francs. » (*Guide du voyageur en Espagne*, par Quetin, Paris, 1842, p. 448.)

¹ Voici la description qu'en donne M. de Laborde : « Il y a à Compostelle un hôpital bien doté pour l'admission des pauvres pèlerins. Il est composé de deux grandes cours carrées, avec de belles fontaines jaillissantes au milieu, et tout à l'entour sont des galeries de pierre de taille que soutiennent de grands piliers de même pierre et faits tous d'un seul morceau. » (*Itinéraire*, II, c, 195.)

² Ferreyros. Voy. la note 2, à la page 138. | ³ Mellid. | ⁴ Guntin. | ⁵ Puerto-Marin.

⁶ Peut-être La Casa de Serra, que nous trouvons sur une carte.

⁷ Nous ne trouvons les Trois-Châteaux sur aucune carte, ni dans le *Nomenclator* publié en 1789.

logier à Saincte-Marie-de-Severe, village assis sur la grande montaigne de la Malfaire [1], durante sept lieues.

Le samedi, xiie de march, disnèrent au vilage de Veghe [2], quatre lieues de Saincte-Marie, et cheminèrent trois lieues jusques à Villefrance [3], qui est marquisade, et là gistèrent.

Le dimence, disnèrent à Pont-Ferare [4], fin du royame de Galice, où il y a ung très-beau chasteau, chincq lieues de Villefrance; puis cheminèrent trois lieues, et logèrent au vilage dit la Serre, à trois lieues de Pont-Ferare, et passèrent la montaigne.

Le lundi, disnèrent à Ravenelle [5], vilage au piet du mont, quandt ilz eurent chevauchiet quatre lieues; et, à l'après-disner, chevaulchèrent chincq lieues, et gistèrent à Sethorghes [6], et rencontrèrent en voye [7] mons[r] de Mailly, mons[r] de Sains, mons[r] de Villerval et mons[r] de Vaulx, qui alloient à Sainct-Jacques. Et y a à Sethorghes éveschié et marquisade. En l'église y a ung dent et demi [8] de sainct Cristofle, qui poisent xi livres ung quartron main [9]; et y a partie du panch [10] et du bras de sainct Blaise. Le chasteau est beau et grandt; mais ces trois pellerins ne le veirent, pourtant que le marquis estoit vers Monsigneur.

Le mardi, logèrent au village dit Torre [11], chincq lieues de Sethorghes, et trouvèrent si grandes eaues en chemin, que le signeur de Sainctzelles fu en péril de noyer.

Le merquedi, cheminèrent chincq lieues, et logèrent à Bonevente [12], comtet, où le comte [13] envoya sçavoir d'euls, et qui ilz estoient; et, quandt il sceut qu'ilz estoient à Monsigneur, il leur présenta souper et logier avoec luy à sa maison; et, voyant qu'ilz s'excusoient pour ce soir, ils les fist promettre qu'ilz disneroient lendemain avoec luy. Toutefois, leur envoya-il vins et viandes pour la moitié plus de gens qu'ilz n'estoient.

Et, le joedi, les invita par ung gentilhome venir veoir deux très-beaus

---

[1] *Malfane*, dans le MS. de M. de Godefroy et dans le MS. n° 15856 de la Bibliothèque royale.

[2] La Vega. | [3] Villafranca. | [4] Ponferrada. | [5] Ravanal. | [6] Astorga. | [7] *En voye*, en chemin.

[8] *Ung dent et demi*, une dent et une demi-dent.

[9] xi *livres ung quartron main*, onze livres moins un quart.

[10] *Sic* dans le manuscrit que nous reproduisons et dans celui de M. de Godefroy. Le MS. 15856 de la Bibliothèque royale porte *pouche*, pouce.

[11] Toral. | [12] Benavente. | [13] Don Rodrigo Alonso Pimentel, comte de Benavente et Mayorga.

parcs auprès de son hostel, desquelz l'ung est garenne plaine de lièvres, dont pluseurs sont blans, et y a ung cameux[1], et au bout ung gardin de plaisance et ung corpz de maison. L'aultre parc, à ung quart de lieue d'illec, est plain de cerfs et de bisses[2], de dains et chevreux. L'home à ce ordoné leur done à mengier deux fois le jour. Ces bestes sont de luy si acoustumées, qu'elles, au son de son cornet, viènent mengier devant luy. Au bout duquel parcque y a ung corpz de maison, contenant deux galleries et III ou IIII chambres, dont les planchiers de dessus sont bien entretailliés et dorés, et plains d'aultres paintures fort gorgiases[3]. Là leur envoya très-bien à desjuner. Puis envoya don Jehan de Pymentel, son oncle, chevalier anchyen, qui en son tampz avoit servy le duc Charle de Bourgoigne, et son frère bastardt, au-devant d'eulx, qui les menèrent disner au chasteau avoec le comte, qui très-bien les festoia. Et fist, après disner, jouer de pluseurs bons instruments. Puis leur monstra sa maison hault et bas. Là sont deux galleries bien entretailliées et dorrées par-dessus; les pilliers sont les aulcuns d'albastre, aultres de marbres, aultres de jaspres, aultres de pierre de touce. Auprès d'icelles galleries y a une salle large de xv à xvi piedz, longue de IIII^{xx}, ouverte d'ung costé sur la rivière, vers le chemin de Gallice, la plus sumptueuse que l'on puet veoir; à l'huys de laquèle deux dens de éléphant soustiènent l'arche. Là veirent VIII ou X chambres dedens bien acoustrées, desquelles les planchiers sont par-dessus très-bien entretailliés et tous dorés. Je me tais de la chapelle; ne demandés s'elle est bien acoustrée: sa volsure[4] est, mieulx que l'on ne sçaroit dire, entretailliée et très-ricement dorée, et sy bien paincte que rien plus. En bas sont léons et lupars[5], et aultres bestes estranges. Some, c'est ung des plus exquis chasteaux d'Espaigne. Les fossés sont tous machonnés à fons de cuves, et est enclos de très-grosses thours bien perchiés et furnis de bonnes saillies; et, se le hault estoit abatu, se n'est-il bonement possible le prendre, pour le croex[6] d'embas.

Le tout veu, les pellerins remerchièrent le comte et prinrent congié, puis allèrent à son oncle faire otèlement[7], qui se tenoit en une belle maison en la ville. Cil les pressa demorer lendemain tout le jour, pour les festoyer,

---

[1] *Cameux*, chameau (?). | [2] *Bisses*, biches. | [3] *Gorgiases*, belles, plaisantes. | [4] *Volsure*, voûte.
[5] *Léons et lupars*, lions et léopards. | [6] *Croex*, creux. | [7] *Otèlement*, pareillement.

de quoy ilz le remerchièrent, car il leur estoit nécessité retourner vers Monsigneur.

Le congié prins, retournèrent souper à leur logis, où aulcuns gentilshomes du comte les compaignèrent, qui leur envoya vins et viandes, come le jour devant, et furent du tout deffrayés du comte, qui, après souper, vint bien acompaigniet, pourmener sur son jennet devant le logis d'iceuls, lesquels il fist appeller, et les mena veoir la ville. Elle, assés belle, est du grandeur de Courtrait, assise sur une montaigne, en ung des beaus quartiers d'Espaigne. Au bas de la ville, y a ung très-beau cloistre de Sainct-Franchois, fondé par sainct Léon, compaignon de sainct Franchois, illec canonizié, trespassé l'an de incarnation divine M II^c et XXXVI. Illec aussi gisent les prédécesseurs du présent comte. Son père gist au coer¹; sa tombe, environ de trois pieds de hault, est platte et couverte d'ung rice drap de velour cramoisy. Et est l'église très-bien aornée et décorée. Le tout veu, reprinrent congié audict comte, qui leur offrit chevauls et gens, pour les conduire à leur commandement.

Le vendredi, xviiie, quandt ilz eurent allet chincq lieues, disnèrent à Villiarpain ², ville belle et petite, apertenante au connestable d'Espaigne. Après, logèrent à Villegarsy ³, trois lieues de Villiarpain.

Le samedi, disnèrent à Villaflori ⁴, trois lieues de là, et gistèrent à Valledolicque ⁵, quatre lieues de Villaflori.

Là séjournèrent le dimence, Pasque florie.

Le lundi, xxie de marche, cheminèrent viii lieues, et girent à Médine ⁶.

Le mardi, disnèrent à Taquine ⁷, village trois lieues de Médine, et, l'après-disner, cheminèrent chincq lieues, et herbegèrent au village nommé Martin Mognon ⁸.

Le merquedi, prinrent réfection à ung village dit la Vente-Gonis ⁹, chincq lieues de leur giste, et cheminèrent six lieues après disner, et passèrent une fort belle montaigne, et gistèrent à Valderame ¹⁰.

Le joedi, firent noef lieues, et logèrent à Madrille ¹¹, où ilz retrouvèrent Monsigneur.

---

¹ *Au coer*, au chœur. | ² Villalpando. | ³ Villagarcia. | ⁴ Ne serait-ce pas *Peñaflor?* | ⁵ Valladolid.
⁶ Medina del Campo. | ⁷ Je ne trouve pas ce nom. | ⁸ Martin Muñoz.
⁹ Je ne trouve pas non plus de village de ce nom. | ¹⁰ Guadarrama. | ¹¹ Madrid.

1502.
24 mars.

Je n'ay rien déclaré, parlant de ce voyage, de Valledolicque et de Médine-le-Campe : nous en ferons le debvoir au voyage de Monsigneur.

Les trois prédicts gentilshomes allèrent, aulcun tampz après, à Arcques[1], ville petite, dix lieues de Madrille, où on leur dist que, depuis xvi à xviii ans, viii ou x persones d'illec, se faignans crestyens, prinrent ung jour secrètement ung enfant de sept ans, et le menèrent sur une montaigne, à une lieue de la ville, et là le crucifyèrent en une caverne, come Jhésu-Crist. L'enfant, se voyant en tel estat, demanda quèle chose ilz avoient empenset. Ilz respondirent qu'il luy convenoit[2] morir, puis luy perchèrent le costé d'une petite lance. Mais l'enfant, devant sa mort, parla tant sagement, que on véoit clèrement que le Sainct-Esprit parloit en luy. Puis l'hostèrent mort de la croix; et, quandt ilz eurent tiret le coer hors de son corpz, ils enterrèrent le corpz; après bruslèrent ledit coer en poulre. Mais aulcuns les accusèrent, et furent prins de justice, et, interroguiés, congneurent que par sors ilz eusissent meslet la poulre avoec aultres mixtions, et en eussent faict morir le roy et aultres grands maistres d'Espaigne. Par quoy ilz furent bruslés tous vifs, et otant tormentés come on peut; et leurs biens furent confisquiés au roy. La croix de l'enfant est en une chapelle édifyé au lieu de son crucifiement, où pluseurs vont en pèlerinage, et s'y font pluseurs garissemens de maladies, spécialement les souffrans fiebvres; et, portans sur euls de la terre où la croix fu plantée, avoec dire ung nombre de patrenostres et Ave-Maria, sont garis. Les trois prédicts pèlerins furent au lieu, et leur donna-on de la terre prédicte. Pluseurs parens des crucifieurs habitent encoire en celle ville d'Arcques.

Or, retournons à parler de Monsigneur.

Ce douziesme chapitre parle du partement de Monsigneur de Bourghes, et arrivée à Saincte-Marie de Torquemandalle. Du previlége de ceuls d'illec. Comment il fu rechupt à Valledolicque. De deux colliéges d'estudians moult rices.

20 février.

Monsigneur, le xxe de febvrier, et Madame ouyrent messe à la maistresse-église de Bourghes. Au retour, les attendoient en court les six plus beauls

---

[1] *Arcques* paraît être ici la traduction d'*Arcos*. Il y a plusieurs lieux de ce nom en Espagne.
[2] *Il lui convenoit*, il devait.

jennès que on peut veoir, à euls donnés par le conestable. Après disner, firent courrir les torreaus, et puis jettèrent les cannes. Ce faict, le conestable fist le bancquet, come leur coustume est, lequel dona à Monsigneur et à Madame à soupper. Et, pour les mieulx festoyer, tint court ouverte à tous allans et venans, jusques au partement de Monsigneur; et estoient illec aulcuns establis pour festoyer les gens de Monsigneur. Toute la maison estoit ricement acoustrée, anoblie de trois dreschoirs[1] de vasselles dorées et aultres.

Le lundi, dona Monsigneur ung bancquet audit conestable, et fist ung dreschoir de toute sa vasselle dorée, et est tèle que pluseurs scèvent. *21 fevrier*

Le mardi, alla Monsigneur juer aux champs. *22 fevrier*

Le merquedi, Monsigneur et Madame, acompaigniés du duc d'Allebquerque, du comandeur majeur, du comte de Mirande et d'aultres pluseurs nobles, partirent de Bourghes, et fist-on tirer les Espaignars[2] ensamble, et les gens de Monsigneur ensamble. *23 fevrier*

Et, quandt eurent chevaulchiet six lieues, le jour Sainct-Mathias, arrivèrent à Saincte-Marie de la Tante[3], ville petite. *24 fevrier*

Et lendemain, d'illec allongiés six lieues, logèrent à Saincte-Marie de Torquemandalle[4], ville du grandeur d'Ath en Haynault, mal murée, située en plain pays sur la rivière de Valledoli[5]. *25 fevrier*

Ceste ville ha XL ou L hameauls d'entour, en Castille nommés *beautrisses*[6]. Ceuls ont previlége d'eslire sur euls ung gouverneur à leur plaisir, et les changier, quandt ils voelent; et puevent mettre jusque à sept personages d'une lignie[7]. Pour ce previlége, sont obligiés, quandt le roy de Castille va en guerre par mer, livrer otant de gens qu'il luy plaist, pour mettre sus ses gallées, à leurs despens. Auprès de celle ville passe-on, par ung très-beau pont, la rivière de Pisorghe[8].

Le samedi, après passet six lieues, arrivèrent au soir à Doynne[9], ville du grandeur d'Alost, située sur ladicte rivière de Pisorghe, bien pavée et bien *26 fevrier*

---

[1] *Dréchoirs*, dressoirs. | [2] *Espaignars*, Espagnols. | [3] Santa Maria del Campo. | [4] Torquemada.
[5] C'est-à-dire la rivière la Pisuerga, qui passe à Valladolid.
[6] Sic dans les trois manuscrits. Voici comment ce passage est rendu dans le manuscrit de Fossetier :
« Elle at entour d'elle XL ou L hameaux ou villages, nommet en leur langaige *beautrisses*, c'est-à-dire privilégiés, car ilz peuvent eslire et changier leur gouverneur à leur plaisance, etc. »
[7] *Lignie*, lignée, famille. | [8] Pisuerga. | [9] Dueñas.

murée, apertenant au comte de Bondie. En la très-belle église du lieu gisent les prédécesseurs dudit comte, et y pendent maintes ensaignes, pignons et bannières concquises par euls sur les Mores. Illec séjournèrent le dimence.

Le lundi, cheminèrent chincq lieues, et disnèrent à Cavechon ¹, ville très-meschante, mal murée de terre. En hault, sus une montaigne haulte et ronde, voidt-on ung chastelet de terre où les grands maistres soloient envoyer leurs serviteurs, quandt on en voloit estre quitte, et y estoient décapités : pour ce le nomme-on *Cavechon*, c'est-à-dire, en castellain, *teste*. En bas d'illec queurt ² la rivière de Pisorghes. Après disner, chevauchèrent deux lieues, puis logèrent à Valledolicque ³, la meilleure ville de Castille, sans estre cité, et siet au plus beau et meilleur quartier, et ou milieu du pays.

I! entra à IIII heures ; mais il estoit sept heures avant qu'il fuist en son logis. L'admiral d'Espaigne ⁴, le duc de Neges ⁵, le marquis d'Estorghes ⁶ et aultres grands maistres et gens de bien vinrent à l'encontre ; et fu logiez chez l'admiral. Les habitans de la ville luy firent très-belle entrée, à la mode du pays, et portèrent dessus luy, au long de la ville, ung moult rice drap d'or. Et, en tampz qu'il souppoit, ung coffre plain de vasselle luy fu desrobé, lequel fu lendemain retrouvé. Et Monsigneur pardona l'offence as larons.

Le joedi, III⁰ jour de marche, on chassa les torreaus, puis jettèrent les cannes. Et après, l'admiral dona le bancquet, come est de coustume.

Le dimence, VI⁰ de marche, l'admiral et son frère ⁷ et aultres gens de bien du pays joustèrent, très-bien acoustrés, à la fachon d'Espaigne. Illec estoit la feme dudit admiral avoec pluseurs aultres dames ; et firent les joustans très-bien leur debvoir ⁸.

Le vendredi, XI⁰, Monsigneur et Madame ouyrent messe au plus beau cloistre de jacopins qui soit au monde, décoré de très-beaus ornemens et de nobles reliquiairs, encassés ⁹ tant en or come en argent. Là, se rendi religieux Galliot, ung des huyssiers de la salle de Monsigneur. A ceste église

---

¹ Cabezón de Campos. | ² *Queurt*, court. | ³ Valladolid.
⁴ Don Fadrique Enriquez, grand amiral de Castille, comte de Módica.
⁵ Don Pedro Manrique de Lara, duc de Nágera, comte de Treviño.
⁶ Don Luis Osorio, marquis d'Astorga, comte de Trastamare et de Santa Marta. On a vu ci-dessus (p. 161) qu'il avait quitté sa résidence, pour venir au-devant de l'Archiduc.
⁷ Don Enrique Enriquez, *adelantado* de Galice.
⁸ *Salieron todos muy aderezados*, dit Padilla dans sa *Crónica de Felipe 1°*. | ⁹ *Encassés*, enchâssés.

joinct ung colliége fondé d'ung évesque de Palense, religieux de là-dedens, où vingt religieux de pluseurs divers convens de ceste ordre font le service. Leur librarie est bien furnie de livres. Ilz estudient ès ars libéralles et en théologie. Là édifia ledit évesque une chapelle où il gist en sépulcre d'albastre, dessus lequel sont sept ou wit personages d'albastre pourtrais après le vif, come le roy, la royne, la princesse de Castille, soer de Monsigneur, le prince dom Jehan son mary, le commandeur majeur; et dessus est assis ung évesque en pontifical. La table de l'autel ha xxx pieds de hault et xviii de large, toute de bois, entretailliée et dorée ricement. A une aultre chapelle a ung corps de maison et deux galleries, l'une sur l'aultre, et deux salles et trois ou quatre chambres, toutes entretailliées. La pluspart des planchiers de dessus sont dorés, et la reste paincte. Et laissa ledit évesque mille ducas de rente pour entretenir les vingt religieus, et chinc cens, sur paine d'excommunication majeure, pour réfectioner le colliége. La trésorie duquel puet valoir xv^c marcs d'argent dorés, tant en trois grandes croix, come en ung estapleau [1] à mettre le livre sur l'autel, avoecq pluseurs reliquiairs et encensoirs, calices et aultres choses servantes à l'autel. Le tout est ouvré par foellages [2] et doré, come dit est. Aultres rices aornemens, tant de brodures et de draps d'or que aultres, y habondent.

Item, le cardinal de Mandosse [3], depuis peu de tampz, a fondé à Valledolicque ung aultre colliége, qui est tout noef et l'ung des plus beaus que l'on puet veoir [4]. Deux ou trois chambres dorées et acoustrées come celle de l'évesque, n'y faillent; xxii escoliers y estudient médicine, phisicque, décrets et aultres sciences. Leur librarie excède l'aultre en beaulté et en ricesse. Chescun des estudians a sa chambrette à part, et ne puevent widier [5], synon deux à deux; et yssus dehors, ont chescun une cornette de drap rouge. Et, pour enseignier ces sciences, eslisent ung recteur qui dure

---

[1] *Estapleau.* Ce mot, que je ne trouve nulle part, semble avoir ici la signification de pupitre.

[2] *Foellages*, ornements de sculpture.

[3] Don Diego Hurtado de Mendoça, cardinal d'Espagne et archevêque de Séville.

[4] Ce collège a subsisté jusqu'à l'époque de la suppression des corporations ecclésiastiques et laïques. Les bâtiments érigés par le cardinal de Mendoça servent aujourd'hui de musée provincial : on y remarque, entre autres, trois tableaux qui décoraient le couvent des religieuses franciscaines de Fuensaldaña, près de Valladolid, et que l'on attribue à Rubens. L'un représente saint François stigmatisé; le deuxième est un saint Antoine soulevé dans les airs, et le troisième une sainte Vierge entourée d'anges.

[5] *Widier*, sortir.

ung seul an, ne n'y puevent les estudians estre que vIII ans, au bout desquels, nouveauls reviennent.

Pour l'entretènement sont fondés par an mille castillans, qui vallent, en monnoye de Flandres, deux milles chincq cens livres. Pour provision, quandt les bledz sont à bon marchié, ilz en font si bone provision, que tousjours fault qu'il en demeure chincq cens hanèghes [1]. Et, quandt il est chierté de bledz au pays, ilz sont tenus en livrer à povres gens à juste pris; néantmoins, ilz n'en puevent tant délivrer qu'ilz n'en retiènent lesdictes v^c hanèghes pour leur provision.

Chescun des xxII escoliers a, par an, pour cauches et sorlers [2], deux castillans, de chincquante solz, et sont tenus mengier ensamble. Chescun a sa maison, pour couchier et estudyer à son plaisir, et euls retirer à part. Et ne puent aller par la ville que euls deux, ornés de robes et chaperons, etc.

Celle ville, de la grandeur de la ville d'Arras, bien pavée, fort peuplée et bien marchande, siet en une vallée en plain pays, assés fertile de bledz et de vignobles. Auprès d'elle court la rivière dicte Pisorghes, laquèle, à une lieue près d'illec [3], entre en une rivière nommée Deurel [4], et là pert son nom, et court jusques à la mer de Portugal. En celle ville, enrichie de pluseurs monastères [5] et colliéges, come j'ay dit, se tiennent le président et conseil du parlement [6] des royames de Castille et de Léon.

Ce treiziesme chapitre parle du partement de Monsigneur de Valledolicque, et de la feste et foire de Médine; du mervilleux pont de Sigove faict du diable, et de la situation de Sigove; de la noble dame accusée d'adultère, et de la situation de Madrille, et de la manière de faire le joedi blanc et le vendredi sainct.

Le samedi et dimence, ne yssy Monsigneur son logis, où l'admiral le festoya, come avoit faict le conestable.

[1] *Hanèghes*, en espagnol *fanegas*. La *fanega* équivaut à peu près à notre hectolitre.
[2] *Cauches et sorlers*, chausses et souliers.
[3] La distance est plus grande que ne le dit ici l'auteur. La Pisuerga se jette dans le Duero au delà de Simancas.
[4] Duero. | [5] On y comptait, avant la suppression des communautés religieuses, 19 couvents d'hommes et 20 de femmes, outre un *beaterio* de dominicaines, et un oratoire des PP. de Saint-Philippe de Néri.
[6] Non pas du parlement, dénomination qui était inusitée en Espagne, mais de la chancellerie.

DE PHILIPPE LE BEAU.

Le lundi, parti Monsigneur de Valledolicque. L'admiral et le duc de Nèges le conduisirent, lesquelz il renvoya chescun à sa maison; et logea à ung vilage dit Tordechille [1], à IIII lieues de Valledolicque.

Le mardi, xve de march, print giste, quandt il eut allet IIII lieues, à Médine de la Campe [2]. Là estoit lors la feste marchande, tenue pour une des meilleures festes de Castille, et luy firent ceuls de la ville grandt recoel. Monsigneur, descongneu, abillié en Espaignart, acoustré d'une faulse pérucque, alla par toute la feste; néantmoins, trois ou quatre de ses grands maistres le siévoient de loing.

Le merquedi, alla veoir le chasteau, qui est très-beau et assés fort, a bons fossés à fons de cuves, et contient de cent à six-vings pièces d'artillerie, que grandes que petites. La ville siet en plain pays, assez bien murée, et a deux belles rues où on met les marchandises durant la feste.

Le joedi, logea à Ollemede [3], trois lieues de là.

Le vendredi, herbegea chincq lieues de là.

Le samedi, print giste à Sigove [4], six lieues de là, où les habitans firent à Monsigneur la meilleure chière qu'ilz peurent. Il y a illec ung pont que le diable, nommé Hercules, fist en ung jour, sans cauche [5] et sans sablon, de quatre cens pieds de hault, loing [6] d'une lieue franchoise, et a doubles arcures [7], et court au dessus contre mont une fontaine, qui d'eau sert toute la ville. C'est chose admirable et estrange à veoir [8].

Le dimence, xxe, on chassa les torreauls. Puis furent les cannes jettées, et après le bancquet fu faict as us [9].

Le lundi, xxie, print Monsigneur, à force de chiens, en ung parc voisin à la ville, ung cerf et deux bisses.

Sigove est ville d'estrange situation et très-forte quant au pays, du grandeur de Malines, bochue [10], et d'estrange sorte, assise en pays secq et stérile, sur une montaigne entre montaignes; ses faubourgs sont aussi grandz que la moitiet de la ville, laquèle costie [11] ung chasteau-fort, la clef du pays, et siet sur rocque en laquèle les fossés sont taillés, bons et profonds.

---

[1] Tordesillas. | [2] Medina del Campo.

[3] Olmedo. | [4] Ségovie. | [5] *Cauche*, chaux. | [6] *Loing*, long. | [7] *Arcures*, arches.

[8] Il s'agit ici du magnifique aqueduc dont M. de Laborde, t. III, p. 40, et tous les écrivains, nationaux et étrangers, qui se sont occupés des monuments de l'Espagne, donnent la description.

[9] *As us*, selon la coutume. | [10] *Bochue*, bossue. | [11] *Costie*, côtoie.

1502.   A l'aultre costé, en une vallée profonde, court une rivière nommée Herséve¹, yssante de Toulette², et enclot de ce costé la ville. Dedens ledict chasteau sont IIII bones chambres totalement painctes et dorées de fin or. Dedens la salle sont tailliés xxxvii rois de Castille³ : les victorieus en batailles tiènent leurs espées nues et droictes, les desconfis les tiènent en bas : l'ung desquels rois, tenant trois dés en sa main, perdi son royame au dés contre ung gentilhome, qui fut roy toute sa vie, après lequel le royame retourna aux vrays hoirs. Dalès⁴ le chasteau est l'église épiscopale, assés belle; en une chapelle illec, gist ung évesque en ung sarcu⁵ assés rice, et une table d'autel bien taillié par petis personages.

Une noble feme du pays fu jadis, en ceste ville de Sigove, accusée d'adultère par son mary, par quoy elle fut, par jugement, ruée du hault du rocq en bas. Les juges, descendus, le cuidans trouvé morte, le trouvèrent lavante ses mains à la fontaine sourdante⁶ dudict rocq, exente de toute bléchure. Ceuls, esbahis du miracle, édifièrent au lieu une chapelle, en mémoire de ce faict. La dame usa le résidu de sa vie, nettoyant la grande église et servant Dieu, tèlement qu'il faict pour elle journèlement beaus miracles. Et gist soubz ung autel non canonisié, mais eslevé de trois ou quatre pieds de hault.

Celle ville contient plusieurs belles églises et monastères, come Saincte-Croix, Saint-Hiérome, où est l'os de l'espaule de saint Thomas d'Acquin, carmes, cordeliers et aultres.

22 mars.   Le mardi, Monsigneur, parti de Sigove, après trois lieues chevauchiet, print giste à Saincte-Marie de Nève⁷, où la verge Aaron faict beaus miracles, à ung cloistre de jacopins.

---

¹ L'Eresma. | ² Tolède.

³ « On trouve, dans une salle, dit M. de Laborde, une collection intéressante par le tableau historique qu'elle présente, quoiqu'elle ne le soit, ni par sa matière, ni par la beauté du travail, ni par la délicatesse de l'exécution : ce sont les statues de tous les anciens rois d'Oviédo, de Léon, de Castille, depuis Froyla ou Fruela Iᵉʳ, en 760, jusqu'à la reine Jeanne, après laquelle commence la dynastie autrichienne; on y a joint la statue de Fernand Gonzalez, proclamé par les peuples premier comte de Castille, en 923, et celle du grand guerrier Rodrigue Diaz de Bivar, fameux sous le nom du *Cid Campeador*. Ces statues sont au nombre de cinquante-deux : elles sont de bois peint et de grandeur naturelle, chacune avec une inscription. » (*Itinéraire*, III, 40.)

⁴ *Dalès*, à côté. | ⁵ *Sarcu*, cercueil. | ⁶ *Sourdante*, jaillissante.

⁷ Santa Maria de Nieva.

Le merquedi, xxiiie de march, logea à Valderame¹, chincq lieues de là. 1502.
Le joedi, chemina six lieues, puis print hostèlerie à Lespina², le plus 23 mars.
beau village d'Espaigne. 24 mars.

Le venredi, xxve, print giste à Madrille³, après cheminet iii lieues, 25 mars.
acompaignié du duc d'Allebquerque, du commandeur major, du comte de
Mirande et de pluseurs aultres grands maistres du pays. Et luy firent ceuls
de la ville une très-belle entrée. Madrille, où il y a ung très-beau chasteau,
est, come on dit, située au plus seur lieu⁴ et quartier d'Espaigne.

Le dimence, jour de Pasques flories, ne toute la sepmaine peneuse⁵, ne
se bougea Monsigneur de son hostel et logis⁶. Les jours du blancq joedi et
du venredi sainct, tendent, par toute Espaigne, et acoustrent les églises le
plus ricement qu'ilz pueveut, et sont plaines de gens armés toute la nuyt,
pour garder le sépulcre. Et ne voidt-on que gens aller par la ville tout nudz,
qui se battent de verges celuy jour.

Le samedi, nuyct de Pasques, le jour de Pasques et le lundi, Monsigneur 26-28 mars
ouyt le service et la messe, sans bougier de son logis.

Le mardi on chassa les thorreaus, puis furent les cannes jettées, et, après 29 mars.
le bancquet, s'assamblèrent les dames de la ville devant le chasteau, pour
véoir le passe-tampz.

Le merquedi ala Monsigneur à la chasse à ung parc, à deux lieues 30 mars
d'illec, auprès duquel, en ung petit chasteau, couchèrent Monsigneur et
Madame. Et fu là Monsigneur jusques au samedi, iie jour d'apvril : lors 2 avril.
retourna à Madrille.

---

¹ Guadarrama. | ² Je crois qu'il faut lire *el Espinar*, qui, dans la *España dividida en provincias*, est désigné comme faisant partie de la province de Ségovie.

³ Madrid. | ⁴ Dans le MS. de Godefroy et dans le MS. 15856 de la Bibliothèque royale on lit : *au plus beau lieu*. | ⁵ *La sepmaine peneuse*, la semaine sainte.

⁶ Nous devons ici faire remarquer une confusion qui existe, soit dans les faits rapportés par l'auteur, soit dans les dates qu'il leur assigne. D'après sa supputation, les Pâques fleuries ou dimanche des Rameaux auraient tombé, en 1502, le 27 mars, tandis qu'elles vinrent huit jours plus tôt : le 27 mars est la date du jour de Pâques. Si donc, comme il le rapporte, « le dimence, jour de Pasques flories, ne « toute la sepmaine peneuse, ne se bougea Monsigneur de son hostel et logis, » il doit avoir fait erreur dans les dates sous lesquelles il place les faits qui précèdent.

Nous avons comparé, du reste, les différents manuscrits; ils ne présentent sur ce point aucune différence.

1502.	Ce quatorziesme chapitre continue le chemin que Monsigneur fist pour aller à Toulette, vers le roy et royne d'Espaigne, et comment il fu aresté par maladie.
3, 4, 5 avril.	Le dimence, jour de Pasques closes, lundi et mardi, Monsigneur ne yssy son logis.
6 avril.	Le merquedi oy messe au cloistre de Sainct-Hiérome, situé hors de la
12 avril.	ville; puis reprint son logis jusques à mardi, xii⁰ d'apvril, qu'il alla chasser
13 avril.	à un parcque, à deux lieues de Madrille. Et séjourna illec tout le merquedi;
14, 15 avril.	et retourna le joedi au matin. Et le venredi, xv⁰ d'apvril, on baptisa ung More et deux de ses enfants, auxquels Monsigneur et Madame furent parin et marine. A l'après-disner fu jousté à la fachon d'Espaigne.
17 avril.	Le dimence les Espaignars joustèrent à leur fachon.
20 avril.	Le merquedi, xx⁰ d'apvril, disna Monsigneur au village dit Cherscul¹, où il y a une moult belle garenne de connins² et deux ou trois beaus jardins; puis à l'après-disner revint, tout chassant et volant³, à Madrille.
24 avril.	Les jousteurs firent, le dimence, xxiiii⁰, bien leur debvoir.
27 avril.	Le merquedi, xxvii⁰, le duc de l'Infantale⁴, acompaignié de iii⁰ chevauls et de lx à iiii^{xx} mulets; avoec luy le comte de Concogne (?), le comte de Montagade⁵, le comte de Pleige (?), l'andelental⁶ de Crussolle, don Iñigue de la Serde⁷, don Jehan de Mendosse, don Anthoine de Mendosse et aultres; au-devant desquels allèrent monsʳ de Bezenchon, le comte palatin, le jeune comte de Nassou, monsʳ de Veyre et pluseurs aultres gentilshomes. Vint ledict duc, sonnant trompettes, tamburins et chalemeux, descendre à court; fist la révérence à Monsigneur et à Madame; puis remonta à cheval, et les prédicts signeurs le convoyèrent à son logis.
28 avril.	Le joedi, xxviii⁰, parti Monsigneur, acompaignié du connestable, du duc d'Allebquerque, du grandt commandeur major et de son filz l'andelental et de monsʳ de Cordual⁸, qui avoit toujours compaigniet Monsigneur en ce pays.

¹ Nous ne trouvons, dans la province de Madrid, aucun village de ce nom : peut-être est-ce *Caravanchel* qu'il faut lire. | ² *Connins*, lapins. — ³ *Volant*, chassant à l'oiseau.

⁴ Don Diego Hurtado de Mendoça, duc de l'Infantado, marquis de Santillana. Le copiste du manuscrit paraît avoir oublié ici le mot *vint*.

⁵ Monteagudo. | ⁶ *L'adelantado.* | ⁷ Iñigo de la Cerda.

⁸ Don Juan de Fonseca, évêque de Cordoue.

DE PHILIPPE LE BEAU.

En ce lieu de Madrille siet ung très-beau cloistre de Sainct-Franchois, où la royne Janne de Castille, fille du roy de Portugal, femme du roy Henry, qui estoit frère de la royne présente, gist en sarcu d'albastre bien entretailliet et doré. En ung aultre monastère de jacopins est enterré le roy don Piètre et son filz don Jehan, qui morut prisonnier en la prison de don Henry, frère bastardt dudit roy don Piètre, duquel don Piètre la sépulture est de marbre noir. Sa représentation est à deux genoulx, armée, devant le grandt autel, et celle de son filz don Jan est d'allebastre, peu entretaillié.

Le venredi, pénultime jour d'apvril, Monsigneur parti de Eliesque [1], et print giste, après cheminet IIII lieues, au village de Ollies [2], où le duc d'Allebquerque et le marquis de Villaine [3] vinrent au-devant de luy, et le acompaignèrent de IIII à chinc cens chevauls jusques à son logis, puis retournèrent au giste à Toulette.

Le samedi, darenier jour d'apvril, Monsigneur cuida aller à Toulette; la maladie de la rougeroelle [4] luy deffendit. Incontinent que le roy le sceut, vint le mesme jour veoir Monsigneur; avoec luy, le cardinal de Saincte-Croix en Jhérusalem, qui est de ceuls de Mandos [5], l'une des plus grandes maisons d'Espaigne. Au-devant du roy, descendu du cheval, vint Madame sa fille en une gallerie, et l'embracha et baisa, et luy fist le meilleur recueil qu'elle peut, et le mena par la main à la chambre de Monsigneur: en laquèle entré, osta incontinent son bonnet, et vint au lit de Monsigneur, qui de son lit bougier ne pooit, mais osta son bonnet, et print la main du roy et le baisa à force, pour ce que le roy ne le voloit souffrir, et avoient tous deux le bonnet en la main. Le roy, après la révérence, se séist [6] en une chayère, et devisèrent longue espace ensamble, et estoit la treussemante [7] entre euls. Après retourna le roy à Toulette, où il y avoit deux lieues.

1502

29 avril

30 avril

---

[1] Illescas. | [2] Olias.
[3] Don Diego Lopez Pacheco, marquis de Villena, duc d'Escalona et comte de Santiesteban.
[4] *Rougeroelle*, rougeole. | [5] Don Diego Hurtado de Mendoça, cardinal d'Espagne et archevêque de Séville.
[6] *Se séist*, s'assit. | [7] Ce passage, rendu inintelligible ici par l'inadvertance des copistes, est conçu de la manière suivante dans la relation de Fossetier : « Le roy se assist auprès du lict, et devisèrent ensemble moult humainement. *L'Archiduchesse estoit la trussemande* (servait de truchement) *entre eulx*. » Philippe le Beau ne savait pas l'espagnol, et Ferdinand ignorait le français.

1502. Le mardi, iiie de may, Monsigneur envoya mons^r de Bezenchon, mons^r de Ville et le Sr de Voyre devers la royne, priant qu'elle se contentast de ce qu'elle voloit venir veoir Monsigneur à toute force, ce que Monsigneur ne voloit consentir, pour ce qu'elle estoit maladieuse [1].

4 mai. Le merquedi, Monsigneur se commencha à refaire.

5 mai. Le joedi, jour de l'Ascention, le maistre d'hostel Courco, ambassadeur du roy de France, vint veoir Monsigneur. Cil estoit envoyé au roy d'Espaigne, pour aulcuns différens estans entre les deux roys touchant le royame de Naples, qui tenoient lors moitié à moitié.

6 mai. Le vendredi, tint encoire Monsigneur son logis.

Ce quinziesme chapitre descript l'entrée de Monsigneur à Toulette.

7 mai. Le samedi, septisme de may, Monsigneur se partit, avoec Madame, d'Ollies, assocyet du connestable, du duc de Allebquerque et du commandeur major et de pluseurs aultres nobles du pays, pour faire son entrée à Toulette. Et, au sortir du vilage, les faulconniers du roy, en nombre de vi^xx, vestus de vert avoec une manche grise, se présentèrent à Monsigneur; puis, à une lieue de la ville, ceuls de la chapelle du roy, nombrés vi^xx, firent ainsy. Et, à une lieuette de la ville, vinrent l'alecalde, avoecq les signeurs de la loy et pluseurs bourgois vestus de robes d'escarlatte, à la fachon du pays, en pourpoins de satin cramoisy, chescun la chaine d'or au col. Aprochans Monsigneur, se mirent à piedz, et baisèrent les mains de Monsigneur, et après de Madame; et, ung quart de lieu moin loing de la ville, deux évesques et les chanonnes, avoecq aultres gens d'église, firent la révérence

---

[1] Voici comment la chose est rapportée par Fossetier : « La royne de Castille, oyant l'accident de son beau-filz, vouloit à toute force venir vers luy, et euist acomply son maternel désir, si l'Archiduc, de ce adverty, ne euist envoyet vers elle M. de Bezenchon, l'évesque de Corduba et le Sr de Ville, qui la contentèrent, disant que, si elle venoit vers luy, il yroit au-devant d'elle, quelque malade qu'il fust, et se mettroit en péril, combien que les médecins ly défendoient le lever. »
Et, dans la relation de Jean Le Maire, on lit : « La royne, sa belle-mère, ne povoit estre gardée, qu'elle ne le voulût venir voir à toute force, en tel estat qu'il estoit, combien qu'elle fût mal disposée de sa santé : dont, pour y obvier, l'Archiduc fust constraint d'envoyer devers elle, etc. »

à Monsigneur et à Madame. Et, à demie-lieue, vint le roy, adextret de l'ambassadeur du roy de France et asenestret de l'ambassadeur de Venize. Avoec estoit le cardinal de Mandos et pluseurs aultres grandz maistres des pays. Ses trompettes et tamburins, précédans, sonnoient, et ses roys d'armes n'y falloient[1], ne chincq ou vi^m homes à chevauls, acoustrés à la mode du pays.

Si tost que Monsigneur vidt le roy, il mist piedt à terre; le roy luy manda que il ne marcheroit point, s'il ne remontoit : ce qu'il fist, non sans commandement royal. Lors, tous les chambellans et grands maistres qui marchoient devant le cheval de Monsigneur, se mirent à piedz, et allèrent en grande révérence baisier la main du roy. Après, Monsigneur marcha à cheval, et le alla aussy baisier : ce que le roy différoit, qui tousjours, comme Monsigneur, avoit le bonnet en la main. Puis vint Madame baisier la main du roy son père. Puis, le roy et Monsigneur marchèrent ensamble, et Madame après, et après elle le cardinal, et puis les deux ambassadeurs.

A la porte de la cité, les bourgois portèrent sur euls trois ung palle[2] de drap d'or, armoyé des armes d'Espaigne et de Monsigneur, soubz lequel Monsigneur chevauchoit à dextre du roy, et Madame à la senestre. Les rues par toute la cité estoient tendues, et pluseurs belles dames se pollissoient[3] as fenestres. Et, quandt Monsigneur fu descendu devant le grandt autel de la grande église, l'évesque et tous les canonnes, ricement vestus, le vinrent saluer. On y chanta *Te Deum*, et sonna-on les orghes. Les deux maistres d'hostelz de Monsigneur allèrent devant, puis tous les gentilshomes de sa maison, et chambelans après, et vinrent tous attendre Monsigneur à la court. Le signeur de Berghes et le grandt escuyer seulement demorèrent avoecq Monsigneur, et mons^r de Melun avoecq Madame.

Monsigneur et Madame descendirent à la court avoec le roy, où ilz logèrent tous ensamble, et trouvèrent la royne en une grande salle, assise sur une chayère; avoec laquèle estoient la fille bastarde du roy[4], la marquise de Moye[5] et pluseurs aultres dames et demoiselles, vestues de velour cramoisy, fourrées aulcunes d'ermines, et les aultres d'aultres fourrures, bien acoustrées de chaines et d'aultres rices baghes. Tous les gentilshomes,

---

[1] *Falloient*, manquaient.

[2] *Palle*, poêle. — [3] *Sic* dans les différents manuscrits. Nous ignorons le sens que l'auteur a voulu attribuer à ce mot.

[4] Doña Juana d'Aragon. Voy. ci-après, au chapitre XIX. | [5] Moya.

1502. chambellans et grandz maistres de l'hostel de Monsigneur baisèrent la main de la royne, assise sur la chayère; et, subit que elle vit Monsigneur venir, se leva et marcha une partie de la salle au-devant de luy. Monsigneur, ce voyant, s'avancha et luy baisa sa main : ce que elle ne voloit souffrir; puis luy fist Madame éguale révérence, et la royne le baisa et embracha. Tous les *Dieus gardz* faicts et acomplis, le roy prinst Monsigneur, et la royne print Madame, et se allèrent deviser ensamble en une grande chambre. Puis conduisèrent Monsigneur et Madame le roy et la royne jusques à leur chambre. Ce faict, Monsigneur alla en sa chambre, et Madame à la sienne, et soupèrent chescun à part. La maison où ilz logèrent est au marquis de Moye. Les chambres de Monsigneur et de Madame et deux ou trois aultres estoient tendues de drapz d'or et de riches brodures, et est la pluspart audit marquis, et l'aultre à la royne.

8 mai. Le dimence, viiie de may, Monsigneur et Madame ouyrent la messe avec le roy et la royne, à laquèle chantèrent de lx à iiii^{xx} chantres du roy. Après, disnèrent euls quatre ensamble, et y avoit ung buffet de six apas¹ de hault, tout chargiez de vaisselles d'argent doré, entre lesquelz estoient deux pots d'argent grandz de quatre à chincq piedz en haulteur, si bien ouvrés et dorés que rien plus. Monsigneur ne fu servy que d'Espaignars. Le marquis de Villaigne² servoit de maistre d'hostel pour le roy, et le commandeur major pour Monsigneur. Après le disner, Monsigneur et Madame conduisirent le roy et la royne jusques à leur chambre; puis, Monsigneur et Madame, chescun rentra en sa chambre. Cedit jour, le marquis de Villaigne fist présenter à Monsigneur une austrice³ belle assés.

Des habillemens du roy et de la royne je me tais, car ilz ne portent que draps de laine. Et Monsigneur avoit une robbe de satin brochiet violet et une robbe de velour violet plaine de drap d'or. A lendemain, Monsigneur avoit une robbe de satin noir plaine de martres de sables, et Madame une robbe de drap d'or plaine de satin cramoisy.

---

¹ *Apas*, degrés. | ² *Villena*, comme il est dit ci-dessus. | ³ *Austrice*, autruche (?)

DE PHILIPPE LE BEAU.

Ce seiziesme chapitre traicte des obsecques du prince de Galles, et de la messe que le roy, la royne, Monsigneur et Madame ouyrent ensemble le jour de Pentecouste, et d'aultres choses.

Comme Salomon dit au xiiie de ses Proverbes, dueil occupe l'extrémité de léesse[1] : car, cedit jour, ung peu devant souper, ung poste[2] apporta nouvelles de la mort du prince de Galles : che que Monsigneur sçavoit six jours devant; mais on le celloit à la royne, à laquèle on le dist lors. Pour quoy le roy et la royne portèrent le dueil, sans eulx bougier de leur chambre, l'espasse de ix jours ; et Monsigneur et Madame portèrent aussy le dueil; ceuls du sang et messieurs de l'ordre de la Toison pareillement.

Le lundi et mardi, Monsigneur garda son logis. *9 et 10 m*

Le merquedi, disna à demie-lieue de Toulette, en ung gardin apertenant au roy, plain d'orengiers, de grenadiers et aultres arbres fructueuses; et, pour ce qu'il ploet gaire en ce pays, roels[3], come de moulins, arrosent le gardin par conduys. *11 mai.*

Le joedi, xiie jour de may, le roy et Monsigneur, le cardinal et tous les princeps du sang et les signeurs de la Toison estoient, vestus en dueil, as vigilles du service et obsecque du prince de Galles, chantées en ung monastère de Sainct-Franchois, fondé de par le roy et la royne, et appellé ledict cloistre Sainct-Jehan de la rey[4] ; au coer duquel estoient à chescun costé trente torses armoyés des armes du prince défunt. La herse avoit quatre degrés de hault, toute couverte de drap noir; et le hault d'icelle estoit tout chergié de luminairs. A quatre cornets y avoit quatre gros cherges. Dessus la herse estoit la représentation du prince, couverte de velour noir, à une croix de damas blancq. Les ornemens de l'autel estoient de velour noir, et la croix de satin cramoisy. *12 mai.*

Le vendredi, fist-on le service et obsecque, où le roy et tous les prénommés comparurent. *15 mai.*

Le samedi, l'ambassadeur de Venise vint faire la révérence à Monsigneur, disant que messeurs de Venise l'en avoient chargiet, et fist sa proposition en latin, à laquèle le prévost d'Arras donna responce. A l'après-disner, ung *14 mai.*

---

[1] *Léesse*, liesse. | [2] *Poste*, messager à cheval. | [3] *Roels*, roues. | [4] San Juan de los Reyes.

ambassadeur du roy de Portugal présenta lettres à Monsigneur et à Madame. qui allèrent ouyr les vespres avoecq le roy et la royne.

Le dimence, xv⁰ de may, jour de la Pentecouste, le roy, la royne, Monsigneur et Madame allèrent ouyr messe ensamble, laquèle célébra l'évesque de Scalhorghe [1]. L'autel estoit moult ricement acoustré, et les ornemens estoient bons. Les chantres du roy chantèrent une partie de la messe, les chantres de Monsigneur l'aultre partie; avoecq lesquelz chantres de Monsigneur jouoit du cornet maistre Augustin : ce qu'il faisoit estoit bon à oyr. avoec les chantres. Le roy et Monsigneur allèrent offrir ensamble, et la royne et Madame ensamble; et, au baisier, le roy et la royne baisèrent ensamble à l'autel, et Monsigneur et Madame ensamble. Puis retournèrent come ils estoient venus. Monsigneur, après la messe, reconduisy le roy et la royne à leur chambre, et puis alla disner à la sienne.

Le lundi, oyt Monsigneur messe et vespres en son quartier, et ne wida ce jour son logis.

Le mardi, eurent le roy et la royne nouvelles de la mort de don Henry d'Aragon, oncle du roy : de quoy il porta chincq ou six jours le dueil.

Merquedi, joedi, vendredi et samedi, se tint Monsigneur à son logis.

Ce dix-septiesme chapitre parle comment Monsigneur fu rechupt à prince de Castille, et de l'estat de la réchéption, et d'aultres choses. Des chincq riches buffès, etc.

Le dimence, xxii⁰ jour du mois de may, le roy, la royne, Monsigneur et Madame allèrent oyr la messe, laquèle chanta l'archevesque de Toulette [2] à la grande église de Nostre-Dame, l'une des plus excellentes églises d'Espaigne, acompaigniez de pluseurs prélats et grands maistres du pays et de tous ceuls de la maison de Monsigneur. Les hérauls, devant, à piedz, portoient seulement les armes du roy.

---

[1] Probablement don Fadrique de Portugal, évêque de Calahorra. Padilla nous apprend que ce prélat était au nombre de ceux qui étaient venus à Tolède, pour assister aux cortès où l'Archiduc fut reçu prince de Castille.

[2] Don fray Francisco Ximenez de Cisneros, de l'ordre de Saint-François, archevêque de Tolède et primat des Espagnes.

DE PHILIPPE LE BEAU. 179

Après la messe, le roy et la royne allèrent seoir devant le grandt [1], et Monsigneur et Madame ung degré plus bas. Là lisit ung secrétaire tous les tiltres, royames, terres et signouries apertenantes à ung prince de Castille. Ces parolles dictes, on fist faire à Monsigneur serment, comme prince de Castille, ainsy que les aultres princes ses prédicesseurs avoient faict à leurs réceptions. Après, monsieur de Cordual et monsieur de Bezenchon, à cause d'ung évesquiet que le roy luy avoit donnet nouvèlement, apellé Caury [2], et puis tous les aultres prélats et aultres gens d'église vinrent baisier les mains de Monsigneur et de Madame, en signe de relief. Puis, le duc d'Albe [3] et les aultres ducs, comtes, princeps et aultres grands maistres du pays firent samblablement, et après firent ceuls des bones villes serment d'estre bons et loyauls subjects à mondit signeur leur prince, et à ses succceseurs. Ce faict, le prince de Castille alla baisier les mains du roy, et après de la royne, qui le souffrirent bien envis [4] : puis alla madame la princesse de Castille baisier aussy les mains du roy et de la royne, qui tous deux le baisèrent en la bouce.

La réception acomplie, disnèrent à l'hostel de l'archevesque de Toulette. Le roy y disna à part, et la royne à part, et Monsigneur et Madame firent samblablement. Au disner de Monsigneur, lors prince de Castille, estoit en bruyt son beau buffet. Les quatre maistres d'hostels servoient tous à testes descouvertes.

A l'après-disner, monseur l'archevesque fist son debvoir d'obédience à Monsigneur, come les dessus-nommez avoient faict la matinée. Puis se retira Monsigneur en sa chambre; et, quandt l'heure vint du souper, le roy et la royne, monsigneur le prince de Castille et la princesse soupèrent au chasteau de la ville, lequel est fort magnificque. Là donna le roy le souper, come il est acoustumé en tel cas, et soupèrent euls quatre à une table, et à IIII aultres tables mengeoient dames et demoiselles, signeurs et gentilzhomes.

Je vis en ce lieu une des plus belles demoiselles de la place contenter trois de ces gentilzhomes, qui, pour ce souper, qui dura de deux à trois

---

[1] Ajoutez : *autel.* | [2] Coria.
[3] Don Fadrique de Tolède, duc d'Albe, marquis de Coria et comte de Salvatierra.
[4] *Envis*, avec peine, à regret.

heures, estoient ses serviteurs. Elle parla bien heure et demie à l'ung, qui fu à genouls, à teste nue, ledit espace de tampz; au secondt, ung quart d'heure, et au troiziesme, une bone heure. Elle parloit à l'ung, elle bailloit des œillades à l'aultre, et avoit sa main sur l'espaule du tier. Ainsi les contenta-elle tous trois : car, à cause qu'ilz ne les voyent souvent, ilz sont aussi contens de veoir leurs dames par amour, qu'ilz sont en aultre pays de parler. Ung de nos gentilzhomes luy demanda, après souper, comment elle povoit ainsy traictier ces gentilzhomes qui luy voloient si grandt bien. Elle respondi : « Nous prendons nostre plaisir, en tampz que sommes a
» maryer, à les traictier en celle sorte : car, quandt nous sommes mariées,
» on nous enferme en chambre et en chasteau. Ainsy est-on bien vengié du
» bon tampz que avons eult à maryer. »

Et estoit ce soupper anobly de chincq buffés. L'ung, apertenant au roy, contenoit de vııı à ıx^c pièces de vasselles, tant d'argent doré que d'aultres. Le secondt, possessé du duc d'Albe, avoit vıı^c pièces de vasselles, tant dorées que [1], avoec six grandes tasses d'or. Le troisime estoit au duc de Veige [2], orné de sept cens pièces de vasselles. Le comte de Benalcache [3] avoit décoré le quatriesme buffet de six à sept cens pièces de vasselles, et le comte d'Orpèse [4] avoit perlifié le chinquiesme de vıı^c pièces de vasselles. Quandt on servoit, on venoit quérir la vasselle de cuisine sur ces buffés; et, après le service faict, on les raportoit illec, pour faire plus grandt monstre. De ces buffés, estans à l'huys de la salle, povoit-on veoir tous les séans à tables.

Le souper finet, les trompettes et aultres instrumens qui avoient sonnet au long du souper, recommenchèrent leur mélodie. Après, Monsigneur mena le roy et la royne à leur chambre, et il se retira à la sienne, et couchèrent au chasteau-là celle nuyt : car c'est la coustume d'ung prince de Castille, nouvèlement recheu, couchier illec.

L'acoustrement, pour ce jour, du roy et de la royne estoit drap de laine. La robbe de Monsigneur, trainante sur terre, estoit de satin brochiet, plaine de satin cramoisy, et avoit à son bonnet une verge de balet [5] d'une seule pièce, qui fu estimée et moult apprécyée. Madame, habilliée à la mode

---

[1] Il faut lire : *que aultres*, comme dans le MS. 15856 et dans celui de M. de Godefroy.
[2] Probablement de Bejar : don Alvaro de Çúñiga, duc de Bejar, marquis de Gibraleon et comte de Bañares. | [3] Benalcazar. | [4] D'Oropesa. | [5] *Balet*, rubis balais.

d'Espaigne, estoit vestue de velour cramoisy, et sur elle avoit pluseurs pierries et aultres bones bagues. La femme ¹ de la royne, chargiés de chaines et de pierries, estoient vestues de velour cramoisy, et celles de Madame de velour cramoisy, plaines de satin jaune.

Le lendemain, xxIII^e, le roy et la royne, et le prince et la princesse de Castille disnèrent audit chasteau, et chescun à part, et revinrent souper à la court.

Ce dix-huitiesme chapitre parle que le roy et Monsigneur compaignèrent le Sacrement le jour de sa feste. De la trésorie de l'église Nostre-Dame de Toulette.

Le xxIII^e, Monsigneur alla souper hors de la ville, à un très-beau vilage.
Le merquedi, xxve, Monsigneur et Madame allèrent, avoec le roy et la royne, oyr vespres à l'église de Nostre-Dame; et couchèrent le roy et la royne chiez l'archevesque, et Monsigneur et Madame retournèrent couchier à leur hostel.
Le joedi, xxvie de may, jour du Sacrement, Monsigneur et Madame allèrent devers le roy et la royne, et allèrent oyr messe à la grande église. On porte le Sacrement très-révéramment, en ung vassel d'argent de chincq à six piedz de hault, fachonnet en forme de fiètre ², et par-dessus une paille ³ de drap d'or cramoisy; et le compaignèrent le roy et Monsigneur et le cardinal par toute la ville. Ce jour estoit la procession de la ville : par quoy pluseurs personnages furent faicts, remonstrans pluseurs mistères, et bien, selon la fachon du pays. Et, le Sacrement très-précieux et inapréciable rentré en l'église, le roy et la royne, le prince et la princesse retournèrent disner chiez l'archevesque, chescun à part. Au soir, Monsigneur et Madame soupèrent à court.
Lendemain, alla Monsigneur veoir la trésorie de l'église Nostre-Dame. Le lieu est très-beau et enrichi de xxIIII pièces de reliquiairs. Il y a une croix d'or de piedt et demi de hault, contenant une pièche de la croix, anoblie du pris de nostre rédemption sur elle pendu, garnie à l'entour de vIII

---

¹ Sic dans le manuscrit. Il faut lire : *les femmes*. | ² *Fiètre*, *fierte*, châsse. | ³ *Paille*, poêle.

ou x bien beaus camahieus. Et y a une aultre croix contenante de la croix sainct Andrieu. Il y a aussi une petite lettre en parchemin, sayellée du roy sainct Loys de France, de son sayel qui est d'or, affermant qu'il y envoya ces relicques : qui sont une espine de la coronne de Nostre-Signeur, une pièce du doublier[1] de quoy il essua les piedz de ses apostles, et pluseurs aultres pièches. Il y a aussy ung tableau d'argent doré, de deux à trois piedz de hault et de deux piedz de large, plain de relicques, et ung aultre tableau garny d'or, de perles et de pierries, contenant une grande pièce de la vraye croix, et trois volumes en vellin, couvers de drap d'or cramoisy, où tout le Bible est ricement escript et historyé. Il y a une boise[2], longue de iii à quatre piedz, laquèle ung marraut print en sa main pour brusler; mais, mise au feu, ne brusla : par quoy il le tira hors du feu et le fendi, et il trouva dedens l'image de Jhésus crucifyet; et, partout où il le fendoit, y trouvoit le pareil. La justice, advertie de ce, print ce faulx crestyen, et, pour ce cas et aultres, fu bruslé, et la boise portée à l'église; et en la trésorie est gardée, en recordation du miracle.

Puis fu monstrée à Monsigneur une mittre garnie de gros perles et de pluseurs bones pierres, comme ballès, saphirs, esmeraudes, et ung calice d'or tout garny de perles et de pierries, et ung aneau pontifical magnifyé d'une grande rose de dyamant. Toutes ces choses, que avoit donet le cardinal de Mandos, derrenier trespassé archevesque de Toulette, enterré en la grande église, estoient estimées à lx^m ducats.

Après furent monstrées de l à lx chappes et casures[3], les unes garnies de perles et de pierries, aultres de brodures. Et dit-on qu'il n'y a en toute Espaigne église si bien acoustrée. Après, luy monstra-on une croix d'argent, longue de wit à ix piedz, bien menuyèrement[4] ouvrée, pesante, comme ilz dient, plus de deux cens mars.

---

[1] *Doublier*, linge, serviette. | [2] *Boise*, bûche.
[3] *Casures*, chasubles. | [4] *Menuyèrement*, pour *minutieusement*, à ce que je suppose.

DE PHILIPPE LE BEAU. 183

Ce dix-neuviesme chapitre parle de la mort Anthoine de Vaulx, et aussi Sainct-Moris; des noepces du conestable d'Espaigne; des joustes royales et de la mode des joustans; et la manière de voler du roy d'Espaigne, et de pluseurs aultres choses.

Le dimence, xxixe de may, Monsigneur et Madame allèrent à l'hostel d'un gentilhome en la ville, qui, en son logis, fort bien acoustré de tapisseries et de vasselles, les festoya très-bien, à la mode du pays. <small>1502. 29 mai.</small>

Le lundi, ouyt Monsigneur messe, et disna à un très-beau monastère de Sainct-Hiérôme, assis à demie-lieue près de Toulette, sur une montaigne, où habite multitude de religieus. <small>30 mai.</small>

Le merquedi, premier jour de juing XVe et deux, trespassa Anthoine de Vaulx, marissal des logis de Monsigneur. Tous les gentilshomes furent à son enterrement, et Monsigneur ne se bougea ce jour de son logis. <small>1 juin.</small>

Le joedi, disna Monsigneur au jardin du roy, et se furent chantées les vigilles du défunct. <small>2 juin.</small>

Le venredi, fist-on son service, où furent le signeur de Berghes, le marquis, mons^r de Cambray et tous les gentilshomes de la maison de Monsigneur. <small>3 juin.</small>

Ce mesme jour, trespassa Sainct-Moris, ung des escuyers des escuyeries[1], et, come devant, furent à son enterrement tous les gentilshomes, et Monsigneur ne yssy son logis.

Le dimence, v^e du mois, le conestable d'Espaigne espousa donc Jehanne d'Arragone, fille bastarde du roy, eagiée de trente-huyt à quarante ans, et l'avoit fianchié trois ou quatre ans paravant, et eult enfant en fianchage : c'est leur mode, comme j'ay déclaré, parlant de Bayone[2]. Celle fu, en sa jonesse, extimée la plus belle demoiselle d'Espaigne. Laquèle Monsigneur mena espouser à la messe du roy et de la royne. Et le conestable disna avec mondit signeur. A l'heure du souper, Monsigneur et le cardinal, cousin germain du conestable, menèrent la dame à l'hostel d'iceluy conestable, où on présenta à Monsigneur vin et espices, sans aultre chose. Et il retourna souper à son logis, et le signeur et la dame des noepces soupèrent <small>5 juin.</small>

---

[1] *Des escuyeries.* Il faut lire : *d'escurie*, comme dans le MS. 15856 de la Bibliothèque royale et dans celui de M. de Godefroy.

[2] Voy. ci-dessus, p. 147.

1502. ensamble. et avoec euls une partie des demoiselles de la royne et de Madame. Après souper, se firent les danses.

6 juin. Le lundi, visita Monsigneur le logis du comte de Fonsaline [1], où estoit la comtesse, dame belle et honeste, où Monsigneur joua à la palme. Et après, le comte luy présenta vin et espices, selonc leur usage.

7 juin. Le mardi, alla Monsigneur encoire jouer à la palme.

9 juin. Le joedi, le duc de Néges [2] vint faire la révérence à Monsigneur, qui, le
11 juin. samedi, ouyt messe avoec le roy et la royne. Ce jour, aporta ung poste nouvelle que la royne de Portugal estoit acouchié d'ung filz. Ce jour estoit le Sainct-Barnabé.

13 juin. Le lundi, xiiie jour de jung, furent faictes les joustes royales sur le grandt marchié de Toulette, présens le roy, la royne, Monsigneur et Madame, et toutes leurs dames, là où estoient xvi courreurs bien gorgiasement acoustrés, sans draps de soye, entre lesquelz le bastart de Clèves, gentilhome de l'hostel de Monsigneur, fist bon debvoir, et y eult maintes lances rompues. Don Dièghe de Coyve (?) y gaigna le pris. Leur coustume est que ung gentilhome allant à la jouste a tousjours une douzaine de laquets, ou plus, habilliés de ses couleurs, qui, au retour des joustes, se leur maistre a rompu quelque lance, portent les tronchons, et les aultres portent torses. Et les jousteurs, qui courrut ont tout le jour, vont toute la nuit par la ville, et passent devant leurs dames aux fenestres. Et font ce, adfin que elles les voyent, car impossible leur est parler à elles : car le plus du tampz sont enfermées en leurs chambres, et ne widet, se le roy ou la royne ne font quelque feste : cela puet advenir trois ou iiii fois l'an seulement. Et ces laquais crient par la ville : *Vécy ung tel qui rompu a tant de lances!* et sont lesdits jousteurs armés comme ilz estoient à la jouste, réservé l'abillement de teste, qui d'ung laquais est devant euls porté.

15 juin. Le merquedi, disna Monsigneur au prédit monastère de Sainct-Hiérôme.

16 juin. Le joedi, xvie dudit mois, le roy mena Monsigneur aux champz, et luy monstra sa fachon de voler. Le roy coustumièrement va deux fois la sepmaine aux champz, et, depuis le matin qu'il monte à cheval, ne retourne jusques au soir, pour quelque tampz qu'il face, et ne cesse faire voler ses

---

[1] Fuensalida. | [2] Don Pedro Manrique de Lara, duc de Nágera et comte de Treviño, comme à la note 5 de la page 166.

oyseauls. Et, se le tampz n'est fort desraisonable, il a vi^{xx} faulconniers, et chescun porte ung oyseau, desquelz il maine tousjours la plus grande partie. Et, venu au champ, faict mettre chescun à froncq, au plus large qu'il puet. Et, quoy qu'il troeve, soit millans, hayrons, perdris, ou aultre oyseau, et s'ilz en partent trois ou quatre de diverses sortes, il faict tout voler pour une fois, et ne picque homme après ces oyseauls, que les faulconniers. Le roy et toutes ses gens ne vont que le pas, pour quelque beau déduit qu'ilz voyent.

<small>1502.</small>

<small>Ce vingtiesme chapitre parle, après aultres choses, d'une escarmuce joyeuse faicte annuèlement, le jour Sainct-Jan, par ceuls de Toulette, et de la diversité d'une messe que on chante journèlement à l'église Nostre-Dame de Toulette, et de l'ordonnance des petites messes, etc.</small>

Le dimence, xixe de jung, aulcuns gentilshomes du roy joustèrent à la court, et firent très-bien debvoir de chincq ou six douzaines de lances qui furent rompues lors : Salzart et Jan d'Alverade [1] rompirent la pluspart. <small>19 juin</small>

Le mardi, xxie, Monsigneur ala disner au monastère de Sainct-Bernardt, qui est assis sur une montaigne, une lieue de Toulette, très-beau. <small>21 juin.</small>

Le merquedi, Monsigneur ne se bougea de son logis, mais on luy monstra deux choses moult nouvelles : l'ung fu un chien tout noir qui ne avoit goute de poil, et tiroit son muzeau après la figure d'ung moriane; l'aultre ung papegay verdt, non plus grandt que ung monnyot, parlant mieulx que n'est credible. <small>22 juin.</small>

Le joedi, le roy et la royne, Monsigneur et Madame ouyrent vespres aux Cordeliers, et le roy et la royne y couchèrent celle nuict. <small>23 juin.</small>

Le venredi, jour de la Nativité Sainct-Jehan-Baptiste, le roy et Monsigneur, acompagniés de plusieurs grands maistres et gentilshomes, se trouvèrent bien matin ung quart de lieue hors de Toulette. Monsigneur et l'admiral, et les grands escuyers du roy et de Monsigneur, estoient habilliés à la morisque, bien gorgiasement. Ilz avoient sayons de velours cramoisy et velour bleu, tous broudés à la morisque. Les bas de leurs manches estoient de satin cramoisy, et dessus cela ung grandt chaimetaire [2], aussi <small>24 juin.</small>

<small>[1] Jean de Salazar, chevalier, seigneur de Saint-Martin, était conseiller et chambellan de l'Archiduc. Le compte de la recette générale des finances de 1501 mentionne un Gratien d'Alvarado, qui était écuyer de l'écurie de ce prince. | [2] *Chaimetaire*, cimeterre.</small>

1502. ung manteau d'escarlate, et sur leurs testes estoient torquies¹. Ceuls arrivé au lieu, le duc de Veyge², avoec environ ɪɪɪᶜ jennès, tous habilliés à la mourisque, saillirent de leur embusque, banière desployé, et vinrent faire l'escarmouce où estoient le roy et Monsigneur, en jettant leurs cannes à la mode de Castille. Et dist le roy à Monsigneur que en ceste fachon font les Mores escarmouches contre les crestiens. Et de là le roy et Monsigneur, avoecq euls les grands maistres, se retirèrent soubz une arbre près de la rivière, où estoit faict ung eschaffault, et au bas d'iceluy une ramée. Sur lequel eschaffault estoient faictes quatre fontaines, deus desquèles par divers conduis rendoient vin, et les deux aultres eaue. Ceuls qui estoient sur l'eschaffault donoient divers fruicts, pour déjûner yceuls qui prendre en voloient. Ce se faict devant le chaleur, de coustume anchyenne, par ceuls de Toulette, en recordation que la ville fu par tel jour gaignée et reconquise sur les Mores. Après cela, le roy et Monsigneur, acompaigniés de xvɪɪɪᶜ à deux mil jennès, retournèrent à Toulette descendre à l'hostel du commandeur major. De là marchèrent de pied vers les Observans³, où ilz trouvèrent la royne et Madame à la porte de l'église, les attendans illec, là où ilz ouyrent messe, après laquèle chescun se retira en son quartier. Ledit jour, au soir, à torses⁴, aulcuns gentilshomes, pour complaire aux dames,

26 juin. jouèrent aux cannes, et refirent le samblable à lendemain.

27 juin. Le lundi, xxvɪɪᵉ de jung, Monsigneur ouyt messe à l'église Nostre-Dame, fondée par sainct Isidore, jadis archevesque de Toulette. Celle messe, qui journèlement est chantée à six heures du matin, est moult longue et plaine de cérimonies et d'oroisons oultre nostre usage : ne *kirie eleyson*⁵, mais le prebstre, sans se torner, dit à l'autel : *Per omnia secula seculorum*, et puis : *Dominus vobiscum;* les clercs respondent : *Et cum spiritu tuo.* Lors comence le prebstre: *Gloria in excelsis Deo!* lequel achevé, ung des chantres chante une epistle; puis chante le prebstre trois ou quatre oroisons, à manière de préface, et, après pluseurs responses, et le gré chanté⁶, on chante

---

¹ *Tocques*, dans le MS. de M. de Godefroy. | ² Voy. p. 180, note 2. | ³ Cordeliers. | ⁴ *A torses*, à la lueur des torches. | ⁵ Ce passage, qui manque de clarté, est le même dans tous les manuscrits. | ⁶ Ce texte est conforme à celui du MS. 15858 de la Bibliothèque royale. Dans le MS. de M. de Godefroy, on lit : *et le grec chanté.* Le MS. 15856 de ladite Bibliothèque porte : « et, après plusieurs » respons chanté, on chante une autre épistre. » Cette dernière leçon a au moins le mérite d'être intelligible.

une aultre epistle. Et incontinent après chante-on l'évangille, et puis *alleluia*, et ung long traict¹; et lors baise le prebstre la paix, laquèle on porte par l'église, durant que les chantres chantent : *Pacem meam do vobis, pacem relinquo vobis*. Après chante le prebstre pluseurs oroisons, qui durent bien ung quart d'heure, et, beaucop de responses chantées, le prebstre lave ses mains, et, sans soy retorner, chante la préface de moult estrange ton, laquèle est fort longue. Et, la élévation faicte, le prebstre incontinent chante : *Pater noster*, et, à chascune clause, les chantres respondent. Puis partit l'hostie en noef pièces, et lors chante : *Per omnia secula seculorum*, et les chantres respondent *amen*. Puis dit le prebstre : *Dominus sit semper vobiscum*, et incontinent commence : *Credo in unum Deum*, en lieu de *agnus Dei*. Après, les oroisons et responses durent ung quart d'heure, et puis on porte au lieu acoustumé le livre, et, sans soy retourner, chante le prebstre trois ou III oroisons. Enfin le dyacre chante, sans soy retourner : *Gratias Dei omnipotentis*. Ainsi fine la messe.

En ceste église sont aulcuns députés gagiés pour furnir le pain et le vin nécessaires as messes que l'on y célèbre journèlement, et livrent aussi calices, livres et aultres ornemens qu'il fault. En ce baillant, lesdits députés demandent qui est le prebstre qui voelt célébrer, et pour² et comment. Se c'est des messes ordinaires, ilz les mettent en ung petit registre qu'ilz ont emprès culs. Se c'est pour ung estrangier, ilz registrent le nom du prebstre, le jour, et le nom d'iceluy qui faict célébrer; et, quoy que on demande, puisque c'est pour dire messe, rien n'est refusé.

Celle ordonnance fu faicte pour les messes fondées léans³ en grandt nombre, adfin que on sçace s'elles sont dictes, ou non : car les successeurs des fondateurs puevent, si voelent, visiter lesdits registres, pour sçavoir se on a dit otant de messes que leurs prédécesseurs ont ordonnet; aussi pour les estrangiers qui baillent argent⁴, disant : « Dicte-moy une messe, » et le prestre le dira pour aultruy. Et par ce registre voidt-on se les messes ordinaires, et les autres non fondées que aulcuns font dire par dévotion, sont célébrées.

---

¹ La relation de Fossetier dit : « en un grand traict. » | ² Ajoutez : *qui*, comme dans le MS. 15856 de la Bibliothèque royale et dans celui de M. de Godefroy. | ³ *Léans*, dans cette église. | ⁴ *Qui bailloient argent*, dans le MS. 15856 de la Bibliothèque royale et dans celui de M. de Godefroy.

Celle église est l'une des belles églises d'Espaigne, et l'archeveschié est le meilleur, touchant proffit temporel, du pays, car il vault à l'archevesque de rente XL^m ducats, et aux chanonnes, qui sont en nombre LXX, aultres quarante mille ducats, qui se distribuent à chescun, seloncq son degré et son office.

Ce vingt-et-uniesme chapitre parle d'une jouste faicte pour III^c gands, et d'ung honorable bancquet que Monsigneur fist au roy et à la royne, et d'ung home que on pendit, et de la manière qu'ilz ont d'exécuter les malfaicteurs, et d'aultres choses.

29 juin. — Le merquedi, jettèrent les gentilshomes les cannes devant les dames.

30 juin. — Le joedi, derrenier jour de jung, Monsigneur disna au monastère de Sainct-Bernardt, et revint soupper à court.

3 juillet. — Le dimence, IIIe de julet, pour passe-tampz, trois Castillans, portans en leurs escus la croix Sainct-Andrieu et le fuzi, avoec la devise de Monsigneur en hault : *Qui voldra*, se trouvèrent auprès du palais, aux lisses faictes de bois, et joustèrent pour III^c paires de gandz de Oquaigne[1], et, les deux premières courses, ceuls de dehors rompirent leurs lances et la toille pendant aux lisses ; et, les deux courses ensièvantes, perdirent leurs lances, en tombant à terre, les cuidant mettre en l'arrest ; et finalement perdirent lesdits gandz, qui furent distribués as dames et ailleurs.

4 juillet. — Le mardi, IIIe de julet[2], le roy, la royne, Monsigneur et Madame disnèrent au monastère de Sainct-Bernardt, où le roy et la royne demorèrent celle nuict, et Monsigneur et Madame retournèrent à Toulette.

En ce tampz, partist le maistre d'hostel du roy franchois, nommé Courcon[3], ambassadeur, comme dessus est dit. Aussy fist l'escuyer de l'escuyerie de mons^r de Ligny, qui estoit venu pour aulcunes terres apertenantes audit signeur de Ligny, lesquèles le roy d'Espaigne tenoit en sa moitié du royame de Naples.

7 juillet. — Le joedi, VIIe jour de julet, donna Monsigneur à disner, en forme de bancquet, au roy et à la royne et à Madame, en une salle ornée de sa bone tapisserie, joindante à la chambre du roy, où, assis come devant as aultres bancquetz, furent très-bien servis à la mode de nostre quartier. De quoy le

---

[1] Ocaña. | [2] Il faut lire : *le lundi*, IIIIe, ou *le mardi*, V^e. | [3] Voy. p. 174. Son nom était Corcol ou Courcol.

roy et la royne et leurs grandz maistres adsistens firent grande extime pour ce que tout se fist sans bruit ne noise : ce qu'ilz ne scèvent faire. Le comte palatin fu essanson du roy, monsʳ de Berghes de la royne. monsʳ de Ville de Monsigneur, et monsʳ de Melun de Madame; monsʳ de Sistain ¹ panetier du roy, monsʳ de Veyre de la royne; et servoit l'admiral de maistre d'hostel pour le roy, et don Dièghe de Guévare pour la royne. Et portoient les viandes tous les chambellans de Monsigneur et gentilshomes, et estoit le dreschoir de Monsigneur moult richement ordonés : dont les Castillans firent, non sans grande admiration, grande extime.

Le samedi, ixᵉ de julet, fu pendu, sur le marchié de Toulette, pour larchin, ung home de xxii ans, et fu piteusement estranglé : car il pendi en air bien demie heure, avant qu'il fuist mort. Et les gens, quandt il fu mort, venoient à grandt presse baisier ses piedz, et mettoient croix de paille et de bois en ses sorliers. Et cil fu lendemain despendu et enterré.

On n'en faict gaire pendre en Espaigne; mais on lie les malfaicteurs dignes de mort à une estace ², et leur met-on une marcque de papier blanc à l'endroit du coer. Puis la justice ordone aux meilleurs arbellestriers que on troeve, tirer après celuy, tant que mort s'ensiève; et, se le malfaicteur scet aulcuns de ses amis estre bon arballestrier, il requiert à la justice de le faire tirer, adfin d'estre plus tost mort. Et, s'on ne les faict ainsi morir, on les couche par terre, et leur met-on la teste sur ung blocq, et la cope-on d'une doloire ³. Ilz n'ont coustume de le faire copper d'une espée.

Le lundi, xiᵉ de julet, Monsigneur, se trouvant aulcunement foible et aggravé, pour les chaleurs grandes et les vapeurs très-puantes de la cité, alla, pour changier air, jouer avoec de ses grands maistres à ung chasteau et vilage nommé Ghadamour ⁴, place plaisante et fresce, à cause des eaues et cisternes qui y abondent, et est à deux lieues grandes de Toulette; où le comte de Fonsalide ⁵, signeur du lieu, le rechupt et festoya très-bien, et, pour passer tamps, fist courre les torreaus.

Ce jour, vint en ambassade le président de Savoye, pour le duc, son signeur, avoec Aymericourt, escuyer d'escuyrie de madame de Savoye.

---

¹ D'Ysselstein. Voy. ci-dessus, p. 127, note 1. | ² *Estace*, poteau. | ³ *Doloire*, hache. | ⁴ Guadamur.
⁵ Fuensalida, comme ci-dessus, p. 184, note 1.

1502. 12 juillet.	Le mardi, retourna Monsigneur à Toulette.
13 juillet.	Le merquedi, fist ladicte ambassade la révérence à Monsigneur, et de là au roy, à la royne et à Madame.
17 juillet.	Le dimence, xvıı^e de julet, coururent au palais xi ou xii jousteurs castillans l'ung contre l'aultre, qui le firent bien, à leur mode, tant que aulcuns homes et chevaulx furent aterrés.
18 juillet.	Le lundi, après la grande messe, en la chapelle où estoient assis Monsigneur et Madame, acompaigniés de pluseurs nobles et grandz maistres, le duc de Nagère¹ et son filz, et deux aultres grandz maistres, firent serment, come ilz debvoient, à Monsigneur et à Madame, come au prince et princesse de Castille. Notés que ce duc de Nagère est à le fois nommé le duc de Nèges.

Ce vingt-deuxiesme chapitre parle du partement du roy d'Espaigne, et du retour de mons^r de Berghes, de mons^r de Cambray et aultres, et de la rénovation d'aulcuns officiers, et de trois manières d'ordre de chevaliers d'Espaigne, et d'ung esbat faict le jour Sainct-Jacque.

18 juillet.	Le prédit lundi, xvııı^e de julet, partit le roy de Toulette avoec son train, à iiii heures après nonne, et laissa illec la royne et Monsigneur et Madame, et tira vers Arragon, pour aulcuns affaires. Monsigneur et les enfans de Grenade, le cardinal et les grandz maistres et signeurs le convoyèrent jusques aux molins emprès la ville, et prinrent congié du roy.
19 ou 20 juillet.	Le mardi, xx^e², le comte de Bonevente³, venu à court le jour précédent, fist son debvoir et serment à Monsigneur et à Madame.
23 juillet.	Le samedi, xxııı^e, Monsigneur renvoya le signeur de Berghes au pays, à sa maison⁴. Et partit vers le soir, avoec luy, messire Philippe le bastardt de Bourgoigne, mons^r de Cambray, Maximilien de Berghes, niepz⁵ du-

---

¹ *Nágera.* Voy. la note 2 à la p. 184, et la note 5 à la p. 166.

² Les autres manuscrits portent aussi : *le mardi* xxe; mais il faut lire : *le mardi* xıx^e, ou bien *le mercredi* xxe. | ³ *Benavente.* Voy. la note 12 à la p. 161.

⁴ Ce fut à la suite d'une discussion qui s'était élevée entre le signeur de Berghes, son ancien gouverneur, et l'archevêque de Besançon, son ancien précepteur, que Philippe le Beau prit cette grave mesure. L'archevêque était en ce temps en grande faveur auprès de lui. Voy. la *Crónica* de Padilla, p. 88.

⁵ *Niepz*, neveu.

dit signeur de Berghes, Eustace de Hunbercourt, signeur de Wezemalle, monsr de Vaulz, Jacques de Cruninghes, Charles d'Ausnoy, dit signeur de Sainct-Simon, tous gentilshomes de la maison de Monsigneur. Pluseurs les convoyèrent; et logèrent à ung vilage petit, nommé Olies [1], à deux lieues de Toulette, jusques au mardi ensièvant, en tampz que la royne et Madame moyennoient vers Monsigneur, pour les faire retourner : ce qui ne leur fu accordet; les causes pourquoy me sont célées. Et, au partir de Olies, la royne envoya à monsr de Cambray trois belles mulles, et à monsr de Berghes trois beauls jennès, et trois au bastardt de Bourgoigne.

Euls partis, Monsigneur ordona Jehan de Luxembourg, signeur de Ville, pour tenir lieu de grandt chambellan, en l'absence du comte de Nassou, qui estoit demoré en Flandres, lieutenant général de tous les pays, auquel il dona ledit office, en l'ostant audit signeur de Berghes. Et, pour monsr de Cambray, qui estoit cief de son conseil, mist monsr de Bezenchon; et, pour messire Philippe, qui estoit grandt maistre d'hostel, ne ordonna, mais veult que les maistres d'hostelz ensamble tenissent le plat de grandt maistre, tant qu'il y aroit pourveu.

Le dimence, xxiiie, avoecq la royne, alla ouyr vespres, où tous les chevaliers de l'ordre de Sainct-Jacques, qui sont de trois à quatre cens, ordonnés pour aller sur les infidels, estoient tous vestus de blancq, avoec une espée rouge atachié sur leur manteau, lequel ilz ne vestent jamais, sinon la veille et le jour Sainct-Jacques-Majeur. Et, pour ce que le roy se applicque, et aussi faict la royne, à guerroyer les ennemis de nostre foy, le pape consent audit roy tenir la grande commanderie de Sainct-Jacques, laquèle vault par an lxiiim florins d'or; et yceluy grandt commandeur donne les commanderies, lesquèles sont pluseurs, de la valeur desquèles je me tais, pour éviter prolixité.

Ces chevaliers se puevent maryer, et mariés tenir leurs commanderies, et n'y puevent renonchier; et sont tenus à porter tousjours une espée rouge, en signe d'une croix, atachié à leur robe ou sayon, ou porter une coquille d'or à une espée esmaillié de rouge dessus, pendant au col par une chaisnette, ou ruban de soye. Et fault qu'ilz dient chescun jour ung nombre de pater noster, de deux à trois cens, et qu'ilz les limitent seloncq

[1] *Olias.*

1502. les heures du jour, ou du mains les dient une fois le jour. Et, quandt le grandt maistre les mande, pour faire guerre aux Mores, où qu'ilz soient, il fault que ilz y viègnent, ou qu'ilz envoyent excuse légitime. On leur baille la collée¹, quandt on les faict chevaliers, et font le serment (je ne sçay quel il est) secret entre euls. Ilz ont l'ordre, devant que ilz ayent commanderie, et attendent les vacantes; mais, se le maistre principal, nommé grandt maistre, en avoit aulcunes en ses mains, donner les polroit, s'il voloit, à quelque ung chevalier nouvèlement rechupt en l'ordre; non aultrement.

Encoire sont deux aultres ordres de chevaliers en Espaigne : l'une est l'ordre de Calatrave. Ceuls ne puevent maryer, et font les trois veux de religion, et sont aussi ordonnés pour guerroyer les infidèles, Mors, Turcs et Sarasins. Et sont tenus de porter une croix d'or, floronnée à iiij boutz, atachié sur leur robe ou sayon; du résidu, se habillent comme ilz voelent. Leur grandt maistre tient xliiij^m florins d'or. Du nombre de ces chevaliers, et du nombre et value de leurs commanderies, je me tais, come ygnorant.

Le troizisme ordre est l'ordre d'Allecante², assés samblable à l'ordre secondt; mais, en lieu de croix rouge, portent une croix verde, de tèle sorte que la devantdite. Leur grandt maistre tient chescun an xxxvj^m florins d'or. Du nombre d'euls, ne de leurs commanderies, ne sçay parler.

25 juillet. Le lundi, xxve du mois de julet, jour de Sainct-Jacques le Grandt, Monsigneur, seloncq la coustume royale, se trouva bien matin aux champz, pour courre les cannes, acompaignié du connestable, du duc d'Alve, du duc de Nèges ou Negère et aultres grands maistres, et là s'esbatèrent à la jennette. Puis, comme le jour Sainct-Jehan, se retira vers ladite rivière, où estoient faicts hours³, fontaines et ramée come dessus, où tous furent réféctionés de pluseurs sortes de fruicts et de bons vins. Ces choses faictes, retournèrent à Toulette, ains que le soleil en fist force⁴. Et, premier que descendre, Monsigneur et les aultres avoec luy jettèrent les cannes, véante⁵ la royne, en la place acoustumée de courre et jouster.

---

¹ *La collée*, l'accolade. | ² D'Alcantara. | ³ *Hours*, échafauds, estrades.

⁴ *Ainsi que le soleil eusist force*, dans le MS. de M. de Godefroy.

⁵ *Venante*, dans le MS. 13856 de la Bibliothèque royale et dans celui de M. de Godefroy.

Ce vingt-troisiesme chapitre parle des chevaliers de Saint-Jacques, et de la première fois que 1502.
Monsigneur se trouva au jeu des cannes; de la mort Anthoine de Herrines; de l'honneur que
font les Espaignars au sacrement de l'extrême-unction, et de la mort Loys de Ranscourt, et
d'aultres choses.

Le mesme jour de Saint-Jacques, Monsigneur, descendu, se habilla et 25 juillet.
alla ouyr la grande messe avoec la royne et Madame. Les chantres du roy
la chantèrent en la grande salle, où on fist ung beau sermon en espaignart.
Là estoient les grands maistres de Saint-Jacques, portans leurs croix,
comme le commandateur major, les infans de Grenade, l'andelental[1] de
Grenade, le comte de Bonevente et aultres, vestus de manteaus blans
durantes les vespres de la veille, la grande messe et les secondes vespres le
jour, assis chescun seloncq sa qualité.

Cedit jour, au soir, Monsigneur, qui oncque n'avoit joué ne courru aux
cannes, se trouva au jeu avoecq les aultres de Castille, etc., et besongna
tèlement à leur mode, qu'il fu extimé des regardans et prisié l'ung des
mieulx à cheval et adreschié à leur guise d'entre euls tous.

Le vendredi, xxixe. Monsigneur, avoec aulcuns de ses gentilshomes, 29 juillet.
allèrent bien matin en ung beau lieu umbreux, sur la rivière de Taghon[2],
à demie lieue de Toulette, et, avant disner, se arma à la mode d'Espaigne,
et se assaya courre à la lisse : ce que jamais n'avoit faict, et fist armer
l'escuyer Bouton, pour courre contre luy. Mais, quandt ce vint au courre,
force fu de désarmer ledit Bouton, pour ce que son héalme[3] le blesçhoit
fort, et ne peut courre ledit jour. Monsigneur, après disner, reprint
Toulette.

Le samedi, pénultisme de julet, trespassa Anthoine de Herrines, gentil- 30 juillet
home de la maison de Monsigneur, l'ung de ses escuyers trenchans. Il
tomba jus de son cheval à terre, à conduire le roy d'Aragon : dont il en
morut. Il eut tous ses sacremens requis à la mort.

Quandt on porte le sacrement d'extrême-unction en Espaigne, gens de
bien, portans torses ou chandeilles de chire ardant, le conduisent jusque au

---

[1] *L'adelantado*, comme nous l'avons déjà dit.
[2] *Taghon*, Tage.
[3] *Héalme*, heaume.

1502. lieu où est le patient, et attendent le retour du prebstre, et reconduisent le sacrement jusques à l'église. Et se, en tampz que l'on porte le sacrement par les rues, le roy, ou aultres des plus grandz maistres du pays, le voyent, ilz descendent de leurs chevaulx et aprochent le sacrement. Lors gens de bien leur baillent torses ou chandeilles, et vont compaignier ledit sacrement, lequel on ne porte jamais que grande compaignie de gens ne le siévent. Jamais ne le vèys porter si révérentement que en Espaigne.

31 juillet. Le dimence allèrent tous les gentilshomes à l'enterrement dudit Anthoine de Herrines, où vigilles, commendises [1] et la messe furent célébrées honestement.

A le après-disner, à quatre heures, Monsigneur se acoustra à la morisque, assocyé du connestable, du duc d'Alve et d'aultres, et se trouva au grandt Marchié de Toulette, pour veoir courre les torreaus. De illec retourna à la place devant le palais, et joua aux cannes, et courut à la jennette la seconde fois. Ce achevé, alla, à la mode castillane, baisier les mains de la royne : ce que, après luy, firent les aultres princepz.

2 aout. Le mardi, iie d'aoust, Monsigneur s'arma à la mode de Castille, et fist armer à ladicte mode monsr de la Chault, Bouton, Bernardt d'Orley, et se trouvèrent aux lisses où Monsigneur se estoit trouvé le vendredi devant, où ilz courrurent maintes courses, entre lesquèles don Dièghe de Quanines (?) courrut tèlement qu'il asséna [2] en l'œil le cheval de Mingoval, et rompit sa lance en tel estat que, son maistre descendu et le tronchon tiré hors, morut en la place.

A l'après-disner furent faictes les vigilles dudict Anthoine défunct, où pluseurs gentilshomes se trouvèrent.

3 aout. A lendemain merquedi, iiie d'aoust, fist-on le service du mesme Anthoine, où se trouvèrent ceuls qui s'estoient trouvés aux vigilles.

4 aout. Le joedi Monsigneur, pour changier d'air, alla disner à quatre lieues de Toulette et couchier trois lieues de là, à une maison de plaisance dicte Arranchours [3], située dessus la rivière, appertenante à l'adellantade de Mourse [4], où il séjourna chincq nuicts, tirans aux connins [5] à une lieue ou

---

[1] Sic dans notre manuscrit, dans celui de M. de Godefroy et dans le MS. de la Bibliothèque de la Haye. Dans le MS. 15856 on lit : *comme disent*.
[2] *Attoucha* dans le MS. 15856. | [3] Aranjuez. | [4] Murcie. | [5] *Connins*, lapins.

deux à l'entour : et, pour ce que la maison estoit petite, il fist tendre tentes et pavillons pour soy logier, et les chevauls furent le plus logiés à une petite ville nommée Oquaigne¹, à deux lieues de celle maison.

Loys de Rassecourt², frère du prévost d'Arras, morut à Toulette. Monsigneur estant dehors, le vi^e d'aoust.

Le ixe Monsigneur retourna à Toulette.

Le joedi disna au monastère de Sainct-Bernardt.

Le samedi, xiiie, Monsigneur alla requerre³ la royne à ung petit cloistre de femmes, et l'amena à l'église de Nostre-Dame, et demora illec ce soir.

Ce vingt-quatriesme chapitre parle des indulgences du jour de l'Assumption estantes à l'église de Nostre-Dame de Toulette; que Rasse de Rassencourt partit; du débat de mons^r de Boussut; de la mort mons^r de Bezenchon, et de la pluralité de ses bénéfices et de ses lais; du fol doeil des vesves d'Espaigne; de la mort de deux gardes des joyauls de Monsigneur, et du service de mons^r de Bezenchon.

Le dimence, veille de Nostre-Dame de mi-aoust, Monsigneur et Madame allèrent avoec la royne oyr vespres à la grande église de ladicte Vierge-Mère, où il y avoit indulgences papales de paines et de couppes⁴ depuis les premières vespres jusques as secondes inclusivement : pour laquèle mérir⁵ la pluspart des femmes de la ville couchent celle nuict à ladicte église. Pour lesquèles indulgences obtenir, Monsigneur visita au soir ladicte église, et retourna couchier à son logis.

Le lundi, xve, jour de l'Assumption Virginale, Monsigneur et Madame allèrent à ladicte église ouyr la messe avoec la royne, et disnèrent chiez l'archevesque, et après disner oyr là-mesme vespres⁶ en ladicte église de Nostre-Dame. Après les vespres, Monsigneur, habillié à la castillante, avoec le comte palatin, alla au Marchié de Toullette véoir courre les torreaus et puis jetter les cannes.

Ce jour partit, par le congié de Monsigneur, Charles de Rassencourt⁷,

---

¹ Ocaña. | ² Ranchicourt. | ³ *Requerre*, rechercher. | ⁴ *Sic* dans notre manuscrit, dans celui de la Haye et dans le MS. 15856. C'est *coulpes*, fautes, qu'on doit lire. | ⁵ *Mérir*, mériter.

⁶ MSS. 7582 et 15856 de la Bibliothèque royale. Dans le MS. de la Haye : « Et après disner oyt « vespre à ladicte église, etc. » | ⁷ Ranchicourt, comme ci-dessus.

pour retourner à sa maison, car il avoit eut nouvelle de la mort de son père.

Le mardi, xvi⁰ d'aoust, alla Monsigneur disner à Sainct-Bernardt, pour véoir monsʳ de Bezenchon, illec malade.

Ce jour monsʳ de Boussut, le bastardt de Trazegnies et Lourdault, chantre de Monsigneur, soupoient à leur logis, où une femme avoec son mari sourvinrent. Les prénommés leur firent bone chière. Puis sourvinrent aultres Castillans plains de bragues¹ et de querelles, lesquels le signeur de Boussut, pour éviter noise, fist yssir hors de l'hostel. Et, après souper, les prédits, desgarnis de bastons, spacians² sur le Marchié et pourmenans à x heures de nuict, furent assaillis de vingt ou plus Castillans, munis de raspières, bouclets³ et javelines. Mais les assaillis besongnèrent sy bien qu'ilz leurs ostèrent parties de leurs bastons, et les tournèrent en fuyte, et les bléchèrent tèlement que l'ung d'euls morut lendemain. Par quoy il convint les prédits prendre franchise au couvent nommé monastère de Sainct-Bernardt, demie lieue de Toulette; et lendemain se transportèrent, pour aulcune cause, à l'abaye de Sainct-Jhérôme, où ils furent jusques au partement de Monsigneur de Toulette, qui leur pardona, entendu que c'estoit sur leurs corps deffendans. Et se contenta la royne, disant qu'elle eusist prins de ses gens griève punition, s'ilz eusissent eut le tort, mais en leur droict les voloit bien porter : pour quoy la royne leur pardona, et eurent leur grâce. Mais Francequin, potagier de Madame, qui avoit estet bléchié audit débat, morut audit monastère le xxvii⁰ d'aoust.

Le dimence, xxi⁰ d'aoust, Monsigneur alla véoir la royne à la grande église.

Le lundi le fu requérir à ladicte église, où elle avoit faict sa noevaine de Nostre-Dame d'aoust. Cedict jour Monsigneur, entendant aprochier la fin de monsʳ de Bezenchon, le visita après souper. Et cil, cognoissant la briefveté de la vie, luy dist pluseurs choses qu'il avoit sur le coer.

Cil donc, appellé maistre Gille Basselede⁴, archevesque de Bezenchon, morut le mardi, xxiii⁰ jour d'aoust, au monastère de Sainct-Bernardt, où longtampz avoit couchié malade. Il avoit esté en son tampz maistre d'escolle de Monsigneur, et, à sa mort, estoit ung des principal gouverneur de sa maison. Il avoit enfin impétré au pape, par le moyen de Monsigneur, cha-

---

¹ *Faire bragues*, selon Roquefort, se divertir, folâtrer, etc. | ² *Spacinus*, se promenant, de l'allemand *spazieren*. | ³ *Bouclets*, boucliers. | ⁴ Busleyden. Voy. la page 126, note 6.

peau de cardinal : mais la mort le print devant qu'il luy fu aporté. Ses bénéfices estoient l'éveschié de Saincts-Pons, en Languedoc, lequel le roy de France luy avoit donnet, et envoyé le don par ung sien secrétaire, ung peu devant sa mort, avoec une bone abbaye en Bretaigne; l'éveschié de Cauorie [1] en Espaigne, du don du roy et royne d'Espaigne; deux archidiaconies en Engleterre, de par le roy d'Engleterre; sa prévosté de Liége, son premier title, et aultres sans nombre ès pays de Monsigneur. Et fu enterré en l'église dudict monastère, en une chappelle tenante au coer, à la main dextre. Et ordonna son coer estre porté à Bezenchon. Et donna audit monastère deux ^{m} et v^e florins : avoec ordona couvrir son corpz d'ung sépulcre d'albastre, et couvrir sa sépulture d'ung grandt palle [2] de velour noir croisiet de satin cramoisy. Oultre, dona chincquante aulnes de velour, pour faire casubles, à l'église, et aultres pluseurs choses, que je laisse entre Dieu et luy. Item ordonna xx^m escus pour donner pour Dieu. Aulmonnes faictes, en sancté, de biens salutairement acquis, sont méritoires.

1502. 25 août.

Cest archevesque mort, Monsigneur ordonna cief de son conseil, en son lieu, messire Bauduin, bastardt de Bourgoigne, filz du bon duc Philippe.

Notés occasionèlement que, quandt ung Espaignart est trespassé, sa vesve, au jour de son service solemnel, ou sa plus prochaine parente, faict mettre sur sa sépulture ung lit et ung couvertoire, le plus sumptueux que elle puet avoir, deux orilliers, et sur iceluy met pain et vin, avoec aulcuns cherges ardans. Et elle est au derrière, et illec, au long du service, pleure et lamente, et tire ses cheveuls, criant : *O Dieu! pourquoy me as-tu osté cest home qui estoit des meilleurs du monde!* Et continue milles aultres tèles paroles vaines, folles et perdues; et, sy elles ne font ce d'elles-mêmes, elles lowent [3] femmes à ce ordonées, lesquèles mainent le samblable dueil que elles menroient [4]. Il samble que leur dueil est plus grandt à leur maintient que au coer.

En ce tampz fu imposé à Philippe Cotteron, garde des joyaus de Monsigneur, qu'il avoit vendu ou changié aulcunes pierries et joyaus : par quoy il fu emprisonné. Mais il ne veult riens cognoistre : dont il fu si fort torturé qu'il en morut tantost après. Et, quandt on vidt que l'on n'avoit

[1] *Coria.* | [2] *Palle*, poêle. | [3] *Lowent*, louent.
[4] *Menroient*, mèneroient.

rien profitet à torturer celuy, on envoya à Brughes quérir ung Jehan Bave, qui, paravant ledit Philippe, avoit gardet lesdicts joyaus jusques au partement de Monsigneur, pour sçavoir la verité desdictes baghes. Cil, arrivé à Toulette, fu appréhendé et fu commis en garde à ung gentilhome nommé Hesdin, et puis fu interroguié et examiné sur le faict du prédit Philippe Cotteron, et tost après print une maladie en prison et en morut.

Le joedi, xxv°, Monsigneur mena la royne à la maison de monsigneur le marissal d'Espaigne, où elle demora jusques à son partement de Toulette.

Le venredi alla Monsigneur à Sainct-Bernardt aus vigilles de monsʳ de Bezenchon, acompagniez de pluseurs grands maistres, tant d'Espaigne que de sa maison. Le drap dessusdit estoit sur sa sépulture, et à l'entour ardoient xxxvi torses.

Le samedi, au service, alla Monsigneur à l'offrande seul, etc.

Che vingt-cinquiesme chapitre parle du voyage que firent à Grenade Anthoine de Lalaing et Anthoine de Quiévrain; du cloistre de Nostre-Dame de Gadeloup, rice et bien décoré; de la montaigne dicte Serre-Moraine; du commencement de l'Andelousie; de deux herbes venimeuses et mortifères.

Je délaisseray ung petit la matère de Monsigneur, et tourneray mon stile à Anthoine de Lalaing, collecteur de ceste oevre, et à Anthoine de Quiévrain, signeur de Moncheau, qui, le xxvii° d'aoust, l'an de salu mille chincq cens et deux, partirent de Toulette, à intention de aller veoir le royame de Grenade [1], et disnèrent ledit jour à ung vilage nommé Bou-

---

[1] Andrea Navagero, qui était ambassadeur de Venise auprès de Charles-Quint en 1526, fit cette année-là le voyage de Tolède à Grenade. La relation qu'il nous a laissée montre qu'il ne suivit pas tout à fait le même chemin qu'avaient parcouru, vingt-cinq années auparavant, nos deux voyageurs belges. Voici un extrait de son itinéraire jusqu'à Séville, avec l'indication des distances, telles qu'il les donne :

24 février, départ de Tolède : à Torrijos, 6 lieues.
25   "   Camarena, 3 l.; Cebolla, 2 l.; Talavéra, 4 l.
26   "   Puente del Arzobispo, 6 l.
27   "   Val de la Casa, 2 l.; San Roman (?), 2 l.; Villaneda (?), 2 l.
28   "   Navalvillar, 2 l.; Guadalupe, 4 l.

rion¹, à IIII lieues de Toulette, et couchèrent à un vilage nommé Alla-   1502.
mat², à deux lieues de là.

Le mardi, pénultisme d'aoust, disnèrent à Cyboule³, deux lieues de là,   30 août.
et couchèrent à la villette dicte Talavère⁴, IIII lieues de là.

Le merquedi, darain jour d'aoust, cheminèrent six lieues, et disnèrent au   31 août.
Pont de l'Archevesque⁵, et girent à ung vilage appellé Ville Menne Pedralle⁶,
deux lieues de la disnée.

Le joedi, premier de septembre, disnèrent alle Palasse⁷, IIII lieues de là,   1 septembre
et couchèrent à Nostre-Dame de Gadeloupe⁸, trois lieues de la ville, assise
en montaigne. Tout le pays est bruyères, et vont ceuls d'illec quérir vivres
à mulets.

Le vendredi, secondt jour de septembre, ouyrent illec messe à Nostre-   2 septembre
Dame, monastère de l'ordre Sainct-Jhéromme, où sont bien cent religieus,
et est le plus beau lieu et le plus rice cloistre d'Espaigne : où il n'y a abbé,
mais ung prieur, lequel, faict par élection, est changié de trois ans en trois
ans. On pourcasse⁹ ceste église par toutes les Espaignes : ce que l'on ne

  2 mars. Venta de la Laguna, 3 l.; Rincon (?), 2 l.
  3 » Acederas, 2 l.; Campanario, 3 l.
  4 » Quintana, 2 l.; la Higuera, 2 l.; el Campillo, 3 l.
  5 » Berlanga, 5 l.; Valverde, 1 l.
  6 » Guadalcanál, 2 l.; Cazálla, 3 l.
  7 » Montecillo (?), 4 l.; Cantillana (?), 3 l.
  8 » Brénes (?), 3 l.; Séville, 2 l.

(*Andreae Naugerii patricii veneti Opera omnia*, Padoue, 1718, in-4°, p. 355-357.)

¹ Burujon, *partido* ou district de Tolède. | ² La Mata, *ibid.* | ³ Cebolla, *ibid.*
⁴ Talavéra, sur le Tage. | ⁵ Puente del Arzobispo, *part.* de Talavéra.
⁶ MSS. 7382 et 15856 de la Bibliothèque royale et MS. de la Haye. Je n'ai trouvé aucun nom qui
corresponditt à cette indication : il s'agit probablement de *Villar del Pedroso.*
⁷ *A la Passe,* dans le MS. de M. de Godefroy et le MS. 15856 de la Bibliothèque royale. Le MS. 15858
est conforme au nôtre. Je n'ai trouvé ni l'un ni l'autre nom. | ⁸ Guadalupe.
⁹ On *pourcasse,* on pourchasse, on fait le *pourchas,* c'est-à-dire la quête en faveur de cette église.
Navagero, qui rapporte aussi ce fait, évalue à plus de 150,000 ducats les revenus de l'abbaye. Voici
comment il s'exprime dans son *Viaggio in Ispagna* : « Il castello oltre a 'l monastero è tutto di frati,
i quali si dice che hanno grandissima entrata, ed oltre all' entrata, di lemosine straordinarie che
hanno della cerche che fanno per tutta Spagna, una infinita somma, et di sorte che molti affermano
che il tutto è per più di cento e cinquanta mila ducati l'anno. » (*Andreae Naugerii Opera omnia*,
p. 356.)

faict d'aultres : par quoy ilz lièvent ung grandt trésor, employé au prouffit de l'église. xxvii lampes d'argent ardent devant Nostre-Dame. Ung roy de Portugal y est en une chapelle ricement enterré. Les fourmes où sient¹ les moines sont de bois de cèdres, bien entretaillées, et gorgiasement painctes de diverses painctures.

Les deux susdicts furent conduicts en la librarie, garnie de beaus livres. Puis véyrent dedens la trésorie maints beaus reliquiaires et les plus beaus et les plus rices ornemens d'Espaigne.

Audit lieu oevrent de pluseurs mestiers bien mille persones, contés ceuls de léans², qui mengent tous aux despens de l'abaye; et tout ce qu'ilz font, oultre ce qui besoigne à l'hostel³, est les moisnes à leur prouffit⁴. Ou plus⁵ y a illec ung beau et plentureux logis pour le roy et la royne logier, quandt aller y voelent. Quandt les religieus scèvent quelque passant, ilz leur envoyent pain et vin. S'il est home de bien, ilz ont de la chair, avoec telz aultres biens qu'ilz ont léans. On introduict, en ung colliège auprès de l'abaye, sans leurs despens, tous escoliers qui désirent aprendre, et ont leur corporèle réfection à heure compétente, au son d'une cloche sonnante, quandt il affiert⁶.

3 septembre. Le samedi disnèrent à la ville dicte Alpalas (?), à chincq lieues de là, et gistèrent à Sernere⁷, vilage deux lieues de là.

4 septembre. Le dimence disnèrent au vilage de Campenère⁸, trois lieues de là, et gistèrent à Quinta⁹, village ii lieues de là.

5 septembre. Le lundi, vᵉ septembre, disnèrent au village de Figière¹⁰, ii lieues de là, et prinrent giste à Campille¹¹, trois lieues de leur disnet. Et passèrent ce

---

¹ *Sient, séent,* sont assis. | ² *De léans,* de dedans.
³ *Ce qui besoigne à l'hostel,* ce qui est nécessaire à la maison.
⁴ MSS. 7582 et 15856 de la Bibliothèque royale. Dans le MS. de la Haye : « Est vendu par les « moines à leur prouffit. »
⁵ *Oultre plus* dans le MS. de la Haye.
Voici ce que dit Navagero : « Il monastero certo è bellissimo, ed ha dentro tutte le arti necessarie ad « una città, non che ad un monastero, e tutto quel che può bisognar al monastero abbondantissima-« mente, senza cercar di fuori cosa alcuna. » (*Andreae Naugerii Opera omnia,* p. 356.)
⁶ *Il affiert,* il appartient. | ⁷ Villanueva de la Serena, prov. d'Estrémadure.
⁸ Campanario, *part.* de Villanueva de la Serena.
⁹ Quintana, *ibid.* | ¹⁰ La Higuera, *ibid.*
¹¹ El Campillo, prov. d'Estrémadure, *part.* de Llerena.

jour la grande montaigne dicte Serre Moraine[1]. Et, en bas, en la vallée, contenante xiiii bones lieues, maine-on l'iver la pluspart du bestial d'Espaigne : car jamais ne y nège si fort que les bestailles y laissent le paistre[2], car tousjours y faict chault. Et est le commencement de l'Andelousie.

Le mardi disnèrent à Brelande[3], trois lieues de là, et couchèrent à Walquanart[4], village iiii lieues de là.

Le merquedi disnèrent au village de Cassenile[5], après iii lieues cheminées. Et trouvèrent en chemin une herbe appellée *delfa*, dont la fleur a coleur de fleur de peschier et foeles come glay[6], et dedens la fleur ung petit espi noir come ung faulx espi de bledz. laquèle herbe est la plus belle du monde, mais est mortèle : car, se ung home ou une femme mengeoit ou avaloit de son jus, il enfleroit subit gros come ung tonneau, et morroit tost après, s'il ne mengeoit incontinent du bon triacle[7]. Il n'est persone, véant si belles herbes et foeles et fleurs, qui n'en coeillast. Mesme l'ung d'eux, ygnorant sa nature, en coellit et en mist en sa bouce, sans avaler de son jus : mais ung home encontré par euls en chemin leur dist la nature d'icelle come j'ay narret, et adjousta qu'il n'y a beste au monde qui ne fuyt celle herbe (la chièvre exceptée, laquèle en menge sans avoir mal).

Il y a aussi en Espaigne une aultre herbe dont ilz ygnorent le nom, de laquèle ilz font ung ongement[8] ; et, se on en frotte trait ou aulcun allemelle[9], la beste qui en est attaincte moert incontinent, et fuist-elle touchiée en lieu non mortel. Et ont les prédits gentilshomes veut Monsigneur et aultres esprouver cela, qui est tout comun en Espaigne, là où, pour la povreté, des arbalestriers tirent peu de bestes sauvages, sans avoir de celle herbe ; et, quandt ilz ont tuet quelque beste de fer touchié du jus de ladite herbe, ilz coupent la char d'entour le cop, du grandeur d'une palme, et mengent le résidu. Et, se ung home estoit par accident touchié à sang de chose frotée de celle herbe, le seul remède est mordre en une pome de coing et le mengier, et mettre une pièce de celle pome sur la playe. Aulcuns

---

[1] La Sierra Morena. | [2] *Y laissent le paistre*, cessent d'y paître.
[3] Berlánga, prov. d'Estrémadure, *part.* de Llerena.
[4] Guadaleanál, *ibid.* | [5] Cazálla, prov. et *part.* de Séville.
[6] *Glay*, iris. | [7] *Triacle*, thériaque, contre-poison.
[8] *Ongement*, onguent. | [9] *Allemelle*, lame d'épée.

pour remède font succhier le sang d'entour la playe, et le succhant prendt aulcun préservatif contre ledit venin : mais, seloncq qu'ilz dient, le premier remède est plus sceur.

Ce vingt-siziesme chapitre parle de la mercuriale et bone ville dicte Séville, cief de l'Andelousie ; de la maison du roy, des jardins et des chambres ; du cloistre des Chartrous ; de la punition des hérétiques, et de la ville nomée Saincte-Foy.

Puis allèrent lesdicts gentilshomes à giste à la vente[1] de la Palasse (?), six lieues de là.

Le joedi, viii⁹ de septembre, après avoir cheminet deux lieues, disnèrent à la ville dicte Revenie (?), où on passe une grosse rivière au bacq ; où il y a ung beau chasteau sur une montaigne ; et apertient à l'archevesque de Séville. Et après disner chevauchèrent iiii lieues, et couchèrent à Séville, ville belle et grande assise en plain pays, où passe un bras de mer[2] qui tombe en mer à xv lieues de là, au port nommé Sainct-Luc[3]. Et est ceste cité, nommée cief de l'Andelousie, la meilleure et la plus fertile partie des Espaignes. Mais il faict chault en tous tampz.

Séville a ses rues toutes pavées de bricques. Entre pluseurs qui y sont, et pareillement de monastères, l'église épiscopale, fondée à l'honeur de la seule Vierge-Mère, se renouvelloit quandt ces deux gentilshomes y passèrent[4]. A ce qu'il samble à son commencement, elle ressamblera à l'église Nostre-Dame d'Anvers. Auprès de celle église est la Bourse[5], où se troevent les marchans, come à Bruges et Anvers.

Après disner allèrent véoir la très-belle maison du roy, furnie de pluseurs belles chambres où les planchiers sont entretaillies et dorés, et la pluspart pavées de marbre blancq. Et chescune chambre a sa fontaine. Le jardin, voisin d'illec, contenant environ ung quart de lieue, est plain de citrons, grenadiers et orengiers. Auprès de ce jardin y a ung aultre jardin

---

[1] Vente, de l'espagnol *venta* : auberge établie sur les chemins, à distance des endroits habités. L'auteur, plus loin (p. 216), donne lui-même cette explication.

[2] C'est le Guadalquivir qu'Antoine de Lalaing nomme ici un bras de mer. | [3] San Lucar.

[4] Selon Miñano, *Diccionario geografico-estadistico de España*, la construction en avait été commencée en 1401, et elle fut achevée en 1519. | [5] La *Casa-Lonja* en espagnol.

tout pavé, où on voidt pluseurs belles foeillies faictes toutes d'orengiers, à la façon de nostre quartier, où sont pluseurs belles fontaines pavées de marbres. Celle maison a quatre corpz de logis, chescun suffissant pour logier l'estat ordinaire du roy et de la royne, et a chascun son jardin assés samblable au devantdit.

Le samedi, xᵉ, allèrent véoir le chasteau, séant à ung bout de la ville, où on met les hérétticques illec abondans; mesmes alors en y avoit plus de xx. hommes et femmes. Là se tiennent ordinairement les notables inquisiteurs de la foy qui les resduisent à la foy crestienne, ou ilz leurs baillent leurs sentences et jugement. S'on les réduit, on les faict porter, pour la première fois, pour aulcuns tampz, une robe de toile jaune et une croix rouge; et, se ilz retombent en erreur, on les brusle, et leurs robes sont ordonées estre mises en l'église de la ville, là où on les a faict morir. Ainsy le contèrent les inquisiteurs ausdicts gentilshomes.

Le dimence allèrent véoir l'hostel du duc de Médine-Sidoine¹, qui est très-beau en celle ville, où le duc², à qui ilz firent la révérence, leur fist très-bon recoeil, pour l'honeur de Monsigneur, à qui ilz estoient.

Le lundi, xiiᵉ, partis de Séville, allèrent couchier à Maryenne³, ville petite, quatre lieues de là.

Le mardi disnèrent à Marciennes⁴, chincq lieues de là. Celle bone ville et le chasteau sont au duc de Calix⁵. De là allèrent gister à la ville de Ausonne⁶, où il y a ung beau chasteau assis moult hault, où yceuls séjournèrent tout le merquedi.

Le joedi, xvᵉ, disnèrent à la ville du Rieu des Eaues⁷, chincq lieues d'Ausonne, et couchèrent à la vente de Gonor (?), deux lieues de là.

Le venredi disnèrent à Arsidonne⁸, ville petite; mais avoient devant passet en chemin une vilette, nommée Antequière⁹, furnie d'ung chas-

---

¹ Medina Sidonia. | ² Était-ce le même seigneur dont Navagero dit : « Il duca di Medina Cidonia è uomo che non val molto, e che non è buono de cosa alcuna; bisogna insegnarli tutto quel che ha da dire, quando parla con alcuno. » (*Naugerii Opera omnia*, etc., p. 362.)

³ Mayréna, prov. et part. de Séville. | ⁴ Marchéna, prov. et part. de Séville.

⁵ Au duc d'Arcos, selon Navagero. | ⁶ Osuna, prov. et part. de Séville.

⁷ Ce serait en espagnol *Rio de las Aguas*. Je n'ai pas trouvé ce nom; mais il est probable qu'il s'agit d'*Aguas Dulces*, village situé à peu de distance d'Estépa. | ⁸ Archidona, part. d'Antequéra.

⁹ Antequéra, chef du district de ce nom, dans la province de Séville.

1502. telet, quatre lieues de là, et cheminèrent à l'après-disner trois lieues, et logèrent à Loches¹. Et est Loches des plus fortes villes de Grenade, le commencement d'iceluy². Le chasteau, assiz sur rocque, à ung bout de la ville, est fort.

17 septembre. Le samedi gistèrent à Saincte-Foy³, six lieues de là, laquèle est une petite ville édifyée du roy et de la royne, estans au siége de Grenade, où elle et ses enfans se tenoient durant le siége. Elle a quatre portes et xvi tours à l'entour des murailles. Les fossés, faicts à sèche terre, sont moult profondz, èsquelz sont construictz pluseurs moynes⁴ : et l'extime-on assés bone pour le pays d'illec.

Ce vingt-septiesme chapitre parle de Grenade et de la ville d'Ellevesin; du chasteau de Grenade appellé l'Allehambre, qui est moult déduisable et admirable.

18 septembre. Le dimence, xviii° de septembre, allèrent à Grenade⁵, deux lieues de Saincte-Foy. Aulcuns leur monstrèrent là où le roy d'Espaigne logeoit durant le siége.

19 septembre. Le lundi allèrent véoir la ville, laquèle siet sur une montaigne. Du costé vers Saincte-Foy, où le champ du roy d'Espaigne estoit, est plain pays et assés fertile, où l'on voidt pluseurs beaus gardins. De l'aultre costé sont

---

¹ Loja.
² Sic dans les MSS. 7382 et 15856. Il faut lire : « Et le commencement d'iceluy (royaume). » Fossetier dit : « Loches, la plus forte ville de Grenade, duquel elle est l'entrée. »
³ Santa Fé de la Vega, *part.* de Grenade.
⁴ Sic dans les MSS. 7382 et 15858. *Moisnes* dans le MS. 15856 et dans le MS. de la Haye.
⁵ Voici la suite de l'itinéraire de Navagero, de Séville à Grenade :
21 mai, à Mayréna, 4 l.
22 à Marchéna, 5 l.
23 à Osuna, 5 l.
24 à Estépa, 5 l.
25 à Antequéra, 7 l.
26 à Archidona, 2 l.; Loja, 3 l.
27 à Santa Fé, 6 l.
28 à Grenade, 2 l.
(*And. Naugerii Opera omnia*, etc., pp. 362-364.)

toutes haultes montaignes. La ville est fort grande. Les maisons estoient petites : par quoy le roy et la royne firent abatre pluseurs de ces petites rues, et les firent faire très-larges et grandes, et constraindirent les habitans faire grandes maisons, à la fachon des maisons d'Espaigne. Chescune maison a sa fontaine descendante des montaignes, dont le plus courrent devant leurs huys. Celles qui viennent des roches sont bones à boire : non celles qui viennent de la fonte des nèges.

Joindant à la ville est une muraille entre-deux d'une aultre ville nommée l'Allebezin [1], où, du tampz des Mores, se tenoit ung roy, frère du roy de Grenade, qui, son frère mort, guerroya ses nepveus. Celle guerre fu la principale occasion de la victoire des Espaignars contre euls. Je laisse celle matère aux cronicques. D'une rue d'Allebezin, comprises les ruettes d'entour, yssoient trente milles arballestriers contre les ennemis de leurdit roy.

Grenade est fort marchande, principalement des soyes, car les marchans y achattent la pluspart des soyes que l'on maine en Italie, pour faire les draps de soyes. Le lieu où on les vend est nommé le Sacquatin [2]. Auprès de ce lieu est une place appellée l'Allecasserie [3], où on vend les draps de soye ouvrés à la morisque, qui sont moult beaus pour la multitude des coleurs et la diversité des ouvrages, et en font une grande marchandise. Ces deux sont les plus fréquentées et grandes marchandises de Grenade. On y voidt pluseurs églises à la fachon morisque, assez belles, et les nommoient mesclites [4] quandt ilz estoient macomistes [5], ens quéles sont pluseurs rengées de pillers. A l'ung des costés d'iceuls se tenoient les homes, et les femmes à l'aultre, en tampz que leur prestre faisoit le service de leur Machomet. La royne a de ces mesclites faict faire églises. La première et principale est de Nostre-Dame; l'aultre est de Saincte-Croix et est le siége archiépiscopal, et pluseurs aultres dédiées à divers saincts et sainctes.

Le mardi, xxe, allèrent véoir le chasteau appellé l'Allehambre [6], lequel ung gentilhome, natif du royame de Behagne ou Boesme, lieutenant du comte de Tendile [7], capitaine du casteau et gouverneur du royame de

---

[1] Albaezzin, ainsi nommée, dit Navagero, « perchè vi vennero ad abitare i Mori de Baezza, tolta la terra loro da' cristiani. » (*Opera omnia*, etc., p. 364.)
[2] En espagnol *Zacatin*. C'est une rue, dit Navagero, « dritta e ouestamente larga. »
[3] En espagnol *la Alcaiceria*. | [4] *Mesclites*, mosquées.
[5] *Macomistes*, mahométans. | [6] L'Alhambra. | [7] Tendilla.

1502.
20 septembre.

Grenade[1], leur monstra. Il est assiz sur une montaigne, plus hault que la ville, et est à ung bout d'icelle. Il est moult grandt : ce samble une petite ville. Deux corpz de maisons sont dedens contenus, l'ung desquelz est appellé le quartier des Lions, où il y a une court quarrée, pavée de blancq marbre, et au milieu sourt[2] une fontaine pavée de pareil marbre; et des geules de xii lions, illec faîs du mesme, sourt l'eaue de la fontaine : au-dessus desquelz lions y a ung grandt bacq où est le sourgeon[3] dont yst[4] l'eau entrant en yceuls lions; et est une chose bien faicte. Là sont aussi six orengiers qui préservent les gens du chaleur du soleil, soubz lesquels faict tousjours fretz. A l'entour de celle court sont galleries pavées de marbre blancque, et deux cens et chinquante pilliers de mesme. Et les chambres de alentour desdictes galleries sont pavées du mesme, dont plusseurs pierres ont de xii à xiii piedz de long et de six à sept polz[5] de large. Chescune chambre a sa fontaine sourdante au milieu d'elle en ung bacq, et n'est rien plus froit, lesquèles viennent toutes de la fontaine du milieu de la court. A ung bout d'icelle court, en une grande salle de marbre blancq pavée, soloit[6] couchier le roy more, pour estre plus frescement, et estoit son lict à ung bout de la salle et celuy de la royne à l'aultre bout. Au planchier d'icelle salle sont painctz au vif tous les roys de Grenade depuis long tampz. En l'aultre corpz de maison gist ung beau petit gardin pavé de marbre blancq, le mieulx ouvré que l'on puist véoir. Au milieu y a ung beau servoir[7] à mettre poissons dedens. Aussi sont pluseurs chambres de la sorte des aultres, dont les planchiers sont entretailliés et dorés excessivement. En estuves et bains illec situées, pavées aussi de marbre blancq, faisoit le roy more venir multitude de femmes pour ses soulas et déduit; lequel, pour faire ces œuvres exquises, faisoit venir le marbre de Aufrique, bien long oultre la mer. Tout concludz, c'est l'ung des lieux bien ouvré qui soit sur terre, comme, je croy, il n'y a roy crestien, quel qui soit, qui soit si bien logiez à son plaisir.

---

[1] Dans les MSS. 7382 et 15856 on lit : « lieutenant du comte de Tendile et capitaine du cas- teau, etc., » ce qui est évidemment une faute de copiste. Fossetier écrit : « Un gentilhomme de Bohemme, lieutenant du comte de Lentil, viceroy du royaume de Grenade, etc. »

[2] *Sourt*, jaillit. | [3] *Sourgeon*, tuyau. | [4] *Yst*, sort, jaillit. | [5] *Polz*, pouces.

[6] *Soloit*, avait coutume. | [7] *Servoir*, réservoir.

Ce vingt-huitiesme chapitre parle d'ung jardin de en dessus le chasteau ; de la place où on faisoit courrir les thorreaus et où on jettoit les cannes; de la maulvaisté des Mores convertis.

Ung petit plus hault que le prédit chasteau, ladicte montaigne soubstient ung jardin nommé le Généralif, qui est le beau des beauls, et des bien ouvrés l'excès[1], plain de tous gendres de fruictz estranges, de quoy sont faictes maintes foeillies où sourdent pluseurs fontaines ; au bout duquel on voidt ung corpz de maison fort beau et bien ouvré, et a les planchiers bien ouvrés et dorés à la fachon morisque.

Emprès ce jardin est ung hermitage, intitulé de la Magdalaine, que fist faire la royne d'Espaigne après la reddition de la ville. Ens grands fossés faicts en terre de devant le chasteau, appellés les Coralles de l'Escatines, mettoit-on les prisoniers crestiens du tampz du roy more, qui moult en avoit; mais ils furent tous delivrés à la prinse de la ville. Ung peu plus avant, en une place appellée le Réalèze[2], où le roy more faisoit courre les torreaus et jetter les cannes, y a une maison de pierre toute propice d'où les dames regardoient lesdicts esbatemens.

Pour ce que la ville de Grenade fu prinse par apointement, qui portoit que les habitans demoreroient en leur loy, ils tinrent long tampz leur mauldicte loy depuis; mais depuis furent constraincts de prendre nostre loy, car ilz fourfirent[3] leur apointement par une monopolieuse rébellion

---

[1] Navagero est tout à fait d'accord ici avec Antoine de Lalaing : « Il qual *Gnihalariffe*, dit-il, ancoraché non sia molto gran palazzo, è però molto ben fatto, e bello, e di belleza di giardini e di acque, e la più bella cosa che io abbia vista in Ispagna. » (*Naugerii Opera omnia*, etc., p. 568.)
Bory de Saint-Vincent ne partage pas l'enthousiasme du voyageur belge et de l'ambassadeur vénitien : « Le Généraliffe, dit-il, si pompeusement vanté par le poëte Florian, dut être une habitation tellement mesquine en tout temps, que peu de nos artisans aisés s'en contenteraient aujourd'hui. » (*Le Portugal et l'Espagne*, Paris, 1826, in-18, p. 511.)

[2] Voici ce qu'on lit dans *il Viaggio* de Navagero : « Sotto il sopradetto colle della Alhambra, a man manca, discendendo in un colle, vi sono molte fosse sotterranee, dove dicono che tenevano i Mori gli schiavi cristiani in prigione : sono come ergastuli. Più basso, pure da quella parte, vi è un borgo di case fuori della città, posto nella costa del monte detto *Antichenola*, perchè i Mori di Antechera, perduta la loro città, vi vennero ad abitare. Sotto di questo giù in plano vi è un' altro borgo di case, pur fuori delle mura, che si dice *il Realegio* » (*Naugerii Opera omnia*, p. 567.)

[3] *Fourfirent*, perdirent.

commise contre la majesté royale du roy et de la royne : ce qu'ilz firent non tant pour l'amour de leur Créateur que pour craindre de perdre leurs biens. Et est bien mal possible que les anchiennes gens, tant qu'ilz vivent, sceussent estre fermes en la foy [1]. Ces deux gentilshomes en véirent bien l'aparence : car, le jour qu'ilz y arrivèrent, fu prins ung petit enfant, filz d'ung crestien, à qui ilz coupèrent bras et jambes et lui arrachèrent le coer; et dit-on qu'ilz font souvent des cas samblables, et sont les facteurs ygnorés, tant font-ilz leurs faits secrètement.

Je troeve les habillemens des femmes de Grenade fort estranges, car elles ne portent que blancq linchoel qui leur traine jusques à terre, et coevrent, allant par les voyes, la moitié de leur visage, et ne voidt-on d'elles que ung oeil; et ont chausses grandes qui leur trippent [2] sur les jambes à la fachon d'ung quaillier [3], et ont des aultres chausses de toiles, comme ung maronnier, qu'elles atachent devant à une aguillette. Et ne portent aultre chose touchant habillement. Et samblent esprits, quandt on les rencontre de nuict. Les Espaignars les appellent *tournadisques* [4], pour ce qu'elles ont esté mores [5].

---

[1] Navagero parle dans le même sens : « Sono cristiani mezzo per forza, ma sono sì poco instrutti » nelle cose della nostra fede, e sì poca cura vi si mette, per essere più guadagno di preti, che » siano così, che d'altra maniera, che nel segreto loro o sono sì mori come prima, o non credono in » fide alcuna. (*Naugerii Opera omnia*, p. 372.)

[2] Sic dans les MSS. 7382 et 15858 de la Bibliothèque royale et dans le MS. de la Haye. *Tappent* dans le MS. 15856. Nous ne trouvons le mot *trippent* dans aucun glossaire.

[3] *Coaillier* (collier?) dans la Relation de Fosselier. | [4] *Tornadizas*, transfuges.

[5] Navagero s'occupe, avec plus de détail encore, de l'habillement des femmes de Grenade. Je crois devoir reproduire ici cette partie de sa Relation : « Le donne vestono tutte alla moresca, che è abito » molto fantastico; portano le camicie poco più lunghe che all' ombilico, e poi sus zaragolles, che » sono brache di tela tinta, attaccate, nelle quali purchè entri un poco la camicia, basta. Le calze, » dalle brache in giù, o di panno o di tela che siano, sono tutte rugate, con le sue crespe fatte per lo » traverso, di modo che fanno le gambe grossissime. Nel piede non portano pantufole, ma le scarpe » piccole ed assettate. Sopra la camicia si vestono una vesticciuola assettata e corta, con le maniche » assettate, quasi come una casacca moresca, il più a divisa di due colori, ed in cima un panno » bianco di tela che le cuopre sino in terra, nel quale s'involgono e cuoprono sì che, se non vogliono, » non sono conosciute. Il collare della camicia portano comunemente lavorato, e le più nobili lavorato » d'oro : il che anche si vede alle volte nel panno bianco nel quale s'involgono; che vi son di quelle » che le portano lavorato intorno di un lavoro d'oro. E nel resto del vestire non meno è differenza da » quelle che possono più, cioè dalle ricche e potenti, alle comuni, cioè plebee ed artigiane. Ma la » maniera dell' abito è tutt' uno. Tutte anche portano i capelli neri, i quali si tingono con una tinta

Ce vingt-neuviesme chapitre devise du x**e** denier que l'on paye yssant d'ung royame; de la cité de Valence, noble et marchande; de la gorgiaseté des femmes d'illec; de la feste que font les Valentinois au jour Sainct-Michiel, et des églises de Valence et d'aultres choses.

Le venredi, xxiii**e** de septembre, se partirent lesdicts deux gentilshomes de Grenade et logèrent à six lieues de là, à une villette nommée la Pièce[1], où il y a ung bon chasteau fondé sur une montaigne. Mais ilz n'y trouvèrent home ne femme qui sceussissent parler, sinon more. Se n'eust esté ung prebstre franchois, illec passant, qui sçavoit ladicte langue, il n'eust eut ne couche, ne viande, ne vin celle nuict.

Le samedi gistèrent à Gouadise[2], ville assés bone et eveschié, trois lieues de Pièche.

Le dimence partirent de Gouadise et prinrent giste à Basse[3], une des meilleures villes du royame de Grenade, sept lieues de Gouadise.

Le lundi, xxvi**e**, après qu'ilz eurent allet vii lieues, logèrent à la ville dicte Oisque[4], encoire du royame de Grenade.

Le mardi cheminèrent chincq lieues, puis logèrent à la thour de Predrasse (?), où emprés sont mines d'argent apertenantes au comte de Lerin, connestable du royame de Navare.

Le merquedi herbégèrent au gros village de Corvacque[5], royame de Mourse[6], noefz lieues de là.

Le joedi logèrent à la villette de Espargne (?), quatre lieues de là.

Le venredi gistèrent sept lieues de là, à la villette nommée Jumulle[7].

Le samedi, premier jour d'octobre, disnèrent à ung gros vilage appellé Yècle[8], où à demie lieue près se faict la séparation du royame d'Espaigne et du royame de Valence, qui est au roy de Arragon.

Il est coustume en Espaigne que, au sortir du royame pour entrer en aultre pays, les passans, soient gentilshomes ou marchans, mesmes ceuls

---

» che non ha molto buon odore; tutte si rompono le poppe, sicchè crescano e pendano assai e siano
» grandi: che questo reputano bello. Tutte si tingono le unghie di alcohol, che è di colore come incar-
» nato. Tutte portano in testa un acconciamento come rotondo, che, quando vi pongono in cima il
» panno, gli dà la medesima forma. Usano molto i bagni gli uomini e le donne, ma molto più le
» donne. » (Pag. 372.)

[1] La Péza. | [2] Guadix. | [3] Baza. | [4] Huescar. | [5] Caravàca. | [6] Murcie. | [7] Jumilla.
[8] Yécla.

de la maison du roy, sont constrains et tenus payer le xe de leur argent, bagues, habillemens et aultres choses qui portent hors dudit pays, saulve l'argent de leur despence et les habillemens de leurs corps, se ilz n'ont lettres du roy et de la royne commandans aux rechepveurs desdicts deniers qui les laissent passer quites et francs. Ceuls qui tiennent ce droict à ferme en rendent argent au roy et à la royne. Le quel tribut fu demandé aux deux gentilshomes, qui, se ilz eusissent sceu la coustume estre tèle, eussent aportet lettres suffisantes, en faulte desquèles furent constraincts de euls apointier ausdicts fermiers, et payer à leur volenté. Mais quandt'ilz entendirent qu'ilz estoient à Monsigneur, ilz les traictèrent moins rigoreusement qu'ilz n'eusisent faict. Et s'il estoit sceu que aulcun passasse sans parler aux fermiers, pour frauder leur droict, tout ce qu'il averoit sur luy seroit confisqué au roy et à la royne.

Et à l'après-disner logèrent au Caudet[1], premier village de Valence, à deux lieues de Yècle.

2 octobre. Le dimence allèrent à giste quatre lieues de là, à une villette dicte Mousson[2], où ilz trouvèrent moult de gents d'armes soubz la conduicte d'un gentilhomme espaignart fort extimé, appellé Porte-Carrière[3]. Le roy les envoyoit à Naples vers Gonsalle Fernande[4], qui illec faisoit guerre aux Franchois, et alloient monter sur mer à Cartagennes, ung des ports du royame de Valence.

3 octobre. Le lundi, quandt ilz eurent chevaulchiet IIII lieues, disnèrent à la ville de Chastiva[5], où est le plus fort chasteau du royame de Valence, et est bien grandt, assiz sur une haulte montaigne. Le roy d'Arragon y envoye les prisonniers qu'il voelt avoir bien gardet. Le pape Alexandre V^e [6], présentement régnant, est natif de ce Chastiva. Et après-disner allèrent logier à Cherre[7], gros village, trois lieues de là.

4 octobre. Le mardi cheminèrent six lieues, puis logèrent à Valence.

5 octobre. Et le merquedi, chinequiesme d'octobre, allèrent véoir la ville, et le

---

[1] Caudete. | [2] Moxént. | [3] Portocarrero. | [4] Gonsalve de Cordoue. | [5] Játiva ou San Felipe.

[6] C'est Alexandre VI qu'il faut lire. Il était, par son père, de la maison de Lenzoli, et de la maison espagnole de Borja par sa mère. *L'Art de vérifier les dates*, la Biographie Michaud et la Biographie Didot le font naitre à Valence. Il mourut le 18 août 1503. On voit par là qu'Antoine de Lalaing écrivit sa Relation, ou pendant son voyage d'Espagne, ou aussitôt après son retour.

[7] Schiera.

trouvèrent assés grande et bien murée à la fachon de nostre pays : car la plusparl des villes d'Espaigne ne sont closes que de terre, et sont les fossés bons à secche terre. Elle siet en pays bon et fertile, d'ung costé à demie lieue de la mer, sans havre ne port, car les batteaus ne puèvent venir plus près que de la ville de Tourtouse [1], vingt lieues de Valence, et à la ville de Tarragone, à trente-six lieues de Valence. Lesquèles villes sont sur le chemin de Barselone, et fault de là le tout porter par mulets. De l'aultre costé de Valence, environ de chincq à six lieues loing, sont villages et gardinages les plus beaus que l'on puist veoir, ornés de figuiers, orengiers, grenadiers, amandiers et aultres fruictz non veus en nostre pays. Encoire y croist le ris, le saffren, le cotton et en grands roseaus y croist le zucre, lequel on affine en la ville de Candie [2], qui est ducez, à noefz lieues de Valence, lequel ducez fu au frère aisné du duc Valentinois, qui à Romme fu ruet dedens la rivière du Tibre [3]. Tout le zucre que nous disons, en nostre pays, de Valence, vient de là.

Valence est fort peuplée et contient, comme on dit, bien xv^c maisons appertenantes aux signeurs et grands maistres du royame de Valence, car peu en y a qui ne y aist sa maison; avoecq ce pluseurs bourgois y ont leurs maisons dorées et bien acoustrées. Une en y a le comte d'Olive moult spéciale entre les plus belles. Je me tais de celle qui est à ceuls des Bourgias [4], du quel lignage est sorty le pape Alexandre, dessus nommé. C'est la plus belle [5] des Espaignes, et dit-on que de celle ville puèvent sortir, pour le besoing d'ung roy d'Arragon, mille homes d'armes à chevauls bardés; et fault entendre que tous les nobles du royame se tirent en la ville. Au regardt des dames, elles sont les plus belles et plus gorgiases et mignongnes que on sçace, car le drap d'or et le satin brochié et le velour cramoisy leur est aussy commun que velour noir et satin en nostre pays. Avoecq ce y a la plus belle maison de la ville qui soit en Espaigne. On dit que, quandt le roy et la royne d'Espaigne se sont trouvés illec, les gentilshomes et femmes de la court, quelque gavre [6] qu'ilz facent, ne sont à comparer à la gavre des gentilshomes et femmes de Valence. Ces gentilshomes en puèvent bien

---

[1] Tortosa. | [2] Gandía.

[3] Don Juan de Borja, fils du pape Alexandre VI, qui fut assassiné à Rome, où l'on jeta son corps dans le Tibre. | [4] Borja, dont les Italiens ont fait *Borgia*. | [5] L'auteur veut ici parler de la ville.

[6] *Gavre*, probablement pour *garve* ou *garbe*, élégance, de l'espagnol *garbo*.

1502. parler, car ilz arrivèrent illec au tampz qu'ilz font la plus grande feste de l'an et que plus se gorgiasent. C'est entre le jour Sainct-Michiel et le jour Sainct-Denis, les deux enclos, et ce font en recordation que ung roy d'Arragon print ceste ville et l'hosta des mains et possessions des Mores et infidèles : car tout ce tampz font grandes alumeries par toute la ville chescun soir, et célèbrent danses et aultres joyeus passe-tampz, et se pourmainent les dames par toute la ville et sont en liberté : ce que elles ne sont entre aultre tampz, car elles sont tenues subjectes, à la mode ytalyène.

En Valence troeve-on pluseurs belles églises et monastères, principalement la grande église, fondée de Notre-Dame, et est bien ornée et décorée. La table du grandt autel du coer est enrichie d'une ymage de Nostre-Dame, toute d'argent, haulte de six à sept pieds.

Celle ville est moult fort marchande, et se y tiènent les nations, comme à Bruges et à Anvers. Et illec se font les bons cuirs de marocquins.

Ce trentiesme chapitre parle de Valence, où les deux roynes de Naples se tenoient; comment tous Franchois furent banis hors des Espaignes, et comment ces deux gentilshomes obtinrent lettres de sceurté d'elles. De la maison des fols et folles, et de l'admirable bourdeau dudit Valence, et la déclaration des nobles du royame de Valence.

6 octobre. Le joedi, vi^e de ce mois, allèrent ces deux gentilshomes véoir le chasteau, qui est ung peu hors de la ville, où se tenoient lors les deux roynes de Naples, mère et fille, soer et niepce du roy d'Arragon et d'Espaigne présent [1]. L'ostel est assez anticque [2]; mais le jardin est très-beau, où il y a une chose très-exquise : c'est ung orengier du quel iiii^c aultres sortissent, lesquelz sont si bien menés et conduis qui font foeillies et chariots à l'entour du jardin.

7 octobre. Le venredi, septisme, furent advertis les ii gentilshomes que, pour la guerre esmeute au royame de Naples entre Franchois et Espaignars, le roy

---

[1] La reine de Naples, sœur de Ferdinand le Catholique, était Jeanne, qui avait épousé Ferdinand II, roi de Naples, mort le 5 septembre ou octobre 1496. D'après l'*Art de vérifier les dates*, auquel nous empruntons cette date, il n'avait pas laissé d'enfants.

[2] MS. de la Bibliothèque de la Haye. *Autenticque* dans notre manuscrit ainsi que dans ceux qui portent les n°s 15856 et 15858.

et royne d'Espaigne avoient faict publyer par tous leurs pays que tous Franchois, marchans et aultres, non maryés ne résidans en leurs signouries, vuidassent dedens ung jour nommé, sur paine d'estre mis par force en gallées¹ et de avoir tous leurs biens confisqués : ce qui fu faict; et ne véoit-on incessamment que gens en aller. Par quoy ces gentilshommes se trouvèrent vers la royne de Naples, la quéle gouvernoit lors le royame de Valence pour le roy son frère, la quéle estoit bien acompaignié de sa fille et d'aultres dames et demoiselles, et luy contèrent que ilz estoient venus véoir le pays, par le congié de leur maistre, monseur le prince de Castille, de qui ilz n'avoient prins lettres, à cause qu'ilz estoient ses domesticques serviteurs; et, pour ce que ilz craindoient avoir empescement en chemin, pour ce qu'ilz estoient de nation et vestus de sorte franchoises, requirent la royne pour obtenir lettres de passage sans empeschement : ce que elle fist volentiers pour l'honeur de Monsigneur, et leur offrit faire convoyer, adfin qu'ilz fuissent mieulx asscécurés. De quoy les dicts supplians le merchyérent très-humblement, disans qu'ilz en feroient le rapport à monsigneur leur maistre. Lors prinrent congié des roynes, et allèrent après disner vers les signeurs de la ville, qui volentiers despeschèrent lettres tèles que les roynes avoient ordonné. Là leur firent bone chière et bon recœil aulcuns marchans et gens de bien qui avoient fréquentet Flandres.

Le samedi allèrent veoir une maison apertenante à la ville, où ilz font nourrir fols et folles et gens sans sens. Il en y avoit alors beaucop. Là sont gens gaigiés pour soignier d'euls en toutes leurs nécessités, aux publicques despens de la ville.

Après le souper, furent les deux gentilshomes menés par aulcuns gentilshomes de la ville véoir le lieu des filles publicques, lequel lieu est grandt come une petite ville, et fermé tout à l'entour de murs et de une seule porte. Et devant la porte y est ordonnet ung gibet pour les malfaiteurs qui polroient estre dedens. A la porte ung home à ce ordonné oste les bastons des voeillans entrer dedens, et leur dit, s'ilz luy voelent baillier leur argent, se ilz en ont, qu'il leur en rendra au widier² bon compte, sans perte. Et d'aventure, s'ilz en ont et ne le baillent, se on leur robe la nuict, le portier n'en est respondant.

---

¹ *Gallées*, galères. | ² *Au widier*, à leur sortie.

En ce lieu sont trois ou quatre rues plaines de petites maisons où en chescune a filles bien gorgiases vestues de velour et de satin, et sont de deux à trois cens filles. Elles ont leurs maisoncelles tendues et acoustrées de bon linge. Le taux ordoné est quatre deniers de leur monnoye, lesquelz à nous valent ung gros (en Castille ne payent que III malvidis)[1], dont se prendt le xe denier, come des aultres choses cy-après déclarées, et ne puet-on plus demander pour la nuit. Tavernes et cabarés y sont. On ne puet, pour la chaleur, si bien véoir ce lieu, de jour, que on faict de nuict au soir : car elles sont lors assises à leurs huys, la belle lampe pendante emprès d'elles, pour les mieulx véoir à l'aise. Il y a deux médecins ordonnés et gagiés à la ville pour chescune sepmaine visiter les filles, à sçavoir se elles ont aulcunes maladies, pocques[2], ou aultres secrètes, pour les faire widier du lieu. S'il en y a aulcune malade de la ville, les signeurs d'icelle ont ordonet lieu pour les mettre, à leurs despens, et les foraines sont renvoyées où elles voelent aller. J'ay ce escrit pour ce que je n'ay ouy parler de mettre telle police en si vil lieu.

9 octobre. Le dimence, ixe, ne se bougèrent lesdicts gentilshomes, pour mieulx véoir le tout.

Avant widier de ce royame, voel déclarer les noms des grands maistres d'iceluy, come feray de ceuls d'Arragon et de Castille.

Premier, le duc de Segorp, comte d'Apoie[3], le duc de Gandie, le duc de Villermose[4], le comte d'Olive, le comte de Coussadayne (?), le comte de Vers (?), le comte d'Allebayde[5], sans les aultres grands maistres et gentilshomes, qui sont en nombre de deux milles. Et quandt aux évesques du royame de Valence, ilz sont seulement deux : l'archevesque de Valence et l'évesque de Segorp et de Albarazin[6] : c'est une ville emprès Segorp, où sont pluseurs villages[7]: mais les habitans d'iceuls sont payens et mescréans, réservé le signeur, le curé et deux ou trois maisnages crestiens. Et la plus part des villages de Valence sont ainsy. Et disoit-on qu'ilz estoient plus de L^m Mores ou dit royame de Valence, qui n'est gaire grandt.

---

[1] *Malvidis*, maravédis. | [2] *Pocques*, pustules de petite vérole.
[3] Le duc de Segorbe, comte de Ampurias. | [4] Villa Hermosa. | [5] Albayda. | [6] Albarracin.
[7] *Sic* dans tous les manuscrits. Il semble qu'il faille lire : « c'est une *vallée* emprès Segorp, où sont » pluseurs villages. »

Ce chapitre trente-et-uniesme continue ladite matière, et parle du xᵉ denier de toute marchandise et de ce à quoy les signeurs subjects sont tenus au roy pour ce qu'ilz rechoipvent le xᵉ denier en leurs terres.

Le lundi, xᵉ d'octobre, partirent ces gentilshomes de Valence et logèrent à Morevedre [1], quatre lieues de là, laquèle anchiennement fu plus grande deux fois que Valence, come on voidt par les vièses murailles.

Le mardi disnèrent à Segorp, ville assés forte, chincq lieues de Morevedre, où se tient l'infantal d'Arragon, bien prochain parent du roy d'Arragon et d'Espaigne presens. Illec aulcuns jurés de la ville vinrent à la table où disnoient yceuls gentilshomes, lesquels, cognoissans que ceuls avoient aportet la chair qu'ilz mengeoient du lieu où ils avoient couchiet le soir, le volurent peser, disant qu'ilz payeroient le xᵉ denier de ce que elle avoit coustet, come s'ilz eusissent acheté en la ville : ce que les dessusdicts n'ont veu faire que en ce lieu; mais bien est vray que par tout le royame d'Espaigne se paye au roy et à la royne le xᵉ denier de tout ce que l'on y vent et achate. C'est ce de quoy ilz lièvent les plus grands deniers. Ce droict aussi se coelle en terre des signeurs subjects, à leur proffyt, du consentement du roy et de la royne : mais les prinches et les grands maistres sont pour ce point obligiés de tenir certain nombre de gens pour servir à leurs despens le roy et la royne en guerre, toutes les fois qu'ilz en aront besoing, sans ses frais, fors qu'ilz sont tenus de donner xxv malvidis à chescun home d'arme, et le signeur soubz qui cest home d'arme milite paye le reste à cause du droit dessusdit. Cela se nome en leur langue l'allequevade [2], et tous aultres signeurs subjects tenant ce droit sont tenus payer et servir chescun à son advenant. Ce considéré, ces deux gentilshomes ne volurent débatre, mais contentèrent les demandans. Ce jour, à l'aprèsdisner, logèrent à Soricqua [3], bon village à deux lieues de là.

Le merquedi disnèrent à ung village appellé les Baracles [4], trois lieues de là, où à demie lieue près se faict la séparation du royame de Valence et cil d'Arragon. Par quoy ilz payèrent là le mesme denier xᵉ du droict qu'ilz avoient payet à la séparation des royames de Castille et de Valence.

---

[1] Murviédro. | [2] L'alcabaia. | [3] Xérica. | [4] Barracas.

come il est dessus déclaré. A l'après-disner arrivèrent, après avoir estet iiii lieues, à Sarion, premier vilage d'Arragon.

Le joedi, xiiie, disnèrent à ung vilage appellé la Poible¹, à trois lieues de Sarion, et logèrent à une villette assés bonne nommée Yroille², et est éveschié, à iiii lieues de leur disner.

Le venredi disnèrent au village dit Villacramad³, chincq lieues de là, et couchèrent à ung village dit Tourlacasse⁴, à deux lieues de là.

Le samedi disnèrent au village nommé Chemin royal⁵, chincq lieues de là, et gistèrent à une villette dicte Callamousse⁶.

Le dimence logèrent au village de Lisson⁷, chincq lieues de la Callamousse.

Le lundi disnèrent à une assés bonne ville, nommée Carrignienne⁸, chincq lieues de là, et gistèrent à Longars⁹, villette deux lieues de là.

Le mardi desjunèrent à la Vente Rodighe¹⁰, quatre lieues de là. Pour entendre que c'est une vente, c'est à dire une hostèlerie de nostre pays et une maison seule parmy les champz. Et à l'après-disner cheminèrent iiii lieues, puis herbergèrent à Saragoce, où ilz séjournèrent jusques à la venue de Monsigneur, duquel renterons icy en matière¹¹.

Ce trente-deuziesme chapitre retourne à parler de Monsigneur, partant de Toulette, et de la mort naturèle de deux gentilshomes de Monsigneur. De la ville de Ocquaine. Du débat de Rodrich de Lalaing. De Edouart Trotin, torturé et banny. Du marquis de Moye; comment il festoya Monsigneur à Chinchon. De la ville d'Alcala, et comment Monsigneur y fu bien rechupt. De la mort du cardinal et du congié de Monsigneur à la royne.

Pour retourner là où nous le aviesmes laissiet la matère de Monsigneur, loist¹² sçavoir que, le lundi, xxixᵉ d'aoust, Monsigneur et Madame, après la messe ouye, partirent, à une heure après le minuit, de Toulette, où ils

---

¹ La Puebla de Valverde. | ² Teruel. | ³ Villarquemado | ⁴ Torre la Carcel. | ⁵ Camino Real.
⁶ Calamocha. | ⁷ Lechon. | ⁸ Cariñena. | ⁹ Longáres. | ¹⁰ La Venta Rodrigo.
¹¹ MS. de la Haye. *Duquel nous réciterons cy en matière*, dans les MSS. 7382, 15856 et 15858 de la Bibliothèque royale.
¹² *Loist*, il faut.

laissèrent la royne et moult de leurs gens malades: et alla couchier Monsigneur à une maison de plaisance nommée Arranseus¹, sept lieues de Toulette. Et Madame print giste à Ville Sequile². quatre lieues de Toulette.

Ce jour morut à Toulette Jacques de La Barre, dit Minette, eschanson de Madame.

Le joedi, premier de septembre, Monsigneur et Madame, partis de Arranseus, arrivèrent à viii heures au soir à Ocaigne³, où on faict les bons gans d'Espagne.

Le venredi trespassa Philippo de Hun, gentilhome de Monsigneur. qui avoit print la maladie à Toulette.

Ocaigne, où Monsigneur fu logié à l'hostel du commandor maior⁴, qui est l'ung des beauls qui est en Castille. siet en plain pays de labeur assés bon, et n'est furnie d'eaue que par une fontaine sourdante ung ject de pierre hors de la ville.

Le mardi, vi⁰, Monsigneur ouyt messe chantée de ses chantres à ung très-beau et solitaire monastère des Observans, assiz entre deux rochiers, et sont sur l'ung des rochiers en hault sept petites celles ou chapelles bien belles et solitaires.

Le merquedi, vii⁰, en une gallerie près de la chambre de Monsigneur, commencha discorde entre Rodich, bastardt de Lalaing, capitaine des archiers de corpz de Monsigneur, et Jehan de Marteny⁵, escuyer trenchant de mondit signeur, tèlement qu'ilz furent tous deux navrés. Ce sceu par Monsigneur, il ordonna à monsieur de Ville, grandt et premier chambellan, faire prendre les parties par le prévost de l'hostel et les mettre en fers, où ilz demorèrent aulcuns jours. Après leur fu commandet euls retirer de la cour et non aprochier le lieu où Monsigneur sera, à x lieues près : par quoy l'ung alla d'ung costé, et l'aultre de l'aultre. Puis ordonna Monsigneur Philippe de Sonastre capitaine de sesdits archiers, et le fu environ de ung moix. Durant ce tampz pluseurs gens de bien requirent à Monsigneur pardon pour les deux gentilshomes, mais ilz ne obtinrent rien. La royne, advertie du cas, requist pour euls tant instamment que Monsigneur leur rendit sa maison et à chescun d'euls son estat.

---

¹ Aranjuez. | ² Villasequilla. | ³ Ocaña.
⁴ *Comandor maior*, grand commandeur ; *comendador mayor* en espagnol. | ⁵ Martigny.

1502.
8 septembre.
10 septembre.

Le joedi, jour de la Nativité Nostre-Dame, ceuls de la ville coururrent les thors[1] devant Monsigneur, et le lendemain jettèrent les cannes[2].

Le samedi la ducesse vesve du duc de Gandie et son fils et sa fille vinrent faire la révérence à Monsigneur. En ce tampz fist Monsigneur emprisonner Edoart Trotin, qui avoit été serviteur de chambre à monseur de Bezenchon jusques à sa mort, lequel on chargeoit avoir retenu aulcunes lettres secrètes, touchantes fort aux affaires de Monsigneur, que avoit ledit de Bezenchon, qui riens par tortures ne congneut : par quoy, mis en ung sacq, fu jettet en la rivière, où il fu bone espace, adfin que il congneusse ce que on luy admetoit, ce qu'il ne volu faire. Enfin fu délivré et banni de la court.

12 septembre.

Le lundi disna Monsigneur ausdicts Observans.

14 septembre.

Le merquedi, jour de l'Exaltation Saincte-Croix, s'esprint de la cuisine de Monsigneur ung feu à l'heure de six heures, au souper, qui fu tos estains, come affermoit le concherge de Monsigneur : mais, en fin du souper, ledit feu mal estaint se resmeut tèlement que, non obstante la résistence, la quarte partie de la maison fu arse jusques terre. Mais, grâce à Dieu, Monsigneur ne home de sa maison n'y perdirent rien.

15 septembre.

Le joedi, xv° jour, Monsigneur et Madame passèrent à batteaus la rivière de Tago et couchèrent à Chinchon, quatre lieues de Ocaigne. Et est Chinchon village assés bon seloncq sa situation : c'est sur une montaigne et vallée, pays de vignoble et de labeur ensemble. Une fontaine furnit d'eaue tout le village. Et logèrent Monsigneur et Madame à l'hostel du marquis de Moye, lequel seloncq son grandeur est l'ung des mieulx acoustrés de toute Espaigne, garny de bones tapisseries et vasselles d'or et d'argent dorées et d'aultres. Et est celle maison assise sur la montaigne, et regarde ung aultre chasteau édifyé dudit marquis sur une aultre montaigne, à trois jets d'arbaleste dudit village. Il y a ung gardin assés beau, en sorte de vergier, où sont pluseurs herbes et plantes odoriférantes et utiles, et au milieu une belle fontaine.

16 septembre.

Le venredi Monsigneur visita ung gardin de deux bonniers en la valée entre ledit village et le chasteau, où croissent divers arbres, fruictz et herbes, muni de connins et volatilles de pluseurs sortes de couleurs.

---

[1] *Thors*, taureaux. | [2] Voy. p. 149, note 2.

Puis visita le chasteau, où le marquis fist présenter à Monsigneur et à ses grandz signeurs et gentilshomes de l'hostel vin, chars et poissons, et chinades ¹ pour les chevauls, si largement que Monsigneur ordonna en rien prendre. Lors fist ledit marquis ung banquet de drageries et zuccades, et fist courre les torreaus et jetter les cannes à la mode du pays. Ce faict, partirent à chincq heures au soir et gistèrent à Arganda, village à deux lieues de Chinchon.

Le samedi, xviiᵉ, allèrent logier à Alcalla de Henairs ², quatre lieues de là, où messeurs de la ville vinrent au-devant de luy et s'efforchèrent faire le meilleur recoeil qui leur estoit possible; et ceuls de l'Église le allèrent bienveignier à croix et confanons. Ceste ville est du grandeur d'Ath en Haynault, à demie lieue de laquèle Monsigneur passa un pont de ix à x arcures sur la rivière de Henairs, et siet en une vallée en ung lieu beau, bon et fertile. Ses rues sont assés bien pavées à la fachon de nostre quartier. Peu de villes sont en Espaigne pavées; et dient que c'est pour contregarder leurs mulets et chevauls, car ordinairement ne vont par les rues et voyes sans cheval ou mulle, se ne sont povres varlès et mécanicques. Dalès ³ le Marchié siet ung beau monastère de Cordeliers, auprès duquel l'archevesque de Toulette présent ⁴, qui est observant, faict faire ung trèsbeau colliége, qui n'est encoire parachevé. A l'hostel duquel Monsigneur et Madame furent logiés, et contient deux grands corpz de maisons; et auprès sont deux jardins grands et assés beauls produisans arbres et fruictz de diverses sortes.

En celle maison acoucha de son premier enfant madame Margritte d'Austrice et de Bourgoigne, soer germaine de Monsigneur, alors princesse de Castille.

Le dimence les commis de l'archevesque de Toulette, à qui la ville est, présentèrent à Monsigneur volilles et fruictz, et à ses grands maistres; et firent ceuls de la ville courre les torreaus aux cars ⁵ devant l'hostel de Monsigneur, lesquelz l'on fist derecief courre le merquedi, xxiᵉ du moix, sur le Marchié, et jecter les cannes devant mondict signeur.

---

¹ *Chinades.* Je ne trouve ce mot dans aucun glossaire. | ² Alcala de Henares. | ³ *Dalès,* auprès.
⁴ Fray Francisco Ximenes de Cisneros, comme nous l'avons dit p. 178, note 2.
⁵ *Cars,* chars, chariots.

1502.
30 septembre.

Le venredi, derrenier jour de septembre, Monsigneur et Madame issirent d'Alcalla à petite compaignie, pour aller prendre congié à la royne : car ilz voloient tirer en Arragon, et de là en leurs pays de Flandres, etc. Et vint ce jour Monsigneur à Madrille, et Madame le lendemain, et aussy fist la royne, venante de Toulette. Et furent tous trois logiés au chasteau de Madrille.

1ᵉʳ octobre.

Le premier jour de octobre trespassa le cardinal d'Espaigne [1], que Dieu absoile. Il estoit home de bien et honeste et beau personage, de la noble maison de Mendosse

7 octobre.

Monsigneur demora avoec la royne jusques au septisme jour d'octobre, et Madame print congié, le vıᵉ, à la royne sa mère et alla couchier à une abbaye de nonnains nommée Reges. Et Monsigneur print congié le septisme et partit de la royne, non sans grands regrets d'ung costé et d'aultre.

Ce trente-troisiesme chapitre touche aulcunes des loenges de la royne d'Espaigne, et premier du neux d'amour que elle encoire à marier envoya au roy d'Arragon, et de la devise d'elle et de son mary; des alliances de leurs enfans; de ses conquestes, principalement de Grenade, et comment le roy Loys XIᵉ luy rendit Roussillon, et de la deffense de porter draps de soye.

Combien que les cronicques d'Espaigne soient méritoirement plains et décorés des très-vertueuses oevres de ceste royne de Castille, nommée Élizabeth, sy ne m'en pourroy-je taire, car je tiens que, depuis vᶜ ans, n'a eult sa pareille sur la terre. Après la mort de Jehan de Castille, son père, tous ses pays demorèrent embrouilliés pour les discordes, débats, dissentions et envies des princes et grands maistres de Castille. Pluseurs roys et grands princes requirent avoir ceste royne, unicque fille et héritière de son père, en mariage, et entre les aultres le roy d'Arragon, qui allors ne estoit point à l'avant, mais on l'estimoit sage. Cil prinst esmerveillable diligence pour y parvenir. Elle, cognoissante qu'il estoit prince vertueux et que le royame d'Arragon tenoit au sien, et qu'elle en poiroit avoir plus grandes adsistences que de plus longtain, luy envoya, pour

---

[1] Voy. p. 167, note 5.

sçavoir se il estoit home d'entendement, ung neux d'amour, à cause que c'est une chose fort entremeslée et touilliée¹, en signification que ces pays estoient lors de celle sorte. Le roy d'Arragon rechupt ce neux d'amour, et non sçachant la cause pour quoy elle luy envoyoit, pensa beaucop que ce voloit estre; et enfin il conchupt l'entendement que avoit eut la royne, que son royame estoit entremeslé et embrouillié des dissentions de ses grands maistres les ungs contre les aultres, et que mal estoit possible à les bien desmeller. Par quoy il prindt ung couteau et trencha le neux d'amour en deux, le renvoyant en ceste sorte, disant qu'il ne sçavoit aultre moyen pour le desmeller, luy signifiant par ce qu'il n'estoit possible par amour desmeller les divisions de ses grands maistres, mais qu'il y failloit aller par l'espée et à force. Icelle royne, véant celle responce, congneut que ce prince-ycy estoit home pour luy aidier à garder son pays. Après pluseurs envoyes et renvoyes faicts, ceste royne le manda venir vers elle : ce qu'il fist; et après qu'ilz eurent communicquiet ensamble touchant leurs affaires, ils espousèrent l'ung l'autre, et puis tost après réduisèrent tous les débas et dissentions qui lors estoient en ce royame, et réeult ce que à elle apertenoit, et remist tous les grands maistres subjects et obéyssans à euls plus que jamais ne avoient esté devant. De déclarer la manière je seroie trop long. Qui en voelt plus sçavoir voist² adviser les cronicques de Castille, où le tout est déclaret à plain.

La royne a tousjours porté depuis en sa devise une trousse de flesches avoec le neux d'amour, come on voidt en pluseurs lieus et ens monnoyes blances qu'elle a faict forgier, et le roy a tousjours portet depuis le jou³ et son mot à l'entour : *Tantost monta*⁴. Ung jou est ce de quoy on atoile⁵ les buefs.

De ce roy et royne sont sortis ung filz et quatre filles, qui, par la vertu de la royne leur mère, ont estet haultement allyés, car son filz⁶, prince de Castille, fu allyé à madame Marguerite d'Austrice, unicque fille de l'empereur Maximilien, premier de ce nom, présentement régnant, et soer de monsigneur l'archiduc d'Austrice; sa fille aisnée⁷ au roy de Portugal⁸ : la

---

¹ *Touillée*, mêlée. | ² *Voist, voise*, aille. | ³ *Jou*, joug.
⁴ *Sic* dans les manuscrits de la Bibliothèque royale et dans celui de la Haye.
⁵ *Atoile*, attelle. | ⁶ Don Juan. | ⁷ Isabelle.
⁸ Non pas au roi, mais au prince don Alphonse.

seconde à monsigneur l'Archiduc, unicque filz et héritier dudit empereur; la troizime¹ au prince de Galles, aisné filz du roy Henry d'Engleterre; la quatriesme² à ung autre roy de Portugal³.

Des conquestes qu'ilz ont faict ensamble maryés, la principale et bien digne de mémoire est la conqueste du royame de Grenade, qui est grandt pays et plain de villes grandes et puissantes et de fors chasteaus, par espécial la ville et chasteau de Grenade, où ce roy et royne furent sept ans au siége; et ne veult⁴ jamais la royne partir ne retirer tant que le tout fu osté hors de la puissance des Mores mescréans qui l'avoient si long tampz possessez qui n'est mémoire du contraire. Et disoit-on que les roys de Grenade estoient si fiers et oultrecuidiés que ils escripvoient ainsy leur title : *Jehan ou Fier-à-Bras, par la grâce du grandt Dieu, roy de Grenade, burant les vins et les eaues et mengeans les fruicts de la terre en despit de la crestyèneté.* Durant lequel siége elle-mesme fist édifyer, à deux lieues de Grenade, la ville dicte Saincte-Croix, où elle d'ung ou de deux enfans acoucha. J'en ay assés touchiet par avant pour entendre ceste matière.

Item le roy Charles VIIIᵉ, congnoissant les vertus de ceste royne, luy rendit par amisté la comté de Roussillon et Parpignant, que le roy d'Arragon, son mary, avoit engaigiet pour IIIIᶜ milles escus d'or au roy de France Loys XIᵉ, à cause d'une guerre qu'il avoit eut en ses terres. Elle, après la mort du prince de Castille, son filz, fist grandt dueil; aussy fist tout le royame, et non sans cause, car il estoit unicque filz du roy et de la royne. Congnoissante aussy que son eage croissoit, fist un édit par tout son royame que, dès lors en avant, home, quel qu'il fuist, ne porteroit drap de soye en robes ne en sayons, ne les femmes pareillement, se leurs maris ne tenoient ung cheval en l'estable. Ce fist-elle pour ce que paravant les gentilshomes de son royame dilapidoient leurs héritages et patrimoines pour porter draps de soye : car ils en faisoient si grands excès que c'estoit despence inestimable. Et quandt à elle, en son tampz jamais princesse ne fu sy gorgiase ne sy bien acompaignié de dames et de demoiselles bien acoustrées, que elle estoit.

¹ Catherine. | ² Marie. | ³ Emmanuel. | ⁴ *Veult*, voulut.

DE PHILIPPE LE BEAU.

Ce trente-quatriesme chapitre devise que ses subjects chevaulcheroient chevauls de xv paulmes, et de ses ordonnances et autres gens d'armes; de la division de ceuls de la maison de Mendosse à ceuls de Menricques; la manière de prendre les malfaicteurs; et des jeus deffendus, et comment les Mores furent bannis des Espaignes.

1502.

Celle royne, voyant que ses gentilshomes chevaulchoient la pluspart mulles, et quandt il les convenoit armer et monter à chevauls, ilz estoient adextrés le pis du monde; considérant donc que journèlement attendoit la guerre contre les Franchois ou contre les Mores, ou contre les deux parties en ung mesme tampz, par quoy elle ordonna que nulz, quelque grandt maistre qu'il fuist, s'il ne estoit presbtre ou home d'Église, ne chevaucheroit mulle, mais chevaucheroit chevauls, et les chevauls seroient de xv palmes ou plus, adfin d'estre mieulx induis à la guerre; et mesme le roy son mary obligea à cela. Et commanda que ceuls de la frontière des Franchois chevaulcheroient à nostre mode, et les voisins à Mores chevaucheroient à la jennette. Elle avoit ɪɪɪ^m homes d'armes d'ordonnance à ses gaiges et quatre milles homes d'armes qui se tenoient à leurs maisons à demi-gaiges: mais iceuls estoient prestz de servir à la guerre sitos qu'elle les mandoit, et lors avoient leurs plains gaiges. Et pour ce que elle avoit ordonnet que les femmes ne porteroient draps de soye, se leurs maris n'avoient cheval en l'estable, chescune femme se efforchoit de faire avoir à son mary ung cheval, adfin de porter drap de soye. Ainsy povoit-elle trouver à son besoing quarante ou chincquante milles chevauls jennetz : au regardt de piétons, elle en recouvroit en haste cent ou vɪ^{xx} milles pour ung affaire. Et en ses deffences réserva que ung estrangier venant demorer en son service ou ses pays pourroit porter, les quatre premiers mois, draps de soye et chevaulchier mulets : mais s'il passoit ces ɪɪɪɪ mois, il seroit puny seloncq l'édict de la royne.

Encoire régnoit entre les grands maistres du pays une altercation, par espécial entre ceuls de la maison de Mandos[1] et ceuls de la maison de Menricque, lesquèles sont les plus grandes maisons de Espaigne. Le connestable, yssu de la maison de Mandos, est le cief du sang et le cief du débat

[1] Mendoza, comme il a été dit plus haut.

et le plus puissant. Et le duc de Negere ¹, issu de ceuls de Menricque, est le cief de yceuls et le cief du débat et portant la querelle. Ledit connestable est le plus puissant de biens et de parens : mais le duc de Negere a tousjours esté si sage et si vertueux qu'il a acquis pluseurs fors et grands amis, en telle fachon que, quandt ilz se sont trouvés aux champz, le duc de Negere a tousjours faict à la part au connestable, si bien que il n'a riens entreprins sur luy. Et pareillement le connestable a faict à la part audit duc, luy estant en villes. La royne a toute sa vie bien gardet les parties, que l'une n'a rien entrepris sur l'autre; et avoit cest entendement que de garder, où que ce fust, la partie qu'elle sentoit la plus foible. Et moy-mesme les ay veu venir à court de si bone sorte qu'ilz séoient sur ung mesme bancq en une salle devant elle, et si hardi qu'ilz osassent dire mot l'ung à l'aultre en bien ne en mal. Et se ne fuist la crainte qu'ilz avoient d'elle, euls et leurs gens se fuissent souvent entrebatus.

Item il y a en Espaigne que elle a mis sus ung nouvel exercice de justice qui se nomme *allemanda* : c'est que, quandt ung malfaicteur se rendt fugitif pour quelque mésus que ce soit, subitement les alcalles ² et les algousilles, qui sont comme prévosts et sergans en nostre pays, s'ilz ne le puèvent apréhender, font sonner les cloches de village en aultre, et chescun à diligence va après le fugitif, qui ne se puet saulver que en trois pays : France, Portugal et Navare, car Arragon est à présent compris ès Espaignes; et en chescun de ces trois passages sont gardes commises pour non laissier passer aulcun sans sçavoir qui il est. Et est ceste *allemanda* si ordinaire que, dedens xxiiii heures, il est sceu par tous les pays d'Espaignes. Laquèle dicte loy *allemanda* a sy bien entretenu, que l'on n'y a trouvé point ou peu de faulte. Aussy a-t-elle faict toutes les autres conditions de justice desdicts pays.

Item, pour subvenir aux débats et autres inconvéniens qui se engenroient ou engenrer se povoient ens jus ³ de dés, de cartes et autres jus deffendus, elle ordonna deffendre lesdicts jus, et se aulcuns jouoient, que le perdant, dedens iii, vi ou viii jours, povoit redemander au gaignant ce qu'il avoit perdu; et s'il refuse le rendre, se plainde le perdant à justice, et elle constraindera le gaigneur, soit ung ou deux ou plus, rendre

---

¹ Nájera. | ² *Alcalles*, alcades. | ³ *Ens jus*, aux jeux.

entièrement ce qu'il avoit gagniet. Mais ceste ordonnance est faicte pour meschans gens qui en font mestier : car il n'est point publyet, se gens de bien voelent jouer ensamble, que faire ne le puissent, et tenroit-on ung home de bien pour lasche, s'il redemandoit ce qu'il aroit perdu.

En ce tampz mil V^c et ung [1], en may, Monsigneur, estant à Toulette avoecq le roy et la royne, fu adverti de la multitude des blans Mores habitans ès Espaignes. Esbahy du cas, enquist pourquoy on le souffroit, et on luy respondit que les grands deniers des tribus qu'ilz payoient estoit la cause : car chescune teste grande et petite payoit par an ung ducat d'or. Et Monsigneur respondit que quelque jour ils pourroient faire plus de domage au royame que leur tribut ne vault, comme ils ont aultrefois faict et cuidiet faire encoire plus. Tant continua Monsigneur ses paroles qu'elles entrèrent ens oreilles de la royne. Par quoy, pour complaire à Monsigneur, cognoissant aussy qu'il disoit chose vraye, comanda que, dedens quatre mois ou chincq ensiévans, widassent de ses pays ou se feissent baptisier et tenir nostre foy : ce que pluseurs firent, plustost, ce tien-ge, aulcuns pour garder leurs biens que pour l'amour de Dieu. Les aultres retournèrent en leurs pays : dont les pluseurs furent destroussés et pilliés aux passages.

Ce trente-cinquiesme chapitre parle de sept isles gaigniés ès Indes par le corage de la royne; de l'isle de la Palme; des Franchois occis par les Espaignars au royame de Naples; du siége de Saulz levé par les Espaignars.

Ceste très-noble royne, pour tousjours augmenter nostre foy, envoya ès Indes grande quantité de navires garnies de bones gens d'armes et de vitailles, et besongnèrent tèlement qu'ilz conquirent sept isles.

La première fu l'isle de Canare [2], dont viennent çucres. La seconde l'isle de Ténériffe, où anchyennement régnoient ix roys. La IIIe fu l'isle de la Grumière [3], de où pareillement viennent çucres. La IIIIe est l'isle de la Hière [4], où les gens la pluspart ne font que fromages. La chinquiesme est

---

[1] Sic dans les deux MSS. de la Bibliothèque royale et dans le MS. de la Bibliothèque de la Haye. L'auteur avait probablement écrit : *En cest an mil V^c et deux.*

[2] Canarie.　[3] Goméra ou Gomere.　[4] L'île de Fer.

1502. l'isle dicte la Palme, où il y a une chose bien estrange et bien admirable : car elle n'a eaue fors que par ung dadier¹ qui porte dades sur palmes. au piedt duquel a une fontaine de jour plaine et de nuict toute wide; et chescun jour s'eslieve une fois à l'entour de l'arbre une rosée descendante du ciel ou du mains d'en haut, laquèle se agrandist si fort et espessit et s'espart par toute l'isle; et n'ont point d'aultre eaue. La VIe est l'isle de Lanserot², et la VIIe Forte-Aventure.

Depuis lesquèles isles conquises, la royne a tousjours faict chercher plus avant, tèlement que journèlement on gaigne terres et isles ès Indes. En aulcunes d'elles sont trouvées mynnes d'or. Le roy et la royne en ont la quinte partie et donnent le résidu à ceulx qui les voelent ouvrer. Et pour ce que le peuple estoit en elles tout nud et vivoit brutalement come bestes, et ne sçavoient la manière de cultiver et augmenter le pays, le roy et la royne y envoyoient assiduèlement navires, gens et vitailles. pour faire maisons et églises et multiplyer ces isles, qui sont présentement si bien habitées que elles vallent moult au roy et à la royne. Et est aussi commun de l'Andelousie aller maintenant ens Indes que dudit pays de l'Andelousie aller en Flandres, et l'ayment ottant les marchans. Et se aulcun disoit que ce sont choses controuvées, je respondz que je ne les ay veu : néantmains j'ay proposé rien mettre par escript en ce traictiet que je n'aye veu. Mais ardeur d'exprimer le los de ceste ineffablement loable royne me constrainct escrire cecy; et, pour vérification de ce, j'ay veu et ouy certifyer ce que j'en ay escript, à Monsigneur et à pluseurs grands maistres, lors présens, par ung capitaine qui fu à ces isles conquerre, desquèles il est encoire principal cief soubz le roy et la royne.

En l'an XVe et deux Franchois et Espaignars se prinrent de guerre pour le royame de Naples, lors divisé en deux parties, car Franchois en tenoient la moitié et Espaignars l'aultre moitié. Le duc de Nemours estoit lieutenant général du roy de France ou dit royame, et Gonsalle Fernande y estoit lieutenant général pour le roy et royne d'Espaigne. Mais la vertu de ceste royne y besoigna tèlement et si bien, tant par doner bataille come par prendre villes à force, que le duc de Nemours y fu occy, et elle totalement en demora dame et maistresse : car tel estoit son droict. En ce mesme tampz

---

¹ *Dadier*, dattier. | ² Lancerote.

Franchois assiégèrent le chasteau de Saulse ¹ en la comté de Roussillon, où ils furent une espasse : à quoy la royne mist tèle provision que Franchois furent constrainctz par dure bataille de soy retirer; et demorèrent le roy et royne d'Espaigne maistres à leur honeur.

Pour conclusion, plus avant déclarer des vertus et triumphes d'icelle n'est ma matère et pourpos ² : pour tant à tant metteray fin à cela. Some, elle a esté obéye par tout son règne, et n'y a eult si grandt maistre qui, d'elle mandé, et fuist par son mendre serviteur, ait osé refuser : car elle punissoit si griefvement les refusans, que les aultres s'y exemploient. Sa mort ³ a causet tèle perte à la crestyèneté que tous les crestyens se deussent vestir de noir pour monstrer doeil. Et adfin que elle ne monstrat quelque grandeur à la mort, mais humilité, elle, pour tout triumphe, requist seulement que du lieu où elle trespassa, qui est Médine de le Campe ⁴, estre menée et ensepvelie en la ville de Grenade, au mendre estat que faire se pooit, à cause que c'estoit son principal triumphe et conqueste. Et ordonna avoir entour elle, à son enterrement, non plus que XII ou XIII torses, et veult estre sépulturée non plus excellentement que la mendre gentile femme de ses pays, sans faire mention d'elle. Par quoy on le couvrit d'une pierre platte sans figure aulcune.

Or retournons au voyage de Monsigneur où je l'ay laissiet.

Ce trente-sixiesme chapitre parle d'ung miracle de la saincte croix faicte à la conqueste de la ville viése de Alcalla, où les crestiens vaincus reprinrent corage, et de la ville de Sygoence.

Monsigneur, après le congié pris le VIIe d'octobre à la royne, alla de Madrille six lieues et alla couchier à Alcalla. Le jour mesme y arriva Madame, qui avoit couchiet auprès, à l'abaye de Reghes ⁵, environ d'une lieue franchoise de Alcalla. Vers Midi voidt-on en bas des montaignes les

---

¹ Salces. | ² *Pourpos*, propos.

³ Isabelle la Catholique mourut le 26 novembre 1504. Antoine de Lalaing doit donc avoir après coup changé ce passage de sa Relation. Voir la note 6 à la page 210.

⁴ Medina del Campo. | ⁵ Plus haut (p. 220) *Reges*.

murailles et vièses tours d'une ville nommée Alcalla la vièle, jadis dominée des Mores, pour laquèle gaignier les crestyens perdirent à l'assault grandt peuple; et mis en fuyte, regardans darière culs pour la crainte, virent une blance croix descendre du ciel sur la montaigne dessus la ville, du haulteur de deux getz d'arcs d'icelle. Lors sy eurent espoir, et retournèrent et gaignèrent la ville, et occyrent là les ennemis de nostre foy. Et pour mémoire on y a mis et entretenu une croix blance, laquèle ung chappelain de madame Marguerite, soer de Monsigneur, fist renouveller. En ung hermitage assés près d'icelle habite une femme, laquèle impotente aloit à potences, et quandt elle eut prommis sa voye à ycelle croix, se trouva totalement saine et haitie [1].

8 octobre. Le samedi, viii⁰ d'octobre, Monsigneur et Madame, partis d'Alcalla, gistèrent à Goadelagarde [2], quatre lieues d'Alcalla, apertenant au duc de l'Infantale [3]. Au-devant desquels ledit duc et son frère et leur oncle l'andolental de Carsoele [4] vinrent une lieue avoec pluseurs gentilshomes et gens de bien, et, la révérence faicte, marchèrent ensamble à la ville, laquèle est longue et bochue [5], du grandeur d'Enghien, et a rues très-mal pavées. A l'entrée de laquèle Monsigneur et Madame trouvèrent ung ciel de velour et de drap d'or porté, par viii bourgois vestus d'escarlate, dessus euls, jusques à l'hostel du duc encoire non parachevé, où ils se logèrent : où deux galeries sont, l'une sur l'autre, de blances pierres rices et fort sumptueuses. Les pillers sont entretailliés de lyons et griffons enchainnés ensamble, et sont les chambres et salles bien parées et painctes d'or et d'azur. De la plus excellente salle la volsure [6] est de bois et bien entretaillié et fort menuyèrement [7], et le eut ce duc à ung monastère assés près d'illec, parmy donant iii⁰ florins de rente; après le fist dorer tèlement que la dorure a cousté chincq milles ducas. Et ce que les painctures et dorures de làdedens sont toutes diverses les unes aux aultres, est chose de grande estime. En une petite salle en bas sourt une fontaine laquèle furnit d'eaue toute la maison et va tumber en une aultre salle grande où il y a samblablement une aultre petitte fontaine, et celles se rendent au jardin en ung

---

[1] *Haitie*, alerte. | [2] Guadalajára. | [3] Voy. p. 172, note 4.

[4] L'*adelantado* de Cazórla. Le titre d'*adelantado* répondait, dans les provinces frontières, à celui de gouverneur militaire et civil.

[5] *Bochue*, bossue. | [6] *Volsure*, voûte. | [7] *Menuyèrement*, minutieusement.

vivier grandt et fort profondt, plain de truittes et d'autres poissons. Ceste maison de Goadelagarde est jugiée la plus belle d'Espaigne, sans estre chasteau. A la descente de Monsigneur et de Madame, vint la ducesse faire la révérence.

En la ville a une maison que fist faire le cardinal de Mandos [1], oncle du duc, et est toute parfaite, ce que n'est la maison du duc, et est très-belle de painctures et dorures. Le jardin tout pavé est advironné de galleries, dont l'une est plaine d'oiseauls, ou milieu duquel sourt une belle fontaine. Là se tient la mère du duc.

Le dimence, ixe de octobre, fist le duc courre les torreaus, et ne oublia deffrayer Monsigneur et son train de gens et de chevauls.

Le lundi Monsigneur se logea trois lieues de là, à une maison de plaisance nommée Téris, apertenante au duc avoec le parcq d'illec, très-beau, mais assés bochu de montaignes et furny de pluseurs bestes saulvaiges et d'aulcuns arbres. Et le train de Monsigneur print giste à une petite villette nommée Hitte [2], à une lieue de là, et sict au pendant d'une montaigne, et y a ung chasteau le plus fort d'Espaigne.

Le mardi Monsigneur et une partie de son train logèrent à Sidracque [3], village apertenant au marquis de Zenette, iiii lieues de ladite maison; et y a ung très-beau chasteau à deux getz d'arcs près. Là fu, à cause du logis, le train de Monsigneur divisé en trois parties. Le comte palatin [4] en avoit une, le maistre d'hostel l'aultre, et Monsigneur avoit la troizime. Les villages et logis sont meschans.

Le merquedi Monsigneur et Madame séjournèrent à Sidracque, et alla Monsigneur visiter ung logis séant sur le Marchié de la villette nommée Cogulado [5], apertenant au duc de Medina, à trois lieues de Sidracque qui valent bien sept des nostres; et est le plus gavrier [6] logis de Espaigne.

Le joedi partirent de Sidracque et disnèrent au village de Vaides [7] et logèrent à Sigoence [8], chinc lieues de très-maulvais chemin, et descendirent Monsigneur et Madame à l'église cathédrale, belle et petitte, mais fort matérièle, apertenante au cardinal de Sainte-Croix, évesque de ce lieu.

---

[1] Mendoza, comme il a été dit plus haut. | [2] Hita. | [3] Jadráque.
[4] Frédéric de Bavière. Voy. p. 127. | [5] Cogollúdo.
[6] *Gavrier*. Voir la note 6 à la page 2. *Gorgias* dans le MS. de la Haye. | [7] Baides. | [8] Sigüenza.

résident à Rome; et furent logiés chez ung chanonne auprès de l'église. Celle cité, séante entre montaignes et valées, du grandeur de Liére en Brebant, est pavée de maulvaise sorte. Au bout d'icelle y a ung chasteau, et à demy-ject d'arcq court une riviérette entre praries, et sont les premières praries que véismes en Espaigne. A celle église joinct ung cloistre tout tendu de tapisseries, de habillemens de marans¹ qui là avoient esté bruslés. Là eult Monsigneur, retournant de visiter le chasteau, nouvelles de la mort du cardinal de Mandos², mort à Madrille, et séjourna Monsigneur le venredi tout le jour, où nous fûmes très-mal traictiés. On ne sçavoit pour argent recouvrer pain ne vin, ne à grandes paines sardines, oefs ne merlus, tèlement que, à la table de monsieur de Ville, premier chambellan, ung oef fu départi en quatre et donné à III persones.

Le samedi, xv⁰, Monsigneur et Madame cheminérent quatre lieues de très-maulvais chemin et prinrent logis à Medinaceli, daraine³ ville de Castille vers Arragon, orde⁴ et mal pavée : logis maulvais et frois. Elle est si hault assise que les habitans scévent bien en yver dont le vent vient, et est mal pourveue⁵ de vivres et de bois. Le duc d'illec, eagié de dix-sept ans seulement, se faisant soustenir par ses laquais, pour une maladie qui luy estoit prinse ens jambes par avoir portet chausses escartelées à nostre mode, vint, acompaignié de environ cent chevauls, au-devant de Monsigneur, et, la révérence faicte, entrérent ensamble en la ville située en hault, et y a ung chastelet. Et furent logiés Monsigneur et Madame à l'hostel du duc sur le Marchié, assés beau seloncq le pays.

Le dimence fist le duc courrir les thorreaus.

---

¹ *Marans*, de l'italien *marrani*, infidèles.
² Voy. p. 167, note 3. Ce prélat mourut à Madrid le 14 octobre.
³ *Daraine*, dernière. | ⁴ *Orde*, malpropre.
⁵ MS. de la Bibliothèque de la Haye. *Est pourveue* dans les MSS. 7382 et 15856 de la Bibliothèque royale.

Ce trente-septiesme chapitre assigne les archeveschiés et éveschiés d'Espaigne et le taux du valeur d'iceulx.

Pour ce que je n'ay par avant descript quelz prélatz et quelz signeurs sont en ce royame de Castille, et que ycy se séparent les royames d'Espaigne et d'Arragon, je les déclareray présentement, adfin que les lisans sachent la puissance du pays d'Espaigne.

Premier déclareray les prélats et les grands maistres des royames et pays apertenans au roy et royne de Castille, sans atouchier au royame d'Arragon.

Premier, l'archeveschié de Toulette a de rente chinquante-deux milles florins d'or (xxviii patars pour le florin).

L'archeveschié de Sévile xxiiii^m florins d'or.
L'archeveschié de Grenade xiiii^m florins d'or.
L'archeveschié de Sainct-Jacques xviii^m florins d'or.
L'éveschié de Bourghes [1] xviii^m florins d'or.
L'éveschié de Sigoinche [2] xiii^m florins d'or.
L'éveschié de Pallense [3] xiiii^m florins d'or.
L'éveschié de Oseme [4] xii^m florins d'or.
L'éveschié de Léon viii^m florins d'or.
L'éveschié de Cordual [5] x^m florins d'or.
L'éveschié de Gien [6] x^m florins d'or.
L'éveschié d'Aissia [7] x^m florins d'or.
L'éveschié de Plaisance [8] viii^m florins d'or.
L'éveschié de Sallemanque viii^m florins d'or.
L'éveschié de Scalhore [9] viii^m florins d'or.
L'éveschié de Badajosse vi^m florins d'or.
L'éveschié de Citagodine [10] iiii^m florins d'or.
L'éveschié d'Estorghes [11] vi^m florins d'or.
L'éveschié de Corrie [12] iiii^m florins d'or.

---

[1] Burgos. Cet évêché fut plus tard érigé en métropole.
[2] Sigüenza. | [3] Palencia. | [4] Osma. | [5] Cordoue. | [6] Jaen.
[7] *Sic* dans les deux manuscrits de la Bibliothèque royale et le MS. de la Haye. Nous ne savons à quel nom ce mot peut se rapporter.
[8] Plasencia. | [9] Calahorra. | [10] Ciudad-Rodrigo. | [11] Astorga. | [12] Coria.

L'éveschié de Obido ¹ vi^m florins d'or.
L'éveschié de Ville ² viii^m florins d'or.
L'éveschié de Mondigniède ³ v^m florins d'or.
L'éveschié de Liengou ⁴ iv^m florins d'or.
L'éveschié de Theuy ⁵ iiii^m florins d'or.
L'éveschié de Malgues ⁶ v^m florins d'or.
L'éveschié d'Armerie ⁷ iiii^m florins d'or.
L'éveschié de Goadise ⁸ iiii^m florins d'or.
L'éveschié de Samore ⁹ vi^m florins d'or.
L'éveschié de Callis ¹⁰ iiii^m florins d'or.
L'éveschié de Devorança ¹¹ iiii^m florins d'or.
L'éveschié de Sygouvie ¹² viii^m florins d'or.
Des abbayes je n'en trouve nulles.
Ce suffise de quatre archeveschiés et de xxvii éveschiés d'Espaigne.

Ce trente-huitiesme chapitre déclare la puissance des ducs et des marquis d'Espaigne.

Après les prélatures d'Espaigne parlerons des signeuries, titles, rentes et revenues des prinches et grandz maistres d'Espaigne et des trois ordres dont j'ay dessus parlet, et quel estat ils doibvent tenir pour servir le roy, sans touchier as gentilshomes qui ne sont ducs ne comtes, qui fruissent ¹³ de grandes revenues. Et aussy on ne estime point les enfans maisnés en Espaigne, mais seulement les aisnés ciefz de la maison.

Premier. le connestable de Castille, duc de Frières, comte de Hares ¹⁴, tient de rentes lxxii milles florins d'or, monnoie dessus déclarée, et estat de xv^c chevauls.

L'admiral de Castille. comte de Modic ¹⁵. tient xv^m florins d'or et maison de iiii^c chevauls.

---

¹ Oviédo. | ² Avila. | ³ Mondoñedo. | ⁴ Lugo. | ⁵ Tuy. | ⁶ Malaga. | ⁷ Alméria. | ⁸ Guadix.
⁹ Zamora. | ¹⁰ Cadix. | ¹¹ Orense (?). | ¹² Ségovie. | ¹³ *Fruissent*, jouissent, du latin *frui*.
¹⁴ Don Bernardino de Velasco, premier duc de Frias et troisième comte de Haro.
¹⁵ Voy. p. 166, note 4.

Le duc d'Albe, marquis de Cauria et comte de Salva [1], tient de rente xLVIII^m florins d'or et maison de v^c chevauls.

Le duc de l'Infantale, marquis de Saincte-Élaine, comte de le Réal de Mansenalles et de Seildaignes [2], tient xL^m florins d'or et maison de v^c chevauls.

Le duc de Medinacely, comte du port de mer de Saincte-Marie, tient xL^m florins d'or et maison de IIII^c chevauls.

Le duc de Medina Sidoine, comte de Nièble [3], tient LVI^m florins d'or et maison de VI^c chevauls.

Le duc de Negere [4] tient xx^m florins d'or et maison de IIII^c chevauls.

Le duc de Vèges, comte de Baniares [5], tient xxVIII^m florins d'or et maison de III^c chevauls.

Le duc de Albourquerque, comte de Fedemes [6], tient xxIII^m florins d'or et maison de III^c chevauls.

Le duc de Calisse, marquis de Sares [7], tient xvI^m florins d'or et maison de II^c chevauls.

Le duc d'Arques, marquis de Hares [8], tient xvI^m florins d'or et maison de II^c chevauls.

Le marquis de Villaine, comte de Casselonne [9], tient xx^m florins d'or et maison de III^c chevauls.

Le marquis de Sethorghes [10] tient xII^m florins d'or et maison de c et L chevauls.

Le marquis de Villefrance [11] tient xII^m florins d'or et maison de c chevauls.

---

[1] Voy. p. 179, note 3.
[2] Le duc de l'Infantado, marquis de Santillana, comte del R... de Manzanares et de Saldaña. Voy. p. 172, note 4.
[3] Le duc de Medina Sidonia, comte de Niebla, de la maison de Guzman.
[4] Nájera. Voy. p. 166, note 5.
[5] Le duc de Bejar, comte de Bañares, de la maison de Zúñiga.
[6] Le duc d'Albuquerque, comte de Ledesma et de Huelma, de la maison de la Cueva.
[7] Le duc de Cadix, marquis de Zara, de la maison de Ponce de Leon.
[8] Le duc d'Arcos, marquis de Zara, aussi de la maison de Ponce de Leon.
[9] Le marquis de Villena, comte de Escalona, etc., de la maison de Pacheco.
[10] Le marquis d'Astorga, de la maison de Osorio.
[11] Villafranca.

Le marquis de Jenet¹ tient xvi^m florins d'or et maison de ii^c chevauls.
Le marquis de Guillia² tient xvi^m florins d'or et maison de ii^c chevauls.
Le marquis de Moye³ tient xvi^m florins d'or et maison de ii^c chevauls.
Le marquis de Denier⁴ tient x^m florins d'or et maison de c chevauls.

Ces unze ducs ont tous ensemble de rentes lxxv^m florins d'or oultre trois cens milles⁵, et servent le roy de chincq milles et trois cens chevauls, et les sept marquis ont ensamble de rentes cent et deux milles florins d'or, et servent le roy à xii^c et chinquante chevauls.

Ce trente-neuviesme chapitre descript la puissance des comtes d'Espaigne et des viscomtes.

Le comte de Bonnevente⁶ tient de rente xliv^m florins d'or et maison de v^c chevauls.
Le comte de Duraine⁷ xxiv^m florins d'or et maison de iiii^c chevauls.
Le comte de Folme (?) xviii^m florins d'or et c et l chevauls.
Le comte de Castre xii^m florins et c et l chevauls.
Le comte de Montagoud⁸ xii^m florins et c et l chevauls.
Le comte de Ferye⁹ xiiii^m florins et c et l chevauls.
Le comte d'Oropèse xii^m florins et c et l chevauls.
Le comte de Bondie¹⁰ xiiii^m florins et c et l chevauls.
Le comte de Albe de Lise¹¹ xiiii^m florins et c et l chevauls.
Le comte de Trebine¹² iiii^m florins et c chevauls.
Le comte de Bevalcache¹³ xii^m florins et c chevauls.
Le comte de Paredes viii^m florins et lx chevauls.
Le comte de Oissonne¹⁴ viii^m florins et lx chevauls.
Le comte d'Ornya (?) vi^m florins et l chevauls.

---

¹ Zenette, de la maison de Mendoza. | ² D'Aguilar.
³ Moya, de la maison de Cabrera. | ⁴ Le marquis de Denia, de la maison de Sandoval.
⁵ *Sic* dans le MS. 7582 de la Bibliothèque royale et le MS. de la Haye. Dans le MS. 15856 on lit : « Les onze ducs ont tous ensemble de rentes iii^c lxxv^m florins d'or : » ce qui est plus clair.
⁶ Benavente. | ⁷ D'Ureña. | ⁸ Monteagudo. | ⁹ Feria. | ¹⁰ Buendia. | ¹¹ Lista.
¹² Treviño. | ¹³ Belalcazar. | ¹⁴ Osorno (?).

DE PHILIPPE LE BEAU

Le comte de Tandille [1] vi^m florins et L chevauls.
Le comte de Salvatier d'Albe iiii^m florins et L chevauls.
Le comte de Mirande x^m florins et iiii^{xx} chevauls.
Le comte de Sallines viii^m florins et LX chevauls.
Le comte de Guiliar [2] vi^m florins et L chevauls.
Le comte Siroille [3] vi^m florins et L chevauls.
Le comte de Nyeves [4] vi^m florins et L chevauls.
Le comte de Fonsalide [5] iiii^m florins et xL chevauls.
Le comte de Ribadavia vi^m florins et L chevauls.
Le comte de Ribadieur [6] iiii^m florins et xL chevauls.
Le comte de Caumye [7] vi^m florins et c chevauls.
Le comte de Sisointe (?), qui porte la grande ensaigne du roy. xiii^m florins et c chevauls.
Le comte de Sainct-Estienne [8] viii^m florins et iiii^{xx} chevauls.
Le comte de Valencie vi^m florins et xL chevauls.
Le comte de Couroigne [9] vi^m florins et xL chevauls.
Le comte du Pliete [10] iiii^m florins et xx chevauls.
Le comte de Medelin vi^m florins et xL chevauls.
Le comte de Castanier [11] viii^m florins et LX chevauls.
Le comte de Mellegal [12] vi^m florins et LX chevauls.
Le comte d'Altemire iiii^m florins et xL chevauls.
Le comte de Leimes [13] iiii^m florins et xL chevauls.
Le comte de Salvatier en Galice iiii^m florins et xL chevauls.
Le comte de Montere [14] iiii^m florins et xL chevauls.
Le viscomte de Valdorne [15] ii^m florins et xxv chevauls.
Le viscomte de Vivier (?) ii^m florins et xxv chevauls.

Somme, ces xxxviii comtes et deux viscomtes ont de rente iii^c et L milles florins d'or, et servent le roy à trois milles vi^c et xL chevauls.

---

[1] Tendilla. | [2] D'Aguilar. | [3] Siruela. | [4] Nieva. | [5] Fuensalida. | [6] Ribadeo.
[7] Peut-être faut-il lire *Cauryc*, Coria. | [8] Santistebán. | [9] Coruña. | [10] Peut-être *de Priego*.
[11] Castañeda. | [12] Melgar. | [13] *Leumes* dans le MS. de la Haye : Lemos.
[14] Montoro ou Monterey. | [15] Valduerna.

1502. Ce quarantiesme chapitre publie la puissance d'aultres grands maistres des pays d'Espaignes.

Le grandt maistre de Sainct-Jacques tient de rente LXIIII^m florins d'or et maison de M chevauls.

Le grandt maistre de Callatrave tient XL^m florins d'or et maison de V^c chevauls.

Le grandt maistre de Alcantere XXXVI^m florins d'or et IIII^c chevauls.

Le grandt commandeur de Léon XL^m florins d'or et VI^c chevauls.

Le grandt commandeur de Callatrave VIII^m florins d'or et L chevauls.

Le clavero [1] de Sainct-Jacques VI^m florins et XXX chevauls.

Le clavero de Callatrave VI^m florins et XXX chevauls.

Le clavero d'Alcantere II^m florins et XV chevauls.

Le prieur de Sainct-Jehan X^m florins et IIII^{xx} chevauls.

Le prieur de Sainct-Marc de Léon VIII^m florins et XL chevauls.

Le prieur de Vellès VI^m florins et XXXVI chevauls.

Le prieur du couvent de Callatrave IIII^m florins et XV chevauls.

L'andelantal de Castille XII^m florins d'or et C chevauls.

L'andelantal de Mours [2] XIIII^m florins d'or et IIII^{xx} chevauls.

L'andelantal de Léon VI^m florins et XX chevauls.

L'andelantal de Cassorle [3] VIII^m florins et L chevauls.

L'andelantal de Grenade VI^m florins et XX chevauls.

L'andelantal de l'Andelousie XVI^m florins et C et L chevauls.

Le marissal de Noves [4] II^m florins et XX chevauls.

Le marissal de Maplica [5] II^m florins et XX chevauls.

Le marissal de Pènaflour M florins et XV chevauls.

Le marissal de Salvedra III^m florins et XXX chevauls.

Ceuls tous ensamble tiennent III^c et IIII^m florins d'or, et servent le roy à trois milles IIII^c et XV chevauls.

Sans ceuls sont encoire en Espaigne pluseurs aultres grands maistres, ne duc ne comte, car on ne faict estime des maisnés en Castille, si comme dom

---

[1] On appelait *clavero*, dans les ordres militaires d'Espagne, le chevalier à la charge duquel était la garde et défense du principal château ou couvent de l'ordre.

[2] Murcie. | [3] Cazórla, comme il est dit p. 228, note 4. | [4] Navas (?). | [5] Málpica.

Henry, oncle du roy, qui tient xxv^m florins d'or et iiii^c chevauls; dom Allons de Aguillart xx^m florins et ii^c chevauls; dom Pierre de Porte-Carriere[1] xxiiii^m florins et c chevauls, et aultres pluseurs desquels je me tais pour la prolixité.

Ce chapitre quarante et uniesme déclare quel or et quèle monnoye courrent en Castille, et des deux coustumes en Castille : l'une est de hostels où loge le roy, l'autre des viandes du venredi et du samedi.

Les pièces d'or forgiés en Castille sont du meilleur or que je sçay, et n'en court que de trois manières illec forgiés. Premièrement sont ducats, doubles ducats, de quatre ducats et de dix ducats. Secondement y courrent castillans[2] de L solz et demi-castillans. Tiercement doubles, qui valent ung escu au soleil, et cest or est le mendre. De monnoye blance court une seule fachon appellée royauls[3], qui vallent trois solz chincq deniers, et demy-royauls et quars à l'avenant, et pluseurs petites noires monnoyes, come malvidis et d'aultres.

Deux aultres coustumes non encoire déclarées sont en Castille. Premièrement, quandt le roy ou le prince vient en bones villes ou villages, les hostes sont tenus de baillier la moitiet de leur maison aux marissauls ou fourriers qui vont devant et furnir des utensiles; et n'en puet l'hoste rien demander. Celle coutume ordinaire est grande subjection, de laquèle se la royne les eusist volu afranchir, elle eubt innumérable pécune. Secondement, en ce pays, tous les samedis de l'an on puet mengier trippes et tout le dedens de la beste, et les piedz et la teste; et appellent cela morsilles[4]. Le venredi on ne menge oefz, se n'est de Pasques jusque à la Pentecouste.

Ce suffise du royame de Castille. Or venons à déclarer du royame d'Arragon.

---

[1] Portocarrero.
[2] En espagnol *castellanos*. Ces pièces d'or valaient quatre réaux et quatorze maravédis d'argent.
[3] Ou réaux. | [4] En espagnol *morcillas*, qui signifie *boudins*.

1502. Ce quarante-deusiesme chapitre descript l'entrée de Monsigneur ou royame d'Arragon, comment il fu rechupt à Callalthehute et puis à l'Ormoigne, du chasteau de la Jefferie, et l'entrée de Monsigneur en Sarragoce.

17 octobre. Nous laissasmes Monsigneur le lundi, xviie de octobre, à Medinaceli, lequel jour mondit signeur alla avoec Madame disner au monastère appellé Ores-Arise (?), et gistèrent six lieues de là à Erise [1], première ville d'Arragon, du grandeur de Bavais, scituée au pendant d'une montaigne sur laquèle gist ung chasteau : la vallée desoubz est moult fertile de safran et de vignes, et apertient la ville à dom Jehan de Palefosse [2].

18 octobre. Lendemain, jour de Sainct-Luc, sejournèrent illec, où aulcuns de nos pages visitèrent et rompirent le mesquite [3] des Mores, et rompirent lampes, pos et tout ce qu'ilz y trouvèrent.

19 octobre. Le merquedi passèrent ung petit village et chasteau nommé Alhamor [4], en ung destroit entre deux montaignes, où il y a bains chaulx comme à Ays; et au milieu court la rivière dicte Chalonne [5]; et logèrent à Tecquen [6], quatre lieues de Erise.

20 octobre. Le joedi, xxe, allèrent deux lieues dudit village hosteler à la ville dicte Callalthehute [7], où le gouverneur d'Arragon et messeurs de la ville vinrent au-devant et l'honorèrent moult; et à la porte, toute tendue de tapisseries, avoit ung hault pillier de bois et au-dessus ung beau pavilonceaux plain d'angelz et d'aultres personages. Deux desquels angelz, chantans quandt Monsigneur aprocha, descendirent par ung vis jusque le haulteur d'ung cheval, et l'ung luy présenta une clef, l'aultre une espée, et remontèrent chantans en leur langaige.

A l'entrer en la ville viii bourgois portèrent dessus luy et Madame ung ciel de drap d'or, armoyé des armes d'Arragon et de Monsigneur; et partout où ils passoient, la ville estoit tendue de tapisseries et de painctures et de personages jusques au logis du roy, où ils descendirent.

Callalthehute est du grandeur de Auldenarde, bien marchande et mal pavée, assise au bas d'une montaigne laquèle a en hault pluseurs édifices de terre gastés et ruynés, en manière de chastelets, et à ung ject d'arcque court la rivière dicte Chalonne.

---

[1] Ariza. [2] Palafoz. [3] *Mesquite*, mosquée. [4] Alhama. [5] Le Xalon. [6] Ateca. [7] Calatayud.

Le venredi séjourna Monsigneur et alla véoir la mesquitte des Mores.

Le samedi alla couchier chincq lieues de là à la villette de l'Ormoigne [1], et dom Allonse d'Aragon, filz bastardt du roy et archevesque de Sarragoce, acompaignié environ de trois cens chevauls, vint au-devant de luy: et, la révérence acomplie, chevauchèrent à la ville, située en plain pays entre montaignes, où rien ne croist ung quart de lieue autour d'icelle, sinon aulcunes vignobles.

Le lundi, xxiiiie, quandt ils (eulrent) chevauchiet chinc lieues, logèrent à Moelle [2], village meschant.

Le mardi cheminèrent iiii lieues et gistèrent à la Jefferie [3], chasteau jadis édifyé par le roy Jeffar, à ung ject d'arc de Sarragoce. Le roy d'Arragon, acompaignié de pluseurs nobles, environ v^c chevauls, vint ung quart de lieue au-devant de Monsigneur et Madame, et chevaulchèrent ensamble jusques au chasteau de la ville, où Monsigneur et Madame demorèrent, et le roy ala logier en son logis en la cité. En ce chasteau anchyen, qui est oevre sarasinoise [4], orné dedens de beauls logis, de belles chambres et de galleries, furent par Ghevelon vendus les xii pères de France au roy Marsilles.

Le lendemain, xxvie jour, Monsigneur et Madame partirent d'illec, pour entrer en la ville, vers onze heures devant midi, où entre le chasteau et la ville trouvèrent les gens de mestier. Chescun avoit sa parure, coleur et livrée, trompettes et estandars de leurs mestiers. Là ne faillirent les Mores portans en leurs estandars les armes d'Arragon. Tous les prédicts marchèrent devant; puis les nobles, tant d'Arragon que de Castille et des pays de Monsigneur, non sans grandt bruit de trompettes, de tamburins et de haultbois.

A l'entrer en la ville, les bourgois d'icelle portèrent, dessus Monsigneur et Madame, ung ciel de drap d'or armoyé des armes d'Arragon avoec celles de Monsigneur, jusques à leur logis. Et estoit Monsigneur tout gorgias abilliet à la castillante. Claude de Boval, grandt escuyer, portoit l'espée devant Sa Magnificence, et ses officiers d'armes le précédoient, vestus de leurs cottes d'armes. Et passant devant le roy d'Arragon, qui regardoit des fenestres Monsigneur passer, ledict Claude baissa l'espée, la pointe en bas.

---

[1] La Almunia. | [2] La Muéla. | [3] La Aljaferia. | [4] *Sarasinoise*, des Sarrasins.

Monsigneur luy fist la révérence, estant à cheval, du bonnet, et le roy pareillement. Ses archiers, atournés de leurs hocquetons[1], avoec seulement leurs espées, advironnoient Monsigneur, lequel l'ambassadeur de Venise adextroit, et l'archevesque de Sarragoce et le marquis de Villaine estoient à dextre et à senestre de Madame. Les bourgois venus au-devant d'euls estoient vestus de robes d'escarlate doublées de damas noir et ung collet de drap d'or par-dessus : aulcuns desquels menoient les chevauls de Monsigneur et Madame par une chaisnette d'or, au long de la ville, où toutes les rues estoient tendues de tapisseries, et les maisons des marchans toutes chargiés de draps de soye à la mode de nostre pays. En passant par le Marchié, descendirent de leurs chevauls, et montés sur ung eschauffault, firent aulcuns sermens longz à escripre, puis remontèrent et, venus jusques à la grande église, descendirent avoec aulcuns grands maistres et furent rechups à croix et à confanons. L'archevesque, le suffragant et les chanonnes, moult ricement vestus, chantans *Te Deum,* menèrent Monsigneur et Madame jusques au grandt autel. Et après les oblations et pryères, remontèrent, à grandt nombre de torses, à chevauls et vinrent descendre à leur logis en costé cely du roy de la cité, en la plus ample rue, mais non pavée.

Ce quarante-troisiesme chapitre conte comment Monsigneur fu rechupt prince d'Arragon, et des sermens qu'il fist, et de ceuls que on luy fist.

Le joedi, xxviie d'octobre, entour une heure après disner, le roy, Monsigneur et Madame, acompaigniés et ordonés come le jour devant, chevaulchèrent jusques à l'ostel de la ville, où le roy descendit; et Monsigneur et Madame allèrent descendre à la grande église. Et, après la révérence faicte à Dieu, Monsigneur se assist sur une chayère de velour et Madame par terre sur coussins de draps d'or, attendans le roy, quy, venu, appella les commissaires, après les commissaires commis[2] par les villes d'Aragon, de Sicile, Valence, Sardine, Mailorque et Minorque et de la comté de Barselonne et

---

[1] *Hocquetons,* cottes d'armes.
[2] MSS. 7382 et 15858 de la Bibliothèque royale. Dans le MS. de la Bibliothèque de la Haye : « quy, venu, appella les commissaires commis par les villes, etc. »

de Rousillon et aultres signouries subjectes à la corone d'Arragon. Lors par ung sien secrétaire fist réciter les drois, libertés et previléges desdis pays et royames, lesquels Monsigneur et Madame jurèrent sur les Évangiles entièrement garder. Ce faict, le roy, Monsigneur et Madame allèrent à piedz à la maison de la ville, où estans en une grande salle, soubz ung ciel de drap d'or, ung prothonotaire commis par les estas des pays remonstra, en aragonois, que les signeurs, nobles et habitans en Aragon et ens signouries apertenantes audit royame tenoient et juroient dame Jehanne, fille légitime du roy et vraye hiretière de la corone et sceptre d'Aragon, et dom Philippe, archiduc d'Austrice, duc de Bourgoigne, vray mary de ladicte Jehanne et hiretier d'Aragon, durant la vie d'elle, et non plus, mais, après la mort d'icelle, ils tenoient les enfans d'euls procréés vrays hiretiers dudit royame et signouries: et se la royne moroit, le roy se remariast et eust enfant masle et légitime, le serment par euls faict n'averoit valeur. Ce faict, tous les nobles et commis jurèrent féaulté à mesdis signeur et dame, prince et princesse d'Arragon. Après, à grandt bruit de trompettes, non sans foison de torses, remontés à chevauls, allèrent chescun à son logis. Ce jour porta l'espée, car c'est son droit d'hiretier, dom Balasque d'Arragon [1]; et Monsigneur estoit abillé à nostre fachon, et Madame à la castillante bien gorgiasement.

1502

Le venredi, xxviiie, le roy partist bien matin, à petite compaignie, de Sarragoce, et alla à très-grande diligence vers la royne à Madrille, car il avoit eut hastives nouvelles que estoit malade, et avoit envoyet devant en poste l'escuyer Bouton, pour sçavoir coment elle se portoit [2].

28 octobre

Le samedi Monsigneur tint à la maison de la ville de Sarragoce les estas comme la persone du roy.

29 octobre.

Le mardi, premier jour de novembre, jour de tous les Saincts, et le mercquedi, jour des Ames, alla Monsigneur ouyr messes et vespres aux Cordeliers.

1er novemb
2 novemb

Le joedi, iiie de novembre, Monsigneur festia, au chasteau de la Jefferie, l'archevesque de Sarragoce et une partie des signeurs de la ville. Là furent tendues parties de ses bones tapisseries et son beau buffet acoustré de pluseurs de ses joyauls.

3 novemb

---

[1] Don Blasco de Alagon.
[2] MS. de la Haye. Les mots *se portoit* manquent dans le MS. 7582 de la Bibliothèque royale.

1502. Ce jour retourna monseur de la Chault, qui, de la ville de Gadelagare[1], avoit estet envoyé en poste vers le roy de France, pour ce principalement que Monsigneur voloit retourner en ses pays par France. Or estoit la guerre esmeute entre le roy franchois et le roy et royne d'Espaigne, lesquels ne voloient bonement consentir ce retour sans sauf-conduit du roy de France et qu'il baillast aulcuns de ses plus grands maistres en hostage ens pays de Monsigneur jusques à son retour : ce que le roy fist volentier; et raporta ledit signeur de la Chault toutes les sceuretés nécessaires.

Ce quarante-quatriesme et derrain chapitre de ce premier livre dit que Monsigneur, mandé par lettres de la royne, alla à Madrille vers elle, et que Madame fu tost après illec aussy mandée, et fu concludt que Monsigneur retourneroit en ses pays et elle demoreroit avoec la royne sa mère jusque après sa gésine; et de deux débatz, et que monsieur de Boussu fu faict chevalier, et le filz du roy de Naples fu amené prisonnier au roy et royne d'Espaigne.

4 novembre. Le venredi vinrent lettres de la royne mandantes à Monsigneur que elle voloit luy dire quelque chose devant son partement : par quoy Monsigneur
5 novembre. partist de Sarragoce le samedi, à petite compaignie, pour plus diligentement cheminer, et mena aulcuns grands maistres et aulcuns gentilshomes pour le servir de sa bouche, et laissa Madame à Sarragoce avoec la reste de ses gens. Et venu à Madrille, le roy et la royne eurent pluseurs devises à luy. Principalement la royne eust bien volut rompre son partement, et remonstroit que Madame estoit fort enchainte et que impossible estoit ariver à son pays devant sa couche : à quoy Monsigneur respondist qu'il avoit de grands affaires et craindoit avoir grief domage, s'il ne retournoit brief. Quant à la couche de Madame, il le laisseroit volentier avoec elle, et, après sa couche, l'envoieroit requerrir. Pour conclusion, Monsigneur despescha ung sien gentilhome pour envoyer querrir Madame à Saragoce et venir à Madrille. Elle, après veu ces lettres, conclud partir le joedi,
24 novembre. XXIIIIe de novembre, et alla ce jour à la maison de la ville pour aulcuns affaires, et partist à quatre heures après disner avoec son train et le résidu

[1] Guadalaxára.

de celuy de Monsigneur, sauf son escuyrie et la garde des joyauls qui demorèrent avoec la pluspart des baghes, et vint couchier à la Moelle¹, IIII lieues de Sarragoce, où elle séjourna le venredi pour la feste Saincte-Catherine.

Le samedi coucha à l'Elmoigne², chincq lieues de la Moelle. 26 novembre

Le dimence, XXVII⁰ de novembre, Noël Wastebled et aulcuns aultres archiers ses compaignons eurent grandt débat, pour les logis, contre Cousin, cuisenier de Madame, et Hermand et deux de leurs compaignons. Ledit Cousin fu fort bleschié et en dangier de mort aussy. 27 novembre

Le lundi logea Madame à Callalthehutte³, chincq lieues de là. 28 novembre

Le mardi à Setinne⁴, chincq lieues d'illec, et y séjourna le jour Sainct-Andrieu. 29 novembre

Le joedi, premier jour de décembre, herbegea à Arques⁵, chincq lieues. 1ᵉʳ décembre

Le venredi à Sigoence⁶, six lieues. 2 décembre

Le samedi gista à Bougehara (?), ung meschant village, six lieues de Sigoence, et y séjourna le dimence. 3 décembre

Le lundi hostela à Erasse⁷, chincq lieues de là. 5 décembre

Le mardi, VIᵉ, après allet VII lieues, arriva à Alcalla, où Monsigneur vint demi-quart d'heure après, et illec séjournèrent deux jours. 6 décembre

Le merquedi, veille de la Conception de Nostre-Dame, au soir, eut grandt débat commenchié pour les logis, car XXIIII ou XXVI Espaignars, serviteurs de l'évesque de Malghe, furent reboutés à l'hostel de leur maistre, et en y eut des bleschiés par les gens de monseur de Nassou, qui eussient rompu le logis, se aulcuns gentilshomes n'y eussent mis le bien. Et aussy l'évesque par beau parler les apaisoit. 7 décembre

Le venredi Monsigneur et Madame, partis d'Alcalla, vinrent à Madrille, où nous fûmes mal logiés, pour tant que les trains du roy et de la royne y estoient. 9 décembre

Le lundi, XIIᵉ, le roy et Monsigneur allèrent à la chasse deux lieues de la ville. 12 décembre

Et le mardi, merquedi et joedi Monsigneur et ceuls de son conseil estoient continuèlement devers le roy et royne pour leur retour à nostre

---

¹ La Muéla. | ² La Almúnia. | ³ Calatayud. | ⁴ Cetina. | ⁵ Arcos.
⁶ Sigüenza. | ⁷ Eras ou Heras.

pays : à quoy la royne contrarioit. Enfin, tout bien considéré, se contenta du partement de Monsigneur, et Madame demoreroit jusques après sa couche.

14 décembre. Le merquedi, xiiiie, arrivèrent à Madrille le conestable de Castille et le comte de Bonnevente avoec ii à iii^c chevauls.

15 décembre. Le joedi, xve, environ xi heures de nuyt, requist monseur de Boussut au roy d'Espaigne l'ordre de chevalerie, et il luy accorda et donna l'acollée : ce que l'on sceut non devant trois jours après, car il le cuidoit céler jusques à son retour au pays.

17 decembre Le samedi arriva à Madrille le duc de Calabre[1], filz de dom Fédrix, roy de Naples, acompaigniez de xx à xxx chevauls, vestu lors d'ung sayon de velour cramoisy et d'ung manteau de drap noir à la mode d'Espaigne, et avoit une chaisne par dessus : lequel Gonsale de Fernande avoit prins et l'envoyoit au roy et à la royne. Et le roy et Monsigneur allèrent au-devant de luy, faignans aller esbatre aux champs, et l'amenèrent faire la révérence à la royne.

Cy fine le premier livre du voyage que Monsigneur fist allant de Bruxelles en Espaigne, et commence le second livre traictant de son retour.

---

[1] Don Hernando de Aragon.

LIVRE SECOND.

Le premier chapitre du secondt livre traictera du congié que Monsigneur et ses plus grands maistres prinrent au roy et à la royne; du commencement de leur rethour, et premier du chemin qu'il fist de Madrille à Sarragoce et coment il fu secondement festoyé à Sarragoce, et des présens que on ly fist, et des Mores illec habitans, de leurs prestres et cérimonies, de leurs coustumes; des églises de Sarragoce: de la table d'autel et d'aultres choses.

1502.

Le lundi, xix⁰ de décembre, Monsigneur print congié du roy et de la royne, non sans grands regrets; et allèrent tous les grands maistres et les gentilshomes de Monsigneur prendre congié en baisans les mains de la royne, et après de Madame, laquèle menoit grandt dueil du partement de monseur son mary, qui laissa avoec elle monseur de Melun et monseur de Haluin et pluseurs aultres gentilshomes de sa maison. Le roy, acoustré du duc de Calabre, du conestable, du comte de Bonnevente et de pluseurs aultres, le convoya un quart de lieue hors de la ville. Là print congié Monsigneur du roy. Après, tous les grands maistres, en disans adieu, allèrent baisier ses mains; et le vinrent conduire monseur de Meleun et monseur de Haluin jusques à Alcalla. Le roy fist ce jour Philippe de Helbaut chevalier de l'ordre de Sainct-Jacques, sommelier de corpz de Monsigneur, et donna le roy et la royne six très-beauls jennès à Monsigneur.

19 décembre

Le mardi alla Monsigneur à Erasse, vii lieues d'Alcalla, à une très-belle maison de plaisance, assise en très-beau lieu, apertenant au duc de l'Infan-

20 décembre

tale, où il séjourna tout le jour séquent, et là despescha monseur de la Chault pour signifyer au roy de France que les ostagiers par luy accordés allassent en ses pays.

22 décembre. — Le joedi, xxiie, logea Monsigneur à Jedracque¹, trois lieues de là.

25 décembre. — Le venredi, xxiiie, après avoir chevaulchiet chincq lieues, prinst giste à Sigoinche², ville assés belle, où l'église, siége épiscopal, est l'une des plus belles petites églises d'Espaigne et la mieulx décorée. Par quoy Monsigneur y fist son Noël et toutes les festes.

29 décembre. — Le joedi, xxixe de décembre, se partist Monsigneur de Sigoinche, auquel le comte de Fonsalinghe³ print congié, et avoit compaignié Monsigneur depuis Madrille, et Monsigneur print giste à Arques, six lieues de Sigoinche. En chemin vint le duc de Medinaceli ce jour prendre congié, et fu bien mari que Monsigneur ne voloit demorer la nuyt en sa ville, où pluseurs du train de Monsigneur allèrent logier, pour la petitesse du logis d'Arques; lesquels furent bien festoyés dudit duc.

30 décembre. — Le venredi, pénultime de décembre, l'évesque de Cordual, qui depuis Flandres avoet tousjours compaigniet Monsigneur, print congié à luy. Ce faict, Monsigneur partist et chemina sept lieues, puis print herberge au village dit Bonmerque (?), et passa par la ville de Herrise⁴; et le comte d'Almassenne⁵ et son beau-frère, acompaigniés de deux cens chevauls, le convoyèrent environ demi-quart de lieue de la ville.

31 décembre. — Le samedi, darain jour, alla Monsigneur à giste à Callaltehute⁶, trois lieues de là, et y séjourna Monsigneur le jour de l'an.

1503. 2 janvier. — Le lundi, iie de janvier, Monsigneur chemina chincq lieues et logea à l'Ormoigne⁷.

3 janvier. — De où Monsigneur partist le mardi et alla logier au village de Moelle⁸, où il n'y a que chincq maisons de cristyens : tous les aultres sont Mores. Et fu Monsigneur logié à le maison de leur prebstre, appellé de son nom Mahon de Bros : le nom qu'il a par son office est l'allefaquin⁹, et a son filz aussi prebstre. Ceuls monstrèrent à Monsigneur aulcuns livres, entre lesquels le Alcoran est le fondement de leur loy. Au très-beau chasteau

---

¹ Jadráque. | ² Sigüenza. | ³ Fuensalida. | ⁴ Ariza.
⁵ D'Almazán. | ⁶ Calatayud. | ⁷ La Almúnia. | ⁸ La Muéla.
⁹ *Alfaki* en espagnol, faquir.

de celuy[1], apertenant à ung chevalier arragonnois, y a une des belles et abondantes sources de fontaine que on puist gaire véoir.

Le merquedi se partist Monsigneur de la Moelle, où l'archevesque de Sarragoce vint au-devant de luy, qui le mena à giste à Sarragoce, chincq lieues de Moelle. Messeurs de la ville vinrent au-devant de luy, et le rechupt l'archevesque très-honorablement en son logis, qui est très-beau et très-bien acoustré, et festoya très-bien toute la compaignie. Ceuls de la ville leur firent présent[2] de deux cens perdris, de deux cens connins, de deux cens gélines, de cent chappons, de chinquante chevraus, de vingt-quatre veaus et de vins et d'aultres choses.

Sarragoce est environ du grandeur d'Arras et fort marchande, où hantent marchans de pluseurs nations; elle siet en pays bien fertile de labeur et vignobles et de praries. C'est le cief et la meilleure ville d'Arragon. Les Mores ont en elle ung quartier et ung lieu pour faire leur abhominable sacrifice à leur Machommet, lequel lieu ils nomment melchitte[3], où journèlement les alièmes véoir. Ils commenchent venir à leur melchitte environ xii heures de midi; et avant qu'ilz entrent, se despouillent et à une fontaine illec sourdante se lavent des piedz jusques à leur tête, et dient qu'ilz se purgent par ce lavement de leurs péchiés, comme nous par confession, puis se revestent et entrent en leur melchitte la pluspart natée; et venus jusques as nattes, ostent leurs cauchiers[4], car il leur est deffendu en leur loy marchier dessus, fors à piedz nudz. Les homes sont d'ung costé et les femmes d'ung aultre, et ne se entrevoyent; et leur allefaquin, revestu d'une chappe de drap blan et de chaperon de mesme, come ung moisne, tenant une croche[5], list une grosse heure. Tous les homes, en fin de sa lecture, se escrient et lamentent, puis dient je ne sçay quèle dévotion en leur loy escripte, come avons les Heures; et dure cela environ deux bones heures. Ce faisant, se lièvent pluseurs fois, et baisent la terre à chescune levée trois fois; puis se rassient, et assis baisent derecief la terre pluseurs fois. Ces cérimonies faictes, l'allefaquin sermone bien une demie heure; puis boutte sa teste en ung trou où il faict quelque pryére à leur dieu

---

[1] « De ce lieu, » dans le MS. de la Haye.
[2] « Luy firent présent » dans le MS. de la Haye.
[3] *Melchitte*, mosquée, comme il a déjà été dit.
[4] *Cauchiers*, chaussures. | [5] *Croche*, crosse

Machommet; et tous les homes en font après luy otant. Ce acompli, reprendent leurs souliers sur les roiles¹ atachiés as murailles entour leur melchitte; puis retournent à leurs maisons. Et font cela seulement une fois la sepmaine : c'est le venredi, lequel ils festient comme nous le dimence, et n'entrent en leur melchitte sinon ce jour. Leur prebstre puet avoir femmes et enfans, comme l'ung d'euls.

Le pays d'Arragon en villes et villages en est tout plain, et n'en voelent roy ne signeur en estre quittes, pour les grands tribus qu'ils en ont : car chescune teste, soit home, femme et enfant, payent par an une pièche d'or nommée ung double, vaillante ung escu d'or. Ils sont afranchis de cela quandt ils se crestiennent : ce qu'ils ne font gaires, car ils ne mengent char de porcq et ne boivent vin par le commandement de Machommet, leur prophète et patriarche, non qu'il se enyvrast et qu'il fuist estranglé d'ung porcq, comme pluseurs luy mettent sus, car il morut come les aultres. Ce dit le Supplément des cronicques. Qu'ils ne usent de vin ne de porcq, nous, logiés à leurs maisons esparses par le pays, en avons eut vive expérience : car ils faisoient laver les plats où on avoit mengiet le lart et les pots où on l'avoit cuit, et les pots et les voires² où on avoit mis le vin, et les places de leurs maisons où nous aviesmes marchiet.

5 janvier. Le joedi, nuyt et veille des Roys, Monsigneur ne wida son logis et ne fist son royame, car ce n'est la mode du pays.

6 janvier. Le venredi, jour des Roys, ouyt la messe à la grande église située emprès son logis. La table d'autel est la plus belle que l'on puist véoir, faicte d'albastre et bien dorée, et a xxxvi à xl piedz de hault et de largeur de xxiiii à xxvi piedz. L'après-disner alla Monsigneur véoir deux Arragonnois joustans sur le Marchié l'un contre l'aultre, et se acquitèrent le mieulx qu'ilz peurent. Puis alla aux Cordeliers, où furent joués aulcuns pas du Jugement extrême, de quoy les mistères furent très-beauls; et après souper, à force de torses, joua Monsigneur à la palme³ contre l'archevesque, qui, après le jeu, fist aporter ung bancquet très-beau tout de drageries, à la mode du pays. Après fist venir jouer devant Monsigneur trois rebecques⁴ moult bons, et mist toute sa puissance à le bien festoyer.

---

¹ *Roiles*, tablettes. | ² *Voires*, verres.
³ *Palme*, paume. | ⁴ *Rebecques*, rebecs, violons.

DE PHILIPPE LE BEAU. 249

Saragoce a aussi une église nommée Nostre-Dame du Pillier [1], où il y a grandt aport de reliquiairs et de ornemens. C'est le lieu où Nostre-Dame s'apparut à sainct Jacques retournant de preuchier aux Espaignes, où il avoit peu converti de gens, et l'ammonesta retourner et derecief illec preuchier, et luy prommist qu'elle les enlumineroit à la crestièneté et les convertiroit, come il advint.

1503.

Ce secondt chapitre parle de Monsigneur yssant d'Arragon, et des coustumes et prélats et grands maistres du pays, et de la cité de Laride à l'entrée de Castillogne, et comment il fu là rechu honorablement, et comment le duc de Cardone le rechupt bien à sa ville de Rebecque, et comment le grandt escuyer le festoya bien à la villette de Bellepuisse, et d'aultres choses, et comment il fu bien recoelli à la ville de Targhes, etc.

Le samedi, VIIe de janvier, Monsigneur se parti de Saragoce et passa à demie lieue d'illec, la rivière dicte Galego, laquèle descendt des montaignes et va tumber en la rivière dicte Ebro, et alla logier au village de Ausser [2], six lieues de Saragoce. Jusques-là le convoya l'archevesque de Saragoce.

7 janvier.

Le dimence alla couchier à Bourgelaras [3], VI lieues de là.

8 janvier.

Le lundi chemina chincq lieues de là et vint à giste à Fraghe [4], la derrenière ville d'Arragon, située entre montaignes, au pendant d'une des plus grosses. Au bas est la rivière dicte Sinco [5], où le pont a deux cens pas de long; et est la ville du grandeur de Songnies, assise en assés bon pays. Après le souper vinrent pluseurs Mores, homes et femmes, danser et faire gambades devant Monsigneur, dont il y avoit pluseurs bons corps de chescun sexe. Entre les aultres eut Monsigneur regrets de deux ou trois belles filles, et leur promist faire de grands biens, s'elles se voloient crestyéner : à quoy ne les peut, pour argent ne pour pryères, incliner.

9 janvier.

Or, à la fin d'Arragon, voel ung petit parler des coustumes d'illec. Elles sont assés samblables à celles de Castille; mais ilz ne sont en si grande servitude, ne si obéyssans à leur prince : car, quandt ilz ont payet ce qu'ilz

---

[1] *Nuestra Señora del Pilar* en espagnol.
[2] Oséra. | [3] Bujaralóz. | [4] Fraga. | [5] Cinca.

32

doibvent à leurs roys et aux signeurs, ilz ne sont tenuz à aultre servitude.

Et pour ce que j'ay déclaret les noms des prélats et des grands maistres du royame de Castille, je déclareray ceuls du royame d'Arragon.

Le premier est l'archevesque de Saragoce, l'évesque de Taragone¹, l'évesque de Viesque² et l'évesque de Jacques³; pour grands maistres le comte de Bellesy⁴, le comte d'Arrande⁵, le comte de Ribagos⁶. Et sont encoire illec aultres grands maistres et gentilshomes : mais, pour ce qu'ilz ne sont ducs ne comtes, je m'en tays.

10 janvier. Le mardi, xᵉ de janvier, Monsigneur print giste à Laride⁷, première cité du pays et comté de Catheloigne, à trois lieues de Fraghe. Elle est du grandeur de Tenremonde, située sur ung pendant d'une montaigne sur la rivière dicte Segira⁸, où il y a ung fort chasteau. Et vinrent la pluspart des gens de bien de la ville au-devant de Monsigneur avoec ceuls de la justice, et puis ceuls de l'université, entre lesquels estoit le filz du duc de Cardone, illec estudiant. Et à l'entrée de la ville, les habitans portèrent dessus luy ung palle de drap d'or jusques à son hostel, et viii chevaliers menèrent son cheval, atachié à deux cordons de soye, jusques à l'église, où les chanonnes, ricement revestus, luy baillèrent à baisier les relicques. Puis alla faire ses oroisons au grandt autel, où les chanonnes luy monstrèrent ung drap de linge où nostre Rédempteur fu enveloppé dedens la cresche. Après tira à son logis, et ceuls de la ville luy firent présent de vins et viandes à leur mode. Après souper vinrent les Mores, homes et femmes, danser devant Monsigneur, et en y avoit de très-belles.

11 janvier. Le merquedi, xiᵉ de janvier, Monsigneur partist, à petite compaignie, et mena seulement les plus honorables de sa maison, et alla disner à Rebecques⁹, trois lieues de Laride, où il y a ung beau chasteau, lequel est la maison du duc de Cardone, lequel vint au-devant de Monsigneur une bone lieue, acompaignié de pluseurs gens de bien, environ de deux cens chevauls; et avoit avoec luy ses chincq fils, l'aisné desquels est admiral de Catheloigne; et fist la révérence à Monsigneur, baisant ses mains : ce qu'il ne voloit souffrir. Et puis ses chincq fils firent come avoit faict leur

---

¹ Tarrazona. | ² Huesca. | ³ Jacca.
⁴ Belchite. | ⁵ Aranda. | ⁶ Ribagorza.
⁷ Lerida. | ⁸ La Sègre. | ⁹ Arbéca.

père, et après euls fist la reste ¹ des gens de bien. Puis alla Monsigneur descendre au chasteau, et la ducesse descendit la montee avoec quatre de ses filles et la femme d'ung de ses fils et aultres pluseurs demoiselles, et vinrent au-devant de luy et baisèrent ses mains : ce que Monsigneur ne voloit souffrir. Elle estoit vestue de velour noir, et sa fille aisnée, appellée la comtesse, avoit robe de velour cramoisy, toute chargiée de lettres d'or faictes par orphèvres, avoec pluseurs baghes et pierries. Celle se marioit au duc de Negere ². La femme de son filz avoit robe de velour cramoisy et pluseurs chaysnes et pierries sur elle, et chescune d'elles trois avoit dessus sa robe un manteau de satin cramoisy fourré d'ermines, qui estoit gavre bien gorgiase. La troizème, encoire à maryer, avoit une robe de drap d'or frisé bien bon et bones chaisnes et pierries sur elle. Et toutes les aultres dames et demoiselles estoient acoustrées de drap de soye. Et le duc, retourné des champs, vestit une robe de velour cramoisy plaine d'ermines, et avoit au col une assés bone chaisne à nostre mode, et avoit bien phisonomie d'estre home de vertu. La robe de l'admiral son filz estoit de drap d'or frisé, pleine de martres sebelines à nostre guise. Après la révérence, le duc mena Monsigneur en sa chambre, où estoient trois chambres de sieute. Le lict de la première estoit tendu de drap d'or frisé; l'aultre de velour cramoisy tout chargié de brodure; l'aultre de satin chargié de brodure avoec une couverte de martres sebelines. Le résidu de la maison estoit bien acoustré. Puis le duc mena Monsigneur en une grande salle tendue de tapisseries, et y avoit ung dosseret de drap d'or, où il disna avoec Monsigneur, et devant celle salle estoit ung buffet bien farny de vaisselle d'argent dorée et aultres avoec aulcunes pièces de vaisselle d'or. L'admiral servit ce disner de maistre d'hostel, et les trois aultres fils servirent de panetier, escanchon et escuyer trenchant, et pour aulmosnier l'évesque son filz. En une aultre salle estoient deux tables. La ducesse disnoit à l'une avoec ses trois filles et monsuer de Ville et tous les grands maistres et chambellans de Monsigneur, et à l'aultre table disnèrent nos gentilshomes, et y fut-on très-bien servy à leur mode, et fist le duc deffrayer toutes les gens de Monsigneur. Après disner

---

¹ MS. de la Haye. Dans le MS. 7382 de la Bibliothèque royale : « la *gens* des gens de bien. » Dans le MS. 15856 : « Et après eulx firent les gens de bien. »

² Nájera, comme il a été dit p. 166, note 5.

dansèrent les dames devant Monsigneur : là les faisoit beau véoir. Les danses finées, le duc fist aporter le bancquet de pluseurs succades et drageries, non sans bon vin¹. Puis prist Monsigneur congié des dames, dolentes de son partement. Le duc et ses enfans le convoyèrent ung quart de lieue, et là prinrent congié, et Monsigneur print giste, deux lieues de là, à une vilette assés belle, furnie d'ung beau chasteau, nommée Bellepuisse ², apertenant à Remont de Cardonne, grandt escuyer du roy d'Espaigne. Cil festoia bien Monsigneur et son train de chars, perdris, chappons, connins, paons, pain, vin et chinade, tèlement que le mendre avoit ce qu'il demandoit. Et deffraya tout le train, homes et chevauls, ce jour au souper et le joedi, xiie, au disner. Après lequel Monsigneur alla couchier une lieue de là à la vilette dicte Targhes ³.

13 janvier. Le venredi, xiiie, Monsigneur logea à Suerre ⁴, une lieue de Targhes. Ceuls de la ville vinrent au-devant et portèrent dessus luy ung palle de satin jaune; et venu à l'église, trouva les prebstres revestus, et fist ses oroisons devant le grandt autel, où estoient pluseurs bons reliquiairs. La ville est assés longue, du grandeur d'Ath en Haynault, située en assés bon pays, entre montaignes, et y a ung beau chasteau.

14 janvier. Le samedi vint Monsigneur à giste, chincq lieues de là, où ceuls de la ville, nommée Égoulades ⁵, vinrent au-devant de luy.

Ce troisiesme chapitre conte de l'abbaye de Nostre-Dame de Monsarra et de xiii hermitages; de la parfection d'ung Jehan Garin, hermite, et de sa faulte et de sa pénitance, et de la subtilité du diable; de la fondation de ladicte abbaye et de l'entree à Molin des Rés.

15 janvier. Le dimence, xve, Monsigneur, parti de Égoulades, alla ouyr messe à Nostre-Dame de Monsarra, avoec seulement de trois à quatre cens chevauls des plus excellens de sa route, trois lieues de Égoulades, équivalentes viii des nostres. C'est une abbaye, lieu beau, dévot et solitaire, située entre

---

¹ MS. de la Haye. Les mots *bon vin* manquent dans le MS. 7382. Dans le MS. 15856 le copiste a passé ces mots.
² Bellpúig. | ³ Tárrega. | ⁴ Cervéra. | ⁵ Igualáda.

montaignes, pour à laquèle arriver convient monter bien deux lieues. Elle est de l'ordre Sainct-Benoict, et sy grande que l'on y puet logier quatre cens chevaulx; et n'est sans pluseurs belles chambres; et n'y a aultre logis entour ladicte abbaye, où tous pèlerins de pieds et de chevaulx sont deffrayés de boire et de mengier : ce que Monsigneur ne souffrit pour luy ne pour ses gens. La montaigne sur quoy elle siet est la plus estrange du monde. Il y a une roche tenante à celle abbaye où il fault monter une lieue à bien grandt paine et de pieds; chevaulx n'y puèvent. Toutefois Monsigneur y monta pour véoir XIII hermitages situés dessus en divers lieux, pour lesquels tous viseter fault une journée. Ils sont tous beaulx et dévots et estranges à les véoir, et ne croy qu'il en y ayt telz au monde. En l'ung de ceuls gist Remondin, mary de Meilusine, qui là fist sa pénitance come au plus grandt désert du monde. Et viennent ces hermites à l'abbaye rechepvoir le *Corpus Domini* tous les dimences. Là leur baille-on provision de boire et mengier pour toute la sepmaine.

La fondation de l'abbaye est tèle. Environ l'an de salu VIIIe et LXXVII habitoit en celle roche frère Jehan Garin, hermite, vivant d'herbes et de rachines, si sainctement que les cloches des églises sonnoient par elles à sa venue. Le diable, son tenteur, voyant qu'il sourmontoit toutes tentations, envieux de ses perfections, appella ung aultre dyable et le transmua en forme d'ung hermite dévot et très-contemplatif, et prist habitation en ung cavain assés près du logis dudit frère Jehan Garin, qui fu moult consolé de avoir si sainct home en sa compaignie. Et le premier diable entra ou corpz de la fille du comte de Barselonne, eagiée de XVIII ans. Ce diable fu conjuré et dist qu'il ne widercit jamais fors que par les pryères et mérites du très-sainct home frère Jehan Garin, à la celle¹ duquel elle fu menée, et séjourna illec aulcuns jours, èsquels il cuidoit expulser le dyable par oroisons. Mais la subtilité sathanicque ne cessa tant que le povre frère congneut celle fille charnèlement. Laquèle depuis, adfin d'absconser² son crieme, y desgorgea³ et l'enterra soubz sa celle, et dist au père que elle estoit garie et partie de luy, et ne sçavoit aultre chose d'elle. Foy fu adjoustée à ses dicts pour sa saincteté cuidiée. Cil, regardant son mésu, fu

---
¹ *Celle*, cellule, cabane. | ² *Absconser*, tenir secret.
³ MSS. 7582 et 15856. Dans le MS. de la Haye « le desgorga. » Il faut lire : *l'esgorgea*, l'égorgea.

très-avoyeux¹ et repentant, et, en grande tristesse de coer contri, confessa son cas au pape, qui, après grandes objurgations, l'absolut, voyant sa repentance, qu'il yroit tousjours à quatre pieds come une beste, et jamais à personne ne parleroit, et, après ses habillemens usés, aultres n'averoit tant que ung enfant à trois à quatre moix luy révéleroit de ses péchiés le total pardon, doné de Dieu. Lequel retourna à IIII pieds faire sa pénitance à Monsarra: et long-tampz après ses habis usés, les veneurs du comte, venu à la chasse, le trouvèrent allant nud à IIII pieds tout velu, et l'estimant beste mue², l'amenèrent au comte, qui par grande admiration le fist mener à Barselonne et enchayner à la porte de son palays come une beste merveilleuse. Et fu là si longuement que la comtesse, passante illec, portante son enfant de trois à IIII moix, qui luy dist : *Frère Jehan Garin, tes péchiés te sont pardonnés, lière-toy, ta pénitance est acomplie et de Dieu acceptée.* Lors se leva, loant Dieu, et confessa publicquement au comte comment il avoit tué sa fille. Le comte esbahy alla au lieu où elle estoit enterrée et le fist descouvrir, et y avoit esté noef ans; mais le trouva saine et sannée³, et dist que elle n'avoit jamais sentu auleun mal. Pour le miracle fist le comte là fonder ladicte abbaye, où ladicte fille fu nonne, et fina sa vie sainctement. Depuis furent les nonnes translatées par ung comte de Barselonne à ung monastère appellé les Donzilles d'emprès Barselonne, et en leur lieu furent ordonnés moisnes de Sainct-Benoist, où Dieu, pour l'honeur de sa très-digne mère, faict maints grands miracles, là où la bone dame repose moult ricement, devant laquèle ardent cent et XXXIII lampes d'argent. Et y a pluseurs reliquiairs, comme de la croix de Jhésus, comme de ciefz de pluseurs saincts et sainctes. Là est la chaisne d'or donée par ung roy d'Espaigne qui à Barselonne le avoit au col quandt un fol luy cuida trenchier le col, lequel cop ceste chaisne rompit par les mérites de ladicte dame. Journèlement, pour les miracles que illec se font, sont aportés joyauls ornés de rices pierries. Et depuis trois ans est tombée une partie de la roche soubz laquèle l'église où est ladicte dame est assise; laquèle, par les mérites de elle, tomba dessus sans y faire mal.

---

¹ *Avoyeux*, triste. | ² MS. 7382. *Beste muyet* dans le MS. de la Haye. *Beste mue* dans le MS. 15856.
³ *Sic* dans les deux MSS. de la Bibliothèque royale et le MS. de la Haye. Il faut probablement lire « saine et sauve. »

Le lundi, xvi₈ de janvier, Monsigneur chemina chincq lieues, au bout desquèles prinst giste à Molin des Rés ¹, à l'hostel du gouverneur de Barselonne, qui est assés beau, où le jardin est des plus beaus, orné de divers fruicts, orengiers, grenadiers, citrons, etc. Et sont si bien conduicts les ungs dedens les aultres qu'ilz font tous galleries et pluseurs autres fantasies; et dedens sont fontaines belles et clères, bien pavées et bien acoustrées. Et pour conclusion on ne puet véoir plus beau.

1503.
16 janvier

Le quatriesme chapitre déclare comment Monsigneur fu rechupt à l'entrée de l'abbaye dicte les Donzilles, et de la feste que l'on fist celle nuyct à Barselonne, et comment il fu rechupt lendemain, et de la merveilleuse beubance, beauté et ricesse d'icelle, et du lieu de sa situation et d'aultres choses.

Le mardi, xvii₈ de janvier, Monsigneur de Molin des Rés alla deux lieues et print giste à l'abbaye de dames dictes les Donzilles, à ung ject d'arcq de Barselonne. Et ainchois qu'il fu arrivé, messeurs de la loy de Barselone, vestus tous de robes d'escarlatte fourrées de menu ver, le prévinrent et, descendus à pieds, allèrent baisier ses mains. Après vint l'évesque et ceuls de l'Église, qui tous firent pareillement. Puis vint le visroy, qui se dit en Casteloigne lieutenant du roy, acompaignié du comte de Ternant ² et de pluseurs chevaliers et gentilshomes de la ville; et trouva Monsigneur, aprochant l'abbaye, pluseurs gens de bien et habitans de la ville portans torses, qui le conduisèrent jusques à l'abbaye, où il descendi, et alla à l'église, où les prebstres revestus chantèrent avoec les dames *Te Deum*. Ils ont là pluseurs beaus reliquiairs, et est coustume que, quandt ung comte de Casteloigne loge premier en ladicte abbaye, qu'il face son entrée à Barselone ³. Et tout ce soir firent feste, feus et allumeries par toute la ville; et sur les murailles de la ville tout entour avoient espris ⁴ chandelles en lan-

17 janvier

¹ Molins de Rey. | ² *Ternant, Trenant,* ou *Tervant.* Nous ne trouvons ni l'un ni l'autre de ces noms dans les Nobiliaires d'Espagne que nous avons à notre portée.
³ MS. 7382. Cette phrase est plus correcte dans le MS. de la Haye, où l'on lit : « Et est la coustume « que ung conte de Casteloigne loge premier à ladite abbaye avant qu'il face son entrée à Barselonne »
⁴ *Espris,* allumé.

ternes de pappier, tèlement qu'il sambloit aux voyans de l'abbaye que la ville fuist toute en feu et en flamme. Laquèle feste en habit incongneu alla véoir en la ville Monsigneur avoec aulcuns de ses grands maistres. C'estoit chose moult gorgiase, et sambloit, à leur fachon de faire, qu'ilz le faisoient de bon corage, pour l'honeur de leur prince apparant.

Le merquedi, xviiie de janvier, Monsigneur partit des Donzilles, environ une heure après midi, pour faire son entrée à Barselonne, acompaignié des nobles de ses pays et du visroy, c'est-à-dire du general gouverneur et du comte de Ternant, du chancelier et des nobles, et des bourgois et justiciers de la ville, laquèle estoit toute tendue de tapisseries et de innumérable peuple; et les fenestres estoient ornées de dames bien acoustrées, bien paintes et fardées. Et portèrent les signeurs de la ville, dessus Monsigneur, ung ciel de drap d'or jusques à l'église de Nostre-Dame, où il descendit et trouva l'évesque et les chanonnes, revestus de bien riches chappes, qui menèrent Monsigneur au grandt autel orer; et, l'oblation faicte par luy, alla descendre et logier à la maison de l'évesque d'Orgel et de Barselonne, très-belle et bien acoustrée de vasselles, de bonnes tapisseries, de brodures de draps de soye et aultres. Ce soir alla Monsigneur véoir en habit incongneu les jeus, les festes, les feus et les allumeries parmi la ville; et rencontroit-on par escades [1] femes par les rues allantes véoir les festes, adfin qu'elles fussent véues.

Barselonne, le cief-ville de la principaulté de Castelloigne et de la comté de Barselonne, est cité très-bone, du grandeur de Malines, bien murée, sinon vers la mer de Levant sur quoy elle siet, située en une vallée belle et fertile, entre montaignes. Impossible est trouver vallée plus belle, car la ville est à l'entour furnie, de iii à quatre lieues de long, de gardinages enrichis d'orengiers, ornés de dadiers, anoblis de grenadiers, plains de tous arbres et herbes bones et fructueuses et de bledz et de vignobles. En oultre, ce pourpris est décoré de pluseurs maisons de plaisance et de beauls villages, et n'est possible aux passans anoyer [2] à cause de la bonté et beauté de ce quartier. La ville est moult marchande, bien pavée; ses rues sont estroictes, les maisons belles et haultes, toutes de pierres et remplies de

---

[1] Sic dans les MSS. 7382 et 15856 et dans le MS. de la Haye.
[2] On trouve dans Roquefort : anoier, ennuyer.

femmes fort pompeuses et gavrières. Et sont là faicts les plus beauls ouvrages de voires ¹ et de cire qui soient faicts au monde. Tout y est parfaict, s'ils avoient ung havre ².

Le joedi, xix*e*, Monsigneur alla au dehors de la ville véoir ung four où on faict voires de cristallin très-beaus. De là revint véoir pluseurs jardins au long de la ville. Après souper, ce mesme jour, dom Remon de Cardone, escuyer d'escuyerie du roy, mena le comte palatin et monseur de Ville et pluseurs aultres en ung bancquet véoir danser les dames, où estoit la comtesse de Ternant ³ avoec de xxx à xl dames de la ville, toutes vestues de velour cramoisy, de drap d'or, ornées de pluseurs chaisnes et aultres riches baghes, où Monsigneur alla mommer ⁴, adfin de plus à son aise les véoir.

Le venredi, xx*e*, alla Monsigneur véoir toute la ville, où il vidt infinie marchandise : car le visroy avoit commandet aux marchans qu'ilz mesissent apparemment devant leurs maisons la pluspart de leurs marchandises. C'estoit chose admirable et belle à véoir.

Le samedi ouyt Monsigneur messe as Jacopins; et est ung très-beau cloistre. Puis alla visiter une partie des églises de la ville; et venu as Cordeliers, luy fu monstrée une chapelle où monseur sainct Franchois demora de chincq à six ans. Et vidt en ung jardin ung franbaisiet ⁵, planté par sainct Franchois, aussi verdt que le jour qu'il le planta, sans estre grandt. Après disner se firent pluseurs mistères par personages devant le logis de Monsigneur. Après ce les signeurs de la ville le menèrent véoir les galées qu'ils font faire par commandement royal. Le roy en fait faire iiii^{xx}, et ils en font les xii très-belles, desquèles chescune est extimée trois mille ducats devant estre achevée. De là le menèrent véoir en deux grandes salles les acoustremens et esquipagemens qu'il fault à chescune galée : chescune est si bien acoustrée que on n'y polroit amender. Puis le menèrent véoir la Bourse. C'est la maison des marchans, laquèle est très-belle, assise sur le gravier de la mer; et ou ⁶ jardin, plain d'orengiers, sourt ⁷ une fontaine d'eaue doulce,

---

¹ *Voires*, verre.

² Ce fut seulement à la fin du XVII*e* siècle, après des tentatives plusieurs fois renouvelées, et dans ce siècle et dans les deux précédents, que Barcelone eut un port. Voir Madoz, *Diccionario geográfico-estadistico-histórico de España*, t. III, p. 545.

³ Voy. la note 2 à la page 255. | ⁴ Probablement pour *momé*, déguisé.

⁵ *Franbaisiet*, framboisier. | ⁶ *Ou*, au. | ⁷ *Sourt*, jaillit.

et sault¹ par une nef paincte et dorée. En celle maison ont pluseurs marchans leur bancq. La ville respondt de tout l'argent que on y met : dont pluseurs marchans de divers pays y abondent pour la bone sceurté.

Le dimence, xxII⁶, Monsigneur ouyt la messe à la grande église: l'évesque le chanta; et après disner Monsigneur alla véoir les joustes des gentilshomes de la ville, qui estoient bien acoustrés tant de drap d'or que de soye, et firent très-bon debvoir à la fachon du pays. Là estoient la pluspart des dames de la ville bien gorgiasement acoustrées. De là Monsigneur alla à l'hostel de Loupiant², qui tousjours avoit estet ambassadeur vers le roy des Romains et vers le roy de France; où ung très-beau bancquet luy fu faict. De là luy fu faict le bancquet des joustes à l'hostel du comte de Trenant, où estoient pluseurs dames vestues de drap d'or et aultres de drap de soye. Et ottant que Monsigneur fu à Barselonne, les dames changèrent habillemens de plus en plus, tèlement qu'elles estoient plus gorgiases en la fin que au commencement. Le bancquet faict, vinrent à danses, où tous les jousteurs vinrent acoustrés de drap d'or en robes à nostre fachon.

Dedens Barselonne a une église de dames portantes la croix de Sainct-Jacques, et sont de la mesme ordre que les chevaliers de Sainct-Jacques dessus nommez; et se puèvent maryer. Et le lieu où elles se tiennent est appellé la Joncquière³.

Ce chincquiesme chapitre dit comment Monsigneur fu rechupt à Girone, et quelle est la ville; de l'église Nostre-Dame, que fonda Charles le Grandt; du comte de Barselonne murdri par son frère; de six Castillans qui coururent devant Monsigneur; du beau port de mer de la ville de Rose; des grands maistres de la comté de Barselonne.

Le lundi, xxIII⁶, Monsigneur partist de Barselonne, conduit du visroy, du comte de Trenant et de ceuls de la loy et de pluseurs gens de bien de la ville, et aussy de l'évesque et de ceuls de l'Église, ausquels tous Monsigneur dona congié à demie lieue, et vint logier à Grenoulles⁴, ville petite, assise en beau pays, à quatre lieues de Barselonne.

---

¹ *Sault*, sort. | ² D. Gaspar de Lupian.
³ En espagnol *Junqueras*, sur la place du même nom. | ⁴ Granollérs.

Le mardi, xxiiie de janvier, print giste six lieues de là, à Chastelrice [1], ville de la grandeur de Songnies, assise en une vallée entre montaignes et boscages; et siet illec un assés beau chasteau en hault d'une montaigne, et est au comte de Modica, admiral de Castille.

Le merquedi fist Monsigneur son entrée à Girone, chincq lieues de Chastelrice, entre chincq et six heures, à la lumière des torses, au-devant duquel le gouverneur et messeurs de la ville et l'évesque allèrent une bone lieue ou plus et le recoellèrent honorablement, baisans ses mains à leur guise. Et commenchans à l'entrée de la ville, aulcuns signeurs portèrent dessus luy ung ciel de drap d'or jusques à l'église épiscopale, où il descendi et trouva l'évesque et les chanonnes, tous ricement revestus, qui le menèrent jusque au grandt autel en chantant *Te Deum*. Son oroison faicte, fu mené à son logis.

Et est Girone du grandeur de Tenremonde, départie en deux villes, come ville et cité, murées assés bien et closes à l'opposite de l'aultre : entre lesquèles court un petit ruisseau descendant des montaignes, et a à nom Tière [2], et court en mer à iiii lieues de la ville; dessus lequel passe ung pont de pierre d'une ville à l'aultre; et quandt y ne ploet, on y passe à secque terre sur planchettes: et siet entre montaignes. Le roy Charles le Grandt, estant au siége de Girone, lors infidèle et payenne, vidt en somme plouvoir croix de sang en ung lieu de la ville, et ouyt quelque voix disante qu'il entrast lendemain en la ville, et qu'il n'y trouveroit résistence : ce qui fu faict. Pour la mémoire de ce miracle, fist édifyer une église de Nostre-Dame au lieu où lesdictes croix seloncq sa vision tomboient, laquèle est belle et fort rice. Le front de l'autel est une table ou lame de fin or, longue de sept à viii pieds, de chincq ou six pieds haulte, plaine de pierries : le reste advironant l'autel est garny d'argent doré, et le ciel couvrant l'autel, faict d'argent, poise mille marcs. Entre les bons reliquiairs qui y sont est une espine de la coronne de Nostre-Signeur, avec une couppe d'or et une grande Nostre-Dame d'argent données par ledict roy Charles le Grandt. Auprès du coer gist ung comte de Barselonne, qui, arrivé à Chastelrice susnommé, fu de nuyct murdri par son frère, lequel il estoit venu véoir; et quandt il fu mort, il le fist porter à ladicte église de Girone. En

---

[1] Hostalrrich. | [2] *Tière*, le Ter.

1503. l'église de Sainct-Félix, située aussy à Girone, gist le corpz de sainct Narcisse, allemant, par les mérites duquel Dieu faict pluseurs grands miracles. Et dient les habitans qu'il les a gardet, et faict retirer en leur pays, à grande perte, honte et domage, leurs ennemis franchois.

28 janvier. En Girone, pour la dignité du lieu, séjourna Monsigneur le joedi et le venredi; et le samedi, xxviiie de janvier, partist, conduit de l'évesque et de ceuls de la loy, ausquels il donna congié à demie lieue de la ville, et alla logier à Fighires [1], chincq lieues de Girone, villette du grandeur de Braine-le-Comte, où il séjourna le dimence, lundi, mardi et aussi le merquedi, premier jour de febvrier. Là revint monseur de la Chault, qui en poste avoit estet vers le roy de France et sollicitet des affaires de Monsigneur.

2 février. Le joedi, jour de la Purification de Nostre-Dame, Monsigneur, retournant de l'offrande de la messe, fist maistre Jehan Saulvage, son président de Flandres, chevalier.

3 février. Le venredi passa Monsigneur à la villette dicte Chastillon [2], et alla disner à la villette nommée Rose [3]. Le port de mer de icelle est extimé le plus beau des pays du roy d'Arragon et où on puet mettre plus de navires. Puis

4 février. retourna à Fighières, où, le samedi, iiiie de ce mois, six Castillans bien armés, montés sur très-beauls chevauls et bons à la bride, coururent à l'anellet assés bien. Puis deux ou trois d'iceuls rompirent illec leurs lances contre un posteau, assés bien seloncq leur mode.

6 février. Le lundi, vie de febvrier, Monsigneur, parti de Fighières, passa, à une bone demie lieue de là, le pont de la rivière de Sinongne [4], et alla à Jonquières, villette démolie par les guerres, située à deux lieues de Fighières, ou piedt des montaignes de Roussillon; et passa la montaigne très-maulvaise, où il n'y a que ung passage estroict, pénible et fort à passer. Et au hault d'icelle siet un chasteau. Et coucha Monsigneur à Valo, village meschant, à chincq lieues de Fighières, chemin maulvais, pénible et désert.

Ores, pour ce que j'ay déclaret les grands maistres des pays dessus escripts, je feray ainsi de ceuls de Casteloigne, lesquels sont l'archevesque de Tarragonne, l'évesque de Thourtouse [5], l'évesque de Léride [6], l'évesque

---

[1] Figuéras. | [2] Castelló de Ampurias. | [3] Rósas.

[4] Dans l'indication, que donne le *Diccionario geográfico-estadístico-histórico de España* (tome VIII, pp. 355 et suiv.), des rivières qui arrosent la province de Girone, nous n'en trouvons aucune dont le nom ressemble à celui-là. | [5] Tortosa. | [6] Lerida.

de Orgel [1], l'évesque de Houcet et de Menoise [2], l'évesque de Barselone, l'évesque de Girone et l'évesque de Hyonne [3]; le duc de Cardonne, le duc d'Estonnesse (?), le comte de Prades et marquis de Pallyasse [4], le comte de Pallamoide [5] et de Ternant. Et pluseurs aultres grands maistres, qui ne sont ducs ne comtes, sont toutefois tenus de servir le roy come les aultres.

1503.

Ce sixiesme chapitre contient comment Monsigneur fu rechupt honorablement à Parpignant. De la ville et de l'ineffable artillerie et force de deux chasteaus d'icelle ville, et de l'incrédible force du chasteau de Saulses. Des assauls des diables voellans expulser les bons hors de Paradis, où furent faictes très-admirables soubtillesses de feu, etc. Des momeries faictes audit lieu. Des hostagiers envoyés de France pour Monsigneur, et des monstres des gens d'armes de Parpignant, etc.

Le mardi, septisme jour de febvrier, Monsigneur partist de Valo, pour aller à Parpignant, trois lieues de là : au-devant duquel, à une lieue de la ville, vint dom Sanse de Castille, capitaine général de la comté de Roussillon et de Sardaigne, acoustré de pluseurs homes d'armes et jennetairs [6] de sa compaignie. Et à ung quart de lieue près vinrent pluseurs gens d'Église avoec messeurs de la ville; et à l'entrée de la porte aulcuns homes de bien portèrent, par-dessus Monsigneur, ung palle de drap d'or jusques à son logis. Les rues estoient toutes tendues de tapisseries, et les dames regardoient des fenestres. Et Monsigneur fu à l'église Sainct-Jehan bien rechupt des chanonnes du lieu, lors bien revestus; et quandt il eut faict ses oroisons au grandt autel, qui estoit bien orné de bons reliquiairs, on le mena descendre à son logis.

7 fevrie

Celle ville, du grandeur de Lisle, assés bone et fort marchande, située en pays très-beau et fertile, à deux lieues de la mer, est d'ung costé enclose d'eaues descendantes des montaignes, et est de petite profondeur. Au lets vers France siet assés bas ung chasteau petit, édifyé du roy de France

---

[1] Urgel. | [2] L'évêque de Vich (en latin *Ausa*) et de Manresa (en latin *Minorissa*).
[3] Elne. | [4] Pallaresa. | [5] Palamos.
[6] *Jennetairs*, cavaliers. Fossetier les nomme *chevau-légers*.

1803. Loys XIe. A l'aultre costé de la ville y a ung chasteau grandt comme celuy de Lisle, situé au hault de la ville en lieu secq et sablonneux, lequel ledict roy Loys fist fortifyer et murer de basse-court, porte et saillie assés bonnes.

9 février. Le joedi, ixe jour de febvrier, alla Monsigneur visiter le grand chasteau, où ledict dom Sanse et capitaine du chasteau le rechuprent bien, et luy monstrèrent toutes les fortresses, artilleries, pourvoyances et secrès de la place. laquèle est des mieuls garnie et acoustrée pour la guerre que l'on sçache : car elle est advironnée toute de bones artilleries, et contient le donjon armures pour mille et xii^c homes. de deux à iii milles bonnes picques longues de xviii pieds, deux à trois cens brigandines, ii à iii cens arbalestres. chinc à vi^c milles virtons, fers de lances de javelines et de picques : puis molins, cordes, charettes, hauyauls, picquoises, pavais ¹, bastons ² et toutes choses duisantes à la guerre. Je crois que oncque on ne vidt pour ung chasteau place mieulx ordonnée. Et Monsigneur, au widier de la porte de l'armoyerie, fist chevaliers les deux fils du capitaine. En la basse-court y a une forte place, nommée la citadelle, en laquèle sont de iiii à chincq cens pièces d'artilleries. comme courtauls, serpentines et faulcons, totalement furnis de pierres, pouldres et toute la sieute duysable à ce. Et encoire en fait-on journèlement fondre. desquèles ils tirèrent pluseurs, pour à Monsigneur monstrer les meilleures. En celle basse-court se loge la pluspart des gens d'armes. Che chasteau n'a faulte. synon qui siet en lieu hault et secq. et la ville siet bas : par quoy il ne puet bonnement nuyre à la ville. Ce me faict penser que ledict roy Loys fist faire le chasteau au bas de la ville. pour. à l'ayde de la garnison du grandt chasteau, batre la ville et corrigier.

Ce jour, à l'après-disner, ala Monsigneur à la Loge véoir les jeus des mistères que faisoient ceuls de la ville, qui tous furent beauls et bien faicts. Au hault d'Enfer, qui estoit le mieulx composé qu'il est possible véoir, estoient trois personnages bien ouvrés, comme Judas Scarioth, Ypocrisie et Simonie, plains de fusées. qui furent subit brûlés, faisans tèle noise et tel bruit que feroient deux ou trois mille coulevrines ensamble tirées. Les homes représentans les dyables et les dyablesses estoient

---

¹ *Pavais*, tentes, pavillons. | ² *Bastons*, épées. haches. ROQUEFORT.

habilliés de velour de satin et d'aultres draps de soye, de tèles couleurs que les personages requerroient; et aulcuns de leurs habillemens estoient broudés de lettres d'argent et d'aultres pluseurs fachons de brodures. Lesquels yssoient d'Enfer et assailloient Paradis, pour les angels bouter dehors, et les angels les reboutoient en leurs abismes infernales. Et dura ce débat bien longuement. Enfin les diables furent reboutés. Le mistère estoit beau et chose nouvelle à véoir. Il y eut un éléphant plain de fusées et quatre serpentines sur roets sy vivement faictes qu'il n'y avoit home qui sceust dire que ce n'estoit vraye artillerie : lesquéles avoec l'éléphant tirèrent contre Paradis, et furent bruslées, menant tel bruit que eussent faict III ou chincq mille hacquebutes. C'estoit chose merveilleuse à ouyr et gavrière[1] à véoir. Ce faict, Monsigneur retourna souper à son logis.

Et lendemain, venredi, alla à la chasse deux lieues de Parpignant. *10 févri*

Le samedi, xie jour de febvrier. Monsigneur alla véoir le chasteau de Saulse[2], à trois lieues de Parpignant[3], assis à trois jects d'arc de la mer, à demie lieue de la viéle Saulse, jadis prinse des Franchois, dont monseur de Sainct-Andrieu estoit cief. Et est ce nouveau chasteau faict depuis IIII à VI ans par dom Sanse de Castille, au comandement du roy et de la royne, non encoire parachevé. Il est situé sur pillers, à cause des sourses des eaues descendantes des montaignes, et est du grandeur de Riplemonde, quarré, assis au bas du rocq, à doubles murailles espesses de XV à XVI pieds; le donjon d'en hault, de XXXVI pieds d'espès, tant bien perchié que rien mieulx. On va soubz terre par tout le chasteau, car il y a soubz la terre otant de logis que dessus, pour y logier cent homes d'armes, deux cens jenetairs et quinze cens piétons. Et n'y a chambre ne mynes nulles que partout que on voidt home ne soit valué[4]. Les estables sont soubz les fossés, où chescun cheval estant en sa place va boire, sans yssir son quartier. Les mengoires y sont de pierres de tailles, et chescune chambre et chescune salle a son gros huys de fer et ses batries l'une contre l'autre, tèlement que le capitaine avoecq dix ou XII compaignons puet par pons-levichs et secrès tenir tous les aultres en subjection, et puet, par

---

[1] MS. 7382. *Gorgiase* dans le MS. de la Haye. | [2] Salses.

[3] MS. de la Haye. Tout ce commencement de phrase manque dans le MS. 7382.

[4] Cette phrase, que nous ne comprenons pas, est la même dans les MSS. 7382, 15856, 15858 et dans le MS. de la Haye. Elle n'est pas dans la Relation de Fossetier.

lieus secrès, voellent ou non, visiter chescun lieu dudict chasteau, tant subtilement faict que nul ne puet yssir sans sa licence. Il est sans trayson imprenable, et est indiciblement furny d'artilleries; et faut passer à deux jects d'arcq du lieu pour entrer en la comté de Roussillon. Et est à noter que, à demie lieue de Parpignant, sur la rivière, siet une thour foible et anchyène et trois ou IIII maisons, nommée Roussillon, de laquèle toute la comté prendt original nom. En laquèle habitoit Gérardt de Roussillon, qui militoit soubz le roy Charles le Grandt, lequel fu fondateur des chanésies[1] de Leuse, de Condet et d'Antoing et aultres églises en Haynault.

12 février. — Le dimence se fist à Parpignant une procession générale, où Monsigneur alloit après le sacrement, acompaigniet de ceuls de sa maison et des gens de bien du lieu.

13 février. — Le lundi alla chasser et véoir, à deux lieues de Parpignant, une villette et chasteau assise sur la mer, nommée Couleuvres[2].

14. 15 février. — Le mardi et merquedi tint son logis.

16 février. — Le joedi alla spacyer[3] aux champs.

17 février. — Le venredi, XVII° de febvrier, fist courre aulcuns de ses chevauls aux champz. Ce jour le marquis de Baude, avoec aulcuns chambellans et ung maistre d'hostel et aulcuns gentilshomes, alla au-devant de l'ambassadeur envoyé du roy des Romains vers le roy et royne d'Espaigne.

19 février. — Le dimence, XIX° de febvrier, dom Sanse de Castille fist faire les monstres, devant Monsigneur, de cent homes d'armes de sa compaignie, armés, bardés, emplumachiés, et si bien montés pour leurs corps que impossible est véoir cent homes d'armes d'ordonnance mieulx acoustrés. Puis vint dom Piètre de Castille avoec deux cens jenetairs très-bien montés et armés de salades et banières, corsés et brigandines, fauldes[4] et flancquars(?), cuissos, espées, javelines et poignars. Après leurs monstres issirent aux champs, là où Monsigneur se trouva; et quandt les jenetairs eulrent faict leur debvoir à la fachon de la guerre, les homes d'armes firent bien le leur, où il les

---

[1] *Chanésies*, prébendes.

[2] Collioure. L'auteur s'est trompé, ou les copistes ont mal lu, en ne donnant que deux lieues à la distance qui sépare Perpignan de Collioure : il y en a cinq.

[3] *Spacyer*, se promener, comme il a été dit déjà.

[4] *Fauldes, faudes*, mantelets ou plutôt devantiers, qui prenaient depuis la ceinture jusqu'aux genoux : on s'en servait pour garantir les chausses et rejeter la pluie quand on allait à cheval.

faisoit beau véoir; et rompirent maintes lances en la présence de Monsigneur.

Le merquedi, xxıı⁰, à l'après-disner, aulcuns de la ville, homes, femmes et enfans, très-gavrièrement à l'égiptyène acoustrés, tant de drap d'or que d'aultres draps de soye, ornés de bones chaisnes et aultres baghes, firent momeries, soy monstrans par la ville. Puis jouèrent une farse devant Monsigneur; après dansèrent très-bien à la mode égiptyacque, où il les faisoit beau véoir. Et est la fachon de la ville, qu'ilz font, durant les Quaremeauls, pluseurs momeries en plain jour, comme nous faisons en nostre pays au soir; et vont par les maisons en fauls visages. Principalement font ce les amoureus, adfin de trouver fachon de plaire et parler à leurs dames.

Le joedi alla Monsigneur a la chasse et disna à Yonne¹, assés belle petite ville, et est eveschié, soubz lequel Parpignant est.

Le dimence s'esmeurent vens et tempestes grands oultre la coustume du pays.

Le lundi, xxvıı⁰, ung poste de nostre pays apporta nouvelles que les signeurs de Fois, de Monpensiers et de Vendommes estoient arrivés à Valenchiènes, hostagiers pour Monsigneur en tamps qu'il passeroit le royame de France, et aussy les ducs de Bourbon et d'Alenchon se debvoient trouver, pour aussy estre hostagiers, en la ville de Dôle en la comté de Bourgoigne. Mais Monsigneur, cognoissant l'anchièneté et débilité du duc de Bourbon, fu content qu'il demorast en sa ville de Molin² en Bourbonois; et le duc d'Alenchon alla jusques à Aussonne, et de là fu envoyé ung home de bien envers Monsigneur requerre, de la part du roy de France, que ledit signeur n'alast plus avant pour sa grande jonesse : ce que Monsigneur accorda volentier.

¹ Elne, comme il a été dit p. 261, note 2. | ² Moulins.

PREMIER VOYAGE

Ce septisme chapitre expose comment Monsigneur fut rechupt à Sigan, première ville de Langhedocque; item comment il fu rechupt à Nerbone et quèle est la ville, et comment fu aussy bien rechupt à Bésiers, à Pesenasse et à Montpellier; et de l'église de Maghelonne, et d'autres choses.

1505.
28 février.

Le mardi, derrenier jour de febvrier, jour des Quaremeauls, Monsigneur partist de Parpignant; et le capitaine de Roussillon et de Saulse et la pluspart de leurs gens d'armes et des gens de la ville le conduisèrent jusques à oultre Saulse; puis prinrent congié à Monsigneur, qui estoit bien joyeux de retourner en ses pays. Et print giste à une villette nommée Sigan [1], à sept lieues de Parpignant, qui est l'entrée de Languedocque, où monseur le comte de Ligny avoec le séneschal d'Arminacque [2] et le gouverneur et aultres grands maistres, envoyés du roy de France, vinrent au-devant de luy.

1er mars.

Le premier jour de mars chemina IIII lieues et logea à Nerbone [3], où pluseurs nobles gens du royame et ceuls de la justice du lieu avoec messeurs de l'Église, bien revestus, vinrent au-devant de luy et le conduisèrent honorablement jusques à l'église, où il fist son oroison. Puis ala logier à la maison de l'archevesque joindante à la grande église, où messeurs de l'Église et ceuls de la ville luy offrirent service.

Nerbone est assés bone et est cité archiépiscopale, du grandeur de Valencènes, assise en pays assés fertile de bledz, de vins et d'oliviers; et y a ville et cité, entre lesquèles transverse ung pont sur la rivière de Aude, large d'un ject de pierre. Là donna Monsigneur rémission de tous cas, combien qu'ils fuissent criminels, et délivra tous prisonniers, come il avoit fait en allant par tout le royame de France et fist en retournant, tant qu'il en yssit.

2 mars.

Le joedi, IIe de mars, Monsigneur partit de Nerbone, passa au bacq, une lieue de là oultre la rivière de Aude, et disna à la cité de Bésiers, quatre lieues de Nerbone, où, au bout du pont hors de la ville, monseur de Ravestain, accompagné de pluseurs gens de bien, lui vint faire très-honorable révérence. Et à la porte, ceuls de l'église épiscopale de Sainct-

---

[1] Sijean ou Sigean. | [2] D'Armagnac. | [3] Narbonne.

Nazar et de toutes les autres églises, tous revestus, le rechuprent à croix et à confanons et, en chantans *Te Deum*, le menèrent à son logis.

Ce jour visita Monsigneur le marquis de Rotelin, lieutenant général du roy sur la marche de Roussillon, fort aggravé de maladie. Là estoit la marquise et sa fille et pluseurs belles dames.

Bésiers siet sur la rivière de Aude, sur une montaigne et vallée, et est du grandeur d'Alost.

Le venredi Monsigneur, acompagnié des dessusdits signeurs de France, quandt il eut cheminet quatre lieues, herbegea à Pessenasse ¹, ville bone et marchande, du grandeur de Dunquerque, où ceuls de l'Église et les signeurs bourgois et manants de la ville le rechuprent honorablement et le menèrent jusques à son logis. Ung des maistres de l'artillerie du roy fist lors, en la présence de Monsigneur, tirer pluseurs bones pièces, lesquèles il avoit faict faire nouvellement.

Le samedi Monsigneur vint au giste à Montpellier, sept lieues de là, où les signeurs et les bourgois de la ville et le recteur de l'université et messeurs de l'Église, tous revestus, à croix et à confanons, portans pluseurs beauls reliquiairs, le conduisèrent jusques à l'église Nostre-Dame des Estappes ², et descendit au portal, lors bien orné de reliquiairs, et, après son oroison faicte, le conduisèrent à son logis. Là marchoient devant luy ses hérauls vestus de leurs cottes d'armes. Sur ung eschaffault, à l'entrée de la ville, estoit la Trinité avoec les quatre Vertus cardinales et deux angels tenans les armes du roy de France à dextre, celles de la ville à senestre et celles de Monsigneur au milieu : lesquels deux angels, mélodieusement chantans, descendirent par ung vis du hault de l'eschaffault et présentèrent lesdictes armes de la ville à Monsigneur. Et ceuls de la ville lui présentèrent tout service. La ville estoit toute tendue de bones tapisseries, et pluseurs belles dames ornoient de leur beaulté les fenestres.

Montpellier, située sur une petite montaigne, est du grandeur d'Ypre, et est décorée de pluseurs belles maisons. Le pays de entour est assés fertile, et la pluspart est emply de oliviers, et siet à deux lieues de la mer. Elle a grands clers estudians en médicines et chirurgeries, et y faict-on beaucop de moumie. Ce mesme jour jouèrent devant Monsigneur une farse

---

¹ Pezenas.   ² Notre-Dame-des-Tables.

1503. déclarant les alliances faictes entre monseur de Luxembourg et madame Claude de France.

A deux lieues de là, en une petitte isle, longue de demi-quart de lieue, grande de demie lieue, est l'église que Maghelonne fonda pour Pierre de Provence, en laquèle elle avoec luy est enterrée. On le soloit nommer l'hospital de Maghelonne; mais c'est maintenant une abbaye de chanonnes réglés, d'en costé laquèle est le palais de l'évesque, come ung chasteau, et l'évesque se dit évesque de Maghelonne, non pas de Montpellier.

5 mars. Le dimence, v^e, vint devers Monsigneur le comte de Fustemberghe, monseur du Fay et le dom-prévost de Trecht, ambassadeurs envoyés de l'empereur, son père. Après leur proposition, Monsigneur alla oyr la messe à Nostre-Dame d'Estappes, et à l'après-disner alla à l'hostel de la ville, où les médicins jouèrent ung jeu de Justice et de Injustice, reprenans les légistes, et assés bien. Puis firent ceuls de la ville à Monsigneur ung bancquet, non sans pluseurs belles dames et bien gavrières : pour lesquèles danser, après le bancquet, furent mandés les tambourrins. Les danses finées, Monsigneur retourna souper à son logis, et monseur de Ravestain dona à souper à toutes les dames, où Monsigneur et monseur de Ligny les allèrent véoir, le souper faict.

6 mars. Le lundi alla Monsigneur aux champs.

7 mars. Le mardi, viie, alla véoir une abbaye de moisnes noirs, de l'ordre de Sainct-Benoist, laquèle fonda pape Urbain chincquisme. Ce jour donna Monsigneur à messeurs de France noefs très-beauls jennès d'Espaigne; et au soir ceuls de la ville, acoustrés come bregiers, firent à son logis une danse et morisque très-belle, où deux très-belles josnes filles dansèrent très-bien.

8 mars. Le merquedi firent danses et bancquets et la meilleure chière que on peut, pour tousjours donner passe-tampz à Monsigneur.

DE PHILIPPE LE BEAU.

Ce chapitre huitiesme traicte du voyage que Philippe de la Viesville et l'escuyer Bouton et Anthoine de Lalain firent à la Basme : premier, d'Aighemortes, de l'isle de Camarghes, où les soers Nostre-Dame gisent; du corpz sainct Gille, du corpz sainct Anthoine, du corpz sainct Rocq, et de la chimetière où les crestyens occis en Rainceval sont sépulturés.

Cy feray ung peu silence de Monsigneur, pour déclarer le voyage de la Basme faict par Philippe de la Viesville, signeur de Sains, par l'escuyer Bouton et Anthoine de Lalaing, signeur de Montigny, gentilshomes de la maison de Monsigneur, qui partirent de Montpellier le lundi, vi^e du mois de mars, et allèrent au giste à la villette dicte Lunel, IIII lieues de là.

Le mardi, après deux lieues cheminées, arrivèrent à Aighemortes, ville petite, mais fort belle et fort thourée, assise en pays fort d'eaues et marescages. La rivière du Ronne chiet au port de mer d'icelle, auquel port soloient arriver les carracques de Jennes : mais il a esté, par guerres ou aultrement, si mal entretenu qu'il ne puet présentement rechepvoir que moyens bateaus. Le capitaine de la ville habite, en ycelle ville, en une platte maison assés près d'une grosse thour, à laquèle il puet aller de sa maison par une gallerie de bois, au bout de laquèle ung pont-levich sert à ladicte thour; et estime-on fort la thour pour son espesseur, haulteur et bone deffence [1] que elle a par dedans et par dehors; et puet-on par elle loing véoir en la mer les navires, soient des amis ou des ennemis, ausquèles il est impossible aprochier le port sans mortel dangier ou sans congié du capitaine, pour la plenté [2] et force de l'artillerie et aultres acoustrements de guerre qui sont au plus hault de la thour. Et y a une lanterne de voire [3] grande assés pour estre chincq ou six homes, où on met au soir le feu, afin que les navires nageantes en mer recongnoissent le port. Et une cisterne incessamment plaine d'eaue, servante à la thour, est en une terrasse plus bas que la lanterne.

Loys de Villenoefve, qui lors en estoit capitaine, monstra le tout à ces trois prédicts gentilshomes, lesquels, après ce, allèrent trois lieues ouyr la messe à Nostre-Dame de la mer, village assis en l'isle de Camarghes, en laquèle arrivèrent Magdalaine et les deux soers de Nostre-Dame et toute

---

[1] MS. de la Haye. *Despense* dans le MS. 7382.
[2] *Plenté*, quantité. | [3] *Voire*, verre, comme il est dit p. 257, note 4.

1503. leur compaignie, après que les juifs les eurent mis en ung bateau sur la mer sans voile et sans gouvernail. En laquèle isle Jacobée et Salomée, avoec elles saincte Sarre, leur servante, arrestèrent, et les aultres s'espandirent par tout le pays de Provence. Celle église, où les corpz de ces trois dames reposent, contient ung puis où Sarre fu jettée pour sa saincte vie, et y fu longtamps sans mal avoir. Depuis, toutes fièvres sont garies quand les patiens boivent de l'eaue dudict puis.

Ce jour, à l'après-disner, les gentilshomes passèrent la rivière du Ronne au sortir de l'isle de Camarghes, et logèrent, sept lieues de là, au village appellé Sainct-Gille, où le corpz de sainct Gille est encassé bien et honestement et son cief aussy, lequel ces trois véirent tout nud.

8 mars. Le merquedi allèrent à Arles, où devant la ville passèrent le Ronne, là où il sépare Languedocque de Provence. Arles est ville belle, assés grande, archeveschié, située en pays beau et fertile, une des meilleures villes de Provence. En l'église, où ils ouyrent messe, est tout enthier le corpz de sainct Anthoine, qui leur fut monstré tout au nud, combien que on le monstre difficilement, car il fault trois clefs, desquèles l'église a l'une, messeurs de la ville une, et le capitaine a l'aultre. On le tient en cest estat, pour ce qu'il n'est encoire encassé, adfin que quelque pièce n'en soit furtivement transportée : mais on baille à baisier journèllement as pèlerins le cief, qui est encassé en argent; et dient les gardes que ils encasseront en brief tampz tout le corpz, excepté le petit os du bras, qui est à Vianne [1]. Ceuls d'Arles et ceuls de Vianne ont eut grands et longs procès : car toutes les deux parties affirmoient qu'ils avoient ledict corpz sainct. De quoi la vérité est tèle. Le corpz sainct reposa jadis entièrement en une abbaye emprès Arles, nommée Mommaga. Lors les moines donnèrent lesdicts os à Viannois, et consentirent, parmy rendre une somme d'argent par an à ladicte abbaye, que lesdicts Viannois advertiroient toute la crestyenneté qu'ils avoient tout le corpz. Lequel corpz ceuls, constraincts par les guerres illec survenantes, transportèrent en la ville d'Arles, craindans qu'il ne leur fuist pris par force; et faict illec pluseurs miracles; et est que, depuis peu de tampz, une femme de la cité d'Arles tumba d'une haulte thour et, en tumbant, réclama Monsigneur sainct Anthoine, tèlement que elle n'eut mal et vit

---

[1] Vienne en Dauphiné.

encoire. J'en diroye pluseurs miracles faicts nouvèlement : mais ce n'est nostre matère. Depuis, ceulx d'Arles, voyans le grandt et rice aport qui en venoit, constraindirent ceuls de Vianne de non plus faire queste soubz umbre d'avoir le corpz sainct, et ont donnet congnoistre comment ledict corpz sainct est à Arles et non ailleurs. Par quoy on parle, à ce tampz, otant ou plus de sainct Anthoine d'Arles que on soloit parler de sainct Anthoine en Viannois.

Après ce sainct corpz veu et pluseurs autres reliquiairs, ces trois gentilshomes visitèrent une aultre église doée du corpz de sainct Rocque entier, qui leur fu monstré au nud, et quatre ou chincq aultres corpz saincts. Puis allèrent véoir l'église archiépiscopale, fort belle, et contient quatre corpz saincts et pluseurs reliquiairs. Après allèrent véoir le cimetière, où pluseurs chevaliers qui avoec Rolandt, niepz du roy Charles le Grandt, morurent en la bataille de Rainchevaulx[1], sont enterrés, quandt Guennelon[2] les eut vendus au roy Marsillon, payen. Et pour ce que le roy Charles voloit ensepvelir les crestyens illec occis et qu'il ne les sçavoit discerner des payens illec aussy occis, Dieu, à sa requeste, tourna les viairs[3] des crestyens vers le ciel et ceuls des payens vers la terre.

Ce neuviesme chapitre parle de Marselle et de son havre et du corpz sainct Lazare; de l'abbaye de Sainct-Victor; de la croix sainct Andrieu; de la Bame; de la ville de Sainct-Maxemin, où le corpz de la Magdalaine gist; du corpz d'icelle et des dignités qui y sont; du sablon qui se converti en sang; du corpz de sainct Maxemin, et de Azeth, principale ville de Provence, et de Tarascone, où le corpz saincte Marthe repose.

Le mesme merquedi, viiie de mars, partirent ces gentilshomes d'Arles à l'après-disner, et allèrent à giste à ung gros village appellé Salon de Craux.

Le joedi disnèrent à ung aultre village, chincq lieues de Salon, où ils trouvèrent monseur du Roelz et aulcuns gentilshomes de la maison de Monsigneur, et allèrent ensemble couchier à Marselle, iiii lieues d'illec,

---

[1] Roncevaux. | [2] Ganelon. | [3] *Viairs, viaires*, visages.

et logèrent à l'Escu de Bourgoigne, là où Anthoine, grandt bastardt de Bourgoigne, filz du bon duc Philippe, et messire Simon de Lalaing logèrent quandt ils montèrent sur la mer pour aller lever le siége de Cestre[1] en Barberie. Là morurent les deux filz sire Simon de Lalaing, et sont enterrés à Marselle. Laquèle est éveschié et siet en pays beau et fertile, et est fort marchande pour son port de mer, qui est le plus beau que on puist gaire véoir, car il puet mettre à saulveté iii ou iiii cens navires, tant est-il bien fermé de pluseurs chaynes et de deux grosses thours assises aux deux coings, desquèles on puet batre toutes les advenues par où on puet venir au havre. Et le ont fortifyet nouvellement, pour ce que les Barselonnois ont puis peu de tampz romput des chaynes, gaigniet le havre et pilliet les navires qui y estoient.

Dedens la grande église épiscopale gist sainct Lazare, frère de la Magdalaine, et est là le tombeau où il fu enterré. Et à la trésorie est son cief, bien et ricement encassé, qui fu monstré aux prédicts gentilshomes, et aussy fu une de ses cottes et autres pluseurs reliquiairs. Emprès celle église est la représentation de la Magdalaine du haulteur que elle avoit : c'est autant que ung grandt home advient de la main. Hors de la ville, delà l'eaue, est l'abaye de noirs moisnes appellée Sainct-Victor. L'abbé présent est l'évesque de Marselle, et est de la maison de Béthune. En celle abbaye, entre autres reliquiairs, est la croix où sainct Andrieu pendist, et est droicte, comme celle de Nostre-Signeur, et couverte de fer : mais on oevre un huisset[2] pour le baisier. Là est aussy la boite d'albastre, et couverte de mesme, où la Magdalaine porta les aromaticques odeurs que elle jetta sur Nostre-Signeur. Et monstre-on une petite table d'albastre où on dit que elle mengeoit, et pluseurs autres choses qui l'ont servit : car elle fist illec sa pénitance pour aulcun tampz.

Le venredi, ixe de mars, allèrent disner à quatre lieues de là, en ung village où il y a ung petit chasteau apertenant à l'évesque de Marselle. Après allèrent à giste à la Bame, c'est-à-dire, en nostre langaige, montaigne entre désers. C'est le lieu où Magdalaine fist sa plus grande pénitance. Il y a ung monastère de blans moines : c'est ung prioré des dépendances du monastère de Sainct-Maxemin, qui est la principale fondation de cestuy,

---

[1] Ceuta (?). | [2] *On oevre un huisset*, on ouvre une petite porte.

qui siet hault sur ung rocq où on ne puet bonement aller, se ce n'est par ung costé. Les édifices n'y sont gaire sumptueus. Il n'y a que ung corpz de maisons, où on loge les gens de bien qui visitent le lieu. Auprès du grandt autel de l'église est le lict où la Magdalaine couchoit : c'est ung lieu cavé dedens le rocq, et n'avoit aultre couverture. Sur ung plus hault rocq emprès celle prioré alloit journèlement, où les angels sept fois le jour le visitoient et en air l'eslevoient; et mesme Nostre-Signeur visiblement l'aloit consoler. En ce lieu alloit-elle le plus, pour tant que c'estoit le plus hault du désert. Il y a présentement une chapelle. On visite celle prioré pour les pardons, combien qu'il n'y a riens du corpz d'elle : mais on y va en pélerinage pour l'amour d'elle, car c'est le lieu où elle habitoit et le plus grandt désert.

Le samedi, la messe ouye, se partirent les dessusnommés et allèrent disner à Sainct-Maximin, trois lieues de là. Et en chemin leur fu monstré le lieu où le sainct home habitoit qui fu envoyé par Magdalaine nonchier à sainct Maximin, qui estoit son parin, qu'elle vivoit encoire et que sa mort aprochoit, et qu'il le allast confesser et messe devant elle célébrer, et luy baillier le corpz Nostre-Signeur devant sa fin : lesquèles choses furent toutes acomplies, et incontinent morut devant l'autel au mesme lieu.

La ville de Sainct-Maximin est belle, mais elle est petite, assise entre montaignes. L'abbaye est grosse. L'église d'elle est belle; le corpz de la Magdalaine y est en tombe en sarcu [1] de pierre en une chapelle : c'est le propre lieu où elle morut. On ne voidt rien d'elle que le cief, qui est tout nudt. On voidt encoire char et sang sur son front là où Nostre-Signeur le toucha, disant : *Noli me tangere* (au xxe chapitre de sainct Jehan). C'est une chose très-dévotieuse. On voidt encoire trois dens en sa bouce; et par le grandeur de son cief, qui est tout encassé en argent, or et pierries, juge-on que elle estoit grande femme. Puis monstra-on as prédicts gentilshomes pèlerins, au grandt autel [2], ung de ses bras et de ses cheveuls, jaunes come fil d'or, en une fiole plaine de sablon qu'elle recueillit soubz la croix à la passion de nostre rédempteur Jhésus, où on voidt de son très-précieux sang; et ay oy certifyer aux moisnes de léens et pèlerins pluseurs, qui l'afferment avoir veu, que ce sablon, le jour du grandt venredi, se mue en sang et en

---

[1] *Sarcu*, cercueil. | [2] MS. de la Haye. Les mots *au grandt autel* manquent dans le MS. 7382.

eaue à l'heure que Nostre-Signeur rendi àme, et tost après se remet en son premier estre. Après virent le corpz sainct Maximin et pluseurs aultres beaulx ¹ reliquiairs. Puis, ce mesme jour, à l'après-disner, partirent de Sainct-Maximin et prinrent giste, sept lieues de là, à Azeth ², ville très-bone, la principale de Provence, située en très-beau pays, où ceuls de la justice se tiènent; et est éveschié, et y a très-belle église, où on leur monstra le cief de sainct Maximin et aultres beauls reliquiairs.

Le dimence, xii° de mars, logèrent à Tarasconne, villette très-belle. Le Rosne passe par-devant, et en l'église assés belle est le corpz saincte Marthe, soer de la Magdalaine, et y est son cief, lequel on voidt nudt bien ricement encassé en or, au commandement du roy Loys VIII°, qui advironna ledit cief de son ordre que on nomme de Sainct-Michiel, come les ducs de Bourgoigne ont l'ordre du Toison, et les roys d'Angleterre le Gartier ³. Et dient ceuls du lieu que, à la mort de ladicte Marthe, y fu ung évesque de Limoges et Périgoeus qui fist son service, où nostre Saulveur se monstra présent.

Le lundi passèrent en chemin la rivière dicte la Durensse, laquéle passe auprès de Carpentra, et logèrent en Avignon, où Monsigneur vint, come nous descriprons.

Ce chapitre dixiesme traicte comment monsigneur nostre prince fut rechupt à Nymes, et puis en Avignon; de la ville et du tombeau de sainct Pierre de Luxembourg; de la ville d'Avignon et de Villenoefve.

Or retournons à Monsigneur, qui, le joedi, ix° jour du mois de mars, parti de Montpellier, acompaignié des signeurs de France dessusdicts, vint disner à une petite ville nommée Lunel, à iiii lieues de Montpellier, du grandeur de Binch en Haynault, assise en pays bon et fertile. Après disner alla à giste à Nymes, ville du grandeur de Valencennes, assise en pays bien fertile, et est éveschié, au bout de laquéle siet ung chasteau assés vielz. Et vint au-devant de luy monseur l'esleu et ceuls de la ville.

---

¹ MS. de la Haye. Le mot *beaulx* n'est pas dans le MS. 7582.
² Aix. | ³ *Le Gartier*, la Jarretière.

Les rues y estoient toutes tendues de tapisseries et couvertes de toiles. Auprès de l'église cathédrale estoient sur ung eschaffault sept belles filles bien acoustrées, lesquèles représentoient les quatre Vertus cardinales et les trois théologales, et auprès, sur ung aultre eschaffault, aulcuns homes et femmes dansoient autour des armes de Monsigneur.

1505.

Le samedi alla Monsigneur disner à Sarynacque¹, quatre lieues de Nymes, et print giste en Avignon, trois lieues de là. Et à l'ariver en celle ville, Monsigneur vint souper à une petite villette auprès le pont, nommée Villenoefve, où il y a ung chastelet, où Loys de Villenoefve, capitaine du lieu, le festoya bien et honestement; et y furent pluiseurs belles dames, et y fist-on danses et morisques. Après alla Monsigneur à son logis, et passa le pont de la rivière de Gourdon², appellée la Gourdonsse, et sont trois pons l'ung sur l'aultre, et puet avoir XII cens pas de long; et y alla de piedt, car y passer à cheval est fort dangereux, pour ce que le pavement est fort ouny; et va le pont en tournant du costé Villenoefve.

11 mars.

Le dimence, XII° jour de mars, alla ouyr la messe aux Célestins avoecq le gouverneur d'Avignon, qui estoit évesque et lieutenant du cardinal de Sainct-Pierre *ad Vincula*, lors légat d'Avignon, et depuis pape Julius, second³ de ce nom. En celle église gist le corpz sainct Pierre de Luxembourg, qui fu, come on trouve là par escript, dyacre, cardinal de la saincte Église romaine du title de Sainct-George au Voile d'or, filz de très-illustres et très-nobles⁴ parens. Monsigneur Guy de Luxembourg, comte de Sainct-Pol et de Ligny, l'engendra, et dame Mehault de Castillon, procréée de lignie impériale et royale, come de beaulx lis et odoriférantes roses de printampz plaine de doulce suavité, le conchupt. Cest enfant donc, enrichi de bone âme et saincte, fu baillié à l'estude de Paris, pour estre instruict ès ars libérales et en décrès, et passant, en bones vertus et sainctes meurs, l'an X° d'adolescence, fu de nostre sainct-père le pape institué chanonne, et deux ans après fu ordoné archidiacre de Droeux en l'église de Chartres. En l'an XV° de son eage, jone de ans mais viel de corage, beau de face, mais plus beau⁵ de pensées, fu prommeu à l'éveschié de Metz en Loraine, com-

12 mars.

---

¹ Sargnac. | ² N'est-ce pas du *Gardon* que l'auteur veut parler?
³ Jules II fut élu pape le 1ᵉʳ novembre 1503.
⁴ MS. de la Haye. Les mots *très-nobles* ne sont pas dans le MS. 7382.
⁵ MS. 7382. Les mots *mais plus beau* ne sont pas dans le MS. de la Haye.

1305. bien que moult le refusast. Il précédoit pluseurs en dignité : néantmoins sourmontoit-il chescun en saincte humilité, ne pour noblesse de sang, ne pour beaulté de corpz, ne pour honeurs caducques, ne s'eslevoit, car rien, sinon à Dieu complaire, n'entendoit; toutes choses humaines et ricesses, come filets d'araigne, vilipendoit. Le pape Clément septime, jusque auquel la renommée de ses vertueuses oevres advolèrent, soy conformant à la volenté de celuy qui sur les forces cardinales de la terre a fondé ce monde, l'esleva, par le conseil et consentement de ses frères cardinaulx, au colliége d'iceuls, non par faveur et requeste d'amis, mais par disposition divine. Lors, come la belle estoile journale reluyt et est veue de tous les quartiers de la terre, ainsy resplendist sa saincteté par vigeur de corage par tous les coings du monde; et tant ardamment la croix de pénitance, ensiévant Jhésu-Crist, portoit, que souvent ravy sur soy véoit Jhésus de ses ocils corporels pendant en croix : car ainsy à luy se apparissoit. Entre ces choses ce sainct vierge et ynocent, attainct de continuèles abstinences et brisiet de disciplines, sans bleschures des souillures de ce monde, perdit la mort et trouva la vie, come cil qui toute sa vie ama sur toutes choses la vie [1] : car, l'an de sa sainte adolescence xviiie. de divine incarnation M. III^c LXXXVII, secondt jour de juillet, rendit son esprit à Dieu, son corpz à la terre, et fu ensepvely, le quindt jour dudict mois, en Avignon, au cymentière de Sainct-Michiel, à présent appellé le monastère des frères Célestins Sainct-Pierre de Luxembourg, là où, par les mérites et pryères de luy, Dieu faict continuels miracles et bénéfices [2] : car, dedens deux ans après son trespas, XLII trespassés recouvrèrent vie: sours, boisteus, moyauls [3], fébricitans, furieus et ladres garissoit. On lit de luy mil IX cens et LXIIII miracles, grâces à Dieu. Lequel sur son tombeau a ceste épitaphe :

Hoc colitur templo, tegitur simul aurea virtus clara Luxemburgi soboles, nitidissima merces, orbis, et unus honos mortali corpore coelum transfertur meritis Petrus inter numina numen. Annis millenis sepelitur sicque trecentis hiis septem junges, octoginta super addes. Et quinta julii pollens virtutibus altis assidue a populo veneratur quolibet anno.

---

[1] MS. 7382. *Ayma sur touttes choses l'acteur de vie* dans le MS. de la Haye.

[2] MS. de la Haye. Les mots *et bénéfices* ne sont pas dans le MS. 7382.

[3] *Moyauls, mueaux,* muets.

Et est à noter que, en la chapelle où yl gist, sont innumérables ymages et cherges¹ de chire. Au coer d'icelle église gist le pape Clément septime, filz du comte de Genève, sépulturé en albastre.

Ce jour chantèrent la messe les chantres de Monsigneur, et puis alla disner à son logis, et, le disné faict, ala à la maison de la ville, où on luy fist ung beau bancquet, non sans plenté² de dames belles et très-gavrières; et là furent faictes pluseurs danses et gavres. Après ce Monsigneur retourna à son logis, qui est au pape et a nom le petit Palais, là où, ce jour et le jour séquent, les gentilshomes et dames de la ville dansèrent pluseurs morisques bien honestes.

Avignon est quasi du grandeur d'Anvers et très-bien murée et tourée, et est située en pays beau et assés fertile, sur la rivière du Rosne, dedens laquèle, à ung quart de lieue de la ville, chiet³ la rivière appellée Durance. C'est la ville principale de la comté de Venice⁴, terre du pape. Les rues sont estroictes et mal pavées, ornées de belles maisons et beaucop de rices marchans, entre lesquelz sont pluseurs juifs et marrans⁵ banis d'Espaigne. Item y a ung palais très-beau, très-sumptueux, fort grandt et matériel, du grandeur du chasteau de la ville d'Ath en Haynault, y comprise la basse-court, dalés lequel est l'église de Nostre-Dame, et est cathédrale, où gist le pape Urbain chincquisme. Et après y a une église petite située en hault et assés matériéle. Au dehors de Avignon siet une villette très-forte, nommée Villenoefve, come j'ay dit dessus, apertenante au roy de France, et s'estendt par faulxbourgs jusques au pont d'Avignon; et là fine le pays de Languedocq, qui, commenchant à Bésiers, dure jusque audict pont. Celle ville contient une abbaye de Sainct-Andrieu et aussi des Chartrous, auxquels gisent trois papes assés sumptueusement sépulturés.

Le lundi, xiiiᵉ de mars, Monsigneur alla véoir la melclitte⁶ des juifs. Ils ont leur quartier à part, et est leur service assés samblable à celuy des Mores, excepté qu'ilz festient le samedi, et les Mores le venredi.

---

¹ *Cherges*, cierges. | ² *Plenté*, quantité. | ³ *Chiet*, tombe. | ⁴ Comtat Vénaissin.
⁵ *Marrans*, infidèles, comme il a été dit p. 230, note 1.
⁶ *Melclitte*, mosquée.

Ce chapitre onziesme parle du pont de Sorghe, et coment Monsigneur fu rechupt à Orenge, et à Montelimaire, et à Tournon; du lieu où Pilate nasquy, et comment on le rechupt à Vienne; de la cité de Vienne; de la thour de Pilate, et de la thour portée en une nuyt xiii lieues par art diabolicque, etc.

1503.
14 mars.
Le mardi, xiiie de mars, Monsigneur partist d'Avignon et alla disner à deux lieues de là, à la ville nommée le Pont de Sorghes, apertenant au pape, et y est son palaix très-beau et fort bien muré, et à l'entour y a iiii grosses thours avecq la porte et bons fossés. La rivière dicte Sorghes, venante de Provence, passe parmy la ville et chiet dedens le Rosne à ung quart de lieue dudict Pont. Après disner alla Monsigneur à giste à Orenge, deux lieues dudict Pont, où les signeurs de l'Église, revestus, portans croix et confanons, le rechuprent et le convoyèrent jusques à son logis à l'abaye de Nostre-Dame, qui sont chanones riglés, là où madame de la Coeulle, fille bastarde du duc Philippe de Bourgoigne¹, luy vint faire la révérence.

Celle ville, come on juge par les murailles ruynées, fu anchienement otant ou plus grande que Bruges; maintenant est du grandeur d'Enghien. Sur la montaigne siet au plus hault ung chasteau, et est encoire sur la place une muraille fort matérièle, come d'ung palais, où habitoit Basire, roy payen, occy par Guillaume d'Orenge, qui conquist la ville et y mist la crestièneté. Lors conquist ce nom Guillame d'Orenge. En elle habitent pluseurs juifs, et est Orenge et la signorie d'entour, contenante chincq à six lieues, exemptée de la juridicion du pape et du roy de France.

15 mars.
Le merquedi passa Monsigneur le pont sur la rivière de Egge², à demie lieue d'Orenge, et disna, trois lieues de là, à ung petit vilage anobli d'ung très-beau pèlerinage et de la chapelle nommée Nostre-Dame de la Plancque, où Dieu, pour sa glorieuse mère, faict maints beauls miracles. Et est ce lieu à une lieuette d'une ville de Languedocq appellée le Pont-Sainct-Esprit, laquèle est fort bone, du grandeur de Cambray, assise sur le Rosne.

¹ Catherine, fille bâtarde de Philippe le Bon. Elle avait épousé, en 1460, Humbert de Luyrieux, seigneur de la Cueille, Savigny, Corcelles, Framelay et de Verdun-sur-Saône. Lambert de Luyrieux fut conseiller et chambellan de Philippe le Bon et de Charles le Téméraire; en 1475 ce dernier prince lui confia le commandement de cent lances et de trois cents archers à cheval. (*Mémoires pour l'histoire de Bourgogne*, pp. 192, 219, 263, 272.) Il mourut en 1483. Sa veuve vécut jusqu'à un âge très-avancé.
² Aigue.

Et après disner chemina deux lieues et logea à Pierrelatte, meschante villette, séante au Daulphiné. La ville et le chasteau sont au duc Valentinois. et y a meschant logis; et fu Monsigneur logié aux faulxbourgs, à l'Escu de France. Et notés que d'Orenge à Pierrelatte, de lieue en lieue, troeuve-on quatre villettes fremées de la comté de Venice appartenante au pape.

1503.

Le joedi, xvɪᵉ, print logis à Montelimaire, trois lieues de Pierrelatte, assés bone villette, du grandeur d'Ath en Haynault, édifyée en très-bon et fertile pays. Les rues où Monsigneur passa estoient toutes tendues de tapisseries et de draps. Ceuls de l'Église à la porte le rechuprent à croix et à confanons, et estoient en la rue deux eschaffauls : chescun contenoit deux sebilles¹, et chescune tenoit ung escripteau en latin bienveignant Monsigneur. Là eult Monsigneur nouvelles que madame sa compaigne estoit accouchié d'ung beau filz en la ville de Alcalla en Castille.

16 mars.

Le venredi, xvɪɪᵉ de mars, disna Monsigneur à Lourion², trois lieues de là, et prist giste à l'Estoile³, ville du grandeur de Brayne, deux lieues de Lourion, où le signeur de Sainct-Valier le rechupt très-amiablement et le logea et festoya en son chasteau, furny de bones tapisseries, et fist à Monsigneur et aux siens très-bone chière. Et à ung ject d'arbalestre de la ville, en bas, y a une belle maison de plaisance, assise sur la rivière, et ung parcq plain de dains, de cherfs et d'aultres bestes; et y avoit des ostrices⁴ et ung cherf blancq.

17 mars.

Le samedi disna Monsigneur à Granges, à ung ject d'arcq d'arbalestre de Valence en Daulphiné, ville du grandeur de Courtray, assés bone, située en bon pays sur le Rosne; et passa par dehors, pour ce que la peste y estoit. Auprés passa le Rosne à bacq, et le plus de son train print le droict chemin, et passèrent ceuls à bacq la rivière de Lissières⁵, moult grosse, et vient du Daulphiné et de Grenoble chéoir dedens le Rosne. Et ceuls logèrent à Lesteyen⁶, petitte ville à l'opposite de Tournon; et est assés bone villette passagière, du grandeur de Songnies en Haynault. Et Monsigneur fu. à Tournon, quatre lieues de l'Estoile, rechupt de ceuls de l'Église, tous revestus, à croix et à confanons; et fu Monsigneur très-bien rechupt au chasteau du signeur du lieu, qui estoit bien orné de tapisseries et de bone

18 mars.

---

¹ *Sebilles*, sibylles. | ² Loriol. | ³ L'Étoile, à deux lieues de Valence.
⁴ *Ostrices*, autruches. | ⁵ L'Isère. | ⁶ Le Tain.

vasselle; et siet au bas d'une montaigne haulte et roide. Ceste villette est du grandeur de Haulx, bone et marchande, et contient très-belles maisons, et la rivière du Rosne passe battant as murailles. Tournon et Lesteyn sont au signeur de Tournon. Et passe-on, oultre les deux villes, ung bacq maulvais à passer, car la rivière est rade [1] et dangereuse, et ledict passage (qui moult vault) est audict signeur, qui lors estoit frère du grandt commandeur de Sainct-Anthoine.

19 mars. Le dimence, xix⁰ de mars, repassa Monsigneur audict bacq le Rosne et alla disner à Sainct-Valier, deux lieues de Tournon; et à une lieuette dudict Tournon siet une villette nommée Servere [2], emprès laquèle est encoire la maison de Pilate et le moulin, lieu de son engendrement.

Après disner alla Monsigneur prendre giste à ung meschant village appellé Jarsins (?), trois lieues de Sainct-Valier; et est à monseur de Miolent, où la dame du lieu, très-belle femme, soer de monseur de la Palice, le rechupt très-honorablement. Auquel village il séjourna le lundi.

21 mars. Et le mardi alla disner, à deux lieues de là, à ung village, et chemina aultres deux lieues jusques à Vienne, où il print giste. Les gens d'Église et bourgoisie le rechurent très-révérentement. Les rues estoient tendues de draps et de tapisseries jusques à son hostel derrière l'église Sainct-Meurice. Celle anchiène ville excéda jadis Gand en grandeur, comme on juge par une arche lors estante au milieu de la ville et présentement est à deux jects d'arbalestre loing d'icelle dedens les vignobles : maintenant est du grandeur de Douay. Dessus le Rosne, courant parmy la ville, sont situés deux ponts de pierres à l'ung desquelz, au plus bas, au costé vers la ville, est la place où Pilate, tenant prison, fu absorbé de la rivière, le corpz duquel toutesfois fu depuis transporté ens montaignes, à chincq lieues de Vienne, où la place est très-déserte et périlleuse. On voidt une thour en Vienne auprès du chasteau en hault, laquèle, comme on dit, estoit édifyé à xiii lieues de Vienne, et habitoit au piedt d'icelle une femme povre et indigente. Le signeur de la thour, pour la mocquier et irriter, jectoit et faisoit jetter de sa thour sur elle et sur sa maison toute l'ordure et les superfluités de sa cuisine. En ce tampz son filz, qui avoit longtampz estudyé ens ars nygromanticques, vint véoir sa mère, laquèle luy dist l'injure que on luy

---

[1] *Rade,* roide. | [2] Serves.

faisoit journèlement. Cil, pour vindication, constraindi le dyable par ses conjurations tèlement qu'il luy fist porter la tour en une nuict toute entière xiii lieues loing, et le assist où elle est aujourd'huy. Ceuls de la thour, quandt ils ouvrirent les huys et frenestres, furent bien esbahis se trouvant en Vienne.

En celle ville siet une église très-belle dont la nef n'est encoire parfaicte, vaulsée¹ ne couverte, où le corpz de sainct Meurice, martir, duc de la saincte légion de Thèbes en Egipte, repose.

Ce douziesme chapitre conte l'entrée de Monsigneur à Lyons, et comment monseur de Roux et Jhérosme Laurin arrivèrent vers Monsigneur en ladicte ville, et d'aultres choses, etc.

Le merquedi, xxii⁰ de marche, partist Monsigneur de Vienne et disna à Sainct-Simphonyen², deux lieues et demie de là, et puis chevaulcha autres deux lieues et demie et fist son entrée à Lyons environ trois heures après le disner, très-bien acompaignié de pluseurs nobles de ses pays et de France, comme du comte de Ligny, de monseur de Ravestain, du gouverneur de Limosin, du signeur de Boneval, du signeur de Montagu et aultres, la pluspart desquels ne l'avoient alongié³ depuis qu'il partist d'Espaigne. Et fu à ung quart de lieue rencontré du cardinal d'Amboise, archevesque de Roen, qui chevaulcha à sa dextre. L'évesque d'Arles, l'évesque de Chalons, l'évesque du Puis, le chancelier de France, le duc de Calabre et pluseurs aultres nobles franchois et bourgois de la ville chevaulcèrent devant luy en grande pompe et triumphe jusques à la maison du doyen emprès l'église Sainct-Jehan, où il fu logié. A la porte du pont de Rosne une très-belle fille, bien acoustrée, sur ung eschaffault tendu de soyes et de tapisseries, fist une petite harrengue en présentant⁴ les clefs de la ville à Monsigneur. Et estoient avoecq elle deux homes, représentans Ardans Désir de Paix et le Bien Publicque, qui par une briefve harrengue bienveignèrent Monsigneur. Puis entra en la ville, où à deux costés avoit peuple innumérable, et les

---

¹ *Vaulsée*, voûtée. | ² Saint-Symphorien d'Ozon. | ³ *Ne l'avoient alongié*, ne l'avoient quitté.
⁴ MS. de la Haye. *En représentant* dans le MS. 7382.

frenestres estoient perlifiées de belles dames et de très-belles filles, et les rues estoient tendues de soyes et de rices tapisseries. Les gens d'Église le rechurent à la porte à relicques, croix et confanons. Au piedt du pont de la rivière de Sonne, sur ung eschaffault où on avoit escript en deux tableaus : *Da pacem, Domine, in diebus nostris, quia non est alius qui pugnet pro nobis nisi tu, Deus noster,* estoit planté l'arbre de paix; à dextre ung petit filz armoyé des armes de Monsigneur, à senestre une fillette armoyée des armes de France, et deux homes, Bon Conseil et Bien Publicque, firent une harrengue adreschante à Monsigneur. Sur ung aultre eschaffault devant cestuy une fille représentoit France, et deux homes représentoient le Peuple et Bon Accordt. Par dechà le pont de la Sonne, sur ung aultre eschaffault, de deux florons d'une fleur de lis procédoit eaue arrosante à dextre ung orengier plain d'orenges, et à senestre ung pommier plain de pommes : et y avoit une fille appellée Noblesse, et deux homes. Bon Police et le Commun Peuple. Et d'emprès Sainct-Jehan, sur ung aultre eschaffault, estoient deux prophètes et nostre mère Saincte Église, qui en leur harrengue bienveignèrent Monsigneur, qui tost après descendi à son logis et soupa à part en sa chambre.

Ce jour arrivèrent vers luy monsieur de Rony et Jhérôme Laurin, son grandt trésorier, venans de ses pays de Flandres; et firent amener avoec euls des vins de Rin, des chervoises et largesse d'aultres vivres desdis pays : de quoy Monsigneur fist grandt feste.

Le joedi ouy Monsigneur messe, laquèle chantèrent ses chantres en l'église Sainct-Jehan.

Le dimence, xxvi⁰ de mars, Monsigneur fist ung très-beau disné au cardinal, à monsieur de Ligny, à monsieur de Ravestain et à monsieur d'Albi, frère dudit cardinal. Le service y fu beau. Monsigneur y fist venir de ses chantres et joueurs d'instrumens, pour leur doner plus plaisant passe-tampz.

Ce treiziesme chapitre parle de l'entrée du roy à Lyons et de la royne, et de la paix d'entre les roys de France et d'Espaigne, et que monsigneur le duc Charles, filz aisné de Monsigneur, fu institué roy de Napples et de Jhérusalem; et du partement Monsigneur de Lyons, et de la ville, etc.

Le merquedi, xxviiii₀ de mars, Monsigneur, accompaignié de pluseurs nobles, alla au-devant du roy de France, qui vers iiii heures après midi entra à Lyons, vestu d'une robe à chevauchier de velour noir; et avoit en son train de xv₀ à xvi₀ chevauls, y compris les grands maistres estans avoec luy et ses archiers. Ses iiii₀ archiers et cent-suysses estoient entour de luy, et Monsigneur chevauchoit à senestre, le convoyant jusque à son logis, qui après retourna au sien. *1503. 29 mar*

Le venredi, darain jour de mars, la royne de France, à très-grandt train, environ de mille chevauls, six chariots, de sept littières, acompaigniée de monseur et madame de Bourbon, de monseur de Bryenne, de la princesse d'Orenge, du filz du duc de Loraine, qui se intitule duc de Calabre, de monseur de Rohain, du marissal de Rieuls et d'aultres pluseurs grands personages, et de xxv dames sur haquenées blanches, entra à Lyons à chincq heures après midi. Au-devant de laquèle Monsigneur alla et, chevauchant à sa senestre, le convoya jusque à son logis, et puis retourna souper au sien. *31 mar*

Le dimence, deuzime jour d'apvril, le roy, la royne et Monsigneur ouyrent messe, laquèle chantèrent les chantres du roy et de Monsigneur à Sainct-Jehan, là où estoient le légat, cardinal de Roen, le cardinal d'Escaigne [1], frère du duc de Milan, le cardinal d'Arragon, le cardinal de Sainct-George, le duc de Bourbon et la pluspart des nobles et grands maistres de France. Après la messe fu publicquement divulguié la paix faicte par Monsigneur entre les roys de France et d'Espaigne : ce que on fist ce jour par tous les carfours de Lyons. Laquèle paix contenoit que, pour éviter noises et débats touchant les querelles de Naples, de Pouille et Calabre, chescun desdicts roys donnoit son droit à monsigneur le duc Charles, filz aisné de Monsigneur; et incontinent le roy de France promist de sa part *2 avril*

---

[1] Ascagne-Marie Sforza, créé par Sixte IV, en 1484, cardinal du titre de Saint-Vital et de Saint-Modeste.

|1503.| le mettre en paisible possession. Lors fu le duc Charles institué roy de Naples, de Jhérusalem, duc de Calabre et de Pouille, duc de Luxembourg, etc. Ce bien acompli, Monsigneur retourna disner à son logis, et, après le disner, le roy de France despescha ung sien varlet de chambre, nommet Edouart, et Monsigneur ung sien marissal des logis, appellé Hesdin, pour aller en poste vers le duc de Nemours, lieutenant de la part du roy de France en Napples, et vers Gonsalle de Fernande, lieutenant du roy et royne d'Espaigne audict royame de Naples, pour les advertir de l'apointement faict par Monsigneur, auquel le roy et royne d'Espaigne avoient, à son partement, donné puissance de les apointier en l'estat qu'il trouveroit le plus expédient, et ne luy avoient riens réservé.

4 avril. Le mardi, IIIIe d'apvril, fist-on processions générales par toute la ville de Lyons.

5 avril. Le merquedi le roy et Monsigneur avoec monsieur de Ligny et aultres allèrent à sept lieues de Lyons à la chasse, à une place nommée la Haronnière, et furent illec aulcuns jours.

6 avril. Le joedi arriva à Lyons l'évesque de Liége[1], acompaignié de cent à VI^{xx} chevauls, qui venoit vers le roy de France pour ung différent qu'il avoit contre messire Robert de la Marche, duquel le roy avoit prommis apointier.

8 avril. Le samedi le roy et Monsigneur retournèrent à Lyons.

9 avril. Le dimence Monsigneur ouy messe et disna à son logis, et puis le roy et la royne et Monsigneur allèrent ensamble ouyr le sermon, vespres et complies à l'église Sainct-Jehan. Après quoy Monsigneur et monsieur de Ligny, habilliés également avoec chescun ung sayon de satin cramoisy ouvré à la morisque et une capuce de satin brochié gris, et la reste de aultres choses tout ung, montés et acoustrés à la jennette, et le comte palatin, et Glaude de Boval, grandt escuyer de Monsigneur, et ung nommé Padille, escuyer de monsieur de Ligny, allèrent courre à la jennette là où estoit le roy avoecq pluseurs aultres grands maistres. Il faisoit beau véoir Monsigneur, car il fu estimé bon jennetaire. Après print Monsigneur congié du roy et de la royne, promettant non retourner en ses pays sans les revenir véoir.

La ville de Lyons est longue, située soubz une montaigne d'ung costé,

---

[1] Jean de Hornes.

sur laquèle siet une villette du grandeur de Haulx, appellée Sainct-Juste, comprise ens murailles de Lyons : elle toutesfois ferme contre Lyons, et le pendant de la montaigne est waghe de maisons, mais plaine de toutes vignobles et gardins. La grosse rivière nommée la Sonne, venant de Bourgoigne, court parmy le milieu de la ville, et auprès de Sainct-Jehan entre dedens le Rosne et pert son nom. De l'autre costé de la ville court ledict Rosne, qui va en Avignon. Et est Lyons, s'elle estoit assamblée, du grandeur d'Anvers. Les deux villes de Lyons et la ville de Sainct-Juste sont moult à extimer.

1503.

Ce quatorziesme chapitre dit que Monsigneur logea à Villars en Bresse, et comment il fu rechupt du duc de Savoye, son beau-frère, et de la ducesse sa soer, et comment il fist sa cène dévotieuse; et du sainct suaire de nostre Rédempteur, qui est très-saincte et dévotieuse chose à véoir, et d'aultres choses.

Le lundi, x^e d'apvril, partist Monsigneur de Lyons pour visiter monseur de Savoye et madame de Savoye, sa soer[1], et logea à Villars, chincq lieues de Lyons, petite ville en Bresse, apertenante au comte (?), située en très-beau pays, fertile de bois, de bledz et de praries.

10 avril

Le mardi prinst giste à Bourg en Bresse, ville du grandeur de Courtray, édifyée en pays assés fertile de bledz, de praries et bois, chincq lieues de Villars : à demie lieue de laquèle rencontra le duc de Savoye, prinche très-beau, acoustré de iii^c ou iiii^c chevauls, la pluspart nobles et gentilshomes. Les deux princes, après la révérence et recueil, chevaulchèrent jusque à la ville. Monsigneur tousjours à la dextre du duc. Les gens d'Église revestus estoient à la porte avoec croix et confanons, et bien iii^c petis enfans tenant chescun une banièrette armoyée des armes de Monsigneur; et estoient les rues, depuis la porte jusque aux Cordeliers (où Monsigneur logea), toutes couvertes de toiles et tendues de draps et de tapisseries, avoecq iiii eschaffauls en divers lieus de divers mistères, moralités et joyeusetés très-belles et bien faictes. Et à sa descendue, la ducesse sa soer,

11 avril

---

[1] Marguerite, qui, devenue veuve du prince d'Espagne, avait épousé, le 26 septembre 1501, Philibert II, dit le Beau, duc de Savoie, qu'elle perdit le 10 septembre 1504.

1505. bien acompaigniée de dames et damoiselles, le recueillist, bienveigna et convoya jusque en sa chambre.

12 avril. Le merquedi Monsigneur avoec le duc et sa soer la ducesse ouyrent ténèbres en la chapelle de Monsigneur ausdis Cordeliers.

13 avril. Le joedi chanta la messe l'évesque de Lozane[1], et Monsigneur oyt avoecq le duc et la ducesse le service en sa chapelle. Après lequel service Monsigneur, au réfectoir des Cordeliers, fist sa cène très-belle, très-bien ordonée et bien dévote, où luy-mesme servy et revesti et lava les pieds jusque à XIII povres.

14 avril. Le jour du sainct et grandt venredi fu preschée la passion en la chappelle de Monsigneur par son confesseur, oyans luy, le duc et la ducesse. Puis allèrent en grande dévotion aux halles de la ville, où ung très-grandt peuple escoutoit preschier la passion par ung cordelier. Après quoy trois évesques[2] monstrèrent publicquement le sainct suaire de nostre signeur Jhésu-Crist: et après le service, fu monstré en la chapelle de Monsigneur. C'est, ce me samble, entre les choses dévotes, la plus dévote et contemplative chose qui soit sur terre. C'est le rice syndont[3] et noble suaire acheté par Joseph d'Arimathie, long de seize à dix-sept pieds, large de sept pieds ou environ, où il l'ensepvelist avoec Nycodesme, quandt ils le eurent ostet de la croix. On le voidt clèrement ensanglenté du très-précieux sang de Jhésus, nostre rédempteur, comme se la chose avoit este faicte aujourd'hui. On y voidt l'imprimure de tout son très-sainct corpz[4], teste, viaire, bouce, yeulx, nez, corps, mains, pieds et ses chincq playes : espécialement celle du costé, longue environ d'ung bon demi-piedt[5], est fort ensanglentée: et de l'autre part, comme il estoit couvert et redoublé dudict linchoel, on voidt le vestige et figure de son dos, teste, chevelure, coronne et espaules. Et pour esprouver se c'est le mesme, on l'a boulit en huille, bouté en feu, lavé et buet[6] par pluseurs fois : mais on n'a peut effachier ne oster ladicte imprimure et figure.

15 avril. Le samedi Monsigneur et sa soer ouyrent la messe et le service en sa chapelle par l'évesque de Lozane, où le duc ne fu, car il estoit ung petit aggravé de fiebvres.

---

[1] Lausanne. | [2] MS. 7382. *Les évesques* dans le MS. de la Haye.
[3] *Syndont*, du latin *sindon*. | [4] MS. 7382. *Son très-précieux corps* dans le MS. de la Haye.
[5] MS. 7382. *Dung piedt* dans le MS. de la Haye. | [6] *Buet*, lavé, nettoyé.

Le jour de Pasques. l'an d'humaine rédemption mille chincq cens et trois, xvi⁰ jour d'apvril, Monsigneur et sa soer ouyrent la messe très-solennèlement célébrée par ledict évesque en la chappelle de mondict signeur, où ses chantres et les chantres du duc chantèrent très-bien les ungs après les aultres, et avoecq les chantres jouoit de son cornet maistre Augustin, lequel faisoit bon à ouyr.

1503.
16 avri

Ce jour fist Monsigneur chevalier Jhérôme Laurin, son grandt trésorier, et luy dona une bone chaine d'or.

Ce quinziesme chapitre traicte d'unes armes emprises par le baron de Chevron, et que, pour la maladie de Monsigneur et du duc de Sçavoye, ils allèrent à Pontdain, où furent faicts aulcunes armes, etc.

Le lundi fu Monsigneur assailli de très-maulvaises fiebvres : dont, pour sa maladie et pour celle du duc, nuls esjoïssemens ne se faisoient à Bourg. Toutesfois, pour doner passe-tampz aux signeurs, ung noble chevalier de Savoye, appellé le baron de Chevron, pour excerser les armes, fist publier unes très-belles armes, à sçavoir : luy et six de ses aydes, nobles de nom et d'armes, desquels le duc de Savoye estoit l'ung, à furnir à chescun venant, aussy nobles, quandt il toucheroit ung escu gris pendu au bout des lices à ung pin, chincq courses à fer esmoulu et ung pour les dames, armés en harnas de guerre ; et à chescun noble, quandt il toucheroit ung escu jaune pendant illec, six courses à la grosse jouste; et à chescun qui toucheroit ung escu rouge, aussi au pin pendant, seroit tenu l'entrepreneur furnir à piedt à la barière, en harnas de guerre, avoecq armet ou bachinet¹, ung nombre de coups de lance, et, ces coups furnis, tourner le gros bout et doner à thour de bras aussy aulcun nombre de coups, et après ce furnir aulcuns coups d'espée à deux mains trenchantes, et oultre ce aulcuns coups de mache². Je ne déclare les pris ne aultres articles déclarés ens chapitres de la mise avant dudict signeur, pour tant que les armes

17 avri

---

¹ *Bachinet*, bacinet, casque de fer très-léger en forme de bassin.
² *Mache*, masse.

ne furent parachevées, tant pour les maladies des deux princes comme pour leur département. Au bout des lices que ledict signeur de Chevron avoit faict faire estoit ung eschaffault et ung pin planté, où pendoient lesdicts escus et les armes des deffendans, avoecq l'ymage d'une pucelle bien acoustrée, pareille à l'entrepreneur, et jettante par ses mamelles eaue en une fontaine, et emprès elle quatre homes saulvages bien faicts.

23 avril. Le dimence de Quasimodo, XXIII d'apvril, ce signeur de Chevron, acoustré d'ung satin blancq, foeillage d'or, et ses gens habilliés de blancq et violette, se trouva sur les rens devant les dames et despendi l'escu gris. Lors vint contre luy l'escuyer Potton, franchois, et coururrent six courses. Cil de Chevron rompi une lance, l'aultre nulle. Puis ung aultre gentilhome, aussy franchois, dit Charles Drouyn, rompy en ses six courses quatre lances et désarma le signeur de Chevron. Puis ung aultre gentilhome franchois, appellé Roddes, passa ses six courses[1] sans rompture : ce que ne fist l'entrepreneur. Ce acompli, ces trois gentilshomes franchois requirent que aulcuns gentilshomes de la maison du duc de Savoye se armassent, pour contre euls doner aulcuns coups d'espée devant les dames : ce qu'il fu fait devant madame la ducesse et autres dames[2].

24 avril. Le lundi ledict signeur de Chevron se trouva, après le disner, bien monté et bien acoustré, devant les dames sur les rens; lequel le signeur de Belleville, franchois, blescha à la IIIIe course, et luy percha le bras en hault auprès de l'espaule, car il estoit mal armé et n'avoit sa rondelle : par quoy il ne peut parfurnir lesdictes armes. Mais Bertrandt de Lussinge, gentilhome savoyen, courrut pour luy deux courses contre ledict Belleville. Ce faict, Charles de Lannoy, signeur de Senzelles, appellé Mingoval, gentilhome de la maison de Monsigneur, courrut six courses contre ledict Bertrandt; mais, à cause de leurs chevauls, oncque ne se touchèrent : dont allèrent-ils devant madame de Savoye, à l'hostel du duc, où ils donèrent pluseurs bons coups d'espée pour l'amour des dames, come avoient faict les susdicts le jour précédent. Le signeur de Chevron estoit ce jour acoustré de drap d'or verdt, et sa pucelle sur l'eschaffault de mesme, et son ayde de drap d'or et de velour cramoisy. Ainsy fina ledict baron son pas, non

---

[1] MS. de la Haye. *Ses six coups* dans le MS. 7382.
[2] MS. de la Haye. Les mots : *ce qu'il fu fait* et ceux qui suivent manquent dans le MS. 7382.

sans grandt regret, car il avoit bien entièrement esquippé son cas pour achever le contenu de sa mise avant.

Le mardi, xxv⁰ de apvril, jour Sainct-Marcq, Monsigneur et le duc de Savoye, pour prendre nouvel air et aussy pour ce que on se moroit de la peste en Bourg, partirent en littières et allèrent au giste à la villette de Pondain¹, trois lieues de là, située avoecq son chasteau assés beau sur la rivière de Ynne², au piedt d'une montaigne dont la vallée d'emprès est des plus plaisantes et fertiles de bledz, praries, vins et boscaiges. Là sont pluseurs villettes. Nous n'avons en nostre pays si petite come Pondain, Warembon³, Ambourney⁴, Ponssyn⁵, avoecq bons petis villages, où le train de Monsigneur logeoit. Mais, combien que le pays est beau, nous y fusmes mal traictiés, car chars, poissons et vins y estoient chiers. Audict chasteau firent Franchois, Savoyens et ceuls de l'hostel de Monsigneur, pour plaisir et passe-tampz, aulcunes joustes, gavrières et bien acoustrées.

Le mardi, ix⁰ de may, Andrieu de Chucre et Pierre de Loquinghien joustèrent audict Pondain à la grosse jouste très-bien⁶, et rompirent pluseurs lances et planchons⁷ contre tous venans.

Le merquedi, x⁰, se trouvèrent sur les rens aulcuns gentilshomes savoyens et franchois armés en harnas de guerre, et arrivèrent à la foulle à fers esmoulus, et rompirent aulcunes lances assés bien : mais, par importunité et fortune, le signeur de Belleville attaindit ledict Mingoval en bas de la cuirasse et le faussa⁸ au bas du petit ventre, au costé gauche, tout oultre, sans coup mortel; et passoit auprès de l'os de la hanche. Lequel on ramena à son logis.

Après les joustes aulcuns gentilshomes se battirent à l'espée, armés comme devant.

---

¹ Pont-d'Ain. | ² De l'Ain. | ³ Varambon. | ⁴ Ambronnay. | ⁵ Poncin.
⁶ MS. de la Haye. Les mots *très-bien* ne sont pas dans le MS. 7582.
⁷ *Planchons, plançons,* sorte de piques. | ⁸ *Faussa,* perça.

Ce chapitre seiziesme traicte des nouvelles de la mort du duc de Nemours, et de pluseurs Franchois occis à Naples, et que Monsigneur retira à Lyon, pour dire adieu au roy de France, et que ledict roy renvoya aultres gens d'armes à Naples; et comment les ambassadeurs d'Espaigne dirent que Monsigneur, en faisant l'apointement entre les roys de France et d'Espaigne, avoit excédet sa commission; et comment Monsigneur s'excusa tèlement que lesdicts ambassadeurs furent renvoyés confus.

1503.
11 mai.   Le joedi, xie de may, ouyt Monsigneur nouvelles de la mort du duc de Nemours[1] et d'une grande occision de Franchois faicte à Napples par les Espaignars: et journèlement avoit nouvelles et ambassadeurs comment le roy des Romains, son père, venoit vers la France-Comté de Bourgoigne, à grande noblesse, pour parler à luy.

15 mai.   Le lundi le greffier de l'ordre[2], venant d'Espaigne[3], arriva à Monsigneur.

19 mai.   Le venredi Monsigneur, pour acomplir sa promesse de non retourner en ses pays sans dire adieu au roy de France, partist de Pondain, fort aggravé de maladie, pour tirer à Lyons : ce que tout son conseil et les ambassadeurs de son père, comme ceuls d'Espaigne, ne luy conseilloient, pour les dangiers qui en povoient sourdre : mais sa francise ayma mieulx se soubmettre à tous périls[4] que faulser sa foy; et print giste à Cassey[5], trois lieues de Pondain, à la maison de la ducesse douagière de Savoye, belle-mère du duc, où Monsigneur eut une foiblesse[6] dont on cuida qu'il en morroit, et en avoit eult deux ou trois samblables à Pondain.

27 mai.   Le samedi, xxviie, logea à Coulombier, trois lieues de Cassey, où le roy de France faict faire ung très-beau logis.

Ce jour, après le congié de Monsigneur, partist l'ambassadeur du roy des Romains pour retourner vers luy. Et ce mesme jour, après disner, partist de Lyons monseur de la Trémoulle pour tirer vers Naples par le commandement du roy, et beaucop de nobles homes avoec luy. Le mardi luy envoya

---

[1] Le 28 avril, à la bataille de Cerignola, où l'armée qu'il commandait avait été mise en déroute par Gonsalve de Cordoue.

[2] Laurent de Blioul, seigneur de Sart. Il avait été nommé greffier le 26 octobre 1496.

[3] MS. de la Haye. Dans le MS. 7382 on lit : « venant d'Espaigne *avoecq une ambassade d'Espaigne*. »

[4] MS. de la Haye. Dans le MS. 7382 : *à tous périls éminens*.

[5] Plus loin (p. 294) l'auteur nomme cet endroit *Chasée*. Nous ne trouvons ni l'un ni l'autre nom dans les cartes géographiques que nous avons à notre disposition.

[6] MS. de la Haye. *Une faulte* dans le MS. 7382.

le roy ses cent-suysses, et journèlement luy envoyoit gens d'armes, espérant vengier la mort de monseur de Nemours et le domage et honte que les Espaignars luy avoient faict : mais ledict de la Trémoulle demora malade en chemin. Par quoy le roy bailla la charge de son ost à III capitaines, dont il ne se en trouva pas fort bien servy.

Le lundi Monsigneur, à cause de sa foiblesse, alla par eaue à Lyons, IIII lieues de Coulombier, et print logis en l'abbaye de Aisney, lieu très-beau en belles praries, entre les rivières de Rosne et de Sonne, qui là se joindent ensemble. Tost après le roy et la royne, monseur et madame de Bourbon, passèrent la Sonne et visitèrent Monsigneur, se monstrans bien dolans pour sa maladie. Depuis, tous les soirs, après souper, le roy et la royne, acompaigniés de grands maistres et de nobles signeurs et dames, passoient la rivière et montoient sur mules et chevauls, et la royne et aultres dames sur leurs haquenées, et se pourmenoient une heure ou deux, prendans l'air de la prarie, pour la visitation et récréation de Monsigneur.

Le venredi, IIe jour de juing, se trouva le roy audict Aisney, acompaignié de son conseil et de pluseurs grands maistres, en une salle devant la salle de Monsigneur, qui illec comparut, quelque malade qu'il estoit, et aussy firent monseur de Sainct-Graire [1], castillant, avoec ung docteur, ambassadeurs du roy et royne d'Espaigne, qui dirent que Monsigneur avoit faict l'apointement entre les deux roys plus avant qu'il ne avoit de puissance, et n'avoit faict selonc les instructions à luy aportées à Fighières par ung abbé [2]. A quoy Monsigneur respondi que on luy avoit aportet des instructions non signées du roy ne de la royne, et qu'il avoit faict seloncq le povoir signé de leurs mains et seellé de leurs seauls, lequel il avoit monstré au roy de France; et dist qu'il se esbahissoit bien pour quoy le roy et la royne luy faisoient ceste honte sans le avoir déservy. Après ces motz luy vint tèle foiblesse que force luy fu de se retirer en sa chambre. Puis, tost après qu'il fu fortifié, il retourna en la salle plaine de gens, où le roy estoit. Dont dist monseur de Sainct-Graire au roy, s'il voloit entendre à quelque apointement avoec le roy et royne d'Espaigne, qu'il

---

[1] Nous ne trouvons pas dans les historiens espagnols le véritable nom de ce personnage qui évidemment est dénaturé ici.

[2] Fray Bernaldo Boyl, abbé de Saint-Michel de Cuxa. (ÇURITA, *Historia del rey don Hernando el Cathólico*, fol. 260 v°.)

1505. besoignast avoec luy et qu'il en avoit puissance, comme il monstra par ung pooir qu'il tira hors de sa manche. Lors dist Monsigneur au roy : « Vous verrés la sorte que j'ai besoigniet avoec vous, et ne l'ay faict à title » d'aulcune tromperie, et suy retourné vers vous, quelque malade que je » suy, seulement pour vous donner à congnoistre que je n'ay faict chose » dont je ne ose bien respondre. » Lors le roy, cognoissant le bon voloir de Monsigneur et le blasme que le roy et la royne d'Espaigne luy faisoient, dist à monseur de Sainct-Graire que en fachon nulle ne voloit besoignier avoec luy, et widast dedens trois jours son royame, ou mal luy en prenderoit

---

Ce dix-septiesme chapitre parle des noepces de Henry de Nassou, et que Monsigneur fu abandoné des médecins ; comment le roy de France alla à procession le jour du Sacrement, et qu'il print congié de Monsigneur, et la royne et pluseurs aultres signeurs et dames ; comment Monsigneur retourna en Savoye, et du congié d'entre le duc de Savoye, de sa soer et de Monsigneur.

5 juin. Lendemain de la Penthecouste, v⁰ de juing, furent faictes audict Aisney les noepces de monseur Henry de Nassou, filz aisné du comte de Nassou, et de damoiselle Franchoise de Savoye, fille unicque du comte de Romont ; et à les espouser, le sire des noepces estoit ou milieu du roy et de Monsigneur, et la royne tenoit la dame par la main. Les espousages et la messe acomplis, le roy et la royne retournèrent disner à leur quartier, et la dame des noepces retourna avoecq madame de Bourbon à son logis, où on tint les noepces tout le jour ; et couchèrent léens, et y furent pluseurs grands maistres et maistresses, acompaigniés de pluseurs dames et gentilshomes. Et firent le roy, la royne et Monsigneur grandt honeur au sire des noepces et à la dame.

6 juin. Le mardi, vi⁰ de juing, Monsigneur dona à disner à mademoiselle de Bourbon et à la dame des noepces et à la pluspart des dames et damoiselles de la royne et de madame de Bourbon, et les vint véoir au disner, pour soy resjoïr, quelque malade qu'il fuist. Après disner dansèrent les dames jusque à ce que Monsigneur entra en fiebvres : lors retourna toute la compaignie chez madame de Bourbon.

Le venredi, ix₀ de juing, la royne vint disner à l'hostel de Monsigneur, et demora auprès de luy tout le jour, pour luy doner passe-tampz, et y soupa. Et le roy, après le souper, visita Monsigneur, comme il avoit acoustumet.

Le samedi, x₀, fu la maladie de Monsigneur si grièvé que les médecins du roy et de la royne et les siens, qui estoient en nombre de xiii ou xiiii, l'habandonèrent, réservé ung seul; et disoient qu'il n'y avoit remède que la grâce de Dieu : de quoy euissiés veu beaucop de gens honorables desplaisans de perdre ung si josne prince. Tous, petis et grands, le plaindoient et regrètoient, espétialement le roy et la royne, craindans que on ne desist, s'il moroit, qu'ilz le euissent empoisonnet, come la voix commune en couroit jà en ses pays et mesme par le royame de France.

Le dimence, lundi, mardi et merquedi, xiiii₀ de juing, le roy et la royne visitèrent tousjours Monsigneur, qui de là en avant eult tousjours de mieulx en mieulx touchant sa santé.

Le joedi, xv₀ de juing, jour du Sainct-Sacrement, le roy, acompaignié de grande noblesse, alla à la procession de Sainct-Jehan de Lyons, et siévoit le sacrement, qui estoit couvert d'un drap d'or que portoient quatre signeurs de son ordre et de son sang.

Le venredi disna la royne au logis de Monsigneur, et puis passa le tampz avoec luy, jouant à la luette[1] : et soupa là. Et après souper vint le roy dire adieu à Monsigneur, qui n'estoit encoire bien refait : par quoy ne povoit aller vers luy. Et en prendant congié, bien marris du departement, eurent pluseurs bones paroles ensamble. Après fist la royne le samblable[2]. Et Monsigneur se volut lever pour les conduire hors de sa chambre : ce qu'ilz ne volurent souffrir. Puis vinrent monseur de Bourbon, le duc de Calabre, monseur d'Albrecq, monseur de Dunois, le marissal de Rieulz, monseur le gouverneur de Champaigne, madame de Bourbon, madame la princesse d'Orenge, mademoiselle de Fois, et pluseurs aultres signeurs et dames prendre congié et dire adieu à Monsigneur.

Le samedi, xvii₀, partist Monsigneur au point du jour en une littière, et le conduisèrent les signeurs de Ligny, de Ravestain, de Dunois et plu-

---

[1] Jeu de la fossette.
[2] Cette phrase n'est pas dans le MS. de la Haye.

seurs aultres. En passant par la ville, tous, grands et petis, le regrètoient, prians Dieu qu'il luy donesist santé et prospérité; et disoient qu'ilz n'avoient en long tampz gaigniet otant qu'ilz avoient faict à luy et à ses gens. Et print hostel à Montluel, trois lieues de Lyons.

19 juin. Le lundi vint de là à une très-belle maison, trois lieues de là, nommée Chasée, où monseur de Savoie et Charles monseur, son frère, et la ducesse estoient venus au-devant de Monsigneur, qui, après le disner, retournèrent à Pondain. Et est celle maison de Chasée à madame la douagière de Savoye, laquèle estoit là, et avoit faict et faisoit faire pluseurs pryères durant la maladie de Monsigneur.

20 juin. Le mardi, xx*e*, alla Monsigneur quatre lieues à Pondain, et vint au devant le duc de Savoye, acompaignié de pluseurs gentilshomes de ses pays, qui menèrent Monsigneur au chasteau, là où estoit madame la ducesse sa soer.

21 juin. Le merquedi monseur de Ligny et pluseurs gentilshomes franchois, et le joedi monseur de Ravestain, arrivèrent, qui venoient véoir Monsigneur.

27 juin. Le mardi, xxvii*e* de juing, ces signeurs prédicts et pluseurs aultres gentilshomes franchois qui avoient compaigniet Monsigneur depuis Espaigne tout le long du royame de France, prinrent congié.

1er juillet. Le samedi, premier jour de julet, le duc et la ducesse de Savoye menèrent Monsigneur à la chasse, qui, le lundi après, convoyé desdicts duc et ducesse, partist de Pondain et prinst giste à Cardon[1], deux lieues de là; et soupèrent ensamble, et puis prinrent, non sans regret, congié. Et avoecq euls estoit monseur Franchois de Luxembourg, viscomte de Martighe, et madame sa femme, cousine germaine du duc de Savoye, chez lequel ilz logèrent ce soir à Pondain.

4 juillet. Le mardi logea Monsigneur à Martinien, quatre lieues de là.

5 juillet. Le merquedi à Boval en Savoye, deux lieues, où Glaude de Boval, grandt escuyer de Monsigneur, signeur du lieu, le rechupt et festoya, et deffroya tous ses homes et chevauls, ceuls qui passoient par illec, devant et après.

[1] Cerdon.

Ce dix-huitiesme chapitre parle comment Monsigneur entra en sa France-Comté de Bourgoigne, et premier en Sainct-Glaude; comment il logea à la Chaut et à Vers, où la princesse d'Orenge le recueillist bien ; puis parle de pluseurs places et du chasteau de Saincte-Anne fort et imprenable; et comment Monsigneur fu rechupt à Salins, et des salines ; et de deux chasteaus de Vauldrey.

Le lundi¹ vint Monsigneur à Sainct-Glaude, chincq lieues de là, de chemin dur et pénible; et vinrent au-devant de luy le signeur de Ginery, le signeur de Ruffe et pluseurs aultres de la France-Comté. Et à l'entrée de la ville, l'abbé de Sainct-Glaude et les moisnes, bien revestus, à croix et à confanons, le menèrent à l'église ouyr la messe chantée par ledict abbé devant le corpz dudict sainct. Puis se tira en son logis en celle abbaye, et dona grâce et rémission à aulcuns crimineus pour sa première entrée en sa comté de Bourgoigne.

1503.
6 juillet

Le venredi, vıı^e, après la messe ouye devant le corpz sainct, où il y a grandt aport et beau pèlerinage pour les miracles qu'il faict journèlement, Monsigneur visita l'abbaye, les joyauls et relicques, qui sont pluseurs et rices. On y voidt le sainct corpz tout au nudt bien ricement encassé. La villette est assés bonne, assise entre montaignes, et l'entrée de la France-Comté. La plus grande marchandise que l'on faict illec est ouvrages de bois, come patrenostres, sainctz-glaudes, pinges (?), ciflos, louces², escuelles, etc.

7 juillet

A l'après-disner vint Monsigneur au giste, quatre lieues, à ung village et prioré, membre dépendant de l'abbaye de Sainct-Glaude, nommé Grantvaulx.

Le samedi, vııı^e, logea à Laissau³, trois lieues de là, où monseur de Laissau et sa femme le festyèrent en leur très-beau chasteau, assis sur une montaigne, bien acoustré de bones tapisseries, bons linges et vasselles, et deffroyèrent luy et ses gens le samedi et le dimence.

8 juillet

Le lundi, x^e, vint au giste à Vers, où madame la princesse d'Orenge, dame du lieu, acompaigniée de sa fille et de pluseurs nobles et gens de bien, le rechupt et festoya en son chasteau de Vers, place très-belle, bien acoustrée de bones tapisseries, de drap d'or et de soye et aultres, de fort bons

10 juillet

---

¹ *Sic* dans le MS. 7382 et le MS. de la Haye. C'est évidemment *jeudi* qu'il faut lire.
² *Louces*, louches, grandes cuillers à servir le potage. | ³ La Chaulx.

1503. linges et vasselle, et généralement de tout ce qui duit¹ en la maison d'ung grandt maistre.

11 juillet. Le mardi alla Monsigneur avoec la fille de la princesse au parcq tenant audict chasteau, où il tira pluseurs bestes; et disna en ung très-beau logis dedens le parcq, puis alla chasser ung cerf à la toile.

12, 13, 14 juillet. Le merquedi, joedi et venredi alla encoire à la chasse.

15 juillet. Le samedi, xvᵉ, alla Monsigneur véoir, à trois lieues de Vers, ung chasteau appellé Saincte-Anne, assis sur ung hault rocq, où l'on ne puet aborder sinon par devant; en hault a xxIIII piedz d'espès; en bas les contremines sont faictes tèlement que impossible est aprochier. Les fossés sont les plus beaulx que on puist véoir : impossible est les emplir, à cause de leur largeur. La place est imprenable, et apertient au filz de la princesse d'Orenge, vers laquèle Monsigneur retourna.

16 juillet. Le dimence audict Vers, où il séjourna, prendant son passe-tampz audict parcq, le lundi, mardi et merquedi.

20 juillet. Mais le joedi, xxᵉ de julet, partist et merchia celle princesse, qui avoit deffroyé tout son train, homes et chevauls, le tampz qu'il avoit là séjournet. Puis vint à giste à Salins, trois lieues de là, où les bourgois et le maire de la ville et les officiers de la saunerie vinrent au-devant de luy. Et à la porte vinrent ceuls de l'Église, revestus, à croix et à confanons, aportans le cief sainct Vital et aultres reliquiairs. Et fu logié en la Saunerie : c'est en sa maison.

Salins est ville longue comme du grandeur d'Alost, assise entre montaignes, sur une rivièrette nommée la Furieuse. Illec sont trois fontaines sy près l'une de l'aultre que l'on les couvriroit d'ung manteau. L'une sert l'aultre. Les deux sont eaue douce; celle du milieu est salée. On faict d'icelle, par opération de feu, par boulir l'eaue et cuire, sel qui furnist tous les pays de Farrette, de Bourgoigne, de Savoye, de Suysses et aulcuns aultres.

21 juillet. Le venredi ceuls de la ville, laquèle est rice et marchande, donnèrent à Monsigneur une couppe d'argent dorée et vIˣˣ escus d'or dedens, et Monsigneur les donna à monseur de Laissau. Après disner alla Monsigneur véoir lesdictes fontaines.

¹ *De tout ce qui duit*, de tout ce qui convient.

DE PHILIPPE LE BEAU.

Le samedi, xxii°, alla au giste à Wauldrey ¹, chincq lieues, où l'on voidt deux beauls chasteaus, ung ject de pierre l'ung de l'aultre. Le mendre est à Loys de Wauldrey, place assés forte, et a bons fossés plains d'eaue. Est l'aultre place, beaucop plus grande, apertenante au filz de messire Guy de Wisy, chevalier, et là fu logié Monsigneur.

Ce dix-neufviesme chapitre déclare comment Monsigneur fu rechupt à Dolle en Bourgoigne, et de ce qu'il y fist en parlement, etc.; des ambassadeurs du roy son père, et d'aultres choses.

Le dimence, xxiii°, arriva Monsigneur à Dolle, quatre lieues de là. Le maire et la loy vinrent au-devant de luy, et puys pluseurs nobles du pays, et après l'abbé de Sainct-Glaude et pluseurs aultres prélats d'Église; et à ung quart de lieue vint le président de Bourgoigne et les signeurs du parlement, tous en robbes d'escarlate, qui en une harengue le bienveignèrent. A la porte estoient les ecclésiasticques revestus, à croix et à confanons. La ville estoit tendue de draps et de tapisseries. Le peuple en grandt nombre crioient tous ensamble : *Vive Bourgoigne*, sy hault que on y ooyt difficilement les trompettes de Monsigneur. En la rue, sur ung eschaffault, estoient viii enfans bien acoustrés et emparlés ², représentans le duc Philippe le Hardi, le duc Jehan son filz, le bon duc Philippe, filz du duc Jehan, le duc Charles, filz du bon duc Philippe, le roy des Romains, madame Marie, mon présent signeur et madame sa soer. Desquelz huyt chescun fist une briefve harengue, remonstrant les vertus et nobles faicts du personage qu'il représentoit.

Le lundi donèrent ceuls de la ville à Monsigneur ³ deux pots d'argent, et il les dona au président de Bourgoigne.

Dolle, ville du grandeur de Courtray, siet sur la rivière de Dou ⁴, en très-

---

¹ Vaudrey. | ² *Bien emparlés*, auxquels on avait bien appris leur leçon.
³ Les mots *à Monsigneur* manquent dans le MS. 7382; nous les empruntons au MS. de la Haye.
⁴ Doubs.

beau pays, fertile de bledz, de vignobles et de prairies. Les maisons y estoient très-belles et matérièles, comme il appert : mais elle fu toute arse, gastée et démolie des Franchois après la mort du duc Charles : dont c'est pitié et domage.

Le merquedi, xxvi⁰ de julet, Monsigneur, acompaignié de pluseurs nobles, sa cotte d'armes devant luy et l'espée portée devant luy, partist du colliége de Sainct-Hiérosme avoec le président et aultres officiers du parlement, tous à chevauls, vestus d'escarlate et manteaus fourrés, et vint aux halles du parlement. Premièrement entra en la chambre des comptes, et puis en une grande salle où grandt peuple estoit assamblé, et se assist en hault sur une chayère de IIII degrés, et le président à ses pieds, et à deux costés les advocats sus bout [1], et du costé dextre de la salle ceuls de l'Église et les prélats du pays, et au senestre ceuls de la temporalité séculière. Là fist le président une très-belle proposition en franchois, allégant en latin les auctorités approuvantes ce qu'il disoit. Après quoy on plaidoya devant Monsigneur la cause criminèle d'ung notaire qui faulset avoit son prothocole. Ce finé, Monsigneur retourna à son logis.

Le samedi arrivèrent à Dolle, de par le roy des Romains, le duc de Julers [2], l'évesque de Aste [3], les comtes de Fustembercq et aultres comtes, avoec euls le signeur Constantin Grigois, duc de Achaye, qui portoit l'ordre du roy de France : au-devant desquels allèrent Monsigneur mesme en personne et la pluspart de ses nobles jusque à demi-quart de lieue de la ville. Auquel ledict duc fist grandt honeur et révérence; et chevaulchoit en la ville et par avant à la senestre de Monsigneur; et avoit environ vi^{xx} chevauls, les homes tous vestus de rouge, et une lunette [4] sur leurs manches; et conduisi Monsigneur jusque à son logis.

Le dimence Monsigneur, bien acompaignié, alla avoec luy oyr la messe à la grande église de Nostre-Dame de Dolle, où Monsigneur avoit faict parer l'autel bien ricement; et là chantèrent ses chantres. Et ce jour ledict duc, vestu de drap d'argent cramoisy, en robe fourée de sables, alloit tousjours à senestre de Monsigneur. Et arriva aussi ce jour, de par le comte de

---

[1] *Sus bout*, debout.
[2] Guillaume VIII.
[3] Asti. L'évêque d'Asti en 1503 était Antonio Trivulzio.
[4] On trouve dans Roquefort : *lunette*, sorte d'armure de tête ou partie de cette armure.

Nevers, Karquelevent¹, son lieutenant. Ce jour disna Monsigneur en sa sale à son logis, où il festoya ledict duc et les ambassadeurs du roy son père. Le buffet estoit beau et rice de vasselle d'or et aultre toute dorée; et, le disnet achevet, ledict duc retira² à son logis. *1503.*

Le darain jour de julet arriva à Dolle l'évesque de Authun, frère du comte de Nevers, et disna avec le duc de Julers. Puis retira à Ausonne, trois lieues de Dolle. *31 juillet.*

Le merquedi, ııᵉ d'aoust, le duc de Julers, après le congié pris de Monsigneur, retourna vers le roy des Romains. *2 août.*

Ce vingtiesme chapitre parle de l'armée que le roy de France envoya devant Saulse en la comté de Roussillon; des ambassadeurs des Suysses, et du procès devant³ le signeur de Vergy et le signeur de Thaleme par-devant Monsigneur; de la ville et chasteau de Rochefort, où messire Claude de Wauldrey rechupt Monsigneur honorablement.

Le dimence, vıᵉ d'aoust, Monsigneur dona à disner audict évesque d'Aste et au signeur Constantin. Ce jour ouyt Monsigneur nouvelle que le roy de France avoit envoyet à Nerbonne, sur les frontieres du Roussillon, ses deux cens gentilshomes et tous ses pensionairs, et monseur de Dunois leur cief, et pluseurs aultres compaignies de ses ordonances; et monseur de la Marche, capitaine des Suysses, en estoit cief; et le marissal de Rieu fu ordoné de toute l'armée capitaine et lieutenant général du roy. Mais il se acoucha malade à Nerbone : par quoy la charge de aller devant Saulse fu toute baillié à monseur de Dunois. *6 août.*

Le lundi, vııᵉ d'aoust, ledict évesque d'Aste et le signeur Constantin, après le congié obtenu de Monsigneur, retirèrent⁴ vers le roy. *7 août.*

Le merquedi arriva une ambassade de Suysses, environ xv chevauls, lesquels Monsigneur festoya et deffroya chincq ou six jours qu'ils furent en la ville de Dolle; et firent leur harengue en franchois. Et pour les abrévyer, *9 août.*

---

¹ MS. 7382. *Brarquelevent* dans le MS. de la Haye.
² *Sic* dans le MS. 7582 et le MS. de la Haye. Il faut probablement lire *se tira*.
³ *Sic* dans les deux manuscrits. C'est *d'entre* qu'il faut lire.
⁴ Voy. la note 2 ci-dessus.

1503. Monsigneur leur fist dire qu'il envoyeroit ses ambassadeurs devers les ligues, Berne, Fribourg et Luserne, desquels ils estoient envoyés, pour respondre à leur demande; et y envoya Jehan de Chilly, son premier panetier, et maistre Odot des Molins, l'ung de ses maistres des requestes.

Monseur de Vergy, marissal de la comté de Bourgoigne, accompaignié de la pluspart de ses amis, comme du comte de Montrevel, du signeur de Walengy, se trouva devant Monsigneur d'une part, et de l'aultre se y trouvèrent monsieur de Thaleme et monsieur de Flagy, frères, acompaigniés de leurs parens et amis, come des signeurs de Noefchastel, du Fay et de Ginery et aultres, où par les deux frères fu remonstré comment, passé longtampz, avoient eult question et procèz contre le signeur de Vergy et obtenu pluseurs sentences, sans en avoir expédition, par quoy ilz requerroient derechief Monsigneur, comme ils avoient faict aultre fois, qu'il luy pleusist ordoner aux juges de faire mettre leurs sentences à exécution : dont, de la part dudict signeur de Vergy, furent faicts pluseurs contredicts. Monsigneur, quandt il eut tout ouy, ordona que les places fortes que tenoit le signeur de Vergy seroient mises en ses mains jusque à ce que aultrement en seroit ordoné. Lors y envoya Monsigneur gens pour les garder.

Ce merquedi le comte palatin, requis du comte de Nevers, alla avoec pluseurs gentilshomes de la maison de Monsigneur disner à Aussone, où ledict comte leur fist bone chière; puis retournèrent au soir.

11 août. Le venredi Monsigneur, parti de Dolle, arriva à une lieue de là à Rochefort, villette environ du grandeur du Roelx, assise en beau pays abondant de vignobles, de bledz, de praries et de forests, où il y a force de chasses. Les Franchois la démolirent et aussy le chasteau par les dessusdictes guerres. Et samble aux apparences qu'il y avoit des beauls édifices, et dit-on que, devant sa destruction, la pluspart des gentilshomes de la France-Comté se y retiroient et y avoient leurs maisons. Celle ville est du demaine de la France-Comté : mais messire Glaude de Wauldrey le tient engagié, duquel Monsigneur fu très-bien recheu et de madame sa femme, dame très-belle et bone; et là ont leur principale résidence. Il monstra à Monsigneur sa très-belle armoyerie. Il samble bien, à le veoir, que le maistre d'icelle s'est meslé aultrefois des armes.

Ce jour, au soir, vinrent nouvelles que monsieur de Nevers faisoit quelque amas de gens, et ne sçavoit-on pourquoy. Monsigneur, de ce adverti, envoya Jacques de Similly et aucuns aultres descouvrir le pays à l'entour, pour sçavoir la vérité du bruit. Ceuls, retournés, firent raport qu'ils n'avoyent rien trouvé ne ouyt.

1503.

Ce vingt et uniesme chapitre parle de l'entrée de Monsigneur à Grey, et de la multitude du peuple, etc.; comment monseur du Fay le festoya, et conte son entrée en pluseurs villettes, et comment il fu recheu à Tanne, première ville de Ferrette.

Le samedi, xiie d'aoust, Monsigneur, parti de Rochefort, disna à Pemme, trois lieues de là, et y demora tout le jour. La ville est du grandeur de Brayne, assés en pays beau et fertille, et de chasses bon à l'entour : mais elle est gastée et démolie par les Franchois comme les prédictes; et apertient au comte de Montrevel, qui y fist très-bone chière à la compaignie.

12 aoùt.

Le dimence print Monsigneur giste à Grey, quatre lieues de là. Les bourgois, archiers, arballestriers et coulevriniers vinrent au-devant de luy trois jects d'arcs, et firent une harengue le bienveignant. Tant de peuple y estoit venu [1] des villages, que à grandt paine pooit Monsigneur aller par les rues. Il sambloit qu'ilz tenoient Dieu par les pieds; et partout où il alloit par la comté, faisoient pareillement; et ne véoit-on que gens courrir : l'ung touchoit sa robe, l'aultre son cheval, et ploroient de joye; et crioient à haulte voix homes et femmes et enfans : *Vive Bourgoigne*. Ceuls de la ville luy présentèrent, quandt il fu au logis, ung sainct Andrieu [2] d'argent pesant de noef à dix mars. Celle ville, du grandeur de Audenarde, siet sur une petitte montaigne en pays beau et fertile, sur la rivière de Sonne, laquèle rivière départ la ducé et la comté de Bourgoigne. La ville et le chasteau furent bruslés des Franchois.

Le lundi monseur de Thaleme mena Monsigneur à la chasse en la grande forest près de la ville, où il prinst ung grandt cerf.

14 aoùt.

Le mardi, jour de l'Assumption, Monsigneur ouyt messe aux Cordeliers de la ville, laquelle ses chantres chantèrent.

15 aoùt.

---

[1] MS. de la Haye. *Aplut* dans le MS. 7382.
[2] MS. de la Haye. *Sainct Adryen* dans le MS. 7382.

1503.
16 août.

Le merquedi disna Monsigneur à la villette et chasteau de Grey, qui est à l'archevesque de Bezenchon, où monseur de Montagu, qui est de ceuls de Noefchastel, luy vint faire la révérence. Et alla au giste, quatre lieues de là, à la Charité, une abbaye de Cisteau située en très-beau pays.

17 août.

Le joedi print Monsigneur giste, quandt il eut cheminet IIII lieues, à Vezou[1], ville du grandeur de Brayne. Et au dehors, sur une montaigne, siet ung chasteau qui des Franchois fu démoli avoecq la ville, et samble que elle estoit par-devant assés belle et bone.

18 août.

Le venredi vint Monsigneur gister à Villarssusse[2], à IIII lieues de Vezou. Et sont la ville et le chasteau au signeur de Warembon, qui bien festoya Monsigneur et les siens.

19 août.

Le samedi herbégea Monsigneur à Haricourt[3], quatre lieues dudict Villars, laquèle est petite ville et a chasteau fort et bien furny d'artillerie, et est à monseur du Fay, qui festoya Monsigneur et ses gens et deffroya homes et chevauls. La reste du trayn de Monsigneur estoit à Montbliart[4], conduit par les maistres d'hostelz, car ledict train estoit si grandt qu'il le falloit séparer, sinon en bones grosses villes.

20 août.

Le dimence, xxe d'aoust, séjourna Monsigneur à Haricourt, laquèle est une signourie à part, ne de Bourgoigne ne de Ferrette, mais tenue de Monsigneur.

21 août.

Le lundi disna Monsigneur à Beaufort[5], ville petitte et chasteau, terre engagiée à Monsigneur et à messire Jaspart de Maurmion, à présent bailly de la comté de Ferrette, et print giste à Tanne[6], première ville de Ferrette, à IIII lieues de Haricourt, ville du grandeur d'Alost, petite et forte, située en ung bas fond entre montaignes, en pays fertile et plain de vignobles; et a ung chasteau bien fort sur le pendant de la montaigne. Et donnèrent les habitans à Monsigneur vin, poissons et avaine, à la mode du pays. Et vinrent au-devant de luy le duc de Julers, le comte de Fustembercq, le bailly de Ferrette et aultres pluseurs nobles allemans.

[1] Vesoul. [2] Villersexel. [3] Héricourt.
[4] Montbéliard. [5] Béfort. [6] Thann.

Ce vingt-deuxiesme chapitre conte l'entrée de Monsigneur à Inxe, et de la grosse pière tombée illec du ciel, et son entrée à Brisac; et de Fribourg; et comment il fu recheu à Neustat de vi⁰ lanskenechts; de la rivière dicte Dunoe, et de pluseurs villettes où Monsigneur fu; et des nouvelles de la mort du pape.

Le mardi chemina Monsigneur trois grosses lieues d'Allemaigne, et entra à Inxe [1], ville du grandeur de Courtray, où on luy fist présent, comme devant, de vin, de poissons et d'avaine.

1503.
22 août.

En l'an mil IIII⁰ et IIII^xx et IX, la nuyt Sainct-Martin en yver, à xi heures devant midi, tomba du ciel, en ung village à demie lieue de Inxe, appellé Regiring, une pierre grosse comme ung demi-tonneau de cervoise, et difficilement juge-on du couleur d'elle. En tombant enfossa la terre moult parfondt. Elle tomba fort plus grosse : mais, estante en l'église de Nostre-Dame de Inxe, chescun sourvenant en prendoit une pièce : par quoy le roy des Romains Maximilyen le fist pendre par une chaisne et l'eslever au coer de ladicte église.

Le merquedi Monsigneur alla à Brisac, trois lieues de là, pays beau et bon, et passa le Rin sur ung pont de bois long de iiii⁰ pas. Elle est du grandeur de Nivelle, située sur le Rin, sur montaigne et vallées. C'est la première ville de Brisier [2], une signourie de Ferrette, dont Fribourg est le cief.

23 août.

Le joedi, xxiiii⁰, vint Monsigneur à giste à Fribourg en Brisier, deux lieues de Brisac, ville bonne et très-belle, plaine de fontaines, située en pays beau et fertile, du grandeur de Mons en Haynault, où il fu recheu à croix et à confanons, où deux cens homes armés tenoient chescun ung gros baston blancq et faisoient barière à deux costés de la rue, et tenoit chescun le bout du baston de l'aultre; et en cest estat marchèrent depuis la porte jusques aux Jacobins, là où Monsigneur fu logié. Auprès de Fribourg prendt-on sur aucunes montaignes le jaspre dont on faict les patrenostres. C'est chose fort exquise de véoir les molins qui les font; et font encoire en ce lieu aultres patrenostres et aultres ouvrages de coral.

24 août.

Le samedi Monsigneur, parti de Fribourg, vint à trois lieues de là logier

26 août.

[1] Nous ne trouvons pas de ville de ce nom ; c'est probablement d'Ensisheim qu'il s'agit.
[2] Brisgau.

1503. à ung village nommé Neufstat, où en chemin passa Monsigneur les montaignes nommées *Soirs*[1] : c'est en nostre langue Noires-Montaignes; et passa beaucop de maulvais chemin, tant de pierres que de montaignes; et à l'aprochier le vilage, vinrent au-devant six cens lanssequenetz de la Noire-Montaigne, tous en ordre, bien armés et embastonés de bones coulevrines, hallebardes et picques. Véoir leur ordre et les adviser marchier, et oyr leurs tamburins, estoit fort beau. Ce lieu est au comte de Fustembercq, qui y deffroya Monsigneur et tout son train, homes et chevaulx.

27 août. Le dimence lesdicts lanssequenetz conduisèrent Monsigneur une lieue, à cause que c'est frontière de Suysse, et print giste à III lieues de Neufstat, à Pelinghen[2], vilette du grandeur de Haulx, plaine de belles fontaines courrantes par la ville, apertenante au duc d'Austrice: de laquèle de six à sept vings homes bien armés et embastonés vinrent au-devant de luy, et luy firent présent, quandt y fu logié, de vin, de poissons et d'avaine, seloncq la coustume du pays.

28 août. Le lundi, XXVIIIe d'aoust, chemina trois lieues et logea à Tuttelinghen, villette du grandeur de Songnies, située sur la Dunoe[3], laquèle rivière court contre soleil levant au contraire de toutes les aultres, et prent origine et commencement d'une fontaine à trois lieues de Tuttelinghen, au bas de la Noire-Montaigne, sur les marches des Suysses.

29 août. Le mardi print Monsigneur giste trois lieues de Tuttelinghen, à Semeringhen[4] sur la Dunoe. La ville siet en bas et le chasteau sur une montaigne en hault; sont comme du grandeur de Haulx. Le duc de Wertemberch, signeur du lieu, y festoya bien Monsigneur et deffroya tous ses gens en chevaulx.

Ce jour aporta ung poste nouvelle à Monsigneur de la mort du pape Alixandre de Bourgia, VIe de ce nom[5].

30 août. Le merquedi print Monsigneur logis à Ruthelinghen[6], villette du grandeur de Songnies, très-belle, assise sur la Dunoe en très-beau pays de bledz, bois et praries; et est au duc de Austrice, à deux lieues près de Semeringhen, où les bourgois firent à Monsigneur entrée et donèrent vin,

---

[1] C'est le mot allemand *Schwarz* dont l'auteur fait ici *Soirs*.
[2] Vellingen.   [3] Le Danube.   [4] Sigmaringen.
[5] Il était mort, selon *l'Art de vérifier les dates*, le 18 août.
[6] Riedlingen.

poisson et avaine; et après le souper, les dames et les filles, entre lesquelles 1503.
en y avoit de très-belles, vinrent danser devant le logis de Monsigneur.

Le joedi, derrenier jour d'aoust, logea Monsigneur à Eyhynghe [1], deux 31 aout.
lieues de là, tout beau pays, plain de bledz, de bois et de praries. Et court
la Dunoe auprès de la ville. Et sy y sont beaucop de villages à l'entour.

Ce vingt-troisiesme chapitre conte l'entrée de Monsigneur à Oulme, et descript la ville et sa situation, et conte la fachon de danser illec; de l'artillerie de la ville, et comment Thiébault le festoya, et d'aultres choses.

Le venredi, premier jour de septembre, vint Monsigneur gister, trois 1er septem
lieues d'où il partit, à Oulme [2], ville impériale, bone et forte, la mieulx
murée que on sçace; et sont les murailles advironnées de faulses brayes [3]
et de grands fossés plains d'eaues; et est fort marchande, bien peuplée,
bien ornée de maisons belles et matérièles, du grandeur de Tenremonde,
mais mieulx amassée et plus ronde et beaucop plus rice. Et siet sur la
Dunoe d'ung costé, en pays beau et fertile, auprès d'une montaigne; et
dient que c'est l'une des plus rices villes d'Allemaigne, et y a une église
de Nostre-Dame belle, haulte et matériéle. On donna illec à Monsigneur
deux chariots de vin, chincq chariots d'avaine et grande plenté de poissons. En ce lieu se trouva au-devant de luy le duc de Wertembercq [4], bien
acompaignié.

Le dimence, après le disner, ceuls de la ville firent assambler toutes les 5 septemb
dames et damoiselles, pour danser devant Monsigneur en une très-belle
maison seulement pour les danses ordonée, et se nomme en leur langue
Dansehuss [5]. Là se trouva Monsigneur entre beaucop de très-belles dames
bien gorgiasement acoustrées à leur mode. Et ont là ce très-beau police.
Ils font mettre toutes les dames de rencq en rencq, come elles sont assises
sur des bancqz; et se d'aventure aulcune se boutoit plus avant que elle ne
debveroit, on le retourneroit en sa place : car la coustume d'Allemaigne

---

[1] Ehingen. | [2] Ulm. | [3] *Brayes*, espèce de bastion et de porte. Roquefort.
[4] Ulrich VI. | [5] Non pas *Dansehuss*, mais *Tanzhaus*.

est que ung chescun, soit home ou femme, vadt selonc son degré. Et pour commenchier ceste danse, deux homes, come deux sergeans, portans verges en leurs mains, prendent la première dame, et le mainent au plus grandt maistre présent en la salle : ce qui fu faict à Monsigneur. Et tiennent cela à bien grandt honeur. Et fault que ce grandt maistre comence la danse; et puis tous les aultres vondt querre des dames et le siévent. Ceste danse faillie, reviennent ces deux sergeans reprendre l'aultre dame après, et le baillent au plus grandt maistre ensiévant, et de là conséquamment tant que tous les grands maistres ayent eult chescun sa danse. Et puis chescun vadt come il l'entendt. Et n'est home si hardi qui oseroit commenchier la danse, se ces deux sergeans ne luy présentent : car ils se tenroient déshonorés, se aultrement le faisoient. Et quandt le roy danse, quatre ducs, deux devant et deux derrière, portent chescun une torse, se c'est de nuyct; et se c'est de jour, ils vondt en cest estat sans torse; et se ung duc danse, quatre comtes font come dessus, et par conséquent chescun seloncq son degré. Et s'il n'y avoit autant de princes, tousjours les quatre plus grands le font : ce qu'ilz estiment grandt honeur. Après les danses reprint Monsigneur son logis.

Ce jour pluseurs des grands maistres de la maison de Monsigneur allèrent véoir l'artillerie de la ville en une maison à ce ordonée, où ilz en virent moult et aussy aultres acoustremens de guerre : car ceuls de la ville ont leur cas acoustré, come ung grandt prince, pour mettre une armée aux champs.

Le lundi ung des gens de Robert Ruffin, venant de Flandres, anoncha la mort de monseur de Forest : de quoy Monsigneur fist grandt regret, congnoissant qu'il avoit perdu ung de ses bons et loyauls serviteurs.

Ce jour partist Monsigneur de Oulme, et alla à giste, à III lieues et demie de là, à ung village et chasteau dit Ghiepinghen[1], assis en pays beau et fertile, où Thiébault d'Estain[2], signeur du lieu, qui avoit estet page à Monsigneur, le festoya bien avoecq sa mère et ses deux soers, très-belles damoiselles, lesquèles dansèrent après le souper devant Monsigneur. Auquel, en allant couchier, ung poste venant de Flandres certifia la mort dudict Forest et de madamoiselle de Boulers, soer des signeurs de Fiènes et de Ville.

---

[1] Nous ne trouvons pas d'endroit de ce nom dans la direction d'Ulm à Augsbourg.
[2] De Stein (?).

DE PHILIPPE LE BEAU.   307

Ce chapitre vingt-quatriesme conte comment Monsigneur fu rechupt à Auzebourg, et descript la ville; de la ville de Lanseberghe et de pluseurs villettes; et comment il encontra le roy des Romains, son père; et d'ung miracle du sacrement de l'autel, et d'aultres choses

Le mardi Monsigneur vint au giste à Auzebourg[1], iiii lieues de Ghiepinghen, l'une des plus gavrières villes d'Allemaigne et plus ornée de belles dames, où il fu, à l'entrer, bien acompaigné du duc de Julers, du duc de Wertembercq, du comte de Fustembercq et d'autres pluseurs grands personages, tant d'Allemaigne que de ses pays. Ceste cité impériale, du grandeur d'Anvers, est très-bone, bien habitée et peuplée, plaine de belles maisons, dont la pluspart sont painctes, et est fort marchande, honorée d'église épiscopale. Le corpz de la ville est bien rice. Entour et parmy ycelle courrent deux rivières yssantes des montaignes : l'une a nom Wertach et l'aultre Lecth[2], lesquèles tombent dedens la Dunoe, à six lieues de là.

Le lundi[3] présentèrent les habitans [à Monsigneur] une coupe d'argent doré, laquéle il donna à Glaude de Salins, ung des capitaines de ses archiers; puis pryèrent que Monsigneur se veulsist trouver, après le disner, à l'hostel des danses : ce qu'il accorda; et se y trouva; et dansat-on de la fachon prédicte.

Le venredi, viiie jour de septembre, jour de la Nativité Nostre-Dame, print giste six lieues d'Auzebourg : ce fu à Lansseberghe[4], ville du grandeur d'Enghien, apertenante au duc Albert de Bavyère, située en plain pays sur la rivière de Lecth, ornée de très-belles maisons. Entre les fontaines de la ville, celle du Marchié sourt de sy grande impétuosité par x ou xii sourgeons, qu'elle sault[5] xvi ou xviii pieds de haut. On n'en voidt gaire de plus belles. Le chemin entre Auzebourg et Lansseberghe est ouny come une table, le plus beau que l'on puist véoir, toutes campaignes et praries.

Le samedi arriva Monsigneur à Scanghor[6], villette du grandeur de Haulx, assise en pays très-fertile sur la rivière de Lecth, à iiii grosses lieues de Lansseberghe.

1503.
5 septembr
6 septembr
8 septembr
9 septembr

---

[1] Augsbourg. | [2] Le Lech.
[3] Il y a ici erreur (et elle existe dans le MS. de la Haye aussi bien que dans le MS. 7382), puisque Philippe le Beau n'arriva à Augsbourg que le *mardi*. C'est *mercredi* ou *jeudi* qu'il faut lire.
[4] Landsperg. | [5] *Sault, sourl.* Voy. la note 7 à la page 257. | [6] Schongau.

1503.
10 septembre.

Le dimence, après avoir chevaulchiet quatre grosses lieues, très-mauvais chemin, tout montaignes et crollis[1], Monsigneur coucha au village dit Mergow (?).

11 septembre.

Le lundi chemina chincq lieues en pays stérile, entre montaignes et roches, et print giste à ung bon vilage nomé Mitenwold[2]. Auprès court une rivièrette, nommée Yse ou Ynse[3], yssante des montaignes, et tombe en la rivière de Leeth, trois lieues de là.

12 septembre.

Le mardi, après avoir chevaulchiet quatre lieues, Monsigneur print repos à Chierle(?), villaige auprès d'une très-grosse montaigne, sur laquèle hault, au pendant d'ung rocq, siet ung très-beau chasteau appellé Seld, là où aulcunes fois se tient le roy des Romains à cause de la chasse. Au piedt de celle montaigne court ladicte rivière de Yse entre hauls rocqz et montaignes plaines de neiges et inhabitables. A une lieue de Chierle, à deux jects d'arc d'ung village nommé Sieseld[4], Monsigneur rencontra le roy son père. Lors volu descendre, ce que le roy ne veult souffrir, mais tout à cheval l'embracha; et en chevauchant parlèrent ensamble une lieue de chemin, puis se départirent, et vint Monsigneur audict chasteau à giste, et le roy et son train à ung aultre chasteau, une lieue de là, à l'aultre costé de la rivière.

Il advint, audict village de Sieseld, l'an de salut mil IIIᶜ XLII, que ung gentilhome de village, véant le curé communyer ses parochyens de petites hosties à Pasques, come est de coustume, dit qu'il voloit avoir une grande hostie tèle que le prebstre avoit uset en la messe, et que luy, gentilhome, ne debvoit estre servy come les rurauls et mécanicques. Le prebstre, le cognoissant robuste et cruel, luy consacra à lendemain, par crainte, une grande hostie et luy vint pour administrer. Cil, arrogant et présumptueux, ne le volut rechepvoir en humilité, come les aultres : mais, soy disant milleur que le prebstre, se bouta avant irrévérentement, le chaperon sur la teste, et appoyant sur le bout de l'autel, le veult rechepvoir, et à ce constraindi le prebstre. Lors subit, en le rechepvant, il effondra jusques à genouls en terre, laquèle est ung dur rocq, et ses deux mains dedens la dure pierre de l'autel, tèlement que on voidt encoire les pertrus[5] de ses

---

[1] *Crollis*, ornières, fondrières. | [2] **Mittenwald**. | [3] L'Isar. | [4] Seefeld.

[5] *Pertrus*. Nous ne trouvons nulle part ce mot. Peut-être faut-il lire *pertuis*, trous.

jambes et les imprimures de ses mains, come se les pierres ¹ fuissent patte ² ou molle terre. Et il demora en cest estat, le sacrement en la bouche, sans le pooir user; et estoit enflé et immobile come pierre, tant que l'évesque et aultres ecclésiasticques luy ostèrent. Encoire voidt-on les imprimures de ses dens et de sa langue en ladicte saincte hostie illec gardée en mémoire du miracle, pour l'honeur de laquèle sont en ce lieu journèlement faictz pluseurs beauls miracles. Le gentilhome se amenda et ne vesqui gaire depuis.

Ce vingt-cincquiesme chapitre dit comment Monsigneur fu recheu à Yzebrouch du roy son père et de la royne, et que Monsigneur alla à Halle; de la ville de Yzebrouch et des deux maisons où sont les artilleries du roy.

Le merquedi, xiiie de septembre, partist Monsigneur de Chierle pour aller à Halle, trois lieues de là, où, auprès d'Izebrouch ³, deux lieues dudict Chierle, le roy et la royne sa belle-mère et grandt nombre de princes et signeurs d'Allemaigne vinrent au-devant de luy. La royne estoit très-ricement acoustrée, et xii dames après elle, toutes vestues de rouge à la mode allemanicque, plaines de perles et de pierries, et après ces douze dames, six chariots bien gavriers et fort rices et dorés de fin or, les deux couvers de drap d'or, et les aultres de velours et de damas: qui estoit chose bien sumptueuse et fort rice. Monsigneur volut descendre contre la royne: mais le roy et elle ne le vollurent souffrir, mais la vint embrachier tout à cheval. Puis chevaulchèrent ensamble, le roy devant et Monsigneur à la senestre de la royne, et ainsy entrèrent à Yzebrouch, et descendirent au logis du roy. Et achevet le très-beau bancquet que la royne dona à Monsigneur, il print congié et alla au giste à Halle, une lieue de Yzebrouch.

Ceste ville de Yzebrouch est fort petite et du grandeur de Bouchain, très-belle, située sur la rivière d'Yse ⁴, entre montaignes et haulx rocqs, bièn gavrière, bien murée; et y a grosses et belles maisons, toutes de pierres de tailles, painctes et dorées. La maison du roy y est très-belle et

---

¹ MS. de la Haye. Dans le MS. 7382: *comme ces pierres*.
² *Patle*, pâte. | ³ Innspruck. | ⁴ De l'Inn.

sumptueuse, de laquèle on voidt d'une veue trois cens mille florins d'or de rente, à cause des mines d'argent et de seel entour. L'église parochiale de la ville a unes orghes, les plus belles et les plus exquises que jamais je véy. Il n'est instrument du monde quy n'y joue : car ils sont tous là-dedens compris, et coustèrent plus de dix milles francs[1] au faire.

Auprès dudict Yzebrouch le roy a faict édifyer, sur ladicte rivière, une maison pour ses artilleries. Je les estime les plus belles du monde. La maison garde armures, culevrines, arbalestres, picques, ars, hallebardes, espées à deux mains et bastons de toutes sortes, assés pour embastonner et armer grande multitude d'homes. Sept à viii^{xx} pièces d'artilleries, sans celles que on faict tous les jours, y sont, avoec bien x^m hacquebutes et xii^m culeuvrines, etc. En la ville, près de la porte, est encoire une maison mieulx garnie, car elle contient de six à sept vingt pièces d'artilleries, tant grandes que petites, bien huyt mille grosses hacquebutes, sept ou viii mille pavais, dix mille coulevrines, huyt ou noef mille hallebardes, dix ou douze mille picques, trois à iiii mille habillemens de teste pour piéons, trois ou iii^c espées, sept ou viii cens mille trays d'arbalestres, orghes[2], gros mortiers, tentes, pavillons, boulès de fontes, fers de viretons, cordes, picquoises, hauyauls, harnois de chevauls, et toutes choses duysantes à mener, guynder, chargier et deschargier : tant que je croy que c'est une des plus belles custodes de habillemens de guerre de la crestyèneté. Le roy le comprendt tout ensamble assés pour furnir ung waguebourg[3] de tout ce qu'il leur fault ; et dist à monseur son filz qu'il en voloit avoir otant en quatre lieus : l'ung des lieus à Vienne en Austrice, pour aller contre les Turcs ; l'autre à Brisac, pour aller sur les Suysses ; le troisime à Malines contre les Franchois ; le iiiie à Yzebrouch pour les Ytalles.

[1] MS. 7382. *Florins* dans le MS. de la Haye.
[2] *Orgles* dans le MS. de la Haye. On trouve dans Roquefort : « orgues, espèce de herse qui sert à fermer les portes d'une ville attaquée. »
[3] *Waguebourg*, de l'allemand *Wagenburg*, littéralement barricade de chariots.

DE PHILIPPE LE BEAU.

Ce vingt-sixiesme chapitre parle des mines d'argent, d'estaing, de plomb et de coeuvre du roy des Romains; de la ville de Halle et de la saulnerie d'illec, et de la périlleuse chasse des chamois.

Les mines d'argent, d'estaing, de plomb et de coeuvre [1] sont à trois lieues de Yzebrouch, là où on les aporte, et sont affinées illec. Et la ville de Halle siet à une lieue de Yzebrouch sur ladicte rivière d'Yse, en la valée, entre haulx rocqz et montaignes, come du grandeur d'Ath en Haynault, bone ville, rice, marchande et très-belle de maisons, entre lesquèles le roy en a une belle, grande et substanticuse, où on faict le seel, lequel vient de lieue et demie de là d'ung grandt rocq par ung conduit d'eaue : car les mineurs jettent la mine du rocq en l'eaue, où il se confit et fondt et faict l'eaue salée, laquèle vient courrir ens grandes cuves de fer en ladicte maison, où, par opération de feu, se faict le seel par pains longz come pains de çucre, aulcuns de chincq à six pieds de long, blans come nège; et se faict assés bon marchié, car le bois ne couste gaire : on ne le faict que copper sur les montaignes plaines de sapins, et merchier [2] et ruer en ladicte rivière, laquèle les conduit en la ville, et là sont escluses, faictes come palis [3], où le bois se arreste. Là le tire-on hors de l'eaue, et chescun marchant cognoît sa merche; et furnit ce bois la saulnerie et les mines en pluseurs lieus. Et vault au roy par an ceste saulnerie, sur une pierre de marbre, toutes cherges déduites et officiers payés, cent et chincquante mille florins d'or [4]. En Halle aussy est le coing où le roy faict forgier ses monnoyes d'argent, come cruchars [5], sessars [6] et aultres pièces.

Le joedi, XIIIe, arriva le roy à Halle à deux heures après le disner, et fu logié en la maison où Monsigneur estoit aussy logié, chescun son quartier à part. *14 septem.*

Le venredi ouyrent la messe ensamble, avoec grande noblesse d'Allemaigne et des pays de Monsigneur, à la grande église de Halle, laquèle chantèrent les chantres de Monsigneur. A l'après-disner, à petit train, allèrent à Yzebrouch, et fu Monsigneur logié auprès de la maison du roy. *15 septem.*

---

[1] *Coeuvre*, cuivre. | [2] *Merchier*, marquer. | [3] *Palis*, palissades.
[4] MS. de la Haye. *Cent et chincquante florins* dans le MS. 7582. | [5] *Cruchars*, kreutzers.
[6] *Sessars*, de l'allemand *Sechsers*, petite monnaie d'une valeur égale à la moitié d'un *Grossche*.

1503.
16 septembre.

Le samedi le roy, la royne et Monsigneur allèrent chasser aux chamois, laquèle chasse est moult estrange à ceuls qui ne le ont veu. Les chamois se tiènent coustumièrement ès haultes montaignes et désers, et ont poil come chièvres, et sont assés de celle fachon : mais ils ont deux petites cornettes bien aguës au front, et montent si hault qui fault que les veneurs ayent grandes agrappes[1] de fer as mains et as pieds faictes en croix Sainct-Andrieu, achérées[2], pour monter et descendre les rocqz, adfin de plus près poursiévir la beste; et ont une picque achérée au bout, et le tiènent en la main pour monter; et quandt c'est au descendre, il fault, adfin qu'ilz ne faillent, qu'ilz regardent le lieu où ils asserront sceurement leur picque, pour euls laissier couler en bas. C'est une chose des plus dangereuses du monde. A celle chasse vadt le roy des Romains, et monte sur les rocqz aussy bien, voire mieulx, que veneur qu'il ayt. Mesme la royne sa femme et pluseurs de ses damoiselles y vondt come les homes, mais ne montent point si hault sur les rocqz. Quandt le chamois se sent fort pressé des chiens et des veneurs, il advise de soy jetter d'ung rocq sur ung aultre, et se pendt par ses deux cornettes; et quandt il fault[3], il tombe d'une lieue ou de deux de hault et se rompt en plus de milles pièces : mais la peau demeure tousjours entière. La chair est très-bonne à mengier : mais elle est ung petit doucreuse[4], come chair de dain; et de faict j'en ay mengié et veu mengier. Il advient aulcune fois que les chamois montent si très-hault, et les veneurs après, que quandt ils voelent descendre, ils ne scèvent trouver le chemin, et force leur est de demorer là. Et quandt on scèt cela, on faict venir ung prebstre qui leur monstre, du plus près qu'il puet, le corpz de Jhésucrist, adfin qu'il leur souviègne de leur salut et qu'ilz moerent en vraye foy catholicque; et n'y a aultre remède. Et est advenu ce cas pluseurs fois; mesme advint, ung mois ou deux devant la venue de Monsigneur, d'ung veneur quy morut par tèle adventure.

[1] *Agrappes,* crochets. | [2] *Achérées,* acérées.
[3] *Il fault,* il manque. | [4] *Doucreuse,* fade.

Ce vingt-septiesme chapitre parle comment le roy et Monsigneur oyrent messe, en estat impérial, à Yzebrouch, et du débat des ambassadeurs de Venise et de Savoye pour aller à l'honeur; comment le digne de Bezenchon fist serment au roy; de la mort du frère de la royne des Romains; d'ung grandt orage de pluyes; d'ung débat entre le signeur du Fay et Jaspart, gentilhome allemant.

Le dimence, xviie de septembre, le roy et Monsigneur, sa cotte d'armes devant luy, oyrent messe à la grande église d'Yzebrouch. Le roy avoit une robe de drap d'or fourée d'ermines et l'ordre du roy d'Engleterre, le Gartier[1] à sa jambe, et Monsigneur portoit la Toyson, et le comte de Zorne[2] et monseur de Ville et monseur du Fay. Les chantres du roy et de Monsigneur chantèrent la messe et jouèrent les orghes plaines de tous instrumens, come dessus a esté dit. C'est la plus mélodieuse chose que l'on pourroit oyr. Le roy et Monsigneur et tous les princeps[3] d'Allemaigne séoient de rencq, à leur fachon, ès fourmes du coer; et estoit tout cela tendu, sans y avoir oratoire, car les Allemans n'en y mettent point. Et de l'aultre costé estoient les ambassadeurs, où ung débat sourvint à cause que messire George de Menton, ambassadeur du duc de Savoye, vint pour soy mettre en son rencq, et se mist au-dessus de l'ambassadeur de Venise, qui toutesfois estoit premier venu : par quoy il ne volu ce souffrir, et disoit que le duc de Venise debvoit précéder ung duc de Savoye, pour tant qu'il est roy de Cypre. L'aultre respondi que le duc de Savoye est duc de l'Empire, et l'aultre non et est duc faict et institué pour ung tampz, non par héritable succession; et touchant le royaume de Cypre, le droit apertient au duc de Savoye, non au duc de Venise. Le roy, pour oster ce débat, envoya le comte de Fustembercq, marissal de sa maison et maistre des cérimonies, vers ces ambassadeurs, pour en ordonner : dont il y eult pluseurs renvoys. Enfin fu concludt que le duc de Savoye précéderoit, à cause qu'il est duc de l'Empire, ce que n'est l'aultre. Lequel comte de Fustembercq tint, durant la messe, l'espée nue, la pointe en hault, devant l'empereur : ce qu'il ne se faict devant nul aultre roy du monde. Et quandt ce vint à lever le corpz

---

[1] *Le Gartier*, la Jarretière.

[2] Eitel-Frédéric, comte de Zollern. Il avait été élu chevalier de la Toison d'or dans le chapitre tenu à Bruxelles au mois de janvier 1501.

[3] MS. 7382. Les *grands maistres* d'Allemagne dans le MS. de la Haye.

de Jhésucrist, il mist la pointe en bas, cognoissant que le Saulveur est dessus tous les roys du monde, et après releva la pointe come devant.

La messe achevée, le roy retourna à son logis, et dedens sa chambre le digne¹ de Bezenchon, filz de monseur du Vergier, fist, par procureur, en latin, serment au roy²; et là disna Monsigneur avoec le roy. Et après le disner chescun se retira à part par une galerie faicte entre les deux logis, où on avoit perchié pour aller de l'ung à l'aultre. Après le souper retourna Monsigneur vers le roy et la royne et toutes les dames. Là se firent les danses à la mode d'Allemaigne, aux tambourins de Suysses et trompettes, et mena le roy danser une des dames de la royne, où IIII ducs portoient les torses. Celle danse faillie, Monsigneur mena la royne danser, où IIII aultres grands maistres portoient les torses; et de là conséquamment chescun grandt maistre dansa sa danse, et puis chescun qui puet mieulx à la fachon dessusdicte : après lesquèles danses chescun reprint son quartier.

18 septembre. Le lundi, XVIIIe, le roy et Monsigneur allèrent à la chasse. Ce jour, à l'après-disner, morut à Yzebrouch le signeur Hermès de Millan³, frère de la royne des Romains et nepveu de More⁴, duc de Milan; et fu son enterrement moult solemnel.

19 septembre. Le mardi partist la royne pour aller à Chierle, où elle fist aulcuns jours le dueil de son frère, et le conduisèrent le roy et Monsigneur une lieue de la ville, puis allèrent couchier à Halle, où ils séjournèrent le merquedi, lequel jour il pleut si fort et avoit faict beaucop paravant : par quoy la rivière de Halle, laquèle va en Austrice, desborda tèlement que l'eaue emporta du bois, qui estoit sur le rivage pour la saulnerie et forges, tant largement que le roy et les marchans y eurent de trente à XL mille florins de domage. Et s'on ne eust retenu ledict bois à force de bateaus et de grands crochès, la perte y fuist beaucop plus grande. Ceuls de la ville n'avoient de longtampz veu si grandes eaues. Les gens de bien firent, à ce propos,

---

¹ *Le digne*, l'archevêque. Antoine, fils de Guillaume de Vergy (que l'auteur de la Relation écrit *du Vergier*) et d'Anne de Rochechouart, avait été élu archevêque de Besançon le 10 octobre 1502.

² Dans la *Gallia Christiana*, t. I, p. 133, cette prestation de serment est indiquée au 27 septembre : mais ce ne peut être qu'une faute typographique.

³ Fils de Galéas-Marie Sforza, duc de Milan, et de Bonne, fille de Louis, duc de Savoie.

⁴ *Du mort duc de Milan* dans le MS. de la Haye. Ludovic-Marie Sforza avait été surnommé *le More* par allusion au mûrier, en italien *moro*, symbole de la prudence, qu'il avait pris pour devise.

faire une procession par gens d'Église et religieus portans le *Corpus Domini* et aultres relicques [1], et faire pluseurs oroisons, prians Dieu qu'il cessasse ce déluge : ce qui fu faict au bout de deux ou trois jours.

En ce lieu s'esmeurent si grandes parolles entre monseur du Fay et ung gentilhome allemant appellé messire Jaspart, qu'ilz touchèrent à l'honeur l'ung de l'aultre. Ces parolles vinrent devant le roy et Monsigneur. Ledict du Fay fu fort porté de ses confrères de l'ordre : car ledict Jaspart le chargeoit à tort, come depuis a esté bien sceu. Dont fu l'oeuvre de faict deffendue aux parties, et retourna chescun à sa maison.

Ce vingt-huitiesme chapitre conte d'une messe solennèle chantée, et coment le roy monstra à son filz pluseurs de ses baghes et une Généalogie des ducs d'Austrice; et descript l'obsecque du signeur Hermès de Millan.

Le joedi, jour de Sainct-Mathieu, le roy et Monsigneur, acompaigniés de grands maistres et de nobles, oyrent la messe à la grande église de Halle, chantée par les chantres de Monsigneur. L'autel, le prebstre, le diacre, le soub-diacre et les deux choristes estoient acoustrés de drap d'or égual, et estoient ces ornemens plains de perles et pierries. Sur l'autel estoient ymages et joyaus d'or et d'argent dorés, garnis de bones pierries; et estoit le roy vestu d'une robe de satin brochié violet, doublée de taffetas, et la Toison au col et le Gartier à la jambe. La messe achevée, retirèrent [2] à leurs logis, et disna chescun à part. Le roy et Monsigneur, partis de Halle, vinrent, tout chassans et volans, au giste à Yzebrouch.

Le samedi, xxiiie, le roy monstra à Monsigneur pluseurs de ses baghes et pluseurs engiens estranges à faire harnas [3], artilleries et aultres choses, et ung lit de champ que on luy avoit envoyet d'Ytalie, de velour noir, tout faict de brodures et en pluseurs lieus faict de perles et de pierries, et luy monstra la Généalogie dont estoient procréés tous les ducs d'Austrice

---

[1] MS. de la Haye. *Reliquiairs* dans le MS. 7382.
[2] Voir la note 2 à la page 299.
[3] MS. de la Haye. Le mot *harnas* n'est pas dans le MS. 7382.

1503. jusque à Monsigneur, et les femmes qu'ilz ont eues espousées. et à quèles filles¹ ils ont estet allyés, et combien d'enfans ilz ont eut.

24 septembre. Le dimence le roy alla véoir la royne à Chierle et coucha illec; et quandt Monsigneur le eut convoyet jusque à là, il retourna à Yzebrouch.

25 septembre. Le lundi le roy et la royne retournèrent, après le disner, à Yzebrouch. et alla Monsigneur au-devant, et la pluspart des nobles qui là estoient, avoec les ambassadeurs de Venise, d'Espaigne et de Savoye.

Ce jour fist-on, à la grande église de Yzebrouch, les vigilles, obsèques et funérailles dudict signeur Hermès de Millan, là où le roy, la royne, Monsigneur, le josne duc de Julers, le comte palatin, le marquis de Brandebourg, le prince de Dunehault², les deux frères bastars du défunct et aultres grands maistres portoient le dueil, vestus d'estouves³ noires. La royne et toutes ses dames y estoient en dueil avoec manteaus noirs, et acoustrées de coevrechief à la mode germanicque. Et estoit le coer de l'église, et là où le roy estoit assis et Monsigneur et les grands maistres, tendu de drap noir. Et le grandt autel et chincq aultres estoient tendus de draps noirs à une croix de taffetas blance et quatre blasons de ses armes. Et estoit au milieu du coer ung sarcu⁴ simple, sans chapelle entour, tendu de drap noir. et le sarcu couvert de noir damas à une croix de damas blance, et six blasons de ses armes à l'entour; et estoit adviron de trente chandelles de cire, sur une chescune ung blason. Et, durant les vigilles, xxIIII gentilshomes de la famille du roy, vestus de noires robes et chaperons, tinrent chescun une torse armoyée de ses armes en deux blasons. Et chanta et fist le service l'évesque de Bethléem, suffragant de l'évesque de Bezenchon.

26 septembre. Le mardi se trouvèrent tous à l'église come devant : mais ledict sarcu estoit lors en la nef de l'église auprès du coer, et la royne et ses dames séoient audict coer; et là furent chantées solennèlement deux messes. La première, de *Requiem*, chantèrent ledict évesque et les chantres de Monsigneur. Le roy et luy allèrent à l'offrande ensamble. Monsigneur ung petit derière à la gauche du roy, mais tous les grands maistres et princeps devant euls. Le roy revenu en son siége, Monsigneur alla querre la royne

---

¹ *Sic* dans les deux MSS. Ne faut-il pas lire *familles?*
² Danemark. | ³ *Estouves*, étoffes. | ⁴ *Sarcu*, cercueil.

DE PHILIPPE LE BEAU. 517

et le mena à l'offrande, le tenant par le manteau au costé gauche; et quandt il l'eut remené en sa place, il revint en son siége emprès le roy son père. La seconde messe fu de l'Assumption Nostre-Dame, chantée par les chantres du roy, et offrirent le roy et la royne et Monsigneur come devant. Et comenchèrent le Grade¹ les sacqueboutes² du roy, et jouérent le *Deo gratias* et *Ite missa est*, et les chantres de Monsigneur chantèrent l'Offertoire. La messe finée, chescun se tira en son logis, et Monsigneur mena la royne jusque à sa chambre. Et disnèrent chescun en son quartier.

1503.

Ce vingt-neufviesme chapitre dit que le roy et Monsigneur et aultres allèrent au-devant du duc Albert de Bavière, et parle de la maison dicte la Fonderie et des mynes du village de Souars, et de la ricesse des marchans d'illec.

Le venredi, feste de Sainct-Michiel, le roy et Monsigneur, avoec le duc de Julers, le cardinal de Brixse³, le dispot⁴ de Constantinoble, le josne marquis de Brandebourg, le comte palatin, le comte de Zorne, le comte Félix, le prince d'Anthena (?), et pluseurs aultres signeurs et grands maistres, tant du roy que de Monsigneur, allèrent au-devant du duc Albert, duc en Bavière et de Meninch⁵, beau-frère du roy, et l'encontrèrent à une grosse demie lieue de Yzebrouch. Et après la révérence faicte, allèrent à la chasse. Et estoit le roy et trois ou quatre de ses grands maistres acoustrés à la turquoise. Et rentrèrent en la ville envers IIII heures après midi, et convoyèrent le roy jusque à son logis, et puis reprint chescun son quartier. Et venoit ledict duc vers le roy pour le différend qui estoit entre le comte palatin et luy, causé par la mort du duc George de Bavière, duquel se disoit hirretier, pour ce que les filles ne héritent en Allemaigne, seloncq la coustume.

29 septem

J'oublioie une grande maison emprès la ville, tenante à la maison de l'artillerie du roy, en laquèle on affine la myne qui vient de Souars⁶, à trois

---

¹ *Le Grade*, le Graduel, partie de la messe qu'on chantait après l'Épître.
² *Sacqueboutes*, sacquebuttes, espèces de serpents d'église. | ³ Brixen.
⁴ *Dispot* est évidemment ici pour *despote*. C'était, selon Bescherelle, un titre honorifique créé pour les empereurs grecs. | ⁵ Munich. | ⁶ Schwaz.

1503 lieues de Yzebrouch. Celle rendt argent, coeuvre, estain et plomb, et tout se font et souffle¹ à force d'eaue : car elle faict estamper la myne et souffler les soufflès des fourneaus où on faict le coeuvre, et aussy ceuls des fourneaus où l'argent se purge, et par une rouc livre eaue aux estuves et bains pour les ouvriers; et faict aussy souffler les soufflès d'une grande forge là emprès, laquèle est au roy, et illec marteler ung marteau pesant soissante livres, lequel, en tirant d'une corde, martelle seul et faict ce qu'il plait aux ouvriers. A ces mynes de Souars puèvent journèlement besoignier deux mille ouvriers, y comprendans les forges, affinoires et aultres choses procédantes desdictes mynes, lesquèles le roy a bailliet à pluseurs marchans pour besoignier, moyenant qu'ilz sont tenus baillier le marcq d'argent pour chincq florins d'or, quandt on le vendt huyt, ou ils sont, en lieu de cela, tenus de luy baillier trois florins d'or pour chescun marcq, et, oultre ce, doibvent au roy de dix charetées de mynes l'une, laquèle il faict fondre et affiner à ses despens. De celle myne viennent argent, plomb, estain, azur et coeuvre, de quoy le roy faict affiner l'argent et former en grands pains pesans cent ou vi^{xx} marcs, come font les marchans, qui, pour faire leurs marchandises, les envoyent à Venise et en aultres lieus; et faict affiner l'estain à part; du plomb faict tous ses boulès d'artillerie; l'azur on le tire à part, et du coeuvre faict forgier l'artillerie : mais les marchans vendent le leur, et vallent ces mynes par an grandt finance.

En ce village de Souars habitent marchans devenus riches de ces mynes, lesquels avoec ceuls du village ont aulcunes fois volut doner au roy IIII^c mille florins d'or pour avoir licence de le fermer et en faire une bone ville : ce que le roy ne voelt permettre, craindant qu'ils eussent, à longeur de tampz, volut atribuer ces mynes à euls sans payer le deu, craindant aussy qu'ils ne se meutinent pour leurs ricesses. Le roy a ordonet qu'ils ne portent et ne peuvent porter baston non plus long que d'ung piedt : car on voidt, en ung jour de feste, en ce village, sept ou huyt cens rades homes bien acoustrés et tous plains de chaisnes et d'aultres choses d'argent entour euls.

---

¹ MS. 7382. *Tout se font par soufflèz* dans le MS. de la Haye.

Ce trentiesme chapitre conte d'aulcunes pièces d'artillerie tirées à la plaisance du roy, et d'une messe solempnèle, et d'une jouste de plaisance, d'une danse et d'aultres choses.

Le samedi, derrenier jour de septembre, allèrent le roy et Monsigneur véoir tirer aulcunes pièches d'artillerie afustées hors de la ville entre la Fonderie et la maison d'artillerie; et tira-on de ladicte maison quelque quarante hacquebutes et trois grosses bombardes de fonte dont le roy Mathias de Hongrie gaigna la plus grosse sur le Grandt-Turcq; puis tira-on quatre courtaus, deux serpentines et ung gros mortier. Et tout ce se tiroit après une marcque¹ au piedt d'une montaigne à demie lieue de là; et dona le roy à Monsigneur l'une des grosses bombardes, et furent pour le mener XXXVIII chevauls.

Le dimence, premier jour d'octobre, le roy et Monsigneur, avoec grande noblesse, oyrent la messe à la grande église, chantée des chantres du roy, lequel et monsigneur son filz estoient vestus de robes de satin cramoisy ouvrées et broudées d'or. Le bonnet sur la teste de Monsigneur estoit de velour noir garny de ballès dyamans et bonnes perles, et povoit valoir de deux à trois mille escus. La messe finée, Monsigneur conduisy le roy à son logis et vint disner au sien. A l'après-disner aulcuns gentilshomes allemans de la maison du roy se trouvèrent sur la place devant le roy, la royne et Monsigneur et aultres grands maistres, pour courre à la jouste à la mode d'Allemaigne. Aulcuns courrurent à rocet², aultres à fers esmoulus; et les lances estoient si grosses que nulles ne rompirent, mais à chescun cop s'entre-abatoient de leurs chevauls jus à la terre. Lors auprès du roy, de la royne et de Monsigneur estoit le comte de Ludron³, italyen de sur les marches de Allemaigne, qui estoit, passé longtampz, fianchié à une des filles de la royne, laquèle estoit emprès la royne, et avoit bien attendu deux mois, espérant la venue de Monsigneur, come il avoit mandet au roy son père. Après les joustes retirèrent le roy et la royne à leur logis, et Monsigneur au sien. Après souper se trouva Monsigneur avoec euls en la salle, là où estoient le sire et la dame des noepces et toutes les dames

---

¹ MS. de la Haye. *Merche* dans le MS. 7382.
² *Rocet*, *rochet*, arme du genre de la dague. | ³ Lodron.

de la royne. Et dansa le roy avoec une desdictes dames, et Monsigneur dansa après avoec la royne, et puis tous les grands maistres, à torses, etc., come est déclaré cy-dessus. Enfin on dansa une danse appellée *ung bransle*, à la mode d'Allemaigne, aux tambourins de Suysses et à trompettes. Ce achevé, Monsigneur remena la royne en sa chambre et retourna à son logis.

Ce trente et uniesme chapitre parle des noepces du comte de Ludron et des abillemens de luy et d'aultres homes et femmes, et des estas et cérimonies d'illec, et des cransselins donés par la dame des noepces, et d'une jouste, et la mode de couchier en ce quartier le sire et dame des noepces.

Le lundi, second jour d'octobre, en la chappelle du roy, s'espousèrent ledict comte de Ludron et ladicte demoiselle, nommée Apolone, née [1] de Yzebrouch, laquèle il prendoit pour sa beaulté et ses vertus, non pour sa ricesse. La robe du comte estoit de velour cramoisy fourrée de martres, et le menoit par le brach gauche le marquis de Brandebourg, vestu d'une robbe de drap d'argent; et au lets gauche le comte Félix, prochain cousin du roy, vestu d'ung manteau jaune, menoit la dame des noepces, vestue d'une robbe de satin cramoisy fourée de martres, le roy estant à dextre, vestu d'une robbe de drap d'or fourée de sable, et Monsigneur à la senestre, vestu d'une robbe de velour cramoisy aussy fourrée de sable; et alloient devant la royne, laquèle siévoient chincquante-sept, que dames que demoiselles, bien ricement et gorgiasement acoustrées; et ainsy allèrent à la messe, chantée par les chantres du roy, où le signeur des noepces estoit le plus prochain du roy, et la dame des noepces au-dessoubs de la royne. Le signeur des noepces fu mené à l'offrande par lesdicts marquis et comte, et la dame des noepces fu menée par le duc de Julers. Nul que euls deux ne fu à l'offrande et ne baisa la paix. Lesquels deux furent, la messe finée, menés devant l'autel, où ils se mirent à genouls, et le presbtre leur bailla à boire au calice. Ce faict, le roy, la royne, Monsigneur [2] et toute la

---

[1] *Natifée* dans le MS. de la Haye.
[2] MS. de la Haye. *Monsigneur* manque dans le MS. 7382.

noblesse illec présente menèrent le signeur et dame des noepces à force de 1503. tambourins et de trompettes, et les conduisèrent jusques à la chambre où ils disnèrent. Et ne fault oublyer que, la matinée devant les espousailles, la dame des noepces envoya au roy et à Monsigneur et à tous les grands maistres et gentilshomes qui là estoient, à chescun ung cransselin [1] de ses coleurs, faict de fil d'or et de fil de soye blanche et de soye cramoisy ; et à chescun pendoit une verge d'or et une pierre dedens, et en ceuls du roy et de Monsigneur et des grands maistres pendoient dyamans et rubis. En ceste mode envoyent dames et demoiselles cransselins, quandt elles se marient. Pareillement font les bourgeoises, mais à ces noepces on done quelque chose pour ces cransselins : ce que l'on ne faict as nobles.

Après le disner vint la dame des noepces en la salle, où se firent les danses ; et environ quatre heures après disner le marquis de Brandebourg, le filz du comte de Zorne et aultres grands maistres et gentilshomes de la maison du roy se trouvèrent sur les rens et courrurent à la mode d'Allemaigne come le jour devant, où mains beauls cops furent donnés. Leurs houchures [2] estoient de velour et de satin de divers couleurs, et estoient tous bien acoustrés à la mode du pays. Puis retourna chescun souper en son quartier : mais, le souper faict, la dame des noepces se retrouva, come après le disner, en la salle où le roy, la royne et Monsigneur et tous les grands maistres et dames estoient, et mena Monsigneur la dame des noepces danser. Et après pluseurs danses le roy et Monsigneur desrobèrent la dame des noepces, et le emmenèrent en la chambre où elle debvoit couchier, puis se retirèrent ; et lors en alla couchier le signeur tout vestu, et la dame des noepces pareillement vestue, soubz une couverture d'escarlatte, où ilz furent quelque peu de tampz. Leur mode est non despouillier les dames des noepces avant que le chadeau soit gaignié [3]. Puis le roy et Monsigneur rentrèrent en la chambre, où ils trouvèrent le bancquet, et firent lever le signeur des noepces pour bancqueter. Le bancquet faict, le roy, la royne et Monsigneur, chescun se retira, et le signeur et la dame des noepces couchèrent ensamble, quandt ils furent despouilliés.

[1] *Cransselin*, crancelin ou cancerlin, portion de couronne à fleurons posée en bande à travers un écu. BESCHERELLE. | [2] *Houchures, houssures*, housses.

[3] On appelait *chaudeau* le bouillon qu'on donnait aux époux le lendemain des noces. ROQUEFORT.

Ce chapitre trente-deuxiesme dit que Monsigneur envoya son bonet à la dame des noepces; et du veu d'excerser aulcuns faicts d'armes que fist Monsigneur et trois aultres gentilshomes, et de la très-belle artillerie que le roy donna à monsigneur son filz.

1503.
3 octobre.

Le mardi, troisime d'octobre, Monsigneur, par ung de ses varlès de chambre, envoya au matin présenter son bonet (acoustré come il l'avoit portet le dimence devant) à la dame des noepces, priant que elle le prendist en récompense du cransselin que elle luy avoit donnet : ce qu'elle prinst.

Ce matin osta Monsigneur son cransselin de son bonet et le mist à son col, come firent le comte palatin, le signeur de Ysselstain et Anthoine de Lalaing, signeur de Montigny. Ce voyant, Philippe de Visans, gentilhome, sommeillier de corpz de Monsigneur, dist à Monsigneur qu'il n'apertenoit, à la fachon d'Allemaigne, porter ung cransselin au col descouvert, sans estre délibéré de combatre ceuls qui y toucheroient : dont respondi Monsigneur que à luy ne tenroit; pareillement respondirent les aultres. Et fu la conclusion prinse le soir en la chambre de Monsigneur, quandt chescun fu retiré. Premier, Monsigneur fist veu qu'il courreroit trois cops de lances, à fer esmoulu[1], en harnas de guerre et à selle rèze[2], contre tous gentilshomes qui toucheroient son cransselin ; et après avoir furny à chescun ses trois cops de lance, on courreroit à la foulle. Quandt Monsigneur eut ce concludt, il demanda au comte palatin en quèle sorte y voloit furnir ses armes, lequel dit qu'il courreroit trois cops de lance contre tous gentilshomes à fer esmoulu, armé à la fachon d'Allemaigne, et après, la foulle. Après enquist Monsigneur au signeur de Ysselstain comment il voloit acomplir les siènes, et il respondi qu'il voloit furnir à tous gentilshomes trois cops de lance à fer esmoulu et unze cops d'espée trenchante d'estocq et de taille, armé en harnas de guerre. Et monseur de Montigny, interrogué par Monsigneur des siènes, respondi, cognoissant qu'ilz avoient tous trois empris faire armes à cheval en tant de diverses sortes, qu'il feroit les siènes à piedt en la forme séquente : premier, qu'il entendoit furnir à tous gentilshomes, à chescun trois cops de lances[3] à la barrière, à fer

---

[1] MS. de la Haye. *Trois cops de lance amorue* dans le MS. 7382.
[2] *Rèze*, rase. | [3] MS. de la Haye. *Trois pontz de lances* dans le MS. 7382.

esmoulu, à trois desmarches, et xi cops d'espée à deux mains trenchante, armé en harnas de guerre, portant armet ou bachinet. Ainsy fu faict le veu par Monsigneur et les trois prédicts pour achever ces armes ainsy déclarées, luy rentré en ses pays, et que, lendemain au matin, porteroient tous quatre leurs cransselins au col en forme d'emprise, et le porteroient tout le jour[1], adfin que tous gentilshomes qui arroient volenté de faire armes contre euls les peussent venir touchier; et le jour expiré, plus n'y povoient recouvrer.

1503.

Ce jour, à l'après-disner, fut jousté à la mode d'Allemaigne come le jour devant, où deux gentilshomes coururent à rochetz et les deux aultres à fer esmoulu.

Le merquedi, à l'après-disner, jousta-on derecief à la mode d'Allemaigne, où Philippe de Visans jousta, et Bernardt d'Ourbe, signeur de la Follie, qui très-rudement fu, et home et cheval, abatu par terre[2]. Ce mesme jour le roy dona à monsigneur son filz jusques à chincquante[3] pièces de grosse artillerie très-belle et bien deux mille hacquebutes et deux ou trois mille hallebardes, otant de picques et de culevrines : de laquèle artillerie amener en Flandres, ès pays de Monsigneur, eult la charge ung gentilhome appellé Mettenaye, l'ung de ses escuyers d'escuerie.

4 octobre.

Ce chapitre trente-troisiesme déclare que Monsigneur se mist au retour vers ses pays, et comment on chasse les ours; de l'entrée de Tirole; des ars d'iffe de Rutre; de la ville de Quempe; de Memynghe; de Blambure; comment le duc de Wertembercq recuelly Monsigneur noblement; de la ville de Horre; de la ville de Stolart; de la grande cave du duc de Wertembercq; de l'incrédible foison de ses vins; de son fort rice buffet, et de ses deux grandz palles.

Le joedi, chincquisme jour d'octobre, le disner finé, Monsigneur, désirant retirer en ses pays, print congié à la royne et aux dames, non sans grands regretz. Puis partirent le roy et Monsigneur de Yzebrouch, et prin-

5 octobre.

---

[1] Tout ce qui suit jusqu'au mot *expiré*, à la ligne suivante, manque dans le MS. de la Haye.
[2] MS. de la Haye. Les mots *par terre* manquent dans le MS. 7382.
[3] MS. 7382. *Soixsante* dans le MS. de la Haye.

rent giste à Chierle¹, deux lieues de là, et allèrent chasser ung our : dont la chasse est assés estrange, car les ours conversent en haultes montaignes, et fault, quandt ils sont aux abais², que l'ung des veneurs le viègne tuer d'ung espieu; et lorsque l'our le voidt, il se dresse sur ses deux piedz de derière, cuidant courre sur luy. Adonc fault que l'home soit si très-assceuré et si subit qu'il luy frappe l'espieu au plus près du coer qu'il puet : car, s'il falloit³, l'our le bouteroit du hault du rocq en bas : ce qui n'avient gaire, car ils sont de ce tout duys⁴.

Le venredi le roy et Monsigneur descendirent du chasteau, et, après grandes collocutions faictes⁵ entre euls deux, Monsigneur print congié du roy son père; et le vindrent conduire le marquis de Brandebourg, le comte de Fustembercq et aultres pluseurs grands maistres et gentilshomes, lesquels prinrent tous après congié : mais le marquis vint jusques à Mayence, et le comte de Fustembercq et le duc de Julers jusques à Trech⁶. Et prinrent giste à Nazareth⁷, très-maulvais logis, quatre lieues de Chierle.

Le samedi, à demie lieue de Nazareth, passa Monsigneur le passage de la petite Escluse, au piedt du mont de Vernacque, le demi-chemin, come on dit, de Flandre à Rome, où sont deux chasteaus. L'ung siet au piedt de ladicte montaigne; l'autre est à l'aultre costé en une isle et petit lacq nommé Sizemondesbourg⁸. Et vint Monsigneur à Rutre⁹, chincq lieues de Nazareth, où, à demi-quart de lieue, passa le pont de l'Escluse, soubz le chasteau d'Arrembercq¹⁰, qui est au roy et est l'entrée de la comté de Thirolle. Et pour y entrer, fault nécessairement passer, ou par une grosse porte, laquèle faict la clôture entre deux grosses montaignes, ou par ledict chasteau, ou par ladicte montaigne monter, qui seroit bien difficile. Et en ce chasteau faisoit le roy faire beaucop d'arcs d'ifz. Et y descendi Monsigneur, à qui le capitaine en dona beaucop et à ses archiers et gentilshomes qui en désiroient avoir.

Le dimence, vIII⁰, Monsigneur séjourna illec, car il fu ung petit malade.

Le lundi Monsigneur, laissant Rutre, vint à quatre lieues de là, très-

---

¹ Ce nom se trouve déjà aux pages 308, 309, 314, 316. C'est probablement de *Zirl* qu'il s'agit.
² *Abais*, abois. | ³ *Falloit*, faillait, manquait.
⁴ *Tout duys*, tout appris, tout habitués.
⁵ MS. 7382. *Après pluiseurs grandes devises faictes* dans le MS. de la Haye.
⁶ Maestricht. | ⁷ Nazareit. | ⁸ Sigmundpurg. | ⁹ Reute. | ¹⁰ Ehrenberger-Clause.

mauvailx chemin, à ung village en Souavre¹ nommé Nesseleblancq². et, 1503.
à l'issir dudict Rutre, assez près de là, passa le pont de la rivière de Lech,
laquèle départe la comté de Thirolle et le pays de Souavre, et court à
Nefport et de là en la Dunoe.

Le mardi logea Monsigneur à Quempe³, deux lieues de là. de très-maul- 10 octob
vaix chemin, et passa en chemin la rivière d'Yliarcq⁴. laquèle descendt des
montaignes de Thirolle et va tumber en la Dunoe, à sept lieues de Quempe.
Celle ville est du grandeur d'Alost, bonc et marchande, située en ung fondt
sur ladicte rivière, en pays stérile, deux lieues des montaignes, et a très-
belles maisons. L'abbé de la ville présenta à Monsigneur poissons, vins et
avaines, et fist une harrengue à laquèle le comte de Fustembercq respondit. Puis firent les signeurs de la ville pareil présent, et à leur harrengue, faicte en allemant, respondit ledict comte.

Le merquedi Monsigneur. parti de Quempe, vint quatre lieues de beau 11 octob
chemin, et logea à Meninghe⁵. ville du grandeur d'Ath en Haynault, située
en très-beau pays de labeur. Auprès d'icelle court la rivière d'Ylair⁶. Et
y fist Monsigneur entrée. Les bourgois, luy arrivé à son logis, luy donèrent poissons, vins et avaines.

Le joedi disna à trois lieues de là, à ung village appellé Ysse⁷, et puis 12 octob
fist trois lieues de chemin en pays très-beau et terroir fertile, et print giste
à Oulme⁸, et y séjourna le venredi.

Le samedi, XIIIIᵉ, print logis à Blambure⁹, deux lieues de là, vilette du 14 octob
grandeur de Songnies, et est au duc de Wirtembercq. Et logea Monsigneur
hors de la ville, a une très-belle abbaye de moisnes de l'ordre Sainct-
Benoist. A demie lieue de la ville court la rivièrette entre deux chastelets
assis dessus deux rochers, l'ung à l'opposite de l'aultre; et sont audict duc,
qui deffroya totalement tout le train de Monsigneur.

Le dimence, XVᵉ, après disner, partist Monsigneur et print herberge à 15 octob
Horrest (?), trois lieues, pays de champaignes, de bois et de montagnettes.
La ville est audict duc, du grandeur de Haulx, bien forte et bien murée,
garnie de bons boulvers et d'eaues, avoec ung chastelet très-beau, où

---

¹ Souabe. | ² Nesselwang. | ³ Kempten.
⁴ L'Iller. | ⁵ Memmingen. | ⁶ Iller, comme plus haut.
⁷ Eyssenburg. | ⁸ Ulm. | ⁹ Blaubeuren.

1503. Monsigneur fu logié : auquel chastelet, à la maison dudict duc, avoient tous vitailles, vins et avaines, car il deffroya tout le train, et aussy en la ville par tous les logis. Et a encoire ledict duc ung très-beau chasteau sur une montaigne, à trois jectz d'arcs de la ville.

16 octobre. Le lundi chemina quatre lieues allemandes, équipolentes à viii des nostres, très-beau pays et fertile de bois, bleds, praries, rivières, espécialement de vignobles, sur la rivière de Necquerre¹, et logea à Stolart², ville assés bone, du grandeur de Nyvelle, assise en ung fondt entre montaignes plaines de vignobles; et est très-orde³ et mal pavée, à demie lieue de ladicte rivière. Et ledict duc, à qui la ville est, y a sa maison et principale résidence, où fu Monsigneur logié. Cil, en une grande cave vaulsée⁴, avoit pour sa provision iiii^{xx} et xvi pièces de vin, chescune pièce, l'une parmi l'aultre, tenant vingt ou vingt-deux tonneaus, deux pippes pour chescun tonneau. Il avoit fait publier en la ville que nul ne baillast ne vendist vitailles à ceuls du train de Monsigneur, mais que chescun venist boire et mengier à sa maison tant que Monsigneur séjourneroit illec. Il y avoit en deux grands palles⁵ six vings tables, chescune table pour viii homes couverte au disner et au souper, et y estoit chescun servy plentureusement. Au palle d'en hault avoit le duc son buffet beau et rice, à unze degrés de hault sans le degré d'embas. Là estoit la vasselle de quoy on servoit, environ ii^c et lx pièces, le plus couppes et gobelés desquelz la pluspart estoit dorée. Au bout estoient aulcuns pots et flacons et de xvi à xviii pièces de vasselles d'or, et les aulcunes garnies de perles et de pierries très-bones, et une hotte d'argent pesante environ soissante marcs très-bien faicte. Ce soir soupa Monsigneur à part, et ledict duc et le duc de Julers, le marquis de Brandebourg et le josne comte palatin soupèrent audict palle.

17 octobre. Le mardi séjourna illec Monsigneur, et disna en ung palle emprès sa chambre, et le duc de Julers et ledict marquis et le duc de Wirtembercq à une aultre table. Après séoient monsour de Ville et les grands maistres et chambellans de Monsigneur, et à une aultre table ses maistres d'hostel,

---

¹ Necker. | ² MS. 7582. *Stokart* dans le MS. de la Haye. C'est de *Stuttgart* qu'il s'agit.
³ *Très-orde*, très-malpropre. | ⁴ *Vaulsée*, voûtée.
⁵ Sic dans le MS. 7582 et le MS. de la Haye. Nous croyons qu'il faut lire *pallès*, pour *palès*, que Roquefort traduit par *appartements*.

son grandt escuyer et autres gentilshomes. Après le disner visita Monsigneur ladicte cave et le buffet. Auprès du palle où estoit ledict buffet est une grande salle, et auprès une gallerie, là où pendent plus de six ou sept cens cornes de cherfs bien grandes et belles.

Ce chapitre trente-quatriesme dit comment le marquis de Baude recueillit Monsigneur à sa ville de Force; de Bruxelle en Souavre; comment le comte palatin rechupt Monsigneur à Edellebercq; de la cité de Ormes; de la cité de Mayence et de l'église.

Le merquedi, xvııı⁰ d'octobre, Monsigneur, parti de Stolart, print repos à Force[1], quatre lieues de pays très-beau et bien fertile de bledz, de bois, de praries et vignobles; et est environ du grandeur de Nivelle, située entre montaignes sur ladicte rivière de Necquerre. A ung quart de lieue de laquèle le marquis de Baude[2], signeur d'icelle, avoec ung de ses fils, vint au-devant de Monsigneur, et avoit de LX à IIIIˣˣ chevauls. Après la révérence faicte à Monsigneur et aux aultres grands maistres, Monsigneur print ledict marquis au costé senestre, et ainsy chevaulchèrent jusque à dedens la ville. Et fu logié au chasteau, qui est assés beau, là où le marquis le festoya très-bien et deffroya luy, ses gens et chevauls par tous les logis.

Le joedi logea Monsigneur à Bruxelles[3] en Souavre, trois lieues de Force, très-beau et très-fertile pays. La ville est du grandeur de Courtray, située en une vallée, mal pavée, par quoy elle est fort fangeuse; et est à l'évesque de Spires, où ceuls de la ville présentèrent à Monsigneur et à ceuls qui estoient avoec luy le vin de par le chapitre de illec.

Le venredi yssit Monsigneur de Bruxelles, et alla quatre lieues de pays très-bon et fertile de praries, bois, bledz, fruicts, vignobles, et coucha à Edelebercq[4], ville du grandeur de Tenremonde, située entre montaignes sur la rivière de Necquerre, laquèle à deux lieues de là tombe au Rin[5]. Le comte palatin, à qui elle est, y a sa résidence en ung très-beau chasteau situé en la ville sur une montaigne, une place bien belle et matérielle contenant

[1] Pfortzheim. | [2] Bade. | [3] Bruchsal. | [4] Heidelberg.
[5] MS. de la Haye. *Frappe au Rin* dans le MS. 7582.

quatre corps de maisons, toutes de pierres de tailles, couvertes d'ardoises. Chescune maison souffiroit à logier ung bien grandt roy, et est chescun logis pourveu et estoffé de bonnes tapisseries, licts de paremens et de toutes utensiles. Lequel vint au-devant de Monsigneur, acompaignié de cent à six vings chevauls, qui, après la révérence faicte, chevaucha à la gauche de Monsigneur parmi la ville jusques audict chasteau, où Monsigneur fu logié et très-révérentement receu des quatre fils et des deux filles du comte, et eut son quartier à part; et monsour le comte palatin, le duc de Julers, le marquis de Brandebourg, monsour de Ville, le comte de Waledech, allemant, soupèrent en la salle à une table. Et tint ledict comte court ouverte, et deffréa Monsigneur et tous les siens tant qu'il y séjourna.

21 octobre. Le samedi sur chariotz Monsigneur, le duc de Julers, le marquis de Brandebourg, le jone comte palatin, le comte de Nassou et les filles dudict comte avoec les dames et le comte à cheval allèrent à la chasse en ung lieu où ils eurent très-beau déduit, car il y avoit foison de bestes; puis retournèrent au soir audict chasteau.

22 octobre. Le dimence, xxiie d'octobre, Monsigneur et lesdicts princeps oyrent la messe en la chapelle du comte, laquèle chantèrent ses chantres, qui très-bien chantent. Les orghes qui y sont sont les plus douces et les plus exquises que je sçay, bien comparables à celles de Yzebrouch. La messe finée, lesdicts princeps disnèrent, come devant, au grandt palle et salle, où le comte avoit faict mettre son buffet de cent et xviii pièces de gobelès et couppes, la pluspart dorées, et environ de soixante grandes pièces et moyennes, come potz, flacons et tasses, desquèles xxxii estoient armoyées des armes de France. Et pareillement soupèrent ensamble; puis allèrent véoir les dames, où Monsigneur mena à la danse la femme du filz aisné du comte, fille du duc George de Bavière. Après les danses le comte monstra à Monsigneur pluseurs belles ramures de cherfs, les plus grandes que jamais véist en sa vie.

23 octobre. Le lundi passa Monsigneur, sur pont, la rivière de Necquerre et vint à giste à Ormes[1], iiii lieues de pays très-bèau et très-fertile; et passa Monsigneur et tout son train à bateau le Rin, qui est fort rade et bien large; et la pluspart des bagues montèrent à Dellebercq (?), et vinrent par eaue jusques

---

[1] Worms.

à Mayence. Et est Ormes très-belle cité épiscopale et impériale, quasi du grandeur de Bruxelle, située en très-beau pays et sur le Rin.

Le mardi alla Monsigneur à une villette nommée Openham¹, du grandeur d'Alost, quatre lieues de pays très-beau et fertile.

Le merquedi, xxve, vint Monsigneur disner à la cité de Mayence, chincq lieues de Openham, et vint par eaue sur le Rin jusques à ycelle, où l'archevesque de Trèves², électeur, filz du marquis de Baude, le visita.

Mayence, cité très-belle et puissante, bien peuplée et ornée de belles maisons, est du grandeur d'Anvers, située sur le Rin, en pays beau et fertile, et sont à l'entour beaucop de belles maisons de religions³.

Ce jour, après disner, alla Monsigneur, par charge de son père, vers l'archevesque du lieu⁴, qui est chancelier de l'Empire, adfin qu'il veulsist résigner son bénéfice ès mains du marquis de Brandebourg, qui là estoit avoec luy, non mie le électeur⁵.

Ce mesme jour arriva par eaue l'archevesque de Couloigne⁶ environ le soir.

Le joedi, xxvie, alla Monsigneur, très-bien acompaignié de noblesse, tant d'Allemaigne que de ses pays, oyr la messe au Dom, qui est l'église archiépiscopale et très-belle, où je vis une chose nouvelle : c'est, à deux boutz d'icelle, deux autels où on chante deux grandes messes ensamble, l'une vers soleil couchant, l'aultre vers soleil levant. Après la messe alla Monsigneur au chapitre, pour communicquier avoec les chanones de la matière dont il avoit parlet à l'archevesque, et luy bailla-on aulcuns délays, et n'eut point de responce finale d'euls, non plus que de l'archevesque.

Après disner l'archevesque de Couloigne, acompaignié du mariscal de Nassou et de pluseurs grands maistres et gens d'honeur, vint faire la révérence à Monsigneur.

---

¹ Oppenheim. | ² Jacques de Bade.
³ MS. 7382. *Beaulcop de belles places et maisons et religions* dans le MS. de la Haye.
⁴ Berthold de Henneberg, élu en 1484. Il ne résigna pas son archevêché, et il mourut en 1504.
⁵ *Non mie le électeur*, c'est-à-dire non pas l'électeur. Nous avouons ne pas comprendre ces mots.
⁶ Herman de Hesse.

Ce chapitre trente-cincquiesme conte que le train de Monsigneur vint par terre à Couloigne, et Monsigneur par l'eau du Rin; du chasteau dit Faltz, d'où le comte palatin porte le nom; que ceuls de Poupart tirent beaux présens à Monsigneur; comment le cardinal de Guissele vint saluer Monsigneur, et des signeurs des pays de Monsigneur qui vinrent au-devant de luy à Couloigne.

1503.
26 octobre. Le prédict joedi, xxvie d'octobre, Monsigneur envoya ses chevauls et son escuerie et tous les chevauls de son train par terre, pour tirer à Couloigne, et couchèrent la pluspart à Bacquera ¹, ville assés bonne, du grandeur de Courtray, située au bas des montaignes sur le Rin.

27 octobre. Le venredi se parti Monsigneur de Mayence à six ou sept grands bateaus, et devisans sur la rivière du Rin, descendirent vers Couloigne facilement : car le Rin est si rude et fort courrant que l'on en descenderoit plustost x lieues que on n'en monteroit une. car il fault monter à force de chevauls.

De Mayence jusques à Couloigne troeuve-on tousjours, de demie lieue en demie lieue, grandes montaignes du long du Rin; aussy villes et chasteaus, tant d'ung costé comme de l'aultre, comme Convalence ², Wezele, Poupart ³, Bacquera, Andrenach ⁴, Combele (?) et aultres pluseurs dont je ygnore les noms; et sont assis sur lesdictes montaignes et aulcuns en bas; et ne voidt-on sur ces montaignes autres choses que vignobles, dont viennent les vins de Rin. Et contient celle rivière aulcunes isles.

Ce jour passa Monsigneur devant ung très-fort chasteau appellé Paltz, situé sur une isle du Rin, apertenant au comte palatin, duquel il porte ce nom *Palesegrave*, où toutes navires passantes payent tribu, come en aulcuns aultres lieus sur le Rin ; et passeroit-on difficilement sans payer, à cause d'une grosse tour qui bat de part en part tout le long de la rivière. Et descendit Monsigneur ce soir à une villette du grandeur d'Alost, nommée Poupart, à sept lieues de Mayence.

28 octobre. Le samedi remonta Monsigneur et passa devant Wezele, villette très-belle, où ceuls de la ville se approchèrent de luy et luy présentèrent aulcunes pièces de vin de Rin nouveau, ad cause que on les dit estre les meilleurs vins du Rin que on sçache. Puis passa Monsigneur devant une

---

¹ Baccharah. | ² Coblence. | ³ Boppart. | ⁴ Andernach.

aultre villette, où le cardinal de Guisele¹ estoit, qui sur ung petit bateau monté vint faire la révérence à Monsigneur; et après aulcunes bones devises entre euls faictes, il print congié pour soy retirer vers Francqucfort, à une journée qui se y debvoit tenir par les électeurs. Puis vint Monsigneur à une très-bonne ville du grandeur d'Audenarde, nommée Andrenac, située sur le Rin.

Le dimence, xxixᵉ d'octobre, Monsigneur partist le matin d'Andrenac et passa devant une très-belle ville nommée Bomme². En ce lieu se trouvèrent ensamble aulcuns de la ville, qui luy firent présent de aulcuns senglers³ et pièces de vin de Rin, autant de l'ung que de l'aultre, car sur cescune pièce avoient mis ung sengler.

De là tira Monsigneur à Couloigne, où, à sa descente du bateau, vinrent au-devant de luy le comte de Nassou, qui avoit esté son lieutenant général en tous ses pays durant ce voyage, lequel estoit lors acompaignié de l'évesque d'Arras, du prévóst d'Arras⁴, de monseur de Fiennes, de monseur de Chièvre, de monseur de Sempy, de messire Philippe, bastardt de Bourgoigne, admiral de la mer, du signeur de Lalaing, du signeur d'Aymeries, du signeur de Fresin, du signeur de Bingnicourt⁵, du signeur de Trelon, du signeur de Hourdain et de pluseurs signeurs et gentilshomes des pays de Monsigneur. Pareillement vinrent les signeurs et bourgois de la ville, qui le conduisèrent jusques à son logis; et ne luy firent entrée à cause de la pluye et maulvaix temps qu'il faisoit.

Ce jour l'escuerie et le train de Monsigneur arrivèrent au giste à Bomme, ville très-bonne, du grandeur de Béthune; et est à l'archevesque de Couloigne, qui deffroya tout le train.

Ce soir ceuls de la ville de Couloigne se trouvèrent vers Monsigneur, arrivé en son logis, et firent une harengue en le bienveignant, se démonstrans joyeus de sa venue. Ce soir aussy coucha monseur de Nassou en la chambre de Monsigneur, et print possession de l'estat de premier chambellan qui luy avoit esté donné après ce que monseur de Berghes se fu mis en chemin pour retourner d'Espaigne.

¹ Nous ne trouvons pas de cardinal de ce nom dans la liste des promotions au cardinalat de 1470 à 1503 que donne Moréri, t. II, partie II, pp. 129-130. | ² Bonn. | ³ *Senglers*, sangliers.
⁴ MS. de la Haye. Les mots *du prévost d'Arras* ne sont pas dans le MS. 7382. | ⁵ Bugnicourt.

Ce trente-sixiesme chapitre parle d'ung ambassadeur englois; du prévost d'Arras, envoyé vers les électeurs; des nouvelles de la mort du duc de Bourbon, et de son service que fist faire Monsigneur; de la messe ouye par Monsigneur le jour de tous les Saincts; des relicques estans sus l'autel des Trois Roys; des chanonnes; où les Trois Roys gisent, et d'aultres choses.

1503.
30 octobre.

Le lundi matin se trouva vers Monsigneur ung ambassadeur d'Engleterre qui venoit respondre à la charge que avoit eut le prévost d'Arras, qui fu envoyé devers le roy son maistre en tampz que Monsigneur estoit sur son retour d'Espaigne. Ce jour fu despeschié ledict prévost d'Arras et le maistre d'hostel Philippe Haincart de par Monsigneur pour aller à Francquefort parler aux électeurs, illec assamblés, du faict du marquis de Brandebourg touchant l'archevesque de Mayence, ensiévant ce qu'il avoit dit à l'archevesque et au chapitre de léens¹, au passer à Mayence.

31 octobre.

Le mardi, darrain jour d'octobre, arriva vers Monsigneur, de par madame de Bourbon, ung bastardt de Liége, qui apporta nouvelles de la mort de monseur le duc de Bourbon² : de quoy Monsigneur fu bien desplaisant. Ce bastardt estoit filz de l'évesque de Liége Loys, frère dudict duc de Bourbon.

1er novembre.

Le merquedi, premier jour de novembre, jour de la feste et solemnité de tous les Saincts, Monsigneur ouyt messe à l'église du Dom (c'est l'église archiépiscopale de Couloigne), acompagnié de monseur le duc de Julers, qui ne l'avoit laissié depuis qu'il estoit entré en sa comté de Bourgoigne; et estoient aussy avoec Monsigneur les signeurs susnommés. Ceste messe fut chantée des chantres de Monsigneur. L'autel estoit anobly de pluseurs beaulx relicquiairs et rices, come du baston sainct Pierre, de pluseurs ciefs et ossellemens de quarante saincts. Derière le grandt autel, en une chapelle, sont eslevés les Trois Roys. Baltazar, qui fu moriane, gist au milieu. Leurs ciefs, qui estoient coronnés des mesmes coronnes qu'ils avoient en Bethléem, à l'offrande et adoration du filz divin, furent descouvers et monstrés à Monsigneur. Ceste église est assés belle. Nul n'y puet estre chanonne, s'il n'est filz de duc ou de prince ou de comte, et noble de trente-deux quartiers. Après la messe Monsigneur retourna disner à son logis, qui à l'après-

¹ *De léens*, de là, de Mayence.
² Pierre II. Il était mort à Moulins le 8 octobre. Il avait épousé la princesse Anne, fille de Louis XI.

disner partit de son logis habillé[1] en dueil, acompaignié de XXII ou XXIII grands maistres de son sang habilliés come luy, pour aller aux vigilles qu'il faisoit faire pour monseur le duc de Bourbon, son oncle[2]. Et avoit mondict signeur devant luy ses roys d'armes[3], hérauls et poursiévans, les cottes d'armes vestues; et portoit l'ung d'iceuls hérauls la banière dudict duc, et ung poursiévant son penon. Ces vigiles furent faictes, auprès du logis de Monsigneur, en une église de chanonesses tèles come celles de Mons en Hainault. Le coer estoit tout tendu de noir, et ou milieu estoit une chapelle toute chargiée de luminaire, où les goutières estoient de velour noir chargié de pluseurs blasons des armes dudict duc; et pareillement en y avoit par toute l'église et par tout le coer. Les chantres de Monsigneur chantèrent ces vigilles, durant lesquèles le hérault et le poursiévant tenoient tousjours la banière et le penon devant celle chapelle en représentation, come pareillement firent lendemain à la messe. Ce acompli, Monsigneur retourna souper à son logis.

Ce jour fu monstrée à Monsigneur une fille de huyt à noefz ans venue sur la terre sans avoir brachs ne jambes. C'estoit chose estrange à véoir, car elle parloit et faisoit aussy lie chière come ceuls qui tous leurs membres ont.

Le joedi, deuxime jour de novembre, jour des Ames, alla Monsigneur oyr la messe et le service du défunct duc de Bourbon en dueil, acompaignié come à vigilles le jour devant. En ycelle messe fist le confesseur de Monsigneur ung sermon à la loenge du trespassé, come on faict coustumièrement en tel cas. Ung des clous de quoy nostre Créateur fu atachié à la croix est en celle église; et y viennent pluseurs gens pour y touchier des pièches d'or ou d'argent. La messe achevée, Monsigneur retourna disner à son logis.

---

[1] On lit *habitué* dans le MS. 7382 et le MS. de la Haye.

[2] Pierre II était fils de Charles Ier et d'Agnès, fille du duc de Bourgogne Jean sans Peur. Il était donc l'*arrière-grand-oncle* de Philippe le Beau.

[3] Les mots *roys d'armes* ne sont pas dans le MS. de la Haye.

Ce chapitre trente-septiesme parle de la cité de Couloigne, de sa situation, églises et corps saincts.

1503. Couloigne est en Allemaigne cité archiépiscopale et métropolitaine, rice, puissante, marchande, fort peuplée, bien pavée, bien murée de gros murs et de grosses et fortes thours munie, de très-belles maisons matérièles et sumptueuses décorée, grande comme Bruges ou plus, située sur la grosse rivière du Rin en pays bon et fertile et plain, non bochut, mais très-fort, à cause des rivières et petits ruisseaus très-profondz qui là entour ont leur ressort et retour dedens le Rin.

En Couloigne sont pluseurs cloistres et monastères et églises grandes et matérièles, entre lesquèles le Dom (c'est l'église de Sainct-Pière) est très-grande et matérièle. S'elle estoit achevée, il n'y aroit si grande en crestyèneté. Néantmoins on y a ouvret tousjours depuis viii ou ix ans[1] : se n'est[2] achevée et ne sera dedens cent ans ou jamais. Entre les églises des chanonesses, lesquèles sont pluseurs, en aulcunes ne puèvent que filles de ducs ou de comtes; en aultres fault que elles soient gentils femmes de tous costés, ains que on les y rechoipve; en aultres n'est requise que dévotion. En une d'elles repose le corps de madame saincte Ursle, fille du roy de Bretaigne, laquèle souffrit martire devant Couloigne avoec unze mille vierges, et avoec elles le pape Cyriacus et Jacques, évesque d'Antioce, et aultres cardinauls, archevesques, évesques et nobles gens, mesme le filz du roy d'Engleterre, appellé Ethereus, qui tous assamblés povoient estre de xxiii à xxiiii mille, qui ensamble furent martirisiés des Huns, payens infidèles estans lors au siége d'icelle ville. La pluspart desquelz martirs, homes et femmes, les os sont en ce monastère, tant qu'il est plain de sainctes tumbes. En entour l'église par dedens en hault sont entassés saincts os de sept à huyt piedz de hault, couvers de courtines de soye, lesquèles on tire quandt on les voelt monstrer. En la chapelle appelée la Chambre dorée, située en celle église, sont les ciefz de saincte Ursle, de Ethereus, son mari qui cuidoit estre, et l'aneau dont il l'entendoit espouser, et du pape Cyriacus et d'aultres jusques à iii[c], et sont ricement encassés en or et en argent, dont

---

[1] MS. de la Haye. Dans le MS. 7582 : *vii ou ix ans*. | [2] *Se n'est*, elle n'est.

la pluspart sont femmes vierges : sur lesquelz ciefz on voidt cops inhumains plus que vilains. Une seule a trois cops. Une aultre a encoire en l'os du palais de sa bouce ung fer de flesce toute ensanglantée. La terre de celle église, du cymitière et des précinctes¹ est tant sainctifyée par les corpz des martirs illec enterrés, que elle ne puet souffrir en elle aultre corpz. On y a pluseurs fois, pour ce approuver², enterret petis enfans ynocens qui lendemain estoient boutés hors sur la terre non pour ce ouverte, et fault que les religieuses et ministres du lieu soient sépulturés en ung cymitière hors de leur lieu.

Au monastère des Jacopins, au milieu du coer, gist le corpz du grandt Albert, jadis évesque de Ratispone, non archevesque de Couloigne, comme aulcuns estiment : mais, pour l'amour de théologie, le bon docteur laissa son éveschié et alla estudyer à Paris, et puis à Couloigne, où il trespassa au couvent de son ordre, où on le voidt par une treille tout entier, revestu de sa casuble³, le cief en la mittre, la croche en la main, le visage descouvert, la peau dessus : lequel trespassa environ l'an de salut M. II^cXXIIII. Là est aussy avoec pluseurs aultres reliquiairs l'ung des ynocens occy par le commandement de Hérode Ascalonite, qui, seloncq son grandeur, puoit avoir de deux à trois ans; et a deux playes au corpz et une à la gorge. Les Cordeliers ont une espine de la coronne du roy souverain. Je tiens que, après Rome, n'y a place en la crestyèneté où il y ait tant de corpz saincts comme à Couloigne.

Ce chapitre trente-huitiesme parle de la ville de Durem, où est le cief saincte Anne; de la ville d'Ays; comment Monsigneur fu recheu à Trect, à Sainctron, à Louvain et à Malines⁴, et de la publication du pas d'armes de monseur de Montigny, et comment Monsigneur alla à Bruxelles; de la mort madame la Grande et de son service.

Le venredi, IIIe de novembre⁵, partist Monsigneur avoecq grande noblesse de Couloigne, et alla gésir chinc lieues de là, à Durem⁶, ville du grandeur

3 novemb

---

¹ *Précinctes*, pourtour, du latin *praecinctus*. | ² *Approuver*, éprouver.
³ MS. de la Haye. *Où on le voidt par une treille entier revestu, vestu sa casuble*, dans le MS. 7582.
⁴ Ce qui suit du sommaire n'est pas dans le MS. 7582. Voir p. 337, note 2.
⁵ *D'octobre* dans le MS. 7582. | ⁶ Duren.

de Haulx, apertenante au duc de Julers, où en l'église, où se font journèlement grands miracles, est la pluspart du cief madame saincte Anne. Là fut tout le train de Monsigneur deffroyé par ledict duc.

Le samedi tira Monsigneur à Ays, chincq lieues de Durem, acompaignié du duc de Julers, qui menoit de IIII à v cens chevauls tous en armes, et messire Cornille de Berghes, de cent à vi^{xx} tous armés : car il fait tousjours dangereux en ce quartier.

Le dimence, bien matin, ouy Monsigneur messe devant le ymage de Nostre-Dame d'Ays, où sont pluseurs relicques, come de la coronne du grandt roy, ung de ses clous, les verges dont il fu batu, le drap dont il fu pendant en croix, advironné, la chemise de la Vierge mère, les chausses Joseph, le corpz de sainct Charles le Grand, roy de France et empereur.

Là vinrent vers Monsigneur Edmont de la Poulle, englois, fils du duc de Suffolc, qui se voloit clamer roy d'Angleterre, et son frère, qui se estoient illec tenus grande espasse.

Ays est ville forte et bonne, située en ung fond sur la rivière de Meuse, du grandeur d'Anvers, en pays bien fertile.

Ce jour vint Monsigneur à giste en sa ville de Trect ou Mastric, IIII lieues d'Ays, où au-devant de luy vint l'évesque de Liége, bien acompaignié, et auprès de la ville tous les bourgois et confraries bien armés : la ville toute tendue de tapisseries, les feus par toutes les rues et carrefours. Là fu receu à joye, à procession, à croix et à confanons, et ainsy conduit jusques à l'église de Sainct-Servais, où le corpz repose avoec pluseurs aultres relicques, et de là à son logis.

Le lundi séjourna illec.

Le mardi, VIIe, se trouva à Sainctron, où il fu très-honnorablement recheu de l'abbé, lors aussy abbé de Sainct-Bertin en Sainct-Omer, frère de monseur de Berghes, aussy des bourgois et habitans de la ville.

Le merquedi fu recheu à grandt honeur au giste à Louvain, les rues tendues, les feus par la ville, jeus et esbatemens partout; et sambloit qu'ils tenoient Dieu par les pieds, de ravoir leur signeur en santé.

Le jeudi, jour impétueux de pluyes et vens, entra Monsigneur à Malines, IIII lieues de Louvain, acoustré à la castillane; pareillement le comte palatin et IIII ou chincq aultres. Et avoient chescun capuche d'escarlate et sayons de satin jaune : mais Monsigneur avoit le sien de drap d'or. Là fut-il recheu à très-grandt honeur : mais les jeus et joyeus mistères, et les feus qui brusler ne povoient pour les grandes pluyes, furent gardés jusques à lendemain. Là trouva Monseigneur ses enfans sains et haitiés [1], non mie sans grande joye, avoec madame douagière de Ravestain, qui les avoit eut en garde durant son voyage. Là estoit aussy madame la douagière, femme de feu le duc Charles de Bourgoigne, dicte communément madame la Grande, fort aggravée de maladie, comme on vidt par sa mort. Dieu luy face mercy et à toutes les âmes des trespassés en la foy crestyène. AMEN [2].

Le jour Saint-Martin [3] fu publié, au matin, à Malines, ung pas d'armes de par Anthoine de Lalaing, seigneur de Montigny, qui fu achevet à Bruxelles, en la forme que traicterons en son lieu.

Le dimence, XIIe de novembre [4], porta ledict Anthoine de Lalaing son emprise à son col : c'est le cransselin que luy avoit donnet, à Ysbrouck, la dame des nopces du conte de Ludron, comme dict a esté cy-devant. Et estoit ledict Anthoine, entrepreneur, acompaigniet, au partir de son logis, du seigneur de Lalaing, son frère, du seigneur de Brederode, du seigneur de Buignicourt, du seigneur de Vendomme, son frère, du capitaine Rodicq de Lalaing et d'autres seigneurs et gentilzhommes ses parens amys et fauteurs; et alla ainsi à la messe de Monseigneur. Grans maistres et gentilzhommes touchèrent à son emprise ce jour jusques au nombre de XXXV ou XXXVI, comme l'on déclarera en son lieu.

Aucuns jours après, pour donner passe-temps aux dammes, Charles de Lannoy, seigneur de Saintzelles, fist ung combat à la coutte (*sic*) contre tous venans d'un colp de lance à fer esmoulu et un colp d'espée trenchante, et, après avoir tout furny, à la fuite. Auquel combat se trouvèrent contre luy huit ou dix gentilzhommes.

Lendemain partist Monseigneur de Malines et vint à Bruxelles, où on

---

[1] *Haitiés*, bien portants, robustes.

[2] Ici se termine le MS. 7582 de la Bibliothèque royale de Bruxelles dont nous nous sommes principalement servi pour cette édition.
Les MSS. 15856, 15857 et 15858 de la même Bibliothèque finissent de même.
Mais le MS. de la Haye contient, de plus, tout ce qui suit.

[3] A la marge de ce passage on lit la note suivante, qui est d'une écriture du XVIIe siècle : « Cecy qui suit ne se trouve pas dans les manuscrits que j'ay veu de ce Voyage. »

[4] Le manuscrit porte : *octobre*, mais ce ne peut être qu'une faute de copiste.

luy fist entrée honnourable, et se monstroient joyeulx de son rethour, et Monseigneur lye¹ d'estre retourné dont il estoit parti.

Aulcuns jours après, Anthoine de Quiévrain, seigneur du Monceau, aporta à Monseigneur nouvelles de la mort madamme Marguerite d'Yorcq, vesve du défunct duc Charles de Bourgoigne, dont Monseigneur fu fort desplaisant; aussi furent plusieurs grans maistres et gentilzhommes; et fist Monseigneur faire son service bien et honnourablement, comme à son noble estat appertenoit.

Ce trente-neufviesme chapitre traicte que monsieur Henry de Nassou alla à Bouhain querrir sa femme, et des dammes qui l'accompaignèrent; du grant recoeil et triumphe que on leur fist à Bruxelles, et pas d'armes que Monseigneur fist, et autres choses.

Peu de temps après partist monsieur Henry de Nassou, acompaigniez de pluiseurs gens de bien, pour aller querrir sa femme² et amener au mesnaige, laquelle estoit avecq madamme de Vendomme, sa belle-mère. Quandt ledict seigneur heult esté auprès de sa belle-mère aucuns jours à Bouhain, luy et mademoiselle sa femme partirent, et avec elle, pour l'acompaignier, madamme de Vendomme, sa mère, madamme de Ravestaing, madamme de Portyen, laquelle estoit acompaigniée de pluiseurs dammes et demoiselles, comme de madamme du Roelx, mademoiselle d'Antoing, madamme de Viege(?), mademoiselle de Vaelle, mademoiselle de Jeux et pluiseurs autres demoiselles et chevaliers et gentilzhommes. Et vindrent logier au Quesnoy, où ils trouvèrent ung des marissal des logis de Monseigneur, envoyé de par luy pour faire les logis jusques à Bruxelles.

Lendemain gistèrent à Mons, où monsieur de Chièvres, lors grandt bailly de Haynnaut, vint au-devant, acompaigniet de pluiseurs gens de bien de la ville, et les mena logier au chasteau, où il les festoya très-bien et honnourablement; et leur fut apporté le vin par ceulx de la ville.

Le lendemain logèrent à Songnies, où on leur fist aussi la meilleure chière que l'on peult.

¹ *Lye*, joyeux.
² Françoise de Savoie, fille de Jacques de Savoie, comte de Vaux et de Romont, et de Marie de Luxembourg, duchesse de Vendôme.

Le lendemain arrivèrent à Haulx, où vinrent au-devant les seigneurs de Fiennes et de Ville, acompaigniez de pluiseurs gentilzhommes de la court.

Le lendemain vinrent à Bruxelles, où au-devant leur vinrent mon très-redoubté seigneur, acompaigniet du conte palatin, du conte de Nassou, du prince de Chimay et de pluiseurs aultres grans maistres. Et les mena monsieur de Nassou..........[1], où les dames de Fiennes et de Lalaing et pluiseurs autres estoient venues à la requeste de Monseigneur et de monsieur de Nassou, pour les recueillier et bienveignier; et furent touttes les dames logées léens, où elles furent si bien traictées que impossible est estre mieulx, car monsieur de Nassou tenoit court ouverte, et ne véoit-on que tables mises du matin jusques au soir, où riens n'estoit espargniet. Et ne labouroit ledict seigneur que faire à chascun faire bonne chière à son possible. Meisme Monseigneur ne sçavoit que penser pour leurs passetemps; puis de danser, puis de faire combatz ès chambres devant elles, puis de les mener à la chasse; et en effect elles furent si bien traictées et de si bonne sorte que elles disoient que sy gorgias festoyement n'avoient veu en leur vie. Meisme Monseigneur volut, pour leur faire plus de passetemps, que les quattres emprises devisées à Ysbrouck se accomplissent devant elles : ce qui ne fu possible pour la briefveté du temps, et on ne les pooit tenir si longtemps que les entrepreneurs fuissent prestz. Toutesfois Monseigneur les requist tant que elles se contentèrent demourer encorre dix ou douze jours, endedens lesquelz Monseigneur accompliroit son pas.

Et commencha le dimenche, xvie de décembre, en ceste fourme. Se trouva Monseigneur sur les rens, à deux heures après midi, pour furnir à tous gentilzhommes qui avoient touchiez à son emprise, et touttes les dammes prénommées estoient à la maison de la ville; l'eschaffault où messieurs les juges estoient estoit devant elles. On ne véoit que dammes as fenestres par tout le Marchiet, lequel estoit tout couvert de peuple. Et estoit Monseigneur acoustré d'une houchure et sayon de drap d'or, de drap d'argent et de velour cramoisy, qui estoit fait par bendes, qui se monstroient fort bien; et avoit ung plumach blancq fort chargiet d'or-

---

[1] Quelques mots doivent manquer ici. Où la compagnie fut-elle menée? A l'hôtel de Nassau sans doute.

favrie, et le servoient monsieur le conte palatin, le conte de Nassou, monsieur le prince de Chimay, monsieur de Fiennes, monsieur de Ville, monsieur de Chièvre, le grandt escuyer et aulcuns aultres, et six gentilzhommes à pied. Et estoient tous ses grans maistres et gentilzhommes acoustrés de satin ou de damas jaune, rouge et blancq, faict à la meisme sorte de la houssure, et les trompettes et lakays de meisme, qui avoient chascun ung bonnet rouge et ung riban jaune avoec une plume blanche. En ceste sorte se trouva Monseigneur sur les rens, et vint pour le première coursse contre luy....... [1].

[1] C'est ainsi que finit le manuscrit de la Haye. Est-ce le copiste qui se sera arrêté là? ou l'auteur avait-il laissé imparfait son récit? La première supposition est la plus admissible.

FIN DU PREMIER VOYAGE DE PHILIPPE LE BEAU.

APPENDICES.

A.

Recueil, en forme d'histoire, fait par le premier secrétaire du roy de Castille, PHILIPPE HANETON, contenant les titres, actes et traitez faicts entre le roy Louis XII et ledict roy de Castille, depuis l'an 1498 jusques en l'année 1507 [1].

(EXTRAIT.)

Le quatriesme jour de novembre XVe et un monsieur l'Archiduc et madame l'Archiduchesse sa compagne partirent, atout leur train, de la ville de Bruxelles, pour accomplir ledict voyage, tirèrent à Mons en Haynaut, où ilz séjournèrent aucuns jours; de là passèrent par Valenciennes et Cambray et s'en allèrent à Sainct-Quentin : auquel lieu leur vindrent au-devant le sieur de Belleville et plusieurs autres bons personnages de par le roy de France, pour les recueillir, festoyer et bienveigner. Et pour plus démonstrer à mondict sieur l'honneur et grand amour que ledict sieur roy de France luy portoit, luy fit dire et déclarer qu'il voulloit et entendoit que audict lieu de Sainct-Quentin, et conséquemment à toutes les autres villes et lieux de son royaume où il passeroit, il eust auctorité et prééminence de délivrer tous prisonniers, rappeler les banniz et faire grâce, rémission, abolition et pardon à tous délinquants de tous cas et délicts, comme le sieur roy en avoit usé en son advénement à la couronne. De laquelle permission, auctorité et prééminence mondict sieur usa par tout ledict royaume, tant en la cité de Paris que ailleurs où il passa. Et à l'entrée de chascune

[1] Bibliothèque nationale, à Paris, MSS. français, n° 18054, fol. 20 v° à 23 et 34 v° à 38.

bonne ville, avoit de grands personnages et gens de bien ordonnez de par le roy pour le recueillir et bienveigner.

Mondict sieur séjourna aucuns jours en ladicte cité de Paris, où il fut honorablement recueilly, et mesmement par messieurs de la cour de parlement, à la requeste desquels il se trouva un jour au palais, où il fut assiz avec lesdicts sieurs au siége consistorial, comme pair de France. Et après que aucunes causes y furent plaidoyées en sa présence, le premier président luy fit aucunes honnestes et belles propositions et remonstrances, ausquelles, de la part dudict sieur, fut bien honnestement respondu par la bouche de Me Charles de Ranchecourt, prévost d'Arras, son conseillier et maistre des requestes de son hostel. Et à tant se partit et tira outre devers Bloys, où il arriva le septiesme jour de décembre, et illec trouva le roy et la royne, qu'ilz luy avoient envoié au-devant, au dehors de ladicte ville, messieurs les ducs de Bourbon, les cardinaux de Luxembourg et de Sainct-Georges, le duc d'Allençon et plusieurs autres princes, grands maistres et gentilzhommes de sa maison en bien grand nombre.

Mesdicts sieur et dame et tout leur train séjournèrent audict lieu de Bloys environ huit jours, pendant lesquels ledict sieur roy de France les fist grandement festoyer et deffraier, eux, leurs gens et serviteurs, de toute despence. Et sy eurent lesdicts sieurs roy et Archiduc conférence ensemble de plusieurs grandes matières concernants singulièrement la seureté, entretènement des alliances, amitiez et intelligences d'entre eux; et entre autres choses et actes servans grandement à ce propos, furent advisées et concludes entre ledict sieur roy de France, pour luy, et mondict sieur l'Archiduc et aucuns de ses serviteurs, pour et en nom du roy des Romains, son père, certaines interprétations sur aucuns articles du traicté qui auparavant avoit esté fait entre ledict sieur roy des Romains, pour luy, et mondict sieur le cardinal d'Amboise, légat, pour et au nom dudict sieur roy de France, au lieu de Trente.

. . . .

Le roy de France, feignant de plus aimer et chérir mondict sieur et désirer son bien, honneur et proffit, entre plusieurs bonnes devises qu'ilz eurent audict Bloys, luy dit et promit, de soy-mesme et de sa franche et libérale volonté, que toutes et quantes fois que les royaumes d'Espagne luy succéderoient et escherroient, s'il advenoit que en la possession et jouissance d'iceux luy survenoit aucune obstance ou empeschement, il luy aideroit et assisteroit de mil hommes d'armes, à ses propres frais et despens, à recouvrer et consuir son droit, et, sy mestier estoit, se retrouveroit luy-mesme en personne sur la frontière desdicts royaumes, pour luy assister et faire jouir d'iceux royaumes : luy démonstrant au surplus en toutes choses aussy grand signe d'amour, privauté et familiarité comme il eust peu faire à son propre fils. Et, à son partement dudict Bloys, le convoia jusques à Amboise, luy faisant et remonstrant tousjours tout l'honneur qu'il pouvoit, et illec print congé desdicts sieur et dame en la plus grande amitié et familiarité que l'on eust sceu faire, leur offrant tout ce qui estoit en son royaume à leur abandon et commandement.

Et ainsy tirèrent outre iceux sieur et dame jusques en Hespagne, où ilz furent jurez et receus à princes et futurs roys par tous les estats des royaumes de Castille et autres qui estoient du patrimoine de la royne, en la ville de Toullette, en la présence, du bon gré, ordonnance, consentement et commandement du roy et de la royne, leur père et mère, le vingt-deuxiesme jour de may l'an quinze cens et deux.

Ce faict, mesdicts sieur et dame, du bon gré, ordonnance et consentement que dessus, vindrent au royaume d'Arragon, où ilz furent aussy receuz et jurez à princes et futurs roys, à condition toutesfois que le roy don Fernande voise de vie à trespaz sans délaisser hoirs masles procréés de son corps en loial mariage.

Ces choses achevées, mondict sieur, désirant retourner en ses païs de par deçà, visiter et consoler ses subjects, requérir la continuation de ses aydes quy y debvoient brief expirer, et disposer de plusieurs autres ses affaires, commença à practiquer son congé desdicts sieur roy et royne d'Espagne. Et pour ce que la guerre estoit commencée au royaume de Naples entre les François et les Espagnols, iceluy sieur, désirant moienner et appaiser ce différend, tendant tousjours de entretenir et asseurer lesdictes amitiez et alliances de France, requist ausdicts sieur roy et royne d'Espagne estre contens qu'il retournast par France, et qu'ilz luy voulsissent donner pouvoir de traicter et appointer ledict différend et faire cesser ladicte guerre, offrant de soy y employer et garder leur honneur et proffit de tout son pouvoir : dont aucunement ilz s'excusèrent, contendans retenir ledict sieur par delà. Toutesfois, après plusieurs requestes et remonstrances à eux sur ce faictes par iceluy sieur, consentirent assez difficilement sondict retour par France, moiennant toutesfois hostagiers des plus principaux et plus grands princes du royaume, et luy donnèrent ample pouvoir de traicter desdicts différends.

Ledict sieur roy de France, de ce adverty et s'en démonstrant fort joyeux, despescha incontinent messieurs de Montpensier, de Dunois et de Vendosme pour venir tenir hostages par deçà tant et jusques à ce que mondict sieur seroit passé par son royaume et retourné en l'une des villes de son obéissance de par deçà. Et sitost que iceluy sieur feust acertainé lesdicts hostagiers estoient arrivez en la ville de Valenciennes, où ilz demeurèrent et tindrent leurs hostages, que fut le jour des Caresmeaux oudit an quinze cens deux, partit de Parpignan, où il avoit longuement attendu nouvelles desdicts hostagiers, délaissant madame sa compaigne, lors enceinte de l'infant don Fernande, avec la royne sa mère, et tira le droit chemin devers Lion, où le roy et la royne le attendoient; et en repassant par le royaume, usa partout de sa joieuse entrée, comme il avoit fait au passer.

Mondict sieur, aiant esté aucuns jours oudict lieu de Lyon, fist et traicta certain appointement entre lesdicts sieur roy de France et roy et royne d'Espagne, lequel traicté et appointement mondict sieur envoia, par un de ses serviteurs, en poste, ausdicts sieurs roy et royne d'Espaigne, lesquelz, pour aucunes difficultez qu'ilz y trouvèrent, se excusèrent de l'accepter; et retourna ledict serviteur sans sur ce avoir responce finalle desdicts sieurs roy et royne : mais, par un de leurs serviteurs qu'ilz avoient devers mondict sieur, l'advertirent de leursdictes responces et intentions, qui n'estoient du tout conformes ne consonants audict traicté et appointement. Par quoy iceluy traicté n'a sorty aucun effect, et n'en ont esté faictes aucunes lettres.

Cependant survint que les deux armées de France et d'Espaigne, qui estoient prochaines l'une de l'autre audict royaume de Naples, se rencontrèrent : auquel rencontre les François feurent reboutez, et ilz y soustindrent grande perte : car monsieur le duc de Nemours, qui estoit chef de leur armée, y fut tué, et plusieurs autres chefz, cappitaines et gens de guerre françois y furent tuez, pris et ruez jus; et se animèrent tellement lesdictes parties l'une contre l'autre que la guerre se continua. Et après plusieurs batailles, rencontres et desconfittes soustenues par les François, tousjours à leur reboutement et grande perte, le sieur Gonsalve Ferrant, qui estoit vice-roy et lieutenant desdicts sieur roy et royne d'Espaigne audict royaume de Naples, avec ceux de sa bande, entre lesquelz avoit certain nombre de piétons allemans, déchassa lesdicts François, subjuga tout ledict royaume, et le mit à la plénière obéissance desdicts roy et royne d'Espaigne.

Tost après que ledict traicté touchant le différend de Naples fut fait et envoié devers lesdicts sieurs roy et royne d'Espaigne, mondict sieur l'Archiduc se retira en Bresse devers messieurs les duc et duchesse de Savoye, ses frère et sœur; et y ayant esté par aucun temps, fut aggressé d'une fiebvre chaude dont il fut si griefvement malade que les médecins aucune fois et autres despéroient de sa vie. Toutesfois, après avoir soustenu maladie deux ou trois mois, retourna à convalescence, et se retira au comté de Bourgogne y faire son entrée. Et luy venu en la ville de Sainct-Claude audict comté, lesdicts hostagiers, estans lors encore audict lieu de Valenciennes, furent deschargez et s'en retournèrent en France.

Mondict sieur, ayant fait son entrée audict comté de Bourgongne, s'en alla, atout le train qu'il avoit en son voyage d'Espaigne, devers le roy son père en Allemagne, et le trouva à Ysbroch, où il fut dudict roy son père fort honorablement, amiablement et joyeusement receu, et sy grandement festoyé et traicté, et tous ceux de sa compagnie, que l'on ne sçauroit bonnement exprimer. Il ne fit pas long séjour devers ledict sieur roy son père, mais, après avoir devisé et conclud ensemble de leurs affaires, prit congé de luy et s'en retourna à diligence par deçà, et arriva en la ville de Malines, où estoient messieurs ses enfans, l'avant-veille Sainct-Martin quinze cens et trois.

B.

Ordonnance de Philippe le Beau pour la composition et le gouvernement de sa maison pendant son voyage d'Espagne : 1ᵉʳ novembre 1501 [1].

Aujourd'huy, premier de novembre, l'an mil cinq cens et ung, mon très-redoubté seigneur monseigneur l'Archiduc a ordonné et déclairé, ordonne et déclaire par ces présentes, que, durant son prochain voyage d'Espaigne, il se veult et entend servir des cy-dessoubz nommez, et nuls autres, ès estaz, offices, aux gaiges et par la manière cy-après déclairée.

Premièrement, s'ensuivent ceulx qui desserviront et auront le gouvernement et conduite de la grant chappelle domesticaire de mondict seigneur, et les gaiges que pour ce ilz auront et prendront de lui durant ce présent voyaige.

Grande Chapelle.

Monseigneur de Cambray, grant et souverain de la chapelle, et soubs luy :
Messire Anthoine, bastard de Berghes, à xxiv sols par jour.
Frère Jehan de Noyelles, jacobin, à xvi sols.

Monseigneur a retenu ce frère Jehan son confesseur dès le xiiiᵉ de novembre 1501, à xvi sols par jour, et ordonné le inscripre en ces ordonnances. — Lecocq.

Monseigneur a ordonné frère Jehan de Noyelles, son confesseur, être compté à xxiv sols par jour. A Sarragosse, le vᵉ de novembre 1502.

Chappelains à xii sols par jour.

Messire Pierre Barbry.
Messire Nicolle de Lyere.
Messire Valentin Hongre.
Johannes Biest.
Gérard Barbet.
Pierron de la Rue.

---

[1] On remarquera qu'on a intercalé dans cette ordonnance les modifications et additions qu'elle a subies pendant le voyage de l'Archiduc et même quelque temps après son retour aux Pays-Bas.
Un certain nombre de noms y sont tracés : ce sont ceux de personnes qui sont décédées, ou qui ont été congédiées par ordre du prince, ou qui ont passé à un autre emploi. Nous les avons conservés en les mettant en *italique*.

Fransquin de Ritis.
Johannes Braconnier.
Géromme de Clybano.
Maistre Alixandre.
Henry l'organiste.
Gillequin de Bailleul.
Henry Zautemaen.
Messire Pierre Clita.
Messire Clais le Liégeois.

Monseigneur a ordonné Henry Zautemaen estre inscript ès présentes ordonnances en estat de chantre de sa chapelle, aux gaiges que les autres du mesme estat. A Estampes, le premier de décembre 1501. — Du Blioul.

Monseigneur a retenu ces deux messires Pierre et Clais ses chapelains dès le xiiie de novembre 1501, et ordonné les icy inscripre. — Lecocq.

Messire Pierre Barbry et messire Nicolle de Lycre, qui avoyent, pour leur absence, esté rayez, Monseigneur a ordonné les icy de nouveau inscripre et compter, parce qu'ils sont venus en son service. Fait à Madrid, le xve d'avril 1502 avant Pasques. — Lecocq.

Monseigneur a retenu Johannes Mathys chantre de sa chappelle, et ordonné estre inscript ès présentes ordonnances, aux gaiges que les autres. Du ve jour d'aoust 1503. — Laloux.

Monseigneur a commandé Anthonin François estre icy compté chantre de sa chappelle à x sols par jour. A Bruxelles, le jour avant-dernier de novembre 1503. — Du Blioul.

Monseigneur a retenu Binet Presel bas-contre de sa chappelle, aux gaiges de x sols par jour, et ordonné qu'il soit compté du xxve de febvrier dernier passé auxdicts gaiges. Fait à Gand, le premier jour de mars 1503. — Haneton.

Chappellains des haultes messes et sommeliers à x sols par jour.

Sire Jehan Plouvier.
Sire Lucas et sire Guillaume Mayns, prebstres.
Philippot de Bruges.
Anthonin François.

Monseigneur a ordonné sire Lucas et Philippot de Bruges, durant le voyaige d'Espagne et jusques à son retour, estre comptés à xii sols par jour pour chacun d'iceulx. A Bayonne, le xxive de jenvier 1501. — Du Blioul.

Monseigneur a ordonné icy inscripre sire Guillaume Mayns et le retenir à x sols par jour. Fait le xiie de septembre 1504. — Lecocq.

Monseigneur a retenu Guillaume Chevalier chantre et chappellain de sa chappelle domesticque, aux gaiges de x sols par jour, et ordonné icelluy Guillaume estre icy inscript et compté auxdicts gaiges. Fait le xxe jour de jenvier 1503.

APPENDICES.

Fourier à vi sols.

Pierre Durel.

Porteur d'orgbes à iiii sols.

Martin Curard.

Clers servans au grant et au petit autel à iii sols.

Jennet Friart.
Gillet Moreau.
Josse van Seclant.
Pierre Brule.

Monseigneur a retenu Josse van Seclant et Pierre Brule chantres de sa chappelle, chacun aux gaiges de x sols par jour. Fait le xxiie jour de may 1504. — Haneton.

Petitte Chappelle.

Deux chappellains de basses messes à vi sols.

Messire Pierre Lefèvre.
Messire Henry Saffle.
Maistre Baude Claisse.
Gilles le Séneschal.

Monseigneur a retenu maistre Baude Claisse comme son chapelain de crue, en attendant le premier lieu vacant. Fait le premier jour de septembre 1502. — Lecocq.

Monseigneur, du consentement dudict maistre Baude, a retenu sire Gilles le Séneschal pour le servir par demi-an à l'encontre d'icelluy maistre Baude. Fait à Bruxelles, le xxviiie de juing 1504. — Lecocq.

Sommelier d'oratoire à xii sols.

Maistre Lyon de Saint-Vaast.
Maistre Gaspart Arment.

Monseigneur a ordonné maistre Gaspart Arment, arragonnois, estre icy inscript en l'estat de sommelier d'oratoire, aux gaiges de xii sols par jour. A Segura, le premier jour de février 1501. — Du Blioul.

Varlet d'aumosne à vi sols.

Pierrot François.

Chambellans.

Monsr le comte de Nassou, grant et premier chambellan.
Monsr de Berghes, grant et premier chambellan.
Monsr de Ville, grant et premier chambellan.

348 APPENDICES.

Monseigneur a ordonné monsr le conte de Nassou estre mis ès présentes ordonnances en l'estat de premier chambellan et compté oudit estat du premier de jenvier et de là en avant. A Barssellonne, le xxe dudit mois. — Du Blioul.

Monseigneur a retenu monsr de Ville son grant et premier chambellan, ou lieu de feu monsr le conte de Nassou, pour d'ores en avant le servir oudit estat tout ainsi que faisoit ledict feu en son vivant. Fait à Bruxelles, le premier jour de juing, l'an 1504. — Haneton.

Chambellans comptez a xxxvi sols par jour.

Le Sr de Ville, second chambellan.
Floris d'Ysselstain et le Sr du Roex.
Le Sr de Veyre.
Le Sr de Saint-Martin.
Le Sr de la Chaux.
Le Sr de Hallewin.
Le Sr de Wesemale.
Le Sr de Boussu.

Monseigneur a retenu le Sr du Roex son chambellan à xxxvi sols par jour, et ordonné le inscripre en ces ordonnances. Fait à Toulède, le xve jour de juing 1502. — Lecocq.

Autres Chambellans comptez a xxx s.

Le jeusne Sr de Gaesbeque.
Le Sr de Flagy.
Le Sr de Vaulx.
Le jeusne Sr de Mailly.
Le Sr de Ligne.
Anthoine de Lalain.
Jehan de Trasignies.
Jehan, Sr de Vassenare.
Le Sr du Fresnoy.

Monseigneur a ordonné que le jeusne Sr de Gaesbeke sera, ou lieu de xxx sols, compté d'ores en avant à xxxvi sols. Fait le premier jour de septembre 1502. — Lecocq.

Monseigneur a ordonné Jehan de Vassenare estre icy inscript chambellan et d'ores en avant compté à xxx sols par jour. A Lyon, le xvie jour de juing 1503. — Du Blioul.

Monseigneur a retenu messire Pierre de Lannoy, Sr du Fresnoy, son chambellan tous-jours servant, quant il sera présent, aux gaiges de xxx sols par jour, et ordonné icy le inscripre et compter d'ores en avant selon qu'on dit estre fait au bureau des maistres d'ostel. A Bruxelles, le premier jour de jenvier 1505. — Haneton.

APPENDICES.

Maistres d'Ostel.

Messire Philippe, bastard de Bourgoingne, grant et premier maistre d'ostel, à LX sols par jour. Et tiendra ledict messire Philippe le bureau et le plat ordonné pour les maistres d'ostel.

Autres trois Maistres d'Ostel comptez chacun a xxx sols par jour.

Don Diego de Ghevara, Sr de Jouvelle.
Philippe d'Anfroipré.
Philippe Daule.

Gentilzhommes servans es quatre estaz, chacun a III chevaulx et XVIII sols par jour.

Pannetiers.

Jehan de Bregilles, faisant la despence.
Charles Dannoy.
Anthoine Mouchet.
Philippe de la Viesville.

Monseigneur a ordonné Anthoine Mouchet, nagaire conseillier, estre icy mis pour panetier, aux gaiges de XVIII sols. Du pénultiesme de décembre, à Calatau. — Du Blioul.

Jehan de Pract.
Maximilian de Berghes.
Jacques de Cruninghe.
Mousqueron.
Vassenare.
Don Piètre de Ghevara.
Albe Petro Doria.

Monseigneur a retenu Albe Petro Doria panetier à XVIII sols par jour, et ordonné le icy inscripre. — Fait à Valdoly, le premier jour de mars 1501. — Lecocq.

Eschançons.

Philippe de Lannoy.
Bernard Dobley, faisant la despense.
Charles de Trasignies.
Philippe de la Barre.
Guillebert de Lannoy.

Lichtestain.
Rolle.
Rosinbois.
Jacques, bastard de Berghes.
Gérard van Wels.
Ysbrant de Fosck.
Augustin de Grimaulde.

Monseigneur a retenu Philippe de Lannoy, Sr de Molembais, en l'estat d'eschançon, ou lieu de Jehan de Saint-Moris, qui est escuier d'escuirie, et veult mondict seigneur que ledict Sr de Molembais soit d'ores en avant compté comme les autres de semblable estat. Fait le xiiie jour de jenvier 1503. — Haneton.

Ou lieu de Charles de Trasignies, qui n'est venu ou service, Monseigneur a ordonné mettre Gérard van Wels. Fait le xxiie de novembre 1501, à Compiègne. — Lecocq.

Pour ce que depuis ledict Charles de Trasignies est venu, assavoir le xiiie de décembre 1501, Monseigneur a ordonné le remettre en ces ordonnances, ledict Gérard demeurant en son estat. — Lecocq.

Monseigneur a retenu Ysbrant de Fosck pour d'ores en avant le servir en estat d'eschançon, et ordonné le icy inscripre. Fait le premier jour de septembre 1502. — Lecocq.

Monseigneur a retenu Augustin de Grimaulde son eschançon. Du xe jour de septembre, l'an 1502. — Du Blioul.

Monseigneur a retenu Loys Days son eschançon, pour d'ores en avant le servir en icelluy estat, aux gaiges que ont autres de semblable retenue. Fait le xiie jour de juing 1504. — Haneton.

Escuiers trenchans.

Pierre de Loquinghem, premier escuier trenchant.
Guillaume de Roghendorf.
Jehan de Martigny.
Ballay.
Guillaume Carondelet.
Le Sr de Broullas.
Don Jehan de Portugal.
Roclquin de Mol.
Claude de Bissy.
Anthoine de Lannoy.
Nicolas Regnier.

Rayé icy Jehan de Martigny, pour ce que, le viie de septembre, en l'ostel de Monseigneur, à Alcala, luy et Rodrighe de Lalaing, de leurs daghes ou espées, se sont entrebattus. Fait à Alcala, le xxive dudict septembre. — Du Blioul.

Rayé le S¹ de Broullas de l'estat des escuiers trenchans le premier septembre, et le mis sommelier de corps en l'estat de la chambre.

Monseigneur a retenu Claude de Bissy son escuier trenchant, et ordonné le inscripre en ces ordonnances. Fait à Toulède, le xv⁵ de juing 1502. — LECOCQ.

Monseigneur a retenu Anthoine de Lannoy son escuier trenchant, et ordonné le icy inscripre. Fait à Toulède, le premier d'aoust 1502. — LECOCQ.

Monseigneur a retenu Nicolas Regnier son escuier trenchant. Fait le xi⁵ d'octobre 1502. — LECOCQ.

Escuiers d'escuirie.

Claude Bonnard, grant et premier escuier d'escuirie.
Claude Bouton.
Saint-Moris.
Philippe de Suwatre.
Gillebert du Pechin.
Charles de Pommart.
Maingoval.
Jehan de Moncheaulx.
Metteneyre.
Bonvallot.
Boicheron.

Monseigneur ordonne Jehan de Saint-Moris estre icy enregistré en estat d'escuier d'escuirie, aux gaiges telz que les autres de semblable estat, et sera compté du iv⁵ d'apvril 1502. — LALOUX.

Monseigneur a ordonné Gillebert du Pechin estre icy enregistré en estat d'escuyer d'escuirie, aux gaiges que les autres de semblable estat. Le premier de février 1501. — DU BLIOUL.

Monseigneur a ordonné Charles de Pommart estre mis ès présentes ordonnances en estat d'escuier d'escuirie, aux gaiges que les autres de semblable estat. Le xxv⁵ de febvrier 1502. — DU BLIOUL.

Monseigneur a ordonné icy estre mis, par forme de crue, ce Boicheron. Fait à Compiengne, le xx⁵ de novembre 1501. — LECOCQ.

Berthelini Silvestrin d'Ytalie, Monseigneur l'a retenu en l'estat d'escuier d'escuirie comme les autres. Fait le premier jour d'octobre 1503. — LALOUX.

Varletz servans à xii sols.

Nicaise Haneron.
Andrieu de Douvrin.
Combefort.
Hans l'Alleman.
Hesdin.
Jehan de Playme.
Jaques Rouys et Jehan Vander Aa le jeusne.

Monseigneur a ordonné Nicaise Haneron estre icy mis en estat de varlet servant. A Calatau, le xxi° d'octobre 1502. — Du Blioul.

Royé icy Andrieu de Douvrin et le remis en l'estat de la chambre cy-dessoubs.

Monseigneur a ordonné Combefort estre mis varlet servant ou lieu de Andrieu de Douvrin. A Perpinian, le xv° de février 1502. — Du Blioul.

Monseigneur a retenu Jehan de Playme son varlet servant à xii sols par jour, et a ordonné à ses maistres d'ostel le compter depuis le iv° jour de ce présent mois de février, ausdicts gaiges. Fait à Valenciennes, le xiii° jour dudict mois de février, l'an 1503. — Haneton.

Prévost de l'Ostel a xviii sols.

Valentin de Busseul.
Pour trois ses serviteurs xviii sols.

Mon très-redoubté seigneur, depuis les ordonnances, a commandé Valentin, bastard de Busseul, y estre mis en estat du prévost de l'ostel, à xviii sols de gaiges par jour. Fait à Mons en Haynaut le viii° de novembre, l'an 1501. — Du Blioul.

Mondict seigneur a ordonné au prévost de son ostel cy-dessus nommé trois hommes à cheval, et pour chacun vi sols par jour : font ensemble xviii sols. A Cambray, le xiii° jour de novembre 1501. — Du Blioul.

Menus Officiers.

Panneterie. — Sommelier de la panneterie à xii sols.

Amandin Dassonleville

Deux garde-linges à vii sols vi deniers.
Jehan Desne.
Alain Escharny.

Porte-chappe à vi sols.
Simonet de Gournay.

Oublyeur à vii sols vi deniers.
Ghilain Bacque.

Ayde-oublyeur à iii sols.
Jehannin Willewin.

Ou lieu de Ghilain Bacque, trespassé, Monseigneur a retenu pour son oublyeur Jeannin Willewin, ayde, à vii sols vi deniers. Fait à Madrid, le xx° de mars 1501. — Lecocq.

Monseigneur a retenu pour son ayde de oublyeur Jehannin Bailliu à iii sols par jour, et ordonné le inscripre en ces ordonnances. Faict à Toulède, le xv° jour de juing 1502. — Lecocq.

APPENDICES.

Deux huissiers de salle à ix sols.

Jehan de Viscourt.
Galyot.
Jehan Carpentier.
Guillaume de Monroo.

Monseigneur a retenu Jehan Carpentier huissier de salle, ou lieu de Jehan de Viscourt, pour le servir aux mesmes termes et gaiges que avoit ledict feu de Viscourt. Fait le xiie de juillet 1504. — Haneton.

Monseigneur a ordonné Guillaume de Monroo estre icy inscript en estat de huissier de salle et compté aux gaiges de ix sols par jour, ou lieu de Galyot, qui a encoru exclusion. A Ségovye, le xiiie jour de mars 1501. — Du Blioul.

Un valton de l'office à iii sols.

Pierquin Escharny.

Eschançonnerie.

Sommelier à xii sols.

Josse de la Driessche.
Denis Baudequin.

Monseigneur a ordonné que Denis Baudequin, naguères ayde de bouche, soit icy mis en estat de sommelier de l'eschançonnerie, ou lieu de feu Roland le trespassé, et compté aux gaiges dudict estat comme Josse de la Driessche, son compagnon. A Lyon, le premier de juing 1503. — Du Blioul.

A oultre mondict seigneur ordonné que Jehan de Pontarlier, garde-huche, sera ayde de bouche, ou lieu dudict Denis Baudequin; et sera compté oudict estat aux gaiges y appartenans, et néantmoins servira de garde-huche jusques mondict seigneur y aura pourveu d'aultre. Audict Lyon, le jour que dessus. — Du Blioul.

Aydes de bouche à vii sols vi deniers.

Denis Baudequin.
Jehan Vanden Steene, dit Hambal.

Garde-huce à vii sols vi deniers.

Watelet Marye.

Porte-baril à vi sols.

Jehan de Pontarlier.

Portier à iii sols.

Willequin Vanden Steene.

Cuisine.

Gilles de Vaulx, escuyer, à xii sols.

Pour ce que Monseigneur a esté deuement informé par messieurs les maistres d'ostel que Jehan Vanden Steene, dit Hambal, est passionné de mal caduque, et que néantmoins mondict seigneur ne le veult faire royer de ses ordonnances jusques il l'ait pourveu, mondict seigneur a ordonné que Jehan Hambal, attendant sa provision, sans entrer en l'office, sera compté comme il a esté jusques ores, et que Watelet Marye, garde-huche, à ses gaiges de garde-huche, sera ayde de bouche et promptement servira oudict estat; que Jehan de Pontarlier, à ses gaiges de porte-baril, dès maintenant sera garde de huche, et servira en cest estat, et que Willekin Vanden Steene, frère dudict Hambal, à présent portier, promptement sera porte-baril, et servira aux gaiges de portier, attendant la provision d'icelui Hambal, que lors chacun des trois dessusnommez aura les gaiges apartenant à leurs offices. A Perpinian, le xvᵉ jour de febvrier 1502. — Du Blioul.

Deux maistres keux à xii sols.

Herman Walin.
Jehan Voiture.

Huyt compaignons cuiseniers soubz l'escuyer à vi sols pour homme.

Jehan Van Brekem.
Liévin de Wendre.
Laukin de la Marche.
Julien Servais.
Godefrin.
Hennin Wyclant.
Carbonnier.
Jehan de Bourgoingne.
Arent van Stape, *alias* Arent Broed.
Piérot le Doulx.

Ou lieu de Jehan de Bourgoingne, qui est retenu devers madame de Savoye, Monseigneur a retenu Arent van Stappe, *alias* Arent Broed, et ordonné le icy inscripre. Fait à Bois-le-Duc, le xiiᵉ de septembre 1504. — Lecocq.

Monseigneur a ordonné icy escripre Piérot le Doulx. Du premier jour de septembre 1502. — Lecocq.

Huissier à vi sols.

Pierre le Verd.
Hansse van Mulken.

Au lieu de Pierre le Verd, trespassé, Monseigneur a retenu son huissier Hansse van Mulken, qui estoit portier, et, ou lieu dudit portier, a retenu Willekin de Wintre. Fait le premier jour de septembre 1502. — Lecocq.

APPENDICES.

Portier à iii sols.

Willekin de Wintre.

Valton de cuisine à iii sols.

Aert.

Deux porteurs d'eaue à iii sols.

Willemet Voiture.
Jacquet Befour.
Maximilian de Brabant.

Monseigneur a retenu deux porteurs d'eaue à xviii deniers par jour : l'un, ou lieu de Willemet Voiture, nommé Jacquet Befour, et l'autre, nommé Maximilian de Brabant, de crue. Fait le viiie de janvier 1503. — HANETON.

Un officier pour faire les provisions à vi sols.

Pierre le Bouchier.

Royé icy pour ce qu'il est garde-mengier.

Deux garde-mengiers à vii sols vi deniers.

Cornille Moreau.
Jehan van Breda.
Pierre le Bouchier.

Ou lieu de Jehan van Breda, trespassé, en son vivant garde-mengier, Monseigneur a ordonné Pierre le Bouchier. A Alcala, le xxiiie jour de septembre 1502. — DU BLIOUL.

Un cuisenier pour le plat du chambellan à vi sols.

Perrin Langloix.

Un autre cuisenier pour le plat du grant maistre d'ostel à vi sols.

Symon Ladam, dit Butin.

Un ayde à cheval vi sols.

Hansse ......, allemant.

SAULSSERIE.

Deux saulsiers à x sols.

Jehan Backeler.
Thibault le Beuf.

APPENDICES.

Deux aydes à vi sols.

Colinet Caperon.
Jehan des Maretz.
Pierrot Payen.

Monseigneur, ou lieu de Jehan des Maretz, trespassé à Montlieu, a ordonné Colinet Caperon, aux gaiges que prendoit ledict feu. Actum le ix⁰ de jenvier 1501. — Du BLIOUL.

Vallon de chaudière à iii sols.

Andrieu Latiffy.

FRUYTERIE.

Deux fruytiers à x sols.

Symon Dassy.
Nicolas Pipelart.
Adrian de la Salle.

Monseigneur a ordonné icy inscripre Adrian de la Salle, ou lieu de Nicolas Pipelart, naguères terminé vie par mort. Fait à Gand, le dernier jour de février 1503. — LECOCQ.

Sommelier de la fruyterie à vi sols.

Adrian de la Salle.
Charlot Pipelart.

Ou lieu dudict de la Salle, Monseigneur a ordonné icy inscripre Charles Pipelart. Fait à Gand, le dernier jour de février 1503.

Quatre varletz de torsse à iv sols.

Charlot Pipelart.
Gilles de la Salle.

Josse de Conflans, ou lieu dudit Charlot. Fait comme dessus.

Combien que, à l'ordonnance de cest estat, les gaiges des varletz de torsse ne soient que de iv sols par jour, Monseigneur néantmoins, en ayant regard à la despense qu'il leur convient faire ou voyaige d'Espaigne, ledict voyaige durant, leur a ordonné à chacun vi sols par jour. Du premier de jenvier 1501. — Du BLIOUL.

ESCUYRIE.

Quatre coustilliers à xii sols.

Anthoine le Bastard.
Latour.

APPENDICES.

Clerfay.
Heringhes.
Hermand, bastard de Clèves.

Royé icy Clerfay le premier de février 1502, et le mis à l'estat de la chambre.
Monseigneur a ordonné Hermand, bastard de Clèves, estre icy mis et enregistré en estat de coustillier, aux gaiges des autres dudict estat. Au Mont-de-Merssan, le xviie de novembre 1501. — Du Blioul.
Monseigneur a ordonné le jeusne Ferrière estre icy mis en estat de coustillier. A Madrid, le xvie de novembre 1502. — Du Blioul.

Douze paiges à v sols.

Lannoy.
Quingey.
La Trollière.
Maneville.
Monfort.
....
....
Norquermes.
Lisque.
Haerbelden.
Pleynne.
Zambourg.
Panneson.
Bessey.
Bastien des Maretz.
Berthelin de Pallavesin.
Guillaume de Pontaillier.
Utinghen.

Monseigneur ordonne estre mis en ces ordonnances, comme paige, Guillaume Panneçon. Du ve d'aoust 1503. — Laloux.
Ou lieu de Bessey, puis naguères trespassé, *Monseigneur a retenu pour son paige Bastien des Maretz, et de crue, oultre le nombre, a samblablement retenu Guillaume de Pontaillier.* Fait à Dôle, le dernier jour de juillet 1503. — Lecocq.
Cest article royé demeure bon pour Bastien des Maretz. — Haneton.
Oultre le nombre de ces paiges, Monseigneur a retenu Berthelin de Pallavesin paige aux gaiges comme les autres, et ordonné le icy inscripre. Fait le xxviiie jour de avril 1503. — Lecocq.

APPENDICES.

Monseigneur a retenu paige le fils du conte d'Utinghen à III sols par jour. Fait à Bruxelles, ledit xvII^e de novembre 1503. — Haneton.

Monseigneur a retenu les dessoubz nommez en l'estat de coustilliers, tousjours comptez aux gaiges de xII sols par jour. Fait le xxIV^e jour de jenvier 1503. — Haneton.
Manneville.
Pleynne.
Montfort.
La Trolière.
Zombourg.
Adolf de Heetvelt.
Bauduin de Borlut.
Quingey.
Talme.
Brinback.
Chantray.
Salins le josne.

Ou lieu de Adolf de Heetvelt, qui est des L gentilshommes, Monseigneur a retenu son coustillier Bauduin de Borlut et ordonné le icy inscripre. Fait le xxve de septembre 1504. — Lecocq.

Monseigneur a retenu paiges les dessoubz nommez, pour d'ores en avant se servir d'eulx, aux gaiges de III sols chacun par jour. Fait le xxIV^e jour de jenvier 1503. — Haneton.
Jehan de Vauldrey.
Besse.
Dorley.
Eschallon.
Buyren.
Grantzey.
Wignolle.
Hans Griffe.
Adrian de Gavre.

Monseigneur a encoires retenu Adolf de Copigny son paige oultre le nombre dessusdict, et pour s'en servir comme des aultres dessusdicts et à telz gaiges et aultres droitz qu'ilz ont et prendent de mondict seigneur. Fait à Bruxelles, le xxve jour de juing, l'an 1504. — Haneton.

Monseigneur a encoires retenu ung paige, nommé Cortkeur, le IIIe de septembre 1504, et, le xve dudit mois de septembre, a aussy retenu oudit estat des paiges Diericke Willeque.

APPENDICES.

Ung maistre palfernier à vi sols.

Gilles le Chanteur.

Ung chevaulceur faisant la despence à vi sols.

Guillaume de Hefflenghe.

Deux aydes à iv sols.

Jehan Rousée.
Berton le Cat.

Ung garde de harnois à vi sols.

Hannin de Bregilles.

Ung mareschal à vi sols.

Maistre Josse Doutrevolt.

Deux aydes à iv sols.

Pierre Cousin.
Collin le Bouc.

Quatre varletz de piet à iv sols.

Guillaume Sacre.
Le Suyche.
Jehan Bertin.
Hugo Evrart.
Pierre Chevalier.
Jacques de le Borre.
Claude de Fontaine.
Chrestophle le Nygre.

Monseigneur a retenu Pierre Chevalier varlet de piet à iv sols par jour, de crue, et ordonné le icy inscripre. Fait le premier jour de septembre 1503. — Lecocq.

Monseigneur a retenu Jacques de le Borre son varlet de piet, ou lieu de Hugo Evrart, à semblables gaiges de iv sols par jour que avoit ledict Hugo, et veult que d'ores en avant il soit compté auxdicts gaiges comme les autres de semblable retenue. Fait à Gand, le iiie jour d'avril l'an 1503 avant Pasques. — Haneton.

Monseigneur a aussy retenu Claude de Fontaine oudict estat de varlet de piet de crue. Fait ledict iiie d'avril oudict an 1503 avant Pasques. — Haneton.

Monseigneur a retenu Chrestophle le Nygre son varlet de piet, aux gaiges de iv sols par jour. Fait le xxiie jour de may 1504. — Haneton.

Cincq varletz de corps à iv sols.

Jehan Bayart.
Leurin Clerbaut.
Phlipot Deskien.

Henry Bridy.
Jehan Brombout.
Piérotin Monin.

Monseigneur a retenu Piérotin Monin varlet de corps, ou lieu de Jehan Brombout. Fait le xx⁰ de juing 1504. — HANETON.

Trois varlets de littière à iv sols.

Gérard le Beuf.
Hanin Bonnye.
Jacquet de Longan.

Ou lieu de Gérard le Beuf, qui a esté pourveu devers messieurs les enfans, Monseigneur a retenu Collin. Fait à Bruxelles, le iv⁰ de novembre 1501. — LECOCQ.

Ung sellier à iv sols.

Jehan Warenbert.
Jehan Deleval.

Monseigneur a retenu pour son sellier Jehan Deleval, ou lieu de Jehan Warembert, trespassé. Fait à Toulède, le premier jour d'aoust 1502. — LECOCQ.

Ung varlet des pages à iv sols.

Dierick le Liégeois.

Trois chevalceurs d'escuirie à iv sols.

Jennin de Paris.
Pierquin de Fontaine.
Le grant Jacotin.
Jacquet le Marchant.

Monseigneur a ordonné Jacquet le Marchant estre mis ès présentes ordonnances en estat de chevaulceur de son escuirie à iv sols. A Calatau, le premier de janvier 1502. — DU BLIOUL.

Leur varlet à iv sols.

Jehan van Hofstat.

Cincq varletz de .... à iv sols.

Jehan van Hofstat.
Hans Broukeman.
Byno Pero.
Gillequin Dopstalle.

APPENDICES.

Pierquin Peckeur.
Pierre le Bourguignon.
Jehan Redon, mulletier.

Le xxive de septembre 1502, à Alcala, Monseigneur a ordonné Jehan Redon estre mis ès présentes ordonnances à iv sols par jour. — Du Blioul.

Fourière.

Deux escuyers des logis à xxiiii sols.

Odinet Boudier.
Anthoine de Vaulx.

Ung commis du maistre de la chambre aux deniers à xviii sols.

Jehan van Belle.
Nune de Gonnel (?), receveur général de la principaulté d'Espaigne.

Monseigneur a retenu Jehan van Belle maistre de sa chambre aux deniers, et a commandé estre mis en ces présentes ordonnances, aux gaiges de xviii sols par jour et à la pension de iiie livres par an. Le premier jour d'aoust, l'an 1503. — Laloux.

Monseigneur a ordonné Nune de Gonnel estre mis ès présentes ordonnances en l'estat de receveur général des deniers de la principaulté d'Espaigne, aux gaiges de xviii sols par jour. À Ocaigne, le xe jour de septembre 1502. — Du Blioul.

Ung contreroleur à xii sols.

Jehan de Souvans.

Deux clers d'office à xii sols.

François Normant.
Piéron Renaut.

Ung fourier à xii sols.

Huchon Le Maire.
Andrieu Piérinck.
Hayne Mis.

Monseigneur a retenu Huchon Le Maire son fourier toujours compté à ix sols par jour. À Bruxelles, le premier jour de décembre 1503. — Du Blioul.

Monseigneur a retenu Hayne Mis son fourier à xii sols et ordonné le icy inscripre. Fait le xiie d'aoust 1503. — Lecocq.

Huyt aydes de fourière à ix sols.

Philebert Poincot.
Robert Picot.

Jehan Merlot.
Salezart.
Jehan Carlier.
Robert Paroche.
Jehan de Quadra.
Tampon.
Laurens van Zwenkeke.

Monseigneur a retenu en ayde de fourière Laurens van Zwenkeke et a commandé le icy inscripre, aux gages de vi sols par jour. A Mons en Hainaut, le viii⁰ de novembre 1501. — Du Blioul.

Ung messaigier portant le bois.

Claude.

Trois sommeliers de corps à xviii sols.

Pierre de Walencourt.
Philippe de Visen.
Philippe de Heddebault.

Trois varlets de chambre à xii sols.

Colin de Lestre.
Godefrin de Péruwez.
Grenade.
Guillame Pison.

Par ordonnance de Monseigneur, Guillame Pison est mis et inscript ès présentes ordonnances en estat de varlet de chambre, aux gaiges que les autres dudict estat. A Estampes, le premier de décembre 1501. — Du Blioul.

Ung veneur de chambre à xviii sols par jour.

Colas de Lestre.

Monseigneur a ordonné que Nicolas de Lestre soit d'ores en avant compté comme veneur de sa chambre, aux gaiges de xviii sols par jour. Faict à Breda, le xvii⁰ jour de juillet 1504. — Haneton.

Deux aydes de chambre à vi sols.

Robinet Bouly.
Petit-Jehan Coruwere.

Ung varlet de chambre et barbier à xii sols.

Paule van Steyn.

Ayde de barbier à vi sols.

Adrian Sauvaige.

Monseigneur a retenu Adrian Sauvaige son ayde de barbier à vi sols. Faict le premier jour de aoust 1502. — LECOCQ.

Garde-robe à xii sols.

Denis Bricquart.

Ung ayde à vi sols.

Hans van Langheberghe.

Ung tapissier à xii sols.

Pierre de Varenghien.
Pierre d'Enghien, *alias* d'Alost.

Ou lieu de Pierre de Varenghien, trespassé, Monseigneur a retenu Pierre d'Enghien, *alias* d'Alost, son tapissier, et ordonné le icy inscripre. Faict à Toulède, le viiie de juillet 1502. — LECOCQ.

Valletons de tapisserie à iii sols par jour.

Jehan Petit-Keux.
Jehan Harperin.

Par ordonnance de Monseigneur, pour le présent voyaige d'Espaigne. A Estampes, du premier de décembre 1501. — DU BLIOUL.

Deux aydes à vi sols par jour.

Robinet Lucas.
Galleton de Warenghien.

Ung taillandier à vi sols.

Guillemot de la Tannière.
Denis Amelot.

Ou lieu de Guillemot de la Tannière, Monseigneur a retenu pour son taillandier Denis Amelot. Faict le xiie de may 1503. — LECOCQ.

Ung chausseteur à vi sols.

Michiel du Chastel.

Ung foureur de robes à vi sols.

Jehan le Soeur.

Ung espissier à xii sols.

Jacotin Hissone.

Ung ayde à vi sols.

Huchon Mahieu.
Hansse Meuck.

Monseigneur a ordonné, dès le xiii⁰ de novembre 1501, inscripre ce Huchon ayde d'espissier. — LECOCQ.

Ung portier à vi sols.

Jacques Michiel.

Ung ayde à iii sols.

Denis Marchant.

Trois médecins à xvi sols.

Maistre Héron Wellis.
Maistre Libéral.
Maistre Jacques.

Monseigneur a ordonné que maistre Jehan Heers, dict de Hornes, soit compté depuis le x⁰ de novembre jusques au dernier de janvier 1503, aux gaiges de xvi sols par jour. Faict ledict x⁰ de novembre 1503. — HANETON.

Monseigneur a ordonné que maistre Ghysbert soit compté, du jour d'huy, xiii⁰ de jenvier 1503, à ix sols par jour. Faict les jour et an dessusdict. — HANETON.

Ung cyrurgien à xvi sols.

Maistre Josse.

Ung aultre cyrurgien à xii sols.

Maistre Pierre de Nyeulant.

Monseigneur a ordonné maistre Pierre, cyrurgien, estre compté à xvi sols par jour du premier de febvrier 1502 en avant. — DU BLIOUL.

Ung garde des joyaulx à xxiv sols.

Thiéry de Heetveld.
Jehan Bave.

Monseigneur a retenu Thiry de Heetveld garde de ses joyaulx aux gaiges de xxiv sols par jour, dont il sera compté depuis le xviii⁰ jour de may, l'an 1504. Faict, par ordonnance de mondict seigneur, au bureau de messieurs les maistres d'ostel, les jour et an que dessus. — HANETON.

Ung varlet dudict garde.

Jehannin Gamot.
Phelippe Cotheron.
Henry de Robrouck.

Ou lieu de Phelippe Cotheron Monseigneur a retenu Henry de Robrouck et ordonné le icy inscripre. Faict à Toulède, le vi⁰ de juillet 1502. — LECOCQ.

APPENDICES.

Monseigneur a retenu Jehannin Gamot varlet de l'ayde de ses joyaulx aux gaiges de iv sols par jour, dont il sera compté depuis le premier jour de juillet 1504. Faict au bureau des maistres d'ostel les jour et an dessusdicts. — HANETON.

Deux compaignons pour conduire les chariots à iii sols pour homme.

Ung broudeur à vi sols.

Henry de Robrouck.

Ung orfèvre à vi sols.

Liévin de Lathem.

Ung peintre à vi sols.

Jacques de Lathem.

Ces orfèvre et peintre retenus à vi sols, Monseigneur a ordonné les mettre à ix sols dès le premier jour de juillet 1502. — LECOCQ.

Ung cordewanier à vi sols

Symon de Milcamp.
Jehan Basseneys.

Monseigneur a retenu Jehan Basseneys pour cordewanier, ou lieu de feu Symon Milcamp. A Madrid, le xxiie de novembre 1502. — DU BLIOUL.

Ung grand aulmosnier à xviii sols.

Messire Loys de Veyre.

Ung chappellain des maistres d'ostel à vi sols.

Messire Robert Robins.

Monseigneur a retenu messire Robert Robins en l'estat de soubs-aulmosnier, retenant son estat de chappellain des maistres d'ostel; et, en l'absence du grand aulmosnier, servira et sera compté aux gaiges d'icelluy aulmosnier. Fait à Bois-le-Duc, par ordonnance de mondict seigneur, le xixe jour de septembre, l'an 1504. — HANETON.

Deux sergens d'armes à xii sols.

Clais Cobel.
Jehan de Themseke.

Trois huissiers d'armes à x sols.

Remy Deffervasques.
Durengheest.
Maistre Liénart.
Aernould de Marbais.

Ou lieu de maistre Liénart, qui est retenu ou pays, Monseigneur a retenu son huissier d'armes Aernould de Marbais. Faict le premier jour de septembre 1502. — LECOCQ.

Roix, Héraulx et Poursuivans d'Armes.

Thoison d'or à xii sols.

Monseigneur a ordonné que Thoison d'or, ou lieu de xii sols, sera compté à xvi sols par jour. Fait à Vaildoly le premier jour de mars 1501. — LECOCQ.

Ung roy d'armes à xii sols.

Le roy de Haynau.

Deux héraulx à ix sols.

Lothier.
Luxembourg.

Ung poursuivant à vi sols.

Qui vouldra.

Neuf trompettes à xii sols.

Pierre Nacroix.
Cornille de Zellande.
Jehan l'Ytalien.
Jehan de Merfalys.
Augustin de Scarparye.
Inocent de Galera.
Chrestofle d'Ares.
Chrestofle d'Autrye.
Anthoine Martin Moer.
Jehan Angel.

Monseigneur a retenu Jehan Angel trompette de son hostel, aux gaiges de xii sols par jour, et a ordonné qu'il soit mis en ces présentes ordonnances du iie du présent mois de may anno 1504. — ANCHEMANT.

Monseigneur a retenu Jehan-Baptiste et Jehan-Anthoine trompettes de son hostel, à chacun vi sols par jour, et a ordonné estre mis ès présentes ordonnances. Fait le premier jour de octobre 1503. — LALOUX.

Lavandière, pour elle et ses aydes, à x sols.

Guillemette Engberan.
Lyne la Boiteuse, à iv sols.

APPENDICES.

Monseigneur ordonne que Ydron, lavandière des offices, soit comptée à vi sols par jour depuis le premier de septembre 1505, tant qu'il lui plaira. Faict le xxive de juing dudict an 1505. — Haneton.

Archers.

Deux capitaines des archiers à xxiv sols.

Claude de Salins.
Rodrighe de Lalaing.
Rodrighe de Lalaing.

Pour ce que Rodrighe, bastard de Lalaing, le viie de septembre 1502, en l'ostel de Monseigneur, se mist en ung débat contre Jehan de Martegny, eschançon [1], et s'entredonnèrent aucuns coups de leurs daghes ou espées, mondict seigneur, entre autres choses, les a ordonné estre royez de leurs estaz et des présentes ordonnances. Fait à Alcala, le xxiiie dudict septembre 1502. — Du Blioul.

Remis Rodrighe de Lalaing en son estat de capitaine le xxie d'octobre 1502, à Calatehutte. — Du Blioul.

Quarante archiers à xii sols.

Leurin de Contay.
Grant-Jehan.
Isaacq.
Martin Dannoy.
Gillet le Breton.
Gillet du Riez.
Nolin du Blyoul.
Robinet de Hennebert.
Tenremonde.
Caisot de Boussu.
Pierre de Labbaye.
Anthonin Delepierre.
Jacquet Lestocq.
Colin Chastenelan.
Jehan de Buleux, dict Piccart.
Martin de Longheville.
Alart le Lardeur.
Claude du Mont.
Élyachin Dannoy.
Jehennin de Freuiller.
Jehan Gruine.

[1] Voy. p. 217.

Watrelos.
Perrainne de Hallewin.
Noël Wateblé.
Marquet Sauvaige.
Jacquet Poillebrou.
Jehan Baron, dict le Veau.
Petit-Jehan Hanneton.
Massin de Lille.
Jehan Carpentier.
Pierchon Michiel.
Jehan de le Haye.
Jehan de Falon.
Frérot Le Roy.
Richart Pindart.
Maistre Symon.
Anthoine Longheespée.
Hans le Clercq.
Guillame le Gay.
Jehan de Sains.
Pierre de Mestre.
Le bastard d'Avelu.
Jacquet de Rouy.
Jehan, bastard de Sucre.
Jehannet Lesterle, dict le Poullain.
Michiel Carpentier, dict Prévost.

Ou lieu de Nolin du Blyoul, trespassé, Monseigneur a retenu son archier de corps Robinet de Hennebert. Faict le premier de septembre 1502. — Lecocq.

Ou lieu de Tenremonde, trespassé, Monseigneur a retenu son archier de corps Baudechon Desprez. Faict à Sarragosse le pénultiesme d'octobre 1502.

Et ou lieu de Jehan Baron, dit le Veau, mondict seigneur a retenu Jehan Denis. Faict le xxix⁰ dudit mois oudit an. — Lecocq.

Ou lieu de Watrelos, trespassé, Monseigneur a retenu le bastard de Maneville et ordonné le icy inscripre. Faict le xvııı⁰ d'avril 1502 après Pasques, à Madrid. — Lecocq.

Monseigneur a ordonné Noël Wateblé, archier, estre royé de ces présentes ordonnances. A Berselonne, le xıx⁰ jenvier 1502. — Du Blioul.

Monseigneur a ordonné Perrainne de Hallewin estre mis archier de corps ou lieu de Noël Wateblé. A Parpinian, le xıı⁰ de février 1502. — Du Blioul.

Ou lieu de Petit-Jehan Hanneton, trespassé, Monseigneur a retenu Thomas le Vasseur et ordonné le icy inscripre, par cédulle signée de sa main. Faict à Madrid, le xvı⁰ d'apvril 1502 après Pasques. — Lecocq.

APPENDICES.

Ou lieu de Frérot Le Roy, trespassé, Monseigneur a retenu Thirion Locquet, son artilleur, et me ordonné le icy inscripre. Faict le viiie de avril 1502 après Pasques, à Madrid. — Lecocq.

Monseigneur a ordonné Jehannet Lesterle, dict le Poullain, estre icy mis en estat d'archier, à tels gages que les autres, assavoir à xii sols. A Bruxelles, le premier de décembre 1503. — Du Blioul.

Monseigneur a retenu Michiel Carpentier, dict Prévost, son archier de corps, et ordonné qu'il soit icy inscript et compté comme les autres depuis le jour d'uy, xiiie de décembre, l'an 1503. — Haneton.

Monseigneur a retenu le bastard de Sucre son archier de corps de cruc, actendant le premier lieu vacant, et ordonné le icy inscripre. Faict le premier jour de septembre 1502. — Lecocq.

Ce premier lieu vacant est escheu par le trespas de Richart Pindart. Du premier de septembre oudit an.

Ung chappelain des archiers à iiii sols.

Sire Pierre le Barbier.

Deux Maistres des Requestes a xxiiii sols.

Le prévost d'Arras.
Maistre Odo des Molins.

Combien que ces deux maistres des requestes ne soient comptés que à xxiiii sols, toutesvoyes Monseigneur a ordonné, dès le xiiie de novembre 1501, qu'il entend qu'ilz soient comptez à xxx sols par jour et qu'ils soient icy ainsi escripts. — Lecocq.

Monseigneur, par ses lettres patentes en datte du xie de ce mois, a retenu maistre Phillebert Naturel son conseillier et maistre des requestes à xxiiii sols par jour, et ordonné le icy inscripre. Fait à Bourg en Bresse le xiiie d'avril 1502 avant Pasques. — Lecocq.

Secrétaires.

Maistre Leurens du Blyoul, secrétaire de la chambre, à xviii sols.
Maistre Guillaume Laloux, à xvi sols.
Maistres Hughes Lecocq, à xvi sols.
Maistre Jehan de Rogierville, à xvi sols.
Maistre Jehan Lopes de Gamboa, à xvi sols.

Monseigneur a ordonné maistre Guillaume Laloux estre mis ès présentes ordonnances en estat de secrétaire, aux gaiges de xvi sols par jour. A Barssellonne, le viiie de jenvier 1502. — Du Blioul.

Monseigneur a ordonné maistre Jehan Lopes de Gamboa estre mis ès présentes ordonnances et compté, du premier de septembre 1502, en estat de secrétaire ordinaire, aux gaiges de xvi sols par jour. — Du Blioul.

Trois musettes à ix sols par jour chacun.

Bertrand Brouart.
Guillaume Terrou.
Mathys de Wildre.

Deux tamburins d'Alemaigne à viii sols.

Joachim de Trombslagher.
Jehan de Pyffer.

Jehan, portier, à ix sols.
Augustin, à rate de deux cens florins d'or par an.
Me Hansse de Troistenverck, à vi sols.
Alonse de Cordua, à xii sols.
Thirion Locquet, artilleur, à vi sols.
Thirion Locquet a, par ordonnance, esté royé, parce que Monseigneur l'a retenu son archier de corps, à charge de le servir oudit estat d'artilleur, atout mesmes gaiges. Fait à Madril, le viiie d'avril 1502 après Pasques. — Lecocq.
Faiseur de tentes, à vi sols.
Anthoine Bernard, contrerolleur de l'artillerie, conduisant les baghes par mer, à xii sols.

Mondict très-redoubté seigneur ordonne et déclare en oultre, par cestes, que son plaisir et intencion est que ceste présente ordonnance tiendra et aura lieu durant sondict voyaige d'Espaigne, et non plus longhement; que tous ses officiers et serviteurs inscripts ès derrenières ordonnances de son hostel, de quelque estat qu'ilz soient, soit qu'ilz soient icy dénommez ou non, sont et seront tenuz et réputez pour ses serviteurs domesticques, joyront des droiz, prérogatives, libertez et franchises dont ilz ont accoustumé joyr et user; et à sondict retour, ung chacun retournera à son estat et service tel que lors, par mondict seigneur, retourné, ayant bon souvenir de leur bon service et que ses affaires le pourront porter, sera ordonné. Et demourront aussi au surplus lesdictes derrenières ordonnances, en tous leurs points et articles ausquelz n'est dérogé par ceste, tant touchant et concernant le faict et conduite des chappellains, chambellans, maistres d'ostel, gens de conseil, chiefs d'office et menuz officiers que autres choses quelzconques y contenues et déclairées, en leur force, valeur et vertu.

Sy mande et ordonne mondict seigneur à sesdicts chambellans, maistres d'ostel et tous aultres ses officiers et serviteurs cui ce regarde, que ceste présente ordonnance et déclaration, selon et par la manière que dict est, ilz et chacun d'eulx en son endroict gardent et

APPENDICES.

observent et facent observer et garder inviolablement, sans faire ou aller ne souffrir faire ou aller au contraire en manière quelconque.

PHLE.

Ainsi ordonné, conclu et publié au bureau de messieurs les maistres d'ostel, en la ville de Bruxelles, le second jour de novembre, l'an mil cinq cent et ung. — Haneton.

Monseigneur a ordonné que les maistres des requestes, secrétaires et huissiers du conseil cy-après dénommez aient été comptez par les descroes depuis le dixième jour de novembre jusques au derrenier de jenvier derrenier passez en cest an 1503, assavoir : les maistres des requestes à xxiv sols par jour, pour autant de jours qu'ilz ont servy durant ledict terme; les secrétaires aux gaiges aussy cy-après déclairez et pour les jours qu'ilz ont aussy servy durant ledict temps, et les huissiers chacun à vi sols par jour, pour autant de jours qu'ilz ont servy oudict temps. Fait à Valenciennes, le xiiie jour de février 1503. — Haneton.

Monseigneur a en oultre ordonné que maistre Pierre Puissant, contreroleur de l'audience, soit, dudict premier jour de février en avant, compté, présent et absent, à ses gaiges accoustumez de xv sols par jour, comme il appert par lettres patentes sur ce expédiées. Faict ledict xiiie de février oudict an 1503. — Haneton.

Maistres des Requestes a xxiv sols par jour.

Le prévost de Cassel.
Le doyen de Besançon.
Maistre Philippe Wyelant.
Maistre Pierre l'Apostolle.
Maistre Rollant de Moerkerque.
Maistre Jehan Sucket.
Maistre Jehan Guillet.
Maistre Jehan Rousseau, procureur général.
Maistre Fernande de Lucenne, conseiller, à vi sols viii deniers par jour.
Maistre Pierre Midy, substitut du procureur général, à vi sols par jour.

Secrétaires.

L'audiencier, à xviii sols par jour.
Maistre Pierre Puissant, à xv sols.
Maistre Anthoine de Wauldripont.

Autres Secrétaires a xii sols.

Maistre Jacques Lauweryn, ou lieu de maistre Hughes Oderne, lequel a esté compté, durant ledict temps jusques au jour de la résignation par lui faicte dudict estat de secrétaire au prouffict dudict maistre Jacques Lauweryn.

Maistre Richart Barradot.
Maistre Pierre Anchemant.

Huyssiers à vi sols.

Nycolas Desmares.
Guillaume Fermin.
Évrart le Prévost.
Symon de Indevelde.
Anthoine, bastard Carondelet.

Ung chappelain à iii sols par jour, nommé maistre Jehan de Busschot.

Monseigneur a retenu Guillaume Ysacq huyssier d'armes ordinaire, compté pour iii mois, ou lieu de feu son père, assavoir les mois d'aoust, septembre, octobre, comme il appert par lettres patentes. Fait le xxe d'aoust 1504. — LALOUX.

(Archives départementales du Nord : chambre des comptes de Flandre.)

C.

Lettres écrites par le comte de Nassau, lieutenant général de l'archiduc Philippe, au magistrat et au gouverneur de Béthune[1].

I

Aux mayeur et écherins de Béthune : 12 décembre 1501.

DE PAR LE CONTE DE NASSOU, LIEUTENANT GÉNÉRAL, ETC.

Très-chiers et bien-amez, nous avons présentement receu lettres de mon très-redoubté seigneur monseigneur l'Archiduc escriptes à Orléans, le vi^e jour de ce présent mois de décembre, par lesquelles, entre autres choses, il nous escript de ses bonnes et joyeuses nouvelles, comme, par les articles, extrais de sesdictes lettres, que vous envoions cy-dedens enclos, polrez véoir plus à plain : vous requérant communiquier lesdictes lettres au peuple et autres subgés de mondict seigneur de tous estas qu'il appartiendra, pour leur esjoyssement et consolation, et affin que ung chascun tant plus dévotement et dilligemment se acquitte, paremploie et continue les processions et prier Dieu, nostre créateur, pour la santé, prospérité et bonne conduitte de mondict seigneur. Sy en veulliez faire bon debvoir. Très-chiers et bien-amez, Nostre-Seigneur soit garde de vous.

Escript à Malines, le xiie jour de décembre, l'an V^e et ung.

Au-dessoubz desquelles lettres avoit seigné : E. DE NASSOU *et de secrétaire* HANETON ; *et sur le dos* : A nos très-chiers et bien-amez les maire, eschevins et conseil de la ville de Béthune.

Extrait des lettres de l'Archiduc écrites d'Orléans, le 6 décembre.

Pour nouvelles, nous vous advertissons que, par toutes les villes du royaume par lesquelles nous avons passé, les officiers de monseigneur le roy, les gens des loys et les notables desdictes villes, tousjours en grand nombre, nous sont venus au-devant bien loing

---

[1] Ces lettres ont été tirées du registre mémorial de la ville de Béthune commençant en 1501 et finissant en 1509, lequel se conserve dans les archives de cette ville.
La copie en a été faite, en 1852, par feu M. Émile Gachet, chef du Bureau paléographique attaché à la Commission royale d'histoire.

au dehors d'icelles villes, à l'entrée desdictes villes. En la pluspart se sont trouvez au-devant de nous des gens des églises revestus, avec les croix, comme en procession; et par ensemble nous ont conduit jusques en nostre logis.

A Paris, par espécial, nous a esté fait ung singulier recueil de plusieurs bons et grans personnaiges de l'ostel de mondict seigneur le roy, du prévost, des officiers, de ceulx de la loy et des notables de ladicte ville, lesquelz nous ont conduit à la grand'église, à laquelle nous attendoient les vicaires de l'évesque et ceulx de ledicte église, qui nous y receurent en grand révérence.

Le jour enssieuvant se trouvèrent vers nous en nostre logis les quatre présidens de la court de parlement, et tost après en nostre personne nous trouvasmes le mesme jour en ladicte court, en laquelle iceulx présidens et les aultres d'icelle nous firent bon et honnorable recueil.

Ceulx de l'université et de la ville, chascun à part, aussi nous visitèrent et vindrent faire la révérence en nostre logis, nous offrans tout service.

Et en ladicte ville s'est faicte procession générale pour nostre bonne succession ou présent voiage, et passa ladicte procession par-devant nostre logis.

Dès Saint-Quentin nous vindrent au-devant, de par monseigneur le roy, le conte de Ligny et avec lui plusieurs grans personnages. A Ham nous receut, logea et festoya grandement et honnorablement la contesse de Vandomme.

A Saint-Denys nous vint au-devant aussi, de par mondict seigneur, le prince d'Orenges et plusieurs autres bons personnages, qui tous encores le jour d'hui nous conduisent et compaignent.

Au dehors d'Orléans nous est venu au-devant le josne conte de Foiz, grandement acompaignié de plusieurs prélatz et nobles.

Par toutes les villes èsquelles avons passé les rues sont esté tendues bien honnestement, et en la pluspart d'icelles a-l'on fait feuz et feste de nostre venue et grand alumerie de torsses; et partout nous a esté présenté le vin en grand habondance.

Toutes les prisons du royaume, à nostre venue, sont esté ouvertes et en avons délivré tous les criminelz qu'il nous a pleu. Vray est que d'aucuns cas nous avons de nous-meismes, en gardant honnesteté, fait réservation.

Monseigneur le roy journellement nous escript les plus aimables, gracieuses et affectueuses lettres que de plus n'est possible, et surtout nous requiert haster nostre venue vers lui, en nous déclarant qu'il est bien délibéré nous bien recueillir et nostre compaignie.

En effect nous ne nous sçaurions assez loer du recueil et honnorable traitement que jusques ores nous a esté fait, et ne nous samble que nos bons subgès de par delà en sceussent plus faire. Dont voulons et vous ordonnons que les advertissiez, espérans que, où de nostre absence ilz sont desplaisans et désolez, ilz seront de ces nouvelles aucunement resjoys et consolez.

Collationné aux lettres principalles par moy, Haneton.

APPENDICES.

II

Au gouverneur de Béthune : 15 décembre 1501.

De par le Conte de Nassou, Lieutenant général, etc.

Très-chier et bien-amé, nous avons à ceste heure receu lettres de mon très-redoubté seigneur monseigneur l'Archiduc par lesquelles, entre autres choses, il nous signiflie le grand, honnorable et amiable recueil et traittement que le roy et la royne de France ont faict et font journellement à lui et à ceulx de sa compaignie, ainsi que polrez véoir plus amplement par les articles cy-dedens enclos, lesquelz vous envoions affin que, en enssieuvant le bon plaisir de mondict seigneur, vous advertissiez ceulx de la loy de la ville de Béthune de ses bonnes et joyeuses nouvelles : leur ordonnant, de par icellui seigneur, que, ès processions qui se feront en ladicte ville, ilz facent par les prescheurs publier et advertir le peuple desdictes bonnes nouvelles, les exortant de rendre grâces et loenges à Dieu, nostre créateur, de la bonne fortune et prospérité qu'il envoie à mondict seigneur ; lui priant que par sa bonté infinie il lui donne grâce de y persévérer de bien en mieulx. Très-chier et bien-amé, Nostre-Seigneur soit garde de vous.

Escript à Malines, le xve jour de décembre, l'an XVe et ung.

Ainsi seigné par bas E. de Nassou *et de secrétaire* Haneton ; *et au dos :* Au gouverneur de Béthune ou son lieutenant.

Extrait des lettres de l'Archiduc.

De par l'Archiduc.

Très-chiers et féaulx, puis nos lettres contenans la pluspart de nostre traittement et recueil en ce royaume puis nostre arrivée en icellui jusques à Orléans inclusivement, nous partismes dudict Orléans le vi^e du présent mois, et pour ce jour ne nous advint chose qui face à escripre. Le viie jour, à la disnée, à vii lieues de Blois, nous vint au-devant le Sr de Rieux, marescal de Bretaigne, fort acompaigné. Sy fit en une autre bende Renty de Cossey, premier panetier, acompaignié de plusieurs gentilzhommes de la fauconnerie de monseigneur le roy, à intention de nous donner passe-temps : ce que le temps ne permist. En chemin, aprochant Bloiz, nous vindrent plusieurs gentilzhommes de l'ostel au-devant. Tout près dudict Bloiz nous vindrent au-devant nostre oncle le duc de Bourbon, les cardinaulx de Lucembourg et de Saint-George, le duc d'Alenchon et tant d'autres bons personnaiges que ne congnoissons, qu'il n'est à dire. Et après nous avoir esté recueillié, cheminasmes jusques au chastel dudict Blois, entre le cardinal de Luxembour au-dessus et nostredict oncle de Bourbon ; et à nostre très-chière et très-amée compaigne fist compaignie le cardinal de Saint-George.

A l'entrée de la ville, que jà il estoit tart, trouvasmes grand nombre de gens garnis de torsses qui nous menèrent jusques au chastel, auquel nous trouvasmes les archiers de la garde en deux renges, et passasmes par eulx jusques auprès de la salle où estoit monseigneur le roy, où nous deschendismes.

Puis entrimes en ladicte salle; et sitost que perchusmes ledict seigneur, qui estoit acompaignié du duc d'Angoulesme, du cardinal d'Amboise, légat, et de plusieurs grands personnaiges, nous lui feismes une révérence et, tost après avoir ung petit marchié, la seconde; et à chascune desdictes révérences leva ledict seigneur son bonnet de la teste; et ainsi que nous encommenchions lui faire la IIIe, il s'avancha vers nous et, tenant le bonnet en sa main, ne nous permist le parfaire, ains nous embrassa, leva et baisa, et en cest estat nous tint bien longuement. Et autant en fist-il à nostredicte compaigne, laquelle, tost après nous, entra en ladicte salle; puis nous mena par ensemble devers madame la royne, laquelle ne nous en fist mains. Et en effect, lors et depuis, en tous affaires et tous endrois, ilz nous traittèrent si humainement que à leurs enffans, frères ou sœurs ilz n'en eussent sceu plus faire. Et plus vient avant, et plus en font. Nous avons veu madame Claude, laquelle nous avons trouvé, pour autant que l'on en peult congnoistre, très-bien formée et composée de membres; en apparence, si elle parvient en eage de femme, d'estre quelque chose de singulier.

Monseigneur le roy nous a logié en sondict chastel et plusieurs des nostres, et le surplus en la ville, et pour ce en a faict deslogier les siens; et tousjours puis nous a furny et aux nostres toutes choses nécessaires à la despence, et en une habondance non créable.

Il nous a donné le passe-temps de joustes par les nobles de son hostel; et lui-meismes en sa personne nous maine journellement aux champs, à l'esbat, et trop plus en fait. Et si fait la royne et tous les leurs à nous et aux nostres, que ne vous sçaurions bonnement escripre et moins l'euissions sceu croire, si ne l'euissions veu. Et de ce volons que advertissiez nos bons serviteurs et ceulx de nos principalles villes de par delà.

(*Extrait des lettres escriptes à monsr de Nassou et monsr le chancelier par monseigneur l'Archiduc, de la ville de Blois, le xe jour de décembre : icellui extrait collationné aux lettres principalles par moy,* HANETON.)

III

Au gouverneur de Béthune : 1er décembre 1501.

DE PAR LE CONTE DE NASSOU, LIEUTENANT GÉNÉRAL, ETC.

Très-chier et bien-amé, depuis que par nos lettres dernières vous avons signiffié les nouvelles à nous escriptes par mon très-redoubté seigneur monseigneur l'Archiduc, nous avons receu autres lettres d'icellui seigneur par lesquelles, entre autres choses, il nous advertist de la conclusion de la paix d'entre le roy des Romains, son père, et le roy de France, et que icelle paix a esté jurée par ledict seigneur roy de France pour lui, et mondict seigneur pour et ou nom du roy, son père : dont grand feste s'est faicte par delà. Et est l'intention d'icellui seigneur que le samblable se face par deçà, ainsi que verrez plus à plain par le double desdictes lettres que vous envoions avec cestes : vous ordonnant, de par mondict seigneur, que, avec les autres nouvelles dont par nosdictes autres lettres vous avons adverty, vous faictes publier ladicte paix, et en faictes faire la feste et en rendre grâces et loenges à Dieu, par processions, prédications et autres sollempnitez et dévotions; faisant aussi prier que mondict seigneur puist parfaire et achever sondict voiage en bonne prospérité, et brief en retourner à joye et santé. Très-chier et bien-amé, Nostre-Seigneur soit garde de vous.

Escript à Brouxelles le jour de décembre l'an V^e et ung.

Lesdictes lettres endessoubz seignées E. DE NASSOU *et de secrétaire* HANETON, *et au dos* : Au gouverneur de Béthune ou son lieutenant.

Copie des lettres de l'Archiduc.

DE PAR L'ARCHIDUC.

Très-chiers et féaulx, enssieuvant que vous avons escript du recueil et traittement que monseigneur le roy et madame la royne et leurs subgès nous avoient jusques lors fait, nous vous advertissons voluntiers que lesdicts seigneur et dame de plus en plus se sont parforcez par eulx et leurs gens nous traittier; et n'est en nous le vous sçavoir escripre, et difficile vous seroit le croire qui ne l'avez veu.

Par ce que très-révérend père en Dieu nostre très-chier et féal conseiller a escript à vous, chancelier, pour le communicquier à vous, Nassou, tous deux avez sceu le traittié de lors faict entre messeigneurs les roix et comme monseigneur le roy, mon père, me mandoit traittier de l'ampliation d'aucuns articles et de l'esclarchissement d'autres dudict traittié, laquelle chose j'ay faict en la seeureté que brief je vous advertiray par l'escript qui s'en faict [1] : vous advisant que cejourd'huy matin, après la messe du Saint-Esperit, monseigneur le roy le très-chrestien pour lui, et moy pour et ou nom de mondict seigneur et père, avons solempnèlement juré ledict traittié ; et ce meisme jour a esté publiée la paix : dont s'est faicte grande feste. Et est nostre intention que de par delà la faictes publier, et que aussi feste s'en face, et que surtout l'on en rende la grâce à Dieu.

Dimanche prochain nous entendons partir d'ichy; et de ce qui surviendra vous advertirons. Sy faictes le samblable; et n'oubliez faire prier pour nostre bonne succession ou présent

---

[1] Il s'agit du traité que Maximilien avait conclu avec Louis XII, à Trente, le 13 octobre 1501, et qui fut interprété à Blois, le 13 décembre, par Philippe le Beau et le roi de France. Voyez DU MONT, *Corps diplomatique*, t. IV, partie I, pp. 16 et 17.

voiage et brief retour d'icellui. Très-chiers et féaulx, Nostre-Seigneur vous ait en sa garde.

Escript à Blois le xiiiᵉ jour de décembre anº Vᶜ et ung.

Ainsi seigné PBLE, Du BLIOUL ; *et sur icelles est escript :* A nos très-chiers et féaulx le conte de Nasson, nostre cousin et lieutenant général, et le Sʳ de Maigny, chevalier et chancelier.

IV

Au gouverneur de Béthune : 30 mai 1502.

Très-chier et bien-amé, nous avons présentement receu lettres de mon très-redoubté seigneur monseigneur l'Archiduc escriptes à Thoulette, le xiᵉ jour de ce présent mois de may, par lesquelles, entre aultres choses, il nous advertist de son arrivée devers le roy et la royne d'Espaigne et d'aultres ses bonnes et joyeuses nouvelles, comme, par les articles extrais de sesdictes lettres que vous envoyons cy-dedens enclos, pourrez véoir plus à plain : vous requérant que desdictes nouvelles veulliez advertir diligemment les subgetz d'icellui seigneur partout, ès meetes de vostre office, où il appartiendra, pour leur esjoyssement et consolation ; ordonnant à tous faire incontinent les processions et rendre grâces et louenges à Dieu, nostre créateur, du bon estat, convalescence et prospérité de mondict seigneur ; luy priant que en icelluy estat il le voeulle entretenir et maintenir, et adresser ses affaires en telle manière que brief il puist achever son voiage et retourner par dechà à joye et santé. Très-chier et bien-amé, Nostre-Seigneur soit garde de vous.

Escript à Malines le pénultime jour dudict mois de may l'an XVᶜ et deux.

Extrait des lettres de l'Archiduc.

Pour nouvelles, à la réception de vosdictes secondes lettres, estions au lyt de la petite rougeroelle [1], quy nous constraindit tenir chambre six ou sept jours au lieu d'Olyas, distant deux petites lieuwes de Toulette : auquel lieu d'Olyas le roy de Castille, adverti de nostre indisposition, nous vint visiter et nous y trouva sur nostre lyt. En quoy et ès termes que nous tint il se démonstra si très-humain et bégnin que en nous n'est le vous sçavoir bonnement escripre, et autant ou plus que s'il feust esté mon proppre père. Et y feust samblablement venue la royne, n'eust esté que par très-révérend père en Dieu l'archevesque de Besançon, révérend père en Dieu l'évesque de Corduwa et autres que par diverses fois luy envoiasmes, luy feismes requérir s'en déporter, et à l'extrémité dire que, où elle viendroit, nostre maladie nonobstant, nous luy y yrions au-devant, en nous exposant, à ce moien, en

[1] Rougeole.

dangier et péril de nostre personne, sy que nos médecins luy déclarèrent. Et à difficulté s'en voloit-elle déporter.

Apres estre restituez en bonne convalescence, samedy dernier, nous nous mismes au chemin vers ladicte Toulette. Au-dehors de laquelle ville, environ ung grant quart de lieuwe, nous trouvasmes le roy, acompagnié de plusieurs grandz ducz, marquis, princes et autres grands barons et seigneurs, de ceulx de son conseil, de l'estat de l'Esglise et d'autres ses officiers, gens de loy et notables dudict Toulette, en nombre de chincq ou six milles personnes à cheval. Et ainsy que de prime face nous l'aperceusmes et nous cuidasmes mettre à piet et autrement en noz devoirs, aucuns des siens, desquelz ne nous doubtiesmes, par son commandement, nous en gardèrent. Mais tost après, congnoissans que ses commis ne s'en donnoient garde, nous nous getasmes à pied, que lors luy-mesme, ce voiant, s'avança pour le nous empeschier, et lui feismes toute révérence à nous possible, laquelle de tout son effort il regettoit, et ne cessa tant que nous euist fait remectre à cheval. Et incontinent se meist ou millieu de nostre compaignie et de nous, et nous mena jusques à la ville, à l'entrée de laquelle se rendirent les trois grandz commandeurs des ordres de par deçà et leurs confrères chevaliers en grand nombre, tenant ung grand riche pale qu'ilz mirent par-dessus le roy, lequel, contre nostre gré et volonté, y tira nostredicte compaigne et nous avec luy; et où souventefoiz nous retirions en derrière, ne cessoit icelluy seigneur nous retirer et approchier de luy. Et en cest estat nous mena à la grande église, et après à son palays, ouquel et à l'entrée de la grant sale nous trouvasmes la royne; et à fait que nous volions encliner pour luy faire les révérences, tousjours le roy se parforçoit nous en garder, comme si feist la royne sytost que fusmes auprèz d'elle, et laquelle, pareillement que le roy, nous rechupt sy très-humainement que très-difficile nous seroit le vous rescripre, et plus à vous le croire.

Dimence dernier ilz feirent célébrer une messe très-solempnelle, et au disner tindrent estat, et en icelluy se misrent ou milieu et nostredicte compaigne et nous entre deux.

Ledict jour, vers le soir, entendans que desjà le bruyt couroit partout du trespas de nostre cousin le prince de Galles [1], et doubtant que lesdicts seigneur roy et royne en pourroient estre advertiz par quelque malvais moien, nous leur déclarasmes ledict trespas par le meilleur moien que en nous feust, et en sorte que eulx, qui sont tout prudens et vertueulx et quy ont passé pareilles et plus diversses fortunes, prindrent nostre advertissement en très-bonne part. En portant ledict trespas bien paciamment, ilz en ont prins le doeul, et sy avons-nous et aucuns des nostres, pour noeuf jours : lesquelz expirez, se célébreront les obsecques pour le trespassé; et le jour enssieuvant, que sera endedens dix jours, pour le plus tart, serons receus princes de Castille et des royaulmes, pays et seigneuries venant du costé de la royne. Mais de la manière, quoy et comment, obstant les nouvelles dudict trespas, n'a encoire esté parlé. Ladicte réception advenue, nous vous en advertirons avec de ladicte manière et des conditions d'icelle, ensemble de tous nos autres affaires, à fait

---

[1] Arthur ou Artus, fils de Henri VII et prince de Galles, qui avait épousé, le 14 novembre 1501, Catherine, fille des rois catholiques. Il mourut dans le quatrième mois de son mariage.

qu'ilz adviendront. A tant, très-chiers et féaulx, Nostre-Seigneur vous ayt en sa garde.

Escript à Toulette, le xi° jour de may V° et deux.

Ainsi signé PHLE, DU BLIOUL, *et dessus* : A nos très-chiers et féaulx le conte de Nassou, nostre cousin et lieutenant général, et le S' de Maigny, chevalier, nostre chancelier.

V

Extrait des lettres de l'archiduc Philippe au comte de Nassau et au chancelier écrites de Tolède, le 26 mai 1502. (Envoyé au gouverneur de Béthune par le comte de Nassau, le 13 juin.)

Pour nouvelles, dimence dernier, après que le roy et la royne, au-devant du grand autel de la grand'église de Thoulette, eurent déclaré aux trois estatz des royaumes de Castille, Léon et des autres pays, citez, villes et seigneuries venant du costé d'icelle dame, nostre compaigne et nous estre leur prochain héritier, nous feusmes par iceulx estatz receuz à princes desdicts royaumes et pays, et sur les sacrés canons, évangilles et le vray fust de la croix, nosdicts seigneurs présens, nous firent lesdicts estatz (à nostre jugement d'un bon vouloir) le serment solempnel. Et auparavant et depuis nous ont tousjours iceulx seigneurs si humainement traittié, que nous ne nous en sçaurions assez loer ; et nous ont dit que, en dedens quatre ou six jours, ils entendront sur le surplus des causes de nostre venue de par deçà et à l'expédition des choses que touchier nous peuvent. Dont vous advisons, et de ce quy surviendra vous adviserons. Nous sommes très-joieulx de l'estat de nos enffans, et iceulx surtout et nos affaires vous recommandons. Très-chiers et féaulx, Nostre-Seigneur soit garde de vous.

Escript à Thoulette, le xxvi° jour de may l'an mil V° et deux.

Ainsi seigné PHLE, DU BLIOUL ; *et dessus est escript :* A nos très-chiers et féaulx le conte de Nassou, nostre cousin et lieutenant général, et le S' de Maigny, chevalier, nostre chancelier, *et seigné* HANETON.

VI

Extrait des lettres de l'Archiduc au comte de Nassau et au chancelier écrites de Tolède, le 26 juillet 1502. (Envoyé au gouverneur de Béthune.)

Nous avons receu voz lettres escriptes à Malines, le vin° jour de ce présent mois.

Quant au premier point d'icelles où vous dictes que chascun de par delà désire nostre rethour, certes nous désirons le samblable.

Quant à noz nouvelles, lundy, derrain de ce présent mois, le roy partist pour aller à Sarragosse, chief-ville du royaulme d'Arragon et autres roiaulmes et seigneuries qui en deppendent, afin de préparer nostre réception illecq. Ce temps pendant nous séjournerons icy, actendans sa responce, avec la royne, laquelle nous monstre tant d'bonneur et d'amour comme à son proppre enffant, et ne se met pas voluntiers en chemin par sy grandes chaleurs. Et incontinent ladicte responce eue, nous tirerons celle part, et de là nous partirons et retournerons le plus diligemment que bonnement faire pourrons.

VII

Au gouverneur de Béthune : 3 octobre 1502.

Très-chier et bien-amé, nous avons présentement receu lettres de mon très-redoubté seigneur monseigneur l'Archiduc escriptes à Ocaigne, le vi^e jour du mois de septembre derrain passé, par lesquelles, entre autres choses, il nous advertist de son bon estat et santé, ensamble de son deslogement et partement de Thoulette pour tirer en Arragon, diligenter sa réception illec avec son congié et retour par deçà, comme, par l'article extraict de sesdictes lettres que vous envoyons cy-dedens enclos, pourés véoir plus à plain : vous requérant que desdictes nouvelles voeulliez advertir à diligence les subgetz d'icelluy seigneur partout, ès mectes de vostre office, où il appartiendra, pour leur esjoyssement ; ordonnant à tous continuer les processions et rendre grâces et loenges à Dieu, nostre créateur, du bon estat, santé et convalescence de mondict seigneur ; lui priant que en icelluy estat il le veulle entretenir et maintenir, et adresser ses affaires en telle manière que brief il puist retourner par dechà à joye et santé. Très-chier et bien-amé, Nostre-Seigneur soit garde de vous.

Escript à Malines, le iiie jour d'octobre a° XVe et deux.

Ainsi seignée HANETON, *et sur le dos* : Au gouverneur de Béthune ou son lieutenant.

Extrait des lettres de l'Archiduc.

Nous sommes, Dieu merchy, deslogiez de Thoulette, et à petites journées tirrons vers Sarragosse, où, selon les nouvelles que avons du roy, nous espérons estre receuz, incontinent à nostre arrivée, ès royalmes d'Arragon, Cecille et autres seigneuries quy en deppendent. Et, ce fait, ne cesserons que n'ayons nostre congié pour nostre retour de par delà.

VIII

Au gouverneur de Béthune : 9 janvier 1502 (1503, n. st.).

Très-chier et bien-amé, nous avons aujourd'huy, par les postes, receu lettres de mon très-redoubté seigneur monseigneur l'Archiduc, escriptes au parck de Heres [1], distant XIIII lieues deçà Madril, le XXI° jour du mois passé, par lesquelles il nous signiffie que, le XIX° jour dudict mois, il avoit prins congié du roy et de la royne, et, de leur bon gré et consentement, s'estoit party d'eulx et mis en chemin pour s'en retourner par deçà, délibéré de passer par Parpignan, et de là par le royalme de France jusques à Lyon, en délaissant nostre très-redoubtée dame madame l'Archiduchesse fort achainte par delà, jusques à ce qu'elle soit délivrée et relevée du fruyt qu'elle porte. Et pour son seur passaige oudict royalme de France, icelluy seigneur a envoyé le S' de la Chaulx devers le roy de France, pour praticquer et soliciter la venue et envoy de six ou huyt des plus grandz princes dudict royalme, que ledict seigneur roy de France a jà pièça consenty envoyer tenir ostaige à Valenciennes, jusques à ce que mondict seigneur soit passé ledict royalme. Et par ce que ledict seigneur de la Chaulx nous a présentement escript, espérons, endedens trois ou quatre jours, avoir nouvelles de la venue desdicts hostagiers audict Valenciennes. Desquelles choses mondict seigneur nous a mandé advertir tous les subgetz de par dechà pour leur esjoïssement et consolation, et leur ordonner en faire les processions, rendre louenges à Dieu de sa bonne prospérité, et luy prier donner grâce à mondict seigneur de achever sondict retour, et à madicte dame se délivrer et relever de sondict fruit à joye et à santé. Sy vous requérons et néantmoins mandons, de par mondict seigneur, que de vostre part vous en faictes vostre devoir partout ès mectes de vostre office, sans en vouloir faire faulte. Très-chier et bien-amé, Nostre-Seigneur soit garde de vous.

Escript à Malines, le IX° jour de jenvier l'an mil V° et deux.

Ainsy seigné HANETON, *et sur le dos :* Au gouverneur de Béthune ou son lieutenant.

[1] Eras.

IX

Extrait des lettres de l'Archiduc au comte de Nassau et au chancelier, écrites de Grey, au comté de Bourgogne, le 15 août 1503. (Envoyé au gouverneur de Béthune le 19 août.)

Nous sommes, Dieu mercy, très-bien disposez de nostre personne et commençons de chasser à force : dont ne vallons que mieulx.

Sur ce que mon très-redoubté seigneur et père monseigneur le roy nous a par pluiseurs foiz mandé qu'il avoit grant désir de nous véoir et parler à nous de pluiseurs grans matières concernans le bien de la chrestienté et noz maisons, alyés, pays et subgectz, nous requérant aller devers luy jusques à la cité d'Ausbourg, où il se trouveroit au-devant de nous, et pour le très-grant désir que avons aussy de le véoir et parler à luy de pluiseurs grans choses et aussy de luy complaire, nous tirons à diligence devers luy audict Ausbourg, et après, par les Alemaignes, en noz pays de par delà. Nostre cousin de Julliers et autres députez de mondict seigneur et père conduisent.

Nous ne nous savons assez louer de la bonne obéissance que, comme nous escripvez, trouverons en nosdicts pays : dont, à nostre retour, avons bien intention de les mercier.

Nous avons nouvelles de noz très-chière et très-amée compaigne que la royne et elle tiroient contre Bourghes; et après devoit brief partir. Nostre filz Fernande estoit en bonne sancté.

D.

Lettre de l'archiduc Philippe au prince de Chimay touchant la manière dont il doit traiter les otages envoyés par le roi de France à Valenciennes : 8 février 1502 (1503, n. st.); suivie de la déclaration dudit prince des dépenses qu'il a faites en l'acquit de cette commission.

De par l'Archiduc.

Très-chier et féal cousin, avons veu vos lettres et entendu ce que nous ont escript nostre cousin, lieutenant général et premier chambellan le conte de Nassou et le S' de Maigny, chevalier, nostre chancellier, ou faict de la despence qu'il vous conviendra supporter pour accompaigner nos ostaigiers en Valenchiennes. Nous escripvons présentement ausdicts Nassou et chancellier vous faire furnir, par le trésorier, auquel aussi en escripvons, la somme de douze livres, de xl gros, par jour, du temps de l'arrivée desdicts ostaigiers audict Valenchiennes jusques à leur partement, et vous faire avanchier promptement prest d'ung mois. Dont vous advisons, et vous requérons tenir ung bon et honneste plat, et vous employer à faire ausdicts ostaigiers et ceulx de leur compaignie le plus honneste recueil et traictement que en vous sera, et iceulx mener voler et chasser, et leur donner et faire donner tout passe-temps, aux champs et à la ville, partout à leur plaisir, sans garde aucune en manière que ce soit : car nous avons et prendons en monseigneur le roy très-chrestien et en eulx totale confidence. Mais, pour la manière de faire, comme de vous-meismes, tantost qu'ilz seront arrivez, ou après la réception de cestes, vous recevrez leur foy qu'ilz ne partiront hors noz pays, n'est du gré et consentement de nostredict cousin de Nassou, lequel a baillié ou doit baillier son scellé de les rendre et renvoyer à mondict seigneur, nous arrivez en nosdicts pays. Nous escripvons aux seigneurs de Fiennes, de Lalaing et de Ligne vous accompaignier, et, pour donner passe-temps ausdicts ostaigiers, faire porter leurs oiseaulx ceulx qui en ont, et au seigneur d'Aymeries semblablement, et conduire ou faire conduire iceulx ostaigiers, s'ilz le désirent, à la chasse, soit à la force aux lévriers, au fillé ou à l'arbalestre, où il sied le plus de bestes, et oultre ce leur faire furnir, chascune sepmaine, une paire de bestes en leur logis. Dont aussi vous advertissons, pour selon ce vous régler et y faire ainsi que en vous en avons la confidence. Très-chier et féal cousin, Nostre-Seigneur vous ait en sa garde.

Escript à Parpignan, le vın^e jour de feuvrier V^c et deux.

Et ainsi signé Phle *et* Du Blioul. *Et sur le dos desdictes lettres est escript :* A nostre très-chier et féal cousin le prince de Chimay.

Collationné à l'original par moy, Haneton.

APPENDICES.

Nous, CHARLES DE CROY, prince de Chymay, visconte de Limoges, baron de la Bove, etc., confessons avoir receu de Simon Longin, conscillier et receveur général de toutes les finances de monseigneur l'archiduc d'Austrice, duc de Bourgoingne, etc., la somme de dix-sept cens seize livres, de quarante gros, monnoie de Flandres, la livre, que, par le commandement et ordonnance de mondict seigneur, il nous a baillée et délivrée comptant, pour semblable somme qui deue nous estoit pour, par ordonnance d'icelluy seigneur, estre parti de nostre ville d'Avesnes le xe jour de feuvrier dernier passé, et alé à Valenchiennes devers les seigneurs de France ayans tenu ostaige pour mondict seigneur, pour la sceurté de sa personne durant son passage par France et son retour de son présent voyaige d'Espagne, tant pour recevoir et festoier iceulx seigneurs ostagiers comme pour y entretenir ung bon et honneste plat, par-dessus nostre ordinaire, pour recevoir tous seigneurs, chevaliers, gentilzhommes et autres gens de bien qui y viendroient journellement pour l'entretènement et passe-temps desdicts ostagiers, à la chasse, à la paulme et aultrement à leur plaisir, pour l'honneur de mondict seigneur; et ce depuis le xie jour dudict mois de feuvrier que nous arrivasmes audict Valenchiennes, où estoient lesdicts ostaigiers, jusques au iiie jour de juillet ensuivant et dernier passé, lesdicts jours inclus, et que, du congié et consentement de mondict seigneur, ilz s'en partirent pour retourner en France : où sont comprins vii^{xx} iii jours, pendant lesquels nous afferrons, en nostre conscience, avoir continuèlement esté devers iceulx ostagiers et souvent les festoiés de bancquets, et aussi tenu le plat et y festoié tous et quelzconques qui y ont voulu venir durant ledict tamps; qui, au pris de douze livres desdictes monnoies que mondict seigneur, eu regard à la grant despence dessusdicte, nous a pour ce tamps ordonné prenre et avoir de lui par jour, oultre et par-dessus nostre pencion que avons de lui chascun an, valent ladicte somme de xvii^c xvi livres dudict pris. De laquelle et pour la cause que dessus nous sommes content et bien paié, et en quittons mondict seigneur, sondict receveur général et tous aultres. Tesmoing noz seel et seing manuel cy mis le xviiie jour du mois d'aoust l'an mil cinq cens et trois. — CHARLES.

(Archives départementales du Nord : Chambre des comptes de Flandre.)

DEUXIÈME VOYAGE

DE

PHILIPPE LE BEAU EN ESPAGNE,

EN 1506.

DEUXIÈME VOYAGE

DE

PHILIPPE LE BEAU EN ESPAGNE, EN 1506.

Au moys de décembre, l'an mil V^c et quattre, monseigneur l'archiduc d'Austriche, duc de Bourgoingne, estant en sa ville de Bruxelles avec madame Jehanne de Castille, sa compaigne, nouvelles leur vindrent du trespas de la très-noble, très-excellente, très-vertueuse et très-catholicque princesse la royne Ysabeau de Castille, leur mère [1].

Après lesquelles nouvelles ilz firent faire audict Bruxelles ung très-solempnel et sumptueux service, et avecq ce prindrent les armes et tiltre de roy et royne de Castille, de Léon, de Grenadde, etc., ainsi que raison estoit : car lesdicts royaulmes estoient escheuz à ladicte royne Jehanne, comme aisnée fille et héritière de ladicte royne, sa mère, et sy avoient esté receuz èsdicts royaulmes pour princes et héritiers apparants desdicts royaulmes, pour telz tenuz, environ deux ans paravant, au voiage qu'ilz firent vers le roy d'Arragon, leur père, et vers ladicte très-catholicque royne, leur mère [2]. Or aucuns des subgetz du Roy, et espécialement ceulx de ses païs d'Alemaigne et de Flandres, Brabant et aultres, se donnèrent de ce merveilles, et leur sembloit que, attendu le très-noble lieu dont estoit extrait le roy don Philippe, tant de père que de mère, et les nobles

1504.
Décembre.

---

[1] Isabelle la Catholique était décédée à Medina del Campo le 26 novembre 1504.
[2] Voy. p. 178.

royaulmes qui luy appartiengnent de son héritaige paternel, qu'il povoit bien avoir prins le tiltre et les armes de Hongrie et puis de Castille, Léon et Grenadde. Mais toutesfois il fut conseillé de ainsi le faire.

Ledict service fait, le Roy envoya son très-espécial serviteur le seigneur de Veyre[1] vers le roy d'Arragon et èsdicts royaulmes, affin de nourrir amour avecq icelluy roy d'Arragon, son beau-père, les princes et nobles desdicts royaulmes dont il y a grand nombre, et les entretenir en son obéissance et amour, et les asseurer du bref advènement du Roy et de la Royne en leursdicts royaulmes, et aussi pour tousjours prendre et lever les fruitz et pourfitz d'iceulx, comme raison estoit. Mais ad ce eust grande difficulté, car le roy d'Arragon maintenoit que, par le testament de sa feue espeuse la très-catholicque royne, il debvoit demourer, sa vie durant, en la joïssance des fruitz et pourfitz desdicts royaulmes. Et, d'aultre part, les nobles, prélatz et aultres subgetz d'iceulx désiroient bien que ainsi en advint, affin que par ce moyen le Roy et la Royne fussent plus enclins à eulx trouver bref en leursdicts royaulmes : ce que à la vérité ilz désiroient fort touts deulx.

Or est-il besoing de savoir que le Roy, nostre sire, avoit mis sus, ung peu de temps paravant, quattre compaignyes d'hommes d'armes et iiii^c archiers à cheval ; et avecq ce avoit tel droit en la duchié de Gheldres que chascun scèt, et se trouvoit fort pressé de l'empereur, son père, de conquerre sa duchié de Gheldres; et pour ad ce plus facilement parvenir, faisoit grande assistence de deniers au duc de Clèves, lequel avoit bien forte guerre audict duc de Gheldres, pour tousjours le matté. Sy advint que, environ quattre moys avant qu'il eust nouvelles du trespas de sadicte belle-mère la très-catholicque royne de Castille, il tint son conseil, assavoir mon[2] s'il debvoit mettre sa querelle de Gheldres à fin ou non. Et ay entendu que quattre personnaiges oppinèrent fort sur ceste matière, les deux nobles hommes, et les autres deux chevaliers de basse condition et de la longue robe. Et tindrent les deux nobles hommes une opinion qui fut telle, comme il m'a esté dit, que le Roy, leur maistre, estant encoires archiduc d'Austriche, ne debvoit, pour nulle chose que ce fût, à celle heure prendre

---

[1] Philibert de Verey, dit la Mouche, chevalier de la Toison d'or.

[2] *Assavoir mon*, à savoir donc. (ROQUEFORT.)

guerre, quelque bon droit qu'il eust de ce faire : car, s'il prenoit guerre et il avenoit que le roy de France [1], lequel estoit fort maladieux, allast de vie à trespas, il ne savoit quelle amytié il auroit avecq icelluy qui seroit nouveau roy; et luy pourroit courre sus, et seroit constrainct de habandonné sa guerre sans la mettre à fin. Et d'aultre part, il savoit bien et estoit bien acertené de la débilitacion de ladicte royne, sa belle-mère, et qu'elle ne povoit longuement vivre, et que, s'elle alloit de vie à trespas, qu'il seroit semblablement constrainct de honteusement ou du moins sans avoir achevée sa conqueste, party de son emprinse : de quoy il se debvoit garder, attendu que c'estoit sa première emprinse, car s'il n'en venoit à chief à son désir, jamais ne seroit cremu ne doubté [2] tant que s'il en venoit au-dessus à sa voulenté, et d'aultre part, que la guerre est une beste d'aultre façon que les aultres malvaises bestes, car elle est faicte tout ainsy qu'une chayne par chaynnons, et que, quant l'on touche l'ung desdicts chaynnons, toute la chayne se remue, et que le duc de Gheldres n'estoit point si impourveu d'amys qu'il ne trouveroit du secours, quelque part que ce fût, quant ce ne seroient que ruttres [3] d'Alemaigne, qui le serviroient seulement pour le pillaige qu'ilz pourroient faire sur les païs du Roy, qui sont grans et riches. Et messieurs les deux chevaliers de basse condition [4], qui n'avoient nulle crainte des horyons, car ilz savoient bien qu'ilz feroient comme le fournyer qui met le pain au four bien chault et demeure dehors, que leur souffisoit d'envoier les nobles hommes à la guerre et eulx demoureroient en leurs maisons, faisans grandement les besongnes de leur maistre et les leurs bien, maintindrent tout le contraire de ce que dit est, et tellement débatyrent ceste matière, tempre [5] et tart, qu'ilz firent déclarer le Roy à la guerre, luy promettant et donnant à cognoistre qu'ilz avoient de grans entendemens avecq les villes de ladicte duché de Gheldres, et que jamais luy, de sa personne, avecq son armée, ne seroit entré au païs qu'ilz ne se rendissent tous à sa voulenté, et d'aultre part, qu'il ne doubtast de deniers, car ilz luy fournyroient argent assez tant que sa guerre dureroit,

---

[1] Louis XII. | [2] *Cremu ne doubté*, craint ni redouté. | [3] *Ruttres*, reitres.

[4] L'auteur revient plusieurs fois, dans le cours de sa Relation, sur le compte de ces « deux chevaliers de basse condition », et toujours il en parle avec une sorte de mépris : mais nulle part il ne dit qui ils étaient.

[5] *Tempre*, tôt.

1504. et que desjà il avoit ses ordonnances d'hommes d'armes et archiers qui luy coustoient autant en leurs maisons, sans le servy, que s'ilz faisoient quelque service ou exploit de guerre, etc. Et semble à pluseurs gens d'entendement que lesdicts deux chevaliers ne bailloient ce conseil fors que pour leur pourfit singulier : car la conqueste d'ung païs tel comme est ladicte duchié de Gheldres ne se fait point qu'il n'y ait pluseurs offices donnés, pluseurs places et maisons confisquées : à quoy ilz ne cuydoient point faillyr, et d'aultre part, en grand trouble et maniance de deniers, grans pourfitz et larchins. Et dit-on (ne say s'il est vray) que ceulx de Hollande, quy ont grand hayne à ceulx dudict païs de Gheldres, leur donnèrent x^m livres, affin que ladicte guerre fût commencyé.

Et vint la chose sy avant que le Roy envoya Thoison d'or devers le duc Charles, qui occupoit ladicte duchié de Gheldres, et le fit deffyer, et avecq envoya pluseurs messagiers de son escuyerie, munys de lettres addressans aux villes de ladicte duchié de Gheldres, par lesquelles le Roy les sommoit d'eulx rendre à luy selon et en ensuivant le serement qu'ilz en avoient longtemps paravant fait au duc Charles de Bourgoingne, et, en cas de reffus, aussi deffyances. Envoya, environ le commencement du moys d'octobre audict an XV^{e}IIII, lesdictes compaignyes d'hommes d'armes et archiers soubz le sire d'Iselstein [1], soubz Robert de Meleun, lieutenant du sire de Fyennes, et soubz messire Robrecht de la Marche, lieutenant du conte de Nassou, et la IIIe compaignye soubz le sire de Vertaing, lieutenant du sire de Chierve, et pour lieutenant et capitaine général messire Guillaume de Vergy, avecq messire Cornille de Berghes, le conte de Bure, le conte de Meurs et pluseurs aultres gens de guerre de pied et de cheval, lesquelz furent mis en divers lieux et exploitèrent le guerre gherriable tout l'yver ensuyvant, sans faire grand prouffit ne pour eulx ne pour leur maistre.

Or advint que l'empereur, qui cognoit assez plus des affaires de ce monde que pluseurs aultres, pour obvier aux multiplicacions des guerres et ad ce que la malvaise beste la guerre ne fût remutte, fors par le premier chaynnon, néantmoins désirant ladicte conqueste de Gheldres, cognoissant que les François sont muables comme le vent, fist praticquier une assem-

[1] Floris d'Egmont, seigneur d'Ysselstein et de Sint-Martinsdycke, chevalier de la Toison d'or.

blée en sa ville de Haghenauw : ouquel lieu vindrent, de par le roy de France, le légat de France, de la maison d'Amboise, cardinal et évesque de Rouen, le sire de Pyennes et le bailli d'Amiens, nommé maistre Raoul de Lannoy, et aultres, lesquelz requirent l'empereur qu'il luy plust de recognoistre le roy de France, leur maistre, pour duc de Millan, et d'icelluy recevoir, par eulx, ses procureurs, souffisament fondez de procuracion, la féaulté et hommaige de ladicte duchié de Millan.

Laquelle requeste oye par l'empereur, mesmement en contemplacion du roy de Castille, son filz, pour ce illecq venu, accorda ce que dit est. Moyennant lequel accord pluseurs amittiés et traictiez se contractèrent entre lesdicts personnaiges, et entre les aultres fut accordé et conclud certain mariage d'entre le duc Charles, prince de Castille, fils aisné et héritier apparant du roy de Castille, d'une part, et d'entre dame Claude de Valois, fille seulle et héritière, en ce que femme peult hériter, du roy de France; et aussi fut paix perpétuelle jurée d'entre iceulx empereur et son filz et leurs allyez, d'une part, et le roy de France, d'aultre part; et furent leurs amittiés tellement confermées que l'empereur et le roy de France ne firent difficulté de leurs affaires, fors comme communs et comme frères, et les roys de France et de Castille comme père et fils; et eust l'empereur certaine somme de deniers pour son relief, comme de environ II^c mille francs royaulx.

Et fut ladicte allyance faicte environ Pasques de l'an mil V^c et cincq [1], qui ne dura point longuement : car, au moys de juing ensuivant, le roy de Castille, pour mettre sa querelle de Gheldres à exécucion, assembla grand nombre de nobles hommes de ses païs et se tira en sa ville de Bosleduc : ouquel lieu il fist son séjour, et illecq attendit pluseurs nobles hommes qui le compaignèrent en sadicte guerre, tant de Flandres, Brabant, Artois, Haynnau, Hollande, Zellande, Namur, Bourgogne, que d'ailleurs, en trèsgrand nombre et les plus richement armez, monstrez et acoustrez que oncques on vit gens de guerre; et estoit la pompe et despence si excessive qu'il n'est point à croire, fors à ceulx qui le virent.

Le Roy, véant celle belle et noble compaignye, passa la rivière de Meuze,

---

[1] Le traité de Haguenau, dont il est question ici, est du 4 avril 1505. Voy. Du Mont, *Corps diplomatique*, t. IV, 3me partie, p. 95.

1505. devant sa ville de Grave, toute son artillerie, piétons et armée, et fist illecq près de ladicte rivière tendre ses tentes et pavillons, et ung aultre jour approucha de Nymèghe et print aucuns blocquus et chastellèz allenviron. et puis passa toute son armée devant ladicte ville, et se tira envers la ville de Clèves, et d'illecq passa oultre le Rin, et puis encoires tira oultre et passa la rivière de .... ¹, et vint mettre le siége devant la bonne et belle ville de Aernehem : ouquel siége fust bientost l'empereur, qui s'estoit parti de la ville de Couloingne pour seullement véoir son fils et son armée, et retourna bientost oudict Couloingne. ouquel lieu les princes de l'Empire estoient par luy mandez, qui descendirent aval le Rin en basteaulx, accompaignyez de mil à xII° gentilzhommes. Et entra ledict empereur à Couloingne à pied, emplumé, bonnet, chausses, pourpoint de diverses couleurs descouppez, tant gentement acoustré des couleurs de luy et de son filz, la picque sur le col, que c'estoit belle chose de le véoir, et jusques au nombre de IIII^{xx} princes, tant ducz, princes, contes que barons, et environ de mil à douze cens gentilzhommes, et tous à pied, la picque sur le col : que oncques, ou de très-long temps, sy grand nombre de princes ne de gentilzhommes n'avoit esté veu pour une fois et à pied. Et ne tarda point l'empereur qu'il ne retourna au siége de Aernehem, et amena avec luy très-grand nombre d'artillerie, comme bombardelles, canons, serpentines et telz instrumens, avec certain nombre de pouldre, pierres de fonte et toutes choses nécessaires pour ladicte artillerie.

Et combien que le roy de Castille eust fort adommagié ladicte ville de son artillerie, ce néantmoins il mesme en sa personne se trouva aux tranchis, et les fist reculer en aucuns lieux, pour ce qu'ilz estoient trop près de la ville, et fist mettre l'artillerie en aultre lieu qu'elle n'avoit esté mise, en intencion de la faire tirer jour et nuyt et assaillir ladicte ville; et à ce propos escripvit lettres de sa main ausdicts princes et nobles hommes estans audict Couloingne, qu'il entendoit, en dedans trois ou quatre jours, faire ung bancquet devant ladicte ville de Aernehem, auquel tous princes et nobles hommes pourroient acquerre honneur, et avecq y pourroit-l'on faire quelque chose pour l'honneur de sa dame, et qu'il ne vouloit point que telle chose se fist sans les en adverty. Ausquelles lettres ne fust faicte

---

¹ En blanc dans le manuscrit.

aucune response, mais se partit icelle noble compaignye de ladicte ville de Couloingne, se myrent à basteau aval le Rin, et vindrent jusques à deux lyeues près dudict Aernehem, à intencion d'estre audict bancquet, qu'ilz entendoient l'assault que l'on devoit faire à ladicte ville. Mais Nostre-Seigneur, qui ne désire l'effusion du sang humain, y pourveut : car, dès que ceulx de ladicte ville virent l'artillerie que l'empereur avoit fait asseoir, et les mandes et fagots et aultres dilligences et approches que l'on avoit fait à l'ordonnance de l'empereur et de son filz, et en présence de leurs personnes, ilz commencèrent à parlementer, et bientost après se rendirent à la voulenté du Roy, et le recognurent pour leur droicturier seigneur.

Or, au mesme temps, qui estoit au moys de juillet audict an XV^c et cincq, venoient incessamment lettres du sieur de Veyre, son ambassadeur en Castille, qui hastoit le Roy d'aler en Castille; et n'y alloit point la chose trop bien à sa voulenté. Et pour ce qu'il ne véoit apparance que le Roy laissast son emprinse, et crémoit ce qui depuis avint, il envoia à grand dilligence le trésorier de la principaulté de Castille, nommé Nougne de Gommyers[1], devers le Roy audict siége, pour luy dire et remonstrer comment les affaires de Castille estoient disposez, et le dommaige que le Roy povoit avoir par sa demeure. Et fut illecq ledict trésorier despêché, et s'en retourna en Castille.

Et au mesme temps estoit le sieur de Montfort pressé du seigneur de Gheldres pour trouver quelque traictié et appointement envers le Roy; et estoit lors messire Philebert Naturel, donprévost d'Utrech, audict lieu d'Utrech, pour visiter sadicte prévosté, lequel aussy poursuyr (sic) pour trouver quelque appointement; et depuis s'en mesla l'évesque d'Utrech, et tellement que bref aprèz ils firent quelque traictié.

L'empereur et le roy son filz firent leur entrée en ladicte ville, et firent deffendre que nul ne mist le feu en son logis au camp, affin que les païsans, mesmes ceulx de ladicte ville, véissent le grand et excessif nombre de tentes, pavillons, maisons et logis fais par lesdicts gens de guerre, tant de pied que de cheval, et affin aussi que le bois et aultres utensilles demourassent aux povres gens du païs ausquelz on les avoit prins : ce qui fut fait. Et envoya le Roy certain nombre d'Allemans piétons dedans ladicte ville, et puis après entrèrent les archiers de cheval, et puis les hommes d'armes :

---

[1] Voy. p. 361.

mais, à chascun homme d'armes qu'ilz véoient entrer sur leur Marchié, ilz cuydoient que ce fût l'empereur ou le roy, pour la grande richesse que pourtoient lesdicts hommes d'armes; et disoyent bien que, puisqu'il falloit qu'ilz fussent concquis, que au moins estoient-ilz concquis de belles gens et bien en point.

Ladicte entrée faicte et le serment prins de ceulx de la ville, l'empereur s'en alla au giste à Huus[1] et s'en retira en Allemaigne, et le Roy passa oultre envers Zutphen : ouquel chemin luy furent pluseurs bonnes et fortes villes rendues, et bien jusques au nombre de neuf ou dix. Et advint, à mon pourpos que les François sont muables, que le roy de France envoya un sien secrétaire devers le duc de Gheldres, lequel avoit son pourpoint et celluy de ses serviteurs tout farcilz d'escus d'or, et estoit à Emerich dès que l'empereur y estoit; et luy fist offrir l'empereur de le mettre en son basteau : ce qu'il refusa. Et depuis passèrent une grande routte de chevaliers et gentilzhommes qui suyvoient le Roy, quy luy offrirent de le mener en l'ost : mais il ne fist semblant de soy mettre en leur compaignye, mais fist tant qu'il advertit aucune garnison illecq près, estant en une ville qui encoires tenoit pour le duc, et se fist prendre et mener devers le duc, et luy dit sa charge et délivra lesdicts escus, qui ne luy firent guères de bien : car bientost après en furent prins, sus des compaignons de guerre qui cuydoient aller au secours de ceulx de Arnehem et de ceulx de Zutphen, environ deux mil; et fait à croire que la reste estoit bien petite. Et puis se trouva ledict secrétaire devers le Roy à son syége de Brumen, et luy fist le Roy sy briefve expédicion, sachant ce que dit est, qu'il n'eust point loisir de repaistre ses chevaulx; et luy fist offrir que, s'il n'avoit assez parlé au duc, qu'il l'y feroit mener à seureté, et qu'il y parlast assez et à bon loisir.

Or venoient tousjours messages sur messages de Castille que les affaires se troubloient fort, et qu'il estoit en danger de perdre ses royaulmes par sa demeure, tellement qu'il se appointa avecq le duc en telle façon qu'ilz furent d'acort[2]. Mais il ne sert à mon pourpoz : pour quoy je m'en tais, fors que le duc promist au Roy de le servy et d'aler avecq luy audict Castille et partout ailleurs où il le vouldroit mener. Et par ce moyen fust

---

[1] Huissen.
[2] Par un traité conclu à Thiel le 28 juillet 1505. Ce traité est dans MOLINET, ch. CCCXXXII.

l'armée rompue, et s'en revint le Roy à Bosleduc : ouquel lieu il trouva ung conseillier du parlement de Paris et ung secrétaire du roy de France, qui luy firent de grandes menaces et de rudes remonstrances touchant aucunes emprinses qu'ilz disoient estre faictes par aucuns officiers de Flandres et Artois allencontre de la haulteur et juridiction du roy de France; et avecq ce estoit le Roy adverti de la venue vers luy du conte de Nevers, fils de Clèves, de l'évesque de Paris et du bailly d'Amiens, tant pour ladicte matière que aultres. A laquelle cause petite response fut faicte, disant que l'on en bailleroit plus ample response aux dessusnommez.

Et fist le Roy telle dilligence qu'il fut à Bruxelles au disner le jour de la Nostre-Dame my-aoust : ouquel lieu les François dessusnommez estoient desjà arrivés ; et le suyvist l'empereur; et fust, deux ou trois jours après, à la Wure[1] et aultres maisons près de Bruxelles, pour chasser et prendre son passe-temps; et depuis fut tant pressé par le Roy son filz et par ceulx de la ville qu'il promist aller audict Bruxelles : ce qu'il faisoit bien envis[2], pour aucune petite souvenance du temps passé, mesmement aussi pour les François qui illecq estoient, qu'il ne véoit guères voulentiers, obstant la charge qu'ilz avoient, de laquelle il estoit adverti. Mais la requeste de son filz et le désir qu'il avoit de véoir sa fille la royne de Castille, qui estoit fort enchainte d'enffant, le menèrent audict Bruxelles. Auquel lieu ceulx de ladicte ville luy requirent de oublier le temps passé et luy crièrent mercy, et avec ce luy offrirent de grans deniers : mais le bon empereur, à l'exemple de Julius César, leur pardonna tout et, quant aux deniers, leur deffendist de n'en plus parler, disant qu'il n'estoit illecq venu pour leurs deniers.

Lesdicts François, ayant séjourné ung jour ou deulx audict Bruxelles, furent oys et dirent au Roy, de par le roy de France, leur maistre, leur charge, tant touchant les cas royaulx qui avoient esté accordez à Arras dès l'an IIII^{xx} XIX que aussi touchant le parlement de Malines, qui leur desplaisoit moult fort, à cause de pluseurs appellacions des juges de Flandres et d'Artois qui se relevoient audict Malines, que pour l'éveschié de Tournay, laquelle ilz vouloient avoir à leur voulenté, sans avoir regard au bon droict que y avoit l'abbé de Sainct-Amand[3]. Et aussi vouloit avoir le roy de

---

[1] Tervuren. [2] *Bien envis*, bien contre son gré.

[3] Pierre Kuick, auquel Philippe le Beau avait conféré l'évêché de Tournai, tandis que le roi de France y avait nommé Louis Pot.

France la terre de Crévecueur, qui de bon droict appartient au seigneur de Bévres, sans qu'il vousist que ledict seigneur de Bévres, qui offroit d'en ester en justice, y fût receu ny oy en ses deffenses, avec pluseurs telles petites querelles et débas de procureurs et advocas desquelz princes ne se debvroient entremectre, en disant par exprèz que l'on leur accordast ce qu'ilz mettoient en avant, ou aultrement le roy leur maistre leur avoit donné charge de sommer le roy de Castille de ce faire, et, en cas de reffus, qu'il se attendist d'avoir la guerre. Mais le courroux estoit bien aultre : car, combien que le roy de France eust promis et depuis peu de temps si estroictement juré paix et amittié avec l'empereur et son filz, roy de Castille, sy avoit-il promis de assister le duc de Gheldres, et avoient ses maistres gens trouvé cest expédiant de lui faire telles sommacions, le cuydant encoires en Gheldres, espérant par telles menaces l'en faire départy, et partant avoir donné secours audict duc et luy tenu promesse : mais c'estoit qu'il véoit que l'empereur avoit obtenu des princes de l'Empire le payement de xx ou xxii mil hommes, tant de pied comme de cheval, pour ung an entier, et d'aultre part que le Roy son filz devenoit sy grand maistre et sy grand terrien qu'il ne se pourroit plus acomparer à luy ; mesmes qu'il luy devenoit trop fort, et conceu une mortelle envie contre luy, comme sera dit cy-après.

Le conte de Nevers, l'évesque de Paris et le bailly d'Amiens avoient esté festoyez tant par le Roy que par aucuns chevaliers et seigneurs ad ce faire députez, et furent mandez à court, et leur fut baillié response que le Roy se esbahissoit de la brefve sommacion à luy faicte de par le roy de France, leur maistre, pour si petites occasions, et ne savoit croire qu'ilz eussent telle charge, considéré ladicte amittié, et à ceste fin que envoieroit bref de ses serviteurs vers le roy leur maistre qui lui feroient response. A laquelle response donnée estoit l'empereur présent, qui leur dit qu'il estoit bien esmerveillié de telle façon de faire, et que le roy de France cuydoit qu'il fût desjà en Hongrye et son filz en Castille, mais non, et que son filz estoit sa char et son sang, et qu'il ne le verroit point voulentiers qu'il fût oultragé, et que se le roy de France avoit désir d'avoir guerre, qu'il ne faloit fors qu'il la commençast, et que de sa part il estoit tenu à deffendre son filz. Et lors s'aproucha ledict conte de Nevers de luy, en luy demandant se aucune chose luy plaisoit et s'il vouloit aucune chose mander au roy son maistre. A quoy m'a esté dit que l'empereur respondist : « Recommandez-

» moy à la royne. » Et pour mieulx estre asseuré et savoir dire à la vérité au roy de France lesdictes menaces, et savoir s'il les avoyeroit, l'on envoia après ledict conte et ses compaignons jusques à Nostre-Dame de Haulx, affin qu'ilz voulsissent baillier leur charge par escript, pour y mieulx respondre; et ay entendu qu'ilz modérèrent fort leursdictes menaces. Et ainsi s'en allèrent, après qu'ilz eurent receuz de beaux dons et vasselle d'argent.

Or avoit le Roy ordonné à messire Philippe, bastard de Bourgoingne, son admiral de la mer, dès la fin de juillet, qu'il se tirast à dilligence en Zellande, et qu'il fist provision de bonnes navires de guerre pour son voiage de Castille: ce qu'il fist, et les alla véoir le Roy. Mais, après qu'il cognut que lesdictes navires ne seroient caleffrettées, les provisions nécessaires ne seroient prestes en long temps, il leur donna congyé; et, ce néantmoins, firent les maronniers toute dilligence à mettre à point leurs navires, et le Roy à faire ses affaires, et ses officiers ad ce ordonnez les vitailles et aultres nécessitez prestes, et avoit bon espoir de party dès le XIIe ou XIIIe de décembre oudict an XVe cinq. Toutesfois le propre navire où le Roy avoit intention de soy mettre de sa personne n'estoit point prest, ne aussi pluseurs nécessitez; et d'aultre part ne fist point temps pour soy party, car le vent fut tout contraire.

Or eust le Roy une excessive despence en la guerre de Gheldres, tellement qu'il lui a convenu faire pluseurs malvaises finances pour aller en Castille et pour la souldée de ses navieurs et de ses gens de guerre; mesmement luy tourne sa conqueste audict païs à très-grand despense, car il convient qu'il ait illecq officiers, comme gouverneur dudict païs, capitaines, gens de guerre en neuf ou dix villes, conseil pour faire raison à ceulx qu'il a concquis, façon de blockus et chasteaux et pluseurs aultres moyens de despence: et tout par le malvais conseil desdicts deux chevaliers de basse condicion. Et que pis est, pour appaiser les François, il luy a convenu envoier le seigneur de Ville[1], son premier chambellan, le don-prévost d'Utrech[2], maistre Philippe Wielant et Jehan Caulier, ses conseilliers, devers le roy de France, pour plus asseurément entendre les causes de son courroux, et aussi pour luy faire response sur les demandes et

---

[1] Jean de Luxembourg, seigneur de Ville, chevalier de la Toison d'or.
[2] Philibert Naturel, dom-prévôt d'Utrecht, conseiller du Roi et chancelier de la Toison d'or.

doléances dudict conte de Nevers, évesque de Paris et bailli d'Amiens, et aussi pour savoir laquelle des filles du roy de Castille ilz vouloient choisir pour le duc d'Angoulesme, daulphin de France. Et se partirent environ le xve de septembre de la ville de Bruxelles, et furent longtemps les uns attendans après les aultres; et sy mena le seigneur de Ville jusques à xx gentilzhommes de l'ostel du Roy bien en point et richement montez et vestuz.

Ledict seigneur de Ville et ses compaignons ambassadeurs approuchèrent la ville de Blois, où estoit le roy de France, et cuydèrent trouver le roy audict lieu : mais il s'en alla par ung dymenche, ou moys d'octobre XV^c et cinq, en une povre maison qui s'appelle Madon, à deux lyeues de Blois, et fist mener lesdicts ambassadeurs au Plessis-les-Blois, ung aultre povre lieu près dudict Madon : ouquel lieu la plus saine partie et leurs chevaulx furent très-mal logez, toutesfois plaisant et beau païs, mais povre, qu'il sembloit qu'ilz estoient illecq envoyez en exil, [et] n'y prindrent guère de desduit. Et en passant auprès de Blois, leur vindrent nouvelles que l'on publioit, à son de trompe, par les rues de Blois, paix entre le très-chrestien roy Loys de France et don Fernande, roy d'Espaigne, et le nommoyent ainsi, pour ce qu'il leur sembloit que soubz le nom d'Espaigne estoient comprins les royaulmes de Castille, de Léon, de Grenadde, Galice et aultres appartenans au roy don Philippe, et ne le vouloient point intitulé roy de Castille, pour ce qu'ilz avoient ainsi nommé le roy Philippe de Castille, et eust esté trop appertement contrevenu à leur promesse. Et praticquoient lesdicts François le mariage du roy d'Arragon, qu'ilz nommoient roy d'Espaigne, et de la niepce du roy de France, fille au conte de Foix ; et avecq ce, pour monstrer leur léaulté envers le roy de Castille, et affin qu'ilz ne fourlignassent point [1], mais persévérassent en leurs tromperies, avoit le roy de France escript lettres à messire Charles, bastard de Sommerset, anglois et serviteur privé du roy d'Engleterre, et luy prioit que, ses lettres veues, il voulsist venir vers luy, et qu'il lui vouloit dire et déclarer aucunes choses grandement touchans le bien et honneur du roy d'Engleterre, son maistre. Lesquelles lettres il monstra à son maistre et tira à Blois vers le roy, et fut logié en son chasteau, et illecq deffroyé, servy et festoyé par les propres

---

[1] *Qu'ilz ne fourlignassent point,* qu'ils ne démentissent point leur caractère.

officiers du roy de France. Et non content, envoia devers le duc de Ghel- 1505.
dres, affin qu'il voulsist recommencer la guerre allencontre du roy de
Castille, et aussi praticqua très-fort les Suysses, pour les faire esmouvoir
contre l'empereur, et les faire courre en sa conté de Ferratte[1] ou ailleurs
en ses païs environ lesdicts Suysses. Et en effect tout ce qu'il peult penser
qui povoit porter dommaige ou préjudice au roy de Castille, il le fist: et
pour parvenir à ses fins et mettre sa malvaise voulenté à exécucion, envoia
au roy d'Arragon pluseurs lettres que lui avoit escriptes le roy de Castille,
par lesquelles il luy promettoit et offroit beaucoup d'amittié, et plus qu'il
n'estoit tenu et que bon ne luy estoit : car par ce moyen son beau-père s'en
troubla tellement qu'il se conclud, comme mal advisé, audict mariage de la
niepce du roy de France, fille au seigneur de Nerbonne et d'Estampes, et
avecq ce envoia aussi le roy d'Arragon pluseurs lettres que le roy de Castille, son beau-filz, luy avoit escriptes, au roy de France; et par le moyen
desdictes lettres se allyèrent ensemble. Et fut ledict mariage conclud et la
sollempnité faicte, nosdicts ambassadeurs estans à Blois, pour faire plus
grand desplaisir et despit audict roy de Castille : mais le roy d'Arragon se
peult bien vanter qu'il n'aura point trouvé la bonne trespassée[2] n'en corps,
n'en biens, ne honneurs, ne vertus.

Or avoient lesdicts François pluseurs divises qui guères ne vaillent
à ramentevoir pour l'honneur des nouvelles mariées, et entre les aultres
demandoient aux gens du roy de Castille s'ilz cuidoient avoir la fille de
France pour le duc Charles de Luxembourg, prince de Castille. A quoy
moy-mesmes respondiz qu'ilz estoient tous deux bien jeunes, et que
quant ilz seroient grans et en eage de maryer, que l'ung recouvreroit bien
d'une femme, et l'aultre d'ung mary.

En oultre, avec ce icelluy roy de France envoia lettres amiables que luy
avoit escriptes le roy de Castille, au roy d'Engleterre, ancien ennemy de la
couronne de France, pour par icelles persuader le roy d'Engleterre qu'il
ne se devoit fyer au roy de Castille, et que, s'il vouloit entendre à estre
son amy et soy déclarer à la guerre allencontre dudict roy de Castille, il
le assisteroit; et aussi avoit le roy d'Engleterre de ce faire bonne raison,
comme disoit le roy françois, pour ce que, par le conseil et à la pour-

[1] Ferrette. | [2] La reine Isabelle.

sieutte de l'ung desdicts chevaliers de basse condicion de quoy j'ay parlé cy-devant, on avoit mis nouvellement aucuns tonlyeux et imposicions sur les biens et marchandises allans d'Engleterre ès païs du roy de Castille et ès Allemaignes, pour quoy le roy d'Engleterre à bon droit pouvoit prendre guerre allencontre du roy de Castille et de ses païs de Brabant, Flandres, Hollande, Zellande et autres; et ce luy povoit bien souvenir des brisures que l'on luy avoit fait faire, tant par le sieur de Lincole que par son frère, conte de Suffort[1], que depuis par le duc d'Yorck, qu'ilz ont appelé en Engleterre Pierrecain de Werbecques; et se luy feroit avoir et bailleroit femme noble et de bon lieu en son royaulme, et luy présenta la vefve d'Angolesme, mère du daulphin de France, belle dame et encoires de bon eage : mais la bonne dame, de ce poursuye, dit absolument que au roy d'Engleterre ny à aultre ne se maryeroit jamais; et après, luy mist en avant sa fille, seur du daulphin, fille d'Angolesme, belle demoiselle et josne. Et combien qu'il est peu de femmes qui ne désirent et ne voulsissent bien estre roynes, toutesfois la belle demoiselle ny s'y voulsist accorder, tant pour l'estrangetté des gens, du langaige et du païs où on la vouloit mener, que peult-estre pour ce qu'elle savoit le roy d'Engleterre estre ancyen et fort sur l'eage, et que, quant l'aventure viendra que son frère sera roy, qu'elle trouvera lors bien josne, riche et noble mary, et sans passer la mer.

Or regardez quelles dommageables practicques ce roy françois trouvoit pour exécuter sa malvaise voulenté, et se son courroux ne luy ostoit point bien le sens : car chascun scèt la querelle de ces deux nacions; et derechief vouloir allyer la sueur du daulphin à leurs ennemis, il eust bien peu advenir que la querelle des Anglois en eust été meilleure et plus forte, et que par ce moyen ilz fussent une fois parvenus à la couronne de France. C'est une querelle sy desplaisante aux François, qu'ilz perdent sens et entendement quant ilz en oyent parler ou quant il leur en souvient. Et néantmoins, sans avoir regard ad ce que dit est, ont eulx-mesmes praticquié ceste folye, pour cuyder faire dommaige et desplaisir à leur ancyen amy

---

[1] John, comte de Lincoln, et Edmond, son frère, comte ou duc de Suffolk, l'un et l'autre ennemis de Henri VII. Le premier avait péri à la bataille de Stocke, en 1487. Le second, qui s'était réfugié aux Pays-Bas, fut livré par Philippe le Beau à Henri VII, à la suite des négociations qu'il y eut, à Windsor, entre les deux monarques, en 1506.

le bon roy de Castille, qui tant grandement les a assistez, portez et def-
fenduz contre l'empereur, son père, contre le roy d'Arragon, son beau-
père, et contre son propre pourfit et honneur. Et semble que Dieu en soit
mal content, et qu'il les a ainsi tournez allencontre de luy par vraye pugnicion divine. Et fut longtemps ledict de Sommerset illecq : mais il ne faisoit
chose qui plust au roy de France, car le roy d'Engleterre, son maistre,
qui excède tous aultres princes en sens et richesse, n'estoit nullement de
tel advis, et dit bien aux sires de Saint-Py et de Escoubecque [1], président
de Flandres, ambassadeurs du roy de Castille estans vers luy, qu'il cognoit
trop bien les François pour s'en laissier tromper : « Et comment, dit-il,
» me fieroie-je en eulx, quant il n'y a que environ demi-an qu'ilz ont sy
» chièrement juré paix et amittié avec le roy de Castille, et que, passé
» deux moys, ilz ne font que praticquier le contraire de leurs promesses?
» Vous ne me devez pas tenir pour sy fol que de croire que je me laisse
» tromper d'eulx ; j'espère que je m'en garderay aussi bien que j'ay fait
» jusques à présent. »

Et pour parfournir mon propos, le duc de Gheldres fit response aux
ambassadeurs du roy de France qu'il avoit fait quelque traictié au roy de
Castille, lequel il avoit voulenté de entretenir, et mercya le roy du secours
et amittié qu'il luy présentoit. Ne leur dist point qu'il avoit esté trompé
par eulx, mais il n'en pensa point moings ; et de ce advertit le roy de
Castille, et se trouva bref après vers luy en ses villes de Bruxelles et
Anvers, où il fut bien et grandement receu, et luy fist le roy de beaulx
dons, tant de vasselle d'argent, fourrures de martres, d'argent content, que
aultrement, à grand planté [2], qu'il s'en devoit bien contenter ; et s'en
retourna bref après en Gheldres, en intencion de soy faire prest pour
compaignyé le Roy en son royaulme de Castille. Mais, quelque chose
qu'il luy eust promis, il ne luy tint point sa promesse, et tout par l'ennort
desdicts François : dont mal ly poura venir. Et quant aux Suysses, ilz ne
sont point bien délibérez de prendre guerre sans souldée. Aussi l'empereur
et le bont [3] d'Alemaigne leur est trop fort, et ne s'y prendroient point

[1] Michel de Croy, seigneur de Sempy, chevalier de la Toison d'or, conseiller et chambellan du Roi, et Jean le Sauvage, chevalier, seigneur d'Escaubecque.
[2] *A grand planté*, en grande quantité.
[3] *Bont*, mot allemand et flamand : la confédération.

voulentiers. Et pour conclure, la moittié des pensées d'ung fol ne viengnent jamais à fin : aussi espéré-je que ne feront les praticques des François, car ce seroit dommaige trop grand à leurs voisins.

Les ambassadeurs de Castille estans arrivez aux Montiz lez-Blois le dymenche[1] envers le vespre, et le roy de France estant à Madon, un quart de lyeue desdicts Montiz, manda iceulx ambassadeurs le lendemain sy matin que encoires n'estoient-ilz levez, et leur fist savoir qu'ilz venissent incontinent, et qu'il oirroit ce qu'ilz vouloient dire, et qu'il avoit desjà disné; et sy n'estoit que environ sept heures du matin. Le sire de Ville et les aultres ambassadeurs du roy de Castille, considérant le petit recueil qu'on leur faisoit, ne désiroient que d'estre expédiez, et firent dilligence de eulx tirer vers le roy ; et le trouvèrent en une petite chambre, non point trop bien acompagnyé de suite, mais assés de honnestes et anciens personnaiges; et leur vint, à l'entrée de la maison, le sire de la Trymoille au-devant et peu d'aultres gens, et les mena en la chambre du roy, où ilz le trouvèrent assiz sur ung bancq; et leur fist assez petit recueil; et semblablement lesdicts ambassadeurs, ce voyans, ne luy firent sy grand honneur qu'ilz eussent fait s'ilz l'eussent trouvé plus honorable. Et après la salutation faicte, présentèrent une lettre de crédence, de par le Roy leur maistre, parlante sur le sire de Ville, le don-prévost d'Utrech, maistres Philippe Wyelant et Jehan Caulier, appellé avecq eulx Philippe Daule, son maistre d'ostel, qui longtemps avoit esté devers le roy de France sollicitant les affaires du Roy son maistre; et par lesdictes lettres donnoit povoir ausdicts sieurs, aux deux ou trois d'eulx, de traicter avec le roy des différens d'entr'eulx, moyennant que tousjours ledict sire de Ville et don-prévost y fussent tous deux. Et après la lecture desdictes lettres leur fut dit, par messire Guy de Rochefort, chancellier de France, que lesdictes lettres contenoient crédence, et que le roy estoit prest de oyr ce qu'ilz vouldroient dire.

Alors ledict don-prévost d'Utrech, maistre Philibert Naturel, commença à proposer et dist : « Sire, le roy de Castille a envoié vers Vostre Majesté
» le sire de Ville, qui cy est, son premier chambellan, Philippe Daule,
» son maistre d'ostel, maistre Philippe Wyelant, son conseillier, maistre

---

[1] 12 octobre 1503.

» Jehan Caulier, son advocat en Artois, et moy, son chappellain et petit
» orateur, et nous a donné charge vous dire que, nonobstant la très-
» grande amittié et les très-grandes allyances qui bonne espace de temps
» ont esté entre vous, Sire, et le roy de Castille, comme entre père et filz
» sans aultre moyen, et que icelles allyances ayent esté faictes par voz
» personnes et non par procureurs, de quoy elles devoient estre de plus
» grande efficace, attendu la communicacion et la cognoissance de l'une
» personne à l'aultre, ce nonobstant, vous avez envoyé vers luy, en sa ville
» de Bruxelles, le conte de Nevers, l'évesque de Paris et le bailly d'Amiens;
» et, soubz couleur d'aucunes petites emprinses qu'ilz disoient avoir esté
» faictes par aucuns promoteurs ou sergens, tant en la conté de Flandres
» que en la conté d'Artois, purs voisins l'ung à l'aultre, allencontre de
» voz officiers du bailliage d'Amiens, vous, Sire, par vosdicts ambassa-
» deurs, avez fait faire de grandes menaces et sommacions, en impro-
» pérant¹ au roy de Castille, mon maistre, que en l'an mil quatre cent
» quatre-vingt dix-neuf, en la ville d'Arras, il avoit fait sèrement de garder
» et entretenir les status royaulx, au moings ceulx qui à ladicte journée
» d'Arras avoient esté accordez par voz gens et par les siens, et que direc-
» tement en aucuns cas il avoit contrevenu à iceulx, mesmement à son
» sèrement, prétendant par ce droit de confiscacion èsdicts contés de Flan-
» dres et Artois; semblablement, que n'eussiez jamais cuydié que le roy
» de Castille vous eust fait le tort qui vous a fait touchant l'éveschié de
» Tournay, ne aussi touchant la terre de Crèvecueur que luy détient le
» sire de Bèvres, etc. Sur quoy, Sire, le Roy mon maistre est grandement
» esmerveillé de telles menaces ou sommacions, car, à l'heure qui cuyddoit
» le mieulx estre de vous, ce luy est advenu; et nous a donné charge
» vous dire que, en qualité de roy, il est et se tient tousjours vostre frère,
» filz et amy, et, en qualité de conte de Flandres et d'Artois, vostre vassal
» et parent; et nous a ordonné vous dire, pour solucion de la charge
» touchant son sèrement, que oncques en sa vie ne se parjura, et que,
» se aulcuns entreprenoient sur vostre haulteur et souveraineté, qu'il ne
» scèt homme, qui de ce le voulsist charger, qu'il ne s'en osast bien def-
» fendre; mesmement qu'il n'y a homme en vostre royaulme qui, pour la

¹ *Impropérant*, reprochant.

1505. » deffense de vostre justice et haulteur, eust plustost mis la main à l'espée
» que luy, ne quy y seust plus mettre de deffense que luy. Et quant aux
» aultres points pour lesquelz nous sommes cy venuz, ilz ne vaillent point
» la peine de vous en rompre la teste : mais, sy vous plaist, ordonnerez
» de voz gens pour communicquier avec nous, et j'espère que nous serons
» bientost d'accord. »

Ces choses ou semblables dictes, le roy de France fist dire, par son chancellier, que aussi de sa part il désiroit que l'amittié fût entretenue (Dieu scèt s'il disoit vray), et quant à la communicacion pour appoinctier de pluseurs petits différens, le roy son maistre ordonnoit les évesques de Paris, de Lodève, bailly d'Amiens et aultres. Et à tant de parolles se partirent lesdicts ambassadeurs et retournèrent aux Montiz pour disner : mais ilz n'eurent point disné que ledict chancellier de France en personne, les dessusnommez et pluseurs aultres se trouvèrent auxdicts Montiz pour ladicte communicacion, et les hastèrent tant, et tempre et tard, qu'ilz furent d'accord tellement quellement le jeudy après ensuivant. Et despeschèrent poste pour avoir les lettres de sceurté du Roy leur maistre de ce qui illec avoit esté conclud, et puis eurent congyé d'aler à Blois, où ilz allèrent ledict jeudy bien tard : ouquel lieu ilz ne furent guère bien logyez; et illecq demourèrent environ dix jours, attendans response du roy de Castille, ensemble lesdictes lettres de sceurté dont j'ay parlé cy-devant; et quant au choix de la fille du roy, qu'elle estoit encoires jeune et qu'ilz y pourverroient bien en temps. Et en ces entrefaictes aucuns chevaliers et gentilzhommes vindrent véoir le sire de Ville et les aultres ambassadeurs en leurs logis, et entre les aultres le sire de Ravestein [1] leur fist très-bonne compaignye, et sy emmena avecq luy à Chausteau-Théry le sire de Ville, où il le festya pluseurs journées avecq sa femme [2], proche parente audict sire de Ville. Et les aultres sieurs ambassadeurs s'en allèrent, assavoir : ledict don-prévost en la conté de Bresse vers madame la douagière de Savoye, seur au roy de Castille, en intencion de passer envers Rome devers le pappe, où le roy de Castille le envoioit, et d'illec ou royaulme de Naples vers le sieur gouverneur Fernande [3], lieutenant de son beau-père et de luy

---

[1] Philippe de Clèves, seigneur de Ravenstein, qui alors était au service de Louis XII.

[2] Françoise de Luxembourg, fille du comte de Saint-Pol, décapité par ordre de Louis XI.

[3] Gonsalve Ferdinand de Cordoue.

oudict royaulme. Et les aultres, ensemble les gentilzhommes et tout leur bagaige et muletz, suyvirent à petites journées; et se trouvèrent tous à Gand vers le Roy environ le xvᵉ de novembre: ouquel lieu ilz firent leur relation.

Or, durant le temps que lesdicts ambassadeurs furent en France, le roy de Castille fist assembler les estas de ses païs en sa ville de Malines, et leur fist remonstrer les occasions de son voiage de Castille, affin qu'ilz fussent plus contens de sondict voiage; mesmement aussi qu'ilz luy accordassent la continuacion des aydes qui longtemps avoient eu cours en ses païs d'embas, pour quattre ans à venir après l'expiracion d'icelles aydes paravant à luy accordées. A quoy faire aucuns se rendirent difficiles, aucuns non. Mais, tant audict Malines que depuis à Gand, sa demande luy fut accordée.

Et ce temps pendant passa pluseurs fois en Zellande, tant pour véoir la royne sa compaigne, qui estoit à Middelbourg, que pour tousjours faire haster ses navires, qui bien bellement¹ alloyent avant et n'estoient point prestz, ne aussi ses provisions nécessaires, et, qui pis est, il ne faisoit point de temps propice. Et se tira à Bruges environ le xxᵉ de décembre, en intencion de illecq tenir les festes de Noël. Mais, le jour de Noël, le vent se tourna à la nouvelle lune; et du désir que le Roy avoit de parfurny son voiage, se partist de Bruges le jour Saint-Jehan. xxviiᵉ de décembre, alla au giste à l'Escluze, et lendemain, dès six heures du matin, se fist navier à la Grouwe par force de rymes, contre vend et marée, pour soy tirer à ses navires, à intencion de soy party sans attendre homme ne femme: mais, quant vint environ dix heures, le vend se changea tout contraire; et néantmoins passa en Zellande, où il fist faire de grandes dilligences pour apprester sesdicts navires. Et environ le second jour de janvier, le vend fut bon: mais, avant que l'on fût aux navires, il se tourna et se mist à négyer. A laquelle cause il se délibéra d'aler en Anvers à ses affaires particuliers.

Et se changea le vend tant de fois que, environ le iiiᵉ jour de janvier, audict an XVᶜ et cinq, il se mist à la gelée et fust bon pour faire son voiage de Castille; et se délibéra chascun d'entrer ou navire à luy ordonné, telle-

---

¹ *Bien bellement*, bien lentement.

ment que, le mercredy, viiᵉ de janvier, chascun fust embarquié, fors que le Roy et la Royne, qui se tirèrent à Vlissinghe ledict mercredy, où ilz geurent¹ la nuyt.

Et le jeudy, viiiᵉ, oyrent messe environ deux heures après mynuyt, et se embarquièrent et mirent en leur navire, nommé *la Julyenne*, appartenant à aucuns marchans de Zierixée, du port de iiiᶜ ʟ tonneaulx. Mais le temps fust cedict jour variable, et neisgea quelque peu, et avecq ce fist quelque tormente. A laquelle cause le Roy et toutes ses navires se retirèrent plus hault envers Armue², devant le Rammequin³, où ilz furent jusques au samedy, xᵉ dudict moys, que lors, au point du jour, les voilles furent tendues. Et exploitta le temps tellement que, ledict jour, il passa tous les destrois de la mer et vint, environ la mynuyt, à l'opposite de Nostre-Dame de Boulongne en Boulenois.

Le dymenche, lundy et mardy ensuivant exploictèrent tellement, à l'ayde de Nostre-Seigneur et du bon vend, que le Roy et la plus sainne partie de ses navires se trouvèrent, ledict jour de mardy, xiiiᵉ dudict moys, avoir passé toute la cotte d'Engleterre; et estoient en la mer d'Espaigne, où ilz vaulcrèrent⁴ bonne espace de temps, tant pour eulx tous rassembler que aussi pour ce qu'il fist si calme qu'ilz ne povoient aller ny avant ny arrière; et, qui pis fut, se tourna le vend tout contraire. A laquelle cause le Roy ordonna que chascun tiendroit la mer toute icelle nuyt, espérant que le vend se remettroit en son lieu, et, se aultrement en advenoit, que lendemain ilz adviseroient de choisir ung port qui leur fût propice, tant pour la seureté de leurs personnes, navires, que pour le ravitaillement d'icelles. Mais Nostre-Seigneur, qui seuffre l'homme propose et luy dispose, en disposa bien aultrement : car ne tarda guères que, après ce calme temps et avant qu'il fust nuyt, se leva sy grand et impétueux torment du vend de zut de west que de toutes les xxxvi ou xl navires que le Roy avoit en sa flotte, ne demoura une qui seust à parler de l'aultre, tellement que l'admiral perdist le Roy et tous les aultres. Et leur dura ceste tempeste et tormente toute la nuyt, lendemain mercredy et le

---

¹ *Ilz geurent*, ils demeurèrent, ils logèrent, du verbe *gésir*.
² Arnemuiden.   ³ Rammeken, formant une pointe entre Arnemuiden et Flessingue.
⁴ *Vaulcrèrent*, *vaucrèrent*, allèrent de côté et d'autre.

jeudy jusques environ sept heures au matin, que durant icelluy temps se assemblèrent tellement quellement, à grand dangier, environ xviii ou xix navires, à ung havre ou royaulme de Cornuaille, nommé Falemoue [1], auprès d'ung villaige nommé Périnne, où aucuns de nos gens eurent congyé de descendre, tant pour eulx raffreschir, pour avoir et recouvrer aucuns vivres à eulx nécessaires, que aussi pour savoir s'il estoit nouvelles du Roy. Mais les officiers du roy d'Engleterre audict quartier de Cornuaille, véant tant de navires arrivées, doubtans que ce ne fussent aucuns ennemis de leur roy, firent de très-grand assemblée de gens, tant de pied comme de cheval, et avecq ce leur firent très-petit recueil, et, que pis est, empeschèrent aucuns de noz gentilzhommes, assavoir le bastard de Berghes et ung autre, nommé Hesdin, qui avoient esté mis à terre pour à toute dilligence courre par tous les havres dudict royaulme, pour savoir nouvelles du roy don Philippe, ne où il povoit estre arrivé. Mais lesdicts officiers les empeschèrent par telle façon que en trois jours ilz ne purent aller plus de trois ou quatre lyeues englèses, au grand desplaisir et regret d'eulx et de toute la compaignye. En laquelle, entre les aultres, estoient l'admiral, sire de Iselstein, les contes de Nassou, de Hornes, de Furstemberg; la navire des officiers de la bouche soubz le marischal ou escuier des logis nommé Hesdin; la navire des maistres d'ostel, le sire de Bèvres, le sire de Wassenaire; la navire du sire de Ville, grand chambellan; la navire de ceulx de la chapelle, chantres, chappellains, soubz Jehan de Metteneye; la petite barke soubz Thiébauville; la navire du conte de Faulquemberghe; la navire de Visan, sommelier de corps du Roy, de l'ambassadeur de Venize; celle de Loys de Vauldrey, capitaine des archiers de corps; les navires d'aucuns capitaines allemans, pluseurs gentilzhommes et gens de guerre, archiers de corps et aultres qui demourèrent le plus grand nombre en leurs navires, bien desplaisans et piteulx, tant pour ce qu'ilz ne povoient avoir nouvelles de leurs maistres que aussi ne povoient avoir vivres pour leurs deniers à leur voulenté, mais leur estoient empeschiez et tenus sy court qu'il sembloit qu'on les voulsist constraindre de tous venir à terre; et si n'y estoient en nulle seeurté ny amour, mais leur enchérissoient les vivres de plus des deux pars, et quant ilz avoient achaté chappon, beccasses, ou aultre vou-

[1] Falmouth.

1506. lille, leur prenoient hors des mains et les retenoient pour eulx; et sy n'en donnoient point tant aux povres gens que faisoient les gens d'icelluy roy don Philippe; et sy se informoient quelz personnaiges estoient à terre. Et pour ce qu'ilz avoient envoié ung gentilhomme èsdictes navires et qu'il ne revenoit point sy tost qu'il leur plaisoit, firent arrest sur la personne du conte de Hornes, du sire de Praet et aultres, en leur deffendant le party, mais, leur homme venu, les eslargirent. Et toutesfois, pour tant de mynnes qu'ilz faisoient, n'y avoit qu'ung personnaige de quelque apparance, qui se surnommoit d'Arondel, que l'on disoit estre parent du conte d'Arondel, homme de petite stature, jeune de xxx ou xxxii ans, tenant une gravité épiscopalle, sans soy desfuler [1] ne devant Dieu ne devant nul homme; et croy que, s'il eust eu une myttre sur sa teste, qu'il eust encoires tenu meilleure gravité.

23 janvier. Et demourarent en ce point en grand crainte et desplaisir bien desconfortez les gens du roy de Castille jusques au xxiiie dudict moys de janvier, que lors leur vindrent nouvelles que le roy leur maistre estoit au havre de Purlem [2], tout seul de xxxix ou xl navires qu'il povoit avoir, et aussi que la navire du sieur de Roeux estoit perdue, les hommes et biens saulves; la navire du maistre d'ostel don Diego de Ghevara aussi perdue, les hommes et biens saulves; la navire ouquel estoient pluseurs serviteurs du Roy et, entre les aultres, le fournyer qui fait le pain, sa femme et pluseurs aultres et bien pour ii ou iii^m livres de bled, laquelle fut entièrement perdue, saulf environ x ou xii mariniers et ledict fournyer. Lequel fournyer avoit esté à terre ferme et à saulfveté : véant sa femme nageant et flotant sur les ondes de la mer, comme bon et léal preudhomme, ayant plus grand regard à sa léaulté que à la crainte de la mort, se remist en la mer à l'abandon des ondes et grand péril ouquel il avoit esté, et fist tant qu'il arriva où estoit sa femme et trouva moyen d'avoir icelle par le bras, la cuydant mener à saulfveté, comme tous bons preud'hommes sont tenuz de faire en tel cas. Mais Nostre-Seigneur, qui avoit ordonné la séparation d'iceulx mary et femme estre faicte, permist que une onde les sépara l'ung de l'aultre, tellement que le povre bon et léal mary fut constrainct habandonner sa femme; et, qui pis luy fust, furent les ondes sy malvaises qu'il

---

[1] *Desfuler*, découvrir. [2] Portland.

ne la peult plus recouvrer, combien qu'il en fist son mieulx, et jusques faire choses impossibles et incréables et que jamais homme n'avoit paravant fait pour sa femme. De quoy tous mariez devroient estre bien joieulx, car les bonnes femmes maryées, chascune en son degré, cuidoient que les hommes ne les aymassent plus : mais le bon fournyer a bien monstré le contraire.

Je ne vous ay point dit que le Roy, estant en Zellande, en sa ville de Middelbourg, attendant que le vend luy fût bon, donna l'ordre de sa Thoison d'or, sans tenir la feste accoustumée, ne faire le service accoustumé estre fait pour les confrères d'icelle ordre trespassés, au jeune conte de Nassou, ou conte de Hornes, ou conte de Furstemberg, grand bailly de Ferratte et capitaine général des deux mil Allemans que le Roy mainne avecq luy en Castille, au sire d'Isselstein, filz ou conte de Bueren, au seigneur et baron de Lalaing, au seigneur du Roeulx et à don Jehan Emmanuel, de la nacion de Castille[1].

Et en ce faisant, se apprestoient tousjours lesdictes navires pour ledict voiage. Et en ce mesme temps le Roy avoit souvent nouvelles du seigneur de Veyre, dit la Mouche, estant en Castille, tant pour entretenir amittié avecq le roy d'Arragon que pour gagner les princes dudict royaulme ou parti et du costé du roy don Philippe, son maistre, et ouquel lieu il avoit continuellement esté depuis le trespas de la très-vertueuse et très-catholicque royne Ysabeau, trespassée. Ouquel lieu il a eu, comme j'ay entendu, de grans peines, craintes, despences et labeurs : car, sy comme la commune renommée le porte, le roy don Fernande d'Arragon vouloit avoir l'entière entremise et administracion de tous les royaulmes appertenans à la royne Jehanne, sa fille, et à elle succeddez par le trespas de sa très-vertueuse mère, que Dieu absoille, et d'iceulx sans droit ne raison percevoir tous les fruytz sa vie durant, et tel en court le bruyt entre les communes gens. Néantmoins aucuns disoient que non, et qu'il ne demandoit ne désiroit tant chose que la venue du roy don Philippe et de la royne sa fille, mais que la bonne royne avoit fait, en son vivant, certain testament de dernière voulenté par lequel, entre aultres choses, son mary le roy d'Arragon demouroit exécuteur d'icelluy testament, en luy donnant charge de payer

---

[1] Voir Reiffenberg, *Histoire de l'ordre de la Toison d'or*, p. 270.

1506. certaine grand somme de deniers, tant à pluseurs povres personnes pour aulmonne que à pluseurs et divers povres cloistres et couvens, mesmement à pluseurs églises cathédralles par elle fondées et édiffiées, que à ses serviteurs dommesticques, et aultrement en divers lieux, et que au seurplus luy demoureroit le gouverneur desdicts royaulmes et percevroit les fruitz d'iceulx sadicte vie durant, avec les trois principales commanderyes de Castille et la disposicion de la moictié de tous les offices et bénéffices. S'il est vray, je me rapporte à ce qu'il en est. Et peult-estre qu'il sembloit au roy d'Arragon que nul n'estoit plus capable au gouvernement desdicts royaulmes que luy, et que son filz don Philippe, obstant ses aultres païs, royaulmes et seignouries dont il a à grand plenté, esquelz luy est besoing estre le plus de temps, n'avoit point l'opportunité de résider esdicts royaulmes de Castille, et devoit plustost mettre lesdicts royaulmes en ses mains que en main estrange. Et, qui plus est, est bon à croire que le roy d'Arragon se treuve pressé de ses féaulx serviteurs de entreprendre ledict gouvernement, peult-estre plus pour leur pourffit que pour le sien ne pour la raison : car il est notoire que le roy don Philippe est eagié, et aussi est la royne Jehanne, pour eulx-mesmes gouverner leurs païs, seignouries et royaulmes.

Or, pensés que icelluy roy d'Arragon n'a pas esté si longuement possesseur desdicts royaulmes, comme advoé de sa femme, qu'il n'y ait acquis de grans amis et aussi de grans ennemis : car en iceulx a tant de grans maistres et grans princes, et telz princes ne sont point acoustumez de souvant aymé l'ung l'aultre, ne coustuméement grans maistres voisins ne sont point souvant bons amis en quelque païs que ce soit; et mesmement en cesdicts royaulmes a bien esté veu que les grans maistres n'ont grandement aymé l'ung l'aultre, et aussi que les princes et le peuple sont gens de grand cueur; et grandement en y a de bien soubtilz et plains de spéculations, ou, à l'aventure, par malvais rapportz, qui ont eu inimitié au roy d'Arragon, et vouldroient bien véoir qu'il eust quelque adversité. Et aussi est à présumer et croire qu'il y a pluseurs grans maistres qui l'ayment bien, et qui vouldroient qu'il peult demourer audict gouvernement sa vie durant, espérant en faire leur pourffit. D'aultres en y peut avoir ausquelz il ne chault qu'il ne soit roy ne gouverneur, mais peult-estre qu'ilz seroient bien joieulx que dissencion s'y trouvast, espérant en faire grand pourffit.

Pluseurs en y a ausdicts royaulmes qui espèrent, se guerre y estoit, 1506. d'avoir quelque païs ou villes esquelz ilz prétendent quelque petit droit, ou par l'ung ou par l'aultre moyen; aultres qui ne peuvent avoir bruyt ne gaigner s'il n'y a guerre. Aussi je ne doubte point qu'il n'y en a qui vouldroient bien que bonne paix et amittié y fût trouvée. L'on treuve en grans royaulmes gens de divers entendemens et de diverses et estranges voulentés.

D'aultre part ne puis plus cellé ce que pluseurs m'ont dit et rapporté (ne sais s'ilz m'ont dit vérité) : c'est que asseurément le roy don Fernande, se trouvant vesve, desplaisant de habandonner lesdicts royaulmes de Castille, Léon, Grenadde et aultres délaissiez par feue sa bonne compaigne (que Dieu absoille), ne say se s'a esté de son mouvement ou par l'ennort des François ou de ses privez serviteurs, a arrestéement poursuy et sollicité que lesdicts royaulmes puissent demouré en ses mains; et le chargent aucuns qu'il a cuydié prendre, en une cloistre en Portugal, donna Bertrandinne, fille légitime ou naturelle du roy don Henrick de Castille, et icelle prendre à femme et espeuse, soubz couleur qu'elle avoit quelque droit ësdicts royaulmes et que les princes desdicts royaulmes, ou grand partie d'iceulx, l'avoient tenue pour leur vraye royne dès le vivant du roy don Henrick, moyennant certain sèrement par luy fait, présens les princes desdicts royaulmes, et contre vérité, comme l'en a bien sceu depuis. et sans avoir regard que ladicte donne Bertrandinne fût religieuse professe, nyepce à la bonne royne trespassée, ne que, par l'espace de xxx ou xl ans, il eust possessé lesdicts royaulmes par le droit que y avoit sa feue compaigne.

Le seigneur de Veyre, adverti de ce que dit est, ne mist point ceste matière en nonchaloir, mais à dilligence en escripvit au roy de Portingal, qui, de ce averti, fit prendre Bertrandinne hors de son couvent et la fist mettre en bonne garde et en bonne sceurté, et avecq ce dit bien et manda au seigneur de Veyre qu'il vouloit estre et demourer le bon frère du roy don Philippe; et en eurent pluseurs lettres et nouvelles l'ung de l'aultre. Et voyant par icelluy seigneur de Veyre que le roy d'Arragon faisoit telle emprinse contre le roy don Philippe, son maistre, ne le peza point peu, et luy sembla bien que les affaires du Roy son maistre pourroient tomber en grand doubte et en grand confusion. Et s'il se trouva perplex et empeschié

1506. et en doubte, ne s'en fault point esbahy, avecq ce que le roy don Fernande luy fist prendre ses lettres que luy apportoient les postes du Roy son maistre, et ung de ses serviteurs, pour luy deschiffrer aucunes chiffres que nul ne savoit entendre que le Roy, sondict ambassadeur et son clerc, et le voult constraindre, par menaces de le faire mourir, à luy dire que contenoient lesdictes lettres de chiffres. Mais ledict serviteur n'en voult riens faire, et fut délivré sans avoir quelque mal. Et ne vit ledict seigneur de Veyre aultre remède fors de praticquier amis : ce qu'il fit tellement que la pluspart des princes furent tous jurez à luy, ou secrètement ou appertement, et crioient par tout ledict royaulme publicquement : *Vive le roy don Philippe et la Royne, sa compaigne.*

Le roy d'Arragon, véant qu'il avoit failli audict mariage, de ce non content, bouté des François, anciens ennemys de tous royaulmes et de toutes seignouries, ne misrent point[1] en nonchaloir de, à leur ancienne manière, faire praticquier le roy d'Arragon et le esmouvoir à soy maryer et allyer en France, et ilz luy feroient telle assistence allencontre de tous qu'il demourroit roy de toutes les Espaignes, et garderoient bien le roy don Philippe de soy y trouver, et luy donneroient tant d'affaires, et en Gheldres et ailleurs, qu'il n'auroit point loisir de aller esdictes Espaignes. Et tellement luy sceurent joué de leurs anciennes bourdes et tromperies, desquelles nul ne se peult garder, que le roy don Fernande, à leur poursieutte, espousa, environ la fin d'octobre XV^c et cinq, dona Bertrandine[2], fille au seigneur de Nerbonne et d'Estampes et de la seur du roy Loys de France,......[3] de ce nom et naguère duc d'Orléans. En contemplacion duquel mariage, le roy don Fernande donna au roy de France, en lieu d'avoir quelques païs ou royaulmes, ung million de ducas d'or et de poix à payer en dix années, asscavoir chascun an c^m ducas, et le roy de France, moyennant ladicte somme, renonça à tout tel droit, cause et action qu'il a et peult avoir ou royaulme de Naples, ouquel il a beau renoncer, car il n'y tient roye[4] de terre. Et avecq ce promist au roy don Fernande de le assisté

---

[1] Ce passage est littéralement conforme au manuscrit.

[2] Ce nom était resté en blanc dans le manuscrit primitif; il y a été ajouté postéricurement: mais celui qui l'a fait a commis une méprise : la deuxième femme de Ferdinand ne s'appelait pas *Bertrandine;* elle s'appelait *Germaine* (de Foix).

[3] En blanc dans le manuscrit. Il s'agit de Louis XII. | [4] *Roye,* ligne, raie d'un champ.

envers et contre tous. mesmement contre le roy don Philippe et ses alliez, ensemble pluseurs aultres pointz et articles desquelz je me depporte, obstant qu'ilz ne me touchent; et n'ay intencion de mettre par escript fors les bonnes ou malvaises adventures que le roy don Philippe pourra avoir en sondict voiage, et les vertus des princes, seigneurs et gentilzhommes qui à luy obéiront comme tenuz sont, et les vices et lâchetez de ceux qui, contre droit et raison, luy seront rebelles et désobéissans : le tout à l'honneur des bons ou diffame des malvais; et aussi partie des peinnes et labeurs des princes, nobles hommes et serviteurs dommesticques que le Roy et la Royne ont amené avecq eulx de leurs païs de Bourgoingne, Brabant, Flandres, Hainnau et aultres des païs d'embas.

Je ne vous ay ozé monstrer ne donné à cognoistre aucuns articles que j'avoie icy escripts touchant et le gouvernement et les gouverneurs du Roy, nostre sire, doubtant que aucuns ne trouvassent mon livre et qu'il ne m'en fust de piz, ou que le Roy ne fût aucunnement adverti de mon escripture, et aussi qu'il avoit pluseurs nouvelles gens et jeunes à l'entour de luy, et qu'ilz ne eussent dit quelque chose de mon escripture, et qu'il l'eust voulu véoir; et moy, doubtant de ce, ay deschiré aucuns feuilletz de ce présent quayer. Toutesfois il semble que, se le bon prince eust demouré soubz son ancienne et bonne garde de laquelle il avoit esté préservé, nourry, aprins et endoctriné, qu'il n'eust point fait pluseurs jeunesses qu'il faisoit journellement, et qu il ne fust jamais esté en lieu ne place dont la Royne eust eu quelque suspicion ne occasion de courroux ne de jalozie : mais le bon Roy se laissa tellement mener de l'évesque de Besançon [1] et d'aucunnes jones gens qu'il fust constrainct de deschasser arrière de luy celluy, voire tous ceulx qu'il avoit en révérance, tant pour ce que le roy son père les luy avoit baillés que pour l'honneur et révérance de la nourriture [2].

Et le XVIe jour de janvier, après que Nostre-Seigneur eust bien donné à cognoistre qu'il n'est Dieu que luy et qu'il est le Dieu des merveilles, et que, depuis le mardy à la nuyt, le vend et la mer furent sy très-impétueulx qu'il sembloit que véritablement ilz fussent mal contens qu'ilz ne povoient

---

[1] François de Busleyden, mort le 24 août 1502 à Tolède. Voy. p. 196.

[2] Tout cet alinéa est d'une écriture qui dénote qu'il a été ajouté après coup. Il n'est pas de la même main que ce qui précède; il est au recto d'un feuillet et se poursuit au verso, mais seulement pour quelques lignes. Le reste du verso est en blanc. Au feuillet qui suit il y a dix-huit lignes tracées.

engloutir et mettre en leur gouffre une tant noble et tant grande compaignye. le Roy et toutes ses navires courans la mer nuyt et jour, voire sans jour. car le jour estoit plus obscur et moins apparant de clarté ne de vouloir donner joie à la compaignie que n'estoit la nuyt, près de terre et ne la povoient véoir, tousjours en danger d'estre reversez en mer par la grand force du vend et des ondes; la voille du navire du Roy abatue; ledict navire. endormy, ne se bougeoit non plus que s'il fust à terre, doubtant les roches et la terre qu'ilz ne véoient point. et sy la désiroient tant, en une sy très-excessive froidure que nul corps ne la povoit supporter, le bon noble Roy, à nuz pieds et nue teste, estant sur le tillas, non regrettant sa personne, mais disant en larmoyant tendrement : « Hélas! mon Dieu, et
» toy, glorieuse Vierge Marie, et sy convient que ceste noble compaignye
» périsse aujourd'huy par ma cause, que j'y ay grand regret. Pour ma
» vie, ne plus ne moins je suis mortel comme le moindre de la com-
» paignye : mais las! que dira l'empereur, mon bon père, qui plus n'a
» d'enffans que moy? Hélas! et que feront mes beaulx enffans et sembla-
» blement tous mes bons subgectz? Hélas! ilz demoureront proye à tout
» le monde, et leur vouldra chascun faire guerre sans cause ne raison.
» Hélas! mon admiral, hélas! conte de Nassou, sire de Bèvres, conte de
» Furstemberg, conte de Faulquemberghe, conte de Hornes, le jeune Ber-
» ghes, seigneur du Roeulx et tant de nobles hommes qui sont en ma
» compaignye, et où estes-vous? Estes-vous desjà engloutis de ceste rebelle
» et malvaise mer? Hélas! hélas! et que j'ay grand regret de voz vies, et
» d'estre cause de vostre mort! Hélas! sy vous fussiez demourez en vie,
» vous eussiez fait maintes belles appertises d'armes pour la deffense de
» mes enffans, de mes bons subgetz et bons païs. Hélas! que je fis grand
» folye quant j'emmenay tant de nobles hommes hors de mes païs! Hélas!
» et quel regret auront mes amis quant ilz verront que je pers ma vie
» à l'heure que je commençoys à vivre, à l'heure que j'ay attaint l'eage de
» discression, à l'heure que les grans royaulmes et seignouries, comme le
» tiers de la chrestienté, me doibt appartenir! Helas! j'en devroye avoir
» grand regret : mais mon regret est plus à l'empereur, mon père, à mes
» enffans, à mes bons païs et subgectz et à tant de nobles hommes dont
» aujourd'huy je suis cause de leur mort. Hélas! mon Dieu, et quel esjoïs-
» sement auront mes ennemis en ma mort! Hélas! vray Dieu, je crains

» qu'elle sera cause de grandes guerres et dissensions par toute la chres-
» tienté. Néantmoins, combien je prie Dieu dévotement, la glorieuse
» vierge Marie, qu'elle me veuille encoires préserver, au moins que je ne
» meure point de sy villainne mort ne sy rigoureuse, mais me vueille
» préserver, et je te promets de toy allé visité en tes églises de Montserrat
» et de Gardeloupe [1], et illecq en chascune église et devant ton ymage
» offry mon pesant d'argent. »

En faisant ses doléances, assiz en une chayère, la Royne assise en bas
entre ses deux jambes, espérant que, s'il faloit illecq fini, qu'elle mourroit
avecq son mary, et qu'elle se lyeroit et tiendroit tellement à luy que,
non plus qu'ilz n'avoient esté séparez en leur vie, aussi ne seroient-ilz à
leur mort [2], va venir ung peu de clarté, et virent les marroniers la terre, et
cognurent qu'ilz estoient en la couste d'Engleterre, près de l'ille de Portland.
Et combien que le havre soit fort estroit et dangereulx, ce néant-

[1] Guadalupe.
[2] L'ambassadeur de Venise, Vincenzo Quirini, dans une dépêche adressée au doge, de Falmouth, le 30 janvier 1506, rapporte, sur le danger que coururent le roi Philippe et la reine Jeanne, sur le courage qu'ils montrèrent tous deux dans cette situation critique, sur les paroles que Philippe adressa à ceux qui l'entouraient, des détails qui concordent avec ce qu'on lit dans notre Relation; il tenait ces détails d'un gentilhomme que le Roi venait d'envoyer à Falmouth. Voici comment il s'exprime :

« ...... Stetteno immar tutto el mercore e tutta la zuoba fino sera, che non poteno prender porto, né redurse in loco de salvamento; et, inter cetera, oltra el libar de artigiarie la coperta, et de tute cose, volendo im tracto caiar la vella, la furia del vento la portò nel agua, et steteno una meza hora cum la nave, imgalonada, che la poteno rehaver; et se mancava lo adiuto de uno solo marinaro, che tre volte se gettò al agua, et talgiò alcune corde de la vella, et fece susperar la nave, non haveano remedio alcuno, et za el patrone et piloti et marinari erano del tuto persi et abandonati; et in questo tempo tre volte se atachò el focho ne la nave, cum non manco pericolo de abrusarse che de anegarse. La Maestà del Re per uno pezo se portò gagliardemente, sempre in zupone per nave, confortando ogni uno : ma vene una bota de mar ch'el getò abasso cum tanto impeto che ogni uno dubitò el fosse morto. Unde Sua Maestà se reduse da poi insieme cum la Rezina, che sempre monstrò animo intrepido, et cum alcuni suoi cari et amati zentilhomini, et abraciati l'uno cum l'altro stavano expetando continuamente la morte, senza alcuna speranza de poter campar; et dice el prefaeto zentilhomo che la Maestà Sua affermava alora che non l'increscea la sua morte, poi che così era la voluntà de Dio, ma che ben li doleva, prima esser sta causa de la morte de tante zente da bene che l'avea menato cum sì, credendo veramente che non dovesse campar nave, poi che la sua, che era la mazor, con tanti piloti et valenti homeni, periva; secondo li doleva de soy fioli che in si tenera età rimanevano senza padre; tercio del suo paeze che saria in gran confusione et ruina. Ma el nostro signor Dio hebe misericordia de loro como de nuj, etc.......... » (*L'Archivio di Venezia con riguardo speciale alla storia inglese, saggio di Rawdon Brown, con una nota preliminare del conte Agostino Sagredo*; Venise, 1865, p. 220.)

1506. moins, véans que la marée estoit haulte, se mirent dedans l'embouchure dudict havre, ouquel n'avoit jamais esté navire si grande; et n'eust esté que la marée estoit haulte oultre mesure, tant pour le vend qui retenoit l'eaue illecq que pour le courroulx de la mer, la navire eust illecq esté pérye. Mais Nostre-Seigneur les amena à saulveté, et ne tarda guères, après qu'il eust jetté l'ancre, que luy et la Royne en bien petite compaignye se mirent à terre en un bourcq que l'on appelle Milleconregis[1] : ouquel lieu il trouva les gens bien rebelles, et ne savoient qu'ilz vouloient faire de luy et ne qui il estoit, mais envoièrent à dilligence adverty le roy d'Engleterre que illecq estoit arrivé un des capitaines du roy de Castille, bel homme, et une dame avec luy, en une grande navire plus grande qu'ilz ne virent jamais audict havre, et avoit prins terre, luy et ladicte dame, et qu'ilz feroient bonne garde d'eulx, et que son plaisir fût leur mandé comment ilz se avoient à conduire envers luy. Et après que le Roy eust illecq esté aucuns jours, les Anglois luy remonstrèrent que les vivres estoient chiers et qu'il se voulsist tirer plus avant en païs, affin qu'il eust meilleur marchié de vivres : mais ilz le faisoient pour luy faire eslongié sa navire, affin qu'il ne peult widdier le royaulme d'Engleterre que le roy leur sire n'en fût premièrement adverty. Et à icelle cause, mesmes pour ce que le Roy estoit délibéré de aller visiter le roy d'Engleterre, et laissié passer l'hyver et attendre nouvelles de ses gens et navires, il se tira plus avant en païs.

Tantost après il envoia maistre Anthoine le Flameng, son secrétaire, devers le roy d'Engleterre, luy adverty de son arrivement en son royaulme, luy priant qu'il voulsist approucher de luy, car il ne vouloit point party de son royaulme sans le véoir, et de eslongié la mer ne luy estoit point bien possible. Le roy d'Engleterre receust ledict secrétaire bénignement, en luy monstrant toute affection et chière joieuse[2] de la venue du roy de Castille, son filz, et que, par sa foy, il luy estoit aussi bien venu que le

---

[1] Melcombe-Regis, comté de Dorset, district de Weymouth. Les historiens varient singulièrement sur la désignation du lieu où Philippe le Beau aborda en Angleterre. Molinet (édit. Buchon, t. V, p. 277) l'appelle *Zundhantonne* (Southampton); Robert Macquereau, p. 13, *Moullerchon*; Çurita (*Historia del rey don Hernando el Cathólico*, liv. VI, chap. XXV), *Weymanrich*; Lorenzo de Padilla (*Crónica de Felipe I°*, dans les *Documentos inéditos para la historia de España*, t. VIII, p. 137), *Portland*; Lafuente (*Historia general de España*, t. X, p. 273), *Weymouth*.

[2] *Chière joyeuse*, joyeux visage.

propre filz qu'il avoit engendré; et le fist aller à son repoz, à cause qu'il avoit courut comme poste et estoit bien las et traveillé.

Et après que ledict maistre Anthoine eust aucunement prins son repoz, le Roy le fist venir vers luy, et se informa bien et au long comment le Roy se portoit et semblablement la Royne; aussi se enquist très-fort de leur adventure et des craintes et dangiers où il et toute sa compagnye avoient esté. Et à toute extrême diligence envoya de ses chevaliers et gentilzhommes devers le roy don Philippe de Castille, affin que l'on se gardast bien ne à luy ne à ses gens faire aucun grief ou desplaisir, mais que chascun se traveillast de luy faire plaisir pour ses deniers. Et tost après renvoya ledict secrétaire, et luy dist qu'il fist ses bien singulières et affectueuses recommandacions au Roy et à la Royne, et qu'ilz voulsissent venir et approuchier Londres, et luy de sa part approucheroit de luy le plus qu'il pourroit, combien qu'il n'avoit lieu plus convenable, pour le recevoir et luy faire tel recueil qu'il désiroit à luy faire, que à Winnezore.

[¹ Je n'ay fait aucune mention des plaintes, clameurs ne doléances, ne semblablement des crys, pleurs et regretz que faisoient les ducz, contes, chevaliers, barons, gentilzhommes, officiers, ne généralement tout le peuple estant en la compagnye du roy don Philippe, pour ce que ce me seroit chose impossible, attendu que le moindre de xv ou xvi^m hommes de tous estaz perdoient leur vie, aussi envis² l'ung que l'aultre : pour quoy suis constraint me depporter desdicts pleurs, cris, lamentacions, doléances et complaintes, et vous prometz que, de ma part, je me rendis aussi difficile à boire de l'eau salée que nul homme de la compagnye; et ne savoie à qui me complaindre, hors à Dieu, nostre seigneur et créateur, et ne oublioye à luy faire reproches, espérant par icelles obtenir la salvation de moy premiers, du Roy après et de toute la compagnye, en disant, piteusement plourant : « Hé, mon Dieu, a-tu oublié ou perdu ta puissance?
» Ne en quel lieu ou affaire a-tu laissé ton peuple, toy requérant, sans
» faveur, ayde et assistence? As-tu oublié comment, par ta très-grande
» vertu, bonté et puissance, tu sauvas ton peuple de la puissance de Pha-

---

¹ Cet alinéa et le suivant sont écrits à la marge des fol. 11 v°, 12 r° et v° et 13 r° du manuscrit, d'une autre main et avec une autre encre, sans qu'on voie où l'auteur avait l'intention de les intercaler. C'est pourquoi nous les plaçons ici entre crochets.

² *Envis*, à regret, avec peine.

» raon, ne comment tu fiz ouvry la mer et leur faire chemin pour eulx
» saulvé; aussi que, quant ton peuple fut hors de la mer, et que Pharaon
» suyvist ton peuple, que par ta bonté tu fis rassemblé la mer et noyé
» icelluy Pharaon et tout son excercite? Ne te souvient-il point comment
» tu as saulvé Sydrach, Mizach et Adenago, frères, de la fournaise de feu?
» As-tu mis en oubly comment tu délivras........¹ de la fosse ou speloncque
» aux lyons, et de tant de vertus et biens que, par ta bonté, vertu et clé-
» mence, tu as fait à ton peuple, tant en la mer que en la terre? N'es-tu
» point aussi puissant que tu estois lors? Tu scèz bien que sy es. Et ne
» sommes-nous pas ton peuple, je et eulx? Combien que indifféramment
» nous soyons tous pescheurs, du moins tu scèz bien que nous créons tous
» parfaictement en toy, et n'avons point fait dieux nouveaulx, ne adoré
» veaulx, toureaulx ne chose faicte artificiellement, mais t'avons creu et
» créons parfaictement estre nostre vrai Dieu, créateur du ciel et de la
» terre et de tout ce quy y est, conceu du Saint-Esperit, né de la vierge
» Marie; qui souffris et mort et passion soubz Ponce Pilate; qui descendis
» aux infers, et le tiers jour ressuscitaz; qui après montas aulx cieulx
» et se seyetz à la dextre de Dieu, ton père, et qui en après viendras
» jugier les mors et les vifz; que créons au Saint-Esperit et en la saincte
» église catholicque, la communion des sains, la rémission des peschez,
» la résurrection de la chair, la vie éternelle. Et pourtant, vray Dieu, quant
» tu scèz véritablement que n'avons desvoyé de ta foy, non point pour noz
» mérites, mais seullement pour ta bonté, et pour l'accroissement de tes
» bontez, vertuz, puissance et de ta foy, veuilles nous préservé et nous
» saulvé de ceste infâme et villainne mort : car tu scèz bien que nul ne
» nous peult saulver que toy seul, et ainsy le savons-nous, créons et
» cognoissons tous. Au moings, se tu as ordonné et ton plaisir soit que
» devions mourir, faiz-nous seullement grâce que ne mourons point de
» ceste villainne mort, et que les ennemis de ta foy et créance ne dyent
» point que tu ne nous a peu aydier, mais nous saulves et ne nous per-
» mectz mourir en la terre à toy rebelle, pour l'augmentation de ta saincte
» foy et créance. »

Après pluseurs telz regretz et mainte peur et fréeur, advint que la navire

---

¹ Daniel. Le blanc est dans le manuscrit.

en laquelle j'estoye fut, plus par la grâce de Nostre-Seigneur, mise à saul- 1506. veté, que aultrement, et furent les encres gettées en la mer. pour ce que les bons maistres du navire ne osoient ne vouloient prendre havre, combien qu'ilz en fussent prèz, que premièrement ilz ne sceussent novelles du Roy : mais ilz estoient mal conseilliés de ce faire, car le Roy n'estoit point à c. lyeues prèz d'eulx, ne aussy, quant il eust illecq esté, nous ne l'eussions sceu ayder. ne luy nous, obstant le grand torment qu'il faisoit. Et vous dis bien et jure pour vérité que je eulz plus de peur, estant à l'encre, que je n'eulz en toute la tormente, et croy plus de dangier; et veiz pluseurs navires estans auprès de celle en laquelle j'estoie, qui par constrainte couppèrent leurs cables, et, leurs voilles perdues, prindrent la mer à l'abandon et voulenté de Dieu, du vent et des ondes. Mais, quant je me trouvay à saulveté, doubtant que le roy don Philippe, mon bon maistre, ne fût perdu, et que je considéray l'ynimité que avoient à moy les deux chevaliers de basse condition et de la longue robe dont j'ay parlé cy-dessus, l'auctorité qu'ilz avoient ès païs d'embas, la jeunesse de monsigneur le prince de Castille, Charles, duc de Luxembourg. et que je pensiz bien à leur malvaistié et comment, en temps importun, contre l'oppinion de toutes les gens de bien, nobles et aultres des païs d'embas, ilz avoient envoyé le bon roy à la guerre en Gheldres, le grand dommaige qu'il en avoit eu et les malvaises finances qu'il luy en avoit convenu faire, ésquelles ilz n'avoient riens perdu, le ardiesse de l'emmener en mer au temps et saison qu'il y fut envoyé, je vous prometz que, se j'avois eu grand crainte de la mort, que encoire euz-je plus grand crainte de vivre. et maudisoie la mer de tant me avoir espargnié : car de moy retiré ou païs dont je suis, il n'eust point esté en paix, ne moy, pour lesdicts deux chevaliers; de moy tiré en Engleterre, oncques estrangier n'y fut bien venu, se n'est, à l'aventure, du vivant de ce présent saige roy; de moy tiré en France, contre ma nature, comment me eust-il esté possible d'y vivre? jamais mon cueur ne s'y fût adonné; de moy tiré ès Espaignes ou Ytalies, en Turquie ou en la Morée, le cueur n'eust jamais prendre[1] la peinne de le penser. Se j'avoie quelque reconfort, c'estoit de moy tiré vers le bon empereur, pour y avoir toute povreté, car tous ceulx qui peuvent entendre la voulenté de luy et du roy son filz,

[1] Sic.

peuvent bien penser que tous ceulx qui eussent aymé leurs affaires eussent esté en dangier d'estre enchassiez de leurs biens et en dangier de leurs vies, et par conséquent tous mal traictiez, car il n'eust peu souveny¹ à tous ceulx qui se fussent tirez vers luy.]

Durant le temps que ledict secrétaire retourna devers le roy de Castille, son maistre, le roy d'Engleterre ne falit point de mandé princes, ducz, contes et marquis, évesques, abbez et prélatz, pour le compagnié pour la venue du roy de Castille; et ne falit point aussi de faire vesty de robes noeufves ses paiges, archiers et grand nombre de ses serviteurs, et faire de très-grandes provisions de vin et de toutes manières de vivres, bien délibéré de festoyé le roy de Castille, la royne et toute sa compagnye.

Et le roy de Castille approucha de Londres le plus qu'il peult; mais souvent estoit-il mené par les gens du roy d'Engleterre hors de son droit chemin sous umbre des logis, mais c'estoit par l'ordonnance du roy d'Engleterre, pour ce qu'il n'estoit point prest ne ses gens pour faire ledict festoiement; et tarda le Roy, en allant jusques audict lieu de Winczorre, depuis le xvi⁰ de janvier jusques au derrenier jour. Mais, quant il vint à Wincestre, l'évesque le receust et festia très-grandement le pénultiesme dudict moys; et illecq arriva au vespre le prince de Galles, seul filz et héritier apparant d'Engleterre, grandement et noblement acompagnié. Et se le Roy luy fist bon recoeul et luy au Roy, ne fait point à doubter, et vous prometz que, à les véoir ensemble, l'on eust bien jugié qu'ilz estoient frères et bons amis.

Lendemain, derrenier jour de janvier oudict an XV⁰ et cinq, le roy de Castille et le prince de Galles partirent à l'après-disné dudict Wincestre et se tirèrent envers Winezorre. A l'approchement duquel lieu ilz trouvèrent le roy d'Engleterre sur les champs, à une bonne lyeue loing dudict Winezorre; et n'y a nulle doubte qu'il ne fût grandement et noblement acompagnié, tant de princes, prélatz, gentilzhommes que archiers, tous grandement et richement montés, habillés et enchainnés². Et quant ilz veyrent l'ung l'aultre, s'ilz furent dilligens de mettre pied à terre et la main au bonnet, il n'en fault point doubter. Et dit le roy d'Engleterre : « Monsei-
» gneur mon frère et mon bon filz, vous me soyez le très-bien venu; et, par

---

¹ *Souveny*, subvenir. | ² *Enchaînnés*, portant de riches chaînes au cou.

» la foy de mon corps, je n'ay point eu de sy grand joye, depuis que j'ay
» porté couronne, que j'ay à ceste heure de vostre venue. Et pour ce qu'il
» ne fait point temps pour tenir long sermon aux champs, je vous jure la
» foy de mon corps que vous me estes aussi bien venu que mon propre filz
» qui est icy présent; et vueil bien que vous sachiez que moy, mon filz,
» mon royaulme, tout mon avoir et tous mes hommes sont à vostre bon
» plaisir et commandement, et en povez faire et usé à vostre gré comme du
» vostre; et sy vous plaist, vous marcherés envers le logis et je vous suy-
» vray. » Lors dist le roy de Castille : « Mon bon père, saulve vostre révé-
» rance, vous irez devant. » Et pour ce que le roy d'Engleterre véoit qu'il
n'en seroit point maistre, et trouvoit le roy de Castille tant humble et honorable, se mist à la destre et mist le roy de Castille emprès luy, et le prince de
Galles à senestre, par ainsi que le roy de Castille demoura entre eulx deux.

1506.

Ainsi que j'ay dit cy-dessus, entrèrent les deux rois en la belle maison
de Winezorre, et ne fault point demandé sy la compagnye fut bien receue
et bien festoyée, et s'il y eust force bon vin et bonnes viandes, et se tous
instrumens n'y estoient oys, et se ladicte maison estoit bien parée et tendue
de riches tappisseries de draps d'or et de soye, et s'il y avoit grand nombre
de vasselle d'or et d'argent courant parmy la maison, aussi se tous les
princes, chevaliers, gentilzhommes et officiers estans en la compagnye du
roy de Castille ne furent illecq festoyez et bien venuz. Et n'avoit point
oublié le roy d'Engleterre de savoir le nombre des gens qui illecq estoient
venuz avecq le roy de Castille, et les faisoit servy de boire et de mengier,
chascun selon son estat et degré, sy grandement qu'il n'est point à dire;
et aussi n'est point à croire comment tous les serviteurs du roy d'Engleterre
servoient les tables où ilz estoient ordonnez bien paisiblement et bien diligemment. Et continua ce festoiement jusques au xxvi⁰ jour de mars ensuivant, quelque part que le Roy et la Royne sa compagne fussent.

Or vous devés savoir que la Royne, traveillée de la mer, devint aucunement pesante, et demoura à........¹ jusques à ce que le Roy la manda quérir;
et fut menée audict Winezorre, ouquel lieu elle vit sa seur la princesse de
Galles; et ne furent point longuement ensemble², que la royne de Castille

---

¹ En blanc dans le manuscrit.
² Elle ne passa qu'une nuit à Windsor, suivant Çurita, liv. VI, chap. XXV.

se mist en chemin pour soy tiré devers le port de Falemue¹, où le Roy avoit ordonné de assemblé toutes ses navires, et la faisoit allé devant, espérant de la suyr à diligence. Mais non fist, mais demoura bien longtemps à Winczorre, et illecq eulrent les deux rois beaucop de parlemens et de consaulx ensemble, et advisèrent tellement à leurs affaires qu'ilz traictèrent certain appoinctement² de à tousjours et jamais demourer, eulx et leurs hoirs et successeurs, en toute amitié telle que le fait de l'ung seroit le fait de l'aultre, et feroient assistence l'ung à l'aultre envers et contre tous sans quelque exception, et que, se aucuns couroient sus à l'ung d'eulx, que l'aultre, sans attendre quelque sommacion, se mettrait aux champs pour le secourir et y employé corps et biens. Et prinst ledict prince de Galles l'ordre de la Thoison d'or et le roy de Castille la Charretière³ : à quoy faire eust sy grand et sy excessif triumphe que je ne croy point que, cent ans paravant, l'on eust veu sy grand triumphe en une maison de roy; et vous dis bien que le drap d'or, les bonnes martres, chainnes d'or, argent monoyé, ne furent point espargnyés aux héraulx ne officiers d'armes, tant de l'ung costé que de l'aultre.

Au retour de la messe, les rois et le prince de Galles disnèrent ensemble eulx trois en une petite chambre, où ilz ne voulurent point avoir beaucop de tesmoings. Et entre les aultres devises, dist le roy d'Engleterre au roy de Castille : « Plust à Dieu, monseigneur mon filz, que monseigneur le roy,
» vostre père, n'est icy et qu'il peult estre, pour son plaisir, où il vouldroit
» à ce soir, et il me fust cousté xᵐ nobles. Toutesfois, puisqu'il ne peult
» estre, je vous prometz que ceste assemblée ne plaira guère à noz ennemis,
» et qu'ilz ne s'en esjoïront de riens : aussi n'est-elle point faicte à leur
» advantaige. Vous avez veu à Wincestre la table ronde pendue en l'église,
» et en a-l'on beaucop parlé et escript : mais j'espère que l'on parlera cy-
» après de ceste-icy, et que l'on dira, longtemps après noz déceps, que à
» ladicte table furent faictes la vraye amitié perpétuelle d'entre l'empire de
» Romme, le royaulme de Castille, Flandres, Brabant et du royaulme
» d'Engleterre. Et vous prometz que la table en sera mise en lieu où elle

---

¹ Falmouth.

² Ce traité, qui porte la date du 9 février 1505 (v. st.), est dans Rymer et dans Du Mont, *Corps diplomatique*, t. IV, part. I, p. 76.

³ La Jarretière.

» pourra estre veue, et escript le jour et la noble compagnye qui ont mengié
» dessus, affin qu'il soit à tousjours mais mémoire de l'amitié et alliance
» qui y a esté faicte. Et vous, mon filz de Galles, vous véez que je suis
» encien et que vous aurez cy-après bien affaire de voz bons amis: et pensez
» que ce que je faiz à monsieur mon bon filz le Roy qui cy est, je ne le
» fais point pour dire que je vueille avoir cy-après quelque guerdon¹ de
» luy, mais je le fais pour l'honneur de sa personne et de ses vertus, et affin
» qu'il vous veuille tousjours avoir pour recommandé; et vous enjointz bien
» que vous luy soyez léal, et que vous gardez bien que vous n'ayez jamais
» le cueur à vous, mais à luy premièrement, et que vous ayez ses besongnes
» et affaires préférées aux vostres. »

En telles devises se passa la pluspart du disné, et fust adverti le roy d'Engleterre que à Dovres estoit arrivé quelque personnaige françois, venant illecq de par le roy françois : mais à dilligence le roy d'Engleterre luy manda qu'il ne bougeast dudict Dovres qu'il n'eust nouvelles de luy, et qu'il avoit des affaires pour lesquelles il ne povoit entendre à luy. Et après qu'il eust chauffé la cire² une bonne espasse, il fut mandé; et quant il fut arrivé, il fut amené devers le roy d'Engleterre en la présence du roy de Castille: et après qu'il eust fait la révérence au roy d'Engleterre, il luy dist qu'il estoit tart et estoit temps de allé disné, mais, après disné, qu'il revint et qu'il luy donneroit place et lieu pour dire sa charge, et que le roy de Castille seroit présent, sans lequel il n'estoit point délibéré de le oyr.

Il est bon à présumer que le François ne fut guère joieulx de oyr telle nouvelle, car on estoit aucunement adverti qu'il avoit charge de poursuyr que le roy d'Engleterre retint le roy de Castille prisonnier, ensemble beaucop de folies de quoy je me depporte : car vous savez que l'on ne doit point croire tout ce que l'on dist: néantmoins il est assez à croire que les François ne vueillent guère de bien au roy de Castille, ne tant bien³ aux Englois. Et exposa ledict François sa charge, donnant bien à cognoistre qu'il ne disoit point tout ce pour quoy il estoit venu. Or il fut festoyé et bientost renvoyé, et fut mis ès mains dudict prince de Galles, qui ne le

---

¹ *Guerdon*, récompense.

² *Après qu'il eust chauffé la cire*. Le Dictionnaire de Trévoux, qui cite plusieurs phrases où le mot *cire* est employé proverbialement, ne donne pas celle-ci.

³ *Tant bien*, de l'adverbe espagnol *tambien*, aussi.

véoit guères voulentiers. Et entre aultres passe-temps qu'il fit audict ambassadeur françois, il tira de l'arcq en sa présence et tua ung daimg, et avecq ce tira maintes bons coups, et luy dist ledict François pluseurs fois que vrayement c'estoit bien tiré : mais le prince de Galles luy respondit que c'estoit bon pour ung François. Et estoit son entendement qu'il eust bien voulu que ung François eust eu le traict parmy le corps : mais le François entendoit qu'il voulsist dire qu'il tiroit assés pour passé à monstres ¹ comme pluseurs archiers françois.

Advint que ung jour le roy d'Engleterre ordonna à la garde de ses joyaulx de porter en la chambre du roy de Castille une coupe, une tasse couverte et une esguière de fin or, et en la panneterie une sallière, ung tranchoir et une louche de fin or, et commanda que l'on en servit de là en avant le roy de Castille, sans faire aultre sollempnité dudict présent : néantmoins il poyze environ viiiᵐ angelotz d'or. Mais depuis le roy de Castille, de ce adverty, ne mist point en oubly de donné le vin à ladicte garde des joyaulx bien largement.

Que voulez-vous que je vous die? Tant furent les deux rois ensemble que bien et meurement ilz mirent fin à leurs propos et voulentez, et vint le jour qu'ilz se deulrent séparer, et l'ung allé à ses affaires et l'aultre demouré en son royaulme et en son mesnaige. Et advint que, le lundy, second jour de mars, oudict an XVᶜ cinq, après que iceulx seigneurs et rois eurent mis fin et conclusion à leurs affaires, après que le roy de Castille eust oy la messe, il se tira devers le roy d'Engleterre, en luy mercyant cent mil fois du noble recoeul, du très-grand honneur et festoyement qu'il avoit fait, non-seulement à luy, mais semblablement à la Royne sa compaigne et à ses officiers et serviteurs, luy priant luy donné congyé et que à l'aprèz-disné, sans plus soy traveiller, il fût content qu'il se puist party et soy tiré à ses navires en la fin du royaulme de Cornuaille, au havre de Falemue, ouquel lieu estoient assemblez tous ses navires, affin que, au premier vend, il peult monté en mer et parfaire son voiage de Castille.

Le roy d'Engleterre ne fut point muet, mais incontinent dit au roy de Castille : « Monseigneur et mon filz, je vous prometz, par la foy de mon » corps, qu'il me desplaist grandement qu'il convient que soyons séparez

---

¹ *Pour passer à monstres*, pour être passé en revue.

» l'ung de l'aultre, et vouldroye bien que se fût vostre pourffit et le mien
» et que puissions tousjours demouré ensemble. Il me viendra bien à regret
» quant il fauldra que je vous voye eslargyr de moy. Toutesfois, monsei-
» gneur et mon filz, je say bien qu'il convient que alliez à voz affaires,
» qui ne sont pas petites: aussy ne les conduisez point sans grands despens
» et interestz. et cognois bien que, le plus tost que les pourrez mettre à fin,
» est vostre prouffit et honneur. Mais, monseigneur et mon filz, je ne vueil
» point que vous partez de mon royaulme sans avoir de mes gens avecq
» vous : car, combien que soyez bien et grandement acompagnié, toutesfois
» pour ce que je cognois les François, quy ne ayment personne que eulx,
» et qu'il vous convient passer tout préz de leur frontière marine, et qu'il
» me desplairoit trop que eussiez quelque affaire, et sy près de moy et de
» mon royaulme, vous irés tout bellement, affin que mes navires et vi^m de
» mes meilleurs hommes soyent préz quant et vous [1] : et ne vous haban-
» donneront point tant et sy longuement que les vouldrez avoir. soit ung
» an, deux ou trois: et ne vous souciez d'eulx, car je les ay pourveuz
» de deniers pour ung an entier. ne leur faictes aultre bien fors de leur
» commandé tous voz bons plaisirs, et je suis seur qu'ilz vous seront tous
» obéissans jusques à la mort. Vous ne savés que vous trouverés en voz
» royaulmes. Sy vous en avez affaire, ilz vous pourront faire ung grand
» secours et ung grand service: et vous dis bien que, en ensuivant noz
» propos, je seroye mieulx d'avis que vous vous appointissiez au roy d'Ar-
» ragon, vostre beau-père, que derechief vous mettre en danger auquel
» vous avez esté, vous et voz gens: et je envoieray devers le roy d'Arragon
» affin de traictié avecq luy, et qu'il demeure comme gouverneur de voz
» royaulmes. sa vie durant. Et d'aultre part et que je ne puis taire, obstant
» l'amour que j'ay à vous, vous savez bien que les hommes de vosdicts
» royaulmes, tant les princes, gentilzhommes, que aultres, sont gens plains
» de débats, envies et questions, et, quelque semblant qu'ilz vous mons-
» trent, sont gens pour vous faire quelque tromperie. D'aultre part, le roy
» de France vous offre d'estre le moyen de cest appoinctement, et aussi faiz.
» Se n'est point vostre prouffit de eslongié le roy vostre père, voz enffans,
» ne aussi vos païs; et se qui m'en fait parlé, c'est l'amour que j'ay à vous
» et la peur que j'ay que n'ayez mal. »

[1] *Quant et vous*, avec vous.

1506. Pluseurs bonnes devises eues et tenues entre ces deux rois, ayant prins congié l'ung de l'aultre, allèrent disné. Après le disné le roy de Castille fist délivrer, ès mains des maistres d'ostel du roy d'Engleterre, la somme de vi^m florins philippus d'or, pour iceulx estre donnez et distribuez aux menuz officiers dommesticques du roy d'Engleterre, en considération des peinnes et travaulx qu'ilz avoient prins pour servy luy et ses serviteurs et officiers : mais le roy d'Engleterre, de ce adverty, n'en fut point bien content et les cuyda faire reprendre par l'argentier du roy de Castille qui les avoit délivrés. Toutesfois le roy de Castille parla tant et sy beau que lesdicts officiers eurent son présent : dont il fut bien joieulx.

Après disné le roy de Castille fut houzé[1] et ses gens prestz pour deslogié. Et cuydant monté à cheval, sans aultre solempnité, trouva auprès de sa chambre le roy d'Engleterre et le prince de Galles, son filz, houzés et prestz pour monté à cheval : à laquelle assemblée il y eust pluseurs devises bien joieuses: et disoit chascun à son compagnon qu'il avoit trompé, en disant : « Haa! monseigneur, pensez-vous party de moy et de mon royaulme sans » dire adieu? — Mès vous, monseigneur, comment! c'est tousjours à recom-» mencé. Vous m'avés donné congié, et derechief vous treuve houzé pour » prendre encoires la peinne de venir aux champs. Vrayement, monsei-» gneur, je m'en alloie sans plus de parolles. »

Montèrent à cheval, et convoia le roy de Castille, acompagnié de son filz, environ une lieue englèse. Et auprès d'une estroicte rue, en une belle place, se mist à dire au roy d'Engleterre : « Monseigneur, choisissez, ou de » moy donné congié, ou que je m'en retourne avecq vous. » Et pour ce qu'il fault mettre fin en toutes choses, le roy d'Engleterre se prist à dire : « Monseigneur mon frère et mon filz, je vous prie que prenez en gré, non » pas la bonne chière que vous ay faicte, mais celle que je vous eusse vou-» lentiers faicte : car se que je vous ay fait n'est pas ce que je vous eusse » voulentiers fait et voulu faire, ne ne l'ay point fait pour en avoir aucun » mérite, mais seullement pour l'honneur de Vostre Majesté et de vostre » personne, qui vault cent mil fois mieulx ; et quant à mes gens, vous me » ferés autant d'honneur que de les mener avecq vous et vous en servir. » Monseigneur mon frère et mon filz, je suis constraint vous faire une

---

[1] *Houzé*, botté.

» requeste que je n'entends point que me reffusez, mais la me accordez, et
» c'est que, je vous prie, que par vostre vertu, franchise et noblesse vous
» vueilliez estre le père, le garde et le protecteur et ami de mon filz de
» Galles, qui cy est, et s'il a affaire de vostre assistance, ne luy faire comme
» je vous ay fait, car ce n'est riens et ne vault point le ramentevoir, mais
» comme je vous vouldroye avoir fait et vouldroye faire. Et, monseigneur,
» si tant est que ayez quelque affaire, vous savés que je n'ay filz que cestuy :
» néantmoins, tant pour ce que je cognois l'amour qu'il a à vous que pour
» vous secourir, je le vous envoyeray sy bien en point et sy bien acom-
» pagnié que, Dieu en son ayde, j'espère qu'il n'aura garde de ses ennemis,
» ou moy-mesmes feray le voiage, se mestier est. Et à tant je prie Nostre-
» Seigneur vous vouloir garder de mal et de tout inconvéniant. »

Le roy de Castille le mercya, et semblablement le prince de Galles, tant honnestement et de bonne sorte qu'il n'est homme qui n'eust prins plaisir à les véoir et oyr: et vous prometz qu'il y eust maint noble homme à qui le larme vint à l'ueil: et luy dist bien comment il estoit tant obligié envers luy et le prince son filz qu'il ne leur en sauroit jamais rendre le guerdon, mais, quant à ses gens, luy prioit qu'ilz ne se bougeassent, et qu'il n'avoit que toutes bonnes nouvelles de ses royaulmes de Castille, Léon, Grenade, Galice et aultres, mais s'il en avoit affaire, sans faulte qu'il envoieroit devers luy pour les avoir selon et en ensuivant leurs promesses et allyances: luy priant, et tellement audict prince de Galles, qu'ilz voulsissent avoir ses enffans et païs d'embas pour recommandez. Et à tant se partirent l'ung de l'aultre, et s'en retourna le roy d'Engleterre à Winczorre, et le roy de Castille à Reding [1], bonne ville et grosse abbaye de noirs moinnes et beau parck : auquel lieu il fut huit ou neuf jours, obstant qu'il fût aucunement friéveux, tant pour les vyandes de quaresme que pour le temps, qui estoit rudde. Et envoia le roy d'Engleterre un sien privé serviteur en Castille avec le Roy, affin que, se aucune affaire luy survenoit, de à dilligence en advertir son maistre, pour envoier secours à sondict filz de Castille.

Au bout de huit ou dix jours que le roy de Castille eust illecq esté et qu'il fut bien refait et de het [2], il se mist à chemin pour tirer en Cornuaille vers ses gens et navires qui estoient à Falemue, Perinne [3], Truzo [4] et pluseurs autres

---

[1] Reading. | [2] *De het*, content, gai. (ROQUEFORT.) | [3] Penryn. | [4] Truro.

villes champestres ou royaulme de Cornuaille, et en sa compagnye un des chevaliers de la Jarretière et maistre de son hostel, avecq pluseurs aultres officiers de tous estatz et trésoriers qui le menèrent jusques audict lieu de Perinne, en payant entièrement tous les despens du roy de Castille et de tous ses gens, ensemble les chariotz, chevaulx de louaige et tout ce dont ilz povoient avoir affaire, sy largement et sy voulentiers qu'il sembloit que argent ne coustast riens à leur maistre; et avoient grande crainte que aucuns ne se plaindissent d'eulx. Et qu'il soit vray, je n'en parle point par oy-dire, car j'en ay eu l'aise et euz part à ce que je dis, mesmes en chevaulx de louaige, en charrettes, boyre et mengyé, belle chière et deffroye en l'hostellerie; et payoient autant que je mettoye en escript avoir eu de mon hoste ou de mon hostesse.

En approuchant Perinne, le Roy trouva la Royne sa compagne, qui encoires estoit à Excestre[1], belle cité, ouquel lieu elle attendoit le Roy, et laquelle avoit le conte d'Arondel et pluseurs aultres des gens du roy d'Engleterre qui deffroyoient elle et sa compagnye tout ainsi que l'on fesoit au Roy. Et en tel estat, et ainsi conduits aux grands despens du roy d'Engleterre, allèrent le Roy et la Royne audict Perinne : ouquel lieu ilz arrivèrent lendemain de la Nostre-Dame de mars, xxvi° jour de mars, et fut tout ledict jour deffroyé. Et lendemain, xxvii°, commença le Roy et la Royne à faire leur despence, et donnèrent congié, le plus tost qu'ilz peurent, ausdicts seigneurs et officiers, en leur largement donnant de leurs joyaulx, deniers et vaisselle, tellement que tous furent contens.

Or estoit tousjours le seigneur de Veyre en Castille, auquel lieu il avoit bien à souffry, car les François ne cessoient de practicquié le roy d'Arragon, pour le mettre en guerre allencontre du roy de Castille; et ne fault point révocquié en doubte que le roy d'Arragon n'eust bien voulu faire quelque finesse audict seigneur de Veyre : mais il n'avoit point esté sy enffant qu'il n'eust practicquié la pluspart des grands maistres et seigneurs desdicts royaulmes pour le roy son maistre, et n'eust le roy d'Arragon ozé entreprendre la personne dudict de Veyre, obstant qu'il estoit ambassadeur du roy don Philippe, et qu'il estoit notoire à tous ceulx de Castille.

Le Roy estant encoires devers le roy d'Engleterre, et après leurs alliances

---

[1] Exeter.

faictes et parfaictes, il envoia son premier sommellier de corps, le seigneur de la Chaulx, en ses païs d'embas, faire certain secret message touchant la personne du duc de Suffort [1], estant au chasteau de Namur, et avecq ce eust charge de passé vers le roy de France et luy faire aucunes recommandations : ce qu'il fit; et se faindist le roy de France estre le bon ami du roy don Philippe (créez-le, se vous voulez). Et de là tira en poste devers ledict seigneur de Veyre en Castille, ouquel lieu il fut le bien-venu audict seigneur de Veyre. Et créez qu'il n'oublia point à luy dire comme le Roy avoit exploictié avecq le roy d'Engleterre, ne aussi le péril et dangier du voiage de mer.

Après le Roy et la Royne eulrent séjourné à Perinne léz-Falemue depuis le xxvie jour de mars XV^c et cinq avant Pasques jusques au mercredy, xxiie d'avril ensuivant XV^c et six après Pasques, et que le vend eust fait pluseurs venues à la compagnye, et les avoir fait embarquié pluseurs fois et lendemain descendre, ledict xxiie d'avril toute la compagnye fut embarquié ou nom de Dieu, de la vierge Marie et de monseigneur saint Jacques ; et, environ six heures du vespre, furent les voilles tendues, les bannyères, enseignes et estandars voulans, trompettes et clairons sonnans, courtaulx, serpentines, canons, cuellevrinnes menans sy grand bruyt et les marronniers faisans sy grans cris à levé leurs encres, qu'il sembloit que tout le monde fût illecq assemblé, et que à paine se l'on y eust oy tonné. Et en tel estat et triumphe prindrent la mer, et leur fist Nostre-Seigneur si belle et si bonne avanture que la nuyt ilz eurent passé le destroit d'Ocxem [2] et se trouvèrent en la grande mer. Mais, obstant que le Roy avoit intention de descendre à la radde en Biscaye, et que le roy don Fernande estoit illecq près, il se délibéra, ne say pourquoy, de tiré à la Connoille [3] : qui vint bien à point à pluseurs seigneurs, gentilzhommes, officiers et gens de guerre qui s'estoient vouez à monseigneur saint Jacques, les ungs à pied, les aultres à nuz pieds et aultrement, mengeans pain et eau. Mais encoires derechief le Roy et tout son navire en mer, droit au lieu où il povoit prendre et tiré au canal de la Connoille, ou tiré en Andelozie, fut

---

[1] Edmond de la Pole, duc de Suffolk. Philippe le Beau s'était obligé envers Henri VII à lui livrer ce personnage, qui avait cherché un asile dans ses États.
[2] D'Ouessant. | [3] La Corogne.

1506. en voulenté et délibéra de soy tiré et prendre la route dudict Andelozie ; et illecq vouloit estre, obstant qu'il savoit que la pluspart des 11^m hommes d'armes des ordonnances du royaulme estoient audict quartier, et aussi que la plus saine partie des princes font leur résidence audict quartier ou près d'illecq, affin de estre plus tost pourveu de ses princes et gens de guerre, se, à l'aventure, il eust trové quelque empeschement ou résistence en sondict royaulme. Mais la chose se mist en délibéracion, et aussi que de bienvenir le vend se cessa et devint tout calme, et la Royne et toute la compagnye tannez[1] de la mer, prindrent la routte de ladicte Connoille : ouquel lieu, par l'ayde et grâce de Nostre-Seigneur, il arriva le dymenche,

26 avril. xxvie jour dudict moys d'avril, environ deux heures après disné, dedans le havre de ladicte Connoille. Mais, quant ceulx de la ville virent les bannières et enseignes de Castille, se misrent en mer sur barcques pour savoir que c'estoit, car jamais ilz n'eussent pensé que le Roy fust illecq arrivé : et nonobstant qu'ilz véoient les bannières, cuydoient-ilz que se fussent marchans ou pellerins. Mais quant ilz sceurent que c'estoit leur Roy et leur Royne, Dieu scet quelle joye ilz firent et comment pouldre de canon n'estoit point espargnié, car tant de la ville, chasteau, que des navires, y eust tiré, à l'approuchement de la ville, mieulx de 111^m coups de trèt à pouldre et de bons et puissans bastons[2]. Et sy vindrent devers le Roy et la Royne les arcades et corrigideurs[3] de ladicte ville, en grand révérence, lui offry les clefs et obéissance, comme à leur Roy. Néantmoins le Roy et la Royne demourèrent en leur navire celle nuyt : pendant lequel temps les fourriers firent les logis ; et fut chascun bien et plantureusement logié.

27 avril. Lendemain, jour de lundy, xxviie d'avril XV^c et six, environ deux heures après midy, le Roy, la Royne et tous les princes, barons, chevaliers, gentilzhommes, officiers et gens de guerre misrent pied à terre. Et estans le pied en terre, les habitans de ladicte ville se misrent en genoulx, et illecq jurèrent et recognurent le Roy et la Royne pour leurs princes et seigneurs, et sy leur monstroient par escript le sèrement que avoient accoustumé de faire les rois de Galice, et lequel sèrement ilz prioient que, eulx venuz en l'église où l'en avoit accoustumé recevoir les rois, et ouquel

---

[1] *Tannez*, fatiguées.   [2] *Bastons*, bâtons à feu, canons, coulevrines.
[3] *Les arcades et corrigideurs*, l'alcade et les corrégidors, les magistrats.

lieu ilz faisoient le sèrement, qu'ilz le voulsissent faire. A quoy le Roy, illecq venu avecq la Royne en grand pompe et en grand triumphe, ne différa de ce faire : mais la Royne n'y voult entendre. De quoy lesdicts habitans de la Connoille furent bien honteulx et perplès; et, ce néantmoins, leur firent une requeste, qui fut en effect qu'ilz ne voulsissent jamais donné ladicte ville et chasteau, ne souffry qu'ilz fussent séparez de la couronne du royaulme de Galice : mais semblablement ladicte Royne ne fit extime ne d'eux ne de leurdicte requeste. Quoy véant, le Roy les reconforta tellement qu'ilz se tindrent bien contens; et croy qu'ilz ne aymèrent jamais tant roy qu'ilz font leur roy don Philippe pour le présent. Dieu doint qu'ilz y puissent persévérer et longuement!

Après allèrent aux Frères Prescheurs[1], où leur logis estoit fait, et illecq séjournèrent longtemps, attendans leurs gens et nouvelles du roy don Fernande et des princes et seigneurs de leurs royaulmes. Et ne tarda guères de temps que le conte don Fernande[2], lieutenant et gouverneur de Galice, arriva illecq en grand triumphe, et fut bien receu du Roy.

Je ne vous ay point dit que le Roy estant encoires en Engleterre, que le roy don Fernande envoya six bonnes navires de Biscaye et les fit mettre en mer pour trouver le roy don Philippe, quelque part qu'il fût, aussi pour le compagnié et assisté à sa venue, obstant qu'il avoit perdu de ses navires à la grand tourmente; et arrivèrent audict Perrine, et furent grandement bienvengniés par le Roy.

Aussi comment le conte de Mirande[3], de franc couraige, par sa vertu et honnesteté, fit esquipé une très-bonne navire, du port de environ IIᶜ L tonneaulx, et luy, de sa personne et bien accompagnié, s'y mist en mer et dit que jamais ne rentreroit en son païs qu'il n'eust trouvé le Roy son seigneur. Mais, avant qu'il monta en mer, le roy d'Arragon, adverti dudict voiage, luy envoia faire deffence qu'il ne entrast point en mer ne audict voiage : mais il respondist que, pour le roy d'Arragon ne pour aultre, il ne layroit à quérir son roy et seigneur; et monta en mer, et fut environ quinze jours parmi la mer avant qu'il sceust trouver le havre de Falemue, ouquel lieu il arriva et fut grandement receu du Roy et des seigneurs et

---

[1] Le monastère de Santo Domingo suivant Çurita, et de San Francisco suivant Padilla.
[2] Le comte don Fernando de Andrada.   [3] Don Francisco de Zúñiga, comte de Miranda.

1506. grands maistres de son hostel. Et vous prometz qu'il est digne de louange; et me desplairoit bien si le Roy ne avoit mémoire, en temps et lieu, d'ung tel serviteur.

Peu de temps après arrivèrent illecq le marquis de Villainne¹ en grand triumphe, le conte de Bennevent², le duc de Negere³, les deux enffans de Grenade, le duc de Wege⁴ ....⁵ et tant d'aultres nobles hommes, seigneurs, chevaliers et barons qu'il n'est point à croire. Et aussi y arriva le seigneur de la Chaulx et l'ambassadeur du roy des Rommains, et aucuns jours après le seigneur de Veyre, grand et premier maistre d'hostel, qui continuellement avoit esté en Castille ambassadeur du roy don Philippe.

24 mai. Et le dymenche, xxivᵉ jour de may, oudict an XVᶜ et six, le roy don Philippe bailla l'acolée audict seigneur de Veyre et le fist chevalier, et avecq ce luy donna l'ordre de la Thoison d'or, qui est le souverain honneur que le roy don Philippe peult faire à ses bons serviteurs.

Nouvelles venoient journellement au Roy que le roy don Fernande estoit à Villefrancque⁶, au pied des montaignes de Galice, et qu'il venoit à Sainct-Jacques, pour estre plus près de son filz et affin d'eulx assembler ensemble audict lieu de Sainct-Jacques. Aultres disoient que le roy don Philippe luy avoit mandé qu'il ne passast point les montaignes, et que se ne luy seroit que peinne. Aultres disoient qu'il avoit mis bonne et forte garnison en ladicte ville de Villefrancque, et qu'il ne layroit point passé le roy don Philippe ne entré en Castille. Aultres disoient que l'on luy avoit rapporté que s'il fut venu à la Connoille, que sondict fils don Philippe avoit intencion de l'envoier en Flandres dedans ses navires qui encoires estoient au havre de la Connoille. Mais de croire ne l'ung ne l'aultre se me seroit folie, et me rapporte du tout à ce qu'il en est.

28 mai. Le Roy se partist de la Connoille le jeudy, xxviiiᵉ de may, et sy tira à

---

¹ Don Diego Lopez Pacheco, marquis de Villena. | ² Don Alonso Pimentel, comte de Benavente.
³ Don Pedro Manrique de Lara, duc de Nájera. | ⁴ Bejar.
⁵ Il y a ici, dans le manuscrit, un assez grand espace en blanc que l'auteur avait réservé pour y inscrire les noms des autres personnages qui vinrent visiter le roi Philippe. Nous trouvons, dans la *Crónica de Felipe Iº*, de Lorenzo de Padilla (*Coleccion de documentos inéditos para la historia de España*, t. VIII), quelques-uns de ces noms : don Pedro Osorio de Castro, comte de Lemos, don Donis de Portugal, fils du duc de Bragance, don Luis Osorio, marquis d'Astorga, le comte d'Altamira, le comte de Fuensalida.
⁶ Villafránca.

Betance¹, lendemain à la Pointe², et le samedy, nuyt de Penthecouste, en sa ville de Compostelle, où repose le corps de monseigneur sainct Jacques : ouquel lieu il fut très-grandement receu et bienvenu, et luy fist l'archevesque présent de xx moyes³ de vin, de iiiiᶜ moutons, xxxvi beufs, xxxvi veaulx, mil gelinnes⁴, iiiᶜ rapados de cynadde (?), iiiiᶜ livres de cire en torches et de deux douzaines de fromaiges.

1506.
30 mai.

Le Roy fut à Sainct-Jacques jusques au mercredy de Penthecouste, et illecq tint pluseurs consaulx, tant avecq ses conseilliers ordinaires, privés et secretz, que avecq les ducz, princes, contes, marquis et barons de Castille venuz devers luy pour luy assister et servir. Et après pluseurs consaulx tenuz, nonobstant les bonnes ou malvaises nouvelles qu'il avoit du roy don Fernande, il se conclud et délibéra de non aller en Castille par le quartier de Villefrancque, mais prinst le chemin de Bonnevent⁵, et se tira de Sainct-Jacques de Lelsmes à Lerys⁶, et d'illecq à Orance⁷, bonne petite ville, bon vin et bon païs, mais jusques à là povre païs et malvais chemin, plain de montaignes et valées. Et devés entendre que peu des seigneurs, gentilzhommes et officiers du Roy estoient à pied ou très-mal montez, parce que les aucuns avoient leurs chevaulx en Castille, les aultres n'avoient encoires acheté chevaulx, tant pour la chierté que pour ce que l'on recouvroit mal à mengier pour lesdicts chevaulx; et, d'aultre part, les piétons estoient tant traveilliés de la grande chaleur qu'il faisoit, que maintes en estoient malades et mal hayttiés⁸; et se ne povoit-on recouvrer ne beufz ne carrettes pour mener les bagages du Roy, des princes, gentilzhommes et officiers de son hostel; et quant l'on en avoit, après que les bouvyés avoient fait deux ou trois journées, ilz s'enfuyoient de nuyt atout⁹ leurs beufz sans paiement, en laissant leurs carrettes chargiées : pour quoy maintes des gens du roy don Philippe avoient de grans dommaiges.

5 juin.

Le Roy estant à Ville-le-Roy¹⁰, povre malheureux villaige, et les Galiciens, estans illecq en grand nombre, comme de plus de v ou viᶜ hommes, désirans avoir noize avec les Alemans, qui pour lors estoient en petit nombre, obstant que la grande compaignye estoit envoié devant, dès le point du

---

¹ Betanzos. | ² Puénte de Ume.
³ *Moyes*, muids. | ⁴ *Gelinnes*, poules. | ⁵ Benavente.
⁶ Nous ne trouvons, sur les cartes ni dans les dictionnaires, de lieu dont le nom se rapporte à celui-là.
⁷ Orense. | ⁸ *Mal hayttiés*, mal portants. | ⁹ *Atout*, avec. | ¹⁰ Villa de Rey.

jour, s'addressèrent à l'ung d'eulx, lequel avoit acheté des cherises, et lors luy prindrent et retindrent son argent, et avecq ce luy baillérent ung soufflet en la joue, cuydans qu'il ne se ozeroit revengier, pour ce qu'ilz estoient en petit nombre. Mais ledict Alemant, soy sentant féru ¹, mist incontinent la main à la daghe : qui guerres ne luy profitta, car l'ung des compagnons galiciens qui avoit féru ledict Alemant, luy jetta une pierre au visage, de quoy le blessa moult dangereusement. Quoy véant, fist son mieulx de soy deffendre. Mais une multitude de Galiciens le assaillirent atout leurs coustellès : que se aucuns de ses compagnons ne fussent illecq dilligemment survenuz, ilz eussent mis ledict Alemant à mort et descouppé de leursdicts coustellès. Mais, le bruyt par eulx oy, ilz se trouvèrent incontinent xx ou xxx au-devant de environ iii^c Galiciens, lesquelz firent très-bonne deffence et en navrèrent pluseurs, et sonnèrent leur tamburin, tellement que, sy le Roy n'y fût survenu de sa personne, ilz eussent fait une grande boucherie desdicts Galiciens. Mais la présence du Roy appaisa le tout.

Le Roy passa oultre et fut logié en une belle valée, plantureuse à merveille, qui s'appelle Mont-le-Roy ², et le villaige d'embas Wuerin ³, prèz du royaulme de Portugal environ de demi-lieue, et du chasteau de Montfort environ deux lyeues, et d'une bonne ville, nommée Chauve ⁴, à deux lieues et demie. Passa oultre tenant les champs, povrement logiés luy et ses gens, et, qui pis estoit, la pluspart du temps faulte de vivres; et le tout par la faulte des officiers et gouverneurs qui de ce avoient charge : car oudict païs a des biens assez, mais nul ne portoit le soing de les faire venir; et se d'aventure il l'y en venoit, c'estoit à bien menus pris, comme de vendre ce qui valoit ung six.

Et le Roy estant audict lieu de Mont-le-Roy, arrivèrent devers luy le duc de l'Inphantade⁵, le marquis de Genetz⁶, les contes de .... ⁷ et grand nombre de barons et chevaliers en très-grand triumphe; et ne tarda guères de temps, après la venue desdicts duc de l'Inphantade, marquis et contes, que l'admiral ⁸ y arriva en bien petit nombre de gens, comme messagier ou homme incongneu; et furent tous bien et grandement receuz par le Roy

---

¹ *Féru*, frappé. | ² Monterey. | ³ Verin. | ⁴ Chaves.
⁵ Don Diego Hurtado de Mendoza, duc de l'Infantado. Voy. pp. 172, note 4, et 253, note 2.
⁶ Probablement *Zenette*. | ⁷ En blanc dans le manuscrit.
⁸ Don Fadrique Enriquez, amiral de Castille.

à leur contentement. Et d'aultre part eust nouvelles comment le roy d'Arragon c'estoit parti de Villefrancque, après qu'il avoit sceu que le roy don Philippe, son filz, avoit prins aultre chemin, et avoit fait telle dilligence qu'il estoit près de sondict filz comme de neuf ou dix lyeues; et faloit bien qu'il eust fait grand dilligence pour illecq estre sy tost venu. Et disoient aucuns qu'il doubtoit que lesdicts princes desjà venus ne fissent quelque meslée entr'eulx : ce qu'il vouloit éviter, ainsi que l'on disoit, à son povoir. Toutesfois l'on avoit fait certain traictié avec luy, au mois de décembre derrenier passé[1], qui luy estoit fort avantageux : mais lesdicts princes n'eussent ne vouldroient jamais souffry que ledict traictié fût tenu, tant parce qu'il est tout desraisonnable et incivil, que pour ce que lesdicts princes dyent qu'ilz ne vueillent avoir que ung roy, c'est assavoir le roy don Philippe, leur droicturier seigneur à cause de madame Jehanne de Castille, sa femme et espeuse.

Le Roy tira tousjours avant par les montaignes de Galice, tellement que, par laps de temps, la nuyt de Saint-Jehan-Baptiste, il arriva en la ville de Bonnevent, accompagnié des princes, ducz et barons que j'ay nommés cy-dessus, en grand nombre. Mais vous devez entendre que lesdictes montaignes ne furent point passées par sy grand nombre de gens ne tant de bagages sans grand peine, despense et povreté, et que pluseurs perdirent leurs coffres, males et bagages. Et ne doubtez point que, se les Galiciens sont enclins à larcin, comme ilz sont et ne s'en sauroyent tenir, et ont bien rémission de larcin aussi légièrement que ont ceulx du païs de la Leuwe[2] rémission d'avoir abatu ung chesne, c'est-à-dire tué ung homme de beau fait, aussi le païs leur baille occasion de ce faire : car, quelque larcin qu'ilz

---

[1] Ce traité, conclu à Salamanque par le seigneur de Veyre et Andrea del Burgo, ambassadeurs de Philippe, avec le roi Ferdinand, n'est pas du mois de décembre; il est du 24 novembre 1505. Çurita (*Historia del rey don Hernando el Cathólico*, liv. VI, chap. XXIII) en donne le texte. Il y était stipulé, en substance, que Ferdinand, Philippe et Jeanne gouverneraient ensemble les royaumes de Castille et de Léon; que les cédules seraient signées d'eux trois et porteraient en tête : *Les Rois et la Reine*; que Philippe et Jeanne, dès qu'ils viendraient en Espagne, seraient par les cortès jurés comme rois de Castille, et Ferdinand comme gouverneur perpétuel ; que les revenus de ces royaumes se répartiraient, par moitié, entre Ferdinand et les rois ses enfants ; qu'ils pourvoiraient, également par moitié et alternativement, aux commanderies des ordres militaires, etc.

[2] Le pays de la Loue ou de Laleu était un petit district de la Flandre gallicane, situé entre Armentières et Steeghers.

ayent fait, incontinent qu'ilz peuvent passer une montaigne ou entrer en une forest, dont il y a pluseurs, ilz ne sont point à recouvrer. Et ne doubtez que à grand peinne et misère le Roy et toute la compagnye passèrent lesdictes montaignes, et en eust de telz en la compagnye qui n'eurent point leurs coffres quinze jours après l'arrivement du Roy audict Bonnevent.

Le Roy estant encoires èsdictes montaignes en une petite ville appartenant au conte de Bonnevent, qui se nomme Pouble de Senebye [1], nouvelles luy vindrent que le roy d'Arragon, son beau-père, estoit logié à deulx petites lyeues prèz de luy en un villaige nommé .... [2]; et eurent les deux rois telles nouvelles l'ung de l'aultre, tant par le moyen de l'archevesque de Toulette, religieulx de Saint-François [3], que aultres entremetteurs, que le roy don Philippe, par ung samedy au matin, xxe de juing, se partist dudict lieu de Senebye et se tira aux champs à une bonne lyeue d'illecq, accompagnié de tant de ducz, contes, marquis, barrons et chevaliers que c'estoit belle chose à véoir, et de environ vi^c Alemans, bien gentilz compaignons et bien en point, avecq cent archiers de corps à cheval et cent gentilzhommes alemans à pied, tous de sa garde. Et le roy don Fernande d'Arragon se partist de son logis au bien matin et chevaucha environ une lyeue, accompagnié d'aucuns princes et de environ deux cens chevaulx. Et illecq aux champs rencontrèrent l'ung l'aultre et parlèrent ensemble. Et après aucunes devises eues entre eulx touchant leurs affaires, ilz se conclurent que le roy don Philippe envoyeroit ses députez en certain lieu, à quatre lieues, près de Bonnevent, où icelluy roy don Fernande c'estoit retiré. Et illecq le Roy, estant audict lieu de Bonnevent, envoya le seigneur de Ville, de Culembourg, de Oocstratte, de Chaulsins et de la Perrière, son grand chambellan, et avecq luy don Jehan Emmanuel, lesquelz, munys de povoir souffisant, traictèrent et appoinctèrent avecq icelluy roy d'Arragon, sur tous les différens que j'ay touchié cy-dessus, ainsi et par la forme et manière qui s'ensuit :

« Premiers, que le roy don Fernande d'Arragon et des Deux-Cecilles, de Jhérusalem, de Valence, de Majorcas, de Sardinain, de Courrege, conte de Barselonne, duc d'Acténes et de Nyaupaters, conte de Roussillon, de

---

[1] La Puebla de Sanabria. | [2] En blanc dans le manuscrit. Villafáfila suivant Çurita.
[3] Fray Francisco Ximenes de Cisneros.

Sardana, marquis de Corristan et de Gostan, pour pluseurs consideracions, 1506. mesmement pour l'union de luy, sesdicts royaulmes et du roy don Philippe de Castille et de donna Johanne, ses enffans, rois de Castille, de Léon, de Grenade, et pour éviter guerres en la chrestienté, que dès le jour que la feue royne très-catholicque Isabeau, sa femme, alla de vie à trespas, il fut résolu de laisser à sesdicts enffans lesdicts royaulmes, affin de monstrer par effect à tout le monde sadicte bonne voulenté et résolution, et ad ce propos laisser dès lors le tiltre de roy, et le donna et attribua à sesdicts enffans, combien qu'il povoit bien prétendre de bon droit que le gouvernement desdicts royaulmes luy eussent (*sic*) appartenu : toutesfois, pour ce que tousjours son intencion et voulenté finale a esté de délaisser lesdicts royaulmes à sesdicts enffans si tost qu'ilz seroient arrivez en iceulx, non-seulement pour ce que la raison requéroit que ainsi fût fait et que l'amour naturelle qu'il avoit à sesdicts enffans à ce le insistoit [1], et que toutesfois il eust bien cause de demouré et de povoir retenir ledict gouvernement, qui à l'aventure eust esté cause dont grandes discencions et ennemitez se fussent sourses [2] et nourryes èsdicts royaulmes, et au contraire considérant le grand temps qu'il a tenu lesdicts royaulmes en paix, et les grands peinnes et labeurs qu'il a eu pour iceulx amené et mettre en justice et bonne police, mesmement d'avoir retiré le demeinne que le roy don Henrick avoit perdu, et réaplicquié à le demeinne de la couronne de Castille; ayant aussi regard que, s'il laisse quelque chose du sien à sesdicts enffans, qu'il le tient pour mieulx employé que à soy-mesmes, et aussi pour ce qu'il croit que lesdicts royaulmes seront mieulx gouvernez par sesdicts enffans que par diverses mains, et aussi qu'il a pluseurs aultres royaulmes dont il a à rendre compte à Dieu, et le gouvernement desquelz requiert sa présence personnelle, mesmes qu'il est délibéré, attendu le bel aage qu'il a vescu, de soy adonné au service de Nostre-Seigneur; et en oultre, se la royne donna Johanne allast de vie à trespas auparavant de son mary, ou qu'elle fût aucunement occupée de son sens ou de sa personne, tant pour le grand nombre des beaulx et nobles enffans qu'elle porte annuellement et le plus souvant, en ce cas icelluy roy don Fernande, père d'elle, veult, accorde et consent que en tous lesdicts cas ou aultres qui pourroient survenir, que icelluy

---

[1] *Sic*, pour *incitoit*. | [2] *Se fussent sourses*, se fussent élevées, eussent surgi.

roy don Philippe ait, tiengne et face desdicts royaulmes tout ainsi comme du sien propre.

» Et de la part du roy don Philippe est accordé que le roy don Fernande d'Arragon, son beau-père, aura et tiendra, sa vie durant, la juste moittié des isles d'Indie conquises oultre la mer Occienne, et avecq ce luy demoureront les trois maistrisars¹ des trois ordres de Saint-Jacques, de Calatrave et d'Alecandra², comme de offices apostolicques, et d'iceulx recevra les prouffits y appartenans sadicte vie durant, ainsi que donnez lui ont esté par la feue très-catholicque royne et confermez par nostre sainct-père le pappe, avecq dix quointos de malvidis³ par an, assignez à son plaisir sadicte vie durant, que luy fera payer le roy et la royne de Castille, ses enffans, moyennant que des rentes et revenus desdictes isles d'Indie et conquestes faictes, oultre la mer, sur les infidelles, il partira et prendra la moittié sa vie durant, et semblablement partira ès frais, cousts et despens qui procèderont à cause desdictes isles, et que le roy son beau-père demourera vray administrateur desdicts trois maistrisars en tous prouffits et honneurs, et conférera et pourra conférer, toutes les fois que mestier sera, tous et quelzconques les bénéfices, commanderies, claveries⁴ et lieutenandises qui escherront, du jour de la paix en avant, aux subgetz de ladicte couronne de Castille, et non à aultres, en contemplacion que les fondacions sont toutes scituées ès mettes desdicts royaulmes de Castille, Léon, etc.

» Ont juré, consenti et accordé iceulx don Philippe et donna Johanne, royne de Castille, sa compagne, que à l'intermission, auctorité ne administracion desdicts maistrisars ilz ne mettront ne souffriront mettre aucun empeschement par eulx ne leurs procureurs, mais au contraire l'assisteront, en tout ce qui touche ou compette lesdicts maistrisars, à Rome et partout où besoing sera, moyennant que les priorés, commanderies, claveries et aultres bénéfices et lieutenandises desdicts trois ordres qui escherront sa vie durant, il les conférera et en disposera au pourfit de personnes nez et subgetz desdictes couronnes de Castille, de Léon, etc., et non à aultres.

» Et en oultre ont accordé, juré et consenti que, pour le bien de la cou-

---

¹ *Les trois maistrisars*, les trois grandes maîtrises. | ² D'Alcántara.

³ *Avec dix quointos de malvidis*, avec dix cuentos (millions) de maravédis.

⁴ *Claveries*, de l'espagnol *claverias*, offices de ceux qui, dans les ordres de Calatrava et d'Alcántara, avaient en garde les clefs de la maison et des archives.

ronne de Castille, qu'ilz envoyeront par ensemble leurs procureurs, ambassadeurs ou légatz devers nostre sainct-père le pappe, muniz de leur humble supplicacion par laquelle ilz requerront vouloir confermer le don appostolicque que icelluy roy don Fernande a ésdictes trois commanderies, et en oultre consenti, pour le bien, paix et unyon desdicts royaulmes de Castille, que, après son décepz, icelles commanderies demeurent à sesdicts filz et fille, roy et royne de Castille, et qui plus est, pour le bien d'iceulx et augmentacion de la foy, il luy plaise et veuille consenti que le survivant d'iceulx roy don Philippe et donna Johanne joïsse paisiblement, sa vie durant, desdictes trois commanderies, et avecq ce, après leurs trespas et décepz, les vouloir à jamais uny à ladicte couronne de Castille, et que de ce faire et obtenir ilz se traveilleront tous deux et à leurs bons et léaulx povoirs.

» Et pour monstrer effectuellement la grand amour qui est et doibt estre entr'eulx, et, à l'occasion d'icelle amour, le grand bien, la grand paix, union de la chrestienté et de leurs royaulmes voisins aux infidelles, et l'affection qu'ilz ont tous deux à servy Nostre-Seigneur, à l'augmentacion de sa saincte foy et aussi de leurs royaulmes, ilz ont acordé, juré et consenti que les amis de l'ung seront amis de l'aultre et les ennemis de l'ung seront ennemis de l'aultre; et se aucuns font assault ou invasion à l'ung d'eulx, que l'aultre l'aidera de gens, de navires, de vivres et de toutes choses nécessaires pour ses deniers, tant pour deffence et préservacion d'eulx, de la foy chrestienne, que de leurs royaulmes, voire affin que tout le monde cognoisse que ceste amittié est la plus léale, la plus vraye, la plus grande et plus estroicte que entre père et filz peult et pourroit estre.

» Et pour ce que l'empereur, roy des Rommains, Maximilian, archiduc d'Austriche, a tousjours fait son povoir et effort de faire mettre et nourir paix et amour entre iceulx deux rois d'Arragon et de Castille, son filz unicque, pour d'eulx avoir aide et assistence, tant contre les ennemis de Dieu, nostre créateur, rebelles, infidelles et désobéissans à ses commandemens, que pour le bien, pacificacion de toute la chrestienté et de luy et de son filz, leurs païs et subgetz, est accordé que icelluy roy des Rommains, empereur de Romme, aura la copie de la capitulacion présente, affin qu'il soit comprins et entre en icelle avecq lesdictes deux parties, en ensuivant

1506. la grand affinité et obligacion d'amour qui doibt estre entre eulx ; et ad ce l'ont lesdictes deux parties receu.

» Et sy ont iceulx deux rois acordé et effectuellement juré et confermé ensemble que, pour leurs affaires, soit à Romme et partout ailleurs où mestier sera, ilz envoieront désormais leurs ambassadeurs, messagiers et députez, ayans une mesme charge et par une despence, partout où leurs affaires le requerront, affin que tout le monde cognoisse, mesmement les infidelles, leur vraye amour et union.

» Et s'il advenoit que aucuns des subgetz de l'ung parti ou de l'aultre voulsissent troubler ceste présente amour, union paternelle et filialle, ou procurer l'infraction d'icelle et du contenu en ladicte capitulacion, paix et union, est acordé entr'eulx, rois, que qui ce présume de faire, mesmes au contraire de leurs honneurs, personnes ou royaulmes, Estatz ou jurisdictions, et de tout ce qui touche leursdicts Estatz et jurisdictions, et partout et en toutes choses concernant ce que dit est actempteront, ilz seront griefvement et arbitrairement chasticz et pugniz sans dissimulacion.

» Et sy ont iceulx deux rois, en contemplacion, exaltacion et augmentacion de la saincte foy de nostre Créateur, laquelle ilz sont délibérés monstré effectuellement et par euvre, s'ilz ne sont empeschiez, par les François, ou par leurs moyens faulx et sinistres, eulx transporté de bref sur les infidelles et ennemis de la foy, et que se l'ung d'eulx a affaire du secours de l'aultre et qu'il en sera sommé ou requis, aydera le requérant d'argent, de gens, de vivres, d'artillerie, de navires et de toutes choses qu'il pourra, tant et sy avant que sa puissance le pourra pourté.

» Et pour ce que iceulx deux rois pourroient avoir quelque regret à aucuns des serviteurs l'ung de l'aultre, les chargeant de ce par aventure dont ilz ne sont coulpables et par sinistres rapports, iceulx rois ont déclaré et déclarent que chascun de leurs serviteurs demoureront et seront tenuz pour léaulx et bons serviteurs à leurs maistres, et amy et serviteur de l'aultre, de quelque estat qu'ilz soyent, et les traicteront, chascun en son endroit, le mieulx qu'ilz pourront.

» Et par tel moyen, et soubz la conduitte de don Francisco de Xymeno, archevesque de Touledo, primat des Espaignes et grand chancellier de Castille, don Jehan de Luxembourg, seigneur de Ville, grand et premier chambellan du roy don Philippe, et don Jehan Emmanuel, contador major de Castille, ad ce commis par lesdictes deux parties, se sont accordez et appaisiez ensemble.

» Et fut faict ce présent traictié le xxvii[e] jour de juing XV[c] et six[1]. »

Le roy don Philippe, estant à Bonnevente, joyeulx de ce traictié, se partist dudict lieu et se tira envers sa ville de Walledolif[2] : mais, arrivé près de ladicte ville, demoura environ huit jours en un povre chasteau et povre ville à lieuwe et demye près dudict lieu de Walledolif, nommé Moyegente[3], et illecq eust pluseurs nouvelles de diverses parties de ses royaulmes et païs; mesmement eust nouvelles comment messire Philippe, bastard de Bourgoingne, admiral de la mer de Flandres et gouverneur et capitaine général de la duchié de Gheldres, pour soy vengié du duc Charles de Gheldres, qui occupoit pluseurs villes dans ladicte duchié, de ce que luy avoit prins une povre et forte ville d'emblée, nommée Groulle[4], avoit assemblé environ le nombre de xii à xiiii[c] Alemans, et avecq eulx grand nombre de gentilzhommes et aultres des païs de Flandres, Artois, Haynnau, Namur, Brabant, Hollande et Zellande, ensemble environ cent hommes d'armes des ordonnances du Roy son maistre, estans ycelles par dellà, soubz la conduitte des sires de Fyennes et de Chierve, et avecq icelle compagnye avoit mis le siége devant la forte ville de Wagheninghe, principal secours et reffuge dudict Charles de Gheldres.

Et d'aultre part luy vindrent nouvelles de l'arrivement de l'ambassadeur du roy d'Engleterre pour la conclusion des alliances, tant de mariage que aultrement; de l'ambassadeur du roy de France et de l'ambassadeur du roy de Navarre et de pluseurs aultres.

Et après qu'il eust mis fin en aucuns ses secretz affaires, et qu'il eust derechief parlé avecq le roy, son beau-père, roy d'Arragon[5], et conclud entre eulx ce qui s'ensuit, il se tira en sa ville de Walledolif, et le roy d'Arragon en Arragon. Et fut ce traictié et second parlement tel[6] :

[1] Indépendamment de ce traité, les deux rois en firent un qui excluait du gouvernement la reine Jeanne. Çurita (liv. VII, ch. VII) en donne le texte espagnol. Nous en donnerons, dans les *Appendices*, le texte français. | [2] Valladolid. | [3] Muciéntes. | [4] Groll.

[5] Cette seconde entrevue des deux rois eut lieu, le 5 juillet, au village de Renédo, à deux lieues et demie de Muciéntes et à une lieue de Valladolid. Ferdinand y donna à son gendre des informations et des conseils touchant le gouvernement des royaumes de Castille. (Çurita, liv. VII, chap. X.)

[6] Le traité dont parle ici l'auteur avait été conclu le 28 juin : c'est celui que nous citons plus haut, note 1.

1506. Que le roy d'Arragon, en ratiffiant et approuvant le premier traictié, vouloit, accordoit et consentoit, pour autant que la chose luy povoit touchier, que, obstant les empeschemens que la royne Johanne de Castille, sa fille, avoit annuellement de porter enffans, mesmement celle enchéoit en aucune débilitacion, fût à l'occasion desdicts enffans ou aultrement, que le roy don Philippe, son beau-filz, eusist l'entière administracion de tous les royaulmes à eulx succédez par le trespas de la feue très-catholicque royne donna Ysabeau, sa feue femme et espeuse.

L'ambassadeur du roy de France, arrivé près de Walledolyf, envoia un chevaucheur de l'escurie du roy son maistre audict lieu, pour avoir logis, qui lui fut délivré : mais ledict chevaucheur ne donna point à cognoistre la venue dudict ambassadeur, évesque de Rieu en Gascongne[1]. Et pour ce que c'est la coustume de envoier au-devant de telz ambassades, le seigneur de Veyre, grand maistre d'hostel, manda au logis dudict évesque que l'on luy amenast vers ledict chevaucheur ou aultre des gens de l'évesque dessusdict, et leur demanda quant leur maistre viendroit, et que on luy fît savoir deux ou trois heures avant son arrivement, et que le Roy avoit ordonné deux ducz, six contes et six évesques, avecq xx gentilzhommes de l'ostel du Roy, pour aller au-devant de ladicte ambassade. Mais les gens dudict évesque luy respondirent qu'il estoit arrivé dès le jour devant : dont ledict seigneur de Veyre fut si mal content qu'il jura Dieu qu'il en advertiroit le roy de France, disant très-bien et bien ententivement que ce n'étoit point fait d'homme de bien.

Et lendemain le Roy alla à la messe en l'église de Nostre-Dame loing de son palais, et estoit accompagnié des ambassadeurs du pappe, de l'empereur, du roy d'Engleterre, du roy d'Arragon, du roy de Navarre, du duc et seigneurie de Venise et de tant de ducz, contes, marquis, barons et chevaliers que c'estoit une chose incréable. Mais le gentil évesque françois ne s'y daigna trouver, et dit-on que c'estoit pour ce qu'il doubtoit qu'on le mettroit au-dessoubz desdicts ambassadeurs du pappe et de l'empereur : car lesdicts François ont telle oultrecuidance qu'ilz cuydent estre les meilleurs du monde. Toutesfois Gonsalve Fernande leur a bien monstré le contraire; aussi a fait le roy d'Arragon, quant il les fit disner sans saulse.

[1] Pierre-Louis de Voltan, évêque de Rieux depuis 1501.

Le après-disné, le dimanche, xixe de juillet, oyt ledict évesque françois, et proposa sa charge en faulset et sy bas que à grand peinne on ne le povoit oyr, et dist comment le très-chrestien roy, son maistre, se recommandoit au roy de Castille, son frère, et qu'il envoyoit vers luy pour luy congratuler sa bonne fortune et passage de mer, avecq sa joieuse et paisible entrée en ses royaulmes, et estoit de ce joieulx; et avecq ce luy faisoit assavoir que à l'heure qu'il fut receu à roy de France, qu'il fit sèrement de non jamais faire chose qui fût préjudiciable à sa couronne, et que s'il advenoit qu'il le feist, qu'il n'en tiendroit riens, et que à ce propos il avoit esté constraint de allier sa fille Claudinne au duc d'Angolesme, daulphin de France; et à ce avoit esté meu et comme constrainct par les gens de son parlement, de son grand conseil et des estas, princes, barons et évesques de sondict royaulme, mesmement par les barons de Bretaigne, qui ne vouloient nullement souffry que ladicte duchie de Bretaigne fût disjoincte de la couronne de France, avecq pluseurs aultres folies dont je me tais, pour ce que se sont toutes paroles de France, que j'entends bourdes. Au bout de deux jours il eust sa despesche, et fut ordonné ledict seigneur de Veyre, chevalier de l'ordre et grand maistre d'ostel, de luy faire response, qui fut telle ou semblable [1].

1506.
19 juillet

Ne tarda guères que l'ambassadeur anglois eust pluseurs communicacions secrètes avecq le roy de Castille; et se accordèrent et conclurent ensemble, en ensuivant l'appoinctement et amitié par eulx faicte en Engleterre, que le roy d'Engleterre auroit pour sa femme et espeuse madame Margherite d'Austriche, douagière de Savoie, seur au roy de Castille, qui paravant avoit esté alliée par mariage au prince de Castille, derrenier trespassé. Moyennant et en contemplacion dudict mariage, le roy de Castille se faisoit et constituoit principal debteur envers icelluy roy d'Engleterre de xx^m ducas par an, la vie durant d'icelle, qu'elle a droit de prendre sur le roy de Castille pour son douaire, et d'aultre part de la somme de xii^m escus d'or. aussi sa vie durant, à cause de son douaire de Savoye, ensemble de luy payer la somme de iiie m. escus à aucuns termes advenir. Et, moyennant lesdictes choses, fust ledict mariage fait et conclud, et se par-

---

[1] Il y a ici un blanc dans le manuscrit, qui avait été évidemment réservé par l'auteur pour y insérer la réponse.

tist icelluy ambassadeur, et se tira en Biscaye, pour passer en Engleterre, après toutesfois qu'il eust eu de beaulx dons et de vasselle d'argent.

L'ambassadeur de Navarre a esté grandement bienviégnié, et ont esté pluseurs grans maistres au-devant de luy et esté oy[1].

Et aussi a l'ambassadeur du pappe. A apporté certain présent au roy de Castille de par le pappe, comme au prince de la chrestienté où il estoit le mieulx employé. Son présent fait, a eu congié et beaux présens et s'en est retourné à Romme.

24 juillet. Et environ le xxiiiie jour dudict mois de juillet le Roy a eu nouvelles du roy son père, estant ou royaulme de Hongrie, ouquel lieu il avoit tant exploitié qu'il avoit deschassé le conte lequel cuydoit exurpé le royaulme de Hongrie hors des mains du roy de Bohême, lequel avoit esté comme constrainct de habandonné le royaulme de Hongrie ou de lyvrer bataille audict conte, à quoy il se rendoit très-difficile, car les Hongrois sont gens qui fuyent légièrement et ne sont point bons combateurs, et avecq ce sont trahistres autant que nacion du monde. Et luy vint le roy des Rommains à secours, tellement qu'il déchassa ledict conte; et sy avoit le roy des Rommains acquitz pluseurs amis audict royaulme. Et véant le roy de Bohême le grand secours que luy avoit fait le roy des Rommains, mesmement la grande léaulté dont il avoit usé envers luy de le aller secourir sy loing à sy grand puissance et à grans despens, vueillant aussi de sa part faire le semblable de son cousté, et en ensuivant le traictié et accord qu'ilz avoient ensemble, lui fist derechief juré les estatz dudict royaulme; et recognurent le roy des Rommains pour leur roy et naturel seigneur, et dès lors en avant joyroit de le moittié du demeinne dudict royaulme, et l'aultre moittié demoureroit au roy de Bohême seullement sa vie durant. Et par ce moyen, et soubz ledict traictié, le roy de Bohême s'est parti dudict royaulme et s'en est venu en Allemaigne ou en Austriche avecq le roy des Rommains, en intencion de jamais entrer audict royaulme; et sont les places fournyes des gens du roy des Rommains.

D'aultre part eust nouvelles comment icelluy Charles de Gheldres avoit grand nombre de gens, tant alemans que aultres, avecq lesquelz il estoit

---

[1] Il y a encore ici du blanc dans le manuscrit. L'auteur se proposait probablement d'y insérer ce qui avait été dit par l'ambassadeur.

d'intencion de lever le siége que tenoit devant sa ville de Wagheningue ledict messire Philippe, bastard de Bourgoingne, gouverneur de Gheldres pour le roy de Castille; et sy courroit bruyt que les François s'y devoient trouver en grand nombre, mesmes que le roy de France avoit envoié une grande somme de deniers à icelluy Charles de Gheldres. Pour ausquelles choses remédier ceulx de Flandres, de Brabant, Haynnau et aultres, soubz le seigneur de Chierve, lieutenant et gouverneur général des païs de Flandres et Brabant, et soubz le seigneur de Fyennes, avoient fait amas de plus de IIII^m hommes, tant de pied que de cheval, et se tiroient à dilligence ou païs de Namur, pour empeschier le passaige des François qui vouloient aller lever le siége que tenoit devant Wagheningue ledict messire Philippe.

Or est-il bon à présumé, voire, si je l'ozoie dire, à croire que les François avoient praticquié toutes sesdictes guerres et différens; et créez qu'ilz se tiengnent bien pour malheureux que les rois d'Engleterre, d'Arragon, de Cecille, duc de Lorrainne et pluseurs aultres nacions n'ont fait comme les mal conseilliers conte de .... [1] en Hongrye et Charles de Gheldres, et leur est bien advis que nul ne doit entendre leurs tromperies, mesmes, combien que pluseurs les entendent, qu'ilz ne s'en doibvent point garder : car s'ilz devoient donner, comme ilz font journellement, leurs corps et leurs àmes à tous les dyables, et promettre ce qu'ilz n'ont puissance de payer, sy est-il force, et l'on ne s'en peult garder, qu'ilz ne trompent quelqu'ung une fois l'an; voire tel s'est gardé xxxv ans de leurs tromperies, qui depuis peu de temps en çà s'en est laydement laissié trompé (je m'en rapporte au roy d'Arragon [2]). Il n'est besoing de nommé personne, car ceulx qui ont conduit ou sceu des affaires me peuvent bien entendre. Je ne say s'ilz sauront jamais trompé le roy d'Engleterre : mais, s'il en peult eschapper, il se pourra bien tenir pour le plus heureux roy qui a vescu passé v^e ans.

Le roy don Philippe, ayant séjourné en sa ville de Vailledoly jusques en la fin de juillet, se partist d'illecq en intencion de soy tirer à Cygovia [3] :

---

[1] En blanc dans le manuscrit.
[2] Cette phrase ne se trouvait point dans le texte primitif; elle a été ajoutée après coup.
[3] Ségovie.

1506. auquel lieu il avoit intencion. obstant (*sic*) la beaulté de sen chasteau
1er août. illecq, de laissier la Royne à son repos, pour ce qu'elle estoit enceinte, et
après aller aux affaires de son royaulme avecq les princes d'icelluy et ses
officiers. Mais ladicte Royne, arrivée à Cocheyes¹. ne peust passer oultre
pour aucune maladie qui luy survint, mais séjourna illecq bonne espace
de temps, et depuis voulut aller à Tudelle² : ouquel lieu elle séjourna le
surplus du moys d'aoust.

Et illecq eust certainnes nouvelles comment le roy d'Arragon avecq
grand nombre de gens et galées estoit entré en mer en intencion de aller
en son royaulme de Napples : ce qui fit. Dont le Roy et la Royne estoient
bien joieulx, pour ce que par ce moyen les parcialitez estans oudict
royaulme se appaisoient plus fort.

Le Roy, estant audict Tudelle, avoit souvent nouvelles de son père
l'empereur, lequel estoit au royaulme de Hongrie joint avecq le roy de
Bohême, pour le assister allencontre du conte de ...., lequel luy faisoit
forte guerre et avoit intencion de lui tollir³ son royaulme de Hongrie; et
avecq ce disoit-l'en qu'il estoit amoureux de la royne de Hongrie, fille du
seigneur de Candalle⁴.

Et d'aultre part avoit souvent nouvelles du seigneur de Chierve, lieutenant général de ses païs d'embas, et de messire Philippe, bastard de Bourgoingne, gouverneur de Gheldres, lequel tenoit le siége devant la ville de
Wagheningue. Et sy estoit bien adverti que les François estoient délibérés
de donner secours au duc Charles de Gheldres, combien qu'ilz eussent juré
et promis du contraire. Et fut tout acertené comment l'empereur son père
avoit rué jus⁵ ledict conte ...., et avecq ce avoit derechief esté receu par
les estas dudict royaulme de Hongrie pour roy après le décepz du roy de
Bohême. Et sy avoit, ledict appoinctement fait, envoyé la moittié de son
armée sur la frontière d'Ytalie, et ne savoit-l'on s'il la vouloit envoyer
envers Romme ou en la duchié de Millan. Toutesfois les François faisoient
grand doubte que se ne fût pour Millan, et, pour rompre ledict voiage,
avoient incessamment. sur la frontière des païs du roy de Castille, pour

---

¹ Cogéces del Monte. | ² Tudéla de Duéro. | ³ *Tollir*, ôter, enlever.
⁴ Anne, fille de Guillaume, comte de Candale, que le roi de Hongrie Ladislas avait épousée en 1502.
⁵ *Rué jus*, battu.

passer en Gheldres, environ de III^c hommes d'armes et III^c piétons, lesquelz furent longtemps sur ladicte frontière avant qu'ilz passassent. Et le seigneur de Chierve estoit allentour de Namur atout bon nombre de gens de cheval et de pied, pour empeschié le passage desdicts François : mais il estoit bien mal possible de leur empeschié, car en pluseurs lieux ilz ont passage sûr et à voulenté, se n'estoit qu'il y eust puissance contre eulx tenant les champs en certain lieu par où il est force qu'ilz passent, pour les combattre en cas qu'ilz eussent voulu passé. Toutesfois, par lapz de temps, ilz passèrent oultre la rivière de Meuse, et se joindirent avecq aucune partie des gens du duc de Gheldres, et entrèrent en la Campigne de Brabant, et furent dedans Thurnhoult, beau et grand village, ouquel lieu estoit le seigneur de Chierve et le chancellier, lequel chancellier estoit capitaine dudict lieu, qui, sachans la venue desdicts François, montèrent diligemment à cheval et laissèrent leur disner pour lesdicts François, lesquelz ne se vouloient déclaré ennemis, et disoient que le mal et aussi le pillaige qui illecq fut fait estoit fait par les gens du duc, et que eulx ne s'en meslèrent point : qui sont bien bourdes à veaulx, car ilz eurent part au butin, comme l'on sceust depuis à la vérité, et emmenèrent aucunnes bonnes gens prisonnières qui depuis longtemps après paièrent rançon et brandscathinghe¹.

Le roy de Castille, estant audict Tudelle jusques au premier jour de septembre, despescha les ambassadeurs du roy de Navarre, ceulx du roy de Portingal et pluseurs aultres de ses affaires, et fit mené son fils Fernande à Wailledoly, et depuis à Cymanque², et puis se tira envers la ville de Burghes³. Auquel lieu arrivé eust nouvelles, par les marchans, que le pappe avoit habandonné Romme, et par advertissement des François et sur leur donné à entendre, affin que le roy des Rommains n'eust quelqu'assistence ou addresse de luy, et se tiroit en Avignon, comme couroit le bruyt; et semble qu'il faisoit ce pour luy empeschié ou dényé sa couronne impériale. Et d'aultre part sembloit à pluseurs que, se le roy des Rommains trouvoit le pappe absent, qu'il en feroit ung aultre et se feroit couronné, et avecq ce feroit ung concille : qui ne seroit guères à l'avantage de ses ennemis, et moins de la dissolution de l'Église. Toutesfois l'on tenoit pour

---

¹ *Brandscathinghe*, contribution imposée sous peine du feu.
² Simancas, à une lieue et demie de Valladolid. | ³ Burgos.

plus certain que le pappe estoit venu devant ladicte ville de Boulongne, pour ce que c'estoit l'héritaige de l'Église, et pour la remettre entièrement en son obéissance, et ad ce avoit esté esmeu par les François; et pour ce faire, comme ilz disoient, luy baillèrent iiii^c hommes d'armes et vi^m piétons avecq grand nombre d'artillerye soubz la conduitte de l'évesque de Saint-Malos, cardinal. Mais il est bien notoire que c'estoit pour par ce moyen avoir le pappe en leur domination et voulenté, et le constraindre de cedder son siége au pourffit du cardinal de Rouen, légat en France, lequel, après qu'il eust eu telle dignité, devoit couronné le roy de France empereur, et par ce moyen estre comme ung aultre roy Alexandre et empereur de tout le monde. Desquelles choses le pappe fut adverti, tellement qu'il se esvada et se retira à Romme : qui tourna à grand desplaisir ausdicts François.

Le roy de Castille et la Royne ordonnèrent certain nombre de gens de guerre, tant gentilshommes que aultres souldoyers, pour passé la mer et eulx tiré ès Indes de la mer Occéanne, avecq artillerie en grand nombre. Et sy eulrent iceulx Roy et Royne de très-grands affaires à leur venue en leurs royaulmes, tant pour ce que de tous les meubles de leurs royaulmes ilz ne trouvèrent la valeur d'ung ducat que le roy d'Arragon n'eust tout prins ou fait vendre pour paier et fournir au testament de la feue royne, que pour ce que tous les officiers desdicts royaulmes n'avoient receu ung denier de leurs gaiges depuis le trespas de ladicte très-catholicque royne, leur mère; et qui pis estoit, tous les gens de guerre et de son artillerie n'estoient payez non plus que les aultres : qui venoit mal à point au Roy et à la Royne, car ilz ne se povoient aydier de leurs gens par faulte de paiement.

Et sy avoient encoires trois choses en leurs affaires qui les grevoient merveilleusement : c'est assavoir la très-grande povreté qui estoit èsdicts royaulmes, et laquelle y avoit continué par l'espace de cincq ou six ans, tellement que ses subgetz et fermiers ne povoient payer leur deu, et tout par faulte de pluye; l'aultre, que tous les grans deniers que le Roy et la Royne avoient apporté avecq eulx de leurs païs d'embas avoient esté exposez et dépenduz au paiement des xiiii^c Alemans et de environ ii^m maronniers, et pour le louaige des basteaulx qu'il lui avoit convenu avoir pour sondict voiage bien par l'espace de six mois; et se luy convint faire de grans dons, tant en Engleterre que à l'entrée et abourdement èsdicts royaulmes. Et que pis estoit, avoit prins des officiers de finances qui n'estoient point aymés èsdicts royaulmes, mesmes qui n'avoient nulle expérience ne puissance de le savoir secourir ne servy en telz offices, et ne s'y cognoissoient, se n'estoit pour leur singulier prouffit. Or traynna la chose tellement que leurs gens dommesticques, assavoir les chevaliers de son ordre, les chambellans, maistres d'ostel, leurs gentilzhommes des quattre estas en grand nombre, et générallement tous ses officiers, réservé ceulx de sa chappelle et ses archiers de corps, n'avoient receu paiement en dix moys : qui leur tournoit à très-grand désespoir et desconfiture.

Et d'aultre part considéroit la grande despense qu'il faisoit; considéroit aussi l'affaire des païs d'embas, desquelz il n'attendoit secours de nulz deniers, tant pour raison desdicts affaires que pour raison des grands deniers qu'il y avoit prins et levé pour fourny à la guerre de Gheldres, que à sondict voiage d'Espaigne; aussi que les François estoient tout délibérez de secourir icelluy duc de Gheldres, contre leur promesse; et aussi véoit que aulcuns des grans maistres luy faisoient quelque secrète picque et favorisoient la Royne sa compaigne en aucune façon et à son desplaisir; et véoit qu'elle se conduisoit comme femme désespérée et toute pleine de jalouzie, qu'on ne luy pooit estaindre, et luy sembloit que son mary estoit si beau et d'eaige pour fourny au désir des dames, que toutes celles qui le véoient qu'elles le convoitoient, et aussi que toutes celles qui véoit, qui les convoitoit; et en telle ardeur d'amour et folle rage se contenoit tellement qu'il n'avoit joye au monde et ne désiroit que la mort. Et aussi, qui fort luy déplaisoit et fort à cueur luy touchoit, c'estoit que les François, ausquels il avoit fait tant de faveur, d'assistance et d'amitié contre soy-mesmes, contre le vouloir de son père et de tous ses amis, mesmement qu'ilz luy avoient envoié signiffier, par une fourme de dérision, qu'ilz avoient fyancée la fille de leur roy au daulphin de France, en contrevenant au mariage que ilz en avoient fait avecq son filz Charles, prince de Castille. Prinst une fyèvre continue, de laquelle il mourut, au VIIe jour, en la ville de Bourghes, le XXVe de septembre audict an XV^c et six. De laquelle mort et trespas ne vous sauroie dire ne raconter le dueil, les plaintes ne les regretz que faisoient, non pas seullement ses gens de ses païs d'embas, mais aussi faisoient ceulx de la nacion de Castille et aultres royaulmes de par dellà.

Le trespas du Roy venu à la cognoissance des princes et aultres gens

1506. estans pour lors en la ville de Bourghes, pour la première venure chascun se prinst à plourer, et disoient bien les princes, gentilzhommes et aultres notables citoiens dudict Bourghes et d'aultres villes estans illecq, que vrayement ladicte mort n'estoit advenue fors que pour la totale destruction de leurs païs, et qu'ilz n'estoient point bons pour avoir ung tant beau, tant humain ne tant vertueulx roy, et que vrayement Dieu l'avoit voulu prendre de sa part pour sa bonté et pour la pugnicion ou destruction desdicts royaulmes de Castille, Léon et aultres grans païs et royaulmes de par dellà. Et tantost eussiez veu le connestable avecq aucuns ses adhérans tenir consaulx de ce qu'ilz auroient affaire; l'archevesque de Tholedo une aultre bende; les duc de Nájara, conte de Bonnevente, le marquis de Villainne et pluseurs aultres une aultre bende. Les ungs vouloient que incontinant et à dilligence l'on envoiast vers le roy d'Arragon, pour luy requerre qu'il voulsist retourner en Castille et prendre le gouvernement des royaulmes, ainsi qu'il avoit eu du vivant de sa femme et aussi depuis son trespas; aultres disoient que non et qu'ilz ne souffriroient point qu'il eust jamais gouvernement èsdicts royaulmes, et quant il l'y viendroit, qu'ilz se armeroient contre luy; et en ce débat ordonnèrent que l'archevesque de Tholedo seroit chief du païs, et que par l'espace de quarante jours il ordonneroit, avecq les princes, de toutes choses comment faisoit le Roy en son vivant.

Noz gens songnèrent de mettre à point le corps au mieulx qu'ilz peurent, et se percevoient bien qu'ilz avoient perdu ce que jamais ne leur estoit recouvrable; et s'ilz menoient grand dueil, ne s'en fault point esbahy. Toutesfois se n'estoit point grand sens à eulx, car ilz y recouvreront bien dix, voire vint ans après le trespas de leur maistre. Il n'y avoit homme qui eust ung denier : mesmes, à l'heure du trespas du Roy, tous ses deniers estoient épilliez, et ne savoit-l'on quelque expédient pour en fyner [1], et sy estoient toutes nos gens loings de leur païs, ne aussi n'estoient point bien asseurez de leurs personnes, et avoient tousjours grand crainte que l'on ne leur fist aucun desplaisir.

Le roy fut porté à Millefloris [2], ung couvent de Chartreulx, à une demie lieue près de ladicte ville de Bourghes, en assez petit estat selon la grandeur de sa personne, et illecq fut bonne espace de temps.

[1] *En fyner*, en trouver, s'en procurer. [2] Miraflores.

Or advisèrent les seigneurs des païs d'embas estans par dellá qu'il estoit plus que besoing de expédier noz gens, et que de les laisser là, que la despense et la cryée duroit et multiplioit de plus emplus; et prindrent à dilligence les anciens joiaulx de la maison de Bourgoingne avecq les anciennes et riches tappisseries, et les misrent ès mains du conte de Nassou et du sire d'Isselstein, admiral de la mer, pour à dilligence les mettre à saulvetté; et les firent mener en leurs navires qu'ilz avoient fait apresté à Billebau[1] ou à la Redde[2] en Biscaie, doubtans que la Royne, par l'ennort dudict archevesque de Tholedo ou d'aultres malicieux esperitz, ne les fissent arresté ou empeschié. Et du sourplus et de la vasselle d'argent, tant la blanque que la dorée, fut prinse et baillée aux seigneurs, chevaliers, gentilzhommes, archiers, officiers, marchans et aultres, à chascun certaine quantité, pour eulx en retourner : sur laquelle vasselle eust grand perte, car la pluspart des grandes pièces, qui avoient cousté à faire et en dorure autant que le principal, fut toute rompue et mise par pièces et depuis portée à la monnoie, qui en donnoient ung v^e ou vi^e denier moins qu'elle ne valoit.

Pluseurs grans maistres avoient de la vasselle du Roy, comme le seigneur de Ville, premier chambellan, le seigneur d'Isselstein, admiral, le seigneur de Veyre, grand maistre d'ostel, don Diegho de Ghevara, grand maistre d'ostel de la Royne, Philippe de Visant, sommellier de corps, montans à bien grand nombre de marcqs, laquelle ilz retindrent à eulx en tant moins de leur deu : dont pluseurs en eulrent de moins.

Ledict Philippe de Visant ne fut point nyce[3] de prendre toutes les baghes qui estoient en la chambre, comme joiaulx, vasselle, martres, linges et toute aultre manière de biens estans en la chambre du Roy, servans à sa personne, tellement qu'il s'en retourna de bien povrement pourveu de deniers. Et leur convenoit vendre leurs robes, leurs chevaulx et le meilleur qu'ilz avoient pour une pièce de pain; et ay sceu qu'ilz ont donné tel cheval pour dix escuz, qui en valoit cent.

Ceulx qui se tirèrent à la mer, comme le conte de Nassou, le seigneur d'Isselstein, le seigneur de Bèvres et aultres en grand nombre, demourèrent en Biscaye jusques près du Noël, et furent par pluseurs fois en mer et rechassiez ès havres par la force de la tourmente qu'ilz eurent, et souvent en danger de perdre leurs vies.

[1] Bilbao. | [2] Laredo. | [3] *Nyce, nice,* niais, mal avisé.

1506. Or se conclurent noz seigneurs avecq ceulx de Castille que l'on manderoit les estas des royaulmes en ladicte ville de Bourghes au plus bref jour que faire se pourroit, et furent mandez : mais ilz traynèrent leur venue jusques au jour Sainte-Barbe [1]. Et de la part de noz gens furent ordonnez, pour illecq demourer, les seigneurs de Ville, de Veyre et le grand escuier sire de Gommignyes, affin qu'ilz sollicitassent ceulx desdicts estas de payer les v^c m. livres qu'ilz avoient accordez au Roy à sa réception en la ville de Wailledolif, et aussi pour mettre rigle, union et accord au fait de la Royne, du prince et de tous les païs. Mais, combien que ainsi fut ordonné, se ne demoura-il par dellà, attendant ladicte assemblée d'iceulx estas, que seullement le seigneur de Veyre, qui y demoura jusques environ le Noël. Et lorsque les estas furent assemblez, par le moyen de quelque malvais esperit dont l'on recœuvre bien par dellà [2], ilz ne tindrent journées ne diète, ne n'y eust homme qui se advançast de leur déclarer la cause de ladicte assemblée, ne aussi remonstrer l'affaire et le dommaige auquel ilz estoient venuz par le trespas de leur bon Roy, ne aussi adviser au fait et gouvernement desdicts royaulmes : mesmes sembloit que ceulx qui deussent ce avoir fait estoient ceulx qui y mestoient le trouble et empeschement. Et regardoit chascun comment il pourroit faire ses besongnes. Et se y avoit sy grand inconvéniant à cause de la Royne, laquelle par sa jalousie s'estoit mise en tel estat qu'elle ne vouloit entendre à nul affaire, mais se maintenoit très-simplement comme femme assez insensée. Dont les choses estoient en tel estat qu'il y avoit plus d'apparance de la totale perte et destruction desdicts royaulmes que de l'entretènement d'iceulx. Et desjà avoit la comtesse de Moye, avecq la faveur que luy faisoient ceulx de la ville de Cigovia, assiégié le chasteau dudict lieu, qui est le plus beau et l'un des meilleurs de Castille. Et ceulx de la ville de Wailledolif, advertiz de la mort du Roy, s'en allèrent en grand nombre devant le chasteau de Cymanque, et illecq prindent le seigneur don Fernande, second filz du Roy, et le menèrent en leur ville, en laquelle il est encoires de présent, et le gardent le plus songneusement qu'ilz peuvent. Avecq ce commençoient pluseurs des princes à faire quelques envayes contre leurs voisins, et aultrement y avoit de l'apparance de beaucop de maulx et de pluseurs inconvénians.

---

[1] 4 décembre.   [2] *Dont l'on recœuvre bien par delà*, dont il ne manque pas en Espagne.

Ses malheureuses nouvelles vindrent tost à la cognoissance des seigneurs de Chierve, de Fyennes et aultres, avecq au chancellier, gens de conseil et à toutes les villes et au peuple des païs d'embas, qui leur furent bien les pieurs nouvelles que jamais ilz avoient oyz; et ne fut jamais, pour prince, roy, duc ne conte, fait tel ne sy grand dueil que lors fut fait pour le trespas du bon roy don Philippe de Castille; et n'y eust esglise, monastère ne religion où l'on ne fit prières et service moult somptueulx et moult sollempnèz pour le remedde de l'âme de luy, et avecq ce les plus grands plaintes et lamentacions qui jamais avoient esté veuz; et m'a-l'on dit que entre le grand dueil qui en fut fait èsdicts païs, que en la ville d'Anvers fut le greigneur [1], à l'occasion que c'estoit en la franche feste et que illecq avoit gens de toutes villes et païs, lesquelz regrettoient chascun l'ung à l'aultre les maulx et grans inconvénians qui estoient apparans de advenir à cause de la mort d'ung tel noble, jone et puissant roy, qui encoires n'avoit que xxviii ans et environ iiii mois d'eage [2]. Et leur sembloit bien que les François ne seroient pour longtemps sans leur faire guerre; aussi ne seroient pas longuement sans que aultres leurs voisins, comme Gheldres et Liégeois et aultres, ne leur fissent quelque dommaige; mesmes doubtoient que discencion ne se sourdist entre les villes et païs, comme durant la mynorité du bon roy estoit advenu, dont les playes n'estoient encoires sanées [3] ny guéries. Et advertirent incontinant messire Philippe le bastard, qui tenoit siége devant Wagheninghe, de ce que dit est; lequel traicta tellement quellement avecq le duc et leva son siége.

Or furent tost les estas des païs assemblés. Et combien que aulcuns estoient practiquiés par les François pour mal faire, néantmoins ilz se gouvernèrent tellement et sy bien, moyennant l'aide de Nostre-Seigneur, qu'ilz furent délibérez de vivre et mourir ensemble pour la deffense de leur prince et de leur païs. Et avecq ce ordonnèrent les seigneurs de Chierve, de Berghes, chancellier de Brabant et aultres pour aller devers le roy des Rommains luy requerre et prier très-instantement que, en ensuivant l'ordonnance et testament de son filz, qu'il luy plust accepter la tutelle et mainbournie de messieurs ses enffans. Avecq envoièrent ceulx desdicts estas leurs députez chascun particulièrement.

[1] *Le greigneur*, le plus grand. | [2] Il était né le 22 juin 1478.
[3] Sanées, de l'espagnol *sanadas*, guéries.

1506.
A laquelle chose faire, combien que, pour ses grans affaires et pour aucunne petite souvenance du temps passé, il acceptoit envis[1] ladicte charge, néantmoins, tout considéré, il se condescendit et promist de ainsi le faire. Toutesfois, à l'heure qu'il devoit partir pour aller ès païs d'embas, il fut tout acertené comment le roy françois estoit en chemin pour passer les mons, en intention de subjuguier ceulx de Gennes, lesquelz s'estoient rebellez contre luy, et aussi couroit le bruyt qu'il tenoit le pappe en ses mains par le moyen de vi^c hommes d'armes et vi^m piétons, lesquelz estoient avecq luy, soubz unbre de luy bailler assistence pour mettre la ville de Bouloingne la Grace en son obéissance; mesmes disoient les gens du roy françois qu'il avoit intencion de soy faire couronner empereur, et avecq ce de faire le légat d'Amboize pape, fût que le pappe moderne se fust désisté de sa papalité, ou aultrement forcéement, comment que se fût esté.

1507.
mars.
Pour lesquelles causes le roy des Rommains ne peult venir, si tost qu'il avoit voulenté, ès païs d'embas, mais renvoia lesdicts ambassadeurs, et aussi fist-il madame Margueritte d'Austriche, de Bourgoingne, douaigière de Savoie, sa fille et tante du duc Charles et de son frère et de leurs seurs : à laquelle, avec le duc Guillaume de Jullers et messire Sigismond [2], prévost de l'église d'Anvers, il bailla procuration irrévocable pour comparoir par-devant les estas desdicts païs, et illecq, en vertu de ladicte procuration, recevoir les païs en son nom comme mainbour desdicts païs d'embas durant la mynorité de mondict seigneur le duc Charles et de ses frère et seurs [3].

Le roy de France passa les mons en mars XV^c six, et grande et puissante armée, et envoia de ses advencouriers auprès de Gennes qui furent fort et durement recueilliz par les Genevois : mais, après que le roy et son armée approcha, lesdicts Genevois ne firent grand résistence, et s'enfouyt leur duc, qu'ilz avoient peu paravant fait d'ung tainturier; et avecq ce estoient en diverses bendes dedans ladicte ville, et estoient les nobles et riches

---

[1] *Envis*, contre son gré. | [2] Sigismond Ploug.

[3] Nous avons publié, dans nos *Analectes historiques*, t. I, pp. 41-46, les deux lettres de Maximilien, données à Strasbourg le 18 mars 1506 (1507, nouv. st.), par lesquelles il commettait l'archiduchesse Marguerite pour recevoir, en son nom, le serment des états des Pays-Bas, et, pour leur prêter serment, aussi en son nom, le duc Guillaume de Juliers, le marquis Christophe de Bade, le prince Rodolphe d'Anhalt et le docteur Sigismond Ploug.

hommes avecq le roy de France, tenans son party; et n'y avoit, pour luy résister, qu'un peu de commune, gens qui estoient en discension, lesquelz traictèrent avec le roy de France assez à leur dommaige. Et depuis a fait le roy de France faire aucuns fors pour les tenir en subgession plus qu'ilz n'avoient jamais esté, et prins jusques à III^c hommes à son choix hors de ladicte ville, lesquelz il emmena avecq luy, comme hostagiers, jusques que les fors fussent fais.

Pendant le temps que les François faisoient ce que dit est, le roy des Rommains avoit assemblé tous les princes, prélatz et nobles hommes et les villes de l'Empire à Constance, et illecq leur remonstra et fist remonstrer pluseurs choses, mesmement les emprinses que faisoient lesdicts François sur l'Empire, et comment ilz prétendoient à exurpé icelle (*sic*) Empire et la transporté aux Galles, contre l'encien droit de la Germanie; aussi comment les Suisses, lesquelz estoient ung des membres dudict Empire, s'estoient de longtems distraiz de l'obéissance dudict Empire et, que pis estoit, tenoient pluseurs villes, places et chasteaulx du propre demaine de l'Empire, et sy estoient continuellement au service des François, fût en chose qui touchast ledict Empire ou aultrement, ce que faire ne devoient ne povoient: pour ausquelles choses remédier le roy requerroit avoir d'eulx conseil et assistence. Et procéda tellement en ceste affaire, par longues journées, comme aussi les Alemans sont coustumiers de ce faire, que lesdicts Suisses se appoinctèrent avec le roy des Rommains et lesdicts princes de l'Empire, en façon qu'ilz ne serviroient jamais le roy de France, eulx ne leurs successeurs, contre ne en chose qui touchast ledict Empire ne la maison de Bourgoingne, et luy rendirent la ville de Rotheville, bonne puissante ville et ville impérialle que, passé VIII^{xx} ans, ilz avoient possessée: en contemplacion de quoy ilz seroient de là en avant tenuz pour bons et léaulx subgectz dudict Empire, et avecq ce auroient lieu avecq les princes dudict Empire, quant aucune assemblée se feroit, et aussi auroient chambre impérialle en laquelle ilz pouroient appeler des sentences de leurs maistres et gouverneurs, se bon leur sembloit, et serviroient le roy des Rommains de là en avant, pour ses deniers et en ses affaires, envers et contre tous.

Et en ce temps madicte dame de Savoie fist dilligence de soy transporté ès païs de Brabant, Haynnau, Artois, Flandres, Zellande et Hollande, et illecq fut receue par les estas aux condicions contenues en son

1507. povoir; et fist tellement avecq ceulx de Hollande qu'ilz se délibèrent (sic) de eulx mettre aux champs et assiégier le chasteau de Poroy[1]. Et, ce fait, s'en vint en la ville d'Anvers, auquel lieu elle assembla les estas du païs de Brabant, et illecq, le xxve de juing, leur fist proposé comment le roy son père avoit exploitié ès Almaignes et aux Suisses; d'aultre part, comment le duc Charles en Gheldres faisoit pluseurs emprinses sur le pays de Brabant, et que l'on ne savoit trouver aucun moyen de paix anvers luy, parce que de chose qu'il promist il n'en tenoit riens. Sy requéroit lesdicts des estas qu'ilz luy voulsissent donné conseil et aussi assistence allencontre d'icelluy Charles de Gheldres.

Or eust Madame nouvelles comment l'appoinctement desdicts Suisses estoit fait avecq son père, mesmement comment ceulx de l'Empire luy avoient accordé le paiement de xviiim hommes, iiii ans durans; et avecq ce luy escripvoit et aux gens du conseil des païs d'embas pour avoir leur advis: lequel seroit plus utile, pour le bien de luy et de ses enffans, ou qu'il allast faire son voiage de Romme, ou qu'il se tirast esdicts païs d'embas.

Je ne vous ay jamais parlé de la royne de Castille, ou bien peu, pour ce que je ne désire point dire chose qui desplaise aux dames; aussi c'est la vraye mère de mon droicturier et naturel prince. Toutesfois, combien qu'elle soit bonne, belle et jeune dame, digne d'estre aymée du plus grand maistre du monde, et aussi que le plus grand maistre, le plus beau et le plus homme de bien du monde se deusist bien avoir contenté d'elle et de sa personne, néantmoins jeunesse est tant convoiteuse de toutes choses plaisantes, et espécialement de femmes, quant le jeune cueur s'y adonne, que combien qu'elle fût très-belle et dame entière et la plus preudhe femme de son corps que l'on pourroit jamais trouver, et qu'elle se acquitast des œuvres de nature tellement qu'elle ne tardoit guère plus que l'année de engendrer et procréer enffant en son noble corps, ce néantmoins, comme je vous dis, tant pour la jeunesse du Roy que par aventure pour le jeune conseil qu'il avoit autour de luy, la bonne Royne en chust en quelque jalouzie et de telle heure que jamais ne s'en a sceu ne peu retirer, mais y a demouré et continué tant et si longuement que la chose luy est tournée en une très-malvaise coustume et jusques à la rage d'amours, qui est une

[1] Poederoijen.

rage excessive et inextinguible; et est la chose tellement allée que la bonne Royne n'a eu en trois ans non plus de bien ne de repos qu'une femme damnée ou une femme hors de sens. Et pour en dire la vérité, elle avoit quelque occasion de ce faire : car, comme je vous ay dit, son mary estoit beau, jeune et fort bien nourry, et luy sembloit qu'il pouvoit beaucoup plus acomplir des œuvres de nature qu'il n'en faisoit; et d'aultre part il entoit¹ avecq beaucop de jeunes gens et de jeune conseil qui à l'aventure luy faisoient et disoient pluseurs parolles et présens de belles filles, et le menoient souvent en pluseurs lieux dissoluz, dont les rapportz luy estoient faiz, et peult-estre aucunes fois pieurs que le fait. Tellement qu'elle se contenoit en femme désespérée, et ne regrettoit en ce monde fors sa vie, et estoit tenue, tant ès païs d'embas que ailleurs, encloze et tellement serrée qu'elle ne parloit ne véoit nulle personne que ceulx qui estoient constrains la servy et luy donné à boire et à mengier et administrer ses nécessitez, en telle façon qu'elle ne désiroit fors d'estre arrière de son mary, et sy l'aymoit d'une amour sy très-ardante et excessive qu'elle ne cuidoit point que jamais il eust esté possible qu'il fust assez avecq elle à son gré ne désir.

Et venue en son royaulme, ne cessa que les dames qui estoient en sa compagnye ne furent renvoiées², ou aultrement elle eust tout publicquement voulu donner à cognoistre sa jalouzie et folye; et fist tant qu'elle demoura seulle de toutes femmes du monde, fors que d'une lavandière, qui aucunnes fois et à heure qu'il luy plaisoyt luy lavoit son linge en sa présence. Et en tel estat, seulle et sans compagnye de femme, estoit et se contenoit avecq son mary, faisant ses nécessitez et soy servant elle-mesmes comme une povre esclave; et en tel estat alloit auprès de son mary par les champs, en la compagnye de dix ou aucunne fois de vint mil hommes, seulle femme, sans compagnye : qui estoit chose bien derraisonnable à véoir une telle dame et royne de tant de beaulx et bons royaulmes sans compagnye de femme. De laquelle chose le bon Roy avoit sy grand dueil que, sans faulte, s'a esté une des principales causes de sa mort.

Ne tarda point longtemps après que le duc de Gheldres eust appoincté

---

¹ *Entoit*, pour *hantoit*.

² Ce que rapporte ici l'auteur est confirmé par des dépêches de l'ambassadeur vénitien Quirini, écrites de Falmouth, le 13 avril, et de la Corogne, le 2 mai 1506. (*L'Archivio di Venezia*, etc., p. 225.)

avec messire le bastard, gouverneur de Gheldres, et que le conte de Nassou et le sire d'Isselstein furent arrivez ès païs d'embas, que la guerre ne recommença. Et se depporta ledict messire Philippe le bastard dudict gouvernement, et y fut commis icelluy sire d'Isselstein, lequel, à sa venue, fit amaz d'aucuns gentilzhommes de cheval et aussi d'aucuns piétons, et fit pluseurs courses parmi le païs de Gheldres. Toutesfois ne tarda point longtemps que aucuns Alemans s'allèrent rendre au duc de Gheldres par faulte de paiement; et à l'ayde d'iceulx, se tira aux champs et vint prendre une petite maison tout près de la ville de Aernhem, nommée Rosene[1]: et tost après se tirèrent vers la maison de Rosendale. Mais, pendant qui fut illecq, ledict sire d'Isselstein, le prince de Hanalth, alemant, le seigneur du Reux et aultres passèrent la rivière envers eulx: mais, incontinant que le duc sceust leur venue, il se deslogea et fut poursuy par noz gens jusques à Wagheningue et Nymèghe: en laquelle poursieute y eust aucuns de ses gens mors et prins. Et avecq ce prindrent quattre maisons de plaisance, et sy brulèrent tout le païs entre Arnhem et Nymèghe qui se nomme la Bethoe[2]. Et pendant ce temps madame de Savoie fist grande provision de faulx et les envoia ausdicts capitaines avecq certain nombre de pionniers, pour faulcher les bledz audict païs de Gheldres, et tuèrent environ huit ou dix François, et prindrent douze hommes d'armes de environ III^c chevaulx qui peu de temps paravant avoient passé audict païs de Gheldres.

Or, combien que le Roy (que Dieu absoille) eusist fait beaucop de alliances avecq le roy d'Engleterre, néantmoins se n'avoient ses ambassadeurs estans en Engleterre. lorsqu'il y fut, conclud avecq icelluy roy le fait de l'entre-cours de la marchandise et ne s'estoient point entièrement concludz ensemble: aussi nos gens de finance se traveilloient journellement de mettre sus pluseurs nouveaulx tonlieux et imposicions, mesmes vouloient faire prendre et lever, sur chascun drap venant d'Engleterre, ung philippus d'or de xxv s., tant en Zellande que sur la rivière de la Honte allant ès villes d'Anvers et de Berghes, tellement que le roy d'Engleterre et ses subgectz en estoient bien malcontens et non sans cause, car nul ne seuffre voulentiers que on luy face quelque nouvellité, à tout le moins quant elle luy est préjudiciable. Toutesfois, au moys de juing XV^c sept, a

---

[1] Rosande. | [2] La Betuwe.

esté traictié entre les ambassadeurs du roy des Rommains et de monsei- 1507.
gneur l'Archiduc, son filz, d'une part, avecq le roy d'Engleterre, que toutes
nouvelles impositions seroient mises à néant, et seroient quittes les marchans englois de payer l'ancien tonlieu de Zellande et d'Anvers et nul
aultre, et aussi que la feste [1] que le roy d'Engleterre avoit nouvellement
instituée à Calais seroit aussi abolye et ne se tiendroit plus, et le tout par
manière de provision et pacifficacion jusques au rappel des deux rois et de
mondict seigneur l'Archiduc.

Devant que le roy de Castille se partist de ses païs d'embas, il ordonna
et disposa de ses affaires, assavoir : que monseigneur le duc Charles, prince
de Castille, son filz, et aussi trois de ses seurs demoureroient en la ville
de Malines jusques à son retour ou qu'il en ordonneroit aultrement, et
illecq, par les sires et prince de Chimay, du Fresnoy, de Bersselen, chevaliers de l'ordre, avecq et en la compagnye de pluseurs chevaliers, gentilzhommes, dames et demoiselles, seroient gardez songneusement de leurs
personnes et aussi instruits ès toutes bonnes meurs et sciences, chascun à
son advenant, sy qu'en fait a esté, au très-grand honneur et louange de ceulx
qui en ont eu la charge, et espécialement monseigneur le duc Charles est
tout enclin à pluseurs vertus telles qu'il affiert à prince et roy de son auctorité : car, en son eage de vii ans, il veult apprendre et entendre lettres en
latin et à jouer de tous instrumens et bastons invasibles et deffensibles
autant que grand prince ou povre gentilhomme en peult savoir. Et ne fait
à doubter que c'est le plus beau commencement de prince ou de roy et la
plus belle apparance de prince magnanime et vertueux que l'on vit en longtemps. Dieu luy doint grâce de persévérer!

Depuis le trespas du bon roy de Castille, la royne de Castille a eu bon
loisir de penser et ymaginer ce qu'elle avoit perdu : car, à l'heure du trespas
de son bon mary, le cueur luy estoit tellement troublé et l'entendement
empeschié de la maladie et de l'inconvéniant de quoy je vous ay parlé,
qu'elle ne monstra guères de semblant de dueil à l'heure de son trespas, ne
aussi ne fist-elle en sa maladie, mais estoit continuellement auprès de luy,
en luy administrant à boire et mengier elle-mesmes, toute ançainte qu'elle
estoit, et jour ne nuyt ne l'abandonnoit; et de la peine et du travail qu'elle

[1] *Feste*, foire.

1507. prenoit, en ce faisant, doubtoient merveilleusement ceulx qui à l'entour du Roy et d'elle estoient, qu'elle et son fruit n'en eussent de piz. Mais non, car c'est une femme à souffrir et à véoir toutes les choses du monde, bonnes ou malvaises, sans mutacion de son cueur ne son couraige; et au trespas n'en la maladie de sondict mary, qu'elle tant aymoit qu'elle en estoit en la renommée d'en estre hors de son sens, ne monstra oncques semblant ne continement¹ de femme, mais tint sa manière sy très-asseurée qu'il sembloit qu'il ne luy estoit riens advenu, en exhortant tousjours sondict mary, qui desjà agonizoit à la mort, à mengier ou à humer aucuns brouetz ou médicinnes telles que les maistres luy avoient ordonné, et elle-mesmes, toute ençainte qu'elle estoit, les essayoit et en prenoit de grans traictz pour luy donner couraige de faire comme elle : ce qu'il faisoit à son povoir. Néantmoins, quant Dieu veult avoir les gens, on ne les luy peust constreter² ne deffendre.

En tel estat véant son bon mary, le plus beau du monde, mourir devant ses yeulx, et après qu'il eust rendu son esperit à Nostre-Seigneur, elle le prinst à baiser, et croy qu'elle fust demourée auprès du corps tant qu'elle eust peu vivre, qui ne l'en eust ostée et emmenée; et incessamment vouloit estre auprès, et fallu l'emmener en sa chambre, où elle fut maints jours et maintes nuyts vestue sans entrer en son lit. Et tost après qu'elle sceust que le corps estoit emporté aux Chartreux au couvent de Millefloris, elle y voult aller et fist préparer habillemens de dueil telz qu'il luy plust, et journellement de nouveaulx, aucuns en religieuse, aultres en aultre sorte à son bon plaisir, et se fist mener audict Millefloris, et se avala³ en la fosse et en la voulsussure⁴ où estoit le corps de son bon mary; et après qu'elle y eust esté durant que l'on fist le service et la messe, elle fist apporter son sarcus⁵ en hault, et illecq fist rompre le sarcus, assavoir le plonq, le bois et les toilles cirées et embamées esquelles il avoit esté mis, et, ce fait, se prinst à baisier les pieds de son mary; et illecq demoura tant et si longuement que l'on fut constraint de l'emmener, disant : « Madame, » vous reviendrez bien une aultre fois, quant il vous plaira. » Ce qu'elle fist, car toutes les sepmaines elle s'y vouloit trouver, et en faisant et

---

¹ *Continement*, contenance. | ² *Constreter*, disputer. | ³ *Se avala*, se fit descendre.
⁴ *Voulsussure, voulsure*, caveau. | ⁵ *Sarcus*, cercueil.

menant son dueil tousjours de plus en plus, tellement que, peu de temps avant le Noël, elle ala derechief ausdicts Chartreux, et illecq fist faire la messe, et après la messe fist apporter le corps auprès d'elle, le fist charger et emmener, et dist qu'elle ne cesseroit jamais qu'elle ne l'eust rendu en la grand église de Grenade, ouquel lieu il avoit ordonné estre mis, se tant estoit qu'il mourust ès parties d'Espaigne ou de Castille. Et se partist avecq le corps, acompaignyée de quattre évesques et de pluseurs gens d'Église, et de diverses religions, d'illecq, le dymenche avant le Noël[1] l'an XV^c six, et se tira ès parties de Torquemade, en intencion de ainsi le mener et conduire jusques audict lieu de Grenade auprès du corps de sa mère. Mais, tous les jours qu'elle venoit au logis, elle ne faloit[2] point à son acoustumé : c'estoit de baisier les pieds de son mary tout ainsy que s'il eust vescu, et toute ançainte qu'elle estoit, et n'avoit intencion de soy arrester, se n'estoit qu'elle fût pressée du mal d'enfanter. Toutesfois elle demoura illecq longue espace de temps, auquel lieu elle se acoucha d'une fille, qu'elle fit nommer Catherine. Et depuis a demouré audict lieu de Torquemade jusques environ la Pasque ensuivant XV^c sept, que lors elle se fist mener jusques en ung aultre villaige près d'illecq, nommé Ornille[3], et tousjours le corps de son mary auprès d'elle, en le visitant journellement à son acoustumet.

Et ainsi passe la bonne dame son temps, sans que aux affaires de son royaulme elle vueille entendre non plus qu'ung enffant nouveau-nez, ne, depuis le trespas de son mary, n'a disposé ne d'office ne de bénéfice, dont toutesfois il en est pluseurs vacquié et vacque journellement; et ont aucuns ymaginacion qu'elle ne veult d'aucune chose disposé que préalablement son père le roy d'Arragon ne soit devers elle. Aultres dyent qu'elle ne le fait que par vraye innocence et à nulle chose ne veult entendre, quelle qu'elle soit, fors qu'elle a retenu la plus grand partie des chantres de la chappelle de son feu mary et les traicte très-bien, et les fait payer tousjours trois mois avant que leurs gaiges soyent escheuz, et se leur donne souvent ou robes ou chevaulx et aultre chose, ne à aultre chose ne prend-elle plaisir.

Pluseurs doubtoient grandement que le bon roy ne fût mort par poison:

---

[1] C'était le 20 décembre 1506.   [2] *Faloit*, pour *failloit*, manquait.   [3] Hornillos.

toutesfois la chose est bien difficile à croire, et quelque chose que l'on en peult dire, n'y a nulle apparance ne aussi nulle suspicion de poison, se n'estoit de la mort de Bernard d'Orley, seigneur de la Folie, premier eschançon d'icelluy seigneur roy, lequel de longtemps avoit esté maladieux et se seschoit journellement, qui néantmoins estoit fort gentil homme et robuste : néantmoins il morust bientost après son maistre. Et doubtent aucuns qu'ilz n'eussent beu, trois ans paravant, quelque malvais buvraige : néantmoins je n'en croy riens. Dieu scèt comment il en est.

Or avoient les rois de France et d'Arragon pièça fait amitié et alliance ensemble; mesmes avoit prins le roy d'Arragon la niepce du roy de France en mariage, fille de Fois, et s'estoient tellement alliés ensemble qu'ilz ne doibvent ne peuvent bonnement habandonné l'ung l'aultre; et encoires à ce jour estoient-ilz amis ensemble, et sembloit qu'ilz se deussent trouver bref en certain lieu ès Itales, et d'illecq que le roy d'Arragon se tireroit ès Espaignes, pour y prendre le gouvernement, tant de sa fille, royne de Castille, que de tous ses royaulmes et affaires. Aucuns disoient qu'il n'iroit point et que, s'il habandonnoit son royaulme de Naples, qu'il le perdroit et que le pappe feroit son effort pour le conquerre et le mettre en la main de qui que bon luy sembleroit, comme l'héritaige et patrimoine de l'Église, ou mesmes que le roy de France se mettroit en peinne de le reconquester ou de assister le pappe en ce, quelque promesse ne amitié qu'il eust envers icelluy roy d'Arragon : car du moins il sembleroit au roy de France que, en assistant le pappe en ladicte conqueste, qu'il pourroit par ce moyen captiver sa bénivolence et parvenir que à luy-mesmes le pappe en bailleroit l'investiture; avecq aussi cuideroit par ce moyen parvenir à la couronne impérialle, fût par l'amour et faveur du pappe, ou peult-estre, s'il se trouvoit le plus fort, de luy en faire force. Ausquelles choses obvier fait à présumer que le roy des Rommains fait bon et songneux ghet, et qu'il est homme pour offrir au pappe telle et sy grande assistence qu'il ne luy seroit mestier qu'il en prinst ailleurs; et pourroit, par ce moyen, faire grand reboutement au roy d'Arragon et le empeschier d'aller en Castille, ouquel lieu il ne vouldroit, tant qu'il le puist empeschier, que le roy d'Arragon se trouvast audict Castille, doubtant que ses enffans n'y eussent cy-après perte et dommaige.

Entre toutes les alliances et promesses que avoient fait ensemble le roy de Castille en son vivant et le roy d'Engleterre et le prince de Galles.

DE PHILIPPE LE BEAU.

son filz. ils avoient conclud, délibéré et promis de eulx trouver, au moys de mai de l'an XVe et sept, chascun d'eulx et à grande et puissante armée, en certain lieu au royaulme de France. Aussi avoit le roy des Rommains, le roy de Navarre, auquel la chose touchoit bien fort, car le roy de France avoit intencion de le faire assaillir et deschasser hors de son royaulme, pour le donner à son nepveur, conte de Fois et frère à la royne d'Arragon. Toutesfois l'empeschement qu'il eust à cause de la rébellion desdicts Gennevois empescha ledict François à luy courre sus; néantmoins il luy suscita une guerre par le moyen de son connestable, conte de Lerinne¹, en laquelle guerre fut tué le duc de Valentinois, filz du pappe Alexandre, de la nacion d'Arragon ou de Valence la Grande. Et fust l'assemblée desdicts rois et princes et l'entrée d'iceulx audict royaulme de France bien rompue par la mort du bon roy don Philippe, et les affaires de sa maison, de son père et de leurs païs bien troublés et bien changiés, comme chascun peult penser.

Et tost après le trespas du bon roy de Castille, le roy de France envoia son chambellan, Robinet de Framezelles, à Malines vers le duc Charles, prince de Castille, ses seurs et vers les gens de leur conseil, et illecq fist grandes plaintes et doléances de la mort de leur père, disant le très-grand dueil et le grand desplaisir que son maistre le roy de France en avoit eu et avoit encoires, leur offrant toute assistance et toute faveur; mesmes se offroit à entreprendre la mainbournie de mondict seigneur le duc Charles et de son frère et de ses seurs. Desquelles offres il fut très-grandement remercyé et regracié; toutesfois on ne luy dit point, aussi ne servoit-il point à dire, considéré l'affaire auquel estoient mesdicts seigneurs et leurs païs, que avant qu'on luy baillast ladicte mainbournie, qu'ilz se debvroient premiers acquictié de celle qu'ilz eurent de feue, de très-noble mémoire, madame Marie de Bourgoingne, mère d'icelluy roy de Castille, soubz unbre de laquelle mainbournie ilz exurpèrent frauduleusement la duchié et conté de Bourgoingne, les contés d'Artois, de Charolois, de l'Ausserrois, Mascognois, Bar-sur-Seine et pluseurs aultres villes, terres et seigneuries. Mais il ne servoit lors à dire, pour les grans affaires desdicts seigneurs et de leurs païs.

Madame de Savoie a naguerre eu nouvelles du roy son père comment il

¹ Don Luis de Beamonte, comte de Lerin.

1507. avoit délibéré de mettre son enseigne aux champs au jour Sainct-Jacques et Sainct-Christoffle en ce mois de juillet XV⁰ sept; et semblablement avoit nouvelles journellement comment le roy d'Engleterre faisoit grand amaz de gens de guerre, d'artillerie et de toutes choses pour aussi audict jour estre prest pour entrer ou royaulme de France; et telle nouvelle avoit aussi du roy de Navarre. Et avecq ce avoit eu nouvelle comment le roy d'Arragon avoit tant fait que le pappe estoit venu à Ostye, pour luy bailler l'investiture du royaulme de Naples : mais, quant le roy d'Arragon fut devant Ostie, véant qu'il avoit bon vent, nagea oultre et n'arresta point ne parla point au pappe : de laquelle chose le pappe a esté et est très-mal content. Et icelluy roy d'Arragon avoit aussi envoié vers le roy de France pour avoir hostagiers affin qu'il peust seurement aller vers luy à Savonne, qui est son chemin pour aller en Arragon : mais, illecq arrivé, fit savoir au roy de France sa venue et ne voulut point descendre en terre, ne semblablement le roy de France ne voult entrer ou navire : toutesfois ilz parlèrent ensemble. Et n'estoit point que madicte dame et ceulx de son conseil n'eussent grand espoir ès choses dessusdictes que le royaulme de France auroit à souffrir quant tant de princes et de peuples se préparoient contre ledict royaulme. Dieu doint qu'ils y facent tellement que lesdicts François puissent cognoistre les griefs, tors et tromperies qu'ilz ont faictes par ci-devant à leurs voisins et font encoires journellement!

Le roy de France envoia, environ le mois de may XV⁰ sept, un religieulx de l'ordre de........ ¹ vers le roy des Rommains avecq lettres de crédence; et pour l'esposicion de sa crédence, proposa bien glorieusement et de grandes folies, et commença à louer l'excellence de son roy, les vertus de sa personne, les biens faiz de ses prédicesseurs et les grans emprinses qu'il avoit en voulenté de mettre à exécucion; dit comment le roy des Rommains, à qui il parloit, avoit, par faulx et sinistres moyens et par son envie, empeschié le feu roy Charles de France, à son povoir, mesmement le roy Loys, qui illecq l'avoit envoié, à parfaire les voiages et emprinses qu'ilz avoient eu voulenté de faire allencontre des infidelles, et tellement s'y estoit conduit et conduisoit que l'on véoit bien qu'il estoit allié avecq les Turcqs et infidelles, ensemble pluseurs injurieuses parolles, bourdes et

---

¹ En blanc dans le manuscrit.

mensonges. Et ne savoit-l'on entendre à quelle fin ne conclusion il vouloit tumber, et sembloit qu'il ne quéroit¹ que occasion de mettre discension entre l'empereur, roy des Rommains, et les princes spirituelz et temporelz et des bonnes villes et citez dudict Empire.

Après lesquelles parolles le roy, qui est tout vertueulx, saige et très-discret, demanda audict religieulx s'il avoit charge de dire telles parolles, lequel respondit que oy : « Doncques, ce dit le roy, que je voye vos » instructions. » Dit le religieulx : « Elles sont en mon logis. » — « En nom » de Dieu, allez en vostre logis et les me envoiez. » Le povre fol religieulx alla en sondict logis : mais il n'envoia point lesdictes instructions, tellement que, par lapz de temps, le roy envoia vers ledict religieulx pour avoir lesdictes instructions, qu'il refusa de bailler, tellement que le roy ordonna qu'elles fussent prinses en ses bagaiges; et furent trouvées non pas en la fourme qu'il avoit proposet. Avecq furent trouvées pluseurs lettres par luy faictes et expédiées ou nom du roy de France, adressantes ausdicts princes, prélatz et bonnes villes dudict Empire, en vertu de certaine marque qu'il avoit pour faire le nom du roy de France, et faisoit pluseurs lettres et mémoires, contendans par icelles à mettre troubles et débat entre le roy des Rommains et lesdicts de l'Empire. Laquelle chose venue à la cognoissance du roy, il ordonna que ledict religieulx fût bien gardé, et despescha lettres au roy de France par lesquelles il le advertissoit de ce que dit est, désirant savoir s'il le advoéoit de ce que dit est. Mais le roy de France, qui toujours use de cavillacions et tromperies, respondit que de telles choses il ne luy avoit donné charge, et le désavoéoit entièrement de ce qu'il avoit fait et dit en sa légacion. Lesquelles nouvelles et response venues au roy, il fist mettre ledict religieulx en lieu seur et le fist bien garder. Et nonobstant que le roy de France dényoit luy avoir donné telle charge, ce néantmoins tost après il fist arrester les ambassadeurs de son filz, l'archiduc d'Austriche, estans à Lyon de leur retour de devers luy, est assavoir : maistre Jehan Pieters, président de Malines; Jehan de Corteville, escuier, maistre d'ostel de la royne de Castille; maistre Jehan Caulier, conseillier et maistre des requestes; maistre Jehan Lettin, secrétaire et greffier du conseil de Malines.

Les affaires se conduisoient soubz madicte dame de Savoie, laquelle en

---

¹ *Quéroit*, cherchait.

1507. prenoit toute la peinne qu'il estoit possible de prendre : toutesfois les affaires estoient grans et sumptueulx, tant à cause de la gherre de Gheldres que aultrement, et sy estoient demourez, après le trespas du Roy, environ de cincq à six cens personnes, tant grans que petis, de pluseurs et divers estas, des serviteurs domesticques de son hostel, lesquelz avoient tousjours espoir que, en ensuivant l'ancienne coustume des prédicesseurs du roy de Castille et des ducz de Bourgoingne, qu'ilz seroient pourveuz de pensions, leurs vies durant, ou mis au service de monseigneur l'Archiduc, leur prince et seigneur, et en ce point ont esté en grand povreté et desplaisir, poursiévans, prians et requérans que on les voulsist avoir pour recommandez et les pourvéoir d'estat vers leurdict prince, ou leur donner telle pension, leur vie durant, qu'ilz s'en puissent vivre : mais, pour remonstrances, prières ne requestes qu'ilz ayent sceu faire, ilz n'ont aucunne chose obtenu, non pas seullement ont peu avoir les deniers à eulx deuz à cause de leurs gaiges ordinaires comptez par les escroes, mesmement pluseurs grandes sommes de deniers desboursez par aucuns desdicts officiers pour pluseurs menues parties de despense ordinaire que lesdicts officiers ont accoustumé de conduire. Et prenoit chascun excuse sur un nommé Jéromme Lauwerin, seul trésorier et gouverneur des finances du Roy (que Dieu absoille), lequel avoit, par le port que luy fist l'archevesque de Besançon, en son vivant ayant l'entier gouvernement d'icelluy seigneur Roy et de toutes ses affaires, esté commis audict estat, ouquel il s'estoit tellement conduit que, de très-grande povreté, non ayant la valeu d'ung denier, mais estoit né en double adultère, que l'on appelle advoultrie[1], venu à estre riche de dix mil livres de rente, et avecq ce avoit ung trésor innumérable; et avoit esté constitué en sy grande auctorité par son feu maistre que, luy mort, à grand peinne sy ladicte dame de Savoie ne nulz des seigneurs, princes ne parens de la maison osoient dire ne penser chose qui luy desplust. Et non content de faire ses besongnes, mais plain de toutes malvaistiez, ayant esperit diabolicque, avoit tellement conduit l'affaire de son bon maistre qu'il ne luy avoit laissé dix livres de bon demeinne qu'il n'eust le tout vendu et engaigié et èsdicts marchiés prins de très-grans pourflitz, composez povres vefves et orphelins, tellement qu'il

---

[1] *Advoultrie, advoutire, avotire,* adultère.

devoit à tel ix mil livres qu'il oncques n'en eust neuf cens : qui est larcin 1507. bien exécrable et irrémissible. Mais le bon Roy, ou par charmes ou par art dyabolicque, avoit tant mis de crédence au faulx desloyal advoultre qu'il faisoit entièrement en tous ses païs ce que bon luy sembloit, sans que nul homme eust osé dire au contraire. Et sy avoit tellement conduit son affaire qu'il avoit fait croire à sondict maistre que tous les officiers de ses païs, mesmes tous ceulx desquelz sondict maistre se povoit servy, en tous ses affaires, et de conseil et de finances, estoient tous larrons, et que tous avoient grandement méshuzé et méshuzoient journellement de leurs offices, et les faisoit, au moins ceulx desquelz il luy sembloit que l'on ne se povoit passer, poursuir par-devant juges incompétans, à grand rigueur, donnant des deniers de sondict maistre à grand largesse à faulx tesmoings, faulx entremetteurs : tellement que le plus innocent homme du monde, qui jamais n'avoit esté en ung lieu, estoit prouvé y avoir esté et y fait ou fagotz ou aultre ouvraige à luy impossible de faire ne savoir faire. Et devoit avoir à son singulier prouffit toutes les amendes èsquelles estoient condempnez telz et sy notables gens à grand tort et contre Dieu, vérité et justice, et, que piz estoit, avoit trouvé cest expédiant pour avoir tous les offices de tous lesdicts païs à luy, et y commettoit ou nommoit à son plaisir ses propres varletz, serviteurs et parens, les plus infâmes, les plus inhabiles garçons, larrons et bélistres qu'il est possible de jamais recouvrer : tellement que homme vivant, ou peu, qui jamais eust fait service au Roy ou à ses prédicesseurs, n'avoit ne office ne entretènement, quel qu'il fût; et en estoient comme tous en désespoir. Et croy que, n'eust esté le petit reconfort qu'ilz avoient de ce que les affaires de leur prince estans ès mains dudict faulx et infâme advoultre estoient souvent en aussi grande nécessité que les leurs, ilz se fussent mis en désespoir : mais d'autant estoient reconfortez qu'ilz véoient les affaires de leur prince aller aussi mal avant que les leurs, eulx donnant à croire que c'estoit la vraye vengeance de Nostre-Seigneur qui estoit cause de leur donné moult grande pacience; aussi l'espoir qu'ilz avoient de le véoir mourir de telle ou semblable mort que fist Béthizac, en son temps trésorier de Langhedocq, et aussi que madicte dame les reconfortoit le plus qu'elle povoit, leur priant attendre et avoir patience jusques à la venue du roy son père, que lors elle se faisoit fort que tous seroient bien pourveuz et bien récompensez de

1507. leurs peinnes et labeurs. Et avoit bien considéracion que jamais serviteurs n'avoient eu tant de peinne ne travail, avecq prince, qu'ilz avoient eu avecq le Roy leur maistre; mesme qu'il estoit allé de vie à trespas à l'heure qu'il les devoit pourvéoir pour leurs vieulx jours.

Mais le faulx advoultre, qui estoit plain de biens mondains, estoit bien d'aultre oppinion, car s'il n'y eust eu ès païs plus homme de bien que luy, il eust esté bien content que l'on ne leur eust jamais fait aucun bien, en leur impropérant[1] la mort de leur bon maistre de laquelle ilz n'estoient point cause, mais en estoient les plus desplaisans. Et ne luy souvenoit plus qu'il avoit enchassé le bon Roy ou navire en temps deffendu et qu'il n'y eust point voulu adventurer les grains qu'il envoioit ès Espaignes, disant à son bon maistre : « Sire, que ne vous en allez-vous ? Vostre » navire est preste. Vous despendez chascun moys telle grande somme de » deniers. Sy vous ne vous partez et il convient faire nouveaulx ravitaille- » mens à voz navires, ne vous attendez point que je les face. Je vous » advertiz que ne vous bailleroie point ung denier plus avant que n'avez, » et plustost renunceray-je à mon office. » Et par telles menaces luy, qui estoit tant bon, tant obéissant à ce faulx trahistre, le doubtant, ou par sa bonté ou pusillanimité, ou par la vertu, engin et art diabolicque dont il tenoit ainsi lyé sondict maistre, le fist monter en mer. Dieu scèt en quel temps et en quel dangier il fut et toute sa compagnye, tellement qu'il n'eust jamais santé ne joye depuis, pour la grande crainte et pour le grand dangier ouquel il avoit esté.

Or, après que madicte dame eust eu certaines nouvelles de ce que l'empereur son père avoit traictié et accordé avecq les Suisses, mesmes du grand nombre de gens de guerre que ceulx de l'Empire luy avoient accordé payer pour ung an ou pour deux, ou nombre de xxx^m hommes, et par l'ordonnance de son père, elle fist assembler les estas de tous les païs en la ville de

12 juillet. Malines au xiie jour de juillet : lesquelz illecq arrivés, différa aucuns jours de leur déclairé la cause de ladicte assemblée, pendant lequel temps elle fist faire sy bonne dilligence que toutes les choses nécessaires pour faire et sollempniser l'obsecque d'ung roy furent prestes. Et le dymenche, .. [2] jour

---

[1] *Impropérant*, reprochant.
[2] La date est en blanc dans le MS. : c'est le 18 juillet qu'il faut lire.

dudict moys de juillet, fist dire les vigilles, et lendemain la maison (*sic*) 1507. pour ledict service [1].

Après ledict service fait, madicte dame de Savoie fist dire ausdicts des 19 juill. estas la cause pour quoy elles les avoit mandez; et proposa pour elle le chancellier de Brabant, et dit et déclaira derechief comment ceulx de l'Empire avoient faict ledict accord, dont est fait mencion cy-devant, au roy des Rommains, mesmes comment il avoit pacifiié les Suisses avec luy, tellement qu'ilz luy avoient promis de non jamais servy le roy de France, et aussy que ceulx qui estoient avec luy en la duchié de Milan avoient esté constrains de retourner en leurs maisons sur peinne de confiscacion de corps et de biens, et avecq ce promettoient de servy le roy des Rommains, au nombre de six ou huyt mille, en sa guerre; et d'aultre part, que madicte dame ne véoit point de moyen de paix envers le duc de Gheldres, et aussi que pluseurs voisins faisoient grand amaz de gens d'armes; qu'elle doubtoit grandement et estoit bien acertenée que c'estoit pour invader les païs de monseigneur l'Archiduc son nepveur : à quoy estoit bien nécessité de obvier avant que aucun grand inconvéniant en advint. Pour quoy elle requéroit bien instamment que, tant pour y remédier que pour l'entretennement des gens de guerre estans en Gheldres et sur les frontières des païs, mesmes pour mettre sus quelque puissante armée, ou voulsist accorder à mondict seigneur l'Archiduc, sur chascune maison de tous ses païs, ung philippus d'or, le fort suppourtant le foible, ou le riche pourtant le povre, combien qu'elle se mettroit en peinne de évité et empeschié d'avoir la guerre. Et se d'aventure elle povoit tant faire qu'elle pust tenir les païs en paix (ce qu'elle désiroit sur toutes les choses du monde), les deniers procédans dudict accord seroient convertis et employés ou rachat du demeinne de mondict seigneur son nepveur, lequel par ci-devant a esté engagié, tant du temps du duc Wanselin de Brabant, de monseigneur le duc Charles, madame Marie, que par le Roy trespassé, et pour luy faire nouveaulx meubles et vasselle, et pour subvenir à tous ses affaires, mesmement à l'entretennement de son estat et de mesdames ses seurs.

Laquelle demande, oye et entendue par lesdictes gens des trois estas, leur 19 juill.

---

[1] Il y a ici une demi-page et un feuillet tout entier laissés en blanc dans le manuscrit. L'auteur les avait probablement réservés pour la description des obsèques de Philippe le Beau.

1507. sembla bien estrange et moult difficile à icelle accorder et encoires plus à la lever, avecq aussi que ceulx qui représentoient les communaultés des bonnes villes ne avoient nulle charge fors de oyr ce que, de la part du roy, de mondict seigneur et de madicte dame, leur seroit proposé et en faire rapport à leurs maistres qui les avoient envoiez. Pour laquelle cause leur fut accordé par madicte dame de Savoie jour et terme de respondre à ung mois. Et ainsi se retirèrent chascun en leur quartier.

Durant ce temps messieurs le prince de Hanalt, le conte de Nassou, le seigneur d'Isselstein, le seigneur du Roeux, le seigneur de Zevenberghe, de Wassenaire, le seigneur de Walhain, le seigneur d'Aymeries et pluseurs gentilzhommes de l'ostel du feu roy (que Dieu absoille), avecq certain bon nombre d'Alemans estans en la duchié de Gheldres, faisoient de grandes exécucions d'armes parmy ladicte duchié : car en quelque lieu qu'ilz povoient savoir où estoit le duc de Gheldres, ilz se tiroient vers luy et tousjours luy présentoient la bataille. Mais, combien que souvant il fût en aussi bon nombre de gens de pied et de cheval que les dessusnommez, néantmoins il n'a jamais attendu la bataille, et souvent en soy retirant a perdu de ses gens. Et d'aultre part, comme aultrefois a esté dit cy-devant, nosdictes gens se espandirent parmy le pays, tant devant Nymèghe que ailleurs, où ilz firent gasté et du tout destruyre les bledz jusques près de leurs portes. Et ce faisant, ne furent assaillîz, fors de quelques escarmoucheurs en quelque petit nombre, où il n'y eust faicte guères de chose qui vaille le ramantevoir.

Depuis nosdictes gens se tirèrent envers le quartier de Wachtendonck, et le prindrent avec trois blochus et une forte église en laquelle ilz prindrent environ 300 prisonniers des gens du duc de Gheldres, et depuis ung moulin devant lequel on avoit aultrefois fait de grans assaulx, mais jamais n'avoit esté prins jusques à ceste fois qu'il fut prins de plain assault. Et tousjours en épillant les bledz et brûlant toutes les maisons du païs, vindrent auprès de Zuytphen, où estoit pour lors le duc de Gheldres, et auprès de ladicte ville vindrent assiéger ung moult fort blochus que ceulx dudict Zuytphen avoient nouvellement fait construire pour, ad ce moyen, préserver grand partie du païs d'estre gasté et brullé, dedans lequel avoit environ cent et cincquante riches bourgois dudict Zuytphen, lesquelz se deffendirent moult fort, et estoient bien fort furnis de tret à pouldre dont ilz grevoient fort

DE PHILIPPE LE BEAU. 473

nos gens; néantmoins ilz furent sy près assailliz qu'ilz se délibérèrent de eulx rendre. Mais, la nuyt qu'ilz avoient proposé eulx rendre et que le duc leur avoit promis secours moyennant certaine enseigne qu'ilz devoient faire, la nuyt venue ilz firent le signe qu'ilz devoient faire pour avoir secours, et le duc, estant dedans ladicte ville, leur fist le contre-signe qu'ilz ne se rendissent point et qu'il les iroit secourir, tellement que les bonnes gens se délibérèrent de deffendre et tenir jusques que leur secours seroit venu. Et nosdictes gens, véans le point du jour approuchié et ayans veuz lesdicts, signes, se hastèrent de les assaillir tellement et si asprement que à grand peinne eussent-ilz jamais creu qu'il eust esté possible à hommes de sy tost les avoir approuchiés. Le prince de Hanalt, ayant délibéré de avoir ledict blochus, pour mettre sa voulenté à exécucion, se mist au premier ranch et marcha avant autant qu'il peult, et tellement diligenta, en monstrant bon couraige et exemple à ses gens, qu'il fut le IIIe qui entra audict blochus : à laquelle entrée il eust ung coup de picque au col, duquel ne falut guères qui n'eust la gorge coupée ou percée. Toutesfois, ainsi navré, il poursuyt son emprinse, et fut très-fort assisté de tous ceulx de la compagnye, mesmes du seigneur de Wassenaire, qui aussi fut blessé d'une picque. Mais, dès que noz gens se trouvèrent dedans jusques à xx ou xxx hommes, lesdicts citoyens de Zuytphen ne sceurent plus que faire, mais furent illecq piteusement occis. Et tantost après ladicte occision ou tuizon [1], le feu se prinst en quelque peu de pouldre et d'estrain [2] estant audict blochus, tellement que les corps des mors furent à moittié rostiz, et en laquelle chose faire ne demoura que deux des piétons du prince de Hanalt : qui est bien à louer Dieu.

Lesdictes choses ainsi faictes et que ledict prince de Hanalt et sa compagnye furent raffreschiz et les blécez mis à point, vindrent tost après certain nombre de religieulx de ladicte ville, lesquelz requirent, en l'honneur et révérance de la passion de Nostre-Seigneur et du gendre humain, que mesdicts seigneurs estans illecq voulsissent accordé que les bonnes femmelettes de ladicte ville peussent venir lever les corps de leurs maris, de leurs enffans, de leurs frères, cousins ou parens qui illecq estoient finés [3] : ce que ledict prince et lesdicts seigneurs trestous leur accordèrent

---

[1] *Tuizon*, tuerie, massacre. | [2] *Estrain*, paille. | [3] *Finés*, morts.

1507 de bon cueur. Mais, quant les bonnes demoiselles trouvèrent les corps ainsi martyriziés et brulez. qui eust veu et oy le dueil qu'elles démenoient, en mauldisant leur duc, c'estoit la plus grand pitié que l'on oyt jamais, car il y avoit telz xxx hommes, en ladicte compagnye, dont le moindre d'eulx eust payé mil florins d'or de rançon. Et quant lesdictes femmes advenoient aux corps, pour chascune recognoistre celuy qu'elles demandoient, souvant ou le bras ou la cuisse leur demouroit en la main. Et en menant le plus grand dueil que jamais l'on veist faire, emmenèrent les corps envers la ville, à l'approuchement de laquelle elles trouvèrent leur duc, qu'elles appeloient trahistre, faulseur de foy : « Ne sommes-nous point bien mal- » heureux d'estre subgectz à ung tel trahistre, qui n'a ne foy ne loyaulté? » Et fut constrainct le duc soy tirer hors de leur vue. Et semble que se noz gens eussent approuché ladicte ville, qu'ilz eussent peult-estre fait quelque bon appoinctement avecq ceulx d'icelle ville : mais, obstant que la ville est très-forte et puissante, mesmes que noz gens n'estoient en nombre compétant pour tenir ung tel siége, et qu'ilz n'estoient furniz d'artillerie pour ce faire, ne l'ozèrent ne vouldrent entreprendre. Et se tirèrent d'illecq envers la ville de Groulle[1], laquelle se rendit à eulx; et tost après se rendist la ville de Lockem : bonnes fortes villes toutes deux.

Touttes ces choses ainsi exploittiés, nosdictes gens, véans qu'ilz n'avoient personne qui guères leur empeschat à faire leur voulenté et que la force estoit à eulx, se advisèrent de entendre à dilligence quel bruyt couroit ès villes dont pour l'heure possessoit le duc de Gheldres. Et entre toutes les nouvelles qu'ilz eulrent du gouvernement desdictes villes, entendirent que ceulx de la ville de Nymèghe, principale ville dudict païs, estoient en grand discension, tant pour la grande disette de vivres qu'ilz avoient que aussi pour ce qu'ilz véoient que le duc, leur seigneur, n'avoit ne force ne vertu, et que tout son fait gisoit en dissimulacion et faintize et soubz promesse qu'il faisoit que son cousin le roy de France le devoit secourir à sy grand effort et puissance que, à croire sesdictes parolles, il sembloit estre plus empeschié à diviser les manières des siéges qu'il devoit mettre devant Anvers, Bruges, Bruxelles ou Gand, qu'il n'estoit de soy deffendre, ne luy ne ses villes du païs de Gheldres desquelles il possessoit encoires

[1] Groll.

lors : néantmoins il estoit en telle perplexité qu'il ne se savoit où tenir ne en quel lieu estre à sceurté. Et nosdictes gens, sachans qu'en ladicte ville de Nymèghe n'avoit point grand paix entre les citoiens, avecq ce grand povreté et grand faulte de vivres, se délibérèrent de mettre ung siége voulant devant ladicte ville, et fist madicte dame de Savoie grand dilligence de leur envoier force artillerye, pouldre et toutes aultres choses à eulx nécessaires.

Or estoit oudict temps le seigneur d'Egmont, lieutenant et gouverneur général de Hollande, à siége devant le chasteau de Poroy [1], accompagnyé de la communaulté du païs de Hollande : lequel avoit desjà par longue espace de temps esté devant ladicte place, et l'avoit fort pressée et batue d'artillerie. Néantmoins le gentilhomme estant dedans, nommé Sneuwewin [2], estrangier, natif de Boësme, n'avoit nulle voulenté de soy rendre, mais estoit délibéré tenir ladicte place tant qu'il pourroit, et pour icelle garder avoit bien le nombre de III^c hommes de guerre, lesquelz et luy aussi estoient bien asseurez, en cas qu'ilz se rendissent, qu'ilz seroient tous pendus; et aussi lesdicts Hollandois ne leur eussent jamais ne feront aultre appoinctement : car vous savés que c'est d'une communaulté; quant elle est maistresse, il n'y a point de pitié. A ceste cause tenoient-ilz tant qu'ilz povoient, et ne parlent ne tiengnent parolles à ceulx du siége non plus que s'il n'y avoit personne devant eulx, et attendent l'aventure ou de mort ou de vie. Toutesfois madicte dame de Savoie y a derechief envoié grand nombre de pouldre de canon et aultres pluseurs provisions.

Pendant le temps que ces choses se faisoient ès païs de Flandres, Gheldres et Allemaigne, le roy de France n'estoit point oyseulx ne sans crainte : mais, pour éviter qu'il ne fût enclos oultre les montaignes, tant par le roy des Rommains, Vénissiens, Gennevois, Florentins, Millannois, Suisses et aultres nacions, se retira à Lyon sur le Rosne; et illecq arrivé, disant, en vostre gorge, bourgois d'Arras [3], que le diable l'emporte, s'il n'yra à Romme au despit du roy des Rommains et de toutes les Itales. Et ses conseilliers le tiengnent et dyent : « Nennyl, Sire, qu'y avés-vous affaire? » Vous avés tellement exploittié ès Itales que vous êtes venuz au-dessus de

---

[1] Voy. la note 1 à la page 458. | [2] Henrik van Ens, dit Snijdevind.

[3] Nous avouons ne pas comprendre ce passage, qui est littéralement conforme au manuscrit.

» tous voz ennemis, au despit et nonobstant tout l'empeschement que le
» roy d'Austriche, les Vénissiens, Florentins, Gennevois. Suisses ny aultres
» vous y ont sceu mettre. Qu'avés-vous affaire de vous mettre derechief
» en dangier de vostre personne, pour aller en païs et en querelle que de
» riens ne vous touche ne à vostre royaulme? Vous leur avés fait à tous
» du desplaisir assez : car leur avés bien monstré qu'ilz ne sont point gens
» tertous ensemble pour vous povoir nuyre ne empeschié à acomplir
» vostre voulenté èsdictes Itales. Souflist, se vous doubtent, et lessez-les
» faire à leur tour. Sy vous assaillent, vous vous deffendrez. » Toutesfois
il dit qu'il n'en fera riens, et a derechief fait amaz de plus de vi^c hommes
d'armes et environ xv^m piétons. Et dist bien que le diable l'emporte s'il
ne passera derechief les mons et s'il n'yra à Romme, au despit du pappe,
du roy des Rommains et de tous ceulx à qui il en desplaist, et se fera
couronné empereur, quiconque le vueille voir ou non; et sy fera son
cousin d'Amboise, légat en France, pappe, ou despit de Dieu, de tout le
sainct-siége appostolicque et de toute la chrestienté.

Le roy des Rommains, sachant toutes ces menaces et non ayant regard
à icelles, faisoit tousjours dilligence de préparer son affaire pour soy tiré
à Romme, acompaignyé de xxx à xL^m hommes de deffense sans les suivans,
et dilligentoit de faire son armée preste en tous endrois, et avecq ce ayant
un resjoïssement sy grand de ce qu'il entendoit que le roy françois délibéroit soy trouver ès Itales, mesmes qu'il se vantoit d'aller à Romme, qu'il
n'estoit chose qui tant lui esjoïst le cueur, car nulle chose du monde ne luy
peult tant plaire que la bataille. La raison est, premièrement, l'aide de
Dieu et son bon droit, la vertu, force et noblesse de son peuple, la force et
noblesse de sa personne, l'entendement naturel que Dieu luy a donné, et
par espéciale grâce, en la conduite de la bataille en sa personne, non pas
par procureur, et qu'il ne vouldroit penser de ordonner ne commander
chose à nul homme qui n'ozast ou voulsist faire soy-mesmes, qui est une
des choses du monde qui plus est cause de luy faire gaigner bataille : car,
s'il a en son ymaginacion de commettre quelqu'un en un certain lieu pour
la bataille, il a ceste grâce que de adviser se luy-mesmes il seroit bien
seurement; et s'il cognoit qu'il ne fût point seurement, il n'y veult ne
vouldroit faire tenir ne demouré son serviteur, mais advise aultres et plus
seurs moyens : tellement que (à Dieu en soit la louange) il ne fuyt jamais

pour ses ennemis, s'il n'a courut après eulx. Et les rois de France, qui, de coustume, ne sont point hardis, non pas seullement de commander, qui est bien loing de exécuter une chose doubteuse, envoient de leurs serviteurs à la bataille, et souvent gens de diverses oppinions et nacions, desquelz chascun d'eulx veult estre le maistre et avoir l'honneur du jour : au moyen de quoy ilz gaignent peu souvent ou jamais ne bataille ne rencontre. Mais, s'ilz peuvent avoir affaire à gens qui soyent à contenter d'argent, aussi avant que le povre bonhomme en a, ilz en seront fournis; et s'ilz ont concquis ne ville ne païs, n'est jà mestier de soy enquerre qui passa le premier la muraille ou le fossé, mais souffist de dire combien cousta au roy de France une telle ville ou une telle qu'il a eu et concquis par trahison ou par marchandize.

En ce mesmes temps le roy d'Engleterre alloit et venoit parmy son royaulme, et faisoit mettre sus jusques à xL^m hommes de guerre des plus beaulx et puissans hommes que l'on vit pièça, et iceulx faisoit tenir prestz en leurs maisons; et n'estoit homme qu'il sceust qu'il en vouloit faire ne en quoy il les vouloit employer. Toutesfois les François les cremoient[1] sy fort qu'ilz n'en avoient nul repos ne nulle sceurté, et avoient incessamment grand ghet et grandes accoutes[2] sur les frontières, tant de mer que de la terre.

Oudict temps les François, sur la couste de Normandie et de Bretaigne, avoient esquipez deux bonnes navires de guerre soubz la conduite d'ung nommé Capperon, qu'ilz appelloient ainsi pour leur plaisir, et se disoit icelluy Capperon gheldrois; et desjà avoit prins cincq navires de marchands appartenans à aucuns Hollandois et Flamengs, les avoit mis à rançon, leur avoit baillé sauf-conduit pour aller en Gheldres devers le duc, auquel il escrivoit lettres par lesdicts prisonniers, et aussi luy signiffioit par icelles comment il les avoit mis à deux ou trois mil escuz d'or de rançon, pour la sceurté de laquelle recouvrer il avoit retenu, comme ostagiers et pleiges pour toute la compagnye, trois des plus riches de la bende, lesquelz il délivreroit incontinant qu'il auroit nouvelles que icelluy duc de Gheldres eust receu lesdicts deniers. Vous povés penser quel amour les François ont

---

[1] *Cremoient*, redoutaient.
[2] *Grandes accoutes*, grande surveillance.

1507. envers le roy des Rommains et monsieur son filz et leurs païs, et comment il se fait bon fyer en eulx. quant, sur tant de promesses et seremens qu'ilz ont fait au feu roy de Castille et que, sans cause nulle, ilz vont soustenir et mettre sus en leur propre païs telz pyrattes et larrons; mesmes que le butin par eulx fait ilz le mènent ès villes et havres de France, et illecq mettent gens à rançon et les y tiengnent prisonniers; et toutesfois il leur semble que nul ne se perçoyt de leur tromperie. Dieu scèt s'il s'y fait bon fyer.

Pour laquelle cause et pour y obvier, messire Philippe, le bastard de Bourgoingne, admiral de la mer, après qu'il a esté acertené desdictes emprinses, s'est tiré en Zellande : ouquel lieu il a fait très-expresse dilligence de mettre sus jusques à IV ou VI des meilleures navires qu'il a illecq trouvées, et a fait publier, par toutes les villes voisines, que quiconque vouldra entrer en navire pour faire la guerre, qu'ilz viengnent incontinant devers luy, et il les souldoyera. Sur laquelle publicacion il a assemblé grand nombre de gens.

15 août. La nuyt de Nostre-Dame my-aoust XVe et sept madicte dame de Savoie a receu lettres du roy son père par lesquelles il lui signiffie et fait savoir comment il a tout besongnié avecq lesdicts électeurs de l'Empire et avecq les Suisses, et comment tous ceulx qui doibvent aller au voiage de Romme avecq luy se sont allez faire prestz, à la plus grande dilligence que faire pourront, et luy s'est parti de Constance et se tiré le quartier d'Isbrouck, pour aussi faire prest son estat, son artillerie et aussi disposer et ordonner de ses affaires.

Je vous ay touchié comment le roy don Fernande d'Arragon, de Naples, de Cecille et de Jhérusalem a passé devant Ostye, auquel lieu le pappe s'estoit tant incliné qu'il estoit illecq vers luy venu en intencion que ledict roy d'Arragon viendroit illecq vers luy luy faire l'obéissance qu'il doit faire, et aussi pour recevoir l'investiture du royaulme de Naples que le pappe avoit délibéré luy bailler. Toutesfois, quant il vint au-devant dudict lieu de Ostye, il ne daigna arrester, mais véant qu'il avoit bon temps, passa oultre et nagea jusques à Savonne : ouquel lieu, après qu'il eust fait pluseurs mynnes, il getta ses ancres et luy fut délivré le chasteau en ses mains pour sa sceurté, et puis se mist dedans et illecq demoura par l'espace de quatre jours entiers : durant lequel temps il eust pluseurs communicacions avecq le roy de France. Quelles, je ne les ay encoires entendu. Toutesfois, s'il a fait chose qui puist cy-après porté préjudice ou dommaige à ses enffans de Castille, ce n'est pas fait de bon père : car, s'il a aulcun maltalent, il ne s'en doit vengier sur les petis orphelins qui mès n'en pèvent. Néantmoins il est certain qu'il a confirmé et juré paix, amitié et alliance perpétuelle avecq le roy de France envers et contre tous, et n'y sont ses propres enffans en riens exceptez. Et avecq ce, estans tous deux acertenez comment le roy des Rommains avoit exploitié avecq les princes de l'Empire et les Suisses, ont advisé, pour rompre son armée, de eulx plaindre et douloir du roy des Rommains au pappe, disans que, pour ce qu'il avoit entendu qu'ilz estoient tous deux en propos et singulière et espéciale dévocion de eulx transporté, en leurs personnes et à toute leur puissance, en la terre des infidelles et rebelles de la foy catholicque, et faulx donné à entendre aux électeurs et subgectz de l'Empire, avoit trouvé moyen d'avoir certain grand nombre de gens de pied, de cheval et de deniers, et avoit intencion de leur faire aucun dommaige, quant ilz seroient allez au service de Nostre-Seigneur en ladicte terre des infidèles : pour laquelle cause leur bonne voulenté et bon propos demouroit à exécuter, à leur très-grand regret et desplaisir, et à la diminucion de la saincte foy catholicque, et au très-grand préjudice de tout le peuple chrestien. Pour à quoy obvier requéroient que le pappe et aussi tout le sainct-siége appostolicque voulsissent entendre, labourer et eulx employer à rompre le malvais propos d'icelluy roy des Rommains, lequel ne quéroit que trafficques et moyens pour brouiller toute la chrestienté.

Sur laquelle requeste et remonstrance le pappe et les cardinaulx ont eu pluseurs consaulx, et, pour obtempérer à iceulx deux rois de France et d'Arragon, ont déléghé le cardinal de Saincte-Croix, lequel est arrivé devers le roy, en sa ville d'Isbrouck, le vendredy, x^e jour de septembre oudict an XVe sept : auquel lieu il a esté très-grandement receu, et luy ala le roy au-devant en sa personne avecq le clergié, gens d'Église, croix, gonfanons et les relicquiaires en grand révérance. Mais, au retour, nul ne se mist dessoubz le pale¹ que le roy avoit fait porter, mais vindrent eulx deux ensemble divisans, le roy au-dessus et ledict cardinal emprès luy.

Or faisoient tousjours les François courre le bruyt qu'ilz viendroient au

---

¹ *Pale,* poêle, dais.

secours du duc de Gheldres, et ad ce propos avoient fait grand amaz de gens de guerre de pied et de cheval envers la frontière de Rains en Champaigne. Et l'unne fois faisoient courre bruyt qu'ilz iroient assiéger la ville d'Ivvuyz¹ ou aultre bonne ville, tant en la duchié de Luxembourg que ès contez de Haynnau ou Namur, et ce disoient-ilz pour faire tirer les gens de guerre du prince de Castille hors de la duchié de Gheldres, luy cuydant par telles paroles avoir donné grand secours.

Aultre fois disoient qu'ilz passeroient à grand puissance et iroient secourir icelluy duc : dont, comme il semble, ilz n'avoient nulle voulenté; et n'estoit que pour tiré les gens du prince de Castille hors dudict païs de Gheldres. De quoy ilz estoient bien abusez, car madicte dame de Savoie avoit tellement dilligenté envers les seigneurs et les communaultez des païs d'embas, qu'ilz estoient bien au nombre de mil ou xii^c chevaulx et xii^m piétons sur les frontières et passaiges par où il estoit force que les François passent, se tant est qu'ilz aillent oudict païs de Gheldres, bien délibérez de leur livrer bataille : de quoy ilz ne mengent point voulentiers. Et durant ces choses les gens du prince de Castille furent longtemps auprès de ladicte ville de Nymèghe, et prindrent deux fortes places sur eulx, toutes prochaines de leur ville, desquelles ilz sont fort affoiblis.

En ce mesmes temps le roy des Rommains avoit fait passer envers le quartier d'Italie grand nombre d'artillerie, entre lesquelles pièces y avoit cent bombardes de fonte des plus grandes et des plus belles que l'on vit jamais, et bien quatorze cens serpentines, et tant d'aultres pièces et de pouldre, de pierres et toutes choses servans à ladicte artillerie, que c'est chose incréable à ceulx qui ne l'ont point veu.

Et semblablement en a fait mener à Brisac sur le Rhin, à Vienne en Austriche; et sy ne sauroit-l'on percevoir en sa ville d'Isbrouck qu'il en ait aucune chose osté.

¹ Ivoix.

FIN DU DEUXIÈME VOYAGE DE PHILIPPE LE BEAU.

INDEX ANALYTIQUE.

1504.

Nouvelles de la mort d'Isabelle la Catholique; service célébré pour elle à Bruxelles, p. 389.

Philippe le Beau et Jeanne prennent les armes et le titre de roi et reine de Castille, *ib.*

Philippe envoie en Espagne le seigneur de Veyre, pour y veiller à ses intérêts; obstacles que cet ambassadeur rencontre dans l'accomplissement de sa mission, p. 390.

Résolution qui avait été prise, dans le conseil de l'Archiduc, quelque temps avant la mort de la reine, de faire la guerre au duc de Gueldre; discussions dont elle fut précédée, *ib.*

Philippe le Beau fait défier le duc et sommer les villes de Gueldre, p. 392.

Il envoie des troupes faire la guerre aux Gueldrois, *ib.*

1505.

Assemblée de Haguenau; traité entre l'empereur Maximilien, le roi de Castille, d'une part, et le roi de France, de l'autre; investiture du duché de Milan donnée au roi, p. 393.

Philippe le Beau dirige en personne la guerre de Gueldre, *ib.*

Il met le siége devant Arnhem, p. 394.

Entrée à Cologne de l'empereur, qui vient deux fois au siége, p. 394.

Reddition d'Arnhem, p. 395.

Instances du seigneur de Veyre pour que le Roi passe en Castille, *ib.*

Négociations avec le duc de Gueldre, *ib.*

Entrée de l'empereur et du Roi à Arnhem, *ib.*

Départ de l'empereur pour l'Allemagne, p. 396.

Le Roi poursuit son expédition en Gueldre; il prend neuf ou dix villes, *ib.*

Envoi au duc, par le roi de France, d'un de ses secrétaires avec de l'argent, *ib.*

Traité entre Philippe le Beau et le duc, *ib.*

Remontrances faites à Philippe par des ambassadeurs du roi de France, p. 397.

Envoi à Bruxelles d'autres ambassadeurs français, *ib.*

L'empereur arrive aux Pays-Bas; sur les instances de son fils et du magistrat de Bruxelles, il vient en cette ville, *ib.*

Remontrances et sommations adressées au Roi par les ambassadeurs français, *ib.*

Réponse qui leur est faite, p. 398.

Préparatifs pour le voyage du Roi en Castille, p. 399.

Triste situation de ses finances, *ib.*

Ambassadeurs envoyés par lui au roi de France, *ib.*

Ils arrivent à Blois, p. 400.

Pratiques du roi de France au préjudice du roi de Castille : traité avec le roi d'Aragon; lettre au bâtard de Sommerset; démarches auprès du duc de Gueldre, pour qu'il recommence la guerre, et auprès des Suisses, pour les exciter contre l'empereur; envoi aux rois d'Aragon et d'Angleterre de lettres particulières que Philippe lui avait écrites; offres au roi d'Angleterre de lui donner pour femme la veuve du comte d'Angoulême ou la sœur du dauphin, pp. 400-402.

Henri VII ne se laisse pas séduire par ces offres; langage qu'il tient aux ambassadeurs de Philippe, p. 403.

Réponse du duc de Gueldre au roi de France; il vient à Bruxelles et à Anvers, et promet d'accompagner le Roi en Castille : mais il manque à sa promesse, *ib.*

Audience donnée par le roi Louis aux ambassadeurs du roi de Castille;

INDEX ANALYTIQUE.

discours du dom-prévôt d'Utrecht; réponse du chancelier de France; communication tenue entre les ambassadeurs et les personnages français à ce députés; accord conclu entre eux; retour des ambassadeurs à Gand, pp. 404-407.

Assemblée des états généraux des Pays-Bas à Malines; demande qui leur est faite, p. 407.

Philippe le Beau va en Zélande, pour voir la reine et hâter l'équipement de ses navires; il se rend de là à Bruges, retourne en Zélande et visite Anvers, *ib*.

1506.

Embarquement de Philippe et de la reine Jeanne à Flessingue, p. 408.
La flotte est obligée de jeter l'ancre près d'Arnemuiden, *ib*.
Elle remet à la voile et arrive jusqu'en la mer d'Espagne, *ib*.
Horrible tempête dont elle est assaillie et qui la disperse, *ib*.
Dix-huit ou dix-neuf navires se réfugient à Falmouth; mauvais accueil que leur font les Anglais, p. 409.
Trois navires périssent, et lesquels, p. 410.
Beau trait du boulanger de la maison du Roi qui était sur l'un d'eux, *ib*.
Chevaliers de la Toison d'or créés par Philippe le Beau avant son départ de Middelbourg, p. 411.
Digression sur le roi Ferdinand d'Aragon, sur ses visées, sur son mariage avec Germaine de Foix, sur les efforts du seigneur de Veyre, ambassadeur de Philippe le Beau, pour défendre les droits de son maître, pp. 411-415.
L'auteur déclare qu'il a déchiré des feuillets de son manuscrit où il s'exprimait librement sur le gouvernement et les gouverneurs du roi de Castille, p. 415.
Courage que montrent Philippe le Beau et la reine Jeanne au fort de la tempête; paroles que le Roi fait entendre, pp. 416-417.
Ils prennent port à Melcombe-Regis, où ils ne sont pas mieux reçus que les gens de leur suite à Falmouth, p. 418.
Philippe le Beau envoie le secrétaire le Flameng à Henri VII, qui témoigne sa joie de l'arrivée du roi de Castille en son royaume, et le fait prier de s'approcher de Londres, pp. 418-419.

Digression de l'auteur sur lui-même, sur le danger qu'il a couru durant la tourmente, sur les exclamations auxquelles il s'est abandonné alors, sur les tristes réflexions que lui a suggérées, lorsqu'il s'est vu sauf, la crainte que le Roi n'eût péri, pp. 419-422.

Préparatifs de Henri VII pour la réception du roi de Castille, p. 422.

Arrivée de Philippe le Beau à Windsor; le roi d'Angleterre va au-devant de lui; paroles qu'il lui adresse; entrée des deux rois au château; magnificence de la réception, pp. 422-423.

Arrivée à Windsor de la reine Jeanne, qui y voit la princesse de Galles, sa sœur, et part immédiatement après pour Falmouth, p. 424.

Philippe le Beau est retenu à Windsor plus longtemps qu'il n'aurait voulu; traité qu'il conclut avec Henri VII, *ib.*

Il prend la Jarretière et le prince de Galles la Toison d'or, *ib.*

Paroles que le roi d'Angleterre lui adresse et au prince de Galles, au sortir de diner, *ib.*

Arrivée à Douvres d'un ambassadeur de France; Henri VII ne veut le recevoir qu'en présence du roi de Castille, p. 425.

Propos satirique que le prince de Galles tient à ce diplomate, p. 426.

Présents envoyés par Henri VII à Philippe le Beau, *ib.*

Philippe remercie le roi d'Angleterre de l'accueil qu'il lui a fait et prend congé de lui, *ib.*

Long discours que lui tient le roi, pp. 426-427.

Don fait par Philippe aux officiers domestiques du roi, p. 428.

Adieux de Philippe au roi et au prince de Galles; paroles échangées entre les deux souverains, pp. 428-429.

Philippe se dirige vers Falmouth, p. 429.

Il arrive avec la Reine à Penryn, p. 430.

Pratiques des Français pour mettre le roi d'Aragon en guerre avec le roi de Castille; diligences du seigneur de Veyre afin d'attirer à son maître les seigneurs castillans, *ib.*

Philippe envoie le seigneur de la Chaulx aux Pays-Bas, en France et en Espagne, p. 431.

Embarquement du Roi, de la Reine et de leur suite à Penryn, *ib.*

Ils arrivent sur les côtes d'Espagne, *ib.*

Et abordent à la Corogne, p. 432.

Réception faite en cette ville au Roi et à la Reine, p. 432.

Les habitants les jurent pour leurs princes et seigneurs, *ib.*

Le Roi leur prête serment de son côté, mais la Reine s'y refuse, à leur grand déplaisir, p. 433.

Vaisseaux que le roi Ferdinand avait envoyés de Biscaye pour aller au-devant de Philippe, *ib.*

Navire équipé, dans le même but, par le comte de Miranda, malgré l'opposition du roi Ferdinand, *ib.*

Arrivée à la Corogne d'un grand nombre de seigneurs et gentilshommes castillans, ainsi que du seigneur de la Chaulx, de l'ambassadeur du roi des Romains et du seigneur de Veyre, lequel le Roi revêt des insignes de la Toison d'or, p. 434.

Bruits qui couraient du roi Ferdinand, *ib.*

Départ de Philippe pour Saint-Jacques de Compostelle, p. 435.

Et de Saint-Jacques pour Benavente, *ib.*

Querelle entre les Galiciens et les Allemands, *ib.*

Le duc de l'Infantado, l'amirante de Castille et un grand nombre de barons et de chevaliers viennent trouver le Roi à Monterey, p. 436.

Approche du roi Ferdinand, p. 437.

Philippe arrive à Benavente, *ib.*

Entrevue des deux rois, p. 438.

Traité conclu entre eux, pp. 438-443.

Philippe part pour Valladolid, p. 443.

Il s'arrête à Muciéntes; informations qu'il y reçoit de divers pays; nouvelle entrevue avec le roi Ferdinand, *ib.*

Second traité conclu entre les deux rois, p. 444.

Arrivée à Valladolid de l'évêque de Rieux, ambassadeur du roi de France, *ib.*

Discours qu'il adresse au roi pour justifier le mariage de la princesse Claude avec le duc d'Angoulême, p. 445.

Négociations avec l'ambassadeur d'Angleterre; conclusion du mariage du roi Henri avec l'archiduchesse Marguerite, *ib.*

Réception des ambassadeurs du roi de Navarre et du pape, p. 446.

Les Hongrois reconnaissent l'empereur Maximilien pour leur roi et seigneur, *ib.*

Troupes levées dans les Pays-Bas pour empêcher le passage des Français qui voulaient aller secourir le duc de Gueldre, p. 447.

Digression sur les tromperies des Français, *ib.*

Départ du roi Philippe pour Ségovie; indisposition de la Reine qui l'oblige de s'arrêter à Cogéces del Monte; elle et le Roi s'établissent à Tudéla de Duéro, pp. 447-448.

Nouvelles du roi d'Aragon, de Hongrie, de Gueldre, p. 448.

Les Français et les Gueldrois entrent dans la Campine, p. 449.

Le roi Philippe fait conduire son fils l'infant don Ferdinand à Simancas, et part pour Burgos, *ib.*

Les Français veulent tirer le pape de Rome; leurs vues en cela; le pape s'échappe de leurs mains, p. 450.

Troupes envoyées aux Indes par le roi et la reine de Castille, *ib.*

Embarras financiers dans lesquels ils se voient, pp. 450-451.

Chagrins que causent au roi Philippe la jalousie incurable de la Reine et l'ingratitude des Français; il tombe malade à Burgos et meurt, p. 451.

Douleur publique que cause cet événement, p. 452.

Partis qui se forment, entre les grands, pour et contre le roi d'Aragon, *ib.*

Situation critique où se trouvent les serviteurs du roi Philippe, *ib.*

Le corps du Roi est transporté au monastère de Miraflores, *ib.*

Mesures que prennent les seigneurs et les officiers de son hôtel pour la mise en sûreté des anciens joyaux et des riches tapisseries de la maison de Bourgogne, p. 453.

Partage entre eux de la vaisselle d'argent, *ib.*

Ils se disposent à retourner aux Pays-Bas, *ib.*

Convocation des cortès de Castille à Burgos, p. 454.

Elles ne prennent aucune mesure pour le gouvernement du royaume, et la Reine ne veut entendre à aucune affaire, *ib.*

La comtesse de Moya assiége le château de Ségovie, *ib.*

Les habitants de Valladolid vont chercher l'infant Ferdinand à Simancas et l'emmènent en leur ville, *ib.*

Deuil causé aux Pays-Bas par la nouvelle de la mort du Roi, p. 455.

Le bâtard de Bourgogne s'arrange avec le duc de Gueldre et lève le siége de Wagheningue, *ib.*

Assemblée des états généraux à Malines; résolutions patriotiques prises par eux; ambassadeurs qu'ils envoient à l'empereur pour qu'il accepte la tutelle de ses petits-enfants, p. 455.

1507.

Maximilien accepte; il nomme l'archiduchesse Marguerite et d'autres personnages ses procureurs pour recevoir les provinces des Pays-Bas en son nom, p. 456.

Le roi de France attaque Gênes, qu'il prend, *ib.*

Assemblée de la diète de l'Empire à Constance; remontrance que Maximilien lui fait touchant la conduite des Français et des Suisses; appointement de ces derniers avec l'Empire, p. 457.

L'archiduchesse Marguerite visite les provinces des Pays-Bas et s'y fait reconnaître pour gouvernante, *ib.*

Elle assemble à Anvers les états de Brabant et leur demande assistance contre le duc de Gueldre, p. 458.

Entretien de dix-huit mille hommes accordé à l'empereur par la diète, *ib.*

Avis demandé par Maximilien au conseil des Pays-Bas, *ib.*

Digression sur la reine Jeanne, sur son amour excessif pour son mari, sur sa jalousie qui lui fait renvoyer toutes les femmes placées auprès d'elle, pp. 458-459.

Les hostilités recommencent en Gueldre; le sire d'Isselstein remplace le bâtard de Bourgogne dans le gouvernement de ce pays, p. 460.

Traité d'entre-cours entre l'empereur et l'archiduc Charles, d'une part, et le roi d'Angleterre, de l'autre, *ib.*

Dispositions faites par le roi Philippe, avant son départ des Pays-Bas, pour le gouvernement de ses enfants, p. 461.

Éloge de l'archiduc Charles, *ib.*

Autre digression sur la reine Jeanne : insensibilité qu'elle montre à la mort de son mari; soins qu'elle lui prodigue pendant sa maladie; médecines qu'elle prend afin de lui donner courage de faire comme elle; elle se rend au monastère de Miraflores, où avait été porté le corps du Roi, fait ouvrir son cercueil et lui baise les pieds; plusieurs semaines de suite elle renouvelle cette visite; elle enlève enfin le corps et s'en fait suivre, d'abord à Torquemada, puis à Hornillos; elle ne veut absolument s'occuper en rien des affaires du royaume, pp. 461-463.

L'auteur ne croit pas, comme plusieurs, que le roi ait été empoisonné, p. 464.

Alliance des rois de France et d'Aragon; commentaires auxquels elle donne lieu, *ib*.

Projets d'agression contre la France abandonnés par suite de la mort du roi Philippe, p. 465.

Envoi, par Louis XII, à Malines, d'un de ses chambellans pour présenter ses compliments de condoléance, avec l'offre de se charger de la mambournie de l'archiduc Charles et de ses sœurs, *ib*.

Préparatifs militaires de l'empereur, du roi d'Angleterre et du roi de Navarre contre la France, p. 466.

Sujet de mécontentement donné au pape par le roi d'Aragon, *ib*.

Entrevue de Ferdinand et de Louis XII à Savone, *ib*.

Religieux envoyé par le roi de France à Maximilien; langage injurieux qu'il tient à l'empereur, qui, après avoir fait saisir son instruction dans ses bagages, ordonne qu'il soit mis en lieu sûr, pp. 466-467.

Louis XII fait arrêter à Lyon les ambassadeurs de l'archiduc Charles, p. 467.

État lamentable de cinq à six cents des serviteurs domestiques du feu Roi, p. 468.

L'auteur, à ce propos, accuse violemment le trésorier général des finances Jerôme Lauwerin, dont il fait un portrait peu flatté, pp. 468-470.

Assemblée des états généraux à Malines; obsèques du roi Philippe; demande aux états de la levée d'un philippus d'or sur chaque maison pour les dépenses de la guerre de Gueldre, pp. 470-472.

Hostilités en Gueldre; ravage du pays; prise de Wachtendonck et de trois blockhaus; siége et prise d'un fort blockhaus près de Zutphen; massacre de la garnison, pp. 472-473.

Requête des femmes, des mères et des sœurs de ceux qui avaient été tués, afin de pouvoir enlever les corps de ceux-ci; leurs imprécations contre le duc de Gueldre, pp. 473-474.

Prise de Groll et de Lochem, p. 474.

Siége de Nimègue, *ib*.

Siége du château de Poederoijen, p. 475.

Le roi de France quitte l'Italie et se retire à Lyon, *ib*.

Propos qu'il tient sur sa retraite; observations que lui font ses conseillers, p. 475.

Dispositions militaires de l'empereur Maximilien pour marcher en Italie; éloge de ce prince, pp. 476-477.

Levée de quarante mille hommes par le roi d'Angleterre, p. 477.

Navires hollandais et flamands saisis par des vaisseaux équipés en France; mesures que prend le bâtard Philippe de Bourgogne, amiral de la mer, contre ces actes de piraterie, *ib*.

L'empereur quitte Constance et se dirige vers Inspruck, p. 478.

Communications du roi Ferdinand avec le roi de France à Savone; plaintes qu'ils font au pape contre le roi des Romains; envoi du cardinal de Sainte-Croix à Inspruck, pp. 478-479.

Bruit que font courir les Français de leur dessein d'aller au secours du duc de Gueldre, sans qu'ils songent à le mettre à exécution, p. 480.

Artillerie envoyée par le roi des Romains en Italie et ailleurs, *ib*.

FIN DE L'INDEX ANALYTIQUE.

APPENDICES.

I

Commission de lieutenant général des Pays-Bas et de Bourgogne donnée par Philippe le Beau à Guillaume de Croy, seigneur de Chièvres : Bruges, 26 décembre 1505.

Phelippe, par la grâce de Dieu, roy de Castille, de Léon, de Grenade, etc., archiduc d'Austrice, prince d'Arragon, etc., duc de Bourgoingne, de Lothier, de Brabant, de Stier, de Carinthe, de Carniole, de Lembourg, de Luxembourg et de Gheldres, conte de Flandres, de Habsbourg, de Tyrol, d'Artois, de Bourgoingne palatin et de Haynnau, lantgrave d'Elsate, marquis de Bourgauw et du Saint-Empire, de Hollande, de Zéelande, de Ferrette, de Namur et de Zuytphen, conte, seigneur de Frise, de le marche d'Esclavonie, de Portenauw, de Salins et de Malines. A tous ceulx qui ces présentes lettres verront, salut.
Comme, pour pourvéoir au gouvernement et conduite des affaires de noz pays et seignouries de par deçà durant nostre prochain voiaige d'Espaigne, au bien, seureté et tranquilité d'iceulx, soit besoing de commettre et ordonner quelque notable et grant personaige, à nous féable et agréable, en chief et nostre lieutenant général pour, en nostre lieu et absence, avoir le reghart, gouvernement et conduite d'iceulx pays et des affaires qui y sourviendront, savoir faisons que Nous, ces choses considérées, et pour la bonne et parfaite cognoissance que avons de la personne de nostre très-chier et féal cousin messire Guillaume de Croy, seigneur de Chierves et d'Arscot, et de ses sens, prudence, vaillance, expérience et bonne conduite, Nous icelluy seigneur de Chierves, confians entièrement de ses loyaulté, preudhommie et bonne dilligence, avons retenu, ordonné, institué et estably,

retenons, ordonnons, instituons et establissons par ces présentes nostre lieutenant général en et par tous nosdits pays et seignouries, tant de par dechà comme de Bourgoingne, leurs appartenances et appendances, et luy avons donné et donnons, par cesdites présentes, plain pooir, auctorité et mandement espécial dudit estat de lieutenant général tenir, exerser, desservir; avoir le reghart, gouvernement et conduite de nosdits pays et seignouries et de noz subgectz d'iceulx; garder et deffendre nos drois, haulteur et seignourie; maintenir et entretenir nosdits subgectz en bonne union, concorde et obéissance; leur administrer et faire administrer bonne raison et justice et icelle faire obéyr; les garder, préserver et deffendre de foulles, oppressions, exactions et nouvelletez indeues; disposer, au nom de Nous et par noz lettres patentes, de tous les offices qui vacqueront en nosdits pays et seignouries, par manière de provision; baillier sauf-conduitz aux ennemis et congiez et sceurtez et autres; vacquier et entendre à la garde, sceureté et deffense des villes et forteresses de nosdits pays; y avoir entrée et yssue, fort et foible, de jour et de nuyt; y faire et faire faire ghuet et garde; évocquier et faire assembler, par l'advis de nostre chancellier et conseil, les estas et membres desdits pays en général ou en particulier, et faire crier et publier ban et arière-ban; commettre capitaines; faire tous traictiez et appointemens, alliances et intelligences touttes et quantes fois que besoing sera et le cas le requerra, et génerallement de faire et faire faire toutes et singulières les choses que bon et léal lieutenant dessusdit puet et doit faire et que nous-meismes ferions et faire porions, se présens y estions, aux gaiges et pension telz que par autres noz lettres luy seront pour ce tauxez et ordonnez [1], et aux autres drois, honneurs, prérogatives, préminences, libertez, franchises, prouffiz et émolumens acoustumez et y appertenans, durant nostredit voiaige d'Espaigne. De quoy et de soy bien et léaulment acquitier audit estat de lieutenant général ledit seigneur de Chierves sera tenu faire le serment pertinent en noz mains.

Sy donnons en mandement à noz très-chiers et féaulx les chancellier et gens de noz grant et privé conseil, chancellier et gens de nostre conseil en Brabant, président et gens de nostre chambre de conseil en Flandres, lieutenants et gens de nos consaulx de Luxembourg, Hollande et Gheldres, gouverneurs de Namur, Lille, Arras, Béthune, bailliz, prévostz, escoutètes, ammans, maires, bourghemaistres, sergens et à tous noz autres justiciers, officiers et subgectz que ce puet et poura touchier et regarder, et chascun d'eulx en droit soy et sy comme à luy appartiendra, que, ledit serment faict, ledit seigneur de Chierves, comme dit est, ilz ....[2] et lieutenant général et comme tel le honnourent, recueillent et luy obéissent, aydent et assistent en toutes choses concernant ledit estat, et d'icelluy estat, ensanble des drois, honneurs, prérogatives, préminences, libertez, franchises, prouffis et

---

[1] Dans une *Déclaration des pensions qui se sont prinses en despence par le compte de la recette générale des finances de feu le roy de Castille, dont Dieu ait l'âme, jusques au jour de son trespas*, qui advint en septembre XVe VI, laquelle déclaration est aux Archives du département du Nord, carton n° 330 de la Chambre des comptes, on lit :

« Le Sr de Chierves, lieutenant général, a prins, de pension, par an, II^m IIII^c lb.

» Et pour son plat, comme lieutenant général, x lb. par jour. Font par an III^m VI^c lb. »

[2] Plusieurs mots manquent ici dans le registre de Béthune.

émolumens dessusdits le facent, seuffrent et laissent plainement et paisiblement joïr et user, sans luy faire, mettre ou donner, ne souffrir estre fait, mis ou donné, aucun destourbier ou empeschement au contraire : car ainsy nous plaist-il estre fait. En tesmoing de ce, nous avons fait mettre nostre séel à ces présentes.

Donné en nostre ville de Bruges, le xxvi° jour de décembre, l'an de grâce mil V° et chincq, et de nostre règne le second.

Ainsy signé dessoubz le ploy : PHE; *et dessus :* Par le Roy, HANETON.

Sur le doz est escript : Aujourd'huy, vi° de janvier, l'an mil V° et chincq, messire Guillame de Croy, S° de Chierves, dénommé au blancq de ces présentes, a fait le serment de lieutenant général du Roy, dont oudit blancq est faicte mencion, ès mains dudit seigneur Roy.

Fait à Arnemuiden les jour et an dessusdits.

Moy présent, HANETON.

(Archives de la ville de Béthune, Registre mémorial de 1501 à 1509, fol. 75 v°.)

II

Testament de Philippe le Beau : Bruges, 26 décembre 1505, et Middelbourg, 2 janvier 1506[1].

Au nom de la sainte et indivisée Trinité, le père, le fils et le Saint-Esperit, je, PHELIPPE, par la grâce de Dieu, roy de Castille, de Léon, de Grenade, etc., archiducq d'Austriche, prince d'Arragon, duc de Bourgoingne et de Brabant, conte de Flandres, etc., fais à sçavoir à tous ceulx qui ces présentes verront ou oyront, que sçachant et recognoissant qu'il n'est rien si certain que la mort et incertain que le tems et l'heure d'icelle, considérant aussi le long et périlleux voinige que, pour garder mon honneur et le bien de moy et de ma postérité, j'ay présentement emprins, non veuillant décéder intestat ne sans faire mon testament et ordonnance de ma dernière volonté [2] en la forme et manière que s'ensuit.

Premièrement, je recommande mon âme à Dieu le Créateur et luy supplie, en toute humi-

---

[1] Nous sommes redevable de la communication de ce document à l'obligeance de M. le marquis de Godefroy de Ménilglaise, qui le possédait dans ses papiers de famille.

La copie a été faite, au XVII° siècle, d'après le premier compte, rendu par Philippe Haneton, de l'exécution du testament de Philippe le Beau.

[2] Plusieurs mots doivent manquer ici.

lité et de tout mon cueur, que, par son infinie bonté et par le mérite de sa saincte croix et passion qu'yl voulut souffrir pour moy, sa misérable créature, et tout l'humain lignaige, son plaisir soit avoir pitié de ma pauvre âme, quand elle sortira de mon corps, et icelle recevoir et colloquer en son royaume de paradis.

Prie aussy de tout mon cueur la glorieuse vierge Marie, advocate de tous pauvres et désolez pécheurs, aussy les benoîts sainct Pierre, sainct Paul et sainct Phelippe, sainct Georges et madame saincte Anne, la glorieuse Madelène, le bon larron et tous les saincts et sainctes de paradis, que à la fin dessusdite veuillent estre mes intercesseurs.

Item, au cas que je voyse de vie à trespas ès pays d'Espaigne, je veux estre inhumé et enseveli en Grenade avecq la feue royne d'Espaigne, ma belle-mère; et si je décède ès pays de par deçà, je choisis le lieu de ma sépulture en l'église Nostre-Dame, en Bruges, près madame ma mère; et si la duché de Bourgoingne estoit lors entre nos mains, je vueil estre ensépulturé aux Chartreux de Dijon avecq les ducz de Bourgoingne, mes prédécesseurs; et si Dieu me prent sur mer en allant ou retournant, je désire estre porté et inhumé comme si je moroys de par deçà.

Item, je vueil et ordonne que mes obsecques soient faits dévotement et à la moindre pompe que faire se pourra, à la discrétion de mes exécuteurs ci-dessous nommez, et que pour le salut de mon âme soient dittes soixante mille messes, tant à notes que basses, assavoir de Nostre-Dame, de la Croix et de requiem, avec de sainct Phelippe, de sainct George, et de saincte Anne, en divers lieux et monastères.

Item, je vueil et ordonne que, au lieu de ma sépulture et que je seray inhumé, selon que dessus est dit, soit fondée une messe chascun jour, à note, de requiem, pour le salut de mon âme, et une autre messe basse pour moy et mes prédécesseurs, et que icelle fondation soit bien et deuement faicte et fondée de mes biens, tant meubles que immeubles, à la discrétion comme dessus.

Item, je vueil et ordonne cent pauvres pucelles estre maryées, et pour l'advancement de leur mariaige donne en aumosne à chascune d'icelles la somme de cent livres de quarante gros, monnoye de Flandre, la livre, pour une fois.

Item, vueil aussi et ordonne que tous mes serviteurs soient entièrement payez et contentez de tout ce qui leur sera deu jusques au temps de mon trespas, ensemble toutes mes debtes deues depuis le trespas de ma dame et mère (que Dieu absoille). Et quant à celles deues auparavant par mes prédécesseurs desquelz suis héritier, je vueil que celles qui seront trouvées raisonnables soient atterminées et payées à la plus grande commodité des créditeurs, eu regard aux affaires de ceste maison, à la discrétion de mesdits exécuteurs.

Item, je vueil la somme de dix mille livres, dudit prix de quarante gros, monnoye de Flandre, la livre, estre employée pour refaire une chapelle de ma maison à Bruxelles.

Je lègue aussi et vueil estre donné et distribué aux pauvres et autres pieux légats, à la discrétion que dessus, la somme de trente mille phelippus d'or, à cause que je puis l'avoir injustement de l'autruy, se aulcune chose y a.

Item, je donne et lègue, par droit d'institution, à chascune de mes filles, pour leur dot et mariaige, la somme de deux cent mille escus d'or, que je vueil estre payée en dedans trois ans après la solemnipsation de leur mariaige, par égale portion; et pendant le temps qu'elles demourront à marier, je vueil qu'elles et chascune d'elles soient bien et honnourablement entretenues selon leur estat, aux despens et charge de mon fils aisné. En outre, en tous et quelzconques mes autres biens meubles et aussi mes royaulmes, duchez, contez, pays, seigneuries et biens immeubles, je nomme et institue mes héritiers universaulx mes enfans masles, et vueil que iceulx héritent et succèdent chascun en telle part et portion et à telle charge que, selon les coustumes et usances des lieux où mesdits biens sont et seront situez et assis, hériter et succéder y debvront.

Item, je vueil et ordonne que ma compaigne aura son douaire selon que dès piècha je luy ay ordonné.

Et pour l'exécution de toutes les choses dessusdites et chascune d'icelles, je nomme mes exécuteurs le seigneur de Maigny, chancellier de Bourgoingne, le seigneur de Ville, le seigneur de Chierves, le seigneur de la Chaulx et l'évesque de Salusbrie, mon confesseur, et M⁰ Philippe Haneton, mon audiencier; et pour le furnissement d'icelle exécution submets et oblige tous et quelzconques mes biens présens et à venir, tant meubles que immeubles, et vueil que mesdits meubles qui seront trouvez en tems de mon trespas soient, par mes héritiers ou leurs mainbours, dont charge leurs consciences, mis réalement et de fait en leurs mains, pour autant qu'il fauldra pour ladite exécution, saulf et excepté les ornemens et joyaux servans à nostre chapelle et les anciens prétieux joyaux de la maison, en laquelle je vueil qu'ils demeurent. Et si ils n'y peuvent souffire, je vueil estre mis en leurs mains, par mesdits héritiers, autant de revenus de mes biens immeubles qu'il restera pour le parfurnissement de ladite exécution, et que, à toute extrême diligence, lesdits pieux légats et autres choses soient exécutés. Et donne à chascun de mesdits exécuteurs, pour aucunement les récompenser, la somme de mille livres, d'iceluy prix de quarante gros, la livre.

Item, veuil que ceste présente ordonnance soit vailliable par forme de testament nuncupatif, et si elle n'est vaillable par forme de testament, qu'elle le soit par manière de codicile, donation à cause de mort, ou autrement, comme par l'équité du droit canon vailloir pourra, en quelque manière que ce soit.

En tesmoing desquelles choses j'ay ces présentes signées de mon nom et seing manuel, et séellées de mon séel, en ma ville de Bruges, le vingt-sixiesme jour de décembre, l'an de grâce mil cinq cent et chincq.

Item, je vueil et ordonne estre ditte une messe perpétuelle et fondée, en l'église des Chartreux de Dijon, pour le bien des âmes de mes prédécesseurs et de moy, laquelle messe se dira chascun jour à notes et de requiem, à l'heure plus convenable, par ceulx dudit couvent des Chartreux dessusdits; et au cas que je fusse inhumé audit Dijon, j'entends que ladite messe soit ditte à Nostre-Dame de Bruges.

Ainsi signé PBLE.

Et sur le dos est escript ce qui s'ensuit :

En ce présent cahier de parchemin est contenu le testament et ordonnance de dernière volonté de très-hault, très-excellent et très-puissant prince Phelippe, par la grâce de Dieu, roy de Castille, de Léon, de Grenade, archiducq d'Autriche, etc., lequel testament est endedans signé de son nom, et dehors séelé de son séel, comme icelui seigneur Roy a affermé et déclaré à nous, notaires, en la présence des tesmoings ci-dessous nommez; déclarant en oultre et d'abondant qu'il veut et entend iceluy son testament estre suivi et sortir son plein et entier effect, et requérant à nous, notaires, et ausdits tesmoings, ou l'un d'eulx pour eulx tous, pour plus grande seureté et approbation, icy mettre noz noms et seings manuels.

Les noms des tesmoings sont : Claude de Bonard, Jacques de Chimilly, Phelippe de Visan, Estienne de Cessey, Andrieu de Douvrin, Odinet Bondier et Denis de Mont-Richard.

Ainsi fait et déclaré et recognu par ledit seigneur Roy en la ville de Middelbourg, le second jour de janvier, l'an de grace mil cinq cent chincq.

Ainsi signez : ROBERT ROBINS, SENESCHAL, CLAUDE DE BONARD.

Plus bas est escript : Collationné à l'original par moy :

RESEL.

III

Lettre de Philippe le Beau au gouverneur de Béthune lui ordonnant de faire faire incontinent processions et prières pour le succès de son voyage d'Espagne, et de les faire continuer pendant toute la durée de son voyage; l'informant aussi qu'il s'est arrangé avec son beau-père le roi d'Aragon : Bruges, 27 décembre 1505.

DE PAR LE ROY.

Chier et bien-amé, en enssieuvant ce que, à la dernière assemblée générale des estaz de tous noz païs tenue à Mallines, nous avons fait dire et déclairer ausdits des estaz, nous nous sommes disposez et mis en tout debvoir de partir pour achever nostre voiaige d'Espaigne au premier vent propice, et sommes encoires déliberez de ainsy le faire. Et affin que puissons tant mieulx et plus seurement passer et acomplir nostredit voiaige, à la louenge de Dieu et à nostre salut, nous vous requérons et néantmoins ordonnons que, incontinent cestes veues, vous faictes faire partout, ès mètes de vostre office, processions générailes pour nostre salut et prospérité, et en icelles faire prier Dieu, nostre créateur, qu'il nous veulle guider à port de salut et garder et préserver de mal, dangier et inconvénient, ensamble ceulx de nostre compaignie. Et pour la consolation et esjoïssement de noz bons subgeetz, leur faictes déclairer publicquement, ès prédications qu'ilz se feront èsdites processions, comme, le xxiiie du mois passé, sur aucuns petis différens et difficultez quy povoint estre entre le roy d'Arragon, nostre beau-père, et nous, certain appoinctement, amitié paternelle, alliance, confédération et intelligence perpétuelle a esté faicte et conclute, au bon contentement de chascun de nous : au moyen duquel appoinctement nous pourrons beaucoup plus franchement et joyeusement faire nostredit voiaige, en faisant exorter le peuple, en ladite procession, en rendre grâces et louenges à Dieu par dévotes oroisons, feuz de joye et autrement, comme il est acoustumé en tel cas. Nous entendons aussy que, durant nostre présent voiaige, les processions généralles et particullières soient faictes et continuées partout, ès mètes de vostredit office, pour nostre salut et prospérité, tout ainsy que, durant nostre premier voiaige d'Espaigne, en a esté faict. Sy vous mandons y tenir la main et ordonner que ainsy se face sans difficulté : car tel est nostre plaisir. Chier et bien-amé, Nostre-Seigneur soit garde de vous.

Escript en nostre ville de Bruges, le xxviie jour de décembre anno XVe cincq.

Ainsi signé par bas : PHLE, *et de secrétaire* HANETON.

Et au bas : A nostre gouverneur de Béthune ou son lieutenant.

(Archives de la ville de Béthune, Registre mémorial de 1501 à 1509, fol. 74 v°.)

IV

Lettre de Philippe le Beau au gouverneur de Béthune par laquelle il l'informe qu'il a nommé lieutenant général de tous ses pays de par deçà, pendant son voyage d'Espagne, messire Guillaume de Croy, seigneur de Chièvres : Middelbourg, 2 janvier 1505 (1506, n. st.).

DE PAR LE ROY.

Très-chier et bien-amé, pour la bonne coignoissance que nous avons, tant de la personne comme des sens, prudence, vaillance et aultres vertuz, aussy de l'expérience en matières concernans et paix et guerre, de nostre très-chier et féal cousin messire Guillaume de Croy, seigneur de Chierves, nous l'avons commis et establi nostre lieutenant général en tous noz pays de par deçà, pour, en nostre absence durant nostre prochain voiaige d'Espaigne et jusques à nostre retour, tenir nostre lieu en nosdits pays, les régir et gouverner et vous et autres nos vassaulx et subgetz, et y faire ce que nous porrions nous-meismes faire, ainsy que verrez par le double de noz lettres de commission cy-enclos. Ce que vous signiffions, et très-expressément vous ordonnons faire publier, par tous les lieulx de vostre juridiction, nosdites lettres, et selon le contenu d'icelles obéir et faire obéir à nostredit cousin durant nostre absence, comme à nous-meismes, et observer et garder ses ordonnances et commandemens comme les nostres. Et qu'il n'y ait faulte : car ainsy nous plaist-il. Très-chier et bien-amé, Nostre-Seigneur soit garde de vous.

Escript en nostre ville de Middelbourg, le second jour de janvier mil V^e et cincq.

Ainsy signé par bas : PHLE*, et de secrétaire* DOU BLIOUL.

Et au dos : A nostre gouverneur de Béthune ou son lieutenant.

(Archives de la ville de Béthune, Registre mémorial de 1501 à 1509, fol. 75 v°.)

V

Lettre de Philippe le Beau aux seigneurs de Chièvres et de Fiennes et au chancelier de Bourgogne par laquelle il les informe de la tempête qui l'a assailli en mer : Melcombe-Regis, 17 janvier 1505 (1506, n. st.).

DE PAR LE ROY.

Très-chiers et féaulx cousins et chancellier, depuis nostre partement et que estions, mardy dernier, sy avant en mer que à dix lieues près de la mer d'Espaigne, en intention descendre jeudy au port de la Rede[1], pour entrer en Castille, il nous survint ce jour une tempeste et tourmente l'espace de ix heures, et se retourna nostre vent envers Flandres : qui nous constrainditt de reprendre le chemin que avions esté à nostre retour et que avions conclud, avec noz autres naves quy estoient lors avec nous, de prendre port sur la coste d'Engleterre. Par la continuation de ladite tormente, aussy que l'on ne véoit goutte pour les tourmens, pareillement que icelle tourmente et tempeste nous dura xxxvi heures et plus, nous ne peusmes prendre havre; toutes noz naves nous habandonnèrent; nous demourasmes seul en la mer et en la volenté du vent et de la tempeste, lesquelz firent sy extrêmement leur debvoir que, merquedy matin, environ de v à vi heures, nostre nave fut couché en mer, le matz et le voille abattu, et tellement que, se n'eust esté la grâce de Dieu et le grant miracle qu'il fist de relever nostredite nave, sans nul moyen nous estièmes tous noyez; et créons

[1] Laredo.

APPENDICES. 499

que jamais tel ne pareil aventure ne advint dont on euist escappé. Tout ce jour, sans néantmoins véoir apparence de mieulx, ains en attente d'estre noyez, nous feismes, atout nostre nave, tout ce qu'il estoit possible pour nostre sauvement; et véritablement sans nostre nave, qui estoit toutte bonne, aussy que hier, qui fut lendemain, véant qu'il nous convenoit périr, je ne veissions goutte pour la bruyne, et, nous boutant à l'aventure ou parfont de la mer pour eschevier la terre, nous traveillasmes tant que nous trouvasmes ce lieu en Engleterre [dont] en grand dangier et péril eusmes l'entrée [1], et sans l'avoir trouvé, il estoit fait de nous et de toute nostre compaignie.

Nous sommes tous en bon point, la mercy Dieu. Nous estions seullement accompaignez des seigneurs de Ville, don Jan, Lachau, Bossut, le grant escuier, Roller et le chancellier. Tout le demourant estoit et est ès autres naves.

Nous nous disposons aujourd'huy de prendre terre et de tirer au havre de Henneton [2], pour illecq attendre noz gens que envoyons requerre et chercier partout, les ravitailler et remettre sus et parfaire nostre voiaige : pour quoy faire il nous conviendra séjourner en ce royalme aucun temps, comme l'avons desjà conclud et advisé. Tout nostre regret est à nosdites gens, et sommes doulant d'eulx de tout nostre cueur. Nous despésons [3] à ceste heure maistre Anthoine Le Flameng et l'envoyons devers le roy d'Engleterre. Son retour et sa response oye, que espérons estre bonne, nous adviserons à nostre fait, soit de nous trouver vers luy ou aultrement. Faictes debvoir de faire siévir à diligence le demourant des naves, s'aucunes en sont par delà en Zélande. Ils auront novelles de nous ou havre de Henneton, qui est sur leur passaige ; et que faulte n'y ait, et qu'ilz partent au premier bon vent pour venir audit havre de Henneton.

D'autre part, envoyez par la poste les lettres que envoyons à monseigneur le roy, nostre père, et que elles soient diligentées.

Et de ces choses advertissez hastivement et saigement noz subgectz de par delà partout, les insitant, et chascun d'eulx, de rendre grâces à Nostre-Seigneur, par processions et autrement, de nostre sauvement, et aussy que noz autres gens dispersez puissent revenir à port de salut.

Se d'aventure aucunes de nos naves esparsies [4] se treuvent par delà, si les faittes retourner vers nous : ilz nous trouveront au port et havre de Henneton icy en Engleterre.

Envoyez par la poste, à diligence, les lettres que vous envoyons à monsieur de Verrey.

Escriptes à Mileconregiz en Engleterre, le xviie jour de janvier l'an mil cincq cent et cincq.

Ainsi signé : PULE, *et du secrétaire* FLAMENG.

(Archives de la ville de Béthune, Registre mémorial de 1501 à 1509, fol. 76.)

[1] La phrase qui finit ici est peu compréhensible; elle doit avoir été dénaturée dans le registre de Béthune.
[2] Hampton. | [3] *Despésons,* dépêchons. | [4] *Esparsies,* éparses, dispersées.

VI

Lettre du chancelier de Bourgogne et du seigneur de Fiennes au gouverneur de Béthune, pour l'informer de ce qui est arrivé au Roi, et le charger de faire continuer les prières et les processions : Malines, 26 janvier 1505 (1506, n. st.).

Chier et bon amy, nous nous recommandons bien à vous. Nous avons, en l'absence de monseigneur de Chievres, lieutenant général du Roy, estant pour les affaires dudit seigneur Roy à Namur, ès limites du pays de Liége, receu lettres d'icelluy seigneur Roy adressans à nous trois [1], par lesquelles il nous escript que, après avoir souffert la tempeste de la mer, sy grande que, sans grande ayde de Dieu, l'en n'eust sceu eschapper, il est saulvé au port de Hanton en Angleterre, qu'est à xx lieues de Londres par terre, où il est asseuré, ensemble la Royne et tous ceulx estans en son navire et aucuns autres; mais la pluspart de ses autres navires sont espars et ne scèt où ils sont : nous ordonnant, par icelles ses lettres, d'en advertir ses bons subgectz ès pays de par deçà, pour louer et merchier Dieu de sa bonne aventure, et le prier du saulvement des autres et que brief puist avoir bonnes novelles. Dont vous advertissons, affin que faictes continuer les prières et processions et autrement, comme nagaires vous a esté ordonné faire.

Nous tenons que à ceste heure le roy d'Engleterre soit vers luy.

A tant, chier et bon amy, Nostre-Seigneur soit garde de vous.

Escript à Malines, le xxvie jour de janvier XV^c et cincq.

Ainsi signé : ROUSSEAU.
Et en bas : LES SIRES DE MAIGNY, CHANCELIER, ET DE FIENNES, VOSTRES.

Au dos : Au gouverneur de Béthune ou son lieutenant.

(Archives de la ville de Béthune, Registre mémorial de 1501 à 1509, fol. 75 v°.)

[1] C'est la lettre qui précède.

VII

*Relation de la tempête qui assaillit la flotte de Philippe le Beau :
27 janvier 1506*[1].

Le viiie de janvier, par ung joedi, le Roy partit d'Ermue [2]; mais ce fut sans le conseil des naviers et malgré eulx : dont aucuns des meilleurs maistres le desconseillèrent, mais n'en volloit oyr parler.

Le joedi partismes d'Ermue; nous vinsmes à Fleschinghe, où nous fusmes deux jours et deux nuis à l'ancre : dont, la première nuit, eusmes ung très-malvais signe, et fut que aucuns de nos navieres se désancrèrent et vindrent hurter les unes contre les aultres, de telle manière qu'elles se fussent toutes rompues se les gens qui dedens estoyent n'eussent fait sy bonne diligence de les deffaire, et les deffirent : mais ce ne fut point sans grant paine et crainte de leurs vies.

Ainsy cela passa, et le iie jour venu, qui fut le samedi, nous partismes au matin, et faisoit beau temps, le vent bien à souhait; et fismes si grand chemin, ce jour, que nous passasmes une partie des plus dangereux passages : mais, le nuit venue, le bon vent nous faillit et se retourna tellement que nous n'aviesmes que demi-vent, qui dura toute la nuit. Et, le dimence, nous reprit ung vent qui fut bon et fort, et dura ce jour contre nuit : en quoy nous fismes ung si grant chemin que nous estiesmes desjà sur les costes de Bretaigne. Aussy chascun se resjoïssoit du bon vent que nous aviesmes, et de ce nous espériesmes estre si tost en Espaigne. Adonc faisoit bel véoir nostre flotte, comme de L navires que nous estiesmes. Nous fismes cent lieues de chemin en xxiiii heures. C'estoit ung plaisir d'oyr trompestes, tambours et aultres instrumens sonner partout sur les navires, où l'on faisoit bonne chière, qui ne dura guères, car l'heure de nostre piteuse fortune commençoit à approchier. Et, pour le premier signe, il fit calme sur la mer, et ne fut quasy point de vent; encore sy peu qu'il fit, il se tourna tout au contraire : dont chascun se commença à desconforter; et cela fut le mardi, à l'après-disner; et fusmes ainsy wavirant (*sic*) par la mer, et approchant l'ung l'autre, et parlant ensemble; et allèrent aucuns d'ung navire à l'autre. Et adonc vint à voler ung petit oyselet en nostre navire, qui estoit le navire du Roy et de la Royne, et se print à chanter, et se laissa prendre, et fut apporté au Roy, et puis on le laissa aller : dont aucuns dirent que c'estoit quelque signe. Et, quant se vint sur le soir, le vent s'esleva, et nous estoit contraire; et pour ce avoit esté conclud que tout l'armée se debvoit (*sic*) au premier port que l'on pouroit avoir. Donc nous retournasmes vers Engleterre.

[1] On lit en tête de cette Relation : *Du partement et fortune du roy de Castille. Le Sr de Boussut*. Ce qui donne lieu de croire qu'elle a été tirée d'une lettre écrite par ce seigneur.
[2] Arnemuiden.

En celle nuyt nous advint ung merveilleux dangier en nostre navire en quoy estoit le Roy, comme dit est : car, tout ainsy que chascun fut endormi, le feu se bouta en la navire par dehors; et incontinent qu'il fut sceu, chascun commença à crier *Miséricorde*. Le Roy courut tout deppouilliet hors de sa chambre; la Royne pareillement. Chascun se desconfortoit. La paour fut grande, mais elle ne dura guaires, car on l'estaindi.

Après qu'on l'eut accoisiet [1] pour ceste fois, chascun se retira, en loant Nostre-Seigneur d'estre eschapé d'ung si grand péril. Mais tantost après s'esleva le vent sy grant, et le tourment commença sy horrible, qu'il n'est mémoire d'avoir esté veu le pareil. Encoire ce temps vint sy soubit que les marinniers ne sceurent estre maistres de leurs voiles et les avaller [2]; et, ainsy qu'ilz estoient tous empeschiez à cela, il vint une bouffée de vent parmy le grant voile sy rudement qu'il emporta le bout dedens la mer, et l'on fut forcé de le laisser aller. De ce coup-là, sans nulle faulte, nous estions tous mors, se n'eust esté un compaignon marinnier, à qui le Roy a donné place d'archier de corps, lequel avoit encommencé à trousser le grant voile, et se rua en la mer atout le voile, pour achever ce qu'il avoit encommencé : mais à ce coup-là fut plus grant cry de tous, car chascun cuida que point n'y eussit de remède. Pensez quel pitié c'estoit de véoir le Roy, qui vint derechief accourir hors de sa chambre pour venir en hault morir avec les aultres. La Royne aussy cuida venir en hault, mais elle ne sçavoit relever, et n'avoit aide de personne. A aucuns estoit desjà le cueur failli. Que vous dirai-je plus? Oncques plus grand pitié ne fut veu. Toutesfois les voiles furent troussez, et toute l'eaue fut jettée hors de la navire par la bonne diligence des marinniers : dont il sourdi ung petit de resconfort. Mais pourtant ne cessa l'horrible tourment qui lors estoit, par l'espace de XLIII heures.

Ce premier jour de la fortune passé, la nuit vint, et en celle nuit les pilos resconfortoyent tousjours le Roy et la Royne : mais enfin perdirent cognoissance de sçavoir où nous estions; sy ne sçavoyent que dire, synon que, quant le jour vendroit, le temps s'amenderoit. Le jour vint : mais le tourment demoura encoires tousjours sy très-horrible ou plus que paravant; et lors chascun fut en prières et en oroisons, comme durant le jour, espérant que le temps s'esclarchiroit, affin que l'on peusist mieulx trouver la terre : mais il ne s'amenda de riens. La nuit allit venir; chascun fut desconforté derechief, car nous n'attendiesmes, d'heure en heure, que la mort. C'estoit chose pitoyable d'oyr les grans et piteux regrèz que chascun faisoit. L'ung se souhaidoit desjà mort; l'autre promettoit voiages; l'autre faisoit veu de se rendre en religion, s'il pooit jamais venir à terre.

Finallement nous passasmes encore ceste nuit, et lendemain fusmes encore jusques à une heure après midi en ce povre estat. Mais adoncques ceulx qui estoyent sur la hune perchurent la terre. Vous poez penser que chascun fut resjoy et reprint corage. Les naviuers recognurent que c'estoit le port d'Engleterre nommé Devir [3].

Nous y arrivasmes le joeudi au soir, qui estoit le XIIIᵉ jour de janvier; et, quant nous vismes

---

[1] *Accoisiet*, éteint. | [2] *Avaller*, baisser, plier.

[3] Melcombe-Regis, où Philippe le Beau aborda, est située sur la rivière *la Wey*. L'auteur de la Relation a probablement confondu, en le dénaturant, le nom de la rivière avec celui de l'endroit.

que nous estions eschapez, chascun se print à loer Dieu, chantant *Te Deum* tous ensemble; et, comme l'on le chantoit, ung oiselet revint encoire se asseoir sur la navire, et se print à chanter, et puis s'envola. Aucuns disoient que c'estoit cestui qui paravant y avoit esté veu et qui s'estoit laissié prendre.

De L navires qu'il y avoit en la flotte, nous arrivasmes seulement la navire du Roy, et pensièmes lors que tous les aultres fussent péris. Toutesvoyes le Roy a nouvelles maintenant qu'elles sont toutes sauves, à vi ou viii prèz, et trois qui sont péries, mais de deux les gens se sont sauvez.

Escript au port d'Anthonne, le xxviie de janvier.

(MS. Dupuy 503, à la Bibliothèque nationale, à Paris, fol. 107.)

VIII

Extrait d'une lettre de Philippe le Beau écrite de Windsor, le 1er février 1506[1].

Nostre bon cousin le roy d'Engleterre nous a envoyet visiter, pluseurs fois, par aucuns grans personnaiges; et après qu'il nous a fait requerre de nous volloir trouver au lieu de Windesore, qui est le plus bel et somptueux palais de son royalme, distant seulement du port d'Anton de environ xxiiii lieues, nous luy avons en ce bien volu complaire et luy avons accordé; et depuis y arrivasmes hier, à iii heures après midi, où mondit cousin estoit arrivé le jour précédent. Il nous vint au-devant aux champs, en triumphe, accompaignié de sa garde et d'aultres des plus grans personnaiges de son royalme. Le jour auparavant il nous avoit envoyet nostre cousin le prince de Gales, son fils, qui est très-honneste personnaige, pour nous bienvégnier et accompaignier. Il n'est possible de nous faire, et à nostre compaignie, plus grant honneur, recoeul et festoy que mondit cousin nous fait : dont ne nous sçavons assez louer. La Royne nous suit aussy.

Toutes nos navires sont sauves, réservé deux : l'une estoit chargée de bled; et néantmoins toutes les gens qui estoient èsdites deux navires sont aussy sauves. Nous n'avons perdu de noz gens que deux chantres de nostre chapelle et aucuns menus officiers de nostre compaignie, en bien petit nombre, lesquelz, en widant des grandes navires pour aller à terre, et par eulx trop haster, se sont noyez; et n'avons, grâce à Dieu, eu aultre perte de gens ne de biens.

[1] Il n'est pas dit, dans le manuscrit, à qui cette lettre fut adressée; il est probable qu'elle le fut au seigneur de Chièvres et au chancelier de Bourgogne.

Nous sommes délibérez de séjourner icy le moins que porrons, et, après que serons ung peu reffais et que aurons devisé et parlé à nostredit cousin, tirer à Doremude (?), qui est à environ xi lieues d'icy, devers nosdites navires, et, moyennant l'ayde de Dieu, nostre créateur, parfournir nostre voiaige.

Desquelles choses vous ordonnons que advertissez noz bons et léaulx subgetz, affin de louer Dieu de tout et le prier pour nostredite prospérité et de nous voulloir préserver de dangier et inconvénient, et nous mener et conduire à port de salut.

(MS. Dupuy 503, à la Bibliothèque nationale, à Paris, fol. 108 vº.)

IX

Lettre écrite d'Angleterre aux Pays-Bas en février 1506.

Le roy d'Engleterre et le roy de Castille estans en Engleterre en la ville de.......... [1], aprés avoir oy la messe en la grande église, illec estans les ii roix, le chancelier d'Engleterre apporta au roy de Castille le traittié de la paix perpétuèle seellé de ii sceaux, le grant de chire verte, et le petit de rouge; et incontinent le Roy signa; et aprèz le seigneur de Sempy porta au roy d'Engleterre aussy la paix seellée du seel du roy de Castille, laquelle incontinent le roy signa. Aprèz fut illec fait ung sermon en latin d'ung orateur qui dit, entre autres choses, que Dieu avoit permis et volu que ces deux roix se rassemblàssent pour le bien de la cristienté, et beaucop d'aultres belles parolles. En aprèz les roix allèrent devant le grant autel et là jurèrent, sur la sainte croix, sur le corps divin et sur tout ce que l'on sçaroit jurer, de tenir une alliance perpétuèle d'eulx et de leurs enfans contre tous et envers tous, et de jamais encommencer guerre ne quelques aultres choses de paix l'ung sans l'autre, ne jamais riens signer sans le congiet de l'ung l'autre. Et en signe de ce fut baillié incontinent au roy de Castille l'ordre de la Gartière, et au prince de Gales, filz du roy d'Engleterre, l'ordre de la Thoison d'or : de quoy tout le peuple est fort joyeux par deçà. Il n'est point nouvelle de partir d'icy, car le roy d'Engleterre veult mener le Roy véoir une siène maison nommée Ricemont, auprèz de Londres.

(MS. Dupuy 503, à la Bibliothèque nationale, à Paris, fol. 109.)

[1] En blanc dans le manuscrit. C'est à Windsor qu'ils étaient.

APPENDICES.

X

Lettre de Philippe le Beau aux seigneurs de Chièvres et de Fiennes et au chancelier de Bourgogne sur son arrivée à la Corogne et son départ pour Saint-Jacques de Compostelle : la Corogne, 26 avril 1506.

De par le Roy.

Très-chiers et féaulx, comme nous vous avons escript par la dernyère poste, partant de Falemue, nous nous sommes embarquiez mardy au soir et partimes dudit Falemue, ayans tant esté sur la mer que, dimenche, sy comme sur le soir, sommes arrivez sur la Coullonne, en nostre pays de Galice. La mer en nostre passaige nous a esté très-rude. Touttesfois, par la grâce de Dieu, nous sommes arrivez avec la Royne, nostre compaigne, et toute nostre bende, sans quelque dommaige ou dangier. Nous avons à dilligence adverty le roy, nostre beau-père, de nostre arrivée. Nous tirons à Saint-Jacques et de là vers nostre royaulme de Léon, où ledit seigneur roy, nostre beau-père, nous doit venir au-devant.

Vous advertirez nos bons subgetz par delà de nostre arrivée en nos pays de par deçà, de la manière et comment, et les ferez inviter de rendre grâces à Dieu de nostre bon voiaige et prinse de port, et que, durant nostre absence, ilz voeullent continuer leurs bonnes et dévottes prières. Sy tost que averons commenchié à entrer en pays, de ce qu'il nous surviendra vous advertirons. A tant, très-chiers et féaulx, Nostre-Seigneur soit garde de vous.

Escript à la Coullonne, le xxvi° jour d'apvril XV° et six.

Ainsi signé : Phe, *et du secrétaire* Le Flamencq.

Et au dos est escript : A nos très-chiers et féaulx les seigneurs de Chierves, nostre cousin, lieutenant général, de Maingny, nostre chancelier, et de Fiennes, aussy nostre cousin.

(Archives de la ville de Béthune, Registre mémorial de 1501 à 1509, fol. 85 v°.)

XI

Lettre des seigneurs de Veyre et de la Chaulx au seigneur de Chièvres et au chancelier de Bourgogne sur l'enthousiasme avec lequel le Roi a été reçu en Castille : Burgos, 1er mai 1506.

Messieurs, nous nous recommandons humblement à voz bonnes grâces. Et pour nouvelles, les meilleures que vous saverions escripre ne escript avons depuis que sommes par deçà, vous advertissons que le Roy, nostre sire et bon maistre, avec la Royne et toutte leur compaignie, sont arrivez en cestuy leur royaulme de Castille, et prirent port à la Coullonne, en Galice, dimenche dernier passé, en bonne santé et disposicion de leurs personnes, Dieu merchy. La joye quy est par dechà est inextimable et ne le vous saverions escripre. Chascun, grandz et petis, femmes et enffans, s'enforchent de par tous moyens du monde en rendre grâce et louenge à Dieu. Nous ne faisons point de doubte que semblable ne fachent par delà, et que incontinent en advertirez les bons subgetz de par delà pour faire le semblable par processions ou autrement, comme de leur esjoyssement et consollacion. Pour le présent n'avons loysir d'en plus au long escripre, car nous tirons, la plus grande dilligence que poons, envers ledit port. Et à tant, Messieurs, nous prions Dieu vous donner, par sa grâce, bonne vie et longhe, avec l'acomplissement de vos désirs.

Escript à Bourghes le premier jour de may.

Ainsy subescript : Vos humbles serviteurs,

La Mouche de Veyre, La Chaulx.

Et au dos : A messieurs les lieutenant général et chancelier du Roy en ses pays de par delà.

(Archives de la ville de Béthune, Registre mémorial de 1501 à 1509, fol. 85 v°.)

XII

Lettre de Philippe le Beau à Philibert Naturel, dom-prévôt d'Utrecht, son ambassadeur à Rome, sur son débarquement à la Corogne, l'arrivée en cette ville des seigneurs de la Chaulx et de Burgo, et sur la communication que le dom-prévôt doit faire ou faire faire à Gonsalve de Cordoue : sans date (la Corogne, mai 1506).

Chier et féal, pour bonnes nouvelles et pour vostre esjoyssement, vous advertissons que, après toutes adversitez et tourmentes de mer passées, a pleu à Dieu, nostre créateur, par sa bénigne grâce, nous ammener à port de salut en ce lieu de..... [1], en cestuy nostre royaulme de Castille, où nous arrivasmes en santé et bonne disposicion, Dieu mercy, le dimanche derrain passé. Aujourd'uy sont venuz devers nous à diligence et en poste les seigneurs de la Chaulx [2] et de Burgo [3], et ont laissié le seigneur de Veyre derrière, lequel semblablement vient à telle diligence que son estat le peut porter : toutesfois espérons qu'il sera aussi brief devers nous. Entre autres choses, et des premières dont ilz nous ont parlé, nous ont dit que, par pluiseurs leurs lettres, tant de Salamancka que de Vailladoly, vous ont adverty continuellement de noz affaires de par deçà tout au long, mesmement de la practicque et poursuite qu'ilz avoient entendu que le roy, nostre beau-père, faisoit mener par delà devers nostre saint-père et ailleurs pour avoir l'investiture du royaulme de Naples et nous en exclure, vous ammonestant iceulx d'y prendre garde, affin d'y garder nostre droit; aussi que ledit seigneur roy avoit mandé Gonsalve Ernande [4] pour la réintégracion des barons de Naples et autres choses, lequel Gonsalve jusques ores s'en est tousjours excusé, dont icelluy seigneur roy s'est plaint audit de Burgo, et en .... le roy nostre père, meismement qu'il ait esté et soit cause du reffuz ou délay dudit Gonsalve, ainsi que ces choses et autres ilz dient plus à plain contenues et déclairées en icelles leurs lettres, lesquelles nous espérons que pièça vous aurez receues. Par quoy n'est besoing d'en faire plus grant répéticion icy, sinon qu'ilz nous ont fait très-grant plaisir et service bien aggréable de vous avoir fait lesdis advertissemens, combien que ne faisons doubte que bien en aïez aussi esté adverty par delà et que, en tout et partout, meismement touchant ladite investiture de Naples, vous vous estes employé et conduit et encoires ferez, pour garder nostre droit, selon que en vous en avons parfaicte confidence. Sommes aussi très-contens de la demeure et délay dudit Gonsalve, du moins encoires pour aucun temps tant et jusques à ce que pourrons plus avant

---

[1] La Corogne.   [2] Charles de Poupet.
[3] Andre de Burgo, ambassadeur de Maximilien près le roi d'Aragon.
[4] Gonsalve de Cordoue.

avoir apprins et cogneu iceulx noz affaires de par deçà, et que lors pourrons signifier audit Gonsalve nostre intencion sur sadite venue ou demeure.

Mais, pour ce qu'il fait à présumer et vraysemblablement à croire que, si tost que ledit seigneur roy, nostre beau-père, et nous nous trouverons ensemble, l'une des premières choses qu'il nous requerra sera de par ensemble escripre et mander audit Gonsalve qu'il viengne et peut-estre que ne le pourrons bonnement reffuser, à ceste cause seullement avons despeschié ceste poste pour, premiers et avant que icelles noz autres lettres, se soyons constrains d'en escripre, peussent arriver par delà, plainement vous advertir de nostre intencion sur ce : vous requerrant et néantmoins ordonnant bien expressément et acertes que, se avez quelque hantise, privaulté ou cognoissance singulière avec ledit Gonsalve, en ce cas l'advertissez incontinent, et par le meilleur moyen que pourrez, d'icelle nostre intencion, le requerrant bien instamment de nostre part que, quelque lettre que lui puissons ou pourrions escripre, nostredit beau-père et nous par ensemble, ou l'un de nous à part, pour sadicte venue par deçà, que, ce non obstant, il ne se bouge, en s'excusant tousjours honnestement, ainsi qu'il a fait jusques à présent, tant et jusques à ce qu'il ait autres nouvelles de nous, non pas seullement par escript, mais par propre messaigé, avec l'escript et lettres de crédence que envoyrons devers luy à ceste cause, quant il sera besoing. Et, se vous n'avez ladicte cognoissance telle que dessus, faictes faire lesdis advertissemens et requeste par le moyen de maistre Augustin, secrétaire d'icellui seigneur roy, nostre [beau] père, lequel est par delà principallement pour le fait dudit Gonsalve. Mais il fault bien que cest affaire soit conduit bien secrètement et aussi discrètement, ainsi que bien faire saurez : car se d'aventure ledit Gonsalve feust gaignié de la part d'icelluy nostre beau-père et que, après que vous vous feussiez descouvert à luy, il en advertist icelluy nostre beau-père, ou que, par autre moyen, il le sceust, nous en serions en grant diffidence envers luy pour les choses dessus-dites. Vous entendez le cas; nous vous recommandons le tout et que nous y servez selon ladite parfaicte confidence que en avons en vous, comme dit est.

Nous ne vous escripvons autre chose pour le présent, pour la hastive despesche de ceste, mais brief vous escriprons plus amplement de toutes autres choses. A tant, chier et féal, Nostre-Seigneur soit garde de vous.

(Minute, aux Archives du département du Nord, reg. B 5, fol. 332.)

XIII

Lettre de l'empereur Maximilien à Philippe le Beau sur son arrivée en Espagne : Neustadt, .. juin 1506.

Très-hault et très-puissant prince, très-chier et très-amé filz et frère, nous avons receu voz lettres escriptes de vostre main au port de la Quenoelle, en Galice, le xxvIII[e] jour d'avril derrain passé, par lesquelles vous nous avez adverty de l'arrivée de vous et de nostre fille, vostre compaigne, audit Galice, et du bon et grant recueil que voz subgetz de Castille vous ont fait; aussi que estes délibéré de vous conduire envers nostre frère le roy d'Arragon, vostre beau-père, comme bon filz. Dont et aussi de voz bonnes nouvelles sommes grandement joyeulx, et vous requérons que souvent vous nous escripvez.

Quant à noz nouvelles, vous les entendrez bien au long par nostre cousin le seigneur de Chierves, vostre lieutenant général, auquel avons ordonné de vous en advertir par les chiffres.

A tant, très-hault et très-puissant prince, très-chier et très-amé filz et frère, Nostre-Seigneur soit garde de vous. Escript en nostre ville de Nyeustadt, le .. jour de juing l'an XVe et six.

Vostre bon père,

Max[us].

A très-hault et très-puissant prince nostre très-chier et très-amé filz et frère le roy de Castille, de Léon et de Grenade, archiduc d'Austriche, prince d'Arragon, duc de Bourgoigne, etc.

(Original, aux Archives du département du Nord : Registre aux lettres missives, 1501-1506, fol. 313.)

XIV

Lettre de don Diego de Guevara[1] à Philippe le Beau sur l'audience qu'il a eue du roi d'Aragon, sur ses entretiens avec le connétable de Castille, le duc d'Albe, Juan Velazquez et sur d'autres choses : Villafranca, 1ᵉʳ juin 1506.

Sire, samedy, à six heures du soir, j'arrivay en ceste ville à bien grant paine, et le meisme soir le roy, vostre beau-père, m'envoya dire que se vouloye venir parler à ce soir à luy, que je povoye venir. Ce que je feyz incontinent, et luy diz la charge qu'il vous pleust me ordonner : laquelle charge oye, me respondit sur le dernier point que ce fust qui estoit la cause pour quoy il n'avoit passé plus avant de ceste ville. Il me alla faire ung long prologue non servant gaires au propoz, et me dit que son intention estoit, quant il partist d'Astorghes, de s'en venir tout droit à la Coulongne : mais il dit que, luy estant icy, ses ambassadeurs luy envoyèrent dire qu'on leur avoit dit par delà que, s'il se véoit avec vous, que l'on ne devoit parler de nul traictié ne faire mention de la Royne. Cela me dit le duc d'Alve, et que, à la cause puisque ledit seigneur roy ne pourroit véoir sa fille, ne luy seroit point d'honneur d'aller jusques à là. Ledit seigneur roy me demanda comment se portoit la Royne sa fille ; je luy diz que très-bien. Il me demanda quelles dames elle avoit avecq elle ; je luy diz qu'elle n'en avoit nulles, sinon sa camerara : dont vous estiez très-dolent. Puis il me demanda si les dames qui vindrent de Flandre avec elles estoient en voye ; je luy diz que oy. Il me demanda aussi beaucop de petites menutez d'elle, ausquelles je respondiz le mieulx que je sceuz. Il ne me demanda riens touchant ses ambassadeurs et elle, dont je feuz bien joyeulx. Et ainsi se passèrent noz parolles, tant en la volerye des milans que faictes là, que d'autres petites menutez. Il ne me demanda pareillement riens de voz Allemans.

Sire, je ne fuz point si tost en mon logiz que vécy le connestable qui me vint véoir. Je luy diz la crédence qu'il vous pleust me donner, laquelle fut comment monsieur de Veyre et messire Andrieu de Burgo vous avoyent dit la bonne voulenté qu'il avoit en vostre service, dont vous le mercyez, le priant de vostre part que tousjours il veuille demeurer en ce propoz, avec autres belles parolles que je luy diz : dont il me semble qu'il fut bien joyeulx et print en gré ladite charge. Ledit connestable commença à entrer en devises avec moy et me dit par une manière de courroux, disant : « Ces royaulmes d'Espaigne, à qui sont-ilz ? » Je luy respondiz qu'il me sembloit qu'ilz estoyent à la royne donna Johanna et au roy don Phelippe. Il me respondit que ainsi l'entendoit-il ; « et puisqu'ilz sont à vous, pourquoy les » voulez-vous destruire et mectre en guerre ? » Il veult dire : pourquoy ne vous appointez-vous avec le roy, vostre beau-père, veu les inconvéniens que vous avez avec vostre femme,

---

[1] Il était conseiller du Roi et maître d'hôtel de la Reine.

car ceulx qui sont à l'entour de vous, qui vous conseillent autre chose, ne vous conseillent ne vostre honneur ne vostre prouffit ne le bien desdits royaulmes; et dit que luy et les autres grans maistres qui sont icy vous pensent autant faire de service icy que ceulx autres que vous avez là auprés de vous. Il m'a dit et prié que je vous supplie et escripve, de sa part, que vous vous veulliez appointier avec vostredit beau-père avant que vous vous partez de Galice, car il dit que, se vous passez plus avant, les choses ne se feront point si bien ne si aysément qu'elles se feront à ceste heure. Il m'a demandé de quelles choses vous vous doulez en la capitulation [1]; je luy diz que je n'en savoye riens. Il me dit que vous le dictes, et s'il est chose raisonnable, que luy et les autres qui sont icy le feront faire audit seigneur roy, vostre beau-père. Il m'a encoires dit que vous ferez bien de regarder quelque lieu entre icy et Saint-Jacques, là où vous vous puissiez véoir. Et si m'a dit qu'il luy semble que icelluy vostre beau-père se fyeroit bien de vous et de voz gens qu'avez ammenez avec vous.

Sire, il me dit pluiseurs choses : mais le refrain de la balade est tousjours de venir à cest appointement.

Sire, j'entendiz bien que ledit connestable vint de par ledit seigneur roy, combien qu'il ne me le dit point : mais il le fault croyre. En cest estat l'admirant [2] alla hier après disner en ung monastère dehors de ceste ville se faire bon crestien : par quoy je n'ay encoires parlé à luy. J'entens qu'il sera icy cejourd'uy après vespres. Aujourd'uy, après le disner, je suis allé parler au duc d'Alve, et ne m'a riens moins dit que le connestable, combien qu'il me l'ait dit ung peu plus paciemment. Il m'a dit que, s'il y a quelque différend ou malcontentement entre vous et la Royne, qu'il ne doit point passer hors de voz gordines [3]; et pour appaisier lesdits différens, nul n'a puissance de le savoir faire que le roy, vostre beau-père, et que tous les autres, et deçà et delà, ne sont que abusions et tromperies. Il me dit pluiseurs choses dont fauldroit une meilleure mémoire que la mienne pour les retenir : toutesfois le refrain est aussi de parvenir à appointement.

Sire, j'ay parlé à Jehan Velasques, qui m'a dit qu'il est plus vostre serviteur que l'on ne vous a fait entendre, et qu'il a meilleure voulenté et puissance de vous servir que ceulx qui vous ont fait mauvais rapport de luy, comme il le vous monstrera par effect. Il m'a dit, sans que luy en aye parlé mot, que par pluiseurs fois l'on a tasché de oster vostre filz, qui est à Revalo [4], hors de là où il est : mais, pour ce que de cela vous povoit venir grant inconvénient, il l'a empeschié jusques icy et le fera encoires. Il m'a dit en oultre que touchant les escriptures qu'il a en ses mains à Revalo, que, quant il vous plaira et à la Royne, il les vous délivrera, et se ladite Royne n'est en disposition pour les recevoir, qu'il les vous baillera. Il me semble, Sire, que luy debvez escripre une bien bonne lettre, faisant mention de la bonne voulenté qu'il a au service de vous et de ladite Royne, et le demeurant en crédence sur moy. Ne pensez point, Sire, que ce que je diz soit pour affection que j'aye à luy, car en tant qu'il touche à vostre service, je n'ay affection à nulluy : mais il me semble

---

[1] Le traité fait le 24 novembre 1505. Voy. p. 437, note 1.
[2] L'amirante ou l'amiral de Castille don Fadrique Enriquez.
[3] *Gordinnes*, rideaux. [4] Arevalo.

que je ne cognois homme en Espaigne qui vous puist faire plus de service ou desservice que luy. Par quoy, Sire, me semble que ne debvez reffuser ceulx qui vous veullent faire service. J'ay tant fait que, se ledit seigneur roy se parte de ceste ville, que ledit Jehan Velasco s'en ira tout droit à Revalo, pour ce qu'il me semble qu'il vous pourra mieulx servir qu'il ne fera d'estre avec vous, et pourra mieulx garder ce que est à Revalo présent que absent. Il vous doibt requérir de quelque chose que je vous escripvray par la première poste, que me semble raisonnable. S'elle vous semble telle, en ferez vostre bon plaisir.

Sire, aujourd'uy ay sceu comme il y avoit aucuns gens de pied venant de Naples, lesquelz quant ilz furent par deçà, pensans avoir entretènement, l'on leur a donné congié. Leurs capitaines vindrent en ceste ville et ont esté icy aucuns jours pourchassans leur payement. Cejourd'uy ilz ont esté despeschiez, et ledit seigneur roy leur a commandé aller rassembler leurs gens, et croy qu'il les fera approchier de luy. Vous y penserez ce qu'il vous plaira.

Sire, il me semble que faictes petite diligence de mander quelque chose aux *procuradores* qui sont icy, soit de les mander venir devers vous, ou leur mander qu'ilz voisent en quelque autre lieu où il vous plaira ou en leurs maisons : car, ainsi que je puis entendre, c'est plus vostre desservice que vostre service qu'ilz soient icy. Vous en ferez vostre bon plaisir.

Sire, j'ay parlé au duc d'Albourkerke, lequel m'a dit qu'il est bien vostre serviteur, et croy qu'il est tel.

Sire, encoires oultre me dit le connestable que, incontinent que j'eus parlé au roy, l'ambassadeur de France vint devers icelluy seigneur roy et luy dit qu'il avoit eu lettres du roy, son maistre, lequel luy mandoit qu'il disit audit seigneur roy, vostre beau-père, que s'il avoit à faire de cincq ou six cens hommes d'armes, qu'il les luy bailleroit, et qu'il avoit baillié cent hommes d'armes à monsieur de Gheldres. Je luy respondiz que je créoye de vray que Almachant [1] devroit estre l'ambassadeur, et que touchant monsieur de Gheldres, que nous le cognoissons trop bien ; que puisqu'il n'estoit point homme pour deffendre son pays, qu'il estoit moins apparant qu'il le deust conquerre ; touchant le roy de France, que je sçay de vray qu'il escript plus de gracieuses lettres au Roy, mon maistre, qu'il ne fait audit seigneur roy, son beau-père : il me respondit que cestuy-là qui se fyeroit tout le moins en luy seroit le plus saige. Cejourd'uy ay sceu comment ledit seigneur roy a despeschié ung coureur pour France et donné soixante ducatz affin qu'il soit et demi (?) plus tost que les postes n'ont accoustumé d'estre. Il me semble, Sire, qu'il meet plus de diligence en ses affaires que vous ne faictes ès vostres. Je le diz pour ce que vous me dictes, à mon partement, que je trouveroye Besançon le messaigier sur le port de la Fanc (?), atout la responce de l'archevesque de Tholède : ce que je ne feiz, car au prime le trouvay-je en chemin pour y aller.

Sire, je vous supplie que ce que me manderez que je face, que vous me le donnez à entendre bien clèrement, car mon entendement est ung petit rude, et avec ce j'ay peu expérimenté ce mestier. Et me semble, Sire, que se vous avez à me mander quelque affaire d'ymportance par deçà, que ferez bien d'envoyer icy quelque autre plus souffisant que moy. Je le diz pour ce qu'il me semble dire vray et à ma conscience.

---

[1] Probablement *Almazan*, qui était le principal secrétaire d'État du roi catholique.

Sire, je vous escripviz hier comment le duc de l'Infantasgo avoit entré en ceste ville. Il n'est pas vray ce que vous escripviz, et me pardonnez de ma bourde, mais ne le pardonnez point à Artois le poursuyant, qui portoit les lettres de l'archevesque de Tholedo, lequel le nous certiffia. Bien est vray que ledit seigneur roy a envoyé don Diego de Mendoce, frère du marquis de Zenette, devers luy. Ce qu'il a faict ne sçay.

Ledit seigneur roy va quasi tous les jours aux Cordeliers oyr messe et vespres : mais, à ce que j'entens, il y va plus pour parler à l'archevesque de Tholedo que pour dévotion qu'il aye, à cause que ledit archevesque est logié là-dedens.

Escript comme dessus à Ville-Franck, le premier de juing 1506.

(Archives du département du Nord : reg. *Lettres missives*, 1501-1506, fol. 502.)

XV

Lettre de don Diego de Guevara à Philippe le Beau sur ce qu'il a appris de divers côtés, sur ses entretiens avec l'Adelantado de Grenade, le duc d'Albe et le connétable de Castille : Villafranca, 1ᵉʳ et 2 juin 1506.

Sire, je vous ay escript à ce matin comme j'avoye parlé au roy, vostre beaul-père; et la responce et autres choses que j'ay peu savoir en ceste court je le vous ay fait savoir.

Sire, je vous ay escript commant ledit seigneur roy avoit despesché auquuns capitaines d'ycy pour aller rassambler les gens de pied qui sont revenuz de Naples, lesquelz sont bien du nombre de trois mil gens bien expérimentés; et leur capitayne principal qui les va fayre rassambler s'apelle Pedro Navarois [1], lequel va à toutte dilligence les faire venir par dessa. Ilz sont encores en l'Andelousie.

Sire, il me samble que devés, par tout moyen que pourés, fayre empescher leur venue; et se vous ne faittes dilligence en cecy et autres choses, je vous promès que vous vous pourés bien trouver trompé. Ledit seigneur roy a despesché cejourd'uy son maistre d'artillerie, lequel s'en va tout droit à Medine del Campe faire dresser l'artillerie qui y est, ainsi que auquuns qui l'ont veu despeschier m'ont dit.

Sire, mon advis est que sans nul dellay vous devés entendre à deux choses que vous sont bien nécessayres. L'une est touchant les *procuradores* : c'est que vous les devés mander

[1] Pedro Navarro.

qu'ilz vous voisent attendre quelque part, ou qu'ilz s'en voisent à leurs maisons jusques à ce que vous les manderés, car, à ce que je puis entendre, ilz ne vous servent de riens ycy, mais vous dommagent grandement. J'ay cejourd'uy entendu commant, à ceste après-disner, tous lesdits *procuradores* s'assamblent ensemble pour envoyer auquuns d'eulx devers vous. Je crains que ceulx qui yront ne soyent forgiés dudit seigneur roy. Et si devés entendre que s'ilz y vont, qu'ilz doivent parler à la Royne, et peult-estre qu'ilz luy diront ce que Fernande de Vègue avoit charge de luy dire. Je ne le dis pas pour vray, mais il est à doubter : par quoy, Sire, je vous supplie que vous y pensés bien, puisque tant vous touche. L'autre point est, Sire, que devés incontinent déterminer deux choses : l'une, c'est de venir à apointement avec iceluy seigneur roy, ou de luy donner à cognoistre vostre volenté de ce que volés fayre, car ung jour de dillay vous porte grant dommage. Ledit seigneur roy fait une mervcilleuse dilligence de pourvéoir à toutes choses. Il me samble, Sire, que vous devés pourvéoir à vostre affayre aussi ; et la chose là où sans nul dillay devés incontinant pourvéoir, c'est aulx capitaynes des gens d'armes, car, à ce que j'entens, il en y a beaulcop d'eulx qui vous ont une grande affection, et entre les autres, j'en ay trouvé ung qui s'apelle don Anthonio de la Curne, lequel me samble vous est aussi bon serviteur que je cuide estre.

Sire, à ce que je puis entendre, ces gens-ley ont plus grant espérance de rompre que d'apointement : pour quoy ilz font grant dilligence de pourvéoir à toutes choses. Le duc de l'Infantade est près d'ycy. Anquuns me disent qu'il doit passer par ceste ville et qu'il doit demourer ycy : autres dient que non. Je ne say que j'en dois dire : mais tant y a qu'il est bien pateline. C'est ung homme, Sire, qui vous peult beaulcop faire de faveur ou deffaveur : pour tant ferés bien de faire plus de dilligence de le gagner, et luy et autres, qu'il me samble que ne faittes.

Sire, j'ay parlé cejourd'uy à l'adelantade de Grenade, lequel me samble estre bien vostre serviteur, et m'a parlé aussi franchement que homme que j'aye oy. Il m'a dit qu'il vous a escript trois ou quatre foys et que jamais ne luy avés fait responce. Il m'a dit qu'il ne sèt que penser. Il me samble, Sire, que puisque vous cognoissés quel personnage il est, que lui devés escripre quelque bonne parolle, pour encores tant plus l'encliner en vostre service, combien qu'il me samble qu'il le soit assés. J'entens qu'il a cinq ou six maisons, les meilleures d'Espagne, en ses mains, dont entre les autres il a celle de Médine. Je croy que, si le roy don Fernande vouloit tirer l'artillerie qui est à Médine hors dudit Médine, et vous luy commandiés qu'il la feit détenir, qu'il le feroit.

Sire, j'ay tousjours oy dire que belles parolles ne coustent gayres; il me semble que ne les sauriés employer nulle part si bien qu'en Espaigne, à cause que la nation est ung peu glorieuse.

Sire, je ne say que dire de vous ne de ceulx qui sont autour de vous. Je le dis pour la petite provision que vous mettés en voz postes, car si je veul escripre une lettre, il fault que je prègne messagier d'aventure. Au regart de moy, Sire, j'ayme myeulx m'en aller d'ycy que de ce qu'il y ait si petite provision, car au moings, si je ne suis point ycy, je n'auray point de coulpe de non vous advertir d'auquunes nouvelles. Et me samble que c'est grant honte à vous et beaulcop plus grande à ceulx qui sont autour de vous. Je vous promès, Sire, que l'on fait ycy bien autre dilligence, car je vous asseure qu'il n'est jour du monde qu'il

n'entre et saille en ceste ville plus de dix postes. A tant, Sire, je prie Dieu vous donner, etc.
Escript ce premier jour de juing.

Sire, depuis ces lettres escriptes et chiffrées, est venu en mon logis le duc d'Alve, lequel m'a dit commant vous partiés de Saint-Jaques mercredi prochain et que les ambassadeurs dudit seigneur roy, vostre beaul-père, ont mandé à iceluy seigneur roy que vous ne faittes nulle détermination d'appointement. Sur quoy il m'a prié vous escripre, pour autant qu'il désire vostre service et le bien de voz royalmes, que vous appointez avec ledit seigneur roy : car si vous partés dudit Saint-Jaques sans estre appointé, que n'ayez nulle espérance de jamais venir à appointement, car il m'a dit que ledit seigneur roy va faire touttes ses provisions et préparations quasi de guerre, et si m'a dit que la chose ne peult eschapper sans débat, lequel sera bien malaisé à appaiser. J'entens bien qu'il vient de par ledit seigneur roy me dire cecy.

Sire, ce sont choses de grande importance : vous ferez bien de les bien peser, et au demourant y bien pourvéoir myeulx que vous ne faittes aux autres, car je ne say par qui vous envoyer cestes, escriptes comme dessus.

Sire, incontinant le duc d'Alve party, vint le connestable, qui me trouva escripvant, lequel me dit le samblable, et encores plus, disant que si vous vous partés de Saint-Jaques sans vous appointer, que ne saurés jamais revenir à nul appointement. Il me dit qu'il venoit de parler audit seigneur roy, lequel estoit bien passionné de cecy, et qu'il oyt que le duc d'Alve dit audit seigneur roy : « Sire, quant ores le débat seroit commencé, l'on y trouveroit
» encore quelque remède. » Le roy luy respondit : « Ce une foys il est commencé, jamais
» mon filz n'aura fiance en moy, ne moy en luy. » Ledit roy dit encores plus qu'il avoit bien espérance de résister à cecy, et quant ores il n'y souffriroit, qu'il donneroit plustost le royalme de Napples au roy de France. Je luy respondis : « Voyre s'il plaisoit à Gonsalve
» Ferrande. » Ledit connestable est bien marry de tout cecy, et dit que vous estes mal conseillé de mettre la guerre en voz royalmes sans nécessité, car il dit que vous ne ceulx que vous conseillent ne ménerés cest affayre à fin si tost que vous pensés. Il vous supplie, comme vostre vassal et serviteur, que si vous vous doullés de la capitulation faitte, que vous dittes de quoy et que l'on la vous amendera; sinon que avant que vous faittes si grant mal en vosdits royalmes, que vous faittes nouveaul traitté.

Sire, il me samble, comme vostre serviteur, que avant que vous vous mettiés à la guerre, que vous y devés bien penser, mesmement puisque l'on vous présente nouveaul traitté. Vous y aurés vostre advis, s'il vous plaist.

Sire, sur toutes choses, à mon advis, devés pourvéoir au fait de Jean Velasques, puisque vous savés quelles choses il a entre ses mains, et me samble, Sire, que luy devés escripre une merveilleusement bonne lettre, luy disant que s'il vous fait service, que ne serés ingrat de le recognoistre.

Sire, ledit connestable m'a dit comment monsieur de Veyre sèt qu'il y a plus de trois moys qu'il ne fait autre chose que de dire audit seigneur roy, vostre beaul-père, qu'il s'appointe avec vous et qu'il ne luy chaille de sa fille. Luy samble que ledit seigneur roy estoit assez enclin de ce fayre. Il m'a dit encores que vous vous appointés avec vostredit beaul-père, et que l'on ne fera mention de ladite Royne, et que ledit seigneur roy son père ne se veult de riens ayder d'elle. Sire, je trouve toutes ces choses de bien grande importance, et ne vous y saroye autrement que conseiller, me remettant à vous et ceulx de vostre conseil, pour en fayre vostre bon plaisir. Escript comme dessus.

Sire, si très-humblement que fayre puis, à vostre bonne grâce me recommande.

Sire, depuis mes lettres escriptes et chiffrées, ay sceu comment ledit seigneur roy et les autres grans maistres qui sont ycy pourchassent devers l'arcevesque de Tollète, affin qu'il voise devers vous, pour véoir s'il pouroit trouver quelque appointement, affin que le débat ne se meût point entre vous et ledit seigneur roy, vostre beaul-père, car ycy ilz tiègnent le débat pour tout certain. Je trouvay, quant j'arrivay ycy, pluiseurs grans et autres moyens qui me dirent comment ilz estoient voz serviteurs. Aujourd'uy lundy je les ay trouvez beaulcop plus frois, car la plus grant part m'ont dit que, s'il y a débat entre vous et vostre beaul-père, qu'ilz feront ce que la royne done Johanne leur commandera, quant ilz la verront en liberté. Par quoy me samble que la plus grant part ou quasi tous suivront ledit seigneur roy.

Sire, je vous advertiz volentiers de tout cecy, pour ce qu'il me samble que c'est chose d'importance.

Sire, je me plains merveilleusement de la petitte provision que vous mettez aux postes, car, par faulte desdits postes, il fault que j'envoye ung varlet à pied. Aussi, Sire, il y a des gens qui se sont plains à moy, disant qu'ilz vous ont escript pluiseurs foys et que jamais ilz n'ont heu responce de vous : dont ilz disent qu'ilz ne savent que penser. Sire, je vous dis en mes premières lettres que belles parolles ne coustent guères ; encores suis-je de cest advis.

Sire, je vous dis derechief, pour mon acquit, que vous escripvés une bonne lettre à Jehan Velasques, car je vous promès que noire carme ne fut jamais tant priée d'amours comme il est prié dudit seigneur roy. J'ay parlé à l'admirant, qui est venu ce soir, lequel m'a dit quasi le samblable des autres. Je vous ay escript en l'autre lettre comment ledit seigneur roy a envoyé querre trois mille piétons qui sont venuz de Naples : l'on me dit qu'ilz sont plus de six mille, et si y a avec eulx beaulcop de bons capitaynes.

Sire, je vous supplie que voulliés penser à touttes ces choses. Et sur ce prie Dieu, etc.

Escript ce mardi, IIe de juing, à v heures de mattin.

Sire, à ce soir j'ay despeschié ung gentilhomme mon cousin, lequel j'ay envoyé devers le duc de l'Infantade, pour ce qu'on dit qu'il doit passer par ycy et qu'il doit y demourer. Je luy escrips que, quant je partiz de vous, vous aviés nouvelles qu'il alloit devers vous : dont vous estiez fort joyeulx de sa venue. Je luy ay envoyé dire, comme de moy-mesmes, que vous auriés grant plaisir de sa venue, et grant desplaisir s'il venoit ycy pour y demourer.

Sire, ne vous abusés point, à ce que je puis entendre, que nul des grans maistres quy sont ycy ne voyse devers vous, se vous et la Royne ensamble ne les mandés.

(Archives du département du Nord : reg. *Lettres missives*, 1501-1506, fol. 294.)

XVI

Lettre de Philippe le Beau à don Diego de Guevara où il lui fait connaître ses intentions sur différents points : sans date (4 juin 1506).

—

Très-chier et bien-amé, nous avons receu voz lettres et veu et entendu bien et au long tout le contenu en icelles : dont, meismement de ce que si amplement nous advertissez de toutes choses, vous savons bon gré.

Touchant la raison que allègue le roy, nostre beau-père, pour quoy n'est pas venu plus avant, disant que ses ambassadeurs luy avoient mandé que l'on n'eust traictié ne appointié de riens, et aussi sur ce que le duc d'Alve dit qu'il n'eust veu la Royne, etc., vous direz audit seigneur roy, nostre beau-père, que nous nous esmerveillons de telz advertissements de sesdis ambassadeurs, car jamais ne leur en avons parlé ne autruy de par nous, ains eussions bien désiré la venue d'icellui seigneur roy, tant pour la bonne amour et affection que lui portons, comme filz au père, comme aussi pour le grant bien que espérions de voir procéder d'icelle nostre veue et assemblée; et nous desplaist qu'elle est retardée.

Touchant les devises que avez eues avec le connestable et le duc d'Alve, et les persuasions et conseilz qu'ilz nous donnent d'appointier, nous avons pluiseurs grans et autres de tous estaz, noz bons et loyaulx serviteurs, icy devers nous, et oyons journellement en noz affaires leur oppinion et conseil, pour ensuyr le meilleur. Se ceulx qui sont là feussent aussi venuz ou veinssent, ainsi que la raison veult bien qu'ilz deussent faire, nous entendrions et escoutrions semblablement leurs oppinions et advis, et ne leur ferions moindre recueil que aux autres, chascun selon son estat.

De Jehan Velasques, nous avons bien entendu sa bonne voulenté, ses excuses et bonne affection qu'il a à nostre service : dont sommes bien contens; et, quelque rapport que nous en puist avoir esté fait, nous l'avons tousjours réputé pour nostre léal serviteur : ce que lui pourrez asseurer de nostre part........

Touchant les capitaines et piétons dont nous escripvez, enquerrez-vous en encores le plus avant qu'il vous sera possible, et de ce que en pourrez savoir nous advertissez à diligence, affin que y puissons pourvéoir selon qu'il appartiendra.

Quant au fait des *procuradores*, nous leur escripvons, et vous envoyons la lettre avec cestes, affin que la leur présentez de par nous de la sorte qu'il s'ensuyt : assavoir à chascun d'eulx à part, leur déclairant que nous nous esbahissons, actendu qu'ilz sont si près de nous, que jamais ne sont venuz jusques icy à véoir nous et la Royne et nous faire la révérence; leur disant en oultre que, pour ce que leur désirons faire dire et remonstrer aucunes choses concernans le service de Dieu, le bien et prouffit et honneur de nous, d'eulx et de tout le royaulme, que leur requerrons et néantmoins mandons qu'ilz viennent et se treuvent devers nous en la Puebla de Sanoye [1], et illec nous trouveront. Et, se d'aventure ilz vous parlent aucunes choses de la capitulacion, dites que nous désirons garder et observer avec le roy, nostre beau-père, toute bonne amour, union et accord, ainsi que la raison le mande; et, eulx venuz devers nous, leur en deviserons plus avant d'autres choses.

Quant aux nouvelles de France et de monsieur de Gheldres, vous en avez bien respondu.

En oultre, ferez bien et vous ordonnons que, en devisant avec les grans, prélatz et autres qui sont là, en parlant de la bonne voulenté et désir de nous servir, car nous présupposons que chascun d'eulx en dira autant, vous leur donnez assez à entendre, comme de vous-mesmes, sans faire semblant que le vous ayons mandé ne qu'il viengne de nous, que vous vous donnez merveilles qu'ilz ne sont pièça venuz ou viennent devers nous et ladite Royne, pour démonstrer ladite bonne voulenté qu'ilz doivent avoir envers nous, comme à leurs naturelz seigneurs Roy et Royne. Et eculx que trouverez les plus enclins et affectionnez à venir, enhortez-les encoires plus, affin qu'ilz mectent leurdite affection à effect : car ilz nous seront les très-bien venuz. Et en ce vous conduisez le plus saigement et discrètement que faire pourrez.

Vous direz aussi, semblablement de vous-mesmes, aux capitaines des gens d'armes estans par delà que nous nous esmerveillons d'eulx qu'ilz ne viennent devers nous. Et, se d'aventure ilz respondoient que ne les avons mandez, ou qu'il leur semble, estans là, estre aussi bien à nostre service comme s'ilz estoient icy, direz que ce nous semble petite excuse : car s'ilz avoient la bonne voulenté et affection, ilz ne seroient point si près sans venir plus avant, leur remonstrant que, s'ilz viennent, ils seront aussi les bien-venuz.

Nous avons aussi entendu que le roy, nostre beau-père, a parlé, à part et en secret, avec lesdits *procuradores* : par quoy vous ordonnons vous enquérir, le plus secrètement et par le meilleur moyen que pourrez, de ce que icellui seigneur roy leur puet avoir dit et de la responce que les autres lui ont faicte. Et de ce que en pourrez savoir nous advertissez à diligence.

Aussi vous ordonnons vous enquérir et nous advertir se icellui seigneur roy fait faire aucunes apprestes ou provisions, en aucunes villes, citez ou autres lieux, de choses dont pourrions avoir intérest, affin d'y pourvéoir comme de raison.

(Minute, aux Archives du département du Nord : reg. B 5, fol. 363.)

[1] La Puebla de Sanabria.

XVII

Lettre de don Diego de Guevara à Philippe le Beau sur les gens de guerre que le roi d'Aragon fait venir d'Andalousie; sur le bruit qu'on répand qu'il tient la Reine prisonnière et qu'il veut supprimer l'inquisition; sur le traitement à faire à l'archevêque de Tolède, etc.: sans date (6 juin 1506).

Sire, je vous ay par deux foys escript comment le roy, vostre beaul-père, envoye en Andelosie fayre rassembler les gens de pied qui estoyent retournés de Napples, qui sont pour vray au nombre de trois mille, et ont charge, les capitaynes qui les sont allez quérir, les fayre venir en Castille le plus tost qu'il leur sera possible. Sire, j'entens qu'ilz ne veullent partir sans avoir quelque argent, et l'argent qu'on leur doit baillier on le doit prendre sur auqun argent que l'on a porté des Indes, qu'est en nombre de quarante mille ducas, lequel argent l'on fait forgier à celle fin. Ung bien mon amy, vostre serviteur, m'a dit que se vous mandez au duc de Medina Sidonia qu'il face arrester ledit argent jusques à ce que vous ordonnez vostre plaisir, qu'on ne verra pas ung desdis piétons par dessa : vous en ferés vostre bon plaisir. Sire, auquuns, qui se disent voz serviteurs, ont grant paour que vous ne laissiés parler l'arcevesque de Tolledo à la Royne. Je le dis pour ce que tout le monde dit que tenés ladicte Royne prisonnière, et qu'il fault que, malgré vous, si vous voulés estre oy, que vous la laissez véoir à ceulx du royalme, comme *procuradores* et autres. Je croy, Sire, que si ledit arcevesque veult parler à ladite Royne, vous la luy lerrez parler. Sire, l'on vous donne ung terrible bruyt par ceste court, disant que vous avés escript et commandé que l'on n'entende plus à l'inquisicion : vous savés ce qu'il en est. Tant y a, s'il estoit vray, vous perdriez beaulcop de bonnes volentez des nobles gens de ces royalmes : car, à ce que j'entens, il y a beaulcop de murmure par les villes, et sont taillés de fayre ung jour quelque grant desroy sur les confessés [1], comme l'on a fait à Lisbonne. Ledit seigneur roy, vostre beaul-père, est ycy en ce lieu de Ravenal, et, à ce que j'entens, n'arestera point jusques à ce qu'il soit à Tore. Le......... du connestable est ycy venu cejourd'uy, lequel a dit beaulcop de bonnes parolles de par delà. Ces gens qui sont ycy ont la teste bien basse, et croy que ne saurés riens demander de la capitulacion qu'on ne le redoubtât. Vous ferés bien, Sire, de traittier l'arcevesque de Tolledo; et s'il part de là, qu'il parte bien content de vous, car cela sert fort à vostre affaire, comme le disent tous voz serviteurs.

Sire, j'ay intencion d'aller avec ledit seigneur roy, vostre beaul-père, aussi avant que bonnement, pour me retirer vers vous : car, à ce qu'il me samble, je ne vous sers de gaires

---

[1] En espagnol *confesos*, juifs convertis.

ycy, et aussi je suis venu très-mal pourveu pour siévir ledit seigneur roy. Toutesfois, se autre chose me mandez, je obéiray à voz commandemens.

Sur ce, etc.

(Copie, aux Archives du département du Nord : reg. B 5, fol. 350.)

XVIII

Réponse de Philippe le Beau aux lettres précédentes de don Diego de Guevara : Allariz, 6 juin 1506.

Très-chier et bien-amé, avant-hier soir vous escripvismes responce sur voz premières lettres, et en despeschant la poste, receusmes autres voz lettres escriptes du mardy derrainement passé : dont et de voz bons advertissemens et diligence vous savons bon gré, et ne nous povez faire plus grant plaisir que de tousjours le continuer. Nous ne respondismes point sur tout, pour ce que la pluspart ne sont que advertissemens qui ne requièrent point de responce, et à aucuns points avons jà respondu par nosdites autres lettres........

Touchant les devises, persuasions et conseils des connestable, duc d'Alve et aussi de l'amirante, nous vous en avons jà escript par icelles noz autres lettres, assavoir : que iceulx leurs conseils et ammonestations nous seroient beaucop plus agréables, estans icy devers nous, que là où ilz sont encoires. Respondons le mesmes.

Quant à la proposition, mise en avant par ledit connestable, de faire nouveau traictié, nous n'avons jamais eu voulenté de rompre la capitulation faicte, ne, que plus est, en riens l'avons enfrainte. Si a-l'on bien par delà de traictier d'autre chose. Les ambassadeurs du roy, mon beau-père, estans icy, nous ont ouvertement dit que icellui seigneur roy ne changera jamais en icelle capitulation ung *a* pour ung *b*, qui est une forte parolle. Aussi dient lesdits connestable et duc d'Alve que, si ne appointons avant partir de Saint-Jacques, que jamais n'aurons appointement, mais bouterons le feu ou royaulme, et que plustost nostre beau-père donra au roy de France le royaulme de Naples. Ce sont choses haultaines et bien arrogantes et menasses : dont nous esmerveillons estre ainsi menassé, en noz royaulmes, de ceulx dont devrions avoir ayde, secours et aussi service; et ne savons pourquoy autre lieu ne seroit point aussi convenable pour appointier et bien faire que le ledit Saint-Jacques. S'il n'y a autre occasion, elle est bien petite.........

Et sur ce point pourrez dire, comme de vous-mesmes, en devisant avec lesdits grans, que ne pensons point avoir donné occasion de bouter ce royaulme en guerre pour si petite chose que d'estre party de Saint-Jacques, qui seroit une estrange chose, mais qu'ilz se gardassent bien eulx-mesmes de le faire: leur donnant à cognoistre, quant là viendroit, que nous ne sommes point venuz de Flandres ou, pour dangier que avons passé, y retourner, par menasses, mais plustost mourir que ne garderions nostre honneur et n'obtiendrions ce que de droit nous appartient; et au pis qui nous en pourroit venir, la vie sauve, nous avons, grâces à Dieu, pays assez pour nostre retraicte. Mais, s'il en prenoit mal audit seigneur roy, ainsi que l'apparence du droit le juge, ne savons comment il en seroit et s'il seroit bien seur en Arragon : dont toutesfois laissons le soussy à lui.

Escript à Lariz [1], le vi^e de juing XVe et six.

Depuis mes lettres escriptes, avons fait responce au connestable sur ce qu'il nous a escript, et vous envoyons ladite lettre avec aussi la copie d'icelle, affin que véez le contenu. Nous le mandons venir vers nous. Vous lui baillerez nozdites lettres et le solliciterez qu'il le face, ou sinon qu'il déclairera qu'il ne veulle venir. Nous escripvons à Jehan Velasques et vous envoyons ladite lettre, laquelle lui baillerez à lyere en voz mains, sans la laissier ès siennes, pour la nous rendre : car par ladite lettre l'appellons *contador major*, et nous n'entendons point qu'il le soit, s'il ne vient. Mais s'il vient, voulons qu'il ait cela et plus grant chose. Se d'aventure il dye et luy semble qu'il nous puisse faire plus grant service de demourer que de venir, prenez de luy serment et lettres de son seellé par lesquelles il oblige corps et biens de bien et léaulement garder nostre enffant, noz ville et chasteau d'Arevalo et les escripts qu'il a en ses mains, et de rendre et mectre le tout, ensemble toutes autres ses maisons et places fortes, en noz mains, quant l'en semondrons, pour en faire ce que bon nous semblera. Et en l'un des cas dessusdits, assavoir venant ou baillant ladite obligation, sommes contens que lui baillez sesdites lettres, et non autrement.

(Minute, aux Archives du département du Nord : reg. *Lettres missives*, 1501-1506, fol. 311.)

[1] Allariz.

XIX

Lettre de Philippe le Beau à don Diego de Guevara sur ce qu'il a à remontrer, de sa part, au conseil de Castille, ainsi qu'au roi d'Aragon : Orense, 7 juin 1506.

. . . .
Aussi escripvons aux président, assavoir : l'évesque de Cordua, et gens de nostre conseil, et vous envoyons noz lettres avec cestes, contenant seullement crédence sur vous. Vous leur présenterez noz lettres, et pour ladite crédence leur direz, combien que jusques ores ilz ne soient venuz vers nous faire la révérence qu'ilz doivent à la Royne et à nous, comme à leurs vrayz et naturelz seigneur et dame, roy et royne, dont nous avons esté assez esmerveilliez, toutesfois, pour la bonne voulenté et affection que entendons qu'ilz ont encoires à nous et à nostre service, avons advisé de leur escripre, et par vous leur faire remonstrer que, pour le désir que avons d'estre visitez de noz bons et loyaulx serviteurs et subgetz, singulièrement d'eulx, affin de nous servir d'eulx et user de leurs conseil et advis en noz affaires là et ainsi que le cas s'y offrira, leur requerrons que, le plus tost qu'ilz pourront et en postposant tous autres affaires, ilz se veullent trouver devers nous, quelque part que soyons. En quoy, avec ce qu'ilz feront ce qu'ilz doivent, nous feront bien singulier plaisir : ce que envers eulx recognoistrons de manière qu'ilz nous cognoistront non estre ingrat. Leur faisant, en oultre, à ceste fin toutes les autres persuasions et remonstrances que pourrez et saurez adviser ; les advertissant que partons d'icy demain ou mardy, et tirerons le chemin de Sanabre et de Benevento.

D'autre part voulons et vous ordonnons que vous vous transportez devers le roy, nostre beau-père; et après noz recommandations deues et pertinentes, lui direz comment journellement et de tous costez sommes advertiz qu'il fait toutes apprestes et signes de guerre par assemblée de gens d'armes, de piétons, accoustrement d'artillerie et autrement : dont, actendu que ne sachons point qu'il ait guerre ou ennemistié avec prince du monde, mais paix et bonne alliance partout, nous donnons merveilles, meismement de faire telles choses en noz royaulmes et sans nostre sceu, et n'en savons que penser, sinon que sans doubte nulle il y ait plus d'apparence de mal que de bien, et nous semble chose bien contraire et diverse à ce que tousjours il nous a fait dire de la grant amour paternel qu'il avoit envers nous : dont par les signes dessusdits ne nous oserions aucunement fyer. Par quoy le requerrez bien instamment, de par nous, qu'il se veulle depporter de ce que dit est et se monstrer envers nous bon père, ainsi qu'il a tousjours promis faire, et de nostre part n'aura faulte que ne luy soions bon filz : l'advertissant en oultre que, s'il ne le fait et qu'il continue ès manières de faire encommencées, que nous serons constrains de semblablement nous pourvéoir de gens et autrement pour la préservation de nous et de nostre bon droit en iceulx noz royaulmes, au mieulx que nous pourrons et selon que trouverons au cas appartenir : ce que toutesfois ferons à regret et le plus tart que pourrons, désirant tousjours et sans comparaison mieulx la voye amiable que la rigeur. Et de la responce qu'il vous fera nous advertirez à diligence avec aussi d'autres nouvelles qui surviendront.

A tant, très-chier et bien-amé, Nostre-Seigneur soit garde de vous.

Escript à Orence, le viie de juing.

L'archevesque de Tholedo est icy et a esté devers nous : mais il ne nous a encoires riens dit que toutes choses générales, et nous ne savons, s'il se ouvrira plus avant.

(Minute, aux Archives du département du Nord: reg. *Lettres missives*, 1501-1505, fol. 316.)

XX

Lettre écrite à Philippe le Beau par Philibert Naturel, dom-prévôt d'Utrecht, son ambassadeur à Rome, sur les précautions qu'il doit prendre pour son manger : Rome, 7 juin 1506.

Sire, très-humblement à vostre bonne grâce me recommande..........

Sire, je sçay bien qu'il vous souvient de plusieurs secretz conseilz que vous avez tenu pour le service de vostre corps et de vostre bouche. Sire, je vous advertiz, aussi don Anthoine [1], qu'il est merveilleusement fort nécessaire que le faictes encoires plus estroit que jamais ne fut, et que vous le faictes observer inviolablement, et que ceulx qui vous servent de bouche soyent tousjours ung, sans changier des chascuns escuyers ne touts officiers de bouche, et que surtout en vostre cuysine nul n'y entre que ceulx qui appartient : car, avec ce que les astrologues vous menassent merveilleusement de ce péril, par deçà, à ceste congrégation de chapittre général des Cordelliers, l'on en a parlé en diverse façon par les frères, qui se mectent partout, toutesfois en parolles générales. Je sçay, tant par la costume du païs que aussi pour la conservation de vostre personne, vous n'estes plus si comun à aller disner dehors ou soupper comme en vostre païs naturel; aussi n'est-il besoing. Et vous advertiz, Sire, pour vostre bien, qu'il n'y a prince au monde qui ait plus mestier de soy garder que vous : à quoy n'y a pas grant affaire, s'il vous plaist, car vous avez des gens du païs naturels, qui saront

[1] Don Antonio de Acuña, qui était l'un des ambassadeurs de Philippe à Rome.

très-bien faire l'office. Il n'est nul besoing d'aller mengier dehors. Et pour ce que les viandes du roy domp Fernande ne sont guères à vostre complexion et adoubées à vostre appétit, je croy que n'irés guères mengier avec luy, et vous ferez bien, mesmement en temps d'estez que vous estes hors de vostre nativité; et à ceste cause est nécessité que mengiez des viandes selon vostre complexion. Je vous en advertiz en oultre, Sire, et vous supplie, que ne mectez vostre personne grandement en puissance d'autruy, qu'il ne soit tousjours en vous de faire vostre plaisir, fut ores à l'esglise ou autre part. J'entens toutesfois le tout civillement en honneur; et du reste, avec l'ayde de Dieu, voz affaires ne se pourront que bien porter : mais il vous fault penser à ces deux pointz dessusdicts, et pour cause..........

A Rome, le VIIe jour de juing.

Vostre très-humble subgect et serviteur,

PHILIBERT, prévost d'Utrecht.

(Original, aux Archives du département du Nord : reg. *Lettres missives*, 1501-1506, fol. 318.)

XXI

Rôle des officiers de la maison de Philippe le Beau au 8 juin 1506.

Lundi, VIIIe jour de jung, l'an mil cinq cens et six, le roy dom Phelippe de Castille, de Léon et de Grenade, etc., prince d'Aragon, etc., et des Deux-Secilles, etc., archiduc d'Austrice, duc de Bourgoigne, de Brabant, etc. Tout le jour en sa ville de Orance en Galice. Escu xx s. à la valeur de XL gros, monnoie de Flandres.

GRAND CHAPPELLE.

L'évesque de Salubrye, XLVIII s.
Me Mabarien de Orto, XXX s.
Messire Jehan Braconnier, XII s.
Bynet Prezel, XII s.
Johannes Moneta, XII s.
Fransquin de Retyz, XII s.
Pierchon de Rue, XII s.
Sire Pierre Clitre, XII s.
Phelippot de Brughes, XII s.
Anthonin Françoys, XII s.
Pierre Brulle, XII s.
Joosse Stienlland, XII s.
Guillaume Chevalier, XII s.
Messire Rogier, XII s.
Alexandre Agricola, XII s.
Messire Clais le Liégeois, XII s.

Hanry Zantman, xii s.
Johannes Mathyz, xii s.
Gillequin de Bailleul, xii s.
Sire Anthoine Dantiz, xii s.
Messire Guillaume Lenglez, xii s.
M⁰ Henry Biédemarche, xii s.
M⁰ Jehan de Bonnel, xii s.
Gillequin du Sablon, x s.
Messire Robert Robens, ix s.

Sire Gilles le Séneschal, ix s.
Messire Jehans de Renelles, ix s.
Pière Françoys, viii s.
Gilles Moureau, vii s. vi d.
Jennin Loys, vii s. vi d.
Adorlf de la Verderue, vii s. vi d.
Martin Hoombourg, vi s.
Bauduyn, iiii s.

Chambellans.

Le Sʳ de Ville, viii l. iiii s. iiii d. ob.
Le comte de Fustemberghe [1], xlviii s.
Le Sʳ d'Iselstain, xlviii s.
Le Sʳ du Reux, xlviii s.
Le Sʳ de la Chaulx, xlviii s.
Le Sʳ de Sams, xlviii s.
Le Sʳ de Montigny, xlviii s.
Le Sʳ de Trassegnyes, xlviii s.
Le Sʳ de Vassenaire, xlviii s.
Le Sʳ de Rogendorlf, xlviii s.

Le Sʳ de Vaulx, xlviii s.
Le Sʳ de Montmartin, xlviii s.
Le Sʳ de Brabançon, xlviii s.
Le Sʳ de Mousqueron, xlviii s.
Le Sʳ de Vincelles, xlviii s.
Le Sʳ d'Isenghien, xlviii s.
Le Sʳ de Flagy, xlviii s.
Le Sʳ de Monceaulx, xlviii s.
Maximilien de Berghes, xlviii s.

Maistres d'Ostel.

Le Sʳ de Veyre, iiii l. xvi s.
Phelippe Daulles, xlviii s.
Claude de Cylly, xlviii s.

Jehan de Bregilles, xlviii s.
Odinet Boudier, xlviii s.
Pierre de Locquinghien, xlviii s.

Escuiers pannetiers.

Charles Daunoy, xxiiii s.
Jehan, sieur d'Averselles, xxiiii s.
Le Sʳ de Prat, xxiiii s.
Don Petro de Ghevera, xxiiii s.
Gaspar Van Ton, xxiiii s.
Rochebaron, xxiiii s.
Albepetre Ozorye, xiiii s.
Warcmbourg, xxiii s.
Serovaristein, xxiiii s.

Loys d'Ap, xxiiii s.
Michiel Johan, xxiiii s.
Charles Carondelet, xxiiii s.
Humbert de Plainne, xxiiii s.
Jéromme Clavet, xxiiii s.
Charles Druym, xxiiii s.
Navarre, xxiiii s.
Loaige, xxiiii s.
Phelippe de Brouay, xxiiii s.

[1] Fauquemberghe dans le rôle du 22 juillet.

Quentin de Montmorency, xxiiii s.
Loys Ravet, xxiii s.
Jehan de Chacey, xxiii s.
Winand, xxiiii s.

Ferry du Chastel, xxiiii s,
Anthoine d'Useiz, xxiiii s.
Claude de Byssy, xxiiii s.

Escuiers eschançons.

Bernart d'Orley, xxiiii s.
Jehan d'Usie, xxiii s.
Ysbrant de Foitist, xxiiii.
Anthoine d'Aussy, xxiiii s.
Arvere, xxiiii s.
Oxkerke, xxiii.
Aldolf de Hietevelde, xxiiii s.
Henry Esdorme.
Manneville.
Noirquermes.
La Tioillière.
Licques.

Le jeune Salins.
Le bâtard de Berghes.
Gérart van Welstz.
Lannoy le filz.
Jehan de la Tour.
Jacques de Sanguyn.
Guyot.
Caravage.
Charles de Pommart.
Anthoine de Hoymbrughe.
Phelippe d'Archies.
Georges d'Angleu.

Escuiers tranchans.

Guillaume Carondelet, xxiiii s.
Rolequin de Halwin.
Humbert de Plaine.
Charles de St-Pol.
Aymé de Bailley.
Guillebert de Peschin.
Jacques de Marsilly.
Henry de Vutegraete.
Guillaume de Pontaillin.
Le jeune Barbançon.
Thibaulville.
Jehan d'Ongnyes.

Le Sr de Panel.
Piro de Poligny.
Sugny.
Quingen.
Saint-George.
Oyseley.
Le bâtard d'Espinoy.
Le bâtard d'Isselstain.
Le bâtard Thile de conte palatin.
Anthoine Gresman.
Jehan de Brancion.

Escuiers d'Escuirie.

Claude de Bonnart, ix s.
Claude de Bouton, xxiiii s.
Charles de Lannoy.
Phelippe de Sonasire.
Phelippe de Bellefourrire.

Boysseron.
Jehan de Mectenay.
Jehan du Sart.
Jehan Cocq.
Berthélemey Semper.

APPENDICES.

Silvestin.
Dom Bertrand de Robes.
Anthoine de Strimeres.
Phelippe de Renty.
Collinet de la Motte.
Grandmont.
Messire Jacques de Villiers.
Phelippe de Moysy.

Anthoine, bâtard de Bourgoingne.
Denis de Montrichart.
Joosse d'Isenghien.
Morembert.
Bourlent.
Claude de Harcicourt.
Waudencourt.
Phelippe Vander Merre.

Varletz servans.

Hans l'Alleman, xii s.
Orosque de Boutron.
Pierre de Bouboys.
Maximilian Quarré.
Phelippot Croyn.
Gabriel.
Genoueti.

Nicolas Offuz.
Jehan Wolfez.
Jehan de le Valle.
Afflebecque.
Gilles d'Esclebes.
Haro.

Coustilliers.

Brumbach, xii s.
Anthoine de Bellefourrire.
Wytenhoest.
Herman d'Estrembourg.
Guillaume de Blois.
Bours.
Yliesque de Byscays.
Thiant.
Morselles.
Jehan van Olave.

Loys de Becayre.
Alpin de Béthune.
Serapons.
Jehan de Montmorancy.
Charles de Cavenberghe.
Bastien de Maretz.
Pierre le Morienne.
Bertram de la Bamlicue.
Larbaniste.
Le coustillier Haleman.

Escuiers des Logis.

Hesdin, xxxvi s.

Terremonde, xxxvi s.

Prévost de l'Ostel.

Valentin de Busseul, xiiii s.
Girart Paroiche, xii s.
Robinet, vi s.
Feryon, vi s.

Le maistre des haultes œuvres, vi s.
Guillaume Roye, iiii s.
Piectre de Rude, xii s.

APPENDICES.

Menuz Offices. — Panneterie.

Symon Lagrensse, xx s.
Berthélemy Naturel, xii s.
Amandin Dassonleville, xii s.
Jacquinot Carpentier, ix s.
Loys de Becassel, ix s.
Symonnet de Gournay, vii s. vi d.

Pierquin Eschargny, vii s. vi d.
Pierquin Malebranche, vii s. vi d.
Ypolite Eschargny, vii s. vi d.
Jennin Wilemin, vii s. vi d.
Piro Gaultier, vii s. vi d.

Eschançonnerie.

Denis Baudequin, xii s.
Watelet Marie, xii s.
Jehan de Pontaillier, vii s. vi d.
Colin Bourdon, vii s. vi d.
Jacques Vanden Berghe, vii s. vi d.

Nicolas Poinsot, vii s. vi d.
Gillequin Scauwart, vii s. vi d.
Charlot Duchesne, iiii s.
Willequin de Vincke, vii s. vi d.
Waultre le Cuvelier, iiii s.

Cuisine.

Giles de Vaulx, xiiii s.
Pierre de Renaulx, xiiii s.
Gilles le Courtois, xii s.
Jehan Vacquelier, xii s.
Thibault le Beuf, xii s.
Petit Jehan Gaulthier, xii s.
Lyénart Taille, vii s. vi d.
Pierre Ledoulx, vii s. vi d.
Loysquin de la Marche, vii s. vi d.
Jullien Servais, vii s. vi d.
Jehan Willand, vii s. vi d.
Aert Stampt, vii s. vi d.
Toussains Burete, vii s. vi d.

Pasquier Rousseau, vii s. vi d.
Gilles Leut, vii s. vi d.
Hans van Mullenay, vii s. vi d.
Willequin de Wintre, vii s. vi d.
Henri l'Alleman, vii s. vi d.
Piro Payen, vii s. vi d.
Nicolas Capron, vii s. vi d.
Andrieu Latefy, vii s. vi d.
Lambert Baude, vi s. ix d.
Laurens Kassekin, vii s. vi d.
Maximilien de Brabant, iiii s.
Petit Jehan l'Advisé, iiii s.

Fruicterie.

Adrian de la Salle, xii s.
Charlot Pipelart, vii s. vi d.
Gilles de la Salle, vii s. vi d.
Joosse de Conflans, iiii s.

Charlot du Buisson, iiii s.
Phelippe Jolybois, iiii s.
Girardin de la Salle, iiii s.

APPENDICES.

Paiges.

Jehan de Bauldry, vi s.
Guillaume Paneçon, vi s.
Adrian de Buire, vi s.
Jehan Granset, vi s.
Jehan de Falletan, vi s.
Phelippe d'Orley, vi s.

Arnoult de Templève, vi s.
Loys de Laiges, vi s.
Aldorf de Compigny, vi s.
Jehan de Oetinghes, vi s.
Claude de Vignolles, vi s.
Fryaere de Bouton, vi s.

Escuirie.

Gilles le Chanteur, ix s.
Hennin de Bregilles, ix s.
Me Hans Kestemberghe, ix s.
Guillemin de Heeffelinghe, ix s.
Jehan Belleman, vi s.
Clais de Louvain, v s.
Nicolas le More, v s.
Jehan Araby, iiii s.
Pierre Cousin, iiii s.
Me Augustin, iiii s.
Pierre Escalland, iiii s.
Colin Payelle, iiii s.
Jacques Bomboys, iiii s.
Claude de Fontaine, iiii s.
Christofle le More, iiii s.
Berthélemey, portingalois, iiii s.
Jehan Bayart, iiii s.
Henry Bridier, iiii s.
Pirotin Monin, iiii s.
Jennin de Vallenciennes, iiii s.
Jacques de Longchampt, iiii s.

Hanin Bouvier, iiii s.
Henin le Pape, iiii s.
Hans Broucteman, iiii s.
Pierquin le Pescheur, iiii s.
Petit Jennin, iiii s.
Dyericq le Liégeois, iiii s.
Nicolas de le Bruyère, iiii s.
Petro, byscayen, iiii s.
Piètre du Reux, iiii s.
Guillaume Rouxelet, iiii s.
Le Cache, iiii s.
Bezançon, fille, iiii s.
Pierquin de le Mayre, iiii s.
Messire Regnault, iiii s.
Hacquinot le marischal, iiii s.
Dyego de Hondecoustre, iiii s.
Le bâtard don Dyèghe, iiii s.
Christofle le More, iiii s.
Dortinghen, iiii s.
Martin, iiii s.
Petit Jehan, iiii s.

Fourrerie.

Phelippe de Visant, xxx s.
Le Sr de Broillaiz, xxx s.
Me Libéral, xxx s.
Me Loys Merlant, xxx s.
Dyerick van Hielebeke, xxx s.

Jacques de Chamilly, xxiiii s.
Estiéne de Chacy, xxiiii s.
Andrieu de Douvrin, xxiiii s.
Michiel de Clerfey, xxiiii s.
Colin de Lestre, xxiiii s.

Mᵣ Guysebreiche, xiiii s.
Pierchon Regnault, xiiii s.
Françoys Normand, xiiii s.
Andrieu Spierinck, xii s.
Guillaume Normand, xiiii s.
Phelippot Poinson, xii s.
Robert Picault, xii s.
Laurens de Zuwenkerke, xii s.
Jehan Marlot, xii s.
Pètre Asse, xii s.
Phelippot Lombart, xii s.
Jehan de Luzy, xii s.
Jeofroy de Coutans, xii s.
Jhéromme Juifz, xii s.
Manillon, xii s.
Hans van Lengheberghe, xii s.
Piètre Van Haeltz, xii s.
Jacques Yssonne, xii s.
Alonze le Coullemer, xii s.
Mᵣ Lyévin de Lathem, xii s.
Mᵉ Jacques de Lathem, xii s.
Jehan de Robourg, xii s.
Alonze de Poza, ix s.
Ghérart Spleere, ix s.
Michiel du Chastel, ix s.
Jehan le Sueur, ix s.
Denis Lancelot, ix s.

Mᵉ Jehan Rometeau, ix s.
Mᵣ Samson, ix s.
Loys de Veilt, ix s.
Jacques Michiel, ix s.
Petit Jehan Cournet, vii s. vi d.
Guillaume le Clotart.
Thianquin.
Robinet Lucas.
Gilsechon de Varenghien.
Jehan d'Orbecque.
Huchon Mabieu.
Jehan Bessemetz.
Messire Jehan Ramond.
Jehan Verdun.
Phelippot Hoopest.
Girart Blancpain.
Jennin Gamo, vi s.
Ysdron.
Guillemete Engurran.
Jehan de Nyespan, iiii s.
Marguerite Blancpain, iiii s.
Jehan, petit keux, vii s. vi d.
Jehan Cruri, iiii s.
Colin, petit keux, iiii s.
Pierre Cornu, vii s. vi d.
Maximilian de Bins, iiii s.

Roix, Héraulx et Officiers d'Armes.

Thoison d'or, xviii s.
Jehan de Themesicque, xiiii s.
Édouard Berthoz, xiiii s.
Raphaël le Nadre, xiiii s.
Le Roy de Haynault, xii s.
Le Roy d'Artoys, xii s.
Remy de Famerques, xii s.
Durenghiestz, xii s.

Arnoult de Marbays, xii s.
Austriche, ix s.
Luxembourg, ix s.
Lothier, ix s.
Salins, vii s. vi d.
Louvain, vii s. vi d.
Malines, vii s. vi d.

APPENDICES.

Joueurs d'Instrumens.

Joosse d'Ems, xii s.
Pierre Lourdan, xii s.
Hans Naglel, xii s.
Michel du Chastel, xii s.
Jehan vander Vincle, xii s.

Bertrand Bronart, ix s.
Guillaume Arroul, ix s.
Mathi'z de Wildre, ix s.
Joannin de Tronslagere, viii s.
Jehan de Phliffele, viii s.

Trompettes.

Pierre Nacroix, xii s.
Cornille de Zeellande.
Jehan de Calys.
Jehan de Morfalys.
Augustin de la Carperie.
Innochent Gallera.

Phelippe d'Aires.
Christoffle d'Austrice.
Jehan Angele.
Purquin de Comble.
Jehan Baptiste, ix s.
Jehan Anthoine, ix s.

Maistres des Requestes.

Me Jacques Ouffot, xlviii s.
Me Anthoine Salines, xlviii s.
Me Anthoine le Flameng, xxx s.
Me Pierre Symayenne [1], xxiiii s.

Me Gilles Vanderampt, xxiiii s.
Me Jehan Jamboys, xvi s.
Me Gérôme le Cocq, xvi s.

Capitaines et Archiers de corps.

Loys de Vauldry, xlviii s.
Jehan Issaacus, xii s.
Martin de la Marche.
Gilles Breton.
Gilles du Reux.
Caisson de Boussut.
Pière de l'Abye.
Antoine de la Peire.
Antoine Longuée.
Hans le Clerc.
Guillemin le Gay.
Jehan de Sains.
Piètre de Meestre.

Le bâtard d'Aveluz.
Jacquet d'Athe.
Thomas le Vasseur.
Le bâtard de Manueville.
Le bâtard de Cucie.
Baudechon des Prez.
Perayne.
Le Prévost.
Le grant Thiryon.
Henry le Roy.
Symon Lenglez.
Jennin le Mol.
Laurens de Malines.

---

[1] Symon, dans un autre rôle.

Jennet Clicqueboult.
Bidaul.
Le Souisse.
Jacques le Morre.
Adrian de le Liz.
Huguenin Évrart.
Anthoine Marie.
Thomas Louette.
Jehan Deschange.
Gilles de le Bourg.
Jehan Bloucque.
Anthoine le Clercq.
Pierre Chevalier.
Jehan Berthin.
Henry de Monceaulx.
Gilles de Vaha.
Jehan de le Couronne.
Mahieu Bachelier.
Phelippot Bachelier.
Petit Jehan Flahault.
Martin de Bonnay.
Guillaume de Bustine.
Jehan Onnertan.
Mahouche de Crotière.
Olifernes d'Aveluz.
Anthoine Ballet.
Gilles le Bas.
Symonnet du Maretz.
Lyénart Gruieau.
Colin le Grant.
Rousseau.
Le Hure.
Joachin Saillart.
Anthoine Paige.
Lietevelde.
Jehan de Lattre.
Jehan du Boys.
Aubert de Marquette.
Jehan de Versay.
Jehan Brawes.
Hacquinot Parent.

Anthoine le Buc.
Anthoine de Coucy.
Pierquin Ployart.
Pierquin Boutry.
Baudichon Beauventre.
Pasco Cordier.
Jacquot van Inghe.
Hughes Michiel.
Pierchon Cardon.
Jehan de Grase.
Anthonin d'Anfroippé.
Charles Pappegay.
Coustin du Reux.
Arthuus de Bourbon.
Jehan de Vimerot.
Morlet du Buisson.
Pierre Spillet.
Bastard Toustain.
Anthoine du Boys Bernart.
Thomas Fournel.
Mahieu le Scart.
Henry de Wit.
George l'Artilhier, vii s. vi d.
Pierre de Soing, vii s. vi d.
Messire Jehan Gentes, vi s.
Messire Loys de Veyrey, xxx s.
Don Jehan de Portingal, xxiii s.
Roollez, xxiii s.
Jehan de Martigny.
Picetre d'Aunay.
Jehan van Lycre.
Marck de Cretico, xii s.
Lembart, bastard de Barbançon.
Hanin Parent, vii s. vi d.
Gracyan Martin, iii s.
Guyllame Mylot, iii s.
Jennet Normand, vii s. vi d.
Claude Messaigier, vii s. vi d.
Jehan d'Espaigne, iii s.
Jehan de Calays, xii s.
Charles de Lassy, xii s.

APPENDICES.

Jehan de Winancourt, xxiiii s.
Santieque, iiii s.
Jehan du Poirier, xii s.
Pierre, bastard d'Enghien, xii s.
Le Picart, xii s.
Martynet d'Arras.
Claude du Mont.
Elvachin de Lannoy.

Jehan Gryme.
Jacques Pillebrouck.
Massin de Lille.
Jehan Carpentier.
Pierchon Michiel.
Jehan de Falan.
Jennin Loys, vii s. vi d.
Johannes Fryart, ix s.

Somme desdits gaiges, iiiⁱ xiii l. xvi s. x d. ob.

ARMANDIN.

(Original, aux Archives du département du Nord.

XXII

Lettre de don Diego de Guevara à Philippe le Beau sur le langage que Juan de Velazquez lui a tenu et les audiences qu'il a eues du roi d'Aragon : Matilla, 9 juin 1506.

Sire, ensuyvant ce qu'il vous a pleu m'escripre, ay fait au mieulx que j'ay peu ce que me commandez. J'ay aussi baillié voz lettres à ceulx à qui elles s'adressent. Et pour ce que je trouviz Jehan Velasques le premier, luy bailliay sa lettre, lequel je trouvay en la mesme voulenté et oppinion qu'il me dit que tousjours avoit esté, qu'est de obéyr à vostre commandement; et se détermina de partir lendemain pour aller par-devers vous. Toutesfois il me dit les inconvéniens que pourroient advenir touchant l'infante, lequel n'est point ou chasteau d'Arevalo, et que, en son absence, l'on pourroit faire ce que de pieça l'on a essayé de faire, qu'est de le tyrer hors ladite ville : laquelle chose il a tousjours empesché. Ce nonobstant, se délibéroit de faire ce que je luy diroye. Mon advis fut, Sire, qu'il devoit demourer icy........

Sire, ce que ledit Jehan Velasques vous supplie est que ce que la royne icy (que Dieu pardoint) lui a baillié pour complir son testament, que vous ne luy veulliez oster sans le payer, principalement pour ce que c'est pour le mariaige de la princesse de Gales, laquelle est une povre orphenine et n'a autre chose que cecy [1]. Je vous supplie aussi, Sire, que pareillement ne luy veulliez oster à donne Maria de Fonseca, laquelle le roy vostre beau-père, contre sa voulenté, lui a baillié en garde, mais qu'il vous soit aggréable qu'il la puist rendre à vostredit beau-père, et s'en descharge en son honneur........

[1] Catherine, fille de Ferdinand et d'Isabelle la Catholique, avait épousé Arthus, prince de Galles, qu'elle perdit six mois après son mariage. (Voir page 177.) Henri VII lui fit épouser alors Henri, son second fils.

Sire, j'ay parlé audit seigneur vostre beau-père, par manière de devises, sur ce que m'avez respondu touchant ce que je vous escripviz que se vous partiez de Saint-Jaques sans appointier, qu'estiez mis à la guerre, dont vous vous douliez grandement, disant qu'il vous sembloit forte chose estre menassé en vostre royaulme de ceulx qui vous doibvent servir et qui sont obligiez de ce faire; il me respondit qu'il ne savoit point à parler de telle chose. Vous en croyrez ce qu'il vous plaira. Pareillement luy diz comment ses ambassadeurs vous ont dit par dellà qu'il n'estoit point délibéré de changier ung *a* pour ung *b* en la capitulation faite; à cela ne me respondit point ung mot. Je luy diz, au demeurant, ce que m'avez mandé par vosdites lettres, au mieulx que j'ay peu. Pareillement le diz au connestable et au duc d'Alve, lesquelz furent bien estonnez quant je le leur diz.........

Sire, quant ledit seigneur roy ou le duc d'Alve ou Almachant [1] parlent une demie-heure à moy, je vous promectz, ma foy, que au partir je ne sçay comprendre chose qu'ilz me disent autre, sinon tout ce que ledit seigneur roy fait est pour vostre bien et de voz enffans. J'ay demandé par trois fois audit seigneur roy pourquoy il ne choisit lieu convenable pour vous entretenir ensemble : à laquelle chose jamais ne m'a respondu, jusques à hier, qu'il me dit qu'il estoit content d'aller à Benevento. Je vous promectz, Sire, que à ce que je puis cognoistre, que luy et sa compaignie sont bien estonnez, et croy qu'il yra là où vous vouldrez pour se véoir avec vous et comment vous vouldrez........

Sire, j'ay à ceste heure parlé à ung homme qui vient tout droit de Vailladoly, auquel j'ay demandé quelle chose que l'on y disoit de nouveau. Il m'a dit, entre autres choses, que la voix court partout comment ledit seigneur roy, vostre beau-père, s'enfuyoit devant vous.

Sire, ainsi que je vouloye clore cestes, ledit seigneur roy m'a mandé venir par-devers luy, et m'a dit que, pour oster le bruyt qui court desjà par le royaulme touchant ce qu'on dit qu'avez fait cesser l'inquisition, et que, à cause de ce, pourroit venir grant esclandre à vous et à voz royaulmes, et aussy pour le désir qu'il a de vous véoir, il se délibère de partir demain d'icy et s'en aller tout droit devers vous, affin que ne pensez qu'il ne se fye à vous. Il m'a dit aussi que touchant la Royne, vostre compaigne, qu'il fera envers elle tout ce qu'il vous plaira, et non autre chose. Je croy fermement qu'il le fera ainsi qu'il le dit, car, à ce que je puis cognoistre en sa court, quant ores il auroit la voulenté de faire autrement, il ne sauroit, tant ont-ilz les visaiges tristres.

Sire, je vous supplie qu'il vous souviengne de ce que je vous ay autrefois dit en Angleterre, qu'il n'estoit gaires vostre serviteur qui vous conseilloit saillir hors de voz pays pour estre serviteur ne compaignon dudit seigneur roy, vostre beau-père. Il me semble que, se voulez bien, pourez remédier à tout.

Escript à Mantilla [2], ce ixe de juing XVe et six, à vii heures du soir.

(Déchiffrement, aux Archives du département du Nord :
reg. *Lettres missives*, 1501-1506, fol. 350.)

[1] Miguel de Almazan. principal secrétaire du roi Ferdinand, comme il a été dit page 512, note 1.
[2] Matilla.

XXIII

Lettre de Philippe le Beau à don Diego de Guevara sur ce qu'on lui rapporte que le roi d'Aragon vient en forces vers lui, et sur les négociations qui vont s'entamer avec l'archevêque de Tolède : Orense, 9 juin 1506.

Très-chier et bien-amé, à ceste heure avons eu nouvelles, ne savons s'elles sont vrayes, que le roy nostre beau-père s'en vient à la Banessa [1], qui est nostre chemin de Benevento, et qu'il maine avec luy grant nombre et puissance de gens, ne savons aussi à quelle intention. Et pour en savoir la vérité, avons despeschié ceste poste, et vous ordonnons et mandons bien expressément et acertes que, incontinent et à la plus grant diligence que pourrez, nous advertissez de ce que en est. Et pour ce que d'aventure ledit seigneur roy, par dissimulation et couverture, pourroit avoir ladite assemblée, non point quant à luy [2], mais en aucuns autres lieux si près et à l'entour de luy que en peu d'heures il s'en pourroit bien ayder, quant il vouldroit, vous ordonnons semblablement vous en enquérir, et nous advertir, le plus discrètement et à la plus grant diligence que possible vous sera, mesmement du nombre desdites gens, des lieux de ladite assemblée, à quelle intention et autrement : le tout le plus amplement que pourrez, affin de selon ce nous povoir régler, pourvéoir et conduire.

Quant à noz nouvelles de par deçà, l'archevesque de Tholedo nous a présenté ung povoir bien ample, de la part d'icellui seigneur roy, nostre beau-père, pour traicter, communicquer et conclure, avec nous ou ceulx que y depputerons, sur tout ce que pourrions demander, et nous a dit pluiseurs bonnes et belles choses. Nous avons ordonné, pour communicquer et besoigner avec luy, le seigneur de Ville et don Johan Manuel. Encoires n'ont entré en matière ; aujourd'uy ou demain commencheront, et continueront journellement en cheminant : car demain nous partons d'icy pour aller au giste à Allariz. De ce que surviendra vous advertirons, mais voulons aussi que journellement nous advertissez des nouvelles et affaires de par delà, et nous esmerveillons que en trois jours n'avons riens eu de vous. A tant, très-chier et bien-amé, Nostre-Seigneur soit garde de vous.

Escript à Orense, le ixe de juing, entre quatre et cinq heures après midy.

(Minute, aux Archives du département du Nord : reg. *Lettres missives*, 1501-1506, fol. 339.)

---

[1] La Bañeza. | [2] *Quant à luy*, avec lui.

XXIV

Lettre de don Diego de Guevara à Philippe le Beau sur l'entretien qu'il a eu avec le roi d'Aragon : Verdeñosa, 10 juin 1506.

Sire, j'ay parlé au roy, vostre beau-père. Et affin que ne faillisse en riens de luy dire la charge que par voz lettres me commandez, ay de mot à mot translaté en castillan ladite charge que luy avoye à dire, laquelle luy ay leute de mot en mot. Icelle bien et au long oye, il m'a dit, pour responce, qu'il estoit vray qu'il avoit envoyé faire assembler aucuns piétons qui estoient venuz de Naples, mais que depuis il les a contremandez et ordonné de leur donner congié. Encoires m'a-il dit, comme par mesdites lettres d'hier vous ay escript, que affin que vous vous confiez de luy et que n'ayez suspicion de riens, qu'il s'en va devers vous là où vous serez, pour faire la plus grant part de ce que vouldrez. Je luy avoye dit le jour devant, et luy ay encoires aujourd'uy dit, que c'est le mieulx qu'il pourra faire que aller le droit chemin vers vous, et qu'il ne vous tiègne point pour si simple que vous ne cognoissez bien quant il yra le droit chemin ou la traverse, et que par la voye d'amitié que j'espéroye qu'il auroit de vous ce qu'il vouldroit, et autrement vous n'estes point sailly hors de voz pays et passé les dangiers que avez passez, que vous ne fussiez délibéré d'en passer dix fois autant, avant que l'on vous foula vostre honneur. Il me respondit, pour toute résolution, que vous cognoistrez par ses œuvres l'amour et voulenté qu'il a envers vous. Je croy qu'il fera ainsi qu'il dit, si vous estes bien saige. La voix est par ceste court que l'archevesque de Tholedo et monsieur de Ville ont fait l'appointement de vous deux : dont tous ceulx, principallement les Arragonois, sont sy joyeulx qu'il n'est point à croire........

Escript à la Verdenoza, le xe jour de juing, l'an XVe et six, à vi heures du soir.

P. S. Le roy, vostre beau-père, demourra demain, jour de Feste-Dieu, icy à cause du bon jour.

(Archives du département du Nord : reg. *Lettres missives*. 1501-1506, fol. 336.)

XXV

Lettre de Philippe le Beau au roi d'Aragon où il lui exprime le désir d'avoir une entrevue avec lui : Allariz, 10 juin 1506[1].

Muy alto y muy poderoso Señor,

Vi la carta que V. Al. m'envió con el arçobispo de Toledo, y recevi singular merced averme enviado persona de tanta importancia y bondad, y desseosa de nuestro bien y que tiene prudencia, para que por su medio aya effecto su buen desseo. Y sin duda yo tengo creydo que si el negocio pudiesse ser mayor, él le daria el fin que conviene, y con esto zelo ha procurado que yo diesse órden como V. Al. y yo nos viessemos : lo qual yo desseo no menos que el deudo y la razon requieren. Y para que esto venga en effecto, yo escriviré á V. Al., en llegando á Benavente, para que nos podamos ver, commo V. Al. lo ha escrito, porque por la yndisposicion de la tierra no podrá haver lugar ántes, segun me dizen. Guarde Nuestro Señor y acreciente vuestra real persona y Estado.

De Allarys, á x de junio de DVI años.

De Vuestra Alteza

Muy humilde y obediente hijo, que sus reales manos besa.

(Minute, aux Archives du département du Nord: reg. *Lettres missives*, 1506, fol. 340.)

XXVI

Lettre de Philippe le Beau à don Diego de Guevara contenant des instructions sur plusieurs points : Allariz, 12 juin 1506.

Très-chier et bien-amé, hier receusmes voz lettres du .. de ce moys [2], èsquelles nous advertissez, en continuant ce que desjà par autres voz lettres nous avés escript, la dilli-

---

[1] Philippe écrivit à Ferdinand, de la Puebla de Sanabria, le 20 juin, une autre lettre que Çurita donne liv. VII, chap. V.

[2] Voy. la note 1 à la page 539.

gence que fait le roy, nostre beal-père, pour avoir les gens de pied estans en Andelousie, et commant à ce pourrions remédier: aussi que nostredit beal-père n'est délibéré séjourner jusques il soit à Tore.

Quant à empescher que iceluy nostredit beal-père ne puist avoir lesdis gens de pied, nous y avons desjà pourveu par le moyen que vous escripvés et autres, et croyons que par ce bout il ne se renforcera de guères.

Au regart de son allée à Tore, l'on nous a adverty que son intencion n'est telle, mais nous vient attendre en certain lieu sur nostre passage de Bonevent; et l'intension à quoy il le fait n'en saurions bonnement jugier, et plustost avons occasion nous doubter, veu les choses passées, du mal que du bien.

Nous vous escripvons, à ceste cause, une lettre en castillan, laquelle monstrerés à nostredit beal-père. Et, pour ce que vous pourra dire, faisant grandes admiracions, comme il est assez de coustume de fayre, que jamais il n'a fait amas de gens, povez respondre le mesmes que nous avés autrefoys escript, qu'est que avons estez advertiz qu'il a envoyé en l'Andelousie Piètre Navarrois et autres pour lever les gens de pied venuz de Napples; que pareillement avons entendu qu'il a mandé les grands. Ce qui nous donne assez matière de suspicion est qu'il seuffre que, contre vérité, l'on die que menons la Royne, nostre compaigne, prinse, et que empeschons le fait de l'inquisicion, voulans favoriser les confessés [1] et............; et aussi avons sceu qu'il a fait ce qu'il a peu d'empeschier le duc de l'Infantade de venir devers nous : que trouvons toutes choses autres que par raison ne devroyent estre entre père et filz, meismes veu le bon vouloir que tousjours avons heu à luy, et pluiseurs autres choses que ne volons dire, affin que par ce l'on ne cognoisse d'où les advertissemens nous viengnent.

Nous désirons bien savoir quelle responce vous auront faitte le connestable sur la lettre que vous avons envoyé pour luy baillier, et aussi les *procuradores* sur la leur. Si vous appercevés ouvertement que ledit seigneur roy, nostre beal-père, nous veulle empeschier nostre passage, en ce cas, et non autrement, baillerés ausdis connestable, duc d'Alve et duc d'Albourquerque les lettres que pour iceulx vous envoyons.

Aussi voulons que dittes audit seigneur que avons trouvé Hernande Piris, lieutenant de Hernande de Vègue, fort homme de bien et agréable au peuple de pardessa, et que, à ceste cause, luy avons ordonné se tenir en ce cartier, excersant l'office en tel estat qu'il faisoit paravant, à cause de l'absence de Hernande de Vègue, qui vient avec nous. Ledit Hernande de Vègue, adverty de ce, a dit audit Hernande Piris que s'il le faisoit, qu'il se eust à garder de luy, et le menassant; et, se ne fût pour l'honneur dudit seigneur roy, nostre beal-père, qui le nous a envoyé, le eussions fait chastier : mais, pour ceste fois, l'avons enduré et ordonné que ledit Hernande Piris demeure comme dit est, affin que ce royalme de Gallice ne demeure sans justice. Et ce que vous escripvons dudit Hernande de Vègue est affin que par icelluy le roy, nostredit beal-père, ne soit autrement informé que à la vérité.

---

[1] Voir la note 1 à la page 519.

Faittes la plus grande dilligence que pourés pour savoir, à la vérité, si le bruyt qui est de amasser gens par delà est véritable. Et de ce et toutes autres choses que pourés entendre nous veulliez journellement advertir[1].

(Minute, aux Archives du département du Nord : reg. Lettres missives, B 5, fol 355.)

XXVII

Lettre de don Diego de Guevara à Philippe le Beau sur les gens qui accompagnent le roi d'Aragon allant vers lui, et sur le voyage secret que don Ramon de Cardona a fait à Arevalo : Santa Márta, 12 juin 1506.

. . . .
Sire, quant à ce que me mandez que avez esté adverty comment le roy, vostre beau-père, s'en alloit tout droit devers vous, je le vous ay escript par mes deux derraines lettres. Encoires le vous dis-je et qu'il n'arrestera nulle part qu'il ne vous treuve. Touchant ce que je m'enquière comment ledit seigneur roy s'en va devers vous et quelles gens qu'il a, je vous advertiz, Sire, qu'il n'a que l'ordinaire de sa maison, qu'il n'est pas grant chose. Avec luy est le duc d'Alve, le duc d'Albourkerke, l'admirante et l'alcalde de los Donzellos, le commandador major de Calatrava, les Fonsèques, Jehan Valasques et don Diego de Mendosa, avec d'autres gens moyens que je ne vous sauroye nommer. Les cent hommes d'armes que l'on appelle *continuez*[2] viennent tousjours quatre lieues après luy, et n'apportent sinon ligières armes. Vélà les gens, Sire, que je puis comprendre qu'il mayne en sa compaignie, et croy qu'il n'y va point en intention de combatre, mais plustost de faire la plus grant part de ce que vous vouldrez. Toutesfois j'ay entendu qu'il fait venir huyt cens lanches auprès de Thore[3]. Pareillement m'a-l'on dit qu'il en fait venir autres huyt cens qui estoient en Arragon. Je ne le vous certiflie point pour vray. Pareillement m'a-l'on dit tout à ceste heure qu'il a fait venir audit Thore partye de l'artillerie qui estoit à Médine[4].

Sire, don Remond de Cardone est allé bien secrettement à Arrevalo, et s'est cuydié dissimuler, affin qu'il ne fût point congneu en la ville. Donna Maria de Valasques, femme de Jehan de Valasques, oyt le vent qu'il estoit là ; incontinent luy envoya des présens, dont il ne

---

[1] On lit au dos de cette minute : *Poste de don Diego, de Ravenal, du vi^e de juing, et la responce faicte à Allariz du xiie*.

[2] En espagnol *continos* ou *continuos* On donnait ce nom aux gardes du corps du roi.

[3] Toro.   [4] Medina del Campo.

fut gaires joyeulx, et pour faire le courtois, il vint devers elle : toutesfois il n'y vint jasmais sitost qu'il n'avoit esté devers vostre enffant. La cause pour quoy je ne sçay : vous y penserés ce qu'il vous plaira.......... J'espère, Sire, que l'on vous rendra bon compte de vostredit enffant........

Il me semble, Sire, que devez commander au conte de Benevento qu'il mande à tous ses subgectz qu'ilz facent porter des vivres par là où vous passerez, car se vous ne le faictes, vous et voz gens estes bien tailliez d'estre mal repeuz........

De Saincte-Marthe [1], le xiie de juing, à xi heures du soir.

(Déchiffrement, aux Archives du département du Nord :
reg. Lettres missives, 1506, fol. 345.)

XXVIII

Lettre de don Diego de Guevara à Philippe le Beau sur ce qu'il a dit au roi d'Aragon touchant la prétendue captivité de la reine Jeanne, et sur le bruit qu'on fait courir que le Roi voudrait faire cesser l'inquisition : Rio negro, 14 juin 1506.

Sire, hier au soir, environ neuf heures, receuz voz lettres escriptes à Allariz, du xiie de ce mois, à quatre heures du matin, ensemble autres voz lettres que envoyez au roy, vostre beau-père, contenant crédence sur moy........

Touchant ce que je luy ay dit, qu'il souffroit de la Royne dire que vous la tenez prisonnière et qu'elle n'estoit point en sa liberté, il m'a respondu que bien estoit vray qu'il avoit entendu que l'on en parloit, mais que en sa présence l'on ne luy en avoit jasmais dit quelque chose, et que la cause principale pour quoy il va devers vous, c'est pour la grant affection et désir qu'il a de vous véoir, et aussi qu'il luy semble, incontinent que serez ensemble, que ces parolles ne courreront plus. Je luy ay parlé aussi touchant l'inquisition. Il m'a dit qu'il n'en sçèt autre chose fors ce qu'il a sceu par unes lettres que vous avez escriptes à l'archevesque de Chiville [2], par lesquelles vous lui mandiez et priiez qu'il voulût cesser ladite inquisition jusques à ce que vous seriez devers ledit seigneur roy, vostre beau-père. Sur ce point je luy ay dit que vous estiez fort mary de ce que l'on vous donnoit la renommée d'estre si mauvais crestien que de favoriser la loy de Moyses pour deffavoriser celle de Jhésu-Christ. Il me respondit qu'il ne cuyderoit jasmais telles choses........

Escript à Ryo negro le xiiiie jour de juing XV^c et six.

(Déchiffrement, aux Archives du département du Nord :
reg. Lettres missives, 1501-1506, fol 349.)

[1] Santa Marta de Téra. | [2] Séville.

XXIX

Lettre de don Diego de Guevara à Philippe le Beau sur la détermination du roi d'Aragon d'aller le trouver et de faire tout ce qu'il voudra : Rio negro, 14 juin 1506.

. . . .

Sire, j'ay dit au seigneur roy ce que m'avez mandé touchant les veues d'entre vous deux, lesquelles vous ne désirez point jusques à ce que feussiez à Benavento, et le luy ay remonstré par les plus doulces et plus amiables parolles que j'ay peu, lui donnant assez à entendre que, se autrement il le faisoit, il ne vous feroit point de plaisir. Il m'a respondu, pour toute conclusion, qu'il est déterminé de vous aller véoir, quant ores il n'y devroit aller que atout six mules, et qu'il n'y va à autre fin sinon à faire ce que vous vouldrez. Il dit en oultre que, au regard de luy, que n'aiez suspicion de nulle chose du monde, et que, touchant la Royne, il ne la veult ne véoir ne parler à elle autrement que ainsi que vous vouldrez.

Sire, vous vous povez tenir tout asseuré qu'il n'a puissance nulle au monde de quoy il vous puisse mal faire ne contredire à chose que vous vouldrez. Touchant ce que dictes que je vous advertisse s'il y a quelques gens d'armes par le pays, je vous diz que non, car les cent *continuez* qu'il a ordinairement avec luy, il les a fait, comme il m'a dit, retirer delà Benavento........

Sire, icelluy seigneur roy m'a dit que, quant il viendra pour vous véoir, que vous faciez regarder deux villaiges à une demie-lieue ou à une lieue près l'un de l'autre, et que de là il vous yra véoir atout dix, douze ou autant de personnes que vous vouldrez, soit aux champs ou en vostre propre logiz, et que en façon nulle il ne désire ne veult parler à la Royne, sinon faire tout ce qu'il vous plaira.

Sire, vous me pardonnerez, s'il vous plaist, se je vous diz mon advis. Il me semble qu'il n'y a point grant inconvénient se le laissiez venir devers vous, et si me semble que devez prolonguier la négociation jusques à ce que vous vous entrevoyez. Je le diz pour ce que je sçay de vray que vous ne sauriez demander chose qu'il ne le vous octroye, et plustost fera tout ce que vous vouldrez avoir fait qu'il ne fera par main d'autruy. Ce que je vous diz, je le cuyde savoir de vray. Il me semble, Sire, que puisque vous povez avoir ce que vous voulez avoir, qu'il le vault mieulx prendre par le bon bout que autrement : ce qu'il me fait dire cecy. Je vous diray le demeurant, quant je vous verray; toutesfois je me remectz à vostre bon plaisir.........

Sire, le roy vostre beau-père part demain d'icy et s'en va à quatre lieues d'icy à ung villaige appellé Asturianne [1], et de là ne cessera qu'il ne vous ait trouvé, quelque chose que

---

[1] Asturianos.

luy mandez : car, comme je vous escrips cy-dessus, quant ores il ne devroit venir que atout six chevaulx, il est déterminé de non cesser jusques il vous ayt veu........

Escript à Ryo negro le xiiii° jour de juing, à mynuit.

Vostre très-humble et très-obéissant subgect et serviteur,
Don Diego.

(Déchiffrement, aux Archives du département du Nord : reg
Lettres missives, 1506, juin-mars, fol. 5.)

XXX

Lettre de don Diego de Guevara à Philippe le Beau sur la détermination persistante du roi d'Aragon d'aller le voir, malgré l'avis de son conseil; sur la reine Germaine de Foix, etc. : Asturianos, 15 juin 1506.

Sire, le plus umblement que faire puis à vostre bonne grâce me recommande.

Sire, j'ay sceu, par aucuns voz serviteurs, comment au soir, depuis que j'euz parlé au roy vostre beau-père, ledit seigneur roy tint conseil sur ce que je lui diz touchant que les veues de vous deux ne feussent jusques à ce que feussiez à Benavento; et trouva, par son conseil, que l'on luy conseilloit que puisque vous ne le désiriez véoir, qu'il s'en devoit retourner tout droit en Arragon. Il seul fust de contraire oppinion, et dit qu'il se vouloit confier en la vertu de son filz, et qu'il se déterminoit de l'aller véoir et mectre en ses mains : laquelle chose il délibère de faire, et s'en va tout droit devers vous, pour faire tout ce qu'il vous plaira.

Sire, touchant ce que me mandez que m'enquière s'il a puissance pour vous povoir faire empeschement en vostre chemin, je vous advertiz, Sire, et vous promectz, à paine de ma teste, qu'il n'a, à vingt lieues d'icy, dix lanches pour vous nuyre en nulle façon du monde. Et me semble, Sire, qu'il est assez créable, puisqu'il se vient mectre en voz mains.

Sire, j'ay icy entendu qu'il vous escripvist hier qu'il ne se puet appointier avec vous sans vous véoir. La cause, il ne la veult point dire sans parler à vous. Et à ce que je puis entendre, c'est qu'il n'a ne espérance de toutes ne aucunes des choses qu'ont esté mises en la capitulation, ne aucune voulenté de vous en parler, mais est déterminé de faire toutes les choses que vous vouldrez avoir faictes. Il me semble, Sire, aussi fait-il à celuy qui m'a dictes toutes les choses dessusdictes, que vous ne devez point reffuser qu'il ne vous viengne véoir, car il me semble que puisqu'il va devers vous, qu'il fera ce que vous vouldrez. Et s'il ne le fait, il est en vous de le luy faire faire.

Sire, touchant vostre possession de Castille, ne faictes nulle difficulté : mais pensez que estes prince d'Arragon, et aussi qu'il est vostre beau-père. Sire, le plus grant inconvénient que je voy en vostre affaire, c'est que se vous ne pourvéez aux vivres de toute part, que vous pourrez, avec des gens de vostre compaignie, mal disner.

Ledit seigneur roy partira demain d'icy, et s'en va à la Puebla ou une lieue plus avant.

Sire, je véiz hier ung messaigier qui apporta audit seigneur roy une lettre de sa femme. J'ay entendu qu'il feist les plus grans souppirs du monde, maldisant l'heure qu'il avoit jasmais pensé en elle. Créez, Sire, que toutes les fois qu'il luy souvient d'elle, qu'il vouldroit que luy et elle feussent au mieulieu de la mer. Et sur ce fay fin.

De Asturianes, du xve de juing.

Je vous escripviz hier par deux fois bien au long de toutes les choses que j'ay peu savoir. Se quelque chose survient de nouveau, je ne seray riens négligent de vous en advertir.

Sire, depuis cestes escriptes, le duc d'Alborkerke a parlé à moy et m'a monstré une lettre que luy avez envoyée, par laquelle luy mandez qu'il s'en voyse devers vous : ce qu'il fait. Et se part tout à ceste heure.

(Déchiffrement, aux Archives du département du Nord: reg. *Lettres missives*, 1506, *juin-mars*, fol. 7.)

XXXI

Traité conclu entre Ferdinand, roi d'Aragon, et Philippe, roi de Castille, par lequel ils s'engagent mutuellement à ne pas souffrir que la reine Jeanne s'entremette du gouvernement des royaumes de Castille, de Léon, de Grenade, etc. : Villafranca, 27 juin 1506 [1].

Don Fernande, par la grâce de Dieu, roy d'Arragon, des Deux-Cicilles, de Jhérusalem, etc. Savoir faisons à tous ceulx qui ces présentes lettres verront comme aujourd'uy, date de cestes, ait esté faicte certaine capitulation d'amistié, union et concorde entre nous et le très-illustre prince nostre très-chier et très-amé filz le roy don Phelippe, roy de Castille, de Léon,

[1] Voy. p. 443, note 1. L'acte que donne Çurita est celui que signa Philippe le Beau. Nous avons ici la traduction de l'acte signé par Ferdinand.

de Grenade, etc., et que, pour l'honneur et honesteté deue à la très-illustre princesse nostre très-chière et très-amée fille la royne donna Johanna, n'ont en ladite capitulation esté narrées ne déclairées aucunes choses et causes, assavoir : que ladite royne donna Johanna, nostredite fille, en nulle manière veult entendre ne soy mesler en nulz affaires de gouvernement ne autre chose, et aussi, quant ores le voulsist faire, considérées ses maladies, passions et autres ses manières de faire, lesquelles aussi ne se déclairent icy pour son honneur, comme dit est, ce seroit la totale destruction et perdition de cesdits royaulmes : Veullans nous en ce pourvéoir et obvier aux grans inconvéniens qui s'en pourrient ensuir, a esté traictié, accordé et conclu entre nous et ledit seigneur roy don Phelippe, nostre filz, que ou cas que ladite royne nostre fille, de soy-mesmes ou induite par autres persones, quelz et de quelque estat, affaire ou condition qu'ilz feussent, se voulsisse entremettre ou mesler dudit gouvernement, et destourber, brouiller ou contrevenir à ladite capitulation, que nous ne ledit seigneur roy, nostre filz, ne le souffrirons, consentirons ne permettrons, ains d'un accord, joinctement et de nostre povoir, l'empescherons et y remédierons. Et se, pour ce faire, l'un de nous deux soit requiz par l'autre pour ayde ou assistence, nous nous ayderons et assisterons contre tous et quelzconques grans maistres ou autres qui s'en vouldront avancher ou mesler; et ce ferons sainement, entièrement et directement, sans art, fraulde, malengien ou autre cautelle quelconque : laquelle assistence et ayde ferons l'un à l'autre aux despens de celle des parties qui ladite assistence requerra. Et cecy jurons à Dieu, nostre seigneur, à la sainte croix et les saints quatre évangilles par noz mains corporellement touchiez et mis sur la.......[1], de garder, observer et accomplir. En tesmoing de ce, avons fait faire ceste présente signiée de nostre main et seellée du seel de nostre chambre.

Donné en Villa Franca le xxviie du mois de jung, l'an de grâce mil cincq cens et six.

Et dessoubz estoit escript :

Yo, Michele Perez d'Almaçan, secretario del rey, mi señor, l'escriví por su mandado, y fuy presente à lo susodicho con los dichos testigos.

(Copie, aux Archives du département du Nord : reg. *Lettres missives*, 1506, juin-mars, fol. 66.)

---

[1] En blanc dans la pièce. Le texte espagnol porte : *sobre su ara*, sur son autel.

XXXII

Lettre écrite à Philippe le Beau par Philibert Naturel, dom-prévôt d'Utrecht, son ambassadeur à Rome : 28 juin 1506.

—

Sire, très-humblement à vostre bonne grâce me recommande.

Sire, dimanche au soir, environ mynuit, qui fut le xxie de ce moys, je receuz voz lettres escriptes à Saint-Jaques le iiiie de cedit moys, et les m'envoya Courteville[1], par lesquelles j'ay cogneu que avés receu la pluspart des miennes jusques à celles du xiiie de may. Je vous escripviz aussi du xxe dudit moys de may. J'espère que les aurés tantost après receues, et vous ay aussi escript le viie et xixe de ce moys, dont celles du xixe sont longues, et n'y ay sceu autre chose que faire pour les abrévier; et toutes les ay envoyé par les mains de Courteville. J'espère que aurés receu le tout avant cestes. Et, par mes derrenières lettres, je vous escripvoys que je partiroys à la fin de ce moys, mais c'estoit tousjours actendant que vous eussiez parlé au roy, vostre beau-père, et que alors je pourroys avoir de voz nouvelles. Mais, par vosdictes lettres du iiiie, je cognoys qu'il sera encoires une pièce de jours avant que parliez ensemble, et mesmement puisque voz affaires se traictent par mains d'ambassadeurs : si suis-je délibéré, se je debvoye actendre cent ans et morir à la poursuyte, d'actendre en ceste cité, suyvant vostre commandement, jusques ayez parlé au roy Fernande. Ce peu de provision que j'avoye faicte estoit faillie pour ce que je ne la faysoys que de moys en moys; je recommanceray pour le moys advenir, dedans lequel, avec l'ayde de Dieu, j'espère d'estre quicte de ceste longhe commission. Sire, il me semble que ne pourra estre plus grant bien que le roy Fernande vous ait envoyé l'arcevesque de Tholedo, puisque le tenez vostre subgect, car plus hardiment vous parlerez avec luy et avec le roy Fernande, et plustost aurez conclusion qui, j'espère en Dieu, sera à vostre désir. Quant j'ay lu l'article de voz lettres, j'ai esté tout consolé, et m'a fait passer le plus grant regret de ma demeure.

Sire, j'ay baillié les lettres escriptes de vostre main au pape, et luy ay dit, de voz bonnes nouvelles, ce que me semble estre convenable. Sy luy ay fait une très-bonne crédance, consonant à sa complexion, de toutes honnestes et raysonnables offres. Certes, Sire, il en a esté très-joyeulx, et m'a dit comme il avoit veu des lettres d'aucuns marchans de Valence par lesquelles estoit escript que le roy Fernande et la Royne estoient très-bien d'accord sans vous, dont il estoit très-desplaisant, combien qu'il ne le créoit point : mais, quant il a ouy ce que je luy ay dit, il en a encoires esté plus ferme à la foy, et m'a dit qu'il a voz lettres très-agréables, et ce qu'il pourra faire pour vous, qu'il le fera de très-bon cueur. Je luy ay dit que vous eussiés bien désiré que son ambassadeur ne fût encoires allé par delà, pour ce qu'estes nouvel-

---

[1] Jean de Courteville, ambassadeur de Philippe le Beau en France.

lement venu en voz royaulmes; toutesfois, que luy ferez le mieulx que vous pourrez, combien qu'il vous sera bien forcé, au commencement, de démonstrer vouloir entretenir les costumes de vosdis royaulmes, mais que pour Sa Saincteté vous ferez toutes choses à vous possibles. Il a très-bien prins mes parolles. Après je luy ay parlé de l'éveschié de Cicoignie(?), l'advertissant qu'elle vacquoit, et luy ay supplié, de par vous, de non en pourvéoir en aucune manière de ceste éveschié fors que à vostre requeste : il m'a respondu qu'il estoit très-content et que, en cela et toutes autres choses qu'il vous pourra gratifier, il le fera volentiers. Je luy remerciay et luy diz que je le vous feroys savoir. Il me dit : « Je vous prie que
» escripvez au Roy, vostre maistre, que tout ce que je pourray faire pour luy, soit pour
» son auctorité ou autrement, je le feray volentiers, mais qu'il veulle ainsi aussi faire pour
» mon honneur et pour ce qu'il me appartient : c'est que, quant il vacquera quelque béné-
» fice en court de Romme, que à ceulx que je en pourverray qu'il veulle obéyr à mes pro-
» visions, comme toute raison le doit, et encoires seray-je content en pourvéoir à sa requeste :
» mais toutesfois je n'entens pas qu'il soit par bulles, pour conserver mon auctorité, mais
» s'en pourverra, *motu proprio*, selon son désir. » Je luy remerciay et luy diz, quant aurez demeuré quelques moys en voz royaulmes et aurez bien pacifié et asseuré toutes choses, que tousjours feriez pour luy tout ce que bonnement seroit possible, mais, s'il advient en iceulx moys-icy quelque affaire, si ne se passe pas ainsi du tout que Sa Saincteté le pourroit désirer, il fault bien qu'il vous tiengne pour excusé jusques à ce que soyez tout entièrement asseuré en voz royaulmes : car jusques alors il vous est bien nécessaire de obtempérer à plusieurs choses, et tant plus à celles qui concernent les priviléges des pays et royaulmes, pour vous démonstrer envers voz subgectz comme vous debvez. Il me respondit que vous avez bonne rayson.

Sire, je suis recors de vous avoir autrefois escript comment le cardinal de Sainte-Croix [1] avoit demandé congié au pape pour s'en aller en Espaigne, et comme le pape le m'avoit dit, et ce que le pape luy avoit respondu. Ledit cardinal n'a pas esté content de sa première response, mais s'en est venu devers monseigneur le cardinal de Lixbonne [2], le plus ancien de ceste court, bien homme de bien, et luy a prié et requis en confession qu'il voulsit estre son intercesseur envers le pape pour avoir congié de soy en aller en Espaigne : mais il a prié à Lixbone de le dire au pape en confession. Ledit cardinal de Lixbonne s'est tiré devers le pape, et l'a très-instamment requis de ceste matière, et ung médecin dudit cardinal de Sainte-Croix, qui est amis de domp Anthoine [3], l'en a adverty secrètement. Ledit domp Anthoine ne s'est peu tenir d'en dire quelque parolle audit cardinal de Sainte-Croix, luy remonstrant comme, pour son bien et honneur, il ne debvoit point partir de Rome, pour tirer en Castille, sans vostre licence et congié, et que, s'il le faisoit autrement, il feroit bien mal, et mesmement que par ledit domp Anthoine il vous avoit fait escripre autrefois pour avoir la licence, et que vous aviez escript

---

[1] Bernardino de Carvajal, espagnol, cardinal du titre de Sainte-Croix de Jérusalem.
[2] George Costa, portugais, archevêque de Lisbonne, cardinal du titre de Saint-Marcellin et de Saint-Pierre, nommé par Sixte IV en 1476.
[3] Don Antonio de Acuña, comme il a été dit page 525, note 1.

APPENDICES.

audit domp Anthoine qu'il n'estoit point de besoing qu'il y allât; ainsi que à ceste heure, s'il y alloit, sembleroit qu'il y allât contre vostre consentement. Ledit cardinal luy respondit qu'il estoit délibéré d'aller en son esglise, et que l'on ne le luy pouvoit deffendre, et quant il seroit en Castille, il vous conseilleroit et feroit de grans services. Ledit domp Anthoine luy respondit que voz affaires se pourtoyent si bien en Castille que n'aviez affaire de luy ne de son conseil. Le cardinal de Sainte-Croix respondit : « Il est vray; il y a des conseillers; les seigneurs demandent le sien et le conseillent pour leurs prouffiz particuliers. » Ledit domp Anthoine luy respondit, ainsi qu'il m'a dit, que ledit cardinal cognoissoit bien de quelle nature estoit le royaulme de Castille, et encoires qu'il en y eust qu'ilz prétendissent pour leur fait particulier, ce néantmoins, tant pour la raison que pour non estre réputé traistre, ilz sont bien si saiges qu'ilz ne conseilleront que tout bien, et que pour ceste raison il n'y doibt point aller sans vostre licence. Ledit cardinal luy dit qu'il auroit assez licence de la Royne, souveraine des royaulmes, pour laquelle il vouloit faire service jusques à la mort, et que de celle-là il luy souffisoit, combien que, se ne fût domp Jehan Emanuel [1], qui est cause de tout le mal des royaulmes de Castille, du père et du filz, il l'eust bien eue de vous, mais que à la fin l'on cognoistra bien quel conseil aura donné ledit domp Jehan. Ledit domp Anthoine respondit qu'il avoit grant tort, et que la renommée et les effectz dudit domp Jehan et le lieu dont il estoit parti estoyent tous de telles sortes qu'ilz faisoyent bonne démonstracion du contraire de ce que disoit ledit cardinal. Et dirent plusieurs autres parolles, et ledit domp Anthoine se partit dudit cardinal, et vint en mon logis me compter tout ce que dessus.

Pour ce que le pape ne m'en avoit riens dit dèz xv jours ou troix sepmaines en çà, j'euz paour que le pape ne luy eust donné congié : dont c'estoit le moings; mais le principal estoit qu'il luy eust donné quelque commission pour soy mesler du roy don Fernande, de vous et de la Royne, cuydant ce bien faire, à la requeste de Lixbonne. Pour ceste cause tout expressément, je me suis tiré devers le pape et y ay mené domp Anthoine, et ay dit au pape que avions entendu que le cardinal de Sainte-Croix continuoit à demander licence pour s'en aller en Castille; et pour ce qu'il n'est à vous agréable, mesmement qu'il se partoit sans vostre licence, si tant estoit que Sa Sainteté luy voulût donner licence pour y aller, nous luy supplions très-humblement qu'il ne luy voulût donner commission aucune, petite ne grande, car nous estions tout assurés que ne l'auriés point agréable et, avec ce que ne l'auriés point pour agréable, n'y obéyriés point. Le pape tout incontinent nous respondit et nous déclaira que, par ledit Lixbonne, ledit cardinal de Sainte-Croix luy avoit fait demander congié, et que, pour estre despeschié de luy, car il luy nuysoit en ceste court, il le luy avoit donné franchement, mais que, en le luy donnant, il avoit libérallement déclairé audit de Lixbonne que le cardinal de Sainte-Croix ne cuydât que de Sa Sainteté il eust une seulle commission ne brief, et qu'il ne s'y fiât point. Et, après que ledit de Lixbonne a heu rapporté ceste response, ledit cardinal de Sainte-Croix se tira devers le pape mercredi, qui fut le jour de Saint-Jehan, ainsi que nous dit le pape, et luy vint remercier la licence, ainsi que luy avoit donnée, comme luy avoit refferé ledit de Lixbonne, mais il luy supplia qu'il la

---

[1] Don Juan Manuel, qui était en grand crédit auprès de Philippe le Beau.

voulùt tenir secrète, car il n'estoit pas délibéré de partir encoires de longtemps. Le pape luy respondit qu'il la tiendroit assés secrète et qu'il s'en allàt quant il vouldroit; et puis le pape nous dit ces parolles : « Véez : après que le cardinal de Sainte-Croix a veu que ne luy don- » noys nule commission, ne s'en est pas voulu aller. » Je luy respondiz que s'il s'en alloit, que il seroit mal receu et n'aprocheroit le Roy à quatre journées près, et à l'avanture de huit. Le pape me respondit qu'il en seroit bien joyeulx. Nous luy remerciasmes très-humblement et luy suppliasmes que, si tant estoit que le cardinal de Sainte-Croix s'en voulùt une fois aller, qu'il voulùt demourer en son bon propoz de non luy donner quelque commission, quelle qu'elle fùt : ce qu'il nous promist. Nous luy parlasmes encoires du fait des marrans [1], pour ce qu'ilz poursuyvent icy de relever leur appellacion, et luy consentismes qu'il feist justice, et qu'il ne povoit nyer le relief de l'appellacion à nully. Il nous respondit qu'il avoit tousjours différé et est délibéré de différer jusques à ce que ayez parlé au roy don Fernande et que de ceste matière il ait de voz nouvelles, et qu'il ne pourra estre plus guères de jours qu'il n'en viengne lettres que ayez parlé au roy don Fernande. Puis que nous vismes sa délibéracion, nous ne le pressasmes autrement.

Sire, il y a près de cinq sepmaines que je suis tousjours mal disposé et ne me puis ravoir. Les médecins remectent ma santé au changement de l'air. Je voiz [2] assez en empirant de certainnes oppilations [3], pour ce que le temps icy est à ceste maladie merveilleusement contrayre. Je prie à Dieu que bientost me doint avoir de voz nouvelles conclusives en voz affaires, car sur mon âme, se plus longhement y demeure, j'ay paour de mon bien grant inconvéniant. Toutesfois je tiendray pied par force de médecine jusques ayez parlé au roy vostre beau-père.

Sire, je prie à Dieu vous donner bonne vie et longhe avec l'antier accomplissement de voz très-haulx et très-vertueulx désirs. A Rome, le xxvɪɪɪᵉ jour de juing.

Sire, par les lettres que vous m'escripvez du xᵉ de ce moys je apperçois, la grâce Dieu, voz affaires vont très-bien et sont en très-bon chemin. Dieu, par sa grâce, les y veuille mener tousjours à vostre désir! mais que ce soit tost, car je voy que le roy Fernande se met bien fort et du tout ès mains des Françoys, et cognoiz par effect que toutes fois que les François pourront avoir la moyndre occasion du monde, ilz vous rendront la mauvaise occasion qu'ilz vous gardent, et n'ay paour d'autre chose, se vous n'asseurez vos affaires bientost, et que donnez le loysir au roy Fernande de traictier quelque chose avec les Françoys en le désespérant, et qu'ilz ne vous suscitent une guerre difficile à mener pour ceste année, considéré la despence que vous avez menée et faicte ceste année, car Rojas [4] estraint merveilleusement ses parolles avec les ambassadeurs de France. Il luy vint avant-hier ung poste du xɪɪɪᵉ de ce moys; et, incontinant qu'il l'eut, il se tira devers le Sʳ de Gimel, ambassadeur de France, et demourèrent ensemble bien trois heures; et incontinant lendemain l'ambassadeur du roy de France expédia ung poste, et ledit Rojas ung autre. Et, pour entrer en occasion de guerre, les François, ne sçay à quelle instigacion, ont semez par deçà, depuis deux jours, et lettres

---

[1] Voy. la note 1 à la page 230. | [2] *Je voiz*, je vais. | [3] *Oppilations*, obstructions, enchifrènement.
[4] Francisco de Rojas, ambassadeur de Ferdinand à Rome.

venues de Tours, comment le roy des Romains et vous avez fait une entreprinse contre le roy de France, et qu'il est forcé au roy de France y remédier et commancer le premier: mais il ne dit pas quelle, car je sçay qu'il n'est pas vray. Le pape m'en a parlé en secret; je luy en ay fait le cueur cler, à celle fin qu'il en escripvit quelque chose de par luy, sans touttesfois luy en prier ne donner à cognoistre que je le désiroye. Mais, en respondant à une lettre que m'a escript l'évesque de Tournay, qui me faisoit les recommandacions du légat [1], me recommandant audit légat, je luy ay touchié quelques parolles de ce que dessus, et ay bien dit, à la fin de mes lettres, qu'il dit hardiement au roy de France et légat qu'ilz ne m'ont jamais trouvé en mensonges, et encoires, pour vérité, leur veulx bien dire ce mot: que la derrenière chose en quoy vous penserez jamais, s'il ne vous est une merveilleuse force, quoy que l'on dise, jamais vous ne commancerez débat avec eulx, et que, à la fin, ilz cognoistront que vostre foy et vostre amour, s'ilz entretenoyent ou eussent entretenu cela, a esté, comme ilz ont veu par expérience, et seroit par la mesme raison, plus secure, plus loyalle et de meilleur amour et au plus grant prouffit pour luy et le royaulme que ceulx que ilz sont allez quérir loing; et croy bien qu'ilz s'en apperçèvent, et s'en appercevront encoires mieulx. Ledit légat fait une merveilleuse poursuyte de vendre la conté de Seme (?), et a obtenu du roy don Fernande nouvellement toutes les sceurtez que l'on luy a peu demander pour la vendicion de ladite conté. Et pour ce qu'il y a encoires ung petit pays, que l'on appelle Gade, que ledit légat a avec ladite conté, que ne sçavoye pas, qui vault environ deux mil ducatz de rente, qu'il n'a peu vendre pour ce que les sceurtez du roy don Fernande ne sont pas encoires légitimes, il a escript à André le Roy, son serviteur, qui est par deçà pour ceste matière, de sa main, que j'ay veu, qu'il a envoyé vers le roy Fernande à diligence pour avoir lesdites sceurtez qu'il demande, et qu'il aura du roy don Fernande ce qu'il vouldra: mais toutesfois il luy prie, s'il treuve marchant, qu'il le vende. Cependant le cardinal de Saint-Pierre *ad vincula*, nepveu du pape, après avoir lesdites sceurtez, s'elles sont bonnes, désire fort à entendre à l'achat desdites terres, et est délibéré y mectre jusques à xxx mil ducatz. Je vouldroye bien que le pape ne ses parens y eussent riens affaire, pour les causes que autrefois vous ay escriptes. Toutesfois, se faire ne se peult, au moings il sera longhement avant que ce achat se face, et ce pendant vous aurez fait de voz affaires, èsquelz je ne sçay se vous parlerez du royaulme de Napples, car certes vous y avez ung très-bon droit des deux costés. Or, se Dieu vous doint grâce et à voz serviteurs de povoir dissimuler une paire d'années sans estre constraint de guerre, et ce pendant vous bien asseurer où vous estes, vous ferez après à voz voysins bien la raison, et sera pour deffendre le vostre, et sera en ce temps ung plaisir de vous servir et exécuter toutes choses. Mais, d'icy à là, il y aura du mistère qui n'y regardera de près. Je suis sceur et sçay que le roy de France se reppent du fond du cueur de ce qu'il vous a laissé partir et que publicquement il ne vous a fait la guerre par mer et par terre: mais il ne cuydoit pas que vous eussiez tel recueil en voz païs, que Dieu vous donne.

Sire, je prie à Dieu vous donner bonne vie avec l'antier accomplissement de voz très-haulx et très-vertueulx désirs. A Rome, le xxviiie de juing.

---

[1] Le cardinal d'Amboise.

Sire, demain, après la messe, Rojas présentera au pape la haquenée pour le fief du royaulme de Napples, ainsi qu'il est acostumé tous les ans, au jour de Saint-Pierre, de faire. Je pense bien qu'il la présentera au nom de son maistre tout seul, et, en ce cas, il vous fera tort. Toutesfois, pour non riens vouloir innover, je ne diray mot et ne me trouveray point présent. Et ne vous peult pas préjudicier au temps advenir, pour ce que le pape reçoit tousjours la haquenée et la prent *sine prejudicio*.

Vostre très-humble subgect et serviteur,

PHELIBERT, prévost d'Utrecht.

(Original, aux Archives du département du Nord : reg. B 5, fol. 70.)

XXXIII

Lettre de Philippe le Beau à Jean de Courtewille, son ambassadeur en France, par laquelle il lui envoie copie du traité qu'il vient de faire avec le roi d'Aragon : Benavente, .. juin 1506.

DE PAR LE ROY.

Très-chier et bien-amé, par noz derrenières lettres du jour Saint-Jehan, vous escripvismes avoir receu voz lettres du xvıı^e de ce mois et que, par la première poste, vous en respondrions. Nous avons depuis fait extraire ce peu de chyffre qui y avoit, et avons veu et entendu tout le contenu en icelles voz lettres. Et, pour ce que tous ne sont que advertissemens ausquelz ne chiet point de responce, ne vous en respondons autre chose, sinon que vous en savons bon gré et que tousjours veulliez continuer et continuellement nous escripre et advertir de tout ce que pourrez savoir et entendre par delà, et vous nous en ferez chose agréable. Nous vous escripvismes aussi, par nosdites derrenières lettres, la veue et assemblée du roy, nostre beau-père, et de nous, avec autres noz bonnes nouvelles, espérans que brief vous en escriprions encoires des meilleures : ce que faisons présentement par cestes, et vous envoyons la copie, translatée de castillan en françois, affin que tant mieulx le puissiez entendre, du traictié fait entre ledit seigneur roy, nostre beau-père, et nous, lequel traictié est entièrement à nostre honneur et désir, grâces à Dieu, nostre créateur, ainsi que verrez plus à plain par ladite copie. Vous advertissans, en oultre, que, par-dessus le contenu audit traictié, est tenu ledit seigneur roy de soy retirer en son royaulme d'Arragon, en nous laissant entièrement noz royaulmes de par deçà et le gouvernement d'icculx; et desjà est party et s'en est allé à Tourdesilly[1], où est à présent la royne d'Arragon, sa compaigne. Illec créons qu'il séjournera par aucuns jours, et après tyrera droit à Valenche. Nous partons demain aussi d'icy et allons droit à Vailladoly, où espérons estre dedens deux ou trois jours. Nous vous ordonnons que, après noz recommandacions devantdictes faictes au roy très-chrestien, les lui dictes et communicquiez nosdictes bonnes nouvelles, et après au seigneur légat et autres que bon vous semblera, affin qu'ilz s'en puissent aussi resjoyr avec nous. A tant, très-chier et bien-amé, Nostre-Seigneur soit garde de vous.

Escript à Benavento, le .. jour de juing XVe et six.

(Minute, aux Archives du département du Nord : reg. B 5, fol. 82 v°.)

XXXIV

Lettre de Philippe le Beau au seigneur de Chièvres et au chancelier de Bourgogne par laquelle il leur fait connaitre ses intentions sur différents points concernant les affaires des Pays-Bas, et les informe du traité qu'il vient de conclure avec le roi d'Aragon : Benavente, 30 juin 1506.

Très-chiers et féaulx, comme devant-hier vous escripvismes, nous avons receu voz lettres de Malines du XIIIe de ce mois, avec aussi les lettres du roy, mon père, celles du roy d'Engleterre, les copies et minutes de l'entrecours, de la confirmation d'icellui, de l'aliance et innovation, la copie du traicté de France, et toutes autres choses mentionnées en vosdites lettres : dont et du bon devoir que faictes de diligemment nous advertir de toutes choses vous savons bon gré.

Et quant au contenu de vosdites lettres, meismement touchant les nouvelles que Courteville vous a escriptes de France de la feste et solempnité du mariaige, et ce que vous nous escripvez du recueil que, par vostre advis, devons faire à l'ambassade de France venant devers nous, et de la conformeté que en ce devons tenir, mondit seigneur et père et nous, par autres nosdites lettres vous avons escript le semblable : par quoy ne chiest autre responce quant à ce point pour le présent.

D'en escripre et advertir le roy d'Engleterre pour ouvertement savoir son intention, le docteur Wert, son ambassadeur, est icy, auquel communicquerons et ferons communicquer

---

[1] Tordesillas.

tout amplement de ces matières et autres, si avant que bon nous semblera. Néantmoins nous escripvons à icellui seigneur roy d'Engleterre et vous envoyons noz lettres avec cestes, vous ordonnant les envoyer à diligence.

Nous trouvons bien bonne la venue des députez des villes de Nyemèghe, Rurmunde, Zuytphen et Venlo devers vous. Nous espérons que les aurez bien traictiez et fait quelque bonne chose avec eulx : dont désirons bien estre adverty.

Mais trouvons assez estrange que l'évesque de Liége ne s'est voulu trouver avec vous, de Chierve, à la journée tenue à Saint-Tron, et aussi que les depputez qui y ont esté n'avoient charge de baillier lettres de leur besoingnié. Toutesfois, pour ce qu'ilz ont dit tant de belles choses comme nous escripvez, fault véoir ce que s'en ensuyra : dont aussi désirons bien estre adverty, semblablement aussi du rapport et besongnié de maistre Jehan Caulier [1].

Touchant le fait des aluns, nous semble, que le pape eust despeschié les bulles et provisions que dictes pour l'arrest ou confiscation de la navire et biens dont faictes mention en vosdites lettres, que le dom-prévost et don Anthonio d'Acoingne, noz ambassadeurs à Romme, nous en eussent adverty quelque chose, car, par la dernière poste, nous ont escript et adverty de pluiseurs autres choses, et ne font mention nulle de ceste. Toutesfois nous leur en escripverons, affin qu'ilz s'en enquièrent, et s'il en est quelque chose, qu'ilz remonstrent au pape et aux autres, pour nostre justification, les bonnes et évidentes raisons que nous ont meu et constraint à faire ce que en avons fait. Et touchant les passages et destroiz qu'il fault que ladite navire passe en noz royaulmes de par deçà, il n'est jà besoing que en parlons ne requérions à personne : nous pourvéoirons bien à sondit passaige sans dangier ou inconvénient d'arrest.

Quant au fait de Lorraine, nous vous avons escript, par la pénultième poste, par noz lettres despeschiées par maistre Anthoine le Flameng, affin d'en avoir vostre advis, sans lequel ne vous povons bonnement faire la responce que demandez. Vous avez de ceste heure receu nosdites lettres, et en attendons brief vostre responce. Icelle eue, vous ferons aussi responce finale sur tout, et pourra estre encoires en temps, car les trois mois n'expirent que au premier jour d'aoust. Mais y faictes de vostre part la plus grant diligence que pourrez.

Touchant l'artillerie et salpêtre dont nous escripvez, pourvéez-vous tousjours par delà dudit salpêtre et autres choses nécessaires le mieulx que pourrez, car par deçà avons encoires trop d'autres grans matières, sans nous occuper en ceste. Cy-après en pourrons faire selon que en trouverons.

Du fait d'Engleterre dont demandez avoir les lettres toutes grossées, signées et expédiées, ensemble nostre bon plaisir de la retenue ou délivrance d'icelles, nous trouvons la chose bien difficile et de grant importance pour les causes que vous-meismes nous en escripvez, et que à ceste fin avez fait venir aucuns députez de noz villes de par delà devers vous. Par quoy

---

[1] On lit, dans le compte de la recette générale des finances de 1506, fol. 266 v°, que M° Jean Caulier, licencié ès lois et conseiller du Roi, partit d'Arras pour Paris le 13 avril 1506, « pour, ensuivant certain « appoinctement de la cour de parlement, faire la production touchant les ressorts, souverainetés et hom- « mages des comtés d'Ostrevant, pays et seigneuries de Waes et Rupelmonde, prétendus par le roy de « France. »

et jusques avoir sceu le département desdits députez, avec vostre advis plus ample, ce que journellement attendons, ne vous avons peu envoyer la despesche desdites lettres. Aussi nous semble, veu ladite grandeur de noz affaires de par deçà, que ne devez entièrement remectre telles choses à nous, car sans comparaison le povez et devez mieulx entendre par delà que nous, ou ceulx qui sont icy lez-nous, ne faisons par deçà.

Et touchant l'approchement du terme endedens lequel la délivrance des lettrages se doit faire, par les lettres que vous, chancellier, nous avez escriptes et la copie de celles que le roy d'Engleterre vous a escriptes, semble que icellui seigneur roy, s'il estoit besoing, seroit bien content de encoires ralongier ledit terme pour quinze jours ou trois sepmaines. Par quoy nous semble que devez prendre ledit délay, et cependant nous escripre absolutement vostredit advis sur tout, affin de seurement faire ladite despesche.

Par noz derraines lettres vous escripvismes la veue et assemblée du roy, nostre beau-père, et de nous, et autres choses touchant la bonne disposition de noz affaires de par deçà procédant tousjours de bien en mieulx, et que espérions brief vous en escripre des meilleures : ce que faisons par cestes, et vous envoyons la copie, translatée du castillan en françois, affin qu'il soit tant mieulx entendu par delà, du traictié fait entre icellui seigneur roy, nostre beau-père, et nous, totalement à nostre advantaige et désir, ainsi que verrez plus à plain par ladite copie, vous advertissans en oultre que par ledit traictié, et par-dessus le contenu en icellui, ledit seigneur roy est tenu de soy retirer en Arragon. Et desjà est party du lieu où il a esté depuis que sommes en ceste ville, à trois lieues d'icy, et s'en est allé à Tourdesilly, où est à présent la royne d'Arragon, sa compaigne. Illec se pourra-il tenir et rafreschir par aucuns jours, et de là tirera droit à Valenche, en nous délaissant entièrement noz royaulmes et le gouvernement d'iceulx. Dont rendons grâces et louenges à Dieu infinies, et vous en advertissons pour vostre esjoyssement, et affin aussi que par delà en faciez rendre grâces à Dieu par processions et autrement : priant au surplus pour la continuation de nostredite prospérité.

Nous partons demain d'icy et tyrons tout droit à Vailladoly, où espérons estre dedens trois jours.

Au surplus vous recommandons noz enffans et aussi noz pays, subgectz et affaires de par delà, selon que en vous en avons bonne et entière confidence.

A tant, très-chiers et féaulx, Nostre-Seigneur soit garde de vous.

Escript à Benavente, le derrain jour de juing.

(Archives du département du Nord : reg. *Lettres missives*, *juin-mars*, fol. 81.)

XXXV

Lettre de Philippe le Beau à l'empereur Maximilien, en réponse à deux lettres qu'il a reçues de lui : Muciéntes, .. juillet 1506.

Mon très-redoublé seigneur et père, si très-humblement que faire puis à vostre bonne grâce me recommande.

Mon très-redoublé seigneur et père, depuis que derrainement vous escripviz de ma main, de Benavente, du derrain de juing, ay receu deux voz lettres, la première escripte en vostre ville de Nyeustad, et la derraine en vostre camp lez-Eyselstad le xiiiᵉ dudit juing, avec aussi la painture des piedz de cerfz que avez prins par delà à la chasse : par toutes lesquelles choses ay sceu et entendu le bon déduyt que avez eu en ladite chasse. Et soyez seur que, se vous y avez eu du plaisir, que je n'en ay eu gaires moins de vostre bon advertissement, dont très-humblement vous mercye, combien que peut-estre que j'y ay eu quelque petit regret : c'est que encoires n'ay treuvé semblable passe-temps par deçà. Mais, à la vérité aussi, je ne faiz encoires que y entrer et commencer à entendre aux affaires de mes royaulmes; et ainsi que en toutes choses les commencemens sont les plus difficiles, n'ay encoires eu loisir de chercer le déduit. Cy-après, au plaisir de Dieu, le cherceray, et vous en advertiray semblablement.

J'ay aussi entendu, par le chiffre de nostre cousin et lieutenant général le seigneur de Chierves, autres voz nouvelles du fait de vostre royaulme de Hongrie. Et, se j'ay esté bien joyeulx de vostredit déduyt de la chasse, Dieu scèt se j'en ay esté bien payé d'angoisse de la doubte et crainte que j'ay eu et dont encoires ne suys tout asseuré de vostre personne, dont seul, après Dieu, tout mon bien, honneur et réputacion deppendt. Et combien que ce qu'il plaira à Dieu tout-puissant en ordonner par raison soit fait ou failly de ceste heure, ou pourra estre avant que puissiez recevoir mes lettres, toutesfois, sur toutes aventures, vous en ay bien voulu escripre ung mot, et m'y constraindent tant la raison dessusdite comme aussi et principallement le très-grant et incompréhensible amour que, par obligacion de nature et autrement, je vous porte, telle et si grant qu'il me semble que nul filz n'en pourroit sentir le semblable : vous suppliant, le plus humblement que faire puis, et en considéracion des choses dessusdites, vous veulliez bien et seurement pourvéoir à vosdites affaires de Ungrie, sans icelle vostre personne mettre en aventure de dangier ou d'inconvénient, s'il se peut excuser; et me semble, à correction, que vous povez avoir quelque bon traictié qui soit à vostre honneur, et quant ores vous n'auriez entièrement tout ce que demandez, que plustost le devez accepter que mectre la chose en hazart. S'il vous plaist, vous y penserez et aussi à la conséquence, vous suppliant me vouloir pardonner que si amplement me suis présumé de vous en escripre mon advis.

Par messire Andrieu de Burgo, vostre ambassadeur, serez adverty tout amplement de mes nouvelles de par deçà. Nous lui en avons requis, et il a prins charge de ainsi le faire.

Au surplus, mon très-redoubté seigneur et père, plaise vous adéz[1] me commander voz bons plaisirs, pour les accomplir de bon cueur, aidant le benoit filz de Dieu, auquel je prie vous donner, par sa grâce, bonne vie et longue avec l'entier accomplissement de voz très-haulx et très-vertueulx désirs.

Escript à Musientes, le .. jour de juillet, l'an XVe et six.

(Minute, aux Archives du département du Nord:
Registre B 5, fol. 146.)

XXXVI

Lettre du conseil ordonné à Malines au gouverneur de Béthune lui annonçant la mort du roi Philippe, et le requérant d'écrire en diligence aux membres des états d'Artois qui résident dans les limites de sa juridiction, pour qu'ils se trouvent vers l'archiduc Charles le 15 octobre : Malines, 4 octobre 1506.

Très-chier et bon amy, nous reçumes hier lettres des piteuses et très-dolloreuses nouvelles de ce que, le xixe jour du mois de septembre derrain passé, feu nostre très-redoubté seigneur et prinche le roy de Castille, archiducq d'Austrice, ducq de Brabant, de Bourgoigne, conte de Flandres, etc., fut tellement actaint d'une fièvre continue, meslée de la double tierche, que, le xxve du mois ensuyvant[2], Dieu l'a prins de sa part, après avoir receu tous ses sacremens et fait la plus belle fin qu'on saveroit faire. Ce nous est comble de tout mal, mais il fault prendre en gré le plaisir de Dieu. La chose a esté si soudainne que n'avons riens sceu de sadite malladie, et avons lettres de luy, du xviiie dudit mois, veille dudit xixe, que lors, comme dit est, il print ladite malladie, plain de sancté et prospérité. Dieu, par sa grâce, luy soit miséricors et voeulle aidier nous, ses pays et subgectz, selon que la nécessité le requiert!

Nous, en l'absence de monsieur le lieutenant[3], vous prions et requérons volloir advertir de ces tristres et doullantes nouvelles partout, ès mettes de vostre office, où il appartiendra, affin que incontinent l'on fache ses execques, enssamble tous souffraiges et oroisons partout, comme il appartiendra.

---

[1] *Adèz*, toujours.   [2] *Sic* dans la copie : mais c'est le 25 que Philippe mourut (voy. p. 451).
[3] Le seigneur de Chièvres.

Vous requérons aussi escripre à diligence à messieurs des estas, ès mettes de vostredit office, que au xv⁰ jour de ce mois ilz soient devers nostre très-redoubté seigneur monseigneur l'Archiducq, prinche de Castille, etc., pour aidier à adviser à touttes choses nécessaires pour le bien et sallut de mondit seigneur et ses pays, comme le cas le requiert, sans retraicte.

Très-chier et bon amy, Nostre-Seigneur soit garde de vous.

Escript à Mallines, le iiii⁰ jour d'octobre a° XV⁰ VI.

Et au dessoubz : Le Conseil ordonné par feu, de très-dine mémore, nostre très-redoubté seigneur et prinche le Roy de Castille, etc., estant icy.

Et au dessoubz ainsy signé : J. Haneton.

Et au dos : Au gouverneur de Béthune ou son lieutenant.

(Archives de la ville de Béthune, Registre mémorial de 1501 à 1509, fol. 62.)

FIN DES APPENDICES ET DU PREMIER VOLUME.

TABLE DES MATIÈRES.

	Pages.
INTRODUCTION	1
§ I. Les Itinéraires des Princes.	ib.
§ II. La Relation du premier Voyage de Philippe le Beau en Espagne	ib.
§ III. La Relation de son deuxième Voyage.	ib.
ITINÉRAIRES DE PHILIPPE LE HARDI, JEAN SANS PEUR, PHILIPPE LE BON, MAXIMILIEN ET PHILIPPE LE BEAU	1
Observations préliminaires	3
Itinéraire de Philippe le Hardi, duc de Bourgogne, du 1ᵉʳ février 1395 au 31 janvier 1403.	9
Itinéraire de Jean sans Peur, duc de Bourgogne, du 1ᵉʳ juillet 1411 au 10 septembre 1419.	43
Itinéraire de Philippe le Bon, duc de Bourgogne, dans les années 1427, 1428, 1441, 1462, 1463, 1464, 1465 et 1466	71
Itinéraire de Maximilien, archiduc d'Autriche, roi des Romains, duc de Bourgogne, etc., dans les années 1484, 1486 et 1488	101
Itinéraire de Philippe le Beau, archiduc d'Autriche, duc de Bourgogne, etc., en 1497.	115
VOYAGE DE PHILIPPE LE BEAU EN ESPAGNE, EN 1501, PAR ANTOINE DE LALAING, Sʳ DE MONTIGNY	121
Prologue sur les deux voyages faicts en Espagne par Philippe, archiduc d'Austrice, etc.	123
.Livre premier.	
Le premier chapitre de ce premier livre nombre les nobles, ecclésiastiques et séculiers qui compaignèrent nostre prince, et quandt ilz partirent, et de l'estat des dames	125

TABLE DES MATIÈRES.

                                                                                    Pages.
Le second chapitre déclare les journées de monsigneur l'Archiduc de Bruxelles à Paris, et les honeurs que on luy fist partout. 129
Le troisième chapitre déclare comment l'Archiduc fut traictié depuis Paris jusques à Blais, de l'honeur que on luy fist à Orliens, et du recoeil que le roy luy fist à Blais. 133
Le quatrième chapitre traicte encoire de l'honeur que on fist à l'Archiduc à la court du roy à Blais, et de la paix jurée entre l'Empereur et le roy de France, et comment le roy le convoya à son partement. 137
Ce chincquisme chapitre traicte des logis de Monsigneur et de madicte Dame, jusques à leur entrée du royame de Navare, etc. 143
Ce sixième chapitre parle comment Monsigneur fu rechupt noblement au royame de Navare, et comment le roy d'illec le festoya. 145
Ce septisme chapitre parle du congié prins entre le roy de Navare et Monsigneur, et comment Monsigneur rémunéra les Franchois qui l'avoyent convoyet jusques illec, et comment il fu rechupt à l'entrée d'Espaigne, et la coustume de Biscaye touchant mariage 148
Le chapitre huitième : comment Monsigneur arriva à Victoire, et comment il fu festoyé à Bourghes en Espaigne, et comment on y courut les thorreaux. Du monastère des chartrous dudit Bourghes, et de la situation de la ville et du chasteau . . . 151
Ce neuviesme chapitre traicte du voyage que Antoine de Lalain, monsr de Sainctzelles et Antoine de Quiévrain firent à Saint-Jacques. Léon, cief de Castille. De la ville de Sainct-Salvator en Astruge. D'une croix faicte des angels. Les gens d'Esturge ressamblent aux Égiptyens 155
Ce dixiesme chapitre parle de l'église de Sainct-Jacques, de la ville, des églises et des reliquiairs, et d'ung miracle faict soubz la volsure de l'église Sainct-Jacques . . . 158
Cest onziesme chapitre parle du retour des trois prédicts gentilshomes, et comment ils furent bien rechupt à Bonevente, et de la noblesse et ricesse du lieu, et de l'enfant de vii ans crucifié 160
Ce douziesme chapitre parle du partement de Monsigneur de Bourghes, et arrivée à Saincte-Marie de Torquemandalle. Du previlége de ceuls d'illec. Comment il fu rechupt à Valedolicque. De deux colliéges d'estudians moult rices 164
Ce treiziesme chapitre parle du partement de Monsigneur de Valledolicque, et de la feste et foire de Médine; du mervilleux pont de Sigove faict du diable, et de la situation de Sigove; de la noble dame accusée d'adultère, et de la situation de Madrille, et de la manière de faire le joedi blanc et le vendredi sainct 168
Ce quatorziesme chapitre continue le chemin que Monsigneur fist pour aller à Toulette, vers le roy et royne d'Espaigne, et comment il fu arresté par maladie . . . 172
Ce quinziesme chapitre descript l'entrée de Monsigneur à Toulette. 174
Ce seiziesme chapitre traicte des obsecques du prince de Galles, et de la messe que le roy, la royne, Monsigneur et Madame ouyrent ensamble le jour de Pentecouste, et d'aultres choses. 177

TABLE DES MATIÈRES.

Pages.

Ce dix-septiesme chapitre parle comment Monsigneur fu rechupt à prince de Castille, et de l'estat de la récheption, et d'aultres choses. Des chincq riches buffés, etc. . . **178**

Ce dix-huitiesme chapitre parle que le roy et Monsigneur compaignèrent le Sacrement le jour de sa feste. De la trésorie de l'église Nostre-Dame de Toulette **181**

Ce dix-neuviesme chapitre parle de la mort Anthoine de Vaulx, et aussi Sainct-Moris; des noepces du conestable d'Espaigne; des joustes royales et de la mode des joustans; et la manière de voler du roy d'Espaigne, et de plusieurs aultres choses . . **183**

Ce vingtiesme chapitre parle, après aultres choses, d'une escarmuce joyeuse faicte annuèlement, le jour Sainct-Jan, par ceuls de Toulette, et de la diversité d'une messe que on chante journèlement à l'église Nostre-Dame de Toulette, et de l'ordonnance des petites messes, etc. **185**

Ce vingt-et-uniesme chapitre parle d'une jouste faicte pour m^e gands, et d'ung honorable bancquet que Monsigneur fist au roy et à la royne, et d'ung home que on pendit, et de la manière qu'ilz ont d'exécuter les malfaiteurs, et d'aultres choses . **188**

Ce vingt-deuxiesme chapitre parle du partement du roy d'Espaigne, et du retour de mons^r de Berghes, de mons^r de Cambray et aultres, et de la rénovation d'aulcuns officiers, et de trois manières d'ordre de chevaliers d'Espaigne, et d'ung esbat faict le jour Sainct-Jacque **190**

Ce vingt-troisiesme chapitre parle des chevaliers de Saint-Jacques et de la première fois que Monsigneur se trouva au jeu des cannes; de la mort Antoine de Herrines; de l'honeur que font les Espaignars au sacrement de l'extrème-unction, et de la mort Loys de Ranscourt, et d'aultres choses **193**

Ce vingt-quatriesme chapitre parle des indulgences du jour de l'Assumption estantes à l'église de Nostre-Dame de Toulette; que Rasse de Rassencourt partit; du débat de mons^r de Boussut; de la mort mons^r de Bezenchon, et de la pluralité de ses bénéfices et de ses lais; du fol doeil des vesves d'Espaigne; de la mort de deux gardes des joyauls de Monsigneur, et du service de mons^r de Bezenchon. **195**

Ce vingt-cinquiesme chapitre parle du voyage que firent à Grenade Antoine de Lalaing et Antoine de Quiévrain; du cloistre de Nostre-Dame de Gadeloup, rice et bien décoré; de la montaigne dicte Serre-Moraine; du commencement de l'Andelousie; de deux herbes venimeuses et mortifères **198**

Ce vingt-siziesme chapitre parle de la mercuriale et bonne ville dicte Séville, cief de l'Andelousie; de la maison du roy, des jardins et des chambres; du cloistre des Chartrous; de la punition des hérétiques, et de la ville nommée Saincte-Foy **202**

Ce vingt-septiesme chapitre parle de Grenade et de la ville d'Ellevesin; du chasteau de Grenade appellé l'Allehambre, qui est moult déduisable et admirable **204**

Ce vingt-huitiesme chapitre parle d'ung jardin de en dessus le chasteau; de la place où on faisoit courir les thorreaus et où on jettoit les cannes; de la maulvaisté des Mores convertis. **207**

Ce vingt-neuviesme chapitre devise du xe denier que l'on paye yssant d'ung royame;

de la cité de Valence, noble et marchande; de la gorgiaseté des femmes d'illec; de la feste que font les Valentinois au jour Sainct-Michiel, et des églises de Valence et d'aultres choses 209

Ce trentiesme chapitre parle de Valence, où les deux roynes de Naples se tenoient; comment tous Franchois furent bannis hors des Espaignes, et comment ces deux gentilshomes obtinrent lettres de seeurté d'elles. De la maison des fols et folles, et de l'admirable bourdeau dudit Valence, et la déclaration des nobles du royame de Valence 212

Ce chapitre trente-et-uniesme continue ladite matère, et parle du xe denier de toute marchandise et de ce à quoy les signeurs subjects sont tenus au roy pour ce qu'ilz rechoipvent le xe denier en leurs terres 215

Ce trente-deuziesme chapitre retourne à parler de Monsigneur, partant de Toulette, et de la mort naturèle de deux gentilshomes de Monsigneur. De la ville de Ocquaine. Du débat de Rodrich de Lalaing. De Édouard Trotin, torturé et banny. Du marquis de Moye; comment il festoya Monsigneur à Chinchon. De la ville d'Alcala et comment Monsigneur y fu bien rechupt. De la mort du cardinal et du congié de Monsigneur à la royne 216

Ce trente-troisiesme chapitre touche aulcunes des louenges de la royne d'Espaigne, et premier du neux d'amour que elle encoire à marier envoya au roy d'Arragon, et de la devise d'elle et de son mary; des alliances de leurs enfans, de ses conquestes, principalement de Grenade, et comment le roy Loys XIe luy rendit Roussillon, et de la deffense de porter draps de soye 220

Ce trente-quatriesme chapitre devise que ses subjectz chevaulcheroient chevauls de xv paulmes, et de ses ordonnances et autres gens d'armes; de la division de ceuls de la maison de Mendosse à ceuls de Menriques; la manière de prendre les malfaicteurs; et des jeus deffendus, et comment les Mores furent bannis des Espaignes . . 223

Ce trente-cinquiesme chapitre parle de sept isles gaigniés ès Indes par le corage de la royne; de l'isle de la Palme; des Franchois occis par les Espaignars au royame de Naples; du siége de Saulz levé par les Espaignars 225

Ce trente-sixiesme chapitre parle d'ung miracle de la saincte croix faicte à la conqueste de la ville vièse de Alcalla, où les crestiens vaincus reprinrent corage, et de la ville de Sygoence 227

Ce trente-septiesme chapitre assigne les archeveschiés et éveschiés d'Espaigne et le taux du valeur d'iceulx. 231

Ce trente-huitiesme chapitre déclare la puissance des ducs et des marquis d'Espaigne . 232

Ce trente-neuviesme chapitre descript la puissance des comtes d'Espaigne et des viscomtes 234

Ce quarantiesme chapitre publie la puissance d'aultres grands maistres des pays d'Espaigne. 236

Ce chapitre quarante et uniesme déclare quel or et quèle monnoye courrent en Castille;

TABLE DES MATIÈRES.

Pages.

et des deux coustumes en Castille : l'une est de hostels où loge le roy, l'autre des viandes du vendredi et du samedi 237

Ce quarante-deusiesme chapitre descript l'entrée de Monsigneur ou royame d'Arragon, comment il fu rechupt à Collalthebute et puis à l'Ormoigne, du chasteau de la Jefferie, et l'entrée de Monsigneur en Sarragoce 238

Ce quarante-troisiesme chapitre conte comment Monsigneur fu rechupt prince d'Arragon et des sermens qu'il fist, et de ceuls que on luy fist 240

Ce quarante-quatriesme et derrain chapitre de ce premier livre dit que Monsigneur, mandé par lettres de la royne, alla à Madrille vers elle, et que Madame fu tost après illec aussy mandée, et fu concludt que Monsigneur retourneroit en ses pays et elle demoreroit avoec la royne sa mère jusque après sa gésine; et de deux débatz, et que monseur de Boussu fu faict chevalier, et le filz du roy de Naples fu amené prisonnier au roy et royne d'Espaigne 242

LIVRE SECOND.

Le premier chapitre du secondt livre traictera du congié que Monsigneur et ses plus grands maistres prinrent au roy et à la royne; du commencement de leur retour, et premier du chemin qu'il fist de Madrille à Sarragoce et comment il fu secondement festoyé à Sarragoce, et des présens que on ly fist, et des Mores illec habitans, de leurs prestres et cérimonies, de leurs coustumes; des églises de Sarragoce; de la table d'autel et d'aultres choses. 245

Ce secondt chapitre parle de Monsigneur yssant d'Arragou, et des coustumes et prélats et grands maistres du pays, et de la cité de Laride à l'entrée de Castillogne, et comment il fu là rechu honorablement, et comment le duc de Cardone le rechupt bien à sa ville de Rebecque, et comment le grandt escuyer le festoya bien à la villette de Bellepuisse, et d'aultres choses, et comment il fu bien recoelli à la ville de Targhes, etc. 249

Ce troisiesme chapitre conte de l'abbaye de Nostre-Dame de Monsarra et de XIII hermitages; de la parfection d'ung Jehan de Garin, hermite, et de sa faulte et de sa pénitence, et de la subtilité du diable; de la fondation de ladicte abbaye et de l'entrée à Moulin des Rés 252

Le quatriesme chapitre déclare comment Monsigneur fu rechupt à l'entrée de l'abbaye dicte les Donzilles, et la feste que l'on fist celle nuyet à Barselonne, et comment il fu rechupt lendemain, et de la merveilleuse beubance, beauté et ricesse d'icelle, et du lieu de sa situation et d'aultres choses 255

Ce chinequiesme chapitre dit comment Monsigneur fu rechupt à Girone, et quelle est la ville; de l'église Nostre-Dame, que fonda Charles le Grandt; du comte de Barselonne murdri par son frère; de six Castillans qui coururent devant Monsigneur; du beau port de mer de la ville de Rose; des grands maistres de la comté de Barselonne. 258

Ce sixiesme chapitre contient comment Monsigneur fu rechupt honorablement à Parpignant. De la ville et de l'ineffable artillerie et force de deux chasteaus d'icelle

	Pages.
ville, et de l'incrédible force du chasteau de Saulses. Des assauls des diables voellans expulser les bons hors de paradis, où furent faictes très-admirables soubtillesses de feu, etc. Des momeries faictes audit lieu. Des hostagiers envoyés de France pour Monsigneur, et des monstres des gens d'armes de Parpignant, etc.	261
Ce septisme chapitre expose comment Monsigneur fu rechupt à Sigan, première ville de Langhedocque; item comment il fu rechupt à Nerbone et quèle est la ville, et comment fu aussy bien rechupt à Bésiers, à Pesenasse et à Montpellier; et de l'église de Maghelonne, et d'autres choses.	266
Ce chapitre huitiesme traicte du voyage que Philippe de la Viesville et l'escuyer Bouton et Antoine de Lalain firent à la Basme : premier, d'Aighemortes, de l'isle de Camarghes, où les soers Nostre-Dame gisent; du corpz sainct Gille, du corpz sainct Antoine, du corpz sainct Rocq, et de la chimetière où les crestyens occis en Rainceval sont sépulturés	269
Ce neuviesme chapitre parle de Marselle et de son havre et du corpz sainct Lazare; de l'abbaye de Sainct-Victor; de la croix sainct Andrieu; de la Bame; de la ville de Sainct-Maxemin, où le corpz de la Magdalaine gist; du corpz d'icelle et des dignités qui y sont; du sablon qui se converti en sang; du corpz de sainct Maxemin, et de Azeth, principale ville de Provence, et de Tarascone, où le corpz saincte Marthe repose.	271
Ce chapitre dixiesme traicte comment monsigneur nostre prince fu rechupt à Nymes, et puis en Avignon; de la ville et du tombeau de sainct Pierre de Luxembourg; de la ville d'Avignon et de Villenoefve	274
Ce chapitre onziesme parle du pont de Sorghe, et comment Monsigneur fu rechupt à Orenge, et à Montelimaire, et à Tournon; du lieu où Pilate nasquy, et comment on le rechupt à Vienne; de la cité de Vienne; de la thour de Pilate, et de la thour portée en une nuyt xiii lieues par art diabolicque, etc.	278
Ce douziesme chapitre conte l'entrée de Monsigneur à Lyons, et comment monseur de Rony et Jhérosme Laurin arrivèrent vers Monsigneur en ladicte ville, et d'aultres choses, etc.	281
Ce treiziesme chapitre parle de l'entrée du roy à Lyons et de la royne, et de la paix d'entre les roys de France et d'Espaigne, et que monsigneur le duc Charles, filz aisné de Monsigneur, fu institué roy de Napples et de Jhérusalem; et du partement Monsigneur de Lyons, et de la ville, etc.	283
Ce quatorziesme chapitre dit que Monsigneur logea à Villars en Bresse, et comment il fu rechupt du duc de Savoye, son beau-frère, et de la ducesse sa soer, et comment il fist sa cène dévotieuse; et du sainct suaire de nostre Rédempteur, qui est très-saincte et dévotieuse chose à véoir, et d'aultres choses	285
Ce quinziesme chapitre traicte d'unes armes emprises par le baron de Chevron, et que, pour la maladie de Monsigneur et du duc de Sçavoye, ils allèrent à Pontdain, où furent faicts aulcunes armes, etc.	287

TABLE DES MATIÈRES.

Pages.

Ce chapitre seiziesme traicte des nouvelles de la mort du duc de Nemours, et de pluseurs Franchois occis à Naples, et que Monsigneur retira à Lyon, pour dire adieu au roy de France, et que ledict roy renvoya aultres gens d'armes à Naples; et comment les ambassadeurs d'Espaigne dirent que Monsigneur, en faisant l'apointement entre les roys de France et d'Espaigne, avoit excédet sa commission; et comment Monsigneur s'excusa tèlement que lesdicts ambassadeurs furent renvoyés confus. . 290

Ce dix-septiesme chapitre parle des noepces de Henry de Nassou, et que Monsigneur fu abandonné des médecins; comment le roy de France alla à procession le jour du Sacrement, et qu'il print congié de Monsigneur, et la royne et pluseurs aultres signeurs et dames; comment Monsigneur retourna en Savoye, et du congié d'entre le duc de Savoye, de sa soer et de Monsigneur. 292

Ce dix-huitiesme chapitre parle comment Monsigneur entre en sa France-Comté de Bourgoigne, et premier en Sainct-Glaude; comment il logea à la Chaut et à Vers, où la princesse d'Orenge le recueillist bien; puis parle de pluseurs places et du chasteau de Saincte-Anne fort et imprenable; et comment Monsigneur fu rechupt à Salins, et des salines; et de deux chasteaus de Vauldrey 295

Ce dix-neufviesme chapitre déclare comment Monsigneur fu rechupt à Dolle en Bourgoigne, et de ce qu'il y fist en parlement, etc.; des ambassadeurs du roy son père, et d'aultres choses 297

Ce vingtiesme chapitre parle de l'armée que le roy de France envoya devant Saulse en la comté de Roussillon; des ambassadeurs des Suysses, et du procèz devant le signeur de Vergy et le signeur de Thaleme par-devant Monsigneur; de la ville et chasteau de Rochefort, où messire Glaude de Wauldrey rechupt Monsigneur honorablement. 299

Ce vingt et uniesme chapitre parle de l'entrée de Monsigneur à Grey, et de la multitude du peuple, etc.; comment monseur du Fay le festoya, et conte son entrée en pluseurs villettes, et comment il fu recheu à Tanne, première ville de Ferrette. . 301

Ce vingt-deuxiesme chapitre conte l'entrée de Monsigneur à Inxe, et de la grosse pière tombée illec du ciel, et son entrée à Brisac; et de Fribourg; et comment il fu recheu à Neustat de VIe lanskenechts; de la rivière dicte Dunoe, et de pluseurs villettes où Monsigneur fu; et des nouvelles de la mort du pape 303

Ce vingt-troisiesme chapitre conte l'entrée de Monsigneur à Oulme, et descript la ville et sa situation, et conte la fachon de danser illec; de l'artillerie de la ville, et comment Thiébault le festoya, et d'aultres choses 305

Ce chapitre vingt-quatriesme conte comment Monsigneur fu rechupt à Auzebourg, et descript la ville; de la ville de Lanseberghe et de pluseurs villettes: et comment il encontra le roy des Romains, son père; et d'ung miracle du sacrement de l'autel, et d'aultres choses 307

Ce vingt-cinquiesme chapitre dit comment Monsigneur fu recheu à Yzebrouch du roy son père et de la royne, et que Monsigneur alla à Halle; de la ville de Yzebrouch et des deux maisons où sont les artilleries du roy 309

TABLE DES MATIÈRES.

                                                                                                          Pages.

Ce vingt-sixiesme chapitre parle des mines d'argent, d'estaing, de plomb et de coeuvre
    du roy des Romains; de la ville de Halle et de la saulnerie d'illec, et de la périlleuse
    chasse des chamois. 311

Ce vingt-septiesme chapitre parle comment le roy et Monsigneur oyrent messe, en estat
    impérial, à Yzebrouch, et du débat des ambassadeurs de Venise et de Savoye pour
    aller à l'honeur; comment le digne de Bezenchon fist serment au roy; de la mort du
    frère de la royne des Romains; d'ung grandt orage de pluyes; d'un débat entre le
    signeur du Fay et Jaspart, gentilhome allemant 313

Ce vingt-huitiesme chapitre conte d'une messe solennèle chantée, et comment le roy
    monstra à son filz pluseurs de ses baghes et une Généalogie des ducs d'Austrice; et
    descript l'obsecque du signeur Hermès de Milan 315

Ce vingt-neufviesme chapitre dit que le roy et Monsigneur et aultres allèrent au-devant
    du duc Albert de Bavière, et parle de la maison dicte la Fonderie et des mynes du
    village de Souars, et de la ricesse des marchans d'illec 317

Ce trentiesme chapitre conte d'aulcunes pièces d'artillerie tirées à la plaisance du roy,
    et d'une messe solemnèle, et d'une jouste de plaisance, d'une danse et d'aultres
    choses. 319

Ce trente et uniesme chapitre parle des noepces du comte de Ludron et des abillemens
    de luy et d'aultres homes et femmes, et des estas et cérimonies d'illec, et des
    cransselins donés par la dame des noepces, et d'une jouste, et la mode de couchier
    en ce quartier le sire et dame des noepces 320

Ce chapitre trente-deuxiesme dit que Monsigneur envoya son bonet à la dame des
    noepces; et du veu d'exercer aulcuns faicts d'armes que fist Monsigneur et trois
    aultres gentilshomes, et de la très-belle artillerie que le roy donna à monsigneur
    son filz. 322

Ce chapitre trente-troisiesme déclare que Monsigneur se mist au retour vers ses pays,
    et comment on chasse les ours; de l'entrée de Tirole; des ars d'iffe de Rutre; de la
    ville de Quempe; de Memynghe; de Blambure; comment le duc de Wertembercq
    recuelly Monsigneur noblement; de la ville de Horre; de la ville de Stolart; de la
    grande cave du duc de Wertembercq; de l'incréditble foison de ses vins; de son fort
    rice buffet, et de ses deux grandz palles 323

Ce chapitre trente-quatriesme dit comment le marquis de Baude recueillit Monsigneur
    à sa ville de Force; de Bruxelle en Souavre; comment le comte palatin rechupt
    Monsigneur à Edellebercq; de la cité de Ormes; de la cité de Mayence et de l'église. 327

Ce chapitre trente-cinequiesme conte que le train de Monsigneur vint par terre à Cou-
    loigne, et Monsigneur par l'eaue du Rin; du chasteau dit Faltz, d'où le comte palatin
    porte le nom; que ceuls de Poupart firent beaux présens à Monsigneur; comment le
    cardinal de Guissele vint saluer Monsigneur, et des signeurs des pays de Monsigneur
    qui vinrent au-devant de luy à Couloigne 330

Ce trente-sixiesme chapitre parle d'ung ambassadeur englois; du prévost d'Arras,

TABLE DES MATIÈRES.

	Pages.
envoyé vers les électeurs; des nouvelles de la mort du duc de Bourbon, et de son service que fist faire Monsigneur; de la messe ouye par Monsigneur le jour de tous les Saincts; des reliques estans sus l'autel des Trois Roys; des chanonnes; où les Trois Roys gisent, et d'aultres choses.	332
Ce chapitre trente-septiesme parle de la cité de Couloigne, de sa situation, églises et corps saincts.	334
Ce chapitre trente-huitiesme parle de la ville de Durem, où est le cief saincte Anne; de la ville d'Ays; comment Monsigneur fu recheu à Trect, à Sainctron, à Louvain et à Malines, et de la publication du pas d'armes de monseur de Montigny, et comment Monsigneur alla à Bruxelles; de la mort madame la Grande et de son service.	335
Ce trente-neufviesme chapitre traicte que monsieur Henry de Nassou alla à Bouhain querrir sa femme, et des dammes qui l'accompaignèrent; du grant recoeil et triumphe que on leur fist à Bruxelles, et pas d'armes que Monsigneur fist, et autres choses.	338

APPENDICES.

A. Recueil, en forme d'histoire, fait par le premier secrétaire du roy de Castille, PHILIPPE HANETON, contenant les titres, actes et traitez faicts entre le roy Louis XII et ledict roy de Castille, depuis l'an 1498 jusques en l'année 1507. (Extrait.).	341
B. Ordonnance de Philippe le Beau pour la composition et le gouvernement de sa maison pendant son voyage d'Espagne : 1er novembre 1501	345
C. Lettres écrites par le comte de Nassau, lieutenant général de l'archiduc Philippe, au magistrat et au gouverneur de Béthune.	373
D. Lettre de l'archiduc Philippe au prince de Chimay touchant la manière dont il doit traiter les otages envoyés par le roi de France à Valenciennes : 8 février 1502 (1503, n. st.); suivie de la déclaration dudit prince des dépenses qu'il a faites en l'acquit de cette commission.	384

DEUXIÈME VOYAGE DE PHILIPPE LE BEAU EN ESPAGNE, EN 1506 387

INDEX ANALYTIQUE 481

APPENDICES.

I. Commission de lieutenant général des Pays-Bas et de Bourgogne donnée par Philippe le Beau à Guillaume de Croy, seigneur de Chièvres: Bruges, 26 décembre 1505.	491
II. Testament de Philippe le Beau : Bruges, 26 décembre 1505, et Middelbourg, 2 janvier 1506	493
III. Lettre de Philippe le Beau au gouverneur de Béthune lui ordonnant de faire faire incontinent processions et prières pour le succès de son voyage d'Espagne, et de les faire continuer pendant toute la durée de son voyage; l'informant aussi qu'il s'est arrangé avec son beau-père le roi d'Aragon : Bruges, 27 décembre 1505	496

TABLE DES MATIÈRES.

Pages.

IV. Lettre de Philippe le Beau au gouverneur de Béthune par laquelle il l'informe qu'il a nommé lieutenant général de tous ses pays de par deçà, pendant son voyage d'Espagne, messire Guillaume de Croy, seigneur de Chièvres : Middelbourg, 2 janvier 1505 (1506, n. st.) 497

V. Lettre de Philippe le Beau aux seigneurs de Chièvres et de Fiennes et au chancelier de Bourgogne par laquelle il les informe de la tempête qui l'a assailli en mer : Melcombe-Regis, 17 janvier 1505 (1506, n. st.). 498

VI. Lettre du chancelier de Bourgogne et du seigneur de Fiennes au gouverneur de Béthune, pour l'informer de ce qui est arrivé au Roi, et le charger de faire continuer les prières et les processions : Malines, 26 janvier 1505 (1506, n. st.) 500

VII. Relation de la tempête qui assaillit la flotte de Philippe le Beau : 27 janvier 1506. 501

VIII. Extrait d'une lettre de Philippe le Beau écrite de Windsor, le 1er février 1506. 503

IX. Lettre écrite d'Angleterre aux Pays-Bas en février 1506 504

X. Lettre de Philippe le Beau aux seigneurs de Chièvres et de Fiennes et au chancelier de Bourgogne sur son arrivée à la Corogne et son départ pour Saint-Jacques de Compostelle : la Corogne, 26 avril 1506. 505

XI. Lettre des seigneurs de Veyre et de la Chaulx au seigneur de Chièvres et au chancelier de Bourgogne sur l'enthousiasme avec lequel le Roi a été reçu en Castille : Burgos, 1er mai 1506 506

XII. Lettre de Philippe le Beau à Philibert Naturel, dom-prévôt d'Utrecht, son ambassadeur à Rome, sur son débarquement à la Corogne, l'arrivée en cette ville des seigneurs de la Chaulx et de Burgo, et sur la communication que le dom-prévôt doit faire ou faire faire à Gonsalve de Cordoue : sans date (la Corogne, mai 1506). . . 507

XIII. Lettre de l'empereur Maximilien à Philippe le Beau sur son arrivée en Espagne : Neustadt, .. juin 1506. 509

XIV. Lettre de don Diego de Guevara à Philippe le Beau sur l'audience qu'il a eue du roi d'Aragon, sur ses entretiens avec le connétable de Castille, le duc d'Albe, Juan Velazquez et sur d'autres choses : Villafranca, 1er juin 1506 510

XV. Lettre de don Diego de Guevara à Philippe le Beau sur ce qu'il a appris de divers côtés, sur ses entretiens avec l'adelantado de Grenade, le duc d'Albe et le connétable de Castille : Villafranca, 1er et 2 juin 1506 513

XVI. Lettre de Philippe le Beau à don Diego de Guevara où il lui fait connaître ses intentions sur différents points : sans date (4 juin 1506). 517

XVII. Lettre de don Diego de Guevara à Philippe le Beau sur les gens de guerre que le roi d'Aragon fait venir d'Andalousie; sur le bruit qu'on répand qu'il tient la Reine prisonnière et qu'il veut supprimer l'inquisition; sur le traitement à faire à l'archevêque de Tolède, etc. : sans date (6 juin 1506). 519

XVIII. Réponse de Philippe le Beau aux lettres précédentes de don Diego de Guevara : Allariz, 6 juin 1506 520

XIX. Lettre de Philippe le Beau à don Diego de Guevara sur ce qu'il a à remontrer,

TABLE DES MATIÈRES.

	Pages.
de sa part, au conseil de Castille, ainsi qu'au roi d'Aragon : Orense, 7 juin 1506.	522
XX. Lettre écrite à Philippe le Beau par Philibert Naturel, dom-prévôt d'Utrecht, son ambassadeur à Rome, sur les précautions qu'il doit prendre pour son manger : Rome, 7 juin 1506.	523
XXI. Rôle des officiers de la maison de Philippe le Beau au 8 juin 1506	524
XXII. Lettre de don Diego de Guevara à Philippe le Beau sur le langage que Juan de Velazquez lui a tenu et les audiences qu'il a eues du roi d'Aragon: Matilla, 9 juin 1506.	533
XXIII. Lettre de Philippe le Beau à don Diego de Guevara sur ce qu'on lui rapporte que le roi d'Aragon vient en force vers lui, et sur les négociations qui vont s'entamer avec l'archevêque de Tolède : Orense, 9 juin 1506	535
XXIV. Lettre de don Diego de Guevara à Philippe le Beau sur l'entretien qu'il a eu avec le roi d'Aragon : Verdeñosa, 10 juin 1506	536
XXV. Lettre de Philippe le Beau au roi d'Aragon où il lui exprime le désir d'avoir une entrevue avec lui : Allariz, 10 juin 1506.	537
XXVI. Lettre de Philippe le Beau à don Diego de Guevara contenant des instructions sur plusieurs points : Allariz, 12 juin 1506.	ib.
XXVII. Lettre de don Diego de Guevara à Philippe le Beau sur les gens qui accompagnent le roi d'Aragon allant vers lui, et sur le voyage secret que don Ramon de Cardona a fait à Arevalo : Santa Márta, 12 juin, 1506	539
XXVIII. Lettre de don Diego de Guevara à Philippe le Beau sur ce qu'il a dit au roi d'Aragon touchant la prétendue captivité de la reine Jeanne, et sur le bruit qu'on fait courir que le Roi voudrait faire cesser l'inquisition : Rio negro, 14 juin 1506.	540
XXIX. Lettre de don Diego de Guevara à Philippe le Beau sur la détermination du roi d'Aragon d'aller le trouver et de faire tout ce qu'il voudra : Rio negro, 14 juin 1506.	541
XXX. Lettre de don Diego de Guevara à Philippe le Beau sur la détermination persistante du roi d'Aragon d'aller le voir, malgré l'avis de son conseil; sur la reine Germaine de Foix, etc. : Asturianos, 15 juin 1506.	542
XXXI. Traité conclu entre Ferdinand, roi d'Aragon, et Philippe, roi de Castille, par lequel ils s'engagent mutuellement à ne pas souffrir que la reine Jeanne s'entremette du gouvernement des royaumes de Castille, de Léon, de Grenade, etc. : Villafranca, 27 juin 1506.	543
XXXII. Lettre écrite à Philippe le Beau par Philibert Naturel, dom-prévôt d'Utrecht, son ambassadeur à Rome : 28 juin 1506.	545
XXXIII. Lettre de Philippe le Beau à Jean de Courteville, son ambassadeur en France, par laquelle il lui envoie copie du traité qu'il vient de faire avec le roi d'Aragon : Benavente, .. juin 1506	550
XXXIV. Lettre de Philippe le Beau au seigneur de Chièvres et au chancelier de Bourgogne par laquelle il leur fait connaître ses intentions sur différents points concernant les affaires des Pays-Bas, et les informe du traité qu'il vient de conclure avec le roi d'Aragon : Benavente, 30 juin 1506	551

TABLE DES MATIÈRES.

Pages.

XXXV. Lettre de Philippe le Beau à l'empereur Maximilien, en réponse à deux lettres qu'il a reçues de lui : Muciéntes, .. juillet 1506. 554

XXXVI. Lettre du conseil ordonné à Malines au gouverneur de Béthune lui annonçant la mort du roi Philippe, et le requérant d'écrire en diligence aux membres des états d'Artois qui résident dans les limites de sa juridiction, pour qu'ils se trouvent vers l'archiduc Charles le 15 octobre : Malines, 4 octobre 1506 555

FIN DE LA TABLE.

CORRECTIONS ET ADDITIONS.

Page 196, ligne 28. L'auteur donne erronément le prénom de *Gille* à l'archevêque de Besançon Busleyden, qui s'appelait *François*.
— 431, ligne 25. A la radde en Biscaye; *lisez :* à Laredde (Laredo).
— 435, ligne 14, et note 6. Lerys est pour Allariz.
— 446, ligne 11. Le comte dont il est question ici et dans d'autres passages de la Relation était Étienne de Zapoli, comte de Zips, palatin de Hongrie et ban de Croatie.
— 451, note marginale. 7 septembre; *lisez :* 25 septembre.

www.ingramcontent.com/pod-product-compliance
Lightning Source LLC
Chambersburg PA
CBHW070312240426
43663CB00038BA/1613